中国语言生活绿皮书

国家语言文字工作委员会发布

B006

中日韩常用汉字对比分析

北京书同文数字化技术有限公司 编

商务印书馆

2009 年·北京

顾问　许嘉璐　赵沁平

策划　教育部语言文字信息管理司

主编　张轴材

编者　北京书同文数字化技术有限公司

副 主 编：张福煜　　　　数 据 库：张　虎

网络编辑：马　超　　　　字库美编：薛　特

打印软件：魏永赳　　　　开发协理：张弛宜

《中国语言生活绿皮书》B 系列说明

《中国语言生活绿皮书》由国家语言文字工作委员会发布，旨在落实《中华人民共和国国家通用语言文字法》精神，提倡"语言服务"理念，方便社会共享政府拥有的信息，积极引导社会语言生活和谐发展，为构建和谐社会作贡献。

《中国语言生活绿皮书》分 A、B 两系列。A 系列是引导语言生活的"软性"规范。B 系列是中国语言生活的状况与分析，主要发布语言生活的各种调查报告和实态数据。国家向前发展的历史进程中，会遇到不少语言文字问题；世界语言生活风云万千，会对参与世界事务越来越多的中国发生各种影响。了解国内外语言生活状况，研究现实语言生活问题，制定科学的语言规划，对语言资源的保护与开发、保证语言生活的和谐与活力，具有十分重要的意义。

《中国语言生活绿皮书》B 系列是"实态"性质的：报告内容是实态的，语言数据的统计及其技术也是实态的。及时发布语言生活的实况与数据，就像发布水文监测、空气质量监测和气象监测数据一样，其作用不在于规范语言生活，而是为国家相关部门的决策提供参考，为语言文字研究者、语言文字产品研发者和社会其他人士提供语言国情服务。

《中国语言生活绿皮书》B 系列也可以视情况再分为自成系统的系列，如《中国语言生活状况报告》就是 B 中的一个分系列。

《中国语言生活绿皮书》是开放的。各年出版的《中国语言生活绿皮书》按 A、B 类各自连续编号，形成系列。发布的成果不局限于国家语言文字工作委员会的科研项目，也吸纳其他基金项目和企业、社会研究者的优秀成果。《中国语言生活绿皮书》的出版者也是开放的，欢迎各家出版社加入出版行列。《中国语言生活绿皮书》的出版内容和出版单位的选定，都遵循一定的遴选程序。

许嘉璐先生为《中国语言生活绿皮书》题字；教育部副部长袁贵仁同志，教育部副部长、国家语委主任赵沁平同志，国家语委咨询委员会副主任朱新均同志，都很关心《中国语言生活绿皮书》的编辑出版工作。相关课题组为《中国语言生活绿皮书》作出了贡献，一些出版单位和社会人士对《中国语言生活绿皮书》给予了支持与关心。在此特致谢忱！

教育部语言文字信息管理司

2008 年 6 月 15 日

目 录

一、 项目背景与目标

中日韩(CJK)各国家/地区的常用汉字表或教育用字表的颁布，均早于或平行于国际标准编码字符集 ISO/IEC 10646 的制定。因此，在这些常用字表中，往往都没有汉字的国际标准代码。由于技术条件和应用目的的限制，许多传统的汉字分析对比工作往往有两个缺憾：一是未能在大范围同时准确地描绘两个或多个国家/地区常用汉字的字形特征；二是未能指明两个国家/地区的汉字之间的对应关系，说明他们的编码状态、认同与否、是否存在简繁异的关系？抑或只有微小的笔形差异？这对于汉字对外教学和多元汉字文化的交流，以及汉字软件的开发与应用，都多少造成了一些困扰。

本项目是以中国《现代汉语常用字表》为基础、辅以汉语水平考试 HSK 字表，对照日韩和港台地区常用汉字或教育用字，采用 ISO 习用的汉字认同规则，进行大陆－台湾、内地－香港、中－日、中－韩的汉字对比，提供一套比较完整、准确的基础资料，作为 CJK 汉字统一编码的应用和补充，为汉字对外教学，特别是面向汉字文化圈的汉字教学提供有益的参考。

1. CJK 汉字统一编码的补充

中日韩汉字，属于同一文字体系，已是不争的事实。基于这一事实，从上个世纪九十年代初以来，经过各国文字专家与 IT 专家十余年的共同努力，本着求同存异的精神，在国际标准 ISO/IEC 10646 和工业标准 Unicode 的框架内，制定了一整套汉字认同甄别的规则，全面完成了中日韩汉字的统一编码 CJK Unified Ideographs 及 Extension A 和 B。目前，来自各个国家和地区标准的字符集、字表、字典中的逾七万汉字，已经得到了他们的国际身份证 ID 即国际标准代码。这是迄今汉字发展史上最大规模、最大范围的一次文字整理工作，也是汉字国际标准化的一个重要突破。随着 CJK 汉字在计算机、移动设备、因特网的实现，CJK 统一编码汉字将会日益显露其对于信息技术、语言教育、文化交流的深远影响。

上述 CJK 汉字统一编码，粗略地描述，是在一个所谓 XYZ 三维空间进行。（参见第 50 页[注 1]）这里，X 轴代表字义，Y 轴代表字形（Generic Glyph，或 Abstract Glyph），（参见第 50 页[注 2]），Z 轴代表具体的造型（文字专家习惯用"字样"和"字体"这样的术语来称各种字型）。CJK 汉字统一编码，就是把具有相同抽象字形的汉字聚集在一起赋予相同的代码；换言之，CJK 汉字的认同是在 Y 轴上进行的，而不是基于字义（X 轴）和具体造型（Z 轴）进行的。与此相关的，有两个悬而未决的问题：

(1) CJK 汉字认同之后，尚未进行简繁异体字或者新旧字形汉字在字义层次上（X 轴上）的关联标注。

(2) 大批具有微小差异的汉字被认同了，比如具有新旧字形的草字头、走之旁的汉字；

但是也有些本来应当认同的汉字，它们只在笔形上有微小的差异，或者 Z 轴上的微小变异，然而，为了兼容已有信息编码标准的需要，一个称作"源字集分离"（Source Code Separation）的例外处理规则，（参见第 51 页［注 3］）使他们在国际标准中被分别编码了。比如，说－説，吴－吳，决－決，吕－呂在标准中都当作了"不同的汉字"，由于他们属于高频字，其分别编码的副作用不可小觑。

对于 CJK 汉字的应用和推广而言，这也是需要进一步完善的基础工作。换言之，迄今为止，CJK 统一编码做的是"水平认同"，而现在需要进一步做一些双语境、多语境的"垂直认同"的工作或"垂直标注"的工作。（参见第 52 页［注 4］）

2. 中文汉字教学的辅助

汉字因在时空（中日韩，港澳台，教科书、报刊媒介、古籍）的不同而可能有各种不同的呈现（Presentation）。具体的汉字造型，具有很强的民族性、地域性和时代特征。而各种汉字造型往往以某一电脑字库(Font)为代表，不同字库在风格上、笔形上会有很大的差异，但都遵从各个国家/地区相应的规范。

为了高效地教好各类学生识读书写中国规范汉字，必须遵循"因材施教"的原则，按不同的学生类别对字形结构、规范笔画、规范笔顺进行教授，而不能千篇一律地照搬小学语文教材。实际上，教学对象无非是这两大类：没有汉字基础的对象（儿童，欧美学生）和有汉字基础的培训对象（日本、韩国、港澳台学生和受过港台汉字培训的外国人）。他们的基础和需求是有很大差别的，所以相应的教案也应细分。

对于有汉字基础的学生，显然没有必要一字一字地从头教起。教师的责任，首先要给他们以信心，告诉学生：他们已掌握的汉字在字形上有近一半与规范汉字是相同的，另有八分之一到四分之一仅有微小的差异，只有另外三分之一（强）是需要简化、正形或选用另一个异体字来代换。而所有的差异都有一定的规律性，不难掌握。

对初学和普通的书写，没必要苛求细微的差别；但绝不能因此而忽视汉字字形、笔形的差异。特别地，本资料所列举的大都是常用字（高频字），对于跨语言环境的学生而言，这一点尤为重要。比如，一笔之差可以改变一个字的属性，可能使他们在电脑上不能输入自己的常用字（如説－说，吴－吳），或者引起误解（如壳－殼），或者在查字典时绕道其他的部首（如决－決）。当今，即使电脑的输入技术已经能相当容忍一定的书写偏差，但 OCR 或手写输入对笔形的变异和笔画的多寡还是相当敏感的。

本项目的目标，就是要方便师生们浏览和查阅这些汉字的异同，希望起到辅助的作用。初步的用户反馈是，这些资料不仅对学习中国大陆的规范汉字有益；反过来，对中国大陆的人士学习其他国家/地区的汉字文化也有帮助。

3. 中文信息技术开发的基础项目

事实上，本项目对于字库开发、多语境汉字键盘输入、手写识别、OCR 引擎开发、简繁精密转换、跨语境简繁异关联检索、辞书编纂等，也都有重要的参考价值。

本项目是由长期从事中日韩汉字统一编码工作（CJK Ideographs Unification）的国际标准化组织汉字组（IRG）前召集人张轴材提出并主持编著，在教育部语言文字信息管理司的支持与指导下，依托北京书同文数字化技术有限公司，开展中日韩大范围多边合作完成的。

二、 对比对象与对比分析流程

1. 对比对象：

(1) 现代汉语常用字表 (本资料记作：CY)

《现代汉语常用字表》分常用字(2500 字)和次常用字(1000 字)两个部分。由中国国家语言文字工作委员会与国家教育委员会于 1988 年 1 月 26 日联合发布。在本资料中， V4.0 版之后简称为"常用字表"，记作 CY。V3.30 版之前误称为小学用字，曾记作"XX"。

(2) 汉语水平考试用字 (本资料记作：HSK)

国家汉语水平考试委员会办公室考试中心制定，经济科学出版社 2001年 6 月出版的《汉语水平词汇与汉字等级大纲》（修订本）中"汉字等级大纲"（2905 字）分为甲级字(800)、乙级字(804)、丙级字(590+11)和丁级字(670+30)。简称 HSK（汉办版），或 HSK。

在 V4.0 版对照表中分为甲、乙、丙、丙附录、丁、丁附录，其中丙附录标为"丙+"，丁附录标为"丁+"。

本资料 V3.30 版之前采用的是北京语言大学汉语水平考试中心编制、现代出版社 2003 年 6 月出版的《中国汉语水平考试大纲》（初、中等）中"HSK(初、中等)常用汉字"（2204 字）。分为甲级字(798)、乙级字(808)和丙级字(598)。简称 HSK（北语版）。

在 V4.0 版对照表中保留了"北语版"HSK 的信息，甲、乙、丙、丙附录各等级字分别标为 A、B、C 和 C+。HSK 后不加版本说明时，指的是汉办版。

(3) 台湾国小用字（本资料记作：T）

《国语文教育丛书》四十三《国小学童常用字词调查报告书》2002 年 3月 2 版，编辑者：台湾地区教育部国语推行委员会(初版：2000 年 12 月)。

(4) 香港小学用字一览表（本资料记作：**H**）

香港特别行政区政府教育局课程发展处中国语文教育组 2007 年编印之《香港小学学习字词表》中的《小学用字一览表》。分为第一阶段和第二阶段，记作"一阶"和"二阶"。

(5) 日本常用汉字表 (本资料记作：**J**)

1981 年日本内阁告示颁布（1945 字）。其中：

学年别汉字配当表（＝"教育汉字"）1958 年文部省"小学校学习指导要领"附录（881 字）。1968 年、1977 年、1989 年改订。

小学 1 年生	80 字	本资料记作：**教－1**
小学 2 年生	160 字	本资料记作：**教－2**
小学 3 年生	200 字	本资料记作：**教－3**
小学 4 年生	200 字	本资料记作：**教－4**
小学 5 年生	185 字	本资料记作：**教－5**
小学 6 年生	181 字	本资料记作：**教－6**
合　　计	1006 字	

据查，国内常有人引用之《当用汉字表》系 1946 年日本内阁告示颁布（1850 字），但该版本字表已于 1981 年废止。

又，在本书排印过程中，2009 年 1 月 28 日，日本文部科学省文化厅文化审议会(原来是国语审议会)提出了新的《常用汉字表》，增加了挨、畏、冈等 191 个汉字，删除了铣、锤、勺、脈、匁五个汉字。鉴于该字表仍处于征求意见过程中，今后一两年内可能还有变动，因此本书尚未据此作相应调整。现将其增删部分的汉字附在下一页供读者参考。

(6) 韩国科学和技术教育部指定汉字 (本资料记作：**K**)

1800 汉字于 2000 年 12 月颁布 (其中 900 初中汉字, 900 高中汉字)。

1972 年韩国亦曾颁布过 1800 汉字表。到 2000 年颁布时更换了其中 44 个字。颁布的部门也发生了变化：교육인적자원부 改为 교육과학기술부 ，由韩国教育和人力资源开发部改为韩国科学和技术教育部。 经核对，900 初中汉字和 900 高中汉字中有一字重叠（球），故本资料 K 按 1799 字计算。

下页是 2009 年 1 月 28 日本报纸刊登的常用汉字的增删表：

2009年(平成21年)1月28日(水曜日) 12版

追加される漢字と削除される漢字

追加(191字)

漢字	音訓	漢字	音訓	漢字	音訓	漢字	音訓
挨	アイ	桁	けた	羨	セン・うらやむ・うらやましい	虹	にじ
曖	アイ	拳	ケン・こぶし	煎	セン・いる	捻	ネン
顎	あご	鍵	ケン・かぎ	腺	セン	罵	バ・ののしる
宛	あてる	舷	ゲン	詮	セン	剥	ハク・はがす・はぐ
嵐	あらし	股	コ・また	箋	セン	箸	はし
畏	イ・おそれる	虎	コ・とら	膳	ゼン	氾	ハン
萎	イ・なえる	梗	コウ	狙	ソ・ねらう	汎	ハン
椅	イ	喉	コウ・のど	遡	ソ・さかのぼる	阪	ハン・さか
彙	イ	乞	こう	爽	ソウ・さわやか	斑	ハン
茨	いばら	傲	ゴウ	曽	ソウ・ソ	眉	ビ・ミ・まゆ
咽	イン	駒	こま	痩	ソウ・やせる	膝	ひざ
淫	イン・みだら	頃	ころ	踪	ソウ	肘	ひじ
唄	うた	痕	コン・あと	捉	ソク・とらえる	訃	フ
鬱	ウツ	沙	サ	遜	ソン	阜	フ
怨	エン・オン	挫	ザ	汰	タ	蔽	ヘイ
媛	エン・ひめ	采	サイ	唾	ダ・つば	餅	ヘイ・もち
艶	エン・つや	塞	サイ・ソク・ふさがる・ふさぐ	堆	タイ	璧	ヘキ
旺	オウ	埼	さい	戴	タイ	蔑	ベツ・さげすむ
岡	おか	柵	サク	誰	だれ	蜂	ホウ・はち
臆	オク	刹	サツ・セツ	旦	タン・ダン	貌	ボウ
俺	おれ	拶	サツ	綻	タン	頬	ほお
苛	カ	斬	ザン・きる	憚	タン・はばかる	勃	ボツ
牙	ガ・ゲ・きば	恣	シ	綴	テツ	昧	マイ
瓦	ガ・かわら	摯	シ	酎	チュウ	枕	まくら
潰	カイ	餌	ジ・え・えさ	貼	チョウ・はる	蜜	ミツ
諧	カイ	鹿	しか・か	嘲	チョウ・あざける	冥	メイ・ミョウ
崖	ガイ・がけ	叱	シツ・しかる	諜	チョウ	麺	メン
蓋	ガイ・ふた	嫉	シツ	捗	チョク	冶	ヤ
骸	ガイ	腫	シュ・はらす・はれる	椎	ツイ	弥	や
葛	カツ・くず	呪	ジュ・のろう	爪	つめ・つま	闇	やみ
鎌	かま	袖	シュウ・そで	鶴	つる	喩	ユ
韓	カン	羞	シュウ	諦	テイ・あきらめる	湧	ユウ・わく
玩	ガン	蹴	シュウ・ける	溺	デキ・おぼれる	妖	ヨウ・あやしい
伎	キ	哨	ショウ	填	テン	瘍	ヨウ
亀	キ・かめ	憧	ショウ・あこがれる	妬	ト・ねたむ	沃	ヨク
毀	キ	拭	ショク・ぬぐう・ふく	賭	ト・かける	拉	ラ
畿	キ	尻	しり	藤	トウ・ふじ	辣	ラツ
臼	キュウ・うす	芯	シン	瞳	トウ・ひとみ	藍	ラン・あい
嗅	キュウ・かぐ	腎	ジン	栃	とち	璃	リ
巾	キン	須	ス	頓	トン	慄	リツ
僅	キン・わずか	裾	すそ	貪	ドン・むさぼる	侶	リョ
錦	キン・にしき	凄	セイ	丼	どんぶり・どん	瞭	リョウ
惧	グ	醒	セイ	那	ナ	瑠	ル
串	くし	戚	セキ	奈	なし	呂	ロ
窟	クツ			梨	なし	弄	ロウ・もてあそぶ
熊	くま			謎	なぞ	籠	ロウ・こもる
詣	ケイ・もうでる			鍋	なべ	麓	ロク・ふもと
憬	ケイ			匂	におう	脇	わき
稽	ケイ						
隙	ゲキ・すき						

削除(5字)

銑　錘　勺　匁　脹

为了便于查对，本资料的完整版和网络版将把上述七个字表，加上 Unicode 代码标注，作为原字表附在正文和对照表的后面。

〔注〕由于字汇数量级相差悬殊，为提高相对的可比性，对日本和韩国不以中国常用字表为主对比，而以 HSK 汉语水平考试汉字为主作对比。

5

2. **对比分析流程**：总流程如下图所示。以下将逐一说明各环节的作用。

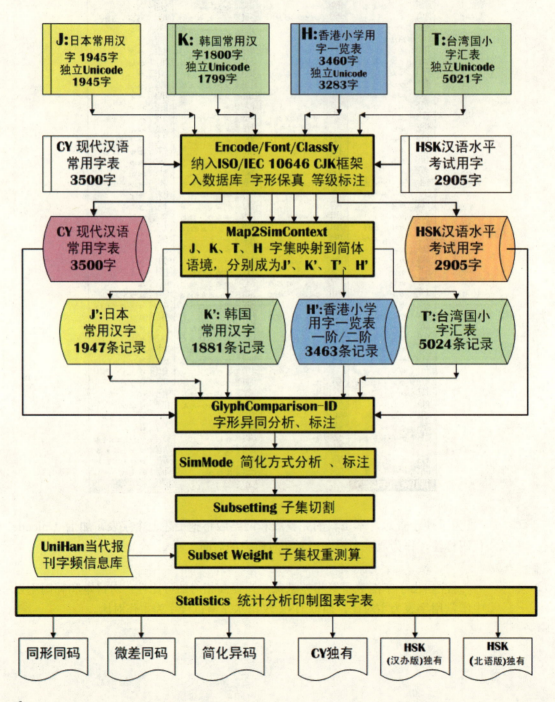

(1) **Encoding/Fonting/Classify**：

将各对比对象纳入ISO/IEC 10646 CJK框架，代码转换(如Big5－Unicode, TTE－Unicode，KSC － Unicode)、定码就位、进入数据库。形成J、K、T、H 字集库。在数据库中，记录每个原字表汉字的字形特征，实施"字形保真"和"等级标注"。

- 采用各国家/地区公认标准的字库表征原有汉字；用中国的规范汉字字形（除与韩国对比外皆采用楷体字库）表征映射后的汉字。
- 若该国家/地区的一个字库不能准确显现某汉字的原字形，就借用与其形体最接近的其他字库。
- 如果没有现成的字库能准确表征某汉字的原字形，就用图表示。
- 标注每个汉字在原字表中的等级，如甲/乙/丙/丁，或初中/高中，常用/次常用，一阶/二阶等等。

(2) **MappingToSimContext** 将J、K、T、H 字集映射到简体语境，分别成为J'、K'、T'

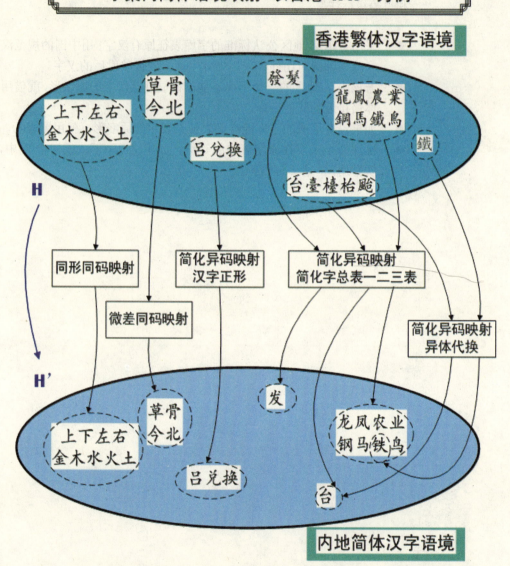

CJK Ideographs 中日韩常用汉字的分析比较流程之一
字集向简体语境映射 以香港 H-H' 为例

香港繁体汉字语境

内地简体汉字语境

从繁体语境向简体语境的映射，有的是"同码"的映射，有的则是"异码"的映射。对绝大多数映射而言，是一对一的关系；但也有多对一的情形；极少有一对多的关系。因此，映射的总结果，会使镜像字集J'、K'、T'、H'的独立Unicode编码汉字的个数略有减少。（但数据库的映射记录则会因极个别一对多关系而增加两三条记录数。）

8

T−T'：映射后，集合字数从5021个收敛到4768个。

　　　H−H'：映射后，集合从3460（字样数）归并到3283个（字数），最终收敛到H'的3098个（已排除重码）。

　　　J−J'：　映射后，集合字数从1945个收敛到1920个。

　　　K−K'：映射后，集合字数从1799个收敛到1779个。

　　这一道映射程序，是获得诸字集相对可比性的关键，是整个对比分析工作的重要基础。

(3) Glyph Comparison-Identifying 字形异同分析、标注 (Glyph-ID)。

根据汉字形态的变化，在数据库中逐条标记同形同码、微差同码和简化异码的关系。

- 字形完全相同的，代码不变，标以"同形同码"记号。
- 字形有微小差异的，代码不变，标以"微差同码"记号。（参见第 54 页 [注 5]）
- 导致转换异码的各种情形，一律标作"简化异码"。

(4) SimMode

进一步对"简化异码"进行简化方式分析 、标注其简化模式(SimMode)。实际上，映射过程中的"简化"，是一个广义的概念，它包括下述各种不同的情况：

- **简化**：按《简化字总表》 表一、表二、表三简化汉字。
- **异体代换**：按《异体字表》代换，这些字可能习惯上被认为是简化汉字。如决—决，異—异。
- **汉字正形**（参见第 56 页[注 6]）：按《印刷通用汉字字形表》正形造成的、习惯上被认作是简化字。如换—换，爭—争，内—内，别—别。
- **异体简化**：既有异体代换，又有简化的变换。如舉—擧—举。
- **条件简化**：较明显的一对多简化，有的情况下不能简化。如乾—乾/干，著—著/着。
- **条件异体代换**：有条件的异体代换。如珮—佩，珮作人名时就不宜代换为佩。
- **正形简化**：汉字正形与简化交织在一起。如閲—閱—阅。
- **日文略字对应**：日文略字（简化字）对应中国的简化字，如団—团；也可能对应一个传承字，如巣—巢。
- **日文国字对应**：日文国字（除略字外，日文独有的汉字）对应一个 CJK C−Hanzi G 列下的一个编码汉字，如枠；还有的按字义亦可对应到一个简体字。如闘—斗，働—动。
- **其他**：如可简化但尚未编码。

[注] 在图形坐标上，以上分类分别缩写为：简化, 条简, 正简, 异简, 异代, 条异, 正形, 日略, 国字。

(5) Subsetting 子集切割

根据数据库的标注信息，可以将两两对比的字集的并集切割为多个独立的子集。

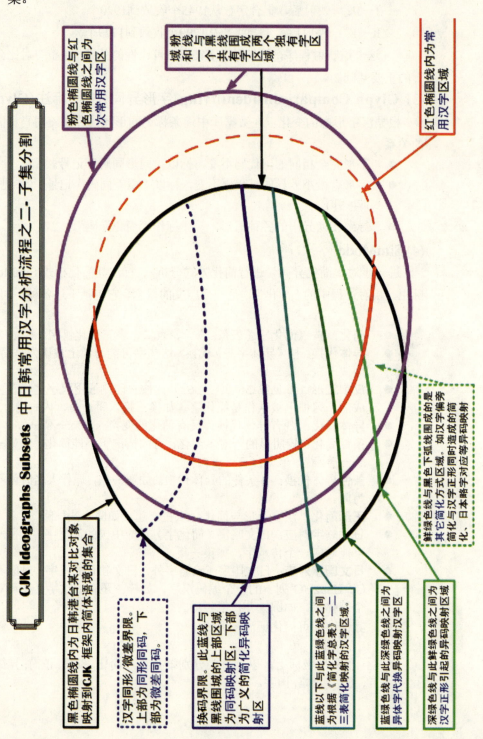

CJK Ideographs Subsets 中日韩常用汉字分析流程之二 - 子集分割

粉色椭圆线红色椭圆线之间为次常用汉字区

域和一个共有字区域成两个独立字区粉红线与黑线围成

红色椭圆线内为常用汉字区域

黑色椭圆线内为映射到CJK 框架内简体语境的集合

汉字同形/微差界限。上部为同形同码，下部为微差同码。

换码界限。此蓝线的上部区域黑线围成的区域为同码映射区；下部为广义异形异码映射射区

蓝线以下与此蓝绿色线之间为根据《简化字总表》一二三表简化映射的汉字区域。

深绿色线与此蓝绿色线之间为异体字代换异码映射汉字区

深绿色线与鲜绿色线之间为汉字正形引起的异码映射区域

鲜绿色线与黑色下弧线围成的是其它简化方式区域。如汉字偏旁简化与汉字正形造成的简化，日本略字对应等异码映射。

10

(6) Subset Weight 子集权重测算

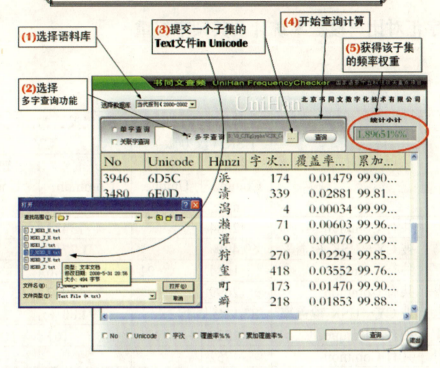

CJK Ideographs中日韩常用汉字的分析比较流程之三—
Subset Weighting 子集权重测算示意图

(1)选择语料库

(2)选择多字查询功能

(3)提交一个子集的 Text文件in Unicode

(4)开始查询计算

(5)获得该子集的频率权重

(7) **Statistics** 统计分析印制图表字表

- **字汇覆盖统计**：指每两个国家/地区字表之间共有的字、各自独有的字。
- **字形异同统计**：同形同码、微小形差同码、需简化/正形/异体代换—异码的字。这对共有字和独有字都适用。
  - 所谓"同形同码"的同形字，主要的是两个字表之间共有字；但是也包括少数或极少数从原字表映射到简体语境的独有字， 他们虽然与 CY 和 HSK 不相交，但是却落在 CJK 之中，如果它与中国的规范字形相同，我们也称其为"同形同码"字。如"壬"是 K 独有，CY, HSK 之外，但与中国字形相同，故称"同形同码"字。
  - 即使独有字中也含有"简化异码"的情形。如皑—皑，钵—钵，兹—兹和禄—禄都是 CY，HSK 之外的字。
  - 独有字中，也有极个别的繁体—繁体映射的情况，比如 T 中的鲛鳒，映射后 T'仍为鲛鳒，这属于可简化、但在 CJK 中尚未编码的情形。这与"同形同码"并不矛盾。
- **简化方式统计**：简化、异体代换、汉字正形的比例。
- **频率权重测算**：计算各子集在现代报刊语料库（含一亿六千万字次的语料，作为现代汉语语料的一种代表）中的频率权重及其每个单字的平均权重。

- **字表排印**：以较大字号字体列出字形对照表，一一示出字形和字码的异同、简化方式，标出其在原字表中的等级。

三、 字汇对比－覆盖率统计及其频率权重

1. 覆盖率

		汉语水平考试用字 HSK（汉办版）		现代汉语常用汉字表 CY	
		共有 Common	独有 Unique	共有 Common	独有 Unique
台湾 T'	共有 Common	2884		3422	
	被 CY－HSK 覆盖率	**60.49%**		**71.77%**	
	独有 Unique	1884	21	1346	78
香港 H'	共有 Common	2699		2937	
	被 CY－HSK 覆盖率	**87.12%**		**94.80%**	
	独有 Unique	399	206	161	563
日本 J'	共有 Common	1752			
	被 HSK 覆盖率	**91.25%**			
	独有 Unique	168	1553		
韩国 K'	共有 Common	1675			
	被 HSK 覆盖率	**94.15%**			
	独有 Unique	104	1230		

(1) 大陆常用字 CY 及汉语水平考试用字 HSK 分别与台湾国小用字的对比

a)图 T－CY

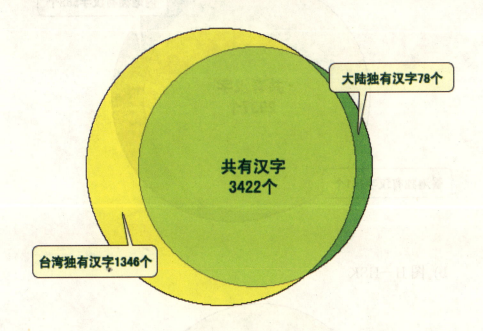

b) 图 T－HSK

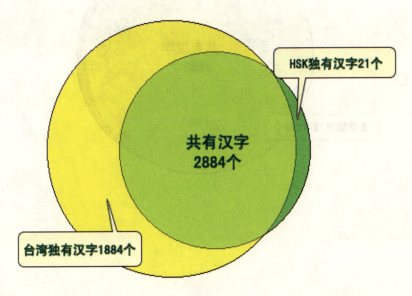

(2) 内地常用字 CY 及汉语水平考试用字 HSK 分别与香港小学用字的对比

a) 图 H−CY

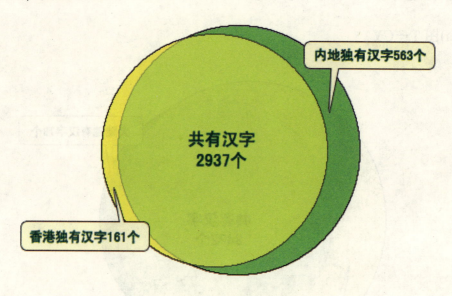

a) 图 H−CY

内地独有汉字563个

共有汉字
2937个

香港独有汉字161个

b) 图 H−HSK

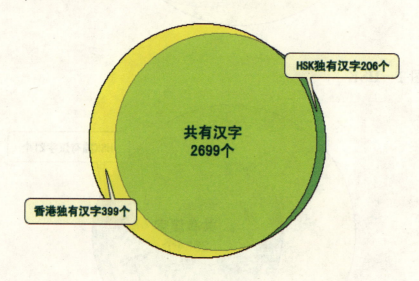

HSK独有汉字206个

共有汉字
2699个

香港独有汉字399个

(3) 汉语水平考试用字与日本常用汉字对比 (图 J—HSK)

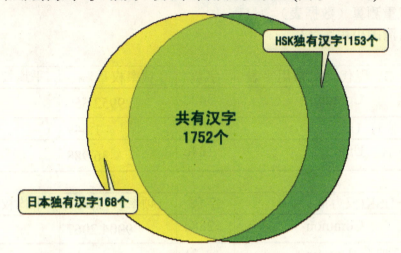

HSK独有汉字1153个

共有汉字
1752个

日本独有汉字168个

(4) 汉语水平考试用字与韩国常用汉字对比 (图 K—HSK)

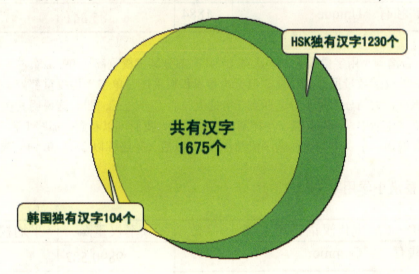

HSK独有汉字1230个

共有汉字
1675个

韩国独有汉字104个

2. CY/HSK 覆盖/未覆盖各国家/地区字集诸区域在中国大陆现代报刊语料中的频率权重测算（数据表）

(1) 台湾国小用字 T'

T'－CY 现代汉语常用字表	字数	频率权重‰	平均权重‰
共有　　Common	3422	9952.559	2.908
CY 独有　Unique	78	1.549	0.020
T'独有　Unique	1346	36.988	0.027

T'－HSK(汉办版)	字数	频率权重‰	平均权重‰
共有　　Common	2884	9904.2067	3.434
HSK 独有 Unique	21	0.869	0.041
T'独有　Unique	1884	85.341	0.045

　　台湾国小用字量最大，与大陆 CY 共有部分频率权重高达 99.52%。T'的独有部分的汉字数量虽亦居首位。但无论是累积权重还是单字平均权重都处于相当低的水准，大约分别是千分之四到千分之九，百万分之三、四。这说明其在大陆现代语言生活中，影响甚微。在详细的对照表中，我们可以看到，那些 T 独有的字，在台湾国小字表中，往往频序值都在 3500 以后（等级标以 35，49，45 或 50）。

(2) 香港小学用字 H'

H'－CY 现代汉语常用字表	字数	频率权重‰	平均权重‰
共有　　Common	2937	9890.582	3.368
CY 独有 Unique	563	63.526	0.113
H'独有　Unique	161	8.461	0.053

H'－HSK(汉办版)	字数	频率权重‰	平均权重‰
共有　　Common	2699	9865.337	3.655
HSK 独有 Unique	206	39.739	0.193
H'独有　Unique	399	33.705	0.084

　　香港小学用字与内地 CY 或 HSK 都有良好的覆盖匹配，共有字多而独有字

少,共有部分频率权重接近99%,而独有部分的单字平均权重仅十万分之一、二 。

(3) 日本常用字 J'

J'－HSK(汉办版)	字数	频率权重‰	平均权重‰
共有　　　Common	1752	8974.22	5.122
HSK 独有　Unique	1153	930.856	0.807
J'独有　　Unique	168	14.1117	0.084

J'－HSK(北语版)	字数	频率权重‰	平均权重‰
共有　　　Common	1536	8871.943	5.776
HSK 独有　Unique	668	819.307	1.227
J'独有　　Unique	384	116.388	0.303

汉办版的 HSK 对日本常用汉字覆盖达 90%, 而这共有部分的权重已逼近 90%。J' 独有的汉字仅存 168 个,且其平均权重不到十万分之一（0.084‰）。

(4) 韩国常用字 K'

K'－HSK(汉办版)	字数	频率权重‰	平均权重‰
共有　　　Common	1675	9127.675	5.449
HSK 独有　Unique	1230	777.402	0.632
K'独有　　Unique	104	15.726	0.151

K'－HSK(北语版)	字数	频率权重‰	平均权重‰
共有　　　Common	1491	9029.234	6.056
HSK 独有　Unique	713	662.017	0.928
K'独有　　Unique	288	114.167	0.396

汉办版的 HSK 对韩国常用汉字覆盖更好, 达 94.75%, 而这共有部分的权重已超过 91%。 K' 独有的汉字仅存 104 个,且其平均权重不到十万分之一点五 （0.151‰）。

3. HSK 覆盖/未覆盖区域在中国大陆现代报刊语料中的频率权重图（交叉对比）

(1) HSK 覆盖/未覆盖区域频率权重

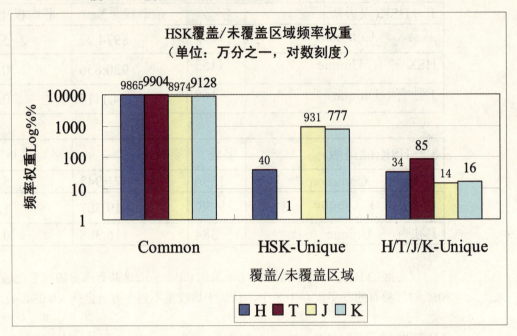

为了提高可比性，本页和下页的柱形图，都一律用 HSK 的对比数据，将覆盖（共有－Common）/未覆盖（独有－Unique）区域对应的频率权重作了形象描述。

由于覆盖部分与其他部分的频率权重相当悬殊，所以上图纵轴采用了对数坐标；而平均单字的权重相差不大，仍然采用线形坐标。

很明显，各国家/地区的共有部分都已具有 90% 以上的频率权重，其中港台最高，处于 98%－99% 的高位，日韩则处于 90%∓1% 的水准。日韩的独有部分权重要低于共有部分三个数量级。但 HSK 相对于日韩的独有字权重仅低一个数量级，这是不能忽视的子集。为此，在分类对照表中，专门为 HSK－Unique 单独列表。以便查阅。

(2) HSK 覆盖/未覆盖区域单字平均频率权重

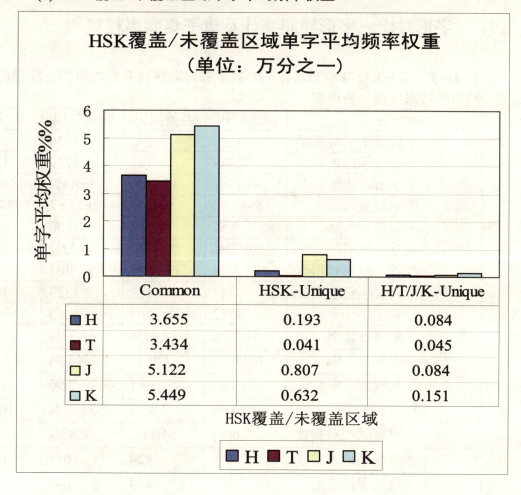

HSK覆盖/未覆盖区域单字平均频率权重
（单位：万分之一）

	Common	HSK-Unique	H/T/J/K-Unique
■ H	3.655	0.193	0.084
■ T	3.434	0.041	0.045
□ J	5.122	0.807	0.084
□ K	5.449	0.632	0.151

HSK覆盖/未覆盖区域

■ H ■ T □ J □ K

共有部分汉字的单字平均权重越高，越说明选择学习这部分汉字的必要。

独立部分的单字权重显然平均起来低很多，但是，也有一些不可忽视的高频字被淹没了。比如 HSK 相对于 J 独有的之、于、也、你、们、厂等，都是中国现代汉语相当高频的汉字。

四、 字形对比－字形异同统计及诸子集频率权重

1. J－J'、K－K'、T－T'、H－H'的字形异同统计及其在中国大陆现代语料中的频率权重（数据表）

		同形同码	微差同码	简化异码	总 计
台湾国小用字 T－T'	子集汉字记录数量	2396	792	1836	5024
	子集汉字排重后	2389	792	1759	4759
	子集所占比例	47.69%	15.76%	36.54%	100%
	频率权重 ‰	5966.20	966.46	3628.67	9989.55
	平均权重 ‰	2.50	1.22	2.06	
	权重贡献率	59.72%	9.67%	36.32%	100%
	权重贡献相对指数	125.23%	61.37%	99.40%	
香港小学用字 H－H'	子集汉字记录数量	1713	423	1327	3463
	子集汉字排重后	1712	409	1165	3096
	子集所占比例	49.47%	12.21%	38.32%	
	频率权重 ‰	6300.03	779.81	3444.34	9899.01
	平均权重 ‰	3.68	1.91	2.96	
	权重贡献率	63.64%	7.88%	34.79%	100%
	权重贡献相对指数	128.66%	64.49%	90.80%	
日本常用汉字 J－J'	子集汉字记录数量	866	424	657	1947
	子集汉字排重后	865	424	647	1920
	子集所占比例	44.48%	21.78%	33.74%	100%
	频率权重 ‰	5226.03	1404.68	2522.23	8988.33
	平均权重 ‰	6.04	3.31	3.90	
	权重贡献率	58.14%	15.63%	28.06%	100%
	权重贡献相对指数	130.72%	71.76%	83.16%	
韩国常用汉字 K－K'	子集汉字记录数量	614	518	669	1801
	子集汉字排重后	613	517	662	1779
	子集所占比例	34.09%	28.76%	37.15%	100%
	频率权重 ‰	4261.73	1990.90	2996.60	9143.40
	平均权重 ‰	6.95	3.85	4.53	
	权重贡献率	46.61%	21.77%	32.77%	100%
	权重贡献相对指数	136.72%	75.71%	88.23%	

下面两页有上述数据表各栏目的详细解释及数据表的图形表示。

各栏目注释：

- 子集汉字记录的数量：J、K、T、H 字集映射到简体语境，分别成为 J'、K'、T'、H'后，形成的同形同码、微差同码、简化异码三种子集的汉字记录数量。
- 子集汉字排重后（汉字总数量）：上述子集映射时可能产生的重码汉字归并后、在各子集内排重后的汉字总数。
- 子集所占比例：同形同码、微差同码、简化异码三种子集的汉字记录数量占 J'、K'、T'或 H'的比例。
- 频率权重‰：各子集在书同文"现代报刊语料"数据库中的累计频率值。
- 平均权重‰：上述频率权重除以子集汉字排重后的汉字数量。
- 权重贡献率：各频率权重除以该字集（J'、K'、T'、H'）的总权重贡献。
- 权重贡献相对指数：权重贡献率除以子集所占比例。

2. 各国家/地区之同形/微差/简化诸子集汉字比例（饼图）

(1) 基于台湾国小用字的大陆—台湾字形对比

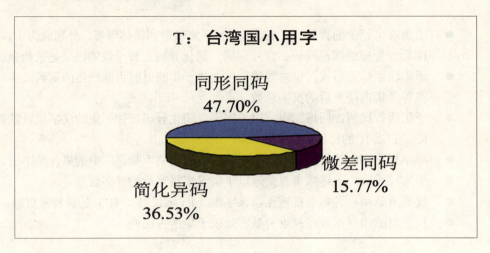

T：台湾国小用字

同形同码
47.70%

微差同码
15.77%

简化异码
36.53%

(2) 基于香港小学用字的内地—香港字形对比

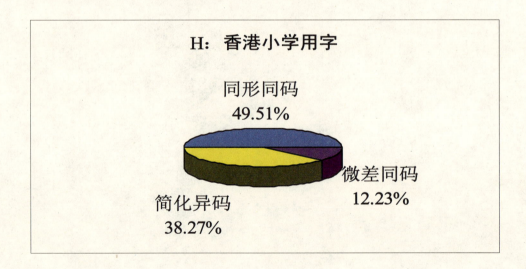

H：香港小学用字

同形同码
49.51%

微差同码
12.23%

简化异码
38.27%

(3)基于日本常用汉字的中日汉字字形对比

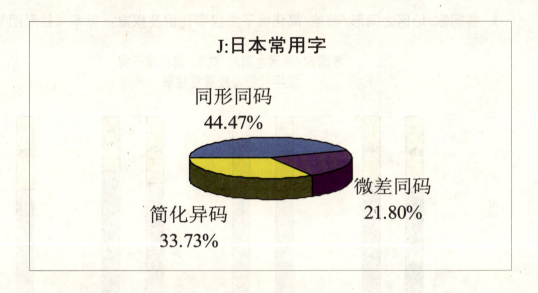

J:日本常用字

同形同码
44.47%

微差同码
21.80%

简化异码
33.73%

(4)基于韩国常用汉字的中韩汉字字形对比

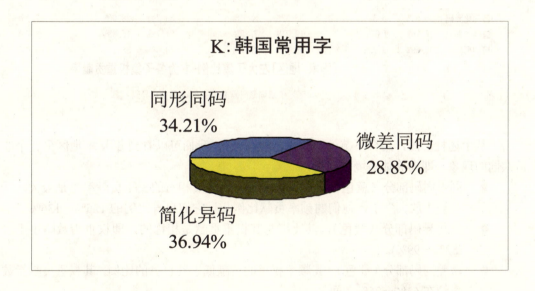

K:韩国常用字

同形同码
34.21%

微差同码
28.85%

简化异码
36.94%

　　从以上饼图可以清晰地看出，虽然各国家/地区三类映射的比例各有不同，但是有一点是共同的：简化异码（黄色区域）的比例大致在三分之一左右，同形同码（蓝色区域）和微差同码（红色区域）加起来在三分之二左右。各国家/地区的差别主要表现在这三分之二的范围内、同形同码与微差同码的比例界限上。

　　可能毕竟属于同一语言的缘故，港台与大陆汉字的微差同码的比例要小得多，仅12%

—15%，而日韩字表与中国之间的微差同码则高达 21%－28%。其中，韩国的微差同码比例最大（同形同码则相应较低），这和韩国完全沿用传统旧字形汉字可能有关。

3. 各国家/地区之同形/微差/简化诸子集汉字比例及权重贡献率（柱形图）

各国家/地区之同形/微差/简化诸子集
汉字比例及权重贡献率

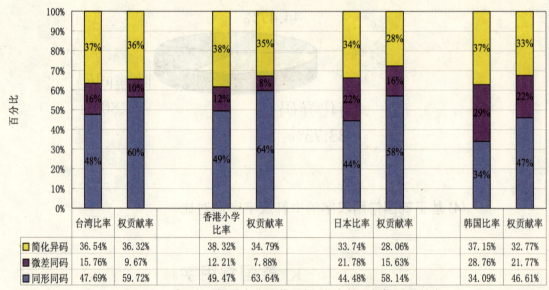

	台湾比率	权贡献率	香港小学比率	权贡献率	日本比率	权贡献率	韩国比率	权贡献率
□ 简化异码	36.54%	36.32%	38.32%	34.79%	33.74%	28.06%	37.15%	32.77%
■ 微差同码	15.76%	9.67%	12.21%	7.88%	21.78%	15.63%	28.76%	21.77%
■ 同形同码	47.69%	59.72%	49.47%	63.64%	44.48%	58.14%	34.09%	46.61%

[国家/地区]左为子集比例-右为各子集权重贡献率

■ 同形同码　■ 微差同码　□ 简化异码

从上述柱形图，结合下节的"权重贡献指数"，我们可以看到各国家/地区另一个非常共同的现象，即向简体语境映射时：

● 同形同码部分（蓝色）不仅比率最高，而且其相对的权重贡献率也是最大，并且被"放大"了，他们的频率贡献比例超过它们自身比例的 125%－136%。

● 简化异码部分（黄色），其比率与其权重贡献是相称的，即权重指数略小于 1（83%－99%）。

● 微差同码部分（红色），其频率权重的贡献低于其自身的比例，其权重贡献指数大约在 61%－75%之间。

这个事实提示我们，当我们讨论或研究中日韩汉字字形的差异的同时，必须注意到它们之间字形相同的那一部分的重要的、主导的作用。这是汉字文化圈文字相通的重要因素之一。

下页的图表是从另一个视角来描述这个共同点。

4. 各国家/地区之同形/微差/简化诸子集权重贡献率相对于子集大小比例的指数（柱形图）

各国家/地区之同形/微差/简化诸汉字子集的
权重贡献相对于子集大小的指数

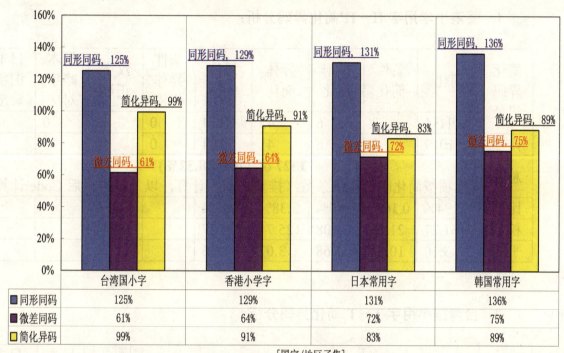

	台湾国小字	香港小学字	日本常用字	韩国常用字
■ 同形同码	125%	129%	131%	136%
■ 微差同码	61%	64%	72%	75%
■ 简化异码	99%	91%	83%	89%

[国家/地区子集]

■ 同形同码 ■ 微差同码 ■ 简化异码

　　上述权重贡献率**指数**可以比权重贡献率更清晰地说明：同形同码、微差同码和简化异码各子集，他们的相对权重率是否与他们自己的大小比例相称。

　　结论还是如同上一节。同形同码部分的指数高出一截，再次说明了中日韩各国家/地区"相同字形"的重要性：他们的比例虽只占一半，但权重贡献却被放大了三、四成。

五、 简化模式的进一步分析

（以下权重亦指频率权重，平均权重指单字平均权重，单位为万分之一，‰在图中为%%）

1. 香港小学用字 H−H'简化异码分析：

简化 异码 记录	简化	条件 简化	正形 简化	异体 简化	异体 代换	条件 异体 代换	汉字 正形	日本 略字 对应	日本 国字 对应
	1111	3	6	45	114	0	48	0	0
排重	1019	2	6	41	104	0	42	0	0
总数	1327 of 3463 (38.32%) 此项按简化映射记录条数（排重之前）计算，以下按排重后 Code 计算								
比例	83.94%	0.16%	0.49%	3.38%	8.57%		3.46%		
权重	3161.27	21.26	34.08	125.74	224.27		92.44		
平均	3.10	10.63	5.68	3.07	2.16		2.20		

2. 台湾国小用字 T−T'简化异码分析：

简化 异码 记录	简化	条件 简化	正形 简化	异体 简化	异体 代换	条件异 体代换	汉字 正形	日本 略字 对应	日本 国字 对应
	1511	3	6	63	194	4	55		
排重	1491	3	6	62	188	4	55		
总数	1836 of 5024 (36.54%) 此项按简化映射记录条数（排重之前）计算，以下按排重后 Code 计算								
比例	82.42%	0.17%	0.33%	3.43%	10.39%	0.22%	3.04%		
权重	3227.15	21.26	29.14	79.52	283.54	5.38	89.26		
平均	2.16	7.09	4.86	1.28	1.51	1.35	1.62		

3. 日本常用字 J—J'简化异码分析：

简化异码记录	简化	条件简化	正形简化	异体简化	异体代换	条件异体代换	汉字正形	日本略字对应	日本国字对应
	418	2	0	10	49	0	14	162	2
排重	415	2	0	10	48	0	14	160	2
总数	**657** of 1947 (**33.74%**) 此项按简化映射记录条数（排重之前）计算，以下按排重后 Code 计算								
比例	63.75%	0.31%		1.54%	7.37%		2.15%	24.58%	0.31%
权重	1731.01	21.26		13.24	177.25		32.61	601.82	23.82
平均	4.17	10.63	0.00	1.32	3.69	0.00	2.33	3.76	11.91

4. 韩国常用字 K—K'简化异码分析：

简化异码记录	简化	条件简化	正形简化	异体简化	异体代换	条件异体代换	汉字正形	日本略字对应	日本国字对应
	569	2	5	20	40	0	33	0	0
排重	564	2	5	20	40	0	33	0	0
总数	**669** of 1881 (**35.57%**) 此项按简化映射记录条数（排重之前）计算，以下按排重后 Code 计算								
比例	84.94%	0.30%	0.75%	3.01%	6.02%	0%	4.97%		
权重	2682.41	21.26	30.49	33.35	111.51		121.97		
平均	4.76	10.63	6.10	1.67	2.79	0.00	3.70		

5. 各国家/地区字集简化方式之比例（交叉对比）

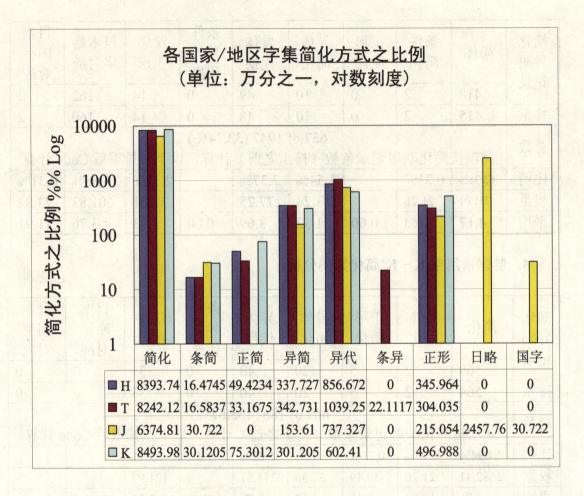

各国家/地区字集简化方式之比例
（单位：万分之一，对数刻度）

	简化	条简	正简	异简	异代	条异	正形	日略	国字
H	8393.74	16.4745	49.4234	337.727	856.672	0	345.964	0	0
T	8242.12	16.5837	33.1675	342.731	1039.25	22.1117	304.035	0	0
J	6374.81	30.722	0	153.61	737.327	0	215.054	2457.76	30.722
K	8493.98	30.1205	75.3012	301.205	602.41	0	496.988	0	0

　　从上图可以看到，主要的简化方式是《简化字总表》一二三表（本资料称作"简化"）。除日本之外，其他国家/地区的字表映射到简体语境时，这种简化方式占82.4%－85%；其他三种主要方式依次是异体代换（6%－10%）、汉字正形(2%－5%)以及异体代换与简化的交叉(1.5%－3.4%)，但是他们的比例要低于一般简化一个到两个数量级（注意上图纵轴是非线性对数刻度，每两条线之间差10倍）。

　　日本的特点是：一般简化方式比例要小一些，但缘于日本略字或国字对应的"简化异码"高达25%，即每四个简化异码中就有一个与此有关。

6. 各国家/地区字集各简化方式之频率权重(交叉对比)

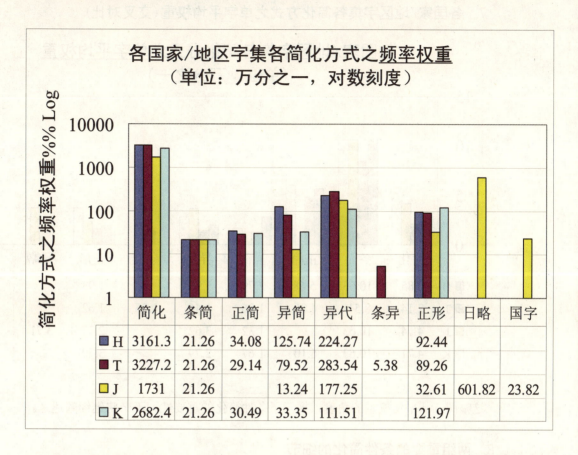

各国家/地区字集各简化方式之频率权重
（单位：万分之一，对数刻度）

	简化	条简	正简	异简	异代	条异	正形	日略	国字
H	3161.3	21.26	34.08	125.74	224.27		92.44		
T	3227.2	21.26	29.14	79.52	283.54	5.38	89.26		
J	1731	21.26		13.24	177.25		32.61	601.82	23.82
K	2682.4	21.26	30.49	33.35	111.51		121.97		

本图进一步描绘了，除一般简化外，异体代换、汉字正形、日本略字和异体简化的作用。

7. 各国家/地区字集各简化方式之单字平均权重（交叉对比）

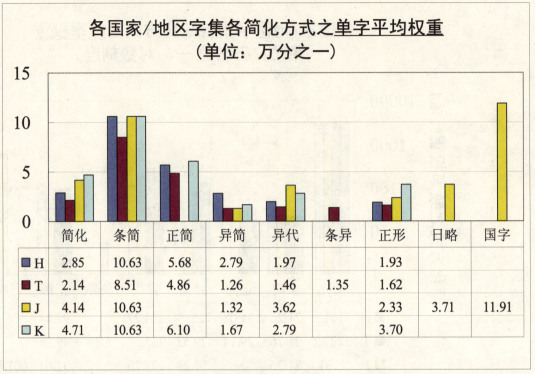

各国家/地区字集各简化方式之单字平均权重
（单位：万分之一）

	简化	条简	正简	异简	异代	条异	正形	日略	国字
H	2.85	10.63	5.68	2.79	1.97		1.93		
T	2.14	8.51	4.86	1.26	1.46	1.35	1.62		
J	4.14	10.63		1.32	3.62		2.33	3.71	11.91
K	4.71	10.63	6.10	1.67	2.79		3.70		

这幅图，从平均权重的角度，揭示了条件简化的重要性。下节将继续阐述之。

8. 两组重要的条件简化的细节

一般的观念，误以为只有从简到繁的转换涉及一对多的问题。实际上，从繁到简也有同样的问题。从繁到简的一对多（或一代多）关系，数量虽少，但与各国家/地区都有关，且具有较高的使用频率。为此需要我们仔细地处理。

H:

香港	映射方向	映射模式	内地
乾	→	同形同码	乾
	↘	条件简化	
干	→	同形同码	干

J:

日本	映射方向	映射模式	中国
乾	→	同形同码	乾
	↘	条件简化	
干	→	同形同码	干

T：

台湾	映射方向	映射模式	大陆
乾	→	同形同码	乾
	↘	条件简化	
干	→	同形同码	干

K：

韩国	映射方向	映射模式	中国
乾	→	同形同码	乾
	↘	条件简化	
干	→	同形同码	干

这一组映射，对各国家/地区而言，全都是一致的：同形同码、一对一映射，加上乾—干的有条件简化。

而在另一组（著—著/着）则有比较复杂的情况。

在各国家/地区的字表中，

- H，T，K 的"著"的字形都是四笔草字头，微差同码映射到"著"；H 则还有一个"著"的带点旧字形也要映射。
- J 的"著"的字形与中国同形同码。

- 除了 T 完全没有"着"字，H，J，K 的"着"都是"无尾羊" 𦍌 字头（而非"歪尾羊" 芈 字头），微差同码映射到"着"。
- 所有国家/地区的"著"都面临着"条件简化"到"着"。
- 而著/着都是甚高频的汉字。

H:

香港	映射方向	映射模式	内地
著 著	→	微差同码	著
	↘	条件简化	
着	→	微差同码	着

J:

日本	映射方向	映射模式	中国
著	→	同形同码	著
	↘	条件简化	
着	→	微差同码	着

T:

台湾	映射方向	映射模式	大陆
著	→	微差同码	著
	↘	条件简化	
着 无此字	→	微差同码	着

K:

韩国	映射方向	映射模式	中国
著	→	微差同码	著
	↘	条件简化	
着	→	微差同码	着

9. 大陆－台湾两组条件映射字的频率信息

以下表格引用了海峡两岸的资料：台湾国小用字字频、书同文公司的语料库（2000－2003 年现代报刊）的统计信息以及国家语委《中国语言生活绿皮书》2005 "报刊、广播电视、网络用字总表" 的频率信息，举出了 "条件简化" 与 "条件异体代换" 的实例。

● 大陆－台湾两组条件简化汉字（乾干著着）的频序与字频

台湾			映射方向	映射模式	大陆字形	书同文语料		05 绿皮书	
频序	字频‰	字形				频序	字频‰	频序	字频‰
757	2.46	乾	→	同形同码	乾	2515	0.12	2627	0.095
			↘	条件简化					
48	30.48	干	→	同形同码	干	541	4.25	611	3.823
41	36.44	著	→	微差同码	著	813	2.29	1002	1.621
			↘	条件简化					
T 无此字	0	着	→	微差同码	着	126	17.01	175	13.70

另外，台湾国小还有一个字，"頫" 需要 "条件简化"。但大陆目前尚无该字对应的标准编码简化字[兆页]：頫 。大陆方面目前暂缺乏该简化字的使用频度，但可知其关联字 "俯" 的信息：其现代字频为 0.06458‰。参考台湾国小的字频，"頫" 在国小字表中频序值为 4736，频率值为 0.8285‰；利用书同文数据库测算可知："頫" 在古籍中频序值为 4583，与台湾频序相当接近，频率为 0.09347‰，其关联字 "俯" 的古籍字频为 0.81298‰。

"頫" 在书同文现代报刊语料中频率只有 0.00059‰，相对于 "著着乾干" 等字的频率，影响相对低微。

● 大陆－台湾两组条件异体代换汉字（硅/矽，盘/槃）的频序与字频

台湾			映射方向	映射模式	大陆字形	书同文语料		2005 绿皮书	
频序	字频‰	字形				频序	字频‰	频序	字频‰
3552	0.4971	矽	→	同形同码	矽	4347	0.0076	4806	0.3182
			↘	条件异体代换					
3612	0.4971	硅	→	同形同码	硅	2302	0.1712	2841	6.616
4472	0.0166	槃	→	同形同码	槃	4299	0.0083	5221	0.1529
			↘	条件异体代换					
755	2.4690	盤	→	微差同码	盘	513	4.5563	622	3.7548

在"条件异体代换"中，尽管"矽"相对于"硅"、"槃"相对于"盘"频序和频度都相当低，但是考虑到下列因素，我们还是把他们列入"条件异体代换"，而不是简单的一对一异体代换：

(1)　　　在台湾，硅和矽的频度几乎相等；即使在大陆，使用"矽肺"和"矽钢片"几已约定成俗。

(2)　　　"槃"在某些情况已是佛学专用字，"涅槃"不宜作"涅盘"。而且"槃"在古籍中频序位置较高，为3326，频率为0.20799‰。

34

六、 凡例

1. 同形同码/微差同码字表（日本除外）

同形同码/微差同码字表（对比对象H、T、K）

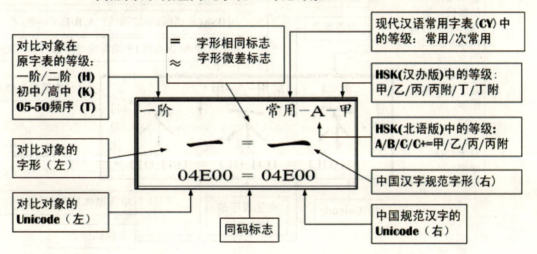

2. 简化异码字表（日本除外）

简化异码字表（对比对象H、T、K）

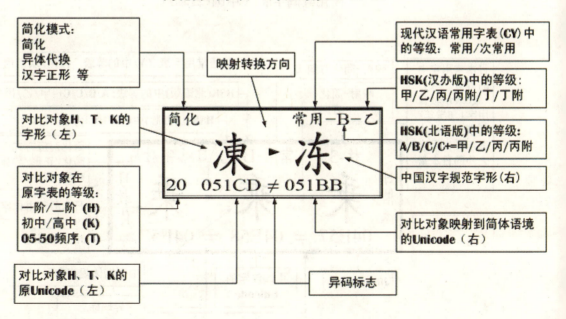

3. 同形同码/微差同码字表（中国－日本）

同形同码/微差同码字表 （中国-日本J）

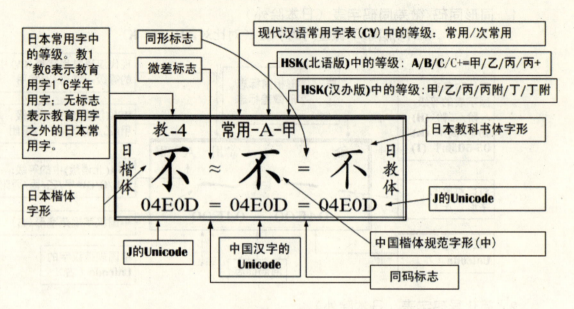

4. 简化异码字表（中国－日本）

简化异码字表 （中国-日本J）

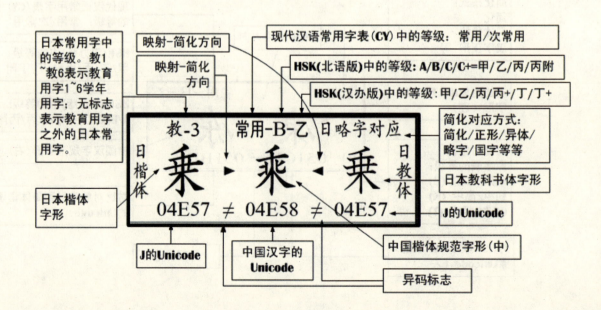

注：

[1] 上表中 Unicode 凡以"0"开头者为基本多文种平面汉字（CJK 或 CJK－A），以"2"开头者为第二平面汉字（CJK－B）。

[2] 各个表格，都是按照 Unicode 排序的。对微差同码、简化异码的情形，一律按港台日韩汉字的 Unicode，而不是按中国大陆汉字的 Unicode 排序的。而 Unicode 的 CJK 汉字码表基本上是按《康熙字典》部首－部首外笔画数排序的。

七、 对日韩港台汉字的特别说明

1. 关于台湾国小用字

(1) 台湾国小用字在制订时基于台湾工业标准 Big5，配合一个 EUDC 用户自定义字库（TTE）呈现。现在这些字大都可以用台湾的标准 CJK 字库表现，个别的字需要借用其他字库或用图形精确描绘。在第十一节字形对照表中列出了这些 TTE 汉字的对照。

TW TTE Hanzi

原字频序号	Unicode EUDC In TTE	Hanzi EUDC inTTE	Hanzi EUDC JPEG	大陆字库借用	简化前 Unicode	Hanzi 简化后	简化后 Unicode
3512	3577	咱	咱	咱	3577	咱	3577
3516	920E	鈎	鈎	鈎	920E	钩	94A9
5001	70DF	烟	烟	烟	70DF	烟	70DF
4274	E040	坂	坂	坂	5742	坂	5742
3738	E09D	筋	筋	筋	7B6F	筋	7B6F
5003	E139	縣	縣	縣	7DDC	绵	7EF5

(2) 可简化，但由于简化字形尚无标准编码暂作"未简化"处理。

大陆未简化之字

5020	E2ED	鮟	鮟	鮟	9B9F	鮟	9B9F
5021	E2EE	鱇	鱇	鱇	9C47	鱇	9C47
4613	E421	鵩	鵩	鵩	4D08	鵩	4D08
4505	EC11	諱	諱	諱	8AEA	諱	8AEA
4629	EC18	鯓	鯓	鯓	4C85	鯓	4C85
3994	EC19	鮖	鮖	鮖	4C81	鮖	4C81
3992	EC1A	鳫	鳫	鳫	4CB3	鳫	4CB3

(3) 第二平面之字： 砧 2-546E　望 2-7375　鄟 2-65 D2

(4) 迄今未编码之字： 搣　綫

(5) 台湾国小用字目前未见分级信息，但有在台湾应用的字频信息。为了方便比较参考，在对照表内相应等级部位（左下角）加注上了"频序"代码：

05：　　1- 500　（高频前 500 字）
10：　501-1000　（第 501 字到第 1000 高频字；以下类推。）
15：1001-1500
20：1501-2000
25：2001-2500
30：2501-3000
35：3001-3500　（第 3001 字到第 3500 字）
40：3501-4000
45：4001-4500
50：4501-5023　（频序为 4501-5023）

2. 关于香港小学用字

(1) 本对照表是以香港特别行政区政府教育局课程发展处中国语文教育组 2007 年编印之《香港小学学习字词表》中的《小学用字一览表》为底本制作的，该"一览表"（以下如此简称之）称收录 3171 个汉字；算上关联的异体字，计 3460 个"字样"。其中具有独立 Unicode 的汉字 3283 个。这意味着对"字"的界定，ISO CJK 的认同规则与"一览表"的规则是有一些差异的。

(2) 一览表中包括一个可简化、但未映射为简化字的汉字（因尚无标准编码）：鎃 9385。

(3) 未计两组从繁到简一对多的情况：乾—乾/干；著—著/着。

(4) 一览表中，"按字音、字义、用法完全相同的原则，酌量收入常见异体字，例如「線」、「綫」，在左旁以符号'['连接。在本对照表中，完全保留了这些关联字，只不过分散在同形同码、微差同码、简化异码三个子集中。

(5) 一览表和本对照表的汉字范围：　绝大多数表中汉字都是在国际标准 ISO/IEC 10646 的基本平面 CJK Unified Ideographs 表中的编码汉字，只　有两个字是在第二辅助平面 CJK Extension B 编码的：

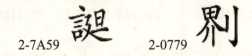

2-7A59　　　　　2-0779

3. 关于日本常用汉字

(1) 目前这一版，采用的是"常用汉字"1945 个，而不是先前的"当用汉字"（Toyo Kanji）。先前提到的一批表外字（Hyogaiji），经调查不属常用，将暂时搁置，不参与对比分析。

(2) 日文汉字的笔顺，有些地方与中国大陆规范亦有差别。这些差别将在未来网络版表现。

(3) 本项目在 V3.21 版之前，日文汉字采用日文楷体（Kaishutai）字库表现，但在日本教科书中多采用教科书体（Kyokashotai），两者有所差别。根据日方专家意见，自 2008 年 5 月 5 日 V3.30 版开始，采用日本教科书体作对比。数据表明，较之日本楷体，尽管教科书体的笔形有所变异，但对本项目"简化异码"的部分几乎不构成影响，而是使"同形同码"与"微差同码"的比例发生了点变化，即"同形同码"更多了。

日文汉字采用不同字库与中文字形对比的统计数字	教科书体	楷体
Kanji－Hanzi 纪录数	1945	1945
Kanji Unicode 码	1945	1945
Hanzi 纪录数	1945	1945
Hanzi Unicode 码	1918	1918
Kanji 和 HSK 对比（共有）	1534	1533
Kanji 和 HSK 对比（HSK 独有）	670	671
Kanji 和 HSK 对比（Kanji 独有）	384	385
同形同码	865	815
简化异码	655	654
微差同码	425	476

为了保留日本教科书体（反映教育界字形特点）和日文楷体（反映普通社会应用字形）的差异，在对照表中同时列出了两种字体与中国标准楷体的对比。

(4) 在网络版中给出的某些日文汉字的读音，仅作参考。在 2008 年 5 月 13 日之后，已根据国家语委项目《日本汉字的汉语读音规范》进行了勘校。

4. 关于韩国常用汉字

(1) 韩国汉字编码的国家标准，是"按音编码"的。因此，有一批韩文汉字 (Hanja) 具有多重编码，如更、樂、金、不、率、車等高频字。ISO/IEC 10646 为了保持向下兼容，在限制使用区为这类在源字集重复编码的汉字开辟了 CJK Compatibility Zone，对韩文而言，其编码范围在 0F9XX（Unicode 称作 Pronunciation Variants from KS X 1001:1998）。在韩文电脑中，这些字都可以显现（通过 Batang, Calibri 等字库），但在其他文种的电脑中，很可能不能显现。这是中韩文的信息交换中特别需要注意的。

(2) 韩文汉字字形实际上相当传统，保持了许多中国所谓的"旧字形"的写法。为了更清楚地了解中韩汉字在笔形上的差别，请参阅 http://hanzi.unihan.com.cn 的"新旧字形"一节。

(3) 因为没有找到适用的韩文汉字的楷体字库，本项目的中韩对比采用的是宋体和明体。

八、 本报告的网络版　　http://hanzi.unihan.com.cn

为了方便读者的查询，本项目组还开发了一个网络版本：中日韩汉字求同询异－CJK Ideographs Comparison。下面依次简要说明。

1. 网络版采用 B/S 体系结构(Browser/Server)

用户不必下载安装任何软件或字库，用普通的网络浏览器就可浏览和查询所有的项目内容。

2. 查询类别的选择

在左侧的栏目中，可选择任何一组比较对象，内地－香港、大陆－台湾、中国－日本、中国－韩国、新旧字形、简繁异对照。

3. 查询范围（子集）的选择

在右上角，点击 **选择范围** ，然后就会弹出下面的选择框：

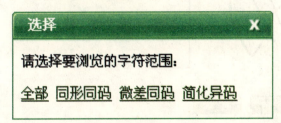

用户可以选择任意一个子集（同形同码、微差同码或简化异码），或者全集（全部）。如果没有选择范围，系统的默认值是"微差同码"。

41

4. 待查汉字的输入

查询：输入单个汉字

读者既可以用任何熟悉的键盘方式输入，也可以用鼠标直接手写那些用一般方法

无法输入的汉字： 手写输入

手写识别输入采用基于 Web 服务器的书同文巧笔（Q_Pen）输入技术，用户不需下载安装任何识别软件。

巧笔输入方式有几个特点：

- 对笔顺依赖较小：对"倒插笔"一类错误比较包容。
- 支持不完整输入：一个字未写完即可识别出可能的候选字。

- 提供候选字的发音。（见下图匆字旁边拼音 cong）
- 提供候选字的关联字信息。

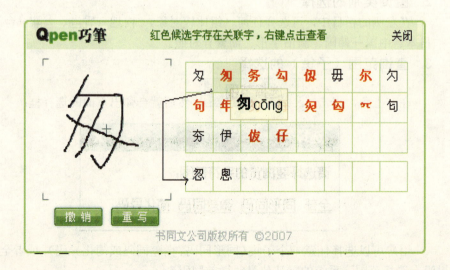

5. 浏览方式

快速移动滚动条（上面）

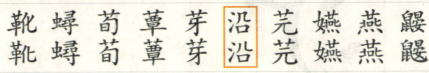

成对汉字向前/向后步进翻动（左右◀▶）

6. 大字显示与动态笔顺

网络版突破了平面印刷的局限，可以展现每个汉字的笔顺笔势图。

大陆字形　　　　　　　台湾字形

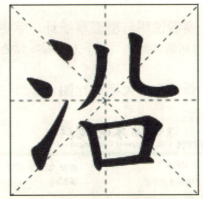

微差同码

Unicode : 6CBF　　　　　　Unicode : 6CBF

汉字笔顺动画

拼音：yán,yǎn，**大陆小学用字**：常用字，HSK等级：乙

当点击 汉字笔顺动画 时，便会弹出该字的笔顺笔势图（Flash）。

点击其右下角"Close"即停止，返回原画面。

7. 察看说明与覆盖率统计、字形异同统计与频率权重等图表
（可滚动到在页面下方查看，此处略。）

8. 新旧字形大字对比图

9. 简繁异对照

此处的查询范围，基于《简化字总表》。可以按照其中所列各表，通过点击"选择范围"分别察看。察看的范围包括：

第一表：不作简化偏旁用的简化字。共收录简化字 350 个，本表的简化字都不得作简化偏旁使用。

第二表：可作简化偏旁用的简化字和简化偏旁。本表共收录简化字 132 个和简化偏旁 14 个。

第三表：应用第二表所列的简化字和简化偏旁得出来的简化字。

附录：附录的 39 个字是从《第一批异体字整理表》摘录出来的。这些字习惯被看作简化字，附于此以便检查。

补充：是书同文公司所作的补充，多为异体字，仅作参考。

当出现简繁关系非一对一关系时，左侧会出现提示信息：

查看简化方式：

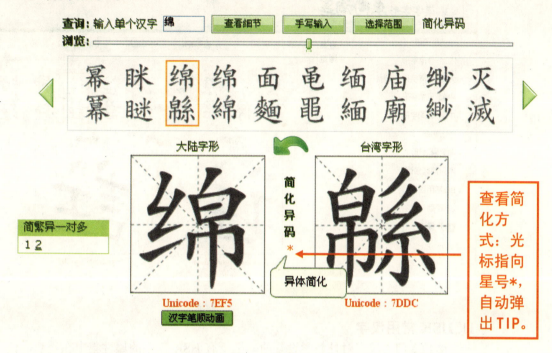

10. 常见简繁错误

　　这个栏目仅初步列举了极少数常见的简繁异转换错误，比如不分青红皂白地把"系"转换为"係"，"淀"转为"澱"；以及乱用"二简字"（被废弃的第二批简化字）或日本简化字等等。此处特别提供了 专家补充 ，期望得到进一步实例。然而精确的简繁转换是严重依赖语言环境和上下文意的复杂技术，本项目现阶段尚无深入计划。

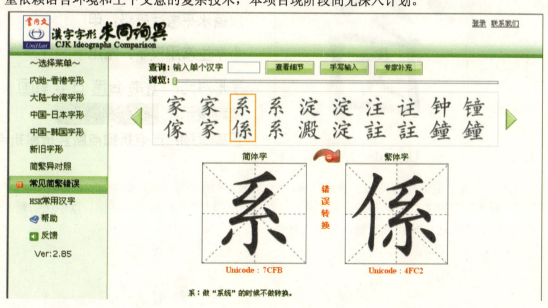

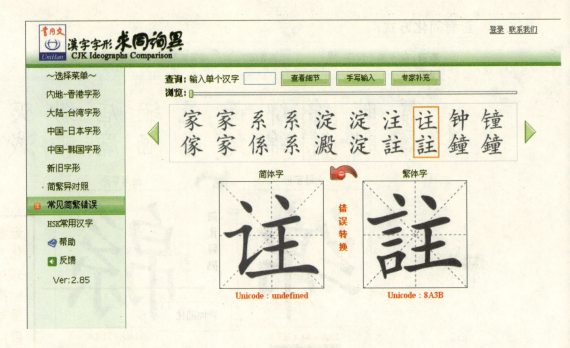

11. HSK 常用汉字

这是专门为汉字对外教学设置的，把所有 HSK 汉字的属性集中在一起，便于师生查询。

Unicode : 7A97

汉字信息

拼音：chuāng,cōng

部首：穴（5划，共12划）

汉语水平考试等级：甲

小学生常用汉字：常用字

字形对比：　香港 台湾 日本 韩国

笔顺演示：　汉字笔顺动画

正确笔顺：点点折撇点撇竖折撇折点横

为了更方便海外人士学习汉字，特别是汉字的书写，下一版将把 HSK 汉字独立展现为"学文习字"－Write Hanzi Right。其中总结了汉字笔顺的书写规则，以中（简繁）、日、韩、英、法、德、俄、葡八种语言释译。

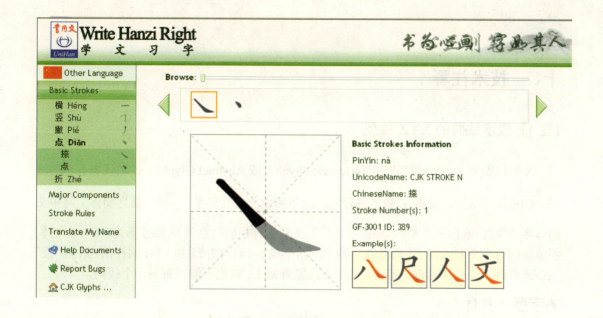

九、小 结

　　本项目采用数字化技术，分析比较了中日韩常用汉字字表字汇的覆盖率、字形的异同、简繁转换的模式，并对每种情况测算了各子集在中国大陆当代报刊语料中的频率权重，得出了关于中日韩汉字的若干定量的结论。该项目同时突破了平面出版物的局限，在网站上提供了浏览查询的功能，有利于使用汉字的国家和地区有关人士共享项目成果，形象地、高效地进行汉字书写教育。

　　对于本项目产生的各种统计数据，本资料一般只选重要的数据作了分析图表。所有评论，均无褒贬之意，只是客观地如实罗列。只期盼教育界、文字学界的专家能够充分利用这些数据，做出更深入的、更有实用价值的分析。

　　由于该项目涉及字表版本复杂、数据繁多，虽历经十余版更新，错误之处仍在所难免，期望文字学界和教育界的专家学者以及广大读者不吝指正，以便及时订正更新。

十、 技术注释

[注1] 汉字认同的 XYZ 模型

　　X 轴代表字义，Y 轴代表字形(Generic Glyph，或 Abstract Glyph)，Z 轴代表具体的造型。CJK 汉字认同，是在 Y 轴上进行的。如下图中，日文略字"芸"（藝之简体）与中文简体字"艺"、繁体字"藝"、异体字"藝"虽然具有相同的意义(X 轴投影为 X1)，但它们不能认同为一个编码汉字，而是在 Y 轴上的四个投影(Y1, Y2, Y3 和 Y4)；同样的，虽然"芸"至少还有两个意义（芸香，芸芸众生，X 投影为 X2），它也不能再有另一个代码。

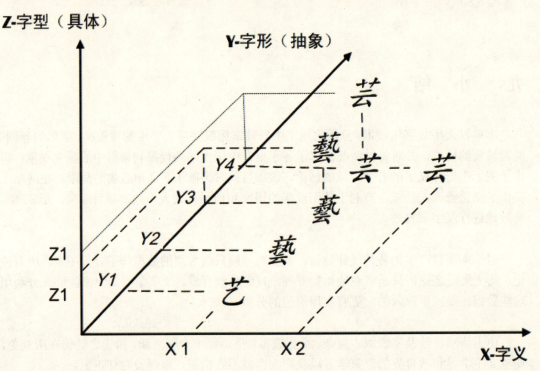

[注2] 关于汉字字形

　　本报告中，汉字字形（Glyph）在这里指汉字形体结构的图像。它独立于汉字字库（Font），独立于汉字字号、粗细、姿态，也独立于汉字的造型方法(Design, BMP/TTF/OTF)。汉字字形是形式（或"能指"），不是内容（或"所指"）；相对于字型它是抽象形态，不是具体的造型。在上图中，"芸"和"芸"，"藝"和"藝"虽然在草字头上有差异、从而在 Z 轴上有不同的投影(Z1, Z2)，但被视为 Z 轴上的微小差异，不影响其在 Y 轴的投影，因此代码不变。

[注 3] 关于"源字集分离"原则

　　为了照顾若干异体字在某些国家和地区已经编码的事实，ISO 标准制定了"源字集分离原则"，使得一些异体字，甚至在中国大陆看来只是新旧字形的汉字也分别编码了。

S.2.2.2 Ideographs not found in the dictionaries

If an ideograph is not found in any of the four dictionaries, it is given a position at the end of the radical-stroke group (after the characters that are present in the dictionaries) and it is indexed under the same radical-stroke count.

S.3. Source code separation examples

The pairs (or triplets) of ideographs shown below are exceptions to the unification rules described in clause S.1 of this Annex. They are not unified because of the source code separation rule described in clause S.1.6.

NOTE - The particular source code group (or groups) that causes the source code separation rule to apply is indicated by the letter (G, J, K, or T) that appears to the right of each pair (or triplet) of ideographs. The source code groups that correspond to these letters are identified at the beginning of this Annex.

丢丢　T 4E1F 4E22	兑兑　T 514C 5151	劏劏　T 524F 5259	呐呐　T 5436 5450
么幺　GT 4E48 5E7A	兔兔　TJ 514E 5154	剥剥　T 525D 5265	告告　T 543F 544A
争争　GTJ 4E89 722D	兗兗　T 5156 5157	劎劎　J 5292 5294	唧唧 5527 559E
仞仞　J 4EDE 4EED	冊册　TJ 518A 518C	匀匀　T 52FB 5300	喻喻 55A9 55BB
併併　T 4F75 5002	净凈　G 51C0 51C8	单单　T 5355 5358	嘘嘘　T 5618 5653

……

51

髮髮	TJ	鳳鳳	T	麪麫	T	黑黑	T
9AEA 9AEE		9CEF 9CF3		9EAA 9EAB		9ED1 9ED2	
鬬鬭	T	鶇鶫	J	麼麽	T		
9B2C 9B2D		9D87 9DAB		9EBC 9EBD			

In accordance with the unification procedures described in S.1 of this Annex the pairs (or triplets) of ideographs shown below are not unified. The reason for non-unification is indicated by the reference which appears to the right of each pair (or triplet). For "non-cognate" see S.1.1

NOTE - The reason for non-unification in these examples is different from the source code separation rule described in clause S.1.6.

胄胄	non cognate	寶寶	S.1.4.3	胸胸	non cognate	稻稻	S.1.4.3
5191 80C4		5BF3 5BF6		6710 80CA		7A32 7A3B	
冲沖	S.1.4.3	廳廰	S.1.4.1	胱胱	non cognate	翱翺	S.1.4.3
51B2 6C96		5EF0 5EF3		6713 8101		7FF1 7FF6	
决決	S.1.4.3	懐懷	S.1.4.1	腜腜	non cognate	耆耉耆	S.1.4.3
51B3 6C7A		61D0 61F7		6718 8127		8007 8008 8009	
况況	S.1.4.3	燊燊	S.1.4.3	瞳瞳	non cognate	聡聦聽	S.1.4.1
51B5 6CC1		6560 656A		6723 81A7		8074 807C 807D	

[注 4] 关于"水平认同"与"垂直认同"

　　ISO/IEC 10646 中的 CJK Unified Ideographs 字表，基于 Annex T 所总结的规则，全面地以宋体或明朝体为代表清晰地罗列了中日韩汉字在不同国家和地区的汉字认同－甄别的结果。被认同的汉字平列在一行，我们可以称之为"水平认同"(Horizontal Unification)或形式上的认同；被水平认同的汉字被赋予了相同的国际代码。

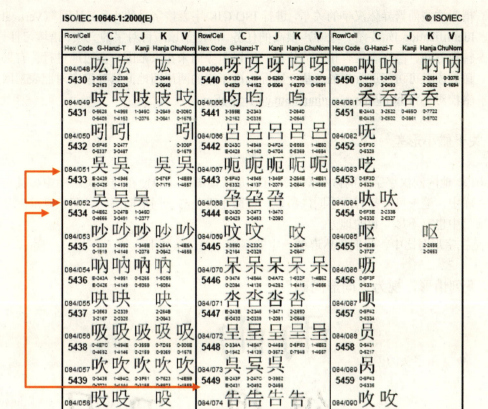

在 ISO CJK 字表中，简繁异兼收并蓄，但简体字和繁体字是不认同的、绝大多数异体字也是未认同的。

指明这些简繁异体汉字的关系，进行 ISO CJK 字表按字义的"**垂直认同**"(Vertical Identification)始终是一项呼声很高的任务。但由于该项目对字的义项、语境习性、转换方向、语文政策有相当的依赖，所以至今尚未在大范围、多边地进行。有兴趣的读者可访问进行中的《基于国际标准子集的两岸四地简繁异汉字对照表》网络校对平台 http://hanzi.unihan.com.cn/IIcoreExt。

[注 5] 关于微小形差

各国家/地区间汉字字形的微小差别，有时是很模糊的。即使在同一类字库中、甚至同一个字库中，笔形可能都有所不同。所以，在微小形差与"同形同码"之间很难准确拿捏，本项目中也有不尽一致的地方。

但是在字形对比中，我们仍然遵循一定的规则，兹总结如下：

(1) 下列情形，视为"同形同码"：

- 雨字头的差别

- 点的位置差异

- 折上加钩
- 为避免同侧"重捺"而形成的斜点和捺的差别

(2) 下列情形，标记为"微差同码"：

- 如果笔画数不同，如[注 6]中提到的新旧字形的差异，特别是连笔和减少笔形的情况，即使是同码汉字，应标作"微差同码"。

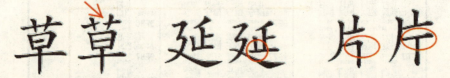

54

蚤蚤　骨骨　育育

- 点的形状：竖点与斜点

舟舟　亦亦　安安

今今　麗麗

- 月与肉月的差别、月字首笔差别

胖胖　青青

- 竖与竖钩

宗宗　少少

- 八与儿八

甚甚　曾曾　空空

- 丿与一

北北　比比

- 非字边

非非　裴裴

- 竖心旁

快快　怡怡

- 火字旁

燥燥

- 身字旁

射射

- 然字肩（也可看为"斜月"与"斜肉月"）

　　中国大陆一般取左侧汉字的笔形。（注意在本资料的对照表中，中国大陆的规范字形一般在右边，仅和日本比较时放在中间。）

[注6] 关于汉字正形

　　1965年，中华人民共和国文化部和中国文字改革委员会联合发布了《印刷通用汉字字形表》，收6196字，为统一铅字的字形提供了一个范本。在文字学界和印刷界，常常把这项整理工作称作"汉字正形"。"汉字正形"的标准是：同一个宋体字有不同笔画或不同结构的，选择一个便于辨认、便于书写的形体；同一个字宋体和手写楷书笔画结构不同的，宋体尽可能接近手写楷书，不完全根据文字学的传统。按此标准，对有些字形作如下处理，得到新字形。（以下每对字中，左为新字形，右为旧字形）

(1) 长方点、斜方点、横点、竖点、撇点改作侧点，如

安安　佳佳　言言　勾勾

今今　氏氏　令令　户户户

(2) 减少笔数，如

郎郎　吕吕　宫宫　印印

奂奂　争争　盗盗　奥奥

(3) 连笔，如

差差　着着　鬼鬼　骨骨

咼咼　及及　象象　牙牙

舛舛　瓦瓦　以以

(4) 其他

拔拔 跋跋 呈呈 角角

丑丑 丰丰 未未 巨巨

邦邦 <u>彦彦</u> <u>兑兑</u> 曾曾

感感 尚尚 肖肖 爰爰

滔滔 <u>摇摇</u> 瑶瑶 反反

<u>吴吴</u> 鼬鼬 麸麸

许多国内出版的汉语字典、词典的前几页，都能找到"新旧字形对照表"。但是由于印刷字体太小，且缺少规律性说明，致使读者不甚了了。本项目在网站上专门列举了新旧字形的放大图片和动态笔顺图，可帮助读者搞清新旧字形的细微差别。

需要补充说明的是：

(1) 当年的"汉字正形"，基本上是在宋体骨架上进行的，虽然仿宋体和黑体都可参照，但对楷体和其他字体则未作出规定。这样在雨字头、走之的写法上，以及"木"的末笔的笔形（捺或侧点），也就有相当的灵活性。

(2) 上述例子中，凡是有<u>下划线</u>的，新旧字形已经造成了两个或多个 Unicode 编码汉字并存。

十一、 字形分类对照表

1. 基于台湾国小用字的大陆－台湾字形对照表 （61 页起）

(1)［大陆-台湾］同形同码字表 Y_T V4.0

(2)［大陆-台湾］微差同码字表 Z_T V4.0

(3)［大陆-台湾］简化异码字表 X_T V4.0

(4)［大陆-台湾］CY 独有字表 U_CY_T V4.0

(5)［大陆-台湾］HSK(汉办版)独有字表 U_HSK0_T V4.0

(6)［大陆-台湾］HSK(北语版)独有字表 U_HSK1_T V4.0

(7) 附：TW　TTE　Hanzi

2. 基于香港小学用字的内地－香港字形对照表（157 页起）

(1)［内地-香港］同形同码字表 Y_H V4.0

(2)［内地-香港］微差同码字表 Z_H V4.0

(3)［内地-香港］简化异码字表 X_H V4.0

(4)［内地-香港］CY 独有字表 U_CY_H V4.0

(5)［内地-香港］HSK(汉办版)独有字表 U_HSK0_H V4.0

(6)［内地-香港］HSK(北语版)独有字表 U_HSK1_H V4.0

3. 基于日本常用汉字的中－日汉字字形对照表（227 页起）

(1)［中-日］同形同码字表 Y_J V4.0

(2)［中-日］微差同码字表 Z_J V4.0

(3)［中-日］简化异码字表 X_J V4.0

(4)［中-日］HSK(汉办版)独有字表 U_HSK0_J V4.0

(5)［中-日］HSK(北语版)独有字表 U_HSK1_J V4.0

4. 基于韩国常用字的中－韩汉字字形对照表（295 页起）

(1)［中-韩］同形同码字表 Y_K V4.0

(2)［中-韩］微差同码字表 Z_K V4.0

(3)［中-韩］简化异码字表 X_K V4.0

(4)［中-韩］HSK(汉办版)独有字表 U_HSK0_K V4.0

(5)［中-韩］HSK(北语版)独有字表 U_HSK1_K V4.0

(6) 附：Pronunciation Variants from KSX 1001:1998("Hanja Variant")

(7) 附：ISO/IEC 10646 Table 130 Row F9: CJK Compatibility Ideographs

[大陆-台湾]同形同码字表Y_T V4.0

15 ○ = ○ 025CB = 025CB	40 咱 = 咱 03577 = 03577	50 鲵 = 鲵 04C85 = 04C85	40 鳭 = 鳭 04CB3 = 04CB3
05　　常用-A-甲 一 = 一 04E00 = 04E00	10　　常用-C-丙 丁 = 丁 04E01 = 04E01	05　　常用-A-甲 七 = 七 04E03 = 04E03	15　　常用-B-乙 丈 = 丈 04E08 = 04E08
05　　常用-A-甲 三 = 三 04E09 = 04E09	05　　常用-A-甲 上 = 上 04E0A = 04E0A	05　　常用-A-甲 下 = 下 04E0B = 04E0B	05　　常用-A-甲 不 = 不 04E0D = 04E0D
25　　　　次常 丐 = 丐 04E10 = 04E10	05　　常用-A-甲 且 = 且 04E14 = 04E14	45 丕 = 丕 04E15 = 04E15	05　　常用-A-甲 世 = 世 04E16 = 04E16
20　　常用-C-丙 丘 = 丘 04E18 = 04E18	20　　常用-C-丙 丙 = 丙 04E19 = 04E19	30　　常用-C-丙 丞 = 丞 04E1E = 04E1E	30 丫 = 丫 04E2B = 04E2B
05　　常用-A-甲 中 = 中 04E2D = 04E2D	20　　常用-C-丙 串 = 串 04E32 = 04E32	30　　常用-A-甲 丸 = 丸 04E38 = 04E38	15　　　常用-丁 丹 = 丹 04E39 = 04E39
05　　常用-A-甲 主 = 主 04E3B = 04E3B	20　　　常用-丁 乃 = 乃 04E43 = 04E43	05　　常用-A-甲 久 = 久 04E45 = 04E45	40　　常用-A-甲 么 = 么 04E48 = 04E48
05　　常用-A-甲 之 = 之 04E4B = 04E4B	30　　常用-B-乙 乍 = 乍 04E4D = 04E4D	10　　　　次常 乎 = 乎 04E4E = 04E4E	25　　常用-B-乙 乏 = 乏 04E4F = 04E4F
40　　常用-B-乙 乒 = 乒 04E52 = 04E52	40　　常用-B-乙 乓 = 乓 04E53 = 04E53	10　　常用-C-丙 乙 = 乙 04E59 = 04E59	50 乜 = 乜 04E5C = 04E5C
05　　常用-A-甲 九 = 九 04E5D = 04E5D	25　　　常用-丁 乞 = 乞 04E5E = 04E5E	05　　常用-A-甲 也 = 也 04E5F = 04E5F	50 乩 = 乩 04E69 = 04E69
15　　　常用-丁 乳 = 乳 04E73 = 04E73	10　　　　次常 乾 = 乾 04E7E = 04E7E	05　　常用-A-甲 了 = 了 04E86 = 04E86	20　　常用-C-丙 予 = 予 04E88 = 04E88
05　　常用-A-甲 事 = 事 04E8B = 04E8B	05　　常用-A-甲 二 = 二 04E8C = 04E8C	20　　常用-B-乙 于 = 于 04E8E = 04E8E	40　　常用-A-甲 云 = 云 04E91 = 04E91
10　　常用-A-甲 互 = 互 04E92 = 04E92	45 亓 = 亓 04E93 = 04E93	05　　常用-A-甲 五 = 五 04E94 = 04E94	20　　常用-B-乙 井 = 井 04E95 = 04E95
15　　常用-C-丙 亡 = 亡 04EA1 = 04EA1	35　　　　　丁 亢 = 亢 04EA2 = 04EA2	05　　常用-A-甲 交 = 交 04EA4 = 04EA4	35　　　　次常 亥 = 亥 04EA5 = 04EA5
20　　　常用-丁 亦 = 亦 04EA6 = 04EA6	25 亨 = 亨 04EA8 = 04EA8	15　　常用-B-乙 享 = 享 04EAB = 04EAB	15　　常用-B-乙 京 = 京 04EAC = 04EAC
25　　常用-C-丙 亭 = 亭 04EAD = 04EAD	05　　常用-A-甲 人 = 人 04EBA = 04EBA	05　　常用-A-甲 什 = 什 04EC0 = 04EC0	15　　　常用-丁 仁 = 仁 04EC1 = 04EC1

50 仃 = 仃 04EC3 = 04EC3	45　　　常用-丁 仆 = 仆 04EC6 = 04EC6	20　　常用-C-丙 仇 = 仇 04EC7 = 04EC7	10　　常用-A-甲 介 = 介 04ECB = 04ECB
10　　常用-B-乙 仍 = 仍 04ECD = 04ECD	10　　常用-B-乙 仔 = 仔 04ED4 = 04ED4	35 仕 = 仕 04ED5 = 04ED5	05　　常用-A-甲 他 = 他 04ED6 = 04ED6
25　　常用-C-丙 仗 = 仗 04ED7 = 04ED7	15　　常用-B-乙 付 = 付 04ED8 = 04ED8	10　　　常用-丁 仙 = 仙 04ED9 = 04ED9	40 仟 = 仟 04EDF = 04EDF
05　　常用-A-甲 代 = 代 04EE3 = 04EE3	20　　常用-B-乙 仰 = 仰 04EF0 = 04EF0	25　　　　次常 仲 = 仲 04EF2 = 04EF2	05　　常用-A-甲 件 = 件 04EF6 = 04EF6
10　　常用-B-乙 份 = 份 04EFD = 04EFD	15　　常用-B-乙 仿 = 仿 04EFF = 04EFF	25　　常用-B-乙 企 = 企 04F01 = 04F01	20　　　次常-丙 伊 = 伊 04F0A = 04F0A
20　　常用-B-乙 伍 = 伍 04F0D = 04F0D	45 伎 = 伎 04F0E = 04F0E	20　　　常用-丁 伏 = 伏 04F0F = 04F0F	20　　　常用-丁 伐 = 伐 04F10 = 04F10
10　　常用-A-甲 休 = 休 04F11 = 04F11	20　　常用-B-乙 伙 = 伙 04F19 = 04F19	10　　常用-B-乙 伯 = 伯 04F2F = 04F2F	30　　常用-B-乙 估 = 估 04F30 = 04F30
15　　常用-C-丙 伴 = 伴 04F34 = 04F34	10　　常用-B-乙 伸 = 伸 04F38 = 04F38	30　　次常-C-丙 伺 = 伺 04F3A = 04F3A	40 伽 = 伽 04F3D = 04F3D
50　　　　次常 佃 = 佃 04F43 = 04F43	05　　常用-A-甲 但 = 但 04F46 = 04F46	05　　常用-A-甲 位 = 位 04F4D = 04F4D	05　　常用-A-甲 住 = 住 04F4F = 04F4F
35 佐 = 佐 04F50 = 04F50	25　　　　次常 佑 = 佑 04F51 = 04F51	45　　常用-A-甲 体 = 体 04F53 = 04F53	05　　常用-A-甲 何 = 何 04F55 = 04F55
35 佗 = 佗 04F57 = 04F57	30 余 = 余 04F59 = 04F59	15　　常用-B-乙 佛 = 佛 04F5B = 04F5B	05　　常用-A-甲 作 = 作 04F5C = 04F5C
05　　常用-A-甲 你 = 你 04F60 = 04F60	40　　　常用-丁 佣 = 佣 04F63 = 04F63	15　　常用-C-丙 佩 = 佩 04F69 = 04F69	50 佯 = 佯 04F6F = 04F6F
40 佰 = 佰 04F70 = 04F70	15　　常用-C-丙 佳 = 佳 04F73 = 04F73	45 佻 = 佻 04F7B = 04F7B	40 佼 = 佼 04F7C = 04F7C
05　　常用-A-甲 使 = 使 04F7F = 04F7F	50 侃 = 侃 04F83 = 04F83	45　　　常用-丁 侄 = 侄 04F84 = 04F84	40　　　次常-丁 侈 = 侈 04F88 = 04F88
05　　常用-A-甲 例 = 例 04F8B = 04F8B	30 侏 = 侏 04F8F = 04F8F	10　　常用-B-乙 供 = 供 04F9B = 04F9B	10　　常用-B-乙 依 = 依 04F9D = 04F9D
35　　常用-C-丙 侮 = 侮 04FAE = 04FAE	20　　次常-丁+ 侯 = 侯 04FAF = 04FAF	05　　常用-A-甲 便 = 便 04FBF = 04FBF	20　　常用-B-乙 促 = 促 04FC3 = 04FC3

30 　　　次常－丙	35 　　　次常－丁	45	15 　　　常用－B－乙
俄 = 俄	俐 = 俐	俑 = 俑	俗 = 俗
04FC4 = 04FC4	04FD0 = 04FD0	04FD1 = 04FD1	04FD7 = 04FD7
35 　　　常用－丁	05 　　　常用－B－乙	05 　　　常用－A－甲	50
俘 = 俘	保 = 保	信 = 信	俬 = 俬
04FD8 = 04FD8	04FDD = 04FDD	04FE1 = 04FE1	04FEC = 04FEC
30 　　　常用－C－丙	30 　　　常用－B－乙	50	40 　　　次常
俯 = 俯	俱 = 俱	俸 = 俸	俺 = 俺
04FEF = 04FEF	04FF1 = 04FF1	04FF8 = 04FF8	04FFA = 04FFA
45	45	10 　　　常用－A－甲	10 　　　常用－A－甲
俾 = 俾	倌 = 倌	倍 = 倍	倒 = 倒
04FFE = 04FFE	0500C = 0500C	0500D = 0500D	05012 = 05012
45 　　　次常	30 　　　常用－C－丙	05 　　　常用－A－甲	35 　　　常用－C－丙
倔 = 倔	倘 = 倘	候 = 候	倚 = 倚
05014 = 05014	05018 = 05018	05019 = 05019	0501A = 0501A
15 　　　常用－A－甲	30 　　　常用－B－乙	30 　　　常用－C－丙	50
借 = 借	倡 = 倡	倦 = 倦	倨 = 倨
0501F = 0501F	05021 = 05021	05026 = 05026	05028 = 05028
45	40	10 　　　常用－B－乙	50
倪 = 倪	倭 = 倭	值 = 值	偃 = 偃
0502A = 0502A	0502D = 0502D	0503C = 0503C	05043 = 05043
10 　　　常用－A－甲	45	35 　　　次常	05 　　　常用－A－甲
假 = 假	偌 = 偌	偎 = 偎	做 = 做
05047 = 05047	0504C = 0504C	0504E = 0504E	0505A = 0505A
10 　　　常用－A－甲	10 　　　常用－A－甲	50	15 　　　常用－C－丙
停 = 停	健 = 健	偲 = 偲	偶 = 偶
0505C = 0505C	05065 = 05065	05072 = 05072	05076 = 05076
30 　　　常用－A－甲	25 　　　常用－B－乙	45	30 　　　常用－B－乙
傅 = 傅	傍 = 傍	催 = 催	催 = 催
05085 = 05085	0508D = 0508D	05095 = 05095	050AC = 050AC
50	40 　　　常用－C－丙	30	45 　　　次常
僖 = 僖	僚 = 僚	僧 = 僧	僮 = 僮
050D6 = 050D6	050DA = 050DA	050E7 = 050E7	050EE = 050EE
35 　　　常用－C－丙	35 　　　常用－丁	25 　　　次常	25 　　　次常
僵 = 僵	僻 = 僻	儒 = 儒	儡 = 儡
050F5 = 050F5	050FB = 050FB	05112 = 05112	05121 = 05121
35	30 　　　常用－B－乙	05 　　　常用－A－甲	10 　　　常用－B－乙
兀 = 兀	允 = 允	元 = 元	兄 = 兄
05140 = 05140	05141 = 05141	05143 = 05143	05144 = 05144
30	05 　　　常用－A－甲	05 　　　常用－B－乙	10 　　　常用－A－甲
兆 = 兆	先 = 先	光 = 光	克 = 克
05146 = 05146	05148 = 05148	05149 = 05149	0514B = 0514B
10 　　　常用－B－乙	10 　　　常用－B－乙	35 　　　次常－丁	25 　　　次常－丁
免 = 免	兔 = 兔	兜 = 兜	兢 = 兢
0514D = 0514D	05154 = 05154	0515C = 0515C	05162 = 05162
05 　　　常用－B－乙	05 　　　常用－A－甲	05 　　　常用－A－甲	05 　　　常用－A－甲
入 = 入	八 = 八	公 = 公	六 = 六
05165 = 05165	0516B = 0516B	0516C = 0516C	0516D = 0516D

30 兮 = 兮 0516E = 0516E	05 常用-A-甲 共 = 共 05171 = 05171	10 常用-B-乙 兵 = 兵 05175 = 05175	05 常用-A-甲 其 = 其 05176 = 05176
05 常用-B-乙 具 = 具 05177 = 05177	15 常用-A-甲 典 = 典 05178 = 05178	25 常用-C-丙 兼 = 兼 0517C = 0517C	35 冉 = 冉 05189 = 05189
05 常用-A-甲 再 = 再 0518D = 0518D	40 胄 = 胄 05191 = 05191	15 常用-A-甲 冒 = 冒 05192 = 05192	35 次常 冕 = 冕 05195 = 05195
15 常用-B-乙 冠 = 冠 051A0 = 051A0	50 冢 = 冢 051A2 = 051A2	30 常用-C-丙 冤 = 冤 051A4 = 051A4	35 冥 = 冥 051A5 = 051A5
10 常用-A-甲 冬 = 冬 051AC = 051AC	15 常用-B-乙 冰 = 冰 051B0 = 051B0	45 况 = 况 051B5 = 051B5	25 常用-C-丙 冶 = 冶 051B6 = 051B6
50 冼 = 冼 051BC = 051BC	35 冽 = 冽 051BD = 051BD	25 常用-A-甲 准 = 准 051C6 = 051C6	25 凋 = 凋 051CB = 051CB
35 常用-A-甲 几 = 几 051E0 = 051E0	15 常用-B-乙 凡 = 凡 051E1 = 051E1	30 次常-丁 凰 = 凰 051F0 = 051F0	35 常用-C-丙 凳 = 凳 051F3 = 051F3
25 常用-C-丙 凶 = 凶 051F6 = 051F6	25 次常-丁 凸 = 凸 051F8 = 051F8	25 次常-丁 凹 = 凹 051F9 = 051F9	05 常用-A-甲 出 = 出 051FA = 051FA
30 次常-丁 函 = 函 051FD = 051FD	10 常用-A-甲 刀 = 刀 05200 = 05200	40 次常-丁 刁 = 刁 05201 = 05201	35 常用-丁 刃 = 刃 05203 = 05203
05 常用-A-甲 分 = 分 05206 = 05206	10 常用-A-甲 切 = 切 05207 = 05207	20 常用-C-丙 刊 = 刊 0520A = 0520A	50 刎 = 刎 0520E = 0520E
25 常用-丁 刑 = 刑 05211 = 05211	20 常用-A-甲 划 = 划 05212 = 05212	05 常用-B-乙 列 = 列 05217 = 05217	10 常用-A-甲 初 = 初 0521D = 0521D
15 常用-B-乙 判 = 判 05224 = 05224	50 次常-丁 刨 = 刨 05228 = 05228	05 常用-A-甲 利 = 利 05229 = 05229	30 常用-A-甲 刮 = 刮 0522E = 0522E
05 常用-A-甲 到 = 到 05230 = 05230	10 常用-A-甲 制 = 制 05236 = 05236	20 常用-B-乙 刷 = 刷 05237 = 05237	30 常用-丁 券 = 券 05238 = 05238
15 常用-B-乙 刺 = 刺 0523A = 0523A	10 常用-A-甲 刻 = 刻 0523B = 0523B	40 剁 = 剁 05241 = 05241	40 常用-丁 剃 = 剃 05243 = 05243
50 剉 = 剉 05249 = 05249	40 剌 = 剌 0524C = 0524C	05 常用-A-甲 前 = 前 0524D = 0524D	35 次常 剔 = 剔 05254 = 05254
30 常用-C-丙 剖 = 剖 05256 = 05256	15 常用-B-乙 副 = 副 0526F = 0526F	25 常用-丁 劈 = 劈 05288 = 05288	05 常用-A-甲 力 = 力 0529B = 0529B

05　常用-B-乙 功 = 功 0529F = 0529F	05　常用-A-甲 加 = 加 052A0 = 052A0	25　常用-C-丙 劣 = 劣 052A3 = 052A3	10　常用-A-甲 助 = 助 052A9 = 052A9
10　常用-A-甲 努 = 努 052AA = 052AA	30　常用-丁 劫 = 劫 052AB = 052AB	25 劭 = 劭 052AD = 052AD	25　次常-C-丙 勃 = 勃 052C3 = 052C3
15　常用-B-乙 勇 = 勇 052C7 = 052C7	20　常用-C-丙 勉 = 勉 052C9 = 052C9	20　常用-丁 勒 = 勒 052D2 = 052D2	15　常用-C-丙 勤 = 勤 052E4 = 052E4
45　常用-B-乙 勺 = 勺 052FA = 052FA	30　常用-C-丙 勾 = 勾 052FE = 052FE	30　常用-丁 勿 = 勿 052FF = 052FF	05　常用-A-甲 包 = 包 05305 = 05305
20　常用-C-丙 匆 = 匆 05306 = 05306	25　次常-丁+ 匈 = 匈 05308 = 05308	40 匍 = 匍 0530D = 0530D	40 匐 = 匐 05310 = 05310
20　常用-丁 匠 = 匠 05320 = 05320	40 匡 = 匡 05321 = 05321	40　次常 匣 = 匣 05323 = 05323	15　常用-B-乙 匹 = 匹 05339 = 05339
05　常用-A-甲 十 = 十 05341 = 05341	05　常用-A-甲 千 = 千 05343 = 05343	40 卅 = 卅 05345 = 05345	10　常用-B-乙 升 = 升 05347 = 05347
10　常用-A-甲 午 = 午 05348 = 05348	30 卉 = 卉 05349 = 05349	05　常用-A-甲 半 = 半 0534A = 0534A	25　次常-丁 卑 = 卑 05351 = 05351
35　次常 卒 = 卒 05352 = 05352	25　次常-丁 卓 = 卓 05353 = 05353	05　常用-A-甲 南 = 南 05357 = 05357	10　常用-C-丙 博 = 博 0535A = 0535A
35　常用-B-乙 卜 = 卜 0535C = 0535C	35 卞 = 卞 0535E = 0535E	20　常用-A-甲 占 = 占 05360 = 05360	10　常用-A-甲 卡 = 卡 05361 = 05361
35　次常 卦 = 卦 05366 = 05366	15　常用-A-甲 危 = 危 05371 = 05371	10　常用-B-乙 即 = 即 05373 = 05373	15　常用-C-丙 卵 = 卵 05375 = 05375
25　常用-B-乙 卷 = 卷 05377 = 05377	25　次常 卿 = 卿 0537F = 0537F	35 厄 = 厄 05384 = 05384	35　常用-B-乙 厘 = 厘 05398 = 05398
15　常用-B-乙 厚 = 厚 0539A = 0539A	40 厝 = 厝 0539D = 0539D	05　常用-A-甲 原 = 原 0539F = 0539F	35 厥 = 厥 053A5 = 053A5
05　常用-A-甲 去 = 去 053BB = 053BB	05 叉 = 叉 053C8 = 053C8	25　常用-B-乙 叉 = 叉 053C9 = 053C9	05　常用-A-甲 友 = 友 053CB = 053CB
10　常用-B-乙 叔 = 叔 053D4 = 053D4	10　常用-A-甲 取 = 取 053D6 = 053D6	05　常用-B-乙 受 = 受 053D7 = 053D7	05　常用-A-甲 口 = 口 053E3 = 053E3
05　常用-B-乙 古 = 古 053E4 = 053E4	05　常用-A-甲 句 = 句 053E5 = 053E5	10　常用-B-乙 另 = 另 053E6 = 053E6	35　常用-丁 叨 = 叨 053E8 = 053E8

25 叩 = 叩 053E9 = 053E9	05　　　常用-A-甲 只 = 只 053EA = 053EA	05　　　常用-A-甲 叫 = 叫 053EB = 053EB	20　　　常用-B-乙 召 = 召 053EC = 053EC
25　　次常-C-丙 叭 = 叭 053ED = 053ED	20　　　常用-丁 叮 = 叮 053EE = 053EE	05　　　常用-A-甲 可 = 可 053EF = 053EF	10　　　常用-B-乙 台 = 台 053F0 = 053F0
50 叱 = 叱 053F1 = 053F1	10　　　常用-A-甲 史 = 史 053F2 = 053F2	10　　　常用-A-甲 右 = 右 053F3 = 053F3	15　　　常用-B-乙 司 = 司 053F8 = 053F8
45　　　常用-丁 叼 = 叼 053FC = 053FC	30　　　次常-丁 吁 = 吁 05401 = 05401	05　　　常用-A-甲 吃 = 吃 05403 = 05403	05　　　常用-A-甲 各 = 各 05404 = 05404
40　　　次常 吆 = 吆 05406 = 05406	05　　　常用-A-甲 合 = 合 05408 = 05408	10　　　常用-丁 吉 = 吉 05409 = 05409	25　　　常用-B-乙 吊 = 吊 0540A = 0540A
35 吋 = 吋 0540B = 0540B	05 同 = 同 0540C = 0540C	05　　　常用-A-甲 名 = 名 0540D = 0540D	15　　　常用-A-甲 后 = 后 0540E = 0540E
30　　　次常 吏 = 吏 0540F = 0540F	15　　　常用-B-乙 吐 = 吐 05410 = 05410	05　　　常用-A-甲 向 = 向 05411 = 05411	35 吔 = 吔 05414 = 05414
15　　　常用-丁 君 = 君 0541B = 0541B	30　　　次常 吝 = 吝 0541D = 0541D	20　　　常用-C-丙 吞 = 吞 0541E = 0541E	35　　　次常 吠 = 吠 05420 = 05420
10　　　常用-B-乙 否 = 否 05426 = 05426	05　　　常用-A-甲 吧 = 吧 05427 = 05427	25　　　常用-B-乙 吩 = 吩 05429 = 05429	35　　　次常 吭 = 吭 0542D = 0542D
50　　　次常 吮 = 吮 0542E = 0542E	25　　　次常 吱 = 吱 05431 = 05431	20　　　常用-B-乙 吵 = 吵 05435 = 05435	10　　　常用-A-甲 吹 = 吹 05439 = 05439
25　　次常-C-丙 吻 = 吻 0543B = 0543B	25　　　常用-C-丙 吼 = 吼 0543C = 0543C	45 吽 = 吽 0543D = 0543D	30 吾 = 吾 0543E = 0543E
05　　　常用-A-甲 呀 = 呀 05440 = 05440	40 呃 = 呃 05443 = 05443	20　　　常用-B-乙 呆 = 呆 05446 = 05446	05　　　常用-A-甲 告 = 告 0544A = 0544A
35 呎 = 呎 0544E = 0544E	35 呦 = 呦 05466 = 05466	10　　　常用-A-甲 周 = 周 05468 = 05468	45 呼 = 呼 0546F = 0546F
30 呱 = 呱 05471 = 05471	05　　　常用-B-乙 味 = 味 05473 = 05473	20　　次常-C-丙 呵 = 呵 05475 = 05475	45 呶 = 呶 05476 = 05476
40 呸 = 呸 05478 = 05478	35　　　次常-丁 呻 = 呻 0547B = 0547B	10　　　常用-B-乙 呼 = 呼 0547C = 0547C	05　　　常用-B-乙 命 = 命 0547D = 0547D
30 咀 = 咀 05480 = 05480	50 咂 = 咂 05482 = 05482	40 咆 = 咆 05486 = 05486	50　　　　丁 咋 = 咋 0548B = 0548B

05 　　常用-A-甲 和 = 和 0548C = 0548C	35 　　常用-丁 咏 = 咏 0548F = 0548F	25 　　常用-B-乙 咐 = 咐 05490 = 05490	25 　　次常 咒 = 咒 05492 = 05492
50 咔 = 咔 05494 = 05494	30 　　次常 咕 = 咕 05495 = 05495	30 　　次常-A-甲 咖 = 咖 05496 = 05496	20 咚 = 咚 0549A = 0549A
20 咦 = 咦 054A6 = 054A6	35 咧 = 咧 054A7 = 054A7	30 　　次常 咩 = 咩 054A9 = 054A9	15 　　次常 咪 = 咪 054AA = 054AA
50 咫 = 咫 054AB = 054AB	20 　　常用-B-乙 咬 = 咬 054AC = 054AC	35 咯 = 咯 054AF = 054AF	30 　　常用-A-甲 咱 = 咱 054B1 = 054B1
30 　　常用-A-甲 咳 = 咳 054B3 = 054B3	30 　　常用-C-丙 咸 = 咸 054B8 = 054B8	35 咻 = 咻 054BB = 054BB	30 　　常用-B-乙 咽 = 咽 054BD = 054BD
20 　　常用-C-丙 哀 = 哀 054C0 = 054C0	05 　　常用-B-乙 品 = 品 054C1 = 054C1	25 　　常用-丁 哄 = 哄 054C4 = 054C4	40 　　次常-C-丙 哆 = 哆 054C6 = 054C6
10 　　B-乙 哇 = 哇 054C7 = 054C7	05 　　常用-A-甲 哈 = 哈 054C8 = 054C8	40 哉 = 哉 054C9 = 054C9	35 哞 = 哞 054DE = 054DE
05 　　常用-A-甲 哥 = 哥 054E5 = 054E5	15 　　C-丙 哦 = 哦 054E6 = 054E6	50 哧 = 哧 054E7 = 054E7	20 　　次常-B-乙 哩 = 哩 054E9 = 054E9
05 　　常用-A-甲 哪 = 哪 054EA = 054EA	10 　　常用-A-甲 哭 = 哭 054ED = 054ED	40 　　次常 哮 = 哮 054EE = 054EE	15 　　常用-B-乙 哲 = 哲 054F2 = 054F2
20 　　次常 哺 = 哺 054FA = 054FA	25 　　次常-B-乙 哼 = 哼 054FC = 054FC	35 哽 = 哽 054FD = 054FD	35 　　常用-C-丙 唇 = 唇 05507 = 05507
20 　　常用-B-丙 唉 = 唉 05509 = 05509	15 　　常用-丁 唐 = 唐 05510 = 05510	25 唔 = 唔 05514 = 05514	35 　　次常 唧 = 唧 05527 = 05527
25 　　常用-C-丙 售 = 售 0552E = 0552E	20 　　常用-丁 唯 = 唯 0552F = 0552F	45 唰 = 唰 05530 = 05530	10 　　常用-A-甲 唱 = 唱 05531 = 05531
20 　　常用-丁 啄 = 啄 05544 = 05544	05 　　常用-A-甲 啊 = 啊 0554A = 0554A	40 啕 = 啕 05555 = 05555	45 啜 = 啜 0555C = 0555C
45 　　次常-A-甲 啤 = 啤 05564 = 05564	30 　　次常-丁 啥 = 啥 05565 = 05565	10 　　常用-A-甲 啦 = 啦 05566 = 05566	25 啪 = 啪 0556A = 0556A
50 啻 = 啻 0557B = 0557B	25 　　次常 啼 = 啼 0557C = 0557C	30 喀 = 喀 05580 = 05580	20 　　常用-A-甲 喂 = 喂 05582 = 05582
25 喃 = 喃 05583 = 05583	25 　　常用-C-丙 喇 = 喇 05587 = 05587	25 　　常用-C-丙 喉 = 喉 05589 = 05589	15 　　常用-A-甲 喊 = 喊 0558A = 0558A

10 喔 = 喔 05594 = 05594	25 常用-C-丙 喘 = 喘 05598 = 05598	30 喙 = 喙 05599 = 05599	05 常用-A-甲 喜 = 喜 0559C = 0559C
10 常用-A-甲 喝 = 喝 0559D = 0559D	30 次常-丁 喧 = 喧 055A7 = 055A7	30 次常 喳 = 喳 055B3 = 055B3	25 次常-丁 嗅 = 嗅 055C5 = 055C5
50 嗉 = 嗉 055C9 = 055C9	35 常用-B-乙 嗓 = 嗓 055D3 = 055D3	50 嗔 = 嗔 055D4 = 055D4	40 嗝 = 嗝 055DD = 055DD
25 次常 嗡 = 嗡 055E1 = 055E1	50 嗣 = 嗣 055E3 = 055E3	40 次常-C-丙 嗦 = 嗦 055E6 = 055E6	20 嗨 = 嗨 055E8 = 055E8
15 A-甲 嗯 = 嗯 055EF = 055EF	35 常用-A-甲 嗽 = 嗽 055FD = 055FD	45 次常 嘀 = 嘀 05600 = 05600	35 嘈 = 嘈 05608 = 05608
15 常用-丁 嘉 = 嘉 05609 = 05609	30 嘎 = 嘎 0560E = 0560E	35 嘟 = 嘟 0561F = 0561F	25 次常-丁 嘲 = 嘲 05632 = 05632
35 嘶 = 嘶 05636 = 05636	35 次常 嘹 = 嘹 05639 = 05639	20 嘻 = 嘻 0563B = 0563B	20 次常-B-乙 嘿 = 嘿 0563F = 0563F
50 噀 = 噀 05640 = 05640	40 噎 = 噎 0564E = 0564E	40 噗 = 噗 05657 = 05657	45 噘 = 噘 05658 = 05658
05 常用-A-甲 器 = 器 05668 = 05668	40 次常 噩 = 噩 05669 = 05669	25 次常-丁 噪 = 噪 0566A = 0566A	40 噬 = 噬 0566C = 0566C
45 嚅 = 嚅 05685 = 05685	35 嚎 = 嚎 0568E = 0568E	40 嚏 = 嚏 0568F = 0568F	45 囍 = 囍 056AD = 056AD
25 常用-B-乙 嚷 = 嚷 056B7 = 056B7	25 常用-丁 嚼 = 嚼 056BC = 056BC	25 常用-丁 囊 = 囊 056CA = 056CA	35 次常 囚 = 囚 056DA = 056DA
05 常用-A-甲 四 = 四 056DB = 056DB	05 常用-A-甲 回 = 回 056DE = 056DE	45 囟 = 囟 056DF = 056DF	05 常用-A-甲 因 = 因 056E0 = 056E0
45 次常 囤 = 囤 056E4 = 056E4	15 常用-A-甲 困 = 困 056F0 = 056F0	15 常用-B-乙 固 = 固 056FA = 056FA	35 次常 囿 = 囿 05703 = 05703
10 常用-B-乙 圈 = 圈 05708 = 05708	50 圜 = 圜 0571C = 0571C	05 常用-B-乙 土 = 土 0571F = 0571F	05 常用-A-甲 在 = 在 05728 = 05728
40 圭 = 圭 0572D = 0572D	45 圮 = 圮 0572E = 0572E	05 常用-A-甲 地 = 地 05730 = 05730	45 圳 = 圳 05733 = 05733
50 圻 = 圻 0573B = 0573B	15 常用-B-乙 址 = 址 05740 = 05740	25 常用-丁 坊 = 坊 0574A = 0574A	50 垄 = 垄 0574C = 0574C

40　坍 = 坍　0574D = 0574D	35　坎 = 坎　0574E = 0574E　次常	10　坐 = 坐　05750 = 05750　常用—A—甲	30　坑 = 坑　05751 = 05751　常用—C—丙
15　坡 = 坡　05761 = 05761　常用—B—乙	30　坤 = 坤　05764 = 05764　次常	20　坦 = 坦　05766 = 05766　常用—C—丙	30　坪 = 坪　0576A = 0576A　次常
45　坷 = 坷　05777 = 05777　次常	20　垃 = 垃　05783 = 05783　常用—B—乙	10　型 = 型　0578B = 0578B　常用—B—乙	40　垛 = 垛　0579B = 0579B　次常
45　垠 = 垠　057A0 = 057A0	30　垢 = 垢　057A2 = 057A2　次常	35　垣 = 垣　057A3 = 057A3	35　垮 = 垮　057AE = 057AE　常用—C—丙
40　埂 = 埂　057C2 = 057C2　次常	20　埃 = 埃　057C3 = 057C3　次常—丁+	15　埋 = 埋　057CB = 057CB　常用—B—乙	05　城 = 城　057CE = 057CE　常用—A—甲
30　埔 = 埔　057D4 = 057D4　丁+	15　域 = 域　057DF = 057DF　常用—C—丙	45　埠 = 埠　057E0 = 057E0　次常—丁	40　埤 = 埤　057E4 = 057E4
20　培 = 培　057F9 = 057F9　常用—C—丙	10　基 = 基　057FA = 057FA　常用—A—甲	10　堂 = 堂　05802 = 05802　常用—A—甲	15　堆 = 堆　05806 = 05806
10　堡 = 堡　05821 = 05821　常用—丁	30　堤 = 堤　05824 = 05824　常用—C—丙	50　堰 = 堰　05830 = 05830　次常	30　堵 = 堵　05835 = 05835　常用—B—乙
15　塑 = 塑　05851 = 05851　常用—B—乙	25　塘 = 塘　05858 = 05858　常用—丁	15　塞 = 塞　0585E = 0585E　常用—C—丙	05　填 = 填　0586B = 0586B　常用—B—乙
35　塾 = 塾　0587E = 0587E	50　墀 = 墀　05880 = 05880	10　境 = 境　05883 = 05883　常用—B—乙	35　墅 = 墅　05885 = 05885　次常
10　增 = 增　0589E = 0589E　常用—A—甲	15　墨 = 墨　058A8 = 058A8　常用—B—乙	40　墩 = 墩　058A9 = 058A9　次常	10　壁 = 壁　058C1 = 058C1　常用—B—乙
50　雍 = 雍　058C5 = 058C5	40　壑 = 壑　058D1 = 058D1	50　壕 = 壕　058D5 = 058D5　次常	20　壞 = 壞　058E4 = 058E4　常用—C—丙
05　士 = 士　058EB = 058EB　常用—B—乙	40　壬 = 壬　058EC = 058EC	25　壹 = 壹　058F9 = 058F9　次常—丁	10　夏 = 夏　0590F = 0590F　常用—A—甲
45　夔 = 夔　05914 = 05914	20　夕 = 夕　05915 = 05915　常用—丁	05　外 = 外　05916 = 05916　常用—A—甲	45　夙 = 夙　05919 = 05919
05　多 = 多　0591A = 0591A　常用—A—甲	10　夜 = 夜　0591C = 0591C　常用—A—甲	05　大 = 大　05927 = 05927　常用—A—甲	05　天 = 天　05929 = 05929　常用—A—甲
05　太 = 太　0592A = 0592A　常用—A—甲	05　夫 = 夫　0592B = 0592B　常用—A—甲	40　夭 = 夭　0592D = 0592D　次常	15　央 = 央　0592E = 0592E　常用—B—乙

10 常用-B-乙40	次常35	常用-C-丙40	次常
失 = 失 05931 = 05931	夷 = 夷 05937 = 05937	夸 = 夸 05938 = 05938	奄 = 奄 05944 = 05944
05 常用-B-乙15	常用-丁45	常用-B-乙10	常用-丁
奇 = 奇 05947 = 05947	奉 = 奉 05949 = 05949	奎 = 奎 0594E = 0594E	奏 = 奏 0594F = 0594F
30 次常15	常用-C-丙15	常用-B-乙50	
契 = 契 05951 = 05951	奔 = 奔 05954 = 05954	套 = 套 05957 = 05957	奘 = 奘 05958 = 05958
45	30 次常-C-丙35	次常-丁05	常用-A-甲
奚 = 奚 0595A = 0595A	奠 = 奠 05960 = 05960	奢 = 奢 05962 = 05962	女 = 女 05973 = 05973
20 常用-C-丙10	常用-A-甲30	常用-丁05	常用-A-甲
奴 = 奴 05974 = 05974	奶 = 奶 05976 = 05976	奸 = 奸 05978 = 05978	她 = 她 05979 = 05979
05 常用-A-甲05	常用-A-甲30	35	常用-丁
好 = 好 0597D = 0597D	如 = 如 05982 = 05982	妃 = 妃 05983 = 05983	妄 = 妄 05984 = 05984
35	50	50 次常20	常用-丁
妍 = 妍 0598D = 0598D	妏 = 妏 0598F = 0598F	妓 = 妓 05993 = 05993	妖 = 妖 05996 = 05996
15 常用-B-乙40	25	常用-C-丙25	常用-C-丙
妙 = 妙 05999 = 05999	妤 = 妤 059A4 = 059A4	妥 = 妥 059A5 = 059A5	妨 = 妨 059A8 = 059A8
10 常用-A-甲15	常用-B-乙35	15	次常-丁
妹 = 妹 059B9 = 059B9	妻 = 妻 059BB = 059BB	妾 = 妾 059BE = 059BE	姆 = 姆 059C6 = 059C6
10 次常05	常用-A-甲15	常用-A-甲10	
姊 = 姊 059CA = 059CA	始 = 始 059CB = 059CB	姐 = 姐 059D0 = 059D0	姑 = 姑 059D1 = 059D1
15 常用-A-甲20	常用-B-乙35	次常20	常用-丁
姓 = 姓 059D3 = 059D3	委 = 委 059D4 = 059D4	姚 = 姚 059DA = 059DA	姜 = 姜 059DC = 059DC
50 20	常用-B-乙45	50	
姣 = 姣 059E3 = 059E3	姨 = 姨 059E8 = 059E8	姬 = 姬 059EC = 059EC	姮 = 姮 059EE = 059EE
45 30	常用-B-乙15	常用-C-丙15	常用-C-丙
姵 = 姵 059F5 = 059F5	姻 = 姻 059FB = 059FB	威 = 威 05A01 = 05A01	娃 = 娃 05A03 = 05A03
50 40	10	常用-A-甲20	次常
娉 = 娉 05A09 = 05A09	娓 = 娓 05A13 = 05A13	娘 = 娘 05A18 = 05A18	娜 = 娜 05A1C = 05A1C
20 45	次常50	25	次常-C-丙
娥 = 娥 05A25 = 05A25	娩 = 娩 05A29 = 05A29	娳 = 娳 05A33 = 05A33	娶 = 娶 05A36 = 05A36
10 常用-C-丙30	次常50	15	常用-B-乙
婆 = 婆 05A46 = 05A46	婉 = 婉 05A49 = 05A49	婕 = 婕 05A55 = 05A55	婚 = 婚 05A5A = 05A5A

40		50		25		20	次常－C－丁
婢 = 婢		婪 = 婪		婷 = 婷		媒 = 媒	
05A62 = 05A62		05A6A = 05A6A		05A77 = 05A77		05A92 = 05A92	
25	次常	30		30	次常－C－丙	20	常用－C－丙
媚 = 媚		媛 = 媛		媳 = 媳		嫁 = 嫁	
05A9A = 05A9A		05A9B = 05A9B		05AB3 = 05AB3		05AC1 = 05AC1	
30	次常－丁	25	常用－C－丙	50		20	
嫉 = 嫉		嫌 = 嫌		嫣 = 嫣		嫦 = 嫦	
05AC9 = 05AC9		05ACC = 05ACC		05AE3 = 05AE3		05AE6 = 05AE6	
25	常用－C－丙	30		次常 05		常用－A－甲	10	常用－B－乙
嫩 = 嫩		嬉 = 嬉		子 = 子		孔 = 孔	
05AE9 = 05AE9		05B09 = 05B09		05B50 = 05B50		05B54 = 05B54	
25	常用－丁	05	常用－A－甲	10	常用－B－乙	50	
孕 = 孕		字 = 字		存 = 存		孚 = 孚	
05B55 = 05B55		05B57 = 05B57		05B58 = 05B58		05B5A = 05B5A	
40		15	常用－丁	15	常用－C＋－丙＋	35	
孜 = 孜		孝 = 孝		孟 = 孟		孢 = 孢	
05B5C = 05B5C		05B5D = 05B5D		05B5F = 05B5F		05B62 = 05B62	
10	常用－B－乙	20	常用－C－丙	05	常用－A－甲	50	
季 = 季		孤 = 孤		孩 = 孩		孰 = 孰	
05B63 = 05B63		05B64 = 05B64		05B69 = 05B69		05B70 = 05B70	
45		25		次常 50		05	常用－A－甲
孳 = 孳		孵 = 孵		孺 = 孺		它 = 它	
05B73 = 05B73		05B75 = 05B75		05B7A = 05B7A		05B83 = 05B83	
25	常用－C－丙	15	常用－C－丙	10	常用－B－乙	05	常用－A－甲
宅 = 宅		宇 = 宇		守 = 守		安 = 安	
05B85 = 05B85		05B87 = 05B87		05B88 = 05B88		05B89 = 05B89	
15	常用－C＋－丙＋	05	常用－A－甲	20	常用－C－丙	45	
宋 = 宋		完 = 完		宏 = 宏		宕 = 宕	
05B8B = 05B8B		05B8C = 05B8C		05B8F = 05B8F		05B95 = 05B95	
10	常用－B－乙	15	常用－C－丙	05	常用－A－甲	30	次常
官 = 官		宙 = 宙		定 = 定		宛 = 宛	
05B98 = 05B98		05B99 = 05B99		05B9A = 05B9A		05B9B = 05B9B	
15	常用－A－甲	10	常用－A－甲	20	常用－B－乙	10	常用－A－甲
宜 = 宜		客 = 客		宣 = 宣		室 = 室	
05B9C = 05B9C		05BA2 = 05BA2		05BA3 = 05BA3		05BA4 = 05BA4	
35	次常	25	常用－丁	25	常用－A－甲	05	常用－A－甲
宦 = 宦		宰 = 宰		宴 = 宴		家 = 家	
05BA6 = 05BA6		05BB0 = 05BB0		05BB4 = 05BB4		05BB6 = 05BB6	
05	常用－A－甲	25	常用－A－甲	25	次常－C－丙	15	常用－A－甲
容 = 容		宿 = 宿		寂 = 寂		寄 = 寄	
05BB9 = 05BB9		05BBF = 05BBF		05BC2 = 05BC2		05BC4 = 05BC4	
45		10	常用－B－乙	30	常用－丁	10	常用－A－甲
寅 = 寅		密 = 密		寇 = 寇		富 = 富	
05BC5 = 05BC5		05BC6 = 05BC6		05BC7 = 05BC7		05BCC = 05BCC	
40		10	常用－A－甲	25	次常－C－丙	35	次常－C－丙
寐 = 寐		寒 = 寒		寓 = 寓		寡 = 寡	
05BD0 = 05BD0		05BD2 = 05BD2		05BD3 = 05BD3		05BE1 = 05BE1	

45 次常	30	45	25 常用－B－乙
寥 = 寥	寮 = 寮	寰 = 寰	寸 = 寸
05BE5 = 05BE5	05BEE = 05BEE	05BF0 = 05BF0	05BF8 = 05BF8
15 常用－A－甲	15 常用－B－乙	05 常用－A－甲	05 常用－A－甲
封 = 封	尊 = 尊	小 = 小	少 = 少
05C01 = 05C01	05C0A = 05C0A	05C0F = 05C0F	05C11 = 05C11
15 常用－B－乙	15 常用－C－丙	15 常用－A－甲	35
尖 = 尖	尚 = 尚	尤 = 尤	尪 = 尪
05C16 = 05C16	05C1A = 05C1A	05C24 = 05C24	05C2A = 05C2A
45	05	45 常用－丁	45
尬 = 尬	就 = 就	尸 = 尸	尹 = 尹
05C2C = 05C2C	05C31 = 05C31	05C38 = 05C38	05C39 = 05C39
10 常用－B－乙	10 常用－B－乙	20 常用－丁	10 常用－A－甲
尺 = 尺	尾 = 尾	尿 = 尿	局 = 局
05C3A = 05C3A	05C3E = 05C3E	05C3F = 05C3F	05C40 = 05C40
10 常用－B－乙	20 常用－C－丙	10 常用－A－甲	50
居 = 居	屈 = 屈	屋 = 屋	屌 = 屌
05C45 = 05C45	05C48 = 05C48	05C4B = 05C4B	05C4C = 05C4C
40 次常－丁	20 次常－丁	05 常用－A－甲	35 常用－丁
屎 = 屎	屏 = 屏	展 = 展	屠 = 屠
05C4E = 05C4E	05C4F = 05C4F	05C55 = 05C55	05C60 = 05C60
40 次常－丁	25 常用－丁	05 常用－A－甲	35 次常
履 = 履	屯 = 屯	山 = 山	屹 = 屹
05C65 = 05C65	05C6F = 05C6F	05C71 = 05C71	05C79 = 05C79
40	40 常用－丁	10 常用－C－丙	50
岐 = 岐	岔 = 岔	岩 = 岩	岬 = 岬
05C90 = 05C90	05C94 = 05C94	05CA9 = 05CA9	05CAC = 05CAC
40	20 次常－丁＋	10 常用－B－乙	50
岱 = 岱	岳 = 岳	岸 = 岸	峋 = 峋
05CB1 = 05CB1	05CB3 = 05CB3	05CB8 = 05CB8	05CCB = 05CCB
35	35	20 常用－C－丙	35
峨 = 峨	峪 = 峪	峰 = 峰	崁 = 崁
05CE8 = 05CE8	05CEA = 05CEA	05CF0 = 05CF0	05D01 = 05D01
50	30 次常	35 次常－丁＋	25 常用－C－丙
崌 = 崌	崎 = 崎	崔 = 崔	崖 = 崖
05D0C = 05D0C	05D0E = 05D0E	05D14 = 05D14	05D16 = 05D16
50	25 次常－丁	45	30 次常－丁
崛 = 崛	崩 = 崩	嵋 = 嵋	嵌 = 嵌
05D1B = 05D1B	05D29 = 05D29	05D4B = 05D4B	05D4C = 05D4C
50	50	15 常用－丁	15 常用－丁
嵩 = 嵩	嶙 = 嶙	川 = 川	州 = 州
05D69 = 05D69	05D99 = 05D99	05DDD=05DDD	05DDE = 05DDE
20 常用－丁	15 次常	05 常用－A－甲	10 常用－A－甲
巡 = 巡	巢 = 巢	工 = 工	左 = 左
05DE1 = 05DE1	05DE2 = 05DE2	05DE5 = 05DE5	05DE6 = 05DE6
15 常用－B－乙	20 次常－丁	05 常用－A－甲	05 常用－A－甲
巧 = 巧	巫 = 巫	己 = 己	已 = 已
05DE7 = 05DE7	05DEB = 05DEB	05DF1 = 05DF1	05DF2 = 05DF2

05　　　常用－B－乙	25　　　常用－C－丙	20　　　常用－B－乙	05　　　常用－A－甲
巴 = 巴	巷 = 巷	巾 = 巾	市 = 市
05DF4 = 05DF4	05DF7 = 05DF7	05DFE = 05DFE	05E02 = 05E02
05　　　常用－A－甲	20　　　常用－丁	05　　　常用－A－甲	25　　　次常
布 = 布	帆 = 帆	希 = 希	帕 = 帕
05E03 = 05E03	05E06 = 05E06	05E0C = 05E0C	05E15 = 05E15
35　　　常用－丁	40	10　　　常用－B－乙	20　　　常用－B－乙
帖 = 帖	帛 = 帛	帝 = 帝	席 = 席
05E16 = 05E16	05E1B = 05E1B	05E1D = 05E1D	05E2D = 05E2D
40	05　　　常用－A－甲	50	20　　　常用－B－乙
帷 = 帷	常 = 常	幄 = 幄	幅 = 幅
05E37 = 05E37	05E38 = 05E38	05E44 = 05E44	05E45 = 05E45
50　　　次常	50	35　　　次常－C－丙	20　　　常用－A－甲
幌 = 幌	幛 = 幛	幢 = 幢	干 = 干
05E4C = 05E4C	05E5B = 05E5B	05E62 = 05E62	05E72 = 05E72
05　　　常用－A－甲	05　　　常用－A－甲	45　　　常用－B－乙	10　　　常用－A－甲
平 = 平	年 = 年	并 = 并	幸 = 幸
05E73 = 05E73	05E74 = 05E74	05E76 = 05E76	05E78 = 05E78
20　　　常用－C－丙	10　　　常用－C－丙	20　　　次常－丁	40　　　常用－B－乙
幻 = 幻	幼 = 幼	幽 = 幽	庄 = 庄
05E7B = 05E7B	05E7C = 05E7C	05E7D = 05E7D	05E84 = 05E84
10　　　常用－A－甲	15　　　常用－B－乙	10　　　常用－A－甲	40
床 = 床	序 = 序	店 = 店	庚 = 庚
05E8A = 05E8A	05E8F = 05E8F	05E97 = 05E97	05E9A = 05E9A
10　　　常用－A－甲	05	10　　　常用－A－甲	10　　　常用－A－甲
府 = 府	度 = 度	座 = 座	庭 = 庭
05E9C = 05E9C	05EA6 = 05EA6	05EA7 = 05EA7	05EAD = 05EAD
40	35　　　次常	10　　　常用－A－甲	30　　　常用－丁
庵 = 庵	庶 = 庶	康 = 康	庸 = 庸
05EB5 = 05EB5	05EB6 = 05EB6	05EB7 = 05EB7	05EB8 = 05EB8
25　　　常用－丁	25　　　常用－C－丙	35　　　次常－C－丙	25
廉 = 廉	廊 = 廊	廓 = 廓	廖 = 廖
05EC9 = 05EC9	05ECA = 05ECA	05ED3 = 05ED3	05ED6 = 05ED6
20　　　次常	05	30	50
廷 = 廷	建 = 建	廿 = 廿	弁 = 弁
05EF7 = 05EF7	05EFA = 05EFA	05EFF = 05EFF	05F01 = 05F01
15　　　常用－B－乙	40	30　　　常用－丁	05　　　常用－B－乙
弄 = 弄	龛 = 龛	弊 = 弊	式 = 式
05F04 = 05F04	05F07 = 05F07	05F0A = 05F0A	05F0F = 05F0F
20　　　常用－C－丙	10　　　常用－B－乙	20	35
弓 = 弓	引 = 引	弗 = 弗	弘 = 弘
05F13 = 05F13	05F15 = 05F15	05F17 = 05F17	05F18 = 05F18
45　　　次常	05　　　常用－A－甲	30　　　常用－丁	25　　　次常
弛 = 弛	弟 = 弟	弦 = 弦	弧 = 弧
05F1B = 05F1B	05F1F = 05F1F	05F26 = 05F26	05F27 = 05F27
40	15	常用－B－乙　45	50
弩 = 弩	弱 = 弱	弼 = 弼	彀 = 彀
05F29 = 05F29	05F31 = 05F31	05F3C = 05F3C	05F40 = 05F40

05 常用−B−乙 形 = 形 05F62 = 05F62	45 次常 彤 = 彤 05F64 = 05F64	45 彧 = 彧 05F67 = 05F67	10 常用−A−甲 彩 = 彩 05F69 = 05F69
35 次常 彬 = 彬 05F6C = 05F6C	30 次常−丁＋ 彭 = 彭 05F6D = 05F6D	25 次常−丁 彰 = 彰 05F70 = 05F70	05 常用−A−甲 影 = 影 05F71 = 05F71
25 常用−丁 彷 = 彷 05F77 = 05F77	20 役 = 役 05F79 = 05F79	15 常用−C−丙 彼 = 彼 05F7C = 05F7C	05 常用−A−甲 往 = 往 05F80 = 05F80
25 常用−B−乙 征 = 征 05F81 = 05F81	05 常用−A−甲 很 = 很 05F88 = 05F88	30 徉 = 徉 05F89 = 05F89	30 次常−丁 徊 = 徊 05F8A = 05F8A
15 常用−B−乙 律 = 律 05F8B = 05F8B	15 常用−丁 徐 = 徐 05F90 = 05F90	15 常用−C−丙 徒 = 徒 05F92 = 05F92	05 常用−A−甲 得 = 得 05F97 = 05F97
35 次常 徙 = 徙 05F99 = 05F99	30 徜 = 徜 05F9C = 05F9C	45 徨 = 徨 05FA8 = 05FA8	20 常用−C−丙 循 = 循 05FAA = 05FAA
50 徫 = 徫 05FAB = 05FAB	10 常用−B−乙 德 = 德 05FB7 = 05FB7	30 次常−丁 徽 = 徽 05FBD = 05FBD	05 常用−A−甲 心 = 心 05FC3 = 05FC3
10 常用−A−甲 必 = 必 05FC5 = 05FC5	25 常用−丁 忌 = 忌 05FCC = 05FCC	10 常用−B−乙 忍 = 忍 05FCD = 05FCD	10 常用−A−甲 志 = 志 05FD7 = 05FD7
10 常用−A−甲 忘 = 忘 05FD8 = 05FD8	10 常用−A−甲 忙 = 忙 05FD9 = 05FD9	20 常用−C−丙 忠 = 忠 05FE0 = 05FE0	40 忡 = 忡 05FE1 = 05FE1
45 忤 = 忤 05FE4 = 05FE4	45 忪 = 忪 05FEA = 05FEA	05 快 = 快 05FEB = 05FEB	35 次常 忱 = 忱 05FF1 = 05FF1
10 常用−A−甲 忽 = 忽 05FFD = 05FFD	40 忿 = 忿 05FFF = 05FFF	05 常用−A−甲 怎 = 怎 0600E = 0600E	20 常用−B−乙 怒 = 怒 06012 = 06012
10 常用−A−甲 怕 = 怕 06015 = 06015	25 常用−C−丙 怖 = 怖 06016 = 06016	05 常用−A−甲 思 = 思 0601D = 0601D	30 常用−丁 怠 = 怠 06020 = 06020
25 怡 = 怡 06021 = 06021	05 常用−B−乙 性 = 性 06027 = 06027	25 常用−C−丙 怨 = 怨 06028 = 06028	10 常用−B−乙 怪 = 怪 0602A = 0602A
30 次常−丁 怯 = 怯 0602F = 0602F	50 恂 = 恂 06042 = 06042	30 恍 = 恍 0604D = 0604D	10 常用−B−乙 恐 = 恐 06050 = 06050
35 常用−丁 恒 = 恒 06052 = 06052	30 恕 = 恕 06055 = 06055	20 常用−B−乙 恢 = 恢 06062 = 06062	45 次常 恤 = 恤 06064 = 06064
20 常用−B−乙 恨 = 恨 06068 = 06068	15 常用−丁 恩 = 恩 06069 = 06069	50 恪 = 恪 0606A = 0606A	15 常用−丁 恭 = 恭 0606D = 0606D

10 　常用-A-甲 息 = 息 0606F = 0606F	20 　常用-C-丙 恰 = 恰 06070 = 06070	50 愿 = 愿 0607F = 0607F	20 　常用-B-乙 悉 = 悉 06089 = 06089
40 　次常 悍 = 悍 0608D = 0608D	25 　常用-B-乙 悔 = 悔 06094 = 06094	50 悖 = 悖 06096 = 06096	40 悚 = 悚 0609A = 0609A
15 　常用-B-乙 悟 = 悟 0609F = 0609F	25 　常用-B-乙 悠 = 悠 060A0 = 060A0	20 　常用-C-丙 患 = 患 060A3 = 060A3	40 　次常 悴 = 悴 060B4 = 060B4
40 悸 = 悸 060B8 = 060B8	45 悻 = 悻 060BB = 060BB	40 　常用-丁 悼 = 悼 060BC = 060BC	50 惇 = 惇 060C7 = 060C7
35 　次常-丁 惋 = 惋 060CB = 060CB	25 　常用-丁 惑 = 惑 060D1 = 060D1	40 　常用-C-丙 惕 = 惕 060D5 = 060D5	45 惘 = 惘 060D8 = 060D8
40 惚 = 惚 060DA = 060DA	15 　常用-C-丙 惜 = 惜 060DC = 060DC	30 　丁 惟 = 惟 060DF = 060DF	20 　常用-丁 惠 = 惠 060E0 = 060E0
40 　次常-C-丙 恬 = 恬 060E6 = 060E6	05 　常用-A-甲 想 = 想 060F3 = 060F3	30 惶 = 惶 060F6 = 060F6	次常 45 惺 = 惺 060FA = 060FA
20 　常用-B-乙 愁 = 愁 06101 = 06101	50 愎 = 愎 0610E = 0610E	05 意 = 意 0610F = 0610F	45 愔 = 愔 06114 = 06114
35 　次常 愕 = 愕 06115 = 06115	20 　常用-C-丙 愚 = 愚 0611A = 0611A	30 愣 = 愣 06123 = 06123	15 　C-丙　常用-丁 慈 = 慈 06148 = 06148
25 　常用-C-丙 慎 = 慎 0614E = 0614E	25 　常用-丁 慨 = 慨 06168 = 06168	45 慵 = 慵 06175 = 06175	35 　次常-丁 慷 = 慷 06177 = 06177
50 　次常 憎 = 憎 0618E = 0618E	40 　次常 憔 = 憔 06194 = 06194	45 憧 = 憧 061A7 = 061A7	45 憬 = 憬 061AC = 061AC
45 懋 - 懋 061CB = 061CB	40 懦 = 懦 061E6 = 061E6	次常 30 戈 - 戈 06208 = 06208	次常-丁+ 30 戊 - 戊 0620A = 0620A
40 戌 = 戌 0620C = 0620C	35 戍 = 戍 0620D = 0620D	45 戎 = 戎 0620E = 0620E	05 　常用-A-甲 成 = 成 06210 = 06210
05 　常用-A-甲 我 = 我 06211 = 06211	20 　常用-丁 戒 = 戒 06212 = 06212	50 戕 = 戕 06215 = 06215	05 　常用-A-甲 或 = 或 06216 = 06216
25 　常用-B-乙 戚 = 戚 0621A = 0621A	25 　常用-C-丙 截 = 截 0622A = 0622A	40 戮 = 戮 0622E = 0622E	45 　次常 戳 = 戳 06233 = 06233
15 　常用-A-甲 戴 = 戴 06234 = 06234	05 　常用-A-甲 所 = 所 06240 = 06240	05 　常用-A-甲 手 = 手 0624B = 0624B	05 　常用-A-甲 才 = 才 0624D = 0624D

30　常用-B-乙 扎 = 扎 0624E = 0624E	35　常用-C-丙 扒 = 扒 06252 = 06252	05　常用-A-甲 打 = 打 06253 = 06253	25　常用-B-乙 扔 = 扔 06254 = 06254
15　常用-B-乙 托 = 托 06258 = 06258	50 扙 = 扙 06259 = 06259	35　常用-B-乙 扛 = 扛 0625B = 0625B	50 扠 = 扠 06260 = 06260
25　常用-B-乙 扣 = 扣 06263 = 06263	20　常用-B-乙 扮 = 扮 0626E = 0626E	25　常用-C-丙 扯 = 扯 0626F = 0626F	20　常用-B-乙 扶 = 扶 06276 = 06276
35　次常 扼 = 扼 0627C = 0627C	05　常用-A-甲 找 = 找 0627E = 0627E	15　常用-B-乙 承 = 承 0627F = 0627F	10　常用-A-甲 技 = 技 06280 = 06280
25　常用-B-乙 抄 = 抄 06284 = 06284	45 抉 = 抉 06289 = 06289	05　常用-A-甲 把 = 把 0628A = 0628A	30　次常-C-丙 抑 = 抑 06291 = 06291
30　次常 抒 = 抒 06292 = 06292	15　常用-B-乙 抓 = 抓 06293 = 06293	10　常用-B-乙 投 = 投 06295 = 06295	25　常用-B-乙 抖 = 抖 06296 = 06296
15　常用-B-乙 抗 = 抗 06297 = 06297	15　常用-B-乙 折 = 折 06298 = 06298	25　常用-B-乙 披 = 披 062AB = 062AB	15　常用-A-甲 抬 = 抬 062AC = 062AC
15　常用-A-甲 抱 = 抱 062B1 = 062B1	20　常用-C-丙 抹 = 抹 062B9 = 062B9	25　常用-C-丙 押 = 押 062BC = 062BC	15　常用-A-甲 抽 = 抽 062BD = 062BD
50 抿 = 抿 062BF = 062BF	30　次常 拂 = 拂 062C2 = 062C2	45　次常-丁 挂 = 挂 062C4 = 062C4	25　常用-B-乙 拆 = 拆 062C6 = 062C6
20　次常-丁 拇 = 拇 062C7 = 062C7	05　常用-A-甲 拉 = 拉 062C9 = 062C9	30　常用-丁 拌 = 拌 062CC = 062CC	10　常用-A-甲 拍 = 拍 062CD = 062CD
25　次常-丁 拓 = 拓 062D3 = 062D3	20　常用-B-乙 拖 = 拖 062D6 = 062D6	45　次常 拗 = 拗 062D7 = 062D7	30　常用-丁 拘 = 拘 062D8 = 062D8
35　次常-丁 拙 = 拙 062D9 = 062D9	35 拚 = 拚 062DA = 062DA	15 招 = 招 062DB = 062DB	10　常用-B-乙 拜 = 拜 062DC = 062DC
15　常用-B-乙 括 = 括 062EC = 062EC	30 拭 = 拭 062ED = 062ED	30　次常 拯 = 拯 062EF = 062EF	30　次常-丁 拱 = 拱 062F1 = 062F1
30　常用-C-丙 拳 = 拳 062F3 = 062F3	40　次常 拷 = 拷 062F7 = 062F7	20　常用-B-乙 拼 = 拼 062FC = 062FC	45　丁 拽 = 拽 062FD = 062FD
20　常用-A-甲 拾 = 拾 062FE = 062FE	05　常用-A-甲 拿 = 拿 062FF = 062FF	50 挈 = 挈 06308 = 06308	10　常用-B-乙 按 = 按 06309 = 06309
15　常用-B-乙 挑 = 挑 06311 = 06311	25　常用-B-乙 挨 = 挨 06328 = 06328	40　常用-丁 挪 = 挪 0632A = 0632A	25　次常-C-丙 挫 = 挫 0632B = 0632B

20　　常用-C-丙 振 = 振 0632F = 0632F	25　　常用-A-甲 挺 = 挺 0633A = 0633A	30　　常用-C-丙 挽 = 挽 0633D = 0633D	50　　　次常-丁 捅 = 捅 06345 = 06345
30　　常用-B-乙 捆 = 捆 06346 = 06346	15　　常用-B-乙 捉 = 捉 06349 = 06349	45　　　次常-丁 捍 = 捍 0634D = 0634D	35　　常用-C-丙 捏 = 捏 0634F = 0634F
15　　常用-B-乙 捕 = 捕 06355 = 06355	25　　常用-B-乙 捧 = 捧 06367 = 06367	50　　常用-B-乙 揑 = 揑 06371 = 06371	25　　常用-C-丙 捷 = 捷 06377 = 06377
35　　常用-B-乙 掀 = 掀 06380 = 06380	35　　　次常-丁 掂 = 掂 06382 = 06382	20　　常用-B-乙 授 = 授 06388 = 06388	10　　常用-A-甲 掉 = 掉 06389 = 06389
15　　常用-A-甲 掌 = 掌 0638C = 0638C	35　　常用-B-乙 掏 = 掏 0638F = 0638F	40　　　次常-丁 掐 = 掐 06390 = 06390	40　　　　次常 掖 = 掖 06396 = 06396
25　　　常用-丁 掘 = 掘 06398 = 06398	25　　常用-C-丙 掠 = 掠 063A0 = 063A0	45 掣 = 掣 063A3 = 063A3	05　　常用-A-甲 接 = 接 063A5 = 063A5
10　　常用-A-甲 推 = 推 063A8 = 063A8	25　　常用-C-丙 掩 = 掩 063A9 = 063A9	25　　次常-B-乙 措 = 措 063AA = 063AA	40 掭 = 掭 063AC = 063AC
25　　　次常-丁 掰 = 掰 063B0 = 063B0	45 揆 = 揆 063C6 = 063C6	30　　常用-C-丙 揉 = 揉 063C9 = 063C9	30　　　次常-丁 揍 = 揍 063CD = 063CD
05　　常用-A-甲 提 = 提 063D0 = 063D0	45　　　　次常 揖 = 揖 063D6 = 063D6	15　　常用-A-甲 握 = 握 063E1 = 063E1	35　　　　次常 揣 = 揣 063E3 = 063E3
50　　　次常-丁 揩 = 揩 063E9 = 063E9	40　　常用-C-丙 揪 = 揪 063EA = 063EA	25　　常用-C-丙 揭 = 揭 063ED = 063ED	25　　常用-B-乙 援 = 援 063F4 = 063F4
35　　　常用-丁 搏 = 搏 0640F = 0640F	40 搐 = 搐 06410 = 06410	25　　常用-A-甲 搞 = 搞 0641E = 0641E	15　　常用-A-甲 搬 = 搬 0642C = 0642C
45 摁 = 摁 06441 = 06441	50 摒 = 摒 06452 = 06452	25　　常用-B-乙 摔 = 摔 06454 = 06454	20　　常用-B-乙 摘 = 摘 06458 = 06458
35　　常用-C-丙 摧 = 摧 06467 = 06467	50 摆 = 摆 06482 = 06482	30　　　常用-丁 撇 = 撇 06487 = 06487	25　　常用-B-乙 撕 = 撕 06495 = 06495
20　　常用-B-乙 撞 = 撞 0649E = 0649E	40　　　　次常 撩 = 撩 064A9 = 064A9	15　　常用-A-甲 播 = 播 064AD = 064AD	35　　　　次常 撰 = 撰 064B0 = 064B0
40　　　　次常 擂 = 擂 064C2 = 064C2	25　　　次常-丁 擅 = 擅 064C5 = 064C5	15　　常用-A-甲 操 = 操 064CD = 064CD	40　　　　次常 擒 = 擒 064D2 = 064D2
45 擘 = 擘 064D8 = 064D8	25　　常用-C-丙 攀 = 攀 06500 = 06500	35　　　　次常 攘 = 攘 06518 = 06518	50 攥 = 攥 06525 = 06525

40		10 常用－A－甲	05 常用－A－甲	50
攫 = 攫	支 = 支	收 = 收	攸 = 攸
0652B = 0652B	0652F = 0652F	06536 = 06536	06538 = 06538
05 常用－A－甲	15 常用－B－乙	05 常用－A－甲	10 常用－A－甲
改 = 改	攻 = 攻	放 = 放	政 = 政
06539 = 06539	0653B = 0653B	0653E = 0653E	0653F = 0653F
05 常用－A－甲	15 常用－B－乙	20 常用－C－丙	10 常用－B－乙
故 = 故	效 = 效	敏 = 敏	救 = 救
06545 = 06545	06548 = 06548	0654F = 0654F	06551 = 06551
30	05 常用－A－甲	20	35 常用－丁
敕 = 敕	教 = 教	敝 = 敝	敞 = 敞
06555 = 06555	06559 = 06559	0655D = 0655D	0655E = 0655E
20 次常	20	05 常用－A－甲	35 次常－丁
敦 = 敦	敲 = 敲	整 = 整	敷 = 敷
06566 = 06566	06572 = 06572	06574 = 06574	06577 = 06577
05 常用－A－甲	40	20 常用－丁	20 常用－B－乙
文 = 文	斌 = 斌	斑 = 斑	斗 = 斗
06587 = 06587	0658C = 0658C	06591 = 06591	06597 = 06597
10 常用－B－乙	15 常用－B－乙	45	10 常用－A－甲
料 = 料	斜 = 斜	斡 = 斡	斤 = 斤
06599 = 06599	0659C = 0659C	065A1 = 065A1	065A4 = 065A4
30 常用－C－丙	25 常用－丁	05 常用－C－丙	05 常用－A－甲
斥 = 斥	斧 = 斧	斯 = 斯	方 = 方
065A5 = 065A5	065A7 = 065A7	065AF = 065AF	065B9 = 065B9
10 常用－B－乙	10 常用－A－甲	10 常用－A－甲	15 常用－C－丙
施 = 施	旁 = 旁	旅 = 旅	旋 = 旋
065BD = 065BD	065C1 = 065C1	065C5 = 065C5	065CB = 065CB
10 常用－A－甲	50	20 常用－B－乙	15 常用－B－乙
族 = 族	旖 = 旖	旗 = 旗	既 = 既
065CF = 065CF	065D6 = 065D6	065D7 = 065D7	065E2 = 065E2
05 常用－A－甲	20 常用－C－丙	05 常用－A－甲	30 常用－C－丙
日 = 日	旦 = 旦	早 = 早	旬 = 旬
065E5 = 065E5	065E6 = 065E6	065E9 = 065E9	065EC = 065EC
40 次常	30 常用－C－丙	30 常用－丁	45
旭 = 旭	旱 = 旱	旺 = 旺	旻 = 旻
065ED = 065ED	065F1 = 065F1	065FA = 065FA	065FB = 065FB
25 常用－丁	50	25 常用－丁	05 常用－A－甲
昂 = 昂	昊 = 昊	昌 = 昌	明 = 明
06602 = 06602	0660A = 0660A	0660C = 0660C	0660E = 0660E
15 常用－B－乙	10 常用－A－甲	35 次常	45
昏 = 昏	易 = 易	昔 = 昔	昕 = 昕
0660F = 0660F	06613 = 06613	06614 = 06614	06615 = 06615
05 常用－A－甲	20 常用－B－乙	05 常用－A－甲	35 次常－丁
星 = 星	映 = 映	春 = 春	昧 = 昧
0661F = 0661F	06620 = 06620	06625 = 06625	06627 = 06627
10 常用－A－甲	25 次常	05 常用－A－甲	40
昨 = 昨	昭 = 昭	是 = 是	昱 = 昱
06628 = 06628	0662D = 0662D	0662F = 0662F	06631 = 06631

45	40	20 常用-C-丙	40 常用-丁
昶 = 昶 06636 = 06636	晁 = 晁 06641 = 06641	晃 = 晃 06643 = 06643	晌 = 晌 0664C = 0664C

25	25 常用-B-乙	05 常用-A-甲	40
晏 = 晏 0664F = 0664F	晒 = 晒 06652 = 06652	晚 = 晚 0665A = 0665A	晟 = 晟 0665F = 0665F

50	45 次常-丁	50	15 常用-A-甲
晢 = 晢 06662 = 06662	晤 = 晤 06664 = 06664	晦 = 晦 06666 = 06666	晨 = 晨 06668 = 06668

15 常用-B-乙	10 常用-B-乙	35 次常-C-丙	15 常用-丁
普 = 普 0666E = 0666E	景 = 景 0666F = 0666F	晰 = 晰 06670 = 06670	晶 = 晶 06676 = 06676

15 常用-C-丙	45	35	50 次常
智 = 智 0667A = 0667A	暄 = 暄 06684 = 06684	暇 = 暇 06687 = 06687	暐 = 暐 06690 = 06690

15 常用-B-乙	10 常用-A-甲	10 常用-B-乙	50
暑 = 暑 06691 = 06691	暖 = 暖 06696 = 06696	暗 = 暗 06697 = 06697	暝 = 暝 0669D = 0669D

30	15 常用-C-丙	50	40 次常
暨 = 暨 066A8 = 066A8	暴 = 暴 066B4 = 066B4	曙 = 曙 066D9 = 066D9	曜 = 曜 066DC = 066DC

40	40	30 丁	05 常用-C-丙
曝 = 曝 066DD = 066DD	曦 = 曦 066E6 = 066E6	曰 = 曰 066F0 = 066F0	曲 = 曲 066F2 = 066F2

35	05 常用-A-甲	15 次常-丁+	10 常用-B-乙
曳 = 曳 066F3 = 066F3	更 = 更 066F4 = 066F4	曹 = 曹 066F9 = 066F9	曾 = 曾 066FE = 066FE

10 常用-B-乙	05 常用-A-甲	05 常用-A-甲	05 常用-A-甲
替 = 替 066FF = 066FF	月 = 月 06708 = 06708	朋 = 朋 0670B = 0670B	服 = 服 0670D = 0670D

40	45	15 常用-B-乙	10 常用-A-甲
朔 = 朔 06714 = 06714	朕 = 朕 06715 = 06715	朗 = 朗 06717 = 06717	朝 = 朝 0671D = 0671D

05 常用-A-甲	05 常用-B-乙	10 常用-B-乙	15 常用-C-丙
期 = 期 0671F = 0671F	木 = 木 06728 = 06728	未 = 未 0672A = 0672A	末 = 末 0672B = 0672B

05 常用-A-甲	25	20 常用-C+-丙+	50 常用-B-乙
本 = 本 0672C = 0672C	札 = 札 0672D = 0672D	朱 = 朱 06731 = 06731	朴 = 朴 06734 = 06734

10 常用-B-乙	30 常用-C-丙	30 常用-B-乙	25 次常
朵 = 朵 06735 = 06735	朽 = 朽 0673D = 0673D	杆 = 杆 06746 = 06746	杉 = 杉 06749 = 06749

10 常用-B-乙	30 常用-丁	10 常用-B-乙	10 常用-A-甲
李 = 李 0674E = 0674E	杏 = 杏 0674F = 0674F	材 = 材 06750 = 06750	村 = 村 06751 = 06751

50	30 次常	20 常用-丁	30
杓 = 杓 06753 = 06753	杖 = 杖 06756 = 06756	杜 = 杜 0675C = 0675C	杞 = 杞 0675E = 0675E

15		40	次常	10	常用一A一甲	30	常用一丁
束 = 束		杭 = 杭		杯 = 杯		杰 = 杰	
0675F = 0675F		0676D = 0676D		0676F = 0676F		06770 = 06770	
50		40		50		15	常用一B一乙
杳 = 杳		杵 = 杵		杼 = 杼		松 = 松	
06773 = 06773		06775 = 06775		0677C = 0677C		0677E = 0677E	
35	次常一C一丙	50		15		25	常用一C一丙
枉 = 枉		枋 = 枋		析 = 析		枕 = 枕	
06789 = 06789		0678B = 0678B		06790 = 06790		06795 = 06795	
05	常用一B一乙	25		05	常用一A一甲	10	常用一C一丙
林 = 林		枚 = 枚		果 = 果		枝 = 枝	
06797 = 06797		0679A = 0679A		0679C = 0679C		0679D = 0679D	
20	常用一C一丙	15	常用一B一乙	45		35	次常
枯 = 枯		架 = 架		枷 = 枷		枸 = 枸	
067AF = 067AF		067B6 = 067B6		067B7 = 067B7		067B8 = 067B8	
25	常用一C一丙	20	常用一C一丙	15	常用一B一乙	35	次常
柄 = 柄		柏 = 柏		某 = 某		柑 = 柑	
067C4 = 067C4		067CF = 067CF		067D0 = 067D0		067D1 = 067D1	
50	次常一丁	15	常用一B一乙	15	常用一C一丙	50	
柒 = 柒		染 = 染		柔 = 柔		柚 = 柚	
067D2 = 067D2		067D3 = 067D3		067D4 = 067D4		067DA = 067DA	
10	常用一A一甲	40		25		15	常用一C一丙
查 = 查		柩 = 柩		柯 = 柯		柱 = 柱	
067E5 = 067E5		067E9 = 067E9		067EF = 067EF		067F1 = 067F1	
20	常用一C一丙	35	常用一B一乙	40		30	次常
柳 = 柳		柿 = 柿		栖 = 栖		栗 = 栗	
067F3 = 067F3		067FF = 067FF		06816 = 06816		06817 = 06817	
05	常用一A一甲	30		25	常用一B一乙	15	常用一C一丙
校 = 校		栩 = 栩		株 = 株		核 = 核	
06821 = 06821		06829 = 06829		0682A = 0682A		06838 = 06838	
05	常用一A一甲	05	常用一B一乙	25	常用一C一丙	20	常用一丁
根 = 根		格 = 格		栽 = 栽		桂 = 桂	
06839 = 06839		0683C = 0683C		0683D = 0683D		06842 = 06842	
10	常用一C一丙	35	次常一丁	25	常用一丁	10	常用一B一乙
桃 = 桃		桅 = 桅		框 = 框		案 = 案	
06843 = 06843		06845 = 06845		06846 = 06846		06848 = 06848	
10	常用一A一甲	50		30	常用一丁	25	常用一丁
桌 = 桌		桎 = 桎		桐 = 桐		桑 = 桑	
0684C = 0684C		0684E = 0684E		06850 = 06850		06851 = 06851	
40		45	A一甲	20	常用一B一乙	20	常用一B一乙
桓 = 桓		桔 = 桔		桶 = 桶		梁 = 梁	
06853 = 06853		06854 = 06854		06876 = 06876		06881 = 06881	
10	常用一C一丙	50		50		35	
梅 = 梅		梏 = 梏		梧 = 梧		梓 = 梓	
06885 = 06885		06887 = 06887		0688F = 0688F		06893 = 06893	
35	次常一丁	30	次常一丁	20	常用一B一乙	15	常用一B一乙
梗 = 梗		梧 = 梧		梨 = 梨		梯 = 梯	
06897 = 06897		068A7 = 068A7		068A8 = 068A8		068AF = 068AF	

20 　　　　常用－B－乙	35	15 　　　　常用－B－乙	20 　　　　常用－C－丙
械 = 械	梵 = 梵	棉 = 棉	棋 = 棋
068B0 = 068B0	068B5 = 068B5	068C9 = 068C9	068CB = 068CB
15 　　　　常用－C－丙	30	次常 20	45 　　　　次常
棒 = 棒	棘 = 棘	棚 = 棚	棠 = 棠
068D2 = 068D2	068D8 = 068D8	068DA = 068DA	068E0 = 068E0
40	10 　　　　常用－B－乙	15 　　　　常用－A－甲	50
棣 = 棣	森 = 森	棵 = 棵	棹 = 棹
068E3 = 068E3	068EE = 068EE	068F5 = 068F5	068F9 = 068F9
30 　　　　次常－丁	15 　　　　常用－A－甲	45	10 　　　　常用－B－乙
棺 = 棺	椅 = 椅	椋 = 椋	植 = 植
068FA = 068FA	06905 = 06905	0690B = 0690B	0690D = 0690D
25 　　　　次常	35 　　　　常用－C－丙	30	次常 45
椎 = 椎	椒 = 椒	椰 = 椰	椽 = 椽
0690E = 0690E	06912 = 06912	06930 = 06930	0693D = 0693D
35 　　　　次常	35	45	10 　　　　常用－A－甲
椿 = 椿	楂 = 楂	楔 = 楔	楚 = 楚
0693F = 0693F	06942 = 06942	06954 = 06954	0695A = 0695A
35 　　　　次常	45	35	次常 40
楞 = 楞	楠 = 楠	楣 = 楣	楸 = 楸
0695E = 0695E	06960 = 06960	06963 = 06963	06978 = 06978
45	15 　　　　常用－A－甲	40	次常 20 次常
楹 = 楹	概 = 概	椰 = 椰	榕 = 榕
06979 = 06979	06982 = 06982	06994 = 06994	06995 = 06995
50	45	次常 25 常用－B－乙	40 　　　　常用－丁
榖 = 榖	榛 = 榛	榜 = 榜	榴 = 榴
06996 = 06996	0699B = 0699B	0699C = 0699C	069B4 = 069B4
50	丁 30	35 　　　　常用－丁	50
榷 = 榷	槌 = 槌	槽 = 槽	槿 = 槿
069B7 = 069B7	069CC = 069CC	069FD = 069FD	069FF = 069FF
40 　　　　次常	30	次常 30	35
樊 = 樊	樟 = 樟	樵 = 樵	橇 = 橇
06A0A = 06A0A	06A1F = 06A1F	06A35 = 06A35	06A47 = 06A47
30 　　　　次常	35 　　　　次常	25 　　　　常用－B－乙	15 　　　　常用－C－丙
橙 = 橙	檀 = 檀	欠 = 欠	欣 = 欣
06A59 = 06A59	06A80 = 06A80	06B20 = 06B20	06B23 = 06B23
20 　　　　常用－丁	45	20 　　　　常用－B－乙	30 　　　　常用－B－乙
欲 = 欲	欸 = 欸	欺 = 欺	歇 = 歇
06B32 = 06B32	06B38 = 06B38	06B3A = 06B3A	06B47 = 06B47
20 　　　　常用－B－乙	05 　　　　常用－A－甲	10 　　　　常用－B－乙	05 　　　　常用－A－甲
歉 = 歉	歌 = 歌	止 = 止	正 = 正
06B49 = 06B49	06B4C = 06B4C	06B62 = 06B62	06B63 = 06B63
05 　　　　常用－A－甲	10 　　　　常用－B－乙	35 　　　　次常－丁	25 　　　　常用－B－乙
步 = 步	武 = 武	歧 = 歧	歪 = 歪
06B65 = 06B65	06B66 = 06B66	06B67 = 06B67	06B6A = 06B6A
25 　　　　次常－丁	05 　　　　常用－A－甲	50	40 　　　　常用－丁
歹 = 歹	死 = 死	殂 = 殂	殃 = 殃
06B79 = 06B79	06B7B = 06B7B	06B82 = 06B82	06B83 = 06B83

45 殆 = 殆 06B86 = 06B86	15　　常用-B-乙 殊 = 殊 06B8A = 06B8A	20　　常用-C-丙 殖 = 殖 06B96 = 06B96	05　　常用-A-甲 段 = 段 06BB5 = 06BB5
30　　次常-丁+ 殷 = 殷 06BB7 = 06BB7	20　　常用-C-丙 殿 = 殿 06BBF = 06BBF	25　　常用-C-丙 毅 = 毅 06BC5 = 06BC5	35 毋 = 毋 06BCB = 06BCB
05　　常用-A-甲 母 = 母 06BCD = 06BCD	05　　常用-A-甲 每 = 每 06BCF = 06BCF	10　　常用-A-甲 毛 = 毛 06BDB = 06BDB	15　　常用-B-乙 毫 = 毫 06BEB = 06BEB
25　　常用-B-乙 毯 = 毯 06BEF = 06BEF	35 毽 = 毽 06BFD = 06BFD	15 氏 = 氏 06C0F = 06C0F	05　　常用-A-甲 民 = 民 06C11 = 06C11
45　　次常-C-丙 氓 = 氓 06C13 = 06C13	50 氖 = 氖 06C16 = 06C16	25 氛 = 氛 06C1B = 06C1B	40　　次常-C-丙 氟 = 氟 06C1F = 06C1F
35 氦 = 氦 06C26 = 06C26	15　　常用-C-丙 氧 = 氧 06C27 = 06C27	40　　次常 氨 = 氨 06C28 = 06C28	45 氪 = 氪 06C2A = 06C2A
30　　次常-丁 氮 = 氮 06C2E = 06C2E	05　　常用-A-甲 水 = 水 06C34 = 06C34	10　　常用-A-甲 永 = 永 06C38 = 06C38	30 汀 = 汀 06C40 = 06C40
20　　常用-丁 汁 = 汁 06C41 = 06C41	05　　常用-A-甲 求 = 求 06C42 = 06C42	35 汐 = 汐 06C50 = 06C50	45 汕 = 汕 06C55 = 06C55
15　　常用-B-乙 汗 = 汗 06C57 = 06C57	40 汝 = 汝 06C5D = 06C5D	40　　次常-丁 汞 = 汞 06C5E = 06C5E	10　　常用-A-甲 江 = 江 06C5F = 06C5F
15　　常用-B-乙 池 = 池 06C60 = 06C60	25　　常用-B-乙 污 = 污 06C61 = 06C61	45 汨 = 汨 06C68 = 06C68	50 汩 = 汩 06C69 = 06C69
25　　常用-丁 汪 = 汪 06C6A = 06C6A	45 汰 = 汰 06C70 = 06C70	45　　次常-丁 汴 = 汴 06C74 = 06C74	45 汶 = 汶 06C76 = 06C76
15　　常用-A-甲 汽 = 汽 06C7D = 06C7D	45 沁 = 沁 06C81 = 06C81	40 沂 = 沂 06C82 = 06C82	25　　常用-丁 沃 = 沃 06C83 = 06C83
50 沅 = 沅 06C85 = 06C85	30　　常用-C+-丙+ 沈 = 沈 06C88 = 06C88	40 沌 = 沌 06C8C = 06C8C	40　　丁 沏 = 沏 06C8F = 06C8F
35　　次常 沐 = 沐 06C90 = 06C90	10　　常用-B-乙 沙 = 沙 06C99 = 06C99	30　　次常-丁 沛 = 沛 06C9B = 06C9B	30　　常用-丁 沫 = 沫 06CAB = 06CAB
40　　次常 沮 = 沮 06CAE = 06CAE	50 沱 = 沱 06CB1 = 06CB1	05　　常用-A-甲 河 = 河 06CB3 = 06CB3	25　　常用-C-丙 沸 = 沸 06CB8 = 06CB8
10　　常用-B-乙 油 = 油 06CB9 = 06CB9	10　　常用-A-甲 治 = 治 06CBB = 06CBB	25　　次常-丁 沼 = 沼 06CBC = 06CBC	40　　次常 沽 = 沽 06CBD = 06CBD

25　　　　常用−C−丙 沾 = 沾 06CBE = 06CBE	50　　　　　　 洞 = 洞 06CC2 = 06CC2	30　　　　常用−丁 泄 = 泄 06CC4 = 06CC4	50　　　　　　 泅 = 泅 06CC5 = 06CC5
20　　　　常用−丁 泉 = 泉 06CC9 = 06CC9	20　　　　常用−丁 泊 = 泊 06CCA = 06CCA	20　　　次常−C−丙 泌 = 泌 06CCC = 06CCC	50　　　　　　 泓 = 泓 06CD3 = 06CD3
05　　　常用−A−甲 法 = 法 06CD5 = 06CD5	50　　　　　　 泗 = 泗 06CD7 = 06CD7	25　　　常用−B−乙 泛 = 泛 06CDB = 06CDB	15　　　常用−C−丙 泡 = 泡 06CE1 = 06CE1
10　　　常用−C−丙 波 = 波 06CE2 = 06CE2	25　　　　次常−丁 泣 = 泣 06CE3 = 06CE3	05　　　常用−A−甲 注 = 注 06CE8 = 06CE8	50　　　　　　 泯 = 泯 06CEF = 06CEF
25　　　　常用−丁 泰 = 泰 06CF0 = 06CF0	20　　　常用−A−甲 泳 = 泳 06CF3 = 06CF3	40　　　　　　 泵 = 泵 06CF5 = 06CF5	50　　　　　次常 洄 = 洄 06D04 = 06D04
10　　　常用−B−乙 洋 = 洋 06D0B = 06D0B	50　　　　　　 洌 = 洌 06D0C = 06D0C	40　　　常用−B−乙 洒 = 洒 06D12 = 06D12	10　　　常用−A−甲 洗 = 洗 06D17 = 06D17
15　　　　　次常 洛 = 洛 06D1B = 06D1B	10　　　常用−B−乙 洞 = 洞 06D1E = 06D1E	25　　　　常用−丁 津 = 津 06D25 = 06D25	50　　　　　　 洨 = 洨 06D28 = 06D28
20　　　常用−C−丙 洪 = 洪 06D2A = 06D2A	45　　　　　　 洮 = 洮 06D2E = 06D2E	50　　　　　　 洱 = 洱 06D31 = 06D31	10　　　　常用−丁 洲 = 洲 06D32 = 06D32
50　　　　　　 洵 = 洵 06D35 = 06D35	05　　　常用−A−甲 活 = 活 06D3B = 06D3B	25　　　　常用−丁 洽 = 洽 06D3D = 06D3D	10　　　常用−A−甲 派 = 派 06D3E = 06D3E
35　　常用−C+−丙+ 浙 = 浙 06D59 = 06D59	30　　　　　　 浞 = 浞 06D5E = 06D5E	35　　　　　　 浣 = 浣 06D63 = 06D63	45　　　　　　 浥 = 浥 06D65 = 06D65
45　　　　　次常 浦 = 浦 06D66 = 06D66	25　　　　常用−丁 浩 = 浩 06D69 = 06D69	15　　　常用−B−乙 浪 = 浪 06D6A = 06D6A	50　　　　　　 浬 = 浬 06D6C = 06D6C
15　　　常用−B−乙 浮 = 浮 06D6E = 06D6E	25　　　常用−C−丙 浴 = 浴 06D74 = 06D74	05　　　常用−A−甲 海 = 海 06D77 = 06D77	45　　　常用−B−乙 涂 = 涂 06D82 = 06D82
45　　　　　　 涅 = 涅 06D85 = 06D85	25　　　常用−C−丙 涉 = 涉 06D89 = 06D89	40　　　　次常−丁 涕 = 涕 06D95 = 06D95	50　　　　　　 涘 = 涘 06D98 = 06D98
30　　　　　次常 涯 = 涯 06DAF = 06DAF	10　　　常用−B−乙 液 = 液 06DB2 = 06DB2	25　　　　　次常 涵 = 涵 06DB5 = 06DB5	40　　　　　　 涸 = 涸 06DB8 = 06DB8
45　　　　　　 涿 = 涿 06DBF = 06DBF	50　　　　次常−丁 淀 = 淀 06DC0 = 06DC0	50　　　　　　 淄 = 淄 06DC4 = 06DC4	30　　　　　　 淅 = 淅 06DC5 = 06DC5
35　　　　　　丁 淇 = 淇 06DC7 = 06DC7	25　　　常用−C−丙 淋 = 淋 06DCB = 06DCB	50　　　　　　 淌 = 淌 06DCC = 06DCC	20　　　　　次常 淑 = 淑 06DD1 = 06DD1

84

50	25 常用一丁	15 常用一B一乙	40 次常
淖 = 淖	淘 = 淘	淡 = 淡	淤 = 淤
06DD6 = 06DD6	06DD8 = 06DD8	06DE1 = 06DE1	06DE4 = 06DE4
40 次常一丁	35 次常一丁+	30 次常	30 常用一C一丙
淫 = 淫	淮 = 淮	淳 = 淳	淹 = 淹
06DEB = 06DEB	06DEE = 06DEE	06DF3 = 06DF3	06DF9 = 06DF9
20 常用一B一乙	50	20 常用一B一乙	35 常用一C一丙
添 = 添	淼 = 淼	渡 = 渡	渣 = 渣
06DFB = 06DFB	06DFC = 06DFC	06E21 = 06E21	06E23 = 06E23
40 次常	50	15 常用一B一乙	40
渤 = 渤	渥 = 渥	港 = 港	渲 = 渲
06E24 = 06E24	06E25 = 06E25	06E2F = 06E2F	06E32 = 06E32
25 常用一A一甲	10 常用一A一甲	35 次常一丁	40 次常
渴 = 渴	游 = 游	渺 = 渺	湃 = 湃
06E34 = 06E34	06E38 = 06E38	06E3A = 06E3A	06E43 = 06E43
35	30	50 次常	25 常用一C一丙
湍 = 湍	湘 = 湘	湡 = 湡	溉 = 溉
06E4D = 06E4D	06E58 = 06E58	06E61 = 06E61	06E89 = 06E89
10 常用一B一乙	20 常用一C一丙	30	15 常用一丁
源 = 源	溜 = 溜	溢 = 溢	溪 = 溪
06E90 = 06E90	06E9C = 06E9C	06EA2 = 06EA2	06EAA = 06EAA
35 次常	50	15 次常一C一丙	30 次常
溯 = 溯	溴 = 溴	溶 = 溶	溺 = 溺
06EAF = 06EAF	06EB4 = 06EB4	06EB6 = 06EB6	06EBA = 06EBA
45	50	25 常用一丁	20 常用一丁
滂 = 滂	滇 = 滇	滋 = 滋	滔 = 滔
06EC2 = 06EC2	06EC7 = 06EC7	06ECB = 06ECB	06ED4 = 06ED4
15 常用一B一乙	20 常用一C一丙	25 常用一B一乙	40 次常
滴 = 滴	漆 = 漆	漏 = 漏	漓 = 漓
06EF4 = 06EF4	06F06 = 06F06	06F0F = 06F0F	06F13 = 06F13
05 常用一A一甲	35 次常	35 次常	35
演 = 演	漩 = 漩	漱 = 漱	漳 = 漳
06F14 = 06F14	06F29 = 06F29	06F31 = 06F31	06F33 = 06F33
50 次常	30 次常一丁+	35 次常一丁	25 次常一丁
漾 = 漾	潘 = 潘	潦 = 潦	潭 = 潭
06F3E = 06F3E	06F58 = 06F58	06F66 = 06F66	06F6D = 06F6D
15 常用一C一丙	40	50	25 次常一丁
潮 = 潮	潺 = 潺	潼 = 潼	澄 = 澄
06F6E = 06F6E	06F7A = 06F7A	06F7C = 06F7C	06F84 = 06F84
20 次常	25 常用一A一甲	15 常用一B一乙	50
澎 = 澎	澡 = 澡	激 = 激	濠 = 濠
06F8E = 06F8E	06FA1 = 06FA1	06FC0 = 06FC0	06FE0 = 06FE0
50	25 次常一丁	35	50
濨 = 濨	瀑 = 瀑	瀚 = 瀚	灞 = 灞
06FE8 = 06FE8	07011 = 07011	0701A = 0701A	0705E = 0705E
05 常用一A一甲	10 常用一B一乙	35 常用一丁	35 次常一C一丙
火 = 火	灰 = 灰	灶 = 灶	炙 = 炙
0706B = 0706B	07070 = 07070	07076 = 07076	07078 = 07078

35 次常	45 常用一丁	15 常用一丁	25 常用一C一丙
灼 = 灼 0707C = 0707C	炊 = 炊 0708A = 0708A	炎 = 炎 0708E = 0708E	炒 = 炒 07092 = 07092
50	40 次常	15 常用一B一乙	35
炔 = 炔 07094 = 07094	炫 = 炫 070AB = 070AB	炮 = 炮 070AE = 070AE	炯 = 炯 070AF = 070AF
45	20 常用一C一丙	10 常用一B一乙	45
炳 = 炳 070B3 = 070B3	炸 = 炸 070B8 = 070B8	烈 = 烈 070C8 = 070C8	烊 = 烊 070CA = 070CA
30 常用一丁	50 常用一B一乙	25 常用一B一乙	40
烘 = 烘 070D8 = 070D8	烟 = 烟 070DF = 070DF	烤 = 烤 070E4 = 070E4	烯 = 烯 070EF = 070EF
50	35	次常一丁 30	35
烷 = 烷 070F7 = 070F7	烹 = 烹 070F9 = 070F9	烽 = 烽 070FD = 070FD	焉 = 焉 07109 = 07109
50 次常一C一丙	50	次常 30	次常 20 常用一C一丙
焊 = 焊 0710A = 0710A	焙 = 焙 07119 = 07119	焚 = 焚 0711A = 0711A	焦 = 焦 07126 = 07126
25 常用一C一丙	30	50	20 常用一B一乙
焰 = 焰 07130 = 07130	煌 = 煌 0714C = 0714C	煜 = 煜 0715C = 0715C	煤 = 煤 07164 = 07164
40	05 常用一A一甲	20 常用一B一乙	25 常用一丁
煦 = 煦 07166 = 07166	照 = 照 07167 = 07167	煮 = 煮 0716E = 0716E	熄 = 熄 07184 = 07184
25 常用一丁	40 次常	15 常用一A一甲	25 常用一B一乙
熔 = 熔 07194 = 07194	熙 = 熙 07199 = 07199	熟 = 熟 0719F = 0719F	燥 = 燥 071E5 = 071E5
20 常用一C一丙	20 常用一丁	10 常用一A一甲	20 次常
爆 = 爆 07206 = 07206	爪 = 爪 0722A = 0722A	爬 = 爬 0722C = 0722C	爵 = 爵 07235 = 07235
05 常用一A一甲	05 常用一A一甲	25 常用一C一丙	20 常用一丁
父 = 父 07236 = 07236	爸 = 爸 07238 = 07238	爹 = 爹 07239 = 07239	爽 = 爽 0723D = 0723D
10 常用一B一乙	10 常用一A一甲	40	25 次常
牙 = 牙 07259 = 07259	牛 = 牛 0725B = 0725B	牟 = 牟 0725F = 0725F	牡 = 牡 07261 = 07261
20 常用一C一丙	50	20 常用一C一丙	05 常用一A一甲
牢 = 牢 07262 = 07262	牝 = 牝 07264 = 07264	牧 = 牧 07267 = 07267	物 = 物 07269 = 07269
20 常用一B一乙	40 次常	40 常用一丁	35
牲 = 牲 07272 = 07272	犀 = 犀 07280 = 07280	犁 = 犁 07281 = 07281	犄 = 犄 07284 = 07284
50	20 常用一丁	15 常用一B一乙	20 常用一C一丙
犒 = 犒 07292 = 07292	犬 = 犬 072AC = 072AC	犯 = 犯 072AF = 072AF	狂 = 狂 072C2 = 072C2
35	20 常用一丁	45	10 常用一B一乙
狄 = 狄 072C4 = 072C4	狐 = 狐 072D0 = 072D0	狒 = 狒 072D2 = 072D2	狗 = 狗 072D7 = 072D7

20 　常用-C-丙 狼 = 狼 072E0 = 072E0	35 　常用-C-丙 狡 = 狡 072E1 = 072E1	35 狩 = 狩 072E9 = 072E9	20 　常用-丁 狸 = 狸 072F8 = 072F8
15 　常用-B-乙 狼 = 狼 072FC = 072FC	45 　次常-丁 猖 = 猖 07316 = 07316	20 　常用-C-丙 猛 = 猛 0731B = 0731B	45 猝 = 猝 0731D = 0731D
15 　次常 猩 = 猩 07329 = 07329	10 猴 = 猴 07334 = 07334	25 　常用-B-乙 猿 = 猿 0733F = 0733F	45 　次常-C-丙 獭 = 獭 07357 = 07357
25 　次常 玄 = 玄 07384 = 07384	15 率 = 率 07387 = 07387	10 　常用-B-乙 玉 = 玉 07389 = 07389	05 　常用-B-乙 王 = 王 0738B = 0738B
50 玕 = 玕 07395 = 07395	35 　次常-丁 玖 = 玖 07396 = 07396	50 玘 = 玘 07398 = 07398	50 玠 = 玠 073A0 = 073A0
05 　常用-A-甲 玩 = 玩 073A9 = 073A9	25 　次常-丁 玫 = 玫 073AB = 073AB	45 玳 = 玳 073B3 = 073B3	45 　次常 玷 = 玷 073B7 = 073B7
15 　常用-B-乙 玻 = 玻 073BB = 073BB	45 珀 = 珀 073C0 = 073C0	45 珈 = 珈 073C8 = 073C8	10 　常用-C-丙 珍 = 珍 073CD = 073CD
50 珞 = 珞 073DE = 073DE	15 　常用-B-乙 珠 = 珠 073E0 = 073E0	50 珣 = 珣 073E3 = 073E3	50 珥 = 珥 073E5 = 073E5
45 珩 = 珩 073E9 = 073E9	05 　常用-A-甲 班 = 班 073ED = 073ED	05 　常用-A-甲 球 = 球 07403 = 07403	30 　次常 琅 = 琅 07405 = 07405
05 　常用-A-甲 理 = 理 07406 = 07406	40 琇 = 琇 07407 = 07407	30 　次常-丁 琢 = 琢 07422 = 07422	45 琦 = 琦 07426 = 07426
30 琪 = 琪 0742A = 0742A	50 琬 = 琬 0742C = 0742C	20 琳 = 琳 07433 = 07433	40 　次常 琶 = 琶 07436 = 07436
45 瑁 = 瑁 07441 = 07441	40 瑄 = 瑄 07444 = 07444	45 瑕 = 瑕 07455 = 07455	50 瑗 = 瑗 07457 = 07457
35 瑙 = 瑙 07459 = 07459	20 　常用-丁 瑞 = 瑞 0745E = 0745E	20 　次常 瑟 = 瑟 0745F = 0745F	50 瑢 = 瑢 07462 = 07462
40 瑾 = 瑾 0747E = 0747E	35 璀 = 璀 07480 = 07480	15 　常用-B-乙 璃 = 璃 07483 = 07483	35 璇 = 璇 07487 = 07487
40 璋 = 璋 0748B = 0748B	45 璐 = 璐 07490 = 07490	45 璟 = 璟 0749F = 0749F	25 　次常 璧 = 璧 074A7 = 074A7
35 璨 = 璨 074A8 = 074A8	15 　常用-B-乙 瓜 = 瓜 074DC = 074DC	45 瓞 = 瓞 074DE = 074DE	45 瓠 = 瓠 074E0 = 074E0

常用-C-丙 25	常用-C-丙 15	常用-A-甲 05	次常 35
辮 = 辮 074E3 = 074E3	甘 = 甘 07518 = 07518	生 = 生 0751F = 0751F	甥 = 甥 07525 = 07525
常用-A-甲 05	常用-B-乙 35	次常 40	50
用 = 用 07528 = 07528	甩 = 甩 07529 = 07529	甫 = 甫 0752B = 0752B	甬 = 甬 0752C = 0752C
C-丙 50	10	常用-B-乙 05	常用-C-丙 10
甭 = 甭 0752D = 0752D	田 = 田 07530 = 07530	由 = 由 07531 = 07531	甲 = 甲 07532 = 07532
常用-C-丙 20	常用-A-甲 10	次常 35	45
申 = 申 07533 = 07533	男 = 男 07537 = 07537	甸 = 甸 07538 = 07538	町 = 町 0753A = 0753A
常用-A-甲 05	常用-丁 25	次常-C-丙 30	常用-A-甲 05
界 = 界 0754C = 0754C	畏 = 畏 0754F = 0754F	畔 = 畔 07554 = 07554	留 = 留 07559 = 07559
35	25	常用-丁 15	常用-B-乙 30	次常
畚 = 畚 0755A = 0755A	畜 = 畜 0755C = 0755C	略 = 略 07565 = 07565	畦 = 畦 07566 = 07566
常用-C-丙 15	常用-C-丙 30	40	次常-丁 40
番 = 番 0756A = 0756A	疆 = 疆 07586 = 07586	疋 = 疋 0758B = 0758B	疙 = 疙 07599 = 07599
次常 40	50	45	常用-丁 30
疚 = 疚 0759A = 0759A	疣 = 疣 075A3 = 075A3	疤 = 疤 075A4 = 075A4	疫 = 疫 075AB = 075AB
常用-B-乙 20	35	次常 20	常用-A-甲 20	常用-B-丙
疲 = 疲 075B2 = 075B2	疹 = 疹 075B9 = 075B9	疼 = 疼 075BC = 075BC	疾 = 疾 075BE = 075BE
常用-A-甲 10	常用-C-丙 25	常用-C-丙 20	次常 35
病 = 病 075C5 = 075C5	症 = 症 075C7 = 075C7	痕 = 痕 075D5 = 075D5	痘 = 痘 075D8 = 075D8
常用-A-甲 10	次常 50	40	常用-丁 40
痛 = 痛 075DB = 075DB	痢 = 痢 075E2 = 075E2	痣 = 痣 075E3 = 075E3	痰 = 痰 075F0 = 075F0
50	次常-丁 30	50	45
麻 = 麻 075F3 = 075F3	痴 = 痴 075F4 = 075F4	瘀 = 瘀 07600 = 07600	瘁 = 瘁 07601 = 07601
次常-丁 30	45	次常-丁 45	次常-C-丙 35
瘤 = 瘤 07624 = 07624	瘴 = 瘴 07634 = 07634	癇 = 癇 07638 = 07638	癌 = 癌 0764C = 0764C
45	45	常用-B-乙 15	常用-A-甲 05
癖 = 癖 07656 = 07656	癸 = 癸 07678 = 07678	登 = 登 0767B = 0767B	白 = 白 0767D = 0767D
常用-A-甲 05	常用-B-乙 25	常用-A-甲 05	常用-B-乙 10
百 = 百 0767E = 0767E	皂 = 皂 07682 = 07682	的 = 的 07684 = 07684	皇 = 皇 07687 = 07687
50	35	35	45
皋 = 皋 0768B = 0768B	皎 = 皎 0768E = 0768E	皓 = 皓 07693 = 07693	皤 = 皤 076A4 = 076A4

05	常用-B-乙	35	次常	45		50	次常

05 常用-B-乙	35 次常	45	50 次常
皮 = 皮 076AE = 076AE	皿 = 皿 076BF = 076BF	盂 = 盂 076C2 = 076C2	盅 = 盅 076C5 = 076C5
20 常用-B-乙 盆 = 盆 076C6 = 076C6	20 常用-丁 盈 = 盈 076C8 = 076C8	15 常用-B-乙 益 = 益 076CA = 076CA	35 盍 = 盍 076CE = 076CE
15 常用-B-乙 盒 = 盒 076D2 = 076D2	30 次常 盝 = 盝 076D4 = 076D4	10 常用-C-丙 盛 = 盛 076DB = 076DB	30 常用-C-丙 盟 = 盟 076DF = 076DF
05 常用-A-甲 目 = 目 076EE = 076EE	30 常用-C-丙 盯 = 盯 076EF = 076EF	30 常用-C-丙 盲 = 盲 076F2 = 076F2	05 常用-A-甲 直 = 直 076F4 = 076F4
05 常用-A-甲 相 = 相 076F8 = 076F8	40 次常 眄 = 眄 076F9 = 076F9	20 常用-B-乙 盼 = 盼 076FC = 076FC	25 常用-B-乙 盾 = 盾 076FE = 076FE
10 常用-A-甲 省 = 省 07701 = 07701	50 眄 = 眄 07704 = 07704	45 眈 = 眈 07708 = 07708	20 常用-C-丙 眉 = 眉 07709 = 07709
05 常用-A-甲 看 = 看 0770B = 0770B	05 常用-A-甲 真 = 真 0771F = 0771F	20 常用-C-丙 眠 = 眠 07720 = 07720	25 常用-丁 眨 = 眨 07728 = 07728
35 眩 = 眩 07729 = 07729	50 睦 = 睦 0772D = 0772D	30 眶 = 眶 07736 = 07736	40 次常 眷 = 眷 07737 = 07737
40 眸 = 眸 07738 = 07738	30 眺 = 眺 0773A = 0773A	05 常用-A-甲 眼 = 眼 0773C = 0773C	45 睇 = 睇 07747 = 07747
50 睚 = 睚 0775A = 0775A	25 常用-C-丙 督 = 督 07763 = 07763	50 睨 = 睨 07768 = 07768	50 睪 = 睪 0776A = 0776A
45 睫 = 睫 0776B = 0776B	40 睬 = 睬 0776C = 0776C	30 常用-丁 睹 = 睹 07779 = 07779	50 睿 = 睿 0777F = 0777F
50 瞅 = 瞅 07785 = 07785	35 瞌 = 瞌 0778C = 0778C	丁 15 瞥 = 瞥 077A5 = 077A5	常用-B-乙 瞧 = 瞧 077A7 = 077A7
20 次常-C-丙 瞪 = 瞪 077AA = 077AA	30 瞬 = 瞬 077AC = 077AC	25 次常 瞭 = 瞭 077AD = 077AD	40 次常 瞳 = 瞳 077B3 = 077B3
50 瞽 = 瞽 077BD = 077BD	30 瞿 = 瞿 077BF = 077BF	40 矗 = 矗 077D7 = 077D7	30 常用-B-乙 矛 = 矛 077DB = 077DB
40 次常 矢 = 矢 077E2 = 077E2	40 矣 = 矣 077E3 = 077E3	05 常用-A-甲 知 = 知 077E5 = 077E5	10 常用-A-甲 短 = 短 077ED = 077ED
20 常用-A-甲 矮 = 矮 077EE = 077EE	05 常用-B-乙 石 = 石 077F3 = 077F3	25 次常-丁 砂 = 砂 07802 = 07802	30 常用-丁 砌 = 砌 0780C = 0780C

15　　常用-B-乙 砍 = 砍 0780D = 0780D	10　　常用-A-甲 研 = 研 07814 = 07814	25 砝 = 砝 0781D = 0781D	50 砣 = 砣 07823 = 07823
30　　　　次常 砰 = 砰 07830 = 07830	10　　常用-A-甲 破 = 破 07834 = 07834	30　　次常-C-丙 砸 = 砸 07838 = 07838	40　　　次常-丁 硅 = 硅 07845 = 07845
15　　常用-B-乙 硬 = 硬 0786C = 0786C	40　　　　次常 硼 = 硼 0787C = 0787C	50 碇 = 碇 07887 = 07887	15　　常用-B-乙 碎 = 碎 0788E = 0788E
25　　常用-B-乙 碑 = 碑 07891 = 07891	20　　常用-A-甲 碗 = 碗 07897 = 07897	30 碘 = 碘 07898 = 07898	30　　　次常-丁 碟 = 碟 0789F = 0789F
20　　　常用-丁 碧 = 碧 078A7 = 078A7	15　　常用-A-甲 碰 = 碰 078B0 = 078B0	50　　次常-C-丙 碱 = 碱 078B1 = 078B1	50　　　　次常 碴 = 碴 078B4 = 078B4
45　　　　次常 碾 = 碾 078BE = 078BE	15　　常用-A-甲 磁 = 磁 078C1 = 078C1	35　　次常-C-丙 磅 = 磅 078C5 = 078C5	35 磊 = 磊 078CA = 078CA
40　　　次常-丁 磕 = 磕 078D5 = 078D5	30　　　次常-丁 磷 = 磷 078F7 = 078F7	30　　　　次常 礁 = 礁 07901 = 07901	10　　常用-A-甲 社 = 社 0793E = 0793E
30 祀 = 祀 07940 = 07940	40 祁 = 祁 07941 = 07941	40 祂 = 祂 07942 = 07942	20　　　　次常 祈 = 祈 07948 = 07948
50 祉 = 祉 07949 = 07949	10　　常用-A-甲 祖 = 祖 07956 = 07956	45 祛 = 祛 0795B = 0795B	05　　常用-A-甲 祝 = 祝 0795D = 0795D
05　　常用-A-甲 神 = 神 0795E = 0795E	35　　　　次常 祠 = 祠 07960 = 07960	15　　　常用-丁 祥 = 祥 07965 = 07965	40 祺 = 祺 0797A = 0797A
05　　常用-A-甲 福 = 福 0798F = 0798F	25 禧 = 禧 079A7 = 079A7	45 禳 = 禳 079B3 = 079B3	30 禹 = 禹 079B9 = 079B9
45 禺 = 禺 079BA = 079BA	25　　　常用-丁 禽 = 禽 079BD = 079BD	30　　　常用-丁 禾 = 禾 079BE = 079BE	15　　常用-B-乙 秀 = 秀 079C0 = 079C0
20　　常用-B-乙 私 = 私 079C1 = 079C1	30　　　次常-丁 秉 = 秉 079C9 = 079C9	10　　常用-A-甲 秋 = 秋 079CB = 079CB	05　　常用-A-甲 科 = 科 079D1 = 079D1
15　　常用-B-乙 秒 = 秒 079D2 = 079D2	20　　常用-B-乙 秘 = 秘 079D8 = 079D8	25　　常用-A-甲 租 = 租 079DF = 079DF	45 秣 = 秣 079E3 = 079E3
25　　　常用-丁 秤 = 秤 079E4 = 079E4	10　　次常-丁+ 秦 = 秦 079E6 = 079E6	25　　常用-C-丙 秧 = 秧 079E7 = 079E7	30　　常用-B-乙 秩 = 秩 079E9 = 079E9
10　　常用-B-乙 移 = 移 079FB = 079FB	20　　常用-C-丙 稀 = 稀 07A00 = 07A00	20　　次常-C-丙 稚 = 稚 07A1A = 07A1A	50 稞 = 稞 07A1E = 07A1E

序号	分类	字	编码
30	常用一丁	稠＝稠	07A20 = 07A20
15	常用一B一乙	稻＝稻	07A3B = 07A3B
45	常用一B一乙	稼＝稼	07A3C = 07A3C
25	常用一C一丙	稿＝稿	07A3F = 07A3F
45	次常一丁	穆＝穆	07A46 = 07A46
30	常用一丁	穗＝穗	07A57 = 07A57
15	常用一丁	穴＝穴	07A74 = 07A74
05	常用一A一甲	立＝立	07ACB = 07ACB
05	常用一A一甲	站＝站	07AD9 = 07AD9
10	常用一B一乙	竟＝竟	07ADF = 07ADF
10	常用一A一甲	章＝章	07AE0 = 07AE0
10	常用一B一乙	童＝童	07AE5 = 07AE5
30	常用一C一丙	竭＝竭	07AED = 07AED
10	常用一B一乙	端＝端	07AEF = 07AEF
10	常用一A一甲	竹＝竹	07AF9 = 07AF9
35		竺＝竺	07AFA = 07AFA
35		竿＝竿	07AFD = 07AFD
20		竿＝竿	07AFF = 07AFF
40	次常一丁	笆＝笆	07B06 = 07B06
40		笊＝笊	07B0A = 07B0A
05	常用一A一甲	笑＝笑	07B11 = 07B11
30		笙＝笙	07B19 = 07B19
20	次常	笛＝笛	07B1B = 07B1B
50	常用一丁	答＝答	07B1E = 07B1E
30		笠＝笠	07B20 = 07B20
10	常用一B一乙	符＝符	07B26 = 07B26
20	常用一B一乙	笨＝笨	07B28 = 07B28
05	常用一A一甲	第＝第	07B2C = 07B2C
50		笮＝笮	07B2E = 07B2E
35		筏＝筏	07B4F = 07B4F
45	次常	筐＝筐	07B50 = 07B50
30	常用一B一乙	筑＝筑	07B51 = 07B51
20	常用一C一丙	筒＝筒	07B52 = 07B52
05	常用一A一甲	答＝答	07B54 = 07B54
20	常用一B一乙	策＝策	07B56 = 07B56
50		筮＝筮	07B6E = 07B6E
35		筱＝筱	07B71 = 07B71
20	次常一B一乙	筷＝筷	07B77 = 07B77
40		箍＝箍	07B8D = 07B8D
40	次常	箔＝箔	07B94 = 07B94
30	次常	箕＝箕	07B95 = 07B95
05	常用一A一甲	算＝算	07B97 = 07B97
05	常用一B一乙	管＝管	07BA1 = 07BA1
15	常用一B一乙	箱＝箱	07BB1 = 07BB1
50		箴＝箴	07BB4 = 07BB4
40		箸＝箸	07BB8 = 07BB8
40		篆＝篆	07BC6 = 07BC6
40	次常	篙＝篙	07BD9 = 07BD9
40		篡＝篡	07BE1 = 07BE1
30	次常	篷＝篷	07BF7 = 07BF7
35		簇＝簇	07C07 = 07C07
45	次常	簌＝簌	07C0C = 07C0C
40		簪＝簪	07C2A = 07C2A
35		簸＝簸	07C38 = 07C38
20	次常一丁	簿＝簿	07C3F = 07C3F
45		籁＝籁	07C57 = 07C57
10	常用一A一甲	米＝米	07C73 = 07C73
50		籼＝籼	07C78 = 07C78
35	次常一丁	籽＝籽	07C7D = 07C7D
10	常用一B一乙	粉＝粉	07C89 = 07C89
15	常用一B一乙	粒＝粒	07C92 = 07C92
45		粕＝粕	07C95 = 07C95
15	常用一B一乙	粗＝粗	07C97 = 07C97
40	常用一B一乙	粘＝粘	07C98 = 07C98

40	次常	45	常用—C—丙	40	常用—C—丙	40	
粟 = 粟		粥 = 粥		梁 = 梁		粲 = 粲	
07C9F = 07C9F		07CA5 = 07CA5		07CB1 = 07CB1		07CB2 = 07CB2	

40	次常—丁	05	常用—A—甲	50		15	常用—B—乙
粹 = 粹		精 = 精		粿 = 粿		糕 = 糕	
07CB9 = 07CB9		07CBE = 07CBE		07CBF = 07CBF		07CD5 = 07CD5	

15	常用—A—甲	45		40	次常	20	常用—B—乙
糖 = 糖		糗 = 糗		糙 = 糙		糟 = 糟	
07CD6 = 07CD6		07CD7 = 07CD7		07CD9 = 07CD9		07CDF = 07CDF	

50	常用—丁	35		40	次常	10	常用—B—乙
糠 = 糠		糯 = 糯		紊 = 紊		素 = 素	
07CE0 = 07CE0		07CEF = 07CEF		07D0A = 07D0A		07D20 = 07D20	

15	常用—C—丙	15	常用—A—甲	25	常用—丁	15	常用—B—乙
索 = 索		累 = 累		絮 = 絮		繁 = 繁	
07D22 = 07D22		07D2F = 07D2F		07D6E = 07D6E		07E41 = 07E41	

30	常用—C—丙	15	常用—B—乙	50		50	
缸 = 缸		缺 = 缺		罄 = 罄		罅 = 罅	
07F38 = 07F38		07F3A = 07F3A		07F44 = 07F44		07F45 = 07F45	

50	常用—B—乙	35		45		25	常用—C—丙
网 = 网		罔 = 罔		罟 = 罟		罩 = 罩	
07F51 = 07F51		07F54 = 07F54		07F5F = 07F5F		07F69 = 07F69	

10	常用—B—乙	25	次常—C—丙	35		10	常用—A—甲
置 = 置		署 = 署		罹 = 罹		羊 = 羊	
07F6E = 07F6E		07F72 = 07F72		07F79 = 07F79		07F8A = 07F8A	

05	常用—B—乙	45		10	常用—B—乙	50	
美 = 美		羔 = 羔		群 = 群		羯 = 羯	
07F8E = 07F8E		07F94 = 07F94		07FA4 = 07FA4		07FAF = 07FAF	

35		35		次常 20		常用—B—乙 20	
義 = 義		羹 = 羹		羽 = 羽		羿 = 羿	
07FB2 = 07FB2		07FB9 = 07FB9		07FBD = 07FBD		07FBF = 07FBF	

20	常用—C—丙	15	常用—B—乙	40		45	
翁 = 翁		翅 = 翅		翊 = 翊		翌 = 翌	
07FC1 = 07FC1		07FC5 = 07FC5		07FCA = 07FCA		07FCC = 07FCC	

20	次常—丁	20	常用—丁	20	次常	45	
翔 = 翔		翠 = 翠		翰 = 翰		翱 = 翱	
07FD4 = 07FD4		07FE0 = 07FE0		07FF0 = 07FF0		07FF1 = 07FF1	

15	常用—A—甲	20	常用—丁	20	常用—C—丙	05	常用—A—甲
翻 = 翻		翼 = 翼		耀 = 耀		考 = 考	
07FFB = 07FFB		07FFC = 07FFC		08000 = 08000		08003 = 08003	

05	常用—A—甲	05	常用—A—甲	25	常用—C—丙	15	常用—B—乙
者 = 者		而 = 而		耍 = 耍		耐 = 耐	
08005 = 08005		0800C = 0800C		0800D = 0800D		08010 = 08010	

10	常用—B—乙	20		50		30	常用—C—丙
耳 = 耳		耶 = 耶		耷 = 耷		耽 = 耽	
08033 = 08033		08036 = 08036		08037 = 08037		0803D = 0803D	

35	常用—丁+	15	次常—B—乙	35		30	次常—丁
耿 = 耿		聊 = 聊		聒 = 聒		聘 = 聘	
0803F = 0803F		0804A = 0804A		08052 = 08052		08058 = 08058	

40 聿 = 聿 0807F = 0807F	25 常用-丁 肆 = 肆 08086 = 08086	05 常用-A-甲 肉 = 肉 08089 = 08089	20 常用-B-乙 腐 = 腐 08150 = 08150
15 常用-丁 臣 = 臣 081E3 = 081E3	05 常用-A-甲 自 = 自 081EA = 081EA	20 常用-B-乙 臭 = 臭 081ED = 081ED	05 常用-B-乙 至 = 至 081F3 = 081F3
45 臻 = 臻 081FB = 081FB	35 次常 臼 = 臼 081FC = 081FC	35 次常 舀 = 舀 08200 = 08200	45 舂 = 舂 08202 = 08202
20 常用-C-丙 舅 = 舅 08205 = 08205	20 常用-A-甲 舍 = 舍 0820D = 0820D	15 常用-A-甲 舒 = 舒 08212 = 08212	25 舜 = 舜 0821C = 0821C
10 常用-A-甲 舞 = 舞 0821E = 0821E	25 常用-丁 舟 = 舟 0821F = 0821F	45 舢 = 舢 08222 = 08222	20 常用-B-乙 航 = 航 0822A = 0822A
10 常用-A-甲 般 = 般 0822C = 0822C	30 次常-丁 舵 = 舵 08235 = 08235	40 次常-丁 舶 = 舶 08236 = 08236	40 次常 舷 = 舷 08237 = 08237
50 舺 = 舺 0823A = 0823A	35 艇 = 艇 08247 = 08247	50 艋 = 艋 0824B = 0824B	45 艮 = 艮 0826E = 0826E
10 常用-B-乙 良 = 良 0826F = 0826F	05 常用-A-甲 色 = 色 08272 = 08272	45 蘦 = 蘦 08626 = 08626	30 次常 虐 = 虐 08650 = 08650
35 虔 = 虔 08654 = 08654	50 虬 = 虬 0866C = 0866C	20 常用-丁 虹 = 虹 08679 = 08679	50 蛇 = 蛇 0867B = 0867B
20 常用-C-丙 蚊 = 蚊 0868A = 0868A	30 次常 蚓 = 蚓 08693 = 08693	35 次常 蚜 = 蚜 0869C = 0869C	45 次常 蚣 = 蚣 086A3 = 086A3
40 次常 蚪 = 蚪 086AA = 086AA	30 次常 蚯 = 蚯 086AF = 086AF	30 蚱 = 蚱 086B1 = 086B1	45 蚵 = 蚵 086B5 = 086B5
50 蚶 = 蚶 086B6 = 086B6	35 蛀 = 蛀 086C0 = 086C0	40 蛄 = 蛄 086C4 = 086C4	50 次常 蛆 = 蛆 086C6 = 086C6
15 常用-B-乙 蛇 = 蛇 086C7 = 086C7	10 常用-A-甲 蛋 = 蛋 086CB = 086CB	15 常用-C-丙 蛙 = 蛙 086D9 = 086D9	20 常用-丁 蛛 = 蛛 086DB = 086DB
35 蛟 = 蛟 086DF = 086DF	40 次常 蛤 = 蛤 086E4 = 086E4	45 蛭 = 蛭 086ED = 086ED	40 次常 蛹 = 蛹 086F9 = 086F9
25 常用-丁 蛾 = 蛾 086FE = 086FE	35 次常 蜀 = 蜀 08700 = 08700	20 常用-B-乙 蜂 = 蜂 08702 = 08702	50 蜃 = 蜃 08703 = 08703
45 蜊 = 蜊 0870A = 0870A	35 蜍 = 蜍 0870D = 0870D	25 常用-丁 蜓 = 蜓 08713 = 08713	25 常用-丁 蜘 = 蜘 08718 = 08718

15　常用-B-乙 蜜 = 蜜 0871C = 0871C	30 蛢 = 蛢 08722 = 08722	20 蜥 = 蜥 08725 = 08725	50 蜩 = 蜩 08729 = 08729
25 蜴 = 蜴 08734 = 08734	35 蜷 = 蜷 08737 = 08737	45 蝾 = 蝾 0873E = 0873E	30 蜿 = 蜿 0873F = 0873F
40　　　　次常 蝌 = 蝌 0874C = 0874C	35　　次常-丁 蝗 = 蝗 08757 = 08757	30　　　次常 蝠 = 蝠 08760 = 08760	15　常用-C-丙 蝶 = 蝶 08776 = 08776
50 蝽 = 蝽 0877D = 0877D	25 螂 = 螂 08782 = 08782	25 螃 = 螃 08783 = 08783	50 螅 = 螅 08785 = 08785
50 螈 = 螈 08788 = 08788	15　常用-丁 融 = 融 0878D = 0878D	50 螓 = 螓 08793 = 08793	50 螗 = 螗 08797 = 08797
45　　　次常 螟 = 螟 0879F = 0879F	40 螫 = 螫 087AB = 087AB	30 螳 = 螳 087B3 = 087B3	15　常用-丁 螺 = 螺 087BA = 087BA
45 蟊 = 蟊 087BD = 087BD	30　　次常 蟀 = 蟀 087C0 = 087C0	30 蟋 = 蟋 087CB = 087CB	40 蟑 = 蟑 087D1 = 087D1
40 蟒 = 蟒 087D2 = 087D2	50 蟠 = 蟠 087E0 = 087E0	35 蠕 = 蠕 08815 = 08815	45　　次常 蠡 = 蠡 08821 = 08821
30　常用-C-丙 蠢 = 蠢 08822 = 08822	10　常用-B-乙 血 = 血 08840 = 08840	05　常用-A-甲 行 = 行 0884C = 0884C	30　　　次常-丁 衍 = 衍 0884D = 0884D
15　常用-A-甲 街 = 街 08857 = 08857	30　　　次常 衙 = 衙 08859 = 08859	15　常用-C-丙 衡 = 衡 08861 = 08861	10　常用-A-甲 衣 = 衣 08863 = 08863
05　常用-A-甲 表 = 表 08868 = 08868	35　常用-B-乙 衫 = 衫 0886B = 0886B	25　常用-C-丙 衰 = 衰 08870 = 08870	30　　次常-C-丙 衷 = 衷 08877 = 08877
25　次常-丁+ 袁 = 袁 08881 = 08881	45 袈 = 袈 08888 = 08888	10 袋 = 袋 0888B = 0888B	35　常用-C-丙 袍 = 袍 0888D = 0888D
25　常用-B-乙 袖 = 袖 08896 = 08896	05　常用-A-甲 被 = 被 088AB = 088AB	35　次常-C-丙 袱 = 袱 088B1 = 088B1	25　常用-C-丙 裁 = 裁 088C1 = 088C1
15　常用-C-丙 裂 = 裂 088C2 = 088C2	25　常用-C-丙 裕 = 裕 088D5 = 088D5	30 裘 = 裘 088D8 = 088D8	25　常用-B-乙 裙 = 裙 088D9 = 088D9
45 裟 = 裟 088DF = 088DF	50 褀 = 褀 088F0 = 088F0	50 裱 = 裱 088F1 = 088F1	30　常用-丁 裳 = 裳 088F3 = 088F3
35　　　次常 裸 = 裸 088F8 = 088F8	30　常用-B-丙 裹 = 裹 088F9 = 088F9	45 褂 = 褂 08902 = 08902	25　　　次常 褐 = 褐 08910 = 08910

30	50	35	45 次常
褒 = 褒 08912 = 08912	裸 = 裸 08913 = 08913	褚 = 褚 0891A = 0891A	褥 = 褥 08925 = 08925
35 次常	35	35	05 常用－A－甲
褪 = 褪 0892A = 0892A	褶 = 褶 08936 = 08936	襄 = 襄 08944 = 08944	西 = 西 0897F = 0897F
05 常用－A－甲	15 常用－丁	05 常用－A－甲	25 常用－丁
要 = 要 08981 = 08981	覆 = 覆 08986 = 08986	言 = 言 08A00 = 08A00	誓 = 誓 08A93 = 08A93
50	45	25 次常－C－丙	15 常用－C－丙
諄 = 諄 08AEA = 08AEA	譊 = 譊 08B4A = 08B4A	譬 = 譬 08B6C = 08B6C	谷 = 谷 08C37 = 08C37
15 常用－B－乙	50	30 次常－丁	20 常用－C－丙
豆 = 豆 08C46 = 08C46	豉 = 豉 08C49 = 08C49	豌 = 豌 08C4C = 08C4C	豪 = 豪 08C6A = 08C6A
50	25	次常 35	次常 45
豸 = 豸 08C78 = 08C78	豹 = 豹 08C79 = 08C79	豺 = 豺 08C7A = 08C7A	貂 = 貂 08C82 = 08C82
50	15 常用－B－乙	25 常用－C－丙	40 次常
貉 = 貉 08C89 = 08C89	貌 = 貌 08C8C = 08C8C	赤 = 赤 08D64 = 08D64	赦 = 赦 08D66 = 08D66
40	25 次常－丁＋	50	05 常用－A－甲
赧 = 赧 08D67 = 08D67	赫 = 赫 08D6B = 08D6B	赭 = 赭 08D6D = 08D6D	走 = 走 08D70 = 08D70
45	25 常用－丁	20 常用－B－乙	15 常用－B－乙
赳 = 赳 08D73 = 08D73	赴 = 赴 08D74 = 08D74	趁 = 趁 08D81 = 08D81	超 = 超 08D85 = 08D85
10 常用－B－乙	25 常用－B－乙	10 常用－B－乙	10 常用－A－甲
越 = 越 08D8A = 08D8A	趨 = 趨 08D9F = 08D9F	趣 = 趣 08DA3 = 08DA3	足 = 足 08DB3 = 08DB3
25 常用－C－丙	30	25	50
趴 = 趴 08DB4 = 08DB4	趾 = 趾 08DBE = 08DBE	跌 = 跌 08DCC = 08DCC	跎 = 跎 08DCE = 08DCE
05 常用－A－甲	45	35 次常	05 常用－A－甲
跑 = 跑 08DD1 = 08DD1	跗 = 跗 08DD7 = 08DD7	跛 = 跛 08DDB = 08DDB	跟 = 跟 08DDF = 08DDF
35	20 常用－B－乙	25 常用－B－乙	05 常用－A－甲
跤 = 跤 08DE4 = 08DE4	跨 = 跨 08DE8 = 08DE8	跪 = 跪 08DEA = 08DEA	路 = 路 08DEF = 08DEF
10 常用－A－甲	40 次常－丁	20 常用－C－丙	40
跳 = 跳 08DF3 = 08DF3	踩 = 踩 08DFA = 08DFA	踏 = 踏 08E0F = 08E0F	踝 = 踝 08E1D = 08E1D
40	50	20 常用－A－甲	25 常用－B－乙
踞 = 踞 08E1E = 08E1E	踟 = 踟 08E1F = 08E1F	踢 = 踢 08E22 = 08E22	踩 = 踩 08E29 = 08E29
35 次常	45	50	45
踱 = 踱 08E31 = 08E31	踵 = 踵 08E35 = 08E35	踹 = 踹 08E39 = 08E39	躋 = 躋 08E3D = 08E3D

40 次常	25 常用—C—丙	20 常用—C—丙	50
蹂 = 蹂 08E42 = 08E42	蹄 = 蹄 08E44 = 08E44	蹈 = 蹈 08E48 = 08E48	蹊 = 蹊 08E4A = 08E4A
30 常用—丁	50 次常—丁	25 常用—B—乙	45
蹦 = 蹦 08E66 = 08E66	蹭 = 蹭 08E6D = 08E6D	蹲 = 蹲 08E72 = 08E72	蹶 = 蹶 08E76 = 08E76
45	30 次常	05 常用—A—甲	10 常用—A—甲
蹼 = 蹼 08E7C = 08E7C	躁 = 躁 08E81 = 08E81	身 = 身 08EAB = 08EAB	辛 = 辛 08F9B = 08F9B
30 常用—C—丙	40 常用—B—乙	30 常用—C—丙	15 常用—丁
辜 = 辜 08F9C = 08F9C	辟 = 辟 08F9F = 08F9F	辣 = 辣 08FA3 = 08FA3	辨 = 辨 08FA8 = 08FA8
25 常用—丁	25 常用—C—丙	35 次常	25 常用—B—乙
辰 = 辰 08FB0 = 08FB0	辱 = 辱 08FB1 = 08FB1	迄 = 迄 08FC4 = 08FC4	迅 = 迅 08FC5 = 08FC5
10 常用—A—甲	05 常用—A—甲	35	45
迎 = 迎 08FCE = 08FCE	近 = 近 08FD1 = 08FD1	迢 = 迢 08FE2 = 08FE2	迥 = 迥 08FE5 = 08FE5
35	15	20 常用—B—乙	35
迦 = 迦 08FE6 = 08FE6	迪 = 迪 08FEA = 08FEA	迫 = 迫 08FEB = 08FEB	迭 = 迭 08FED = 08FED
10 常用—B—乙	40	10 常用—B—乙	15 常用—A—甲
迷 = 迷 08FF7 = 08FF7	迸 = 迸 08FF8 = 08FF8	追 = 追 08FFD = 08FFD	退 = 退 09000 = 09000
05 常用—A—甲	15	50	25 常用—丁
送 = 送 09001 = 09001	逃 = 逃 09003 = 09003	逅 = 逅 09005 = 09005	逆 = 逆 09006 = 09006
10 常用—B—乙	15	30 常用—B—乙	05 常用—A—甲
透 = 透 0900F = 0900F	逐 = 逐 09010 = 09010	逗 = 逗 09017 = 09017	通 = 通 0901A = 0901A
25 次常—B—乙	25 常用—C—丙	10 常用—B—乙	05 常用—B—乙
逛 = 逛 0901B = 0901B	逝 = 逝 0901D = 0901D	速 = 速 0901F = 0901F	造 = 造 09020 = 09020
25 常用—B—乙	30 常用—C—丙	30 次常	30 常用—B—乙
逢 = 逢 09022 = 09022	逮 = 逮 0902E = 0902E	逸 = 逸 09038 = 09038	逼 = 逼 0903C = 0903C
40	30	10 常用—A—甲	40 次常
遁 = 遁 09041 = 09041	遂 = 遂 09042 = 09042	遇 = 遇 09047 = 09047	遏 = 遏 0904F = 0904F
50	05 常用—A—甲	50	25 常用—丁
遐 = 遐 09050 = 09050	道 = 道 09053 = 09053	遛 = 遛 0905B = 0905B	遣 = 遣 09063 = 09063
15 常用—B—乙	25 常用—C—丙	35	20 常用—B—乙
遭 = 遭 0906D = 0906D	遮 = 遮 0906E = 0906E	遴 = 遴 09074 = 09074	遵 = 遵 09075 = 09075
50	15 常用—B—乙	15 常用—B—乙	40 次常
遽 = 遽 0907D = 0907D	避 = 避 0907F = 0907F	邀 = 邀 09080 = 09080	邑 = 邑 09091 = 09091

50 　　　次常－丁＋	05 　　常用－A－甲	25 　　　常用－丁	40
邪 ＝ 邪	那 ＝ 那	邪 ＝ 邪	邯 ＝ 邯
090A2 ＝ 090A2	090A3 ＝ 090A3	090AA ＝ 090AA	090AF ＝ 090AF
25	45	40	20 　　　常用－B－乙
邱 ＝ 邱	邳 ＝ 邳	邵 ＝ 邵	郊 ＝ 郊
090B1 ＝ 090B1	090B3 ＝ 090B3	090B5 ＝ 090B5	090CA ＝ 090CA
10 　　　常用－乙	40	30	05 　　常用－A－甲
郎 ＝ 郎	郝 ＝ 郝	郡 ＝ 郡	部 ＝ 部
090CE ＝ 090CE	090DD ＝ 090DD	090E1 ＝ 090E1	090E8 ＝ 090E8
20 　　　次常－丁＋	35	05 　　常用－A－甲	45
郭 ＝ 郭	郯 ＝ 郯	都 ＝ 都	鄂 ＝ 鄂
090ED ＝ 090ED	090EF ＝ 090EF	090FD ＝ 090FD	09102 ＝ 09102
50	35	50	50
鄞 ＝ 鄞	鄱 ＝ 鄱	酉 ＝ 酉	酊 ＝ 酊
0911E ＝ 0911E	09131 ＝ 09131	09149 ＝ 09149	0914A ＝ 0914A
45	45 　　　次常－丁	10 　　常用－B－乙	10 　　常用－A－甲
酋 ＝ 酋	酌 ＝ 酌	配 ＝ 配	酒 ＝ 酒
0914B ＝ 0914B	0914C ＝ 0914C	0914D ＝ 0914D	09152 ＝ 09152
45 　　　次常－丁	50	50	30 　　　　次常
酗 ＝ 酗	酚 ＝ 酚	酣 ＝ 酣	酥 ＝ 酥
09157 ＝ 09157	0915A ＝ 0915A	09163 ＝ 09163	09165 ＝ 09165
50	45 　　　　次常	30 　　常用－C－丙	35 　　　　次常
酩 ＝ 酩	酪 ＝ 酪	酬 ＝ 酬	酵 ＝ 酵
09169 ＝ 09169	0916A ＝ 0916A	0916C ＝ 0916C	09175 ＝ 09175
30 　　　　　丁	25 　　常用－C－丙	40 　　　　次常	20 　　常用－B－乙
酶 ＝ 酶	酷 ＝ 酷	醇 ＝ 醇	醉 ＝ 醉
09176 ＝ 09176	09177 ＝ 09177	09187 ＝ 09187	09189 ＝ 09189
40 　　常用－B－乙	15 　　常用－B－乙	50	45
醋 ＝ 醋	醒 ＝ 醒	醮 ＝ 醮	醴 ＝ 醴
0918B ＝ 0918B	09192 ＝ 09192	091AE ＝ 091AE	091B4 ＝ 091B4
40	20 　　常用－B－乙	05 　　常用－A－甲	05 　　常用－A－甲
醺 ＝ 醺	采 ＝ 采	里 ＝ 里	重 ＝ 重
091BA ＝ 091BA	091C7 ＝ 091C7	091CC ＝ 091CC	091CD ＝ 091CD
10 　　常用－B－乙	05 　　常用－B－乙	05 　　常用－B－乙	45
野 ＝ 野	量 ＝ 量	金 ＝ 金	鍌 ＝ 鍌
091CE ＝ 091CE	091CF ＝ 091CF	091D1 ＝ 091D1	09359 ＝ 09359
50	45	45	50
鑄 ＝ 鑄	鑫 ＝ 鑫	阜 ＝ 阜	阡 ＝ 阡
093C4 ＝ 093C4	0946B ＝ 0946B	0961C ＝ 0961C	09621 ＝ 09621
45	35 　　　　次常	10 　　常用－B－乙	15 　　常用－C－丙
阮 ＝ 阮	阱 ＝ 阱	防 ＝ 防	阻 ＝ 阻
0962E ＝ 0962E	09631 ＝ 09631	09632 ＝ 09632	0963B ＝ 0963B
05 　　常用－B－乙	30	10 　　常用－A－甲	30 　　　次常－丁
阿 ＝ 阿	陀 ＝ 陀	附 ＝ 附	陋 ＝ 陋
0963F ＝ 0963F	09640 ＝ 09640	09644 ＝ 09644	0964B ＝ 0964B
25 　　常用－C－丙	15 　　常用－B－乙	15 　　常用－B－乙	50
陌 ＝ 陌	降 ＝ 降	限 ＝ 限	陟 ＝ 陟
0964C ＝ 0964C	0964D ＝ 0964D	09650 ＝ 09650	0965F ＝ 0965F

30　常用-C-丙 陡 = 陡 09661 = 09661	10　常用-A-甲 院 = 院 09662 = 09662	05　常用-A-甲 除 = 除 09664 = 09664	15　常用-B-乙 陪 = 陪 0966A = 0966A
15　常用-丁 陶 = 陶 09676 = 09676	20　常用-C-丙 陷 = 陷 09677 = 09677	45　次常 隅 = 隅 09685 = 09685	15　常用-丁 隆 = 隆 09686 = 09686
50 隍 = 隍 0968D = 0968D	15　常用-B-乙 隔 = 隔 09694 = 09694	50　次常-丁 隘 = 隘 09698 = 09698	20　常用-C-丙 障 = 障 0969C = 0969C
35　次常-丁 隧 = 隧 096A7 = 096A7	50 隰 = 隰 096B0 = 096B0	40 隹 = 隹 096B9 = 096B9	45 隼 = 隼 096BC = 096BC
15　常用-丁 雀 = 雀 096C0 = 096C0	30　常用-丁 雁 = 雁 096C1 = 096C1	10　常用-B-乙 雄 = 雄 096C4 = 096C4	15　常用-丁 雅 = 雅 096C5 = 096C5
10　常用-A-甲 集 = 集 096C6 = 096C6	40 雉 = 雉 096C9 = 096C9	35 雍 = 雍 096CD = 096CD	15　常用-C-丙 雕 = 雕 096D5 = 096D5
05　常用-A-甲 雨 = 雨 096E8 = 096E8	25 雯 = 雯 096EF = 096EF	15　常用-B-乙 雷 = 雷 096F7 = 096F7	45　常用-丁 雹 = 雹 096F9 = 096F9
10　常用-A-甲 需 = 需 09700 = 09700	50 霆 = 霆 09706 = 09706	10　常用-C-丙 震 = 震 09707 = 09707	35　常用-C-丙 霉 = 霉 09709 = 09709
35　次常-丁 霍 = 霍 0970D = 0970D	40 霎 = 霎 0970E = 0970E	40　次常 霓 = 霓 09713 = 09713	30 霖 = 霖 09716 = 09716
25　常用-C-丙 霜 = 霜 0971C = 0971C	30　常用-丁 霞 = 霞 0971E = 0971E	50 霪 = 霪 0972A = 0972A	10　常用-B-乙 露 = 露 09732 = 09732
25　常用-丁 霸 = 霸 09738 = 09738	40 霹 = 霹 09739 = 09739	45　次常 霾 = 霾 0973E = 0973E	05　常用-A-甲 面 = 面 09762 = 09762
15　常用-B-乙 革 = 革 09769 = 09769	50 靳 = 靳 09773 = 09773	50　次常 靶 = 靶 09776 = 09776	15　常用-A-甲 鞋 = 鞋 0978B = 0978B
35 鞍 = 鞍 0978D = 0978D	30　次常 鞠 = 鞠 097A0 = 097A0	35 鞣 = 鞣 097A3 = 097A3	20　常用-丁 鞭 = 鞭 097AD = 097AD
45　次常 韭 = 韭 097ED = 097ED	05　常用-A-甲 音 = 音 097F3 = 097F3	50 韶 = 韶 097F6 = 097F6	05　常用-A-甲 首 = 首 09996 = 09996
10　常用-A-甲 香 = 香 09999 = 09999	50 馥 = 馥 099A5 = 099A5	25 馨 = 馨 099A8 = 099A8	50 驥 = 驥 09A35 = 09A35
05　常用-A-甲 高 = 高 09AD8 = 09AD8	50 髡 = 髡 09AE1 = 09AE1	40 髻 = 髻 09AFB = 09AFB	45 鬈 = 鬈 09B08 = 09B08

45 鬟 = 鬟 09B1F = 09B1F	50 鬲 = 鬲 09B32 = 09B32	50 魟 = 魟 09B5F = 09B5F	50 鮟 = 鮟 09B9F = 09B9F
35 鰕 = 鰕 09C15 = 09C15	50 鱇 = 鱇 09C47 = 09C47	45 鴽 = 鴽 09D3D = 09D3D	50 鵟 = 鵟 09D5F = 09D5F
50 鶆 = 鶆 09D86 = 09D86	50 鷿 = 鷿 09DFF = 09DFF	45 麒 = 麒 09E92 = 09E92	35 次常 黍 = 黍 09ECD = 09ECD
20 常用—C—丙 黎 = 黎 09ECE = 09ECE	15 黏 = 黏 09ECF = 09ECF	10 常用—A—甲 黑 = 黑 09ED1 = 09ED1	15 常用—B—乙 默 = 默 09ED8 = 09ED8
30 黛 = 黛 09EDB = 09EDB	45 黝 = 黝 09EDD = 09EDD	35 黯 = 黯 09EEF = 09EEF	25 次常 鼎 = 鼎 09F0E = 09F0E
10 常用—B—乙 鼓 = 鼓 09F13 = 09F13	15 常用—B—乙 鼻 = 鼻 09F3B = 09F3B	40 鼾 = 鼾 09F3E = 09F3E	50 掫 = 掫 NoCode=NoCode
50 綖 = 綖 NoCode=NoCode	45 硴 = 硴 2546E = 2546E	50 䗒 = 䗒 265D2 = 265D2	50 暀 = 暀 27375 = 27375

[大陆-台湾]微差同码字表Z_T V4.0

50 鵁≈鵁 04D08 = 04D08	35 常用-C-丙 丑≈丑 04E11 = 04E11	45 常用-A-甲 丰≈丰 04E30 = 04E30	20 常用-C-丙 乖≈乖 04E56 = 04E56
10 常用-B-乙 乘≈乘 04E58 = 04E58	05 常用-A-甲 些≈些 04E9B = 04E9B	50 亟≈亟 04E9F = 04E9F	05 常用-A-甲 亮≈亮 04EAE = 04EAE
05 常用-A-甲 今≈今 04ECA = 04ECA	10 常用-B-乙 令≈令 04EE4 = 04EE4	05 常用-A-甲 以≈以 04EE5 = 04EE5	05 常用-A-甲 任≈任 04EFB = 04EFB
35 常用-丁 伶≈伶 04F36 = 04F36	10 常用-B-乙 似≈似 04F3C = 04F3C	10 常用-A-甲 低≈低 04F4E = 04F4E	45 佬≈佬 04F6C = 04F6C
20 侍≈侍 04F8D = 04F8D	40 侑≈侑 04F91 = 04F91	20 常用-B-乙 侵≈侵 04FB5 = 04FB5	20 常用-丁 俊≈俊 04FCA = 04FCA
35 次常-C-丙 俏≈俏 04FCF = 04FCF	40 俞≈俞 04FDE = 04FDE	10 常用-B-乙 修≈修 04FEE = 04FEE	50 倏≈倏 0500F = 0500F
30 倩≈倩 05029 = 05029	15 常用-B-乙 偏≈偏 0504F = 0504F	25 常用-B-乙 偕≈偕 05055 = 05055	10 常用-B-乙 偷≈偷 05077 = 05077
25 次常 傀≈傀 05080 = 05080	20 常用-B-乙 傲≈傲 050B2 = 050B2	20 常用-B-乙 傻≈傻 050BB = 050BB	05 常用-A-甲 像≈像 050CF = 050CF
50 儆≈儆 05106 = 05106	10 常用-B-乙 充≈充 05145 = 05145	05 常用-A-甲 全≈全 05168 = 05168	40 次常-丁+ 冀≈冀 05180 = 05180
45 右≈右 05187 = 05187	10 冷≈冷 051B7 = 051B7	25 次常-丁 凌≈凌 051CC = 051CC	20 常用-C-丙 凝≈凝 051DD = 051DD
30 常用-C-丙 削≈削 0524A = 0524A	15 常用-A-甲 剩≈剩 05269 = 05269	15 常用-B-乙 剪≈剪 0526A = 0526A	20 常用-B-乙 割≈割 05272 = 05272
40 次常-丁 勘≈勘 052D8 = 052D8	30 次常 募≈募 052DF = 052DF	35 次常 匕≈匕 05315 = 05315	05 常用-A-甲 化≈化 05316 = 05316
05 常用-A-甲 北≈北 05317 = 05317	25 常用-C-丙 匙≈匙 05319 = 05319	35 常用-丁 匪≈匪 0532A = 0532A	40 次常 匾≈匾 0533E = 0533E
40 次常 匿≈匿 0533F = 0533F	10 常用-B-乙 印≈印 05370 = 05370	35 常用-C-丙 卸≈卸 05378 = 05378	05 常用-B-乙 及≈及 053CA = 053CA
10 常用-A-甲 反≈反 053CD = 053CD	30 常用-丁 叛≈叛 053DB = 053DB	35 叟≈叟 053DF = 053DF	25 次常-丁 吟≈吟 0541F = 0541F
10 常用-B-乙 含≈含 0542B = 0542B	10 常用-B-乙 吸≈吸 05438 = 05438	15 常用-丁 呈≈呈 05448 = 05448	05 常用-A-甲 呢≈呢 05462 = 05462

40 咎 ≈ 咎 0548E = 0548E	40 次常-丁 咨 ≈ 咨 054A8 = 054A8	25 次常-B-乙 哎 ≈ 哎 054CE = 054CE	30 常用-C-丙 哨 ≈ 哨 054E8 = 054E8
45 次常-丁 唆 ≈ 唆 05506 = 05506	40 次常 唬 ≈ 唬 0552C = 0552C	25 唷 ≈ 唷 05537 = 05537	30 次常-丁 唾 ≈ 唾 0553E = 0553E
35 次常-丁 啃 ≈ 啃 05543 = 05543	10 常用-A-甲 商 ≈ 商 05546 = 05546	30 次常-A-甲 啡 ≈ 啡 05561 = 05561	10 常用-B-乙 善 ≈ 善 05584 = 05584
50 喏 ≈ 喏 0558F = 0558F	35 喵 ≈ 喵 055B5 = 055B5	20 次常-丁 喻 ≈ 喻 055BB = 055BB	50 嗐 ≈ 嗐 055D0 = 055D0
40 嗒 ≈ 嗒 055D2 = 055D2	35 次常 嗜 ≈ 嗜 055DC = 055DC	45 嗬 ≈ 嗬 055EC = 055EC	15 A-甲 嘛 ≈ 嘛 0561B = 0561B
10 常用-A-甲 嘴 ≈ 嘴 05634 = 05634	25 C-丙 噢 ≈ 噢 05662 = 05662	50 噤 ≈ 噤 05664 = 05664	45 噶 ≈ 噶 05676 = 05676
20 常用-B-乙 圾 ≈ 圾 0573E = 0573E	45 坂 ≈ 坂 05742 = 05742	15 常用-B-乙 均 ≈ 均 05747 = 05747	15 常用-C-丙 垂 ≈ 垂 05782 = 05782
50 埕 ≈ 埕 057D5 = 057D5	25 常用-丁 堪 ≈ 堪 0582A = 0582A	25 常用-C-丙 塌 ≈ 塌 0584C = 0584C	15 常用-B-乙 塔 ≈ 塔 05854 = 05854
50 塭 ≈ 塭 0586D = 0586D	20 常用-C-丙 墓 ≈ 墓 05893 = 05893	40 C-丙 墟 ≈ 墟 0589F = 0589F	25 次常-C-丙 奈 ≈ 奈 05948 = 05948
30 次常 奕 ≈ 奕 05955 = 05955	30 次常-丁 妒 ≈ 妒 05992 = 05992	45 妞 ≈ 妞 0599E = 0599E	15 妮 ≈ 妮 059AE = 059AE
35 姒 ≈ 姒 059D2 = 059D2	20 常用-C-丙 姿 ≈ 姿 059FF = 059FF	25 娟 ≈ 娟 05A1F = 05A1F	25 次常 婿 ≈ 婿 05A7F = 05A7F
45 媲 ≈ 媲 05AB2 = 05AB2	25 常用-B-乙 嫂 ≈ 嫂 05AC2 = 05AC2	40 嬴 ≈ 嬴 05B34 = 05B34	50 孀 ≈ 孀 05B3F = 05B3F
50 次常 孽 ≈ 孽 05B7D = 05B7D	15 常用-C-丙 宗 ≈ 宗 05B97 = 05B97	45 宥 ≈ 宥 05BA5 = 05BA5	10 常用-B-乙 害 ≈ 害 05BB3 = 05BB3
25 常用-C-丙 宵 ≈ 宵 05BB5 = 05BB5	25 次常-C-丙 寞 ≈ 寞 05BDE = 05BDE	10 常用-B-乙 察 ≈ 察 05BDF = 05BDF	35 常用-丁 寨 ≈ 寨 05BE8 = 05BE8
20 常用-丁 寺 ≈ 寺 05BFA = 05BFA	10 常用-B-乙 射 ≈ 射 05C04 = 05C04	40 次常 尉 ≈ 尉 05C09 = 05C09	10 常用-丁 尼 ≈ 尼 05C3C = 05C3C
20 次常-C-丙 屁 ≈ 屁 05C41 = 05C41	30 屑 ≈ 屑 05C51 = 05C51	40 常用-丁 岌 ≈ 岌 05C8C = 05C8C	40 峙 ≈ 峙 05CD9 = 05CD9

30 　　次常 峭 ≈ 峭 05CED = 05CED	30 　次常-丁 峻 ≈ 峻 05CFB = 05CFB	20 　常用-B-乙 崇 ≈ 崇 05D07 = 05D07	50 崚 ≈ 崚 05D1A = 05D1A
45 　　次常 巍 ≈ 巍 05DCD = 05DCD	10 　常用-B-乙 巨 ≈ 巨 05DE8 = 05DE8	10 　常用-A-甲 差 ≈ 差 05DEE = 05DEE	45 　常用-C-丙 帘 ≈ 帘 05E18 = 05E18
45 　　次常 帚 ≈ 帚 05E1A = 05E1A	15 　常用-A-甲 帽 ≈ 帽 05E3D = 05E3D	40 　　次常 幔 ≈ 幔 05E54 = 05E54	20 　常用-C-丙 幕 ≈ 幕 05E55 = 05E55
40 　　次常 庇 ≈ 庇 05E87 = 05E87	05 　常用-B-乙 底 ≈ 底 05E95 = 05E95	45 廨 ≈ 廨 05EE8 = 05EE8	15 　常用-B-乙 延 ≈ 延 05EF6 = 05EF6
25 彗 ≈ 彗 05F57 = 05F57	40 彘 ≈ 彘 05F58 = 05F58	35 　　次常 彪 ≈ 彪 05F6A = 05F6A	10 　常用-B-乙 待 ≈ 待 05F85 = 05F85
30 　次常-丁 徘 ≈ 徘 05F98 = 05F98	30 　常用-C-丙 御 ≈ 御 05FA1 = 05FA1	10 　常用-B-乙 微 ≈ 微 05FAE = 05FAE	05 　常用-A-甲 念 ≈ 念 05FF5 = 05FF5
45 　常用-B-乙 怜 ≈ 怜 0601C = 0601C	10 　常用-A-甲 急 ≈ 急 06025 = 06025	45 怵 ≈ 怵 06035 = 06035	45 　　次常 恃 ≈ 恃 06043 = 06043
45 恣 ≈ 恣 06063 = 06063	40 　　次常 恬 ≈ 恬 0606C = 0606C	10 　常用-B-乙 悄 ≈ 悄 06084 = 06084	05 　常用-A-甲 您 ≈ 您 060A8 = 060A8
15 　常用-B-乙 悲 ≈ 悲 060B2 = 060B2	05 　常用-A-甲 情 ≈ 情 060C5 = 060C5	25 　　常用-丁 惰 ≈ 惰 060F0 = 060F0	30 　常用-B-乙 惹 ≈ 惹 060F9 = 060F9
10 　常用-C-丙 愈 ≈ 愈 06108 = 06108	15 　常用-A-甲 愉 ≈ 愉 06109 = 06109	05 感 ≈ 感 0611F = 0611F	25 　常用-C-丙 愧 ≈ 愧 06127 = 06127
20 　常用-B-乙 慌 ≈ 慌 0614C = 0614C	20 　常用-B-乙 慕 ≈ 慕 06155 = 06155	50 慝 ≈ 慝 0615D = 0615D	10 　常用-A-甲 慢 ≈ 慢 06162 = 06162
15 　常用-C-丙 慧 ≈ 慧 06167 = 06167	20 　常用-B-乙 慰 ≈ 慰 06170 = 06170	45 憨 ≈ 憨 061A8 = 061A8	40 　　次常 憩 ≈ 憩 061A9 = 061A9
30 　次常-C-丙 憾 ≈ 憾 061BE = 061BE	15 　常用-A-甲 懂 ≈ 懂 061C2 = 061C2	25 　　次常 懈 ≈ 懈 061C8 = 061C8	35 　　次常 懊 ≈ 懊 061CA = 061CA
30 懿 ≈ 懿 061FF = 061FF	45 戾 ≈ 戾 0623E = 0623E	10 　常用-A-甲 房 ≈ 房 0623F = 0623F	20 　常用-B-乙 扁 ≈ 扁 06241 = 06241
50 扃 ≈ 扃 06243 = 06243	15 　常用-B-乙 扇 ≈ 扇 06247 = 06247	40 扈 ≈ 扈 06248 = 06248	45 扉 ≈ 扉 06249 = 06249
30 　常用-B-乙 扭 ≈ 扭 0626D = 0626D	35 　　次常-丁 扳 ≈ 扳 06273 = 06273	20 　常用-A-甲 批 ≈ 批 06279 = 06279	20 　常用-C-丙 抵 ≈ 抵 062B5 = 062B5

40	40	常用－B－乙 25	常用－B－乙 15	常用－B－乙
拎 ≈ 拎 062CE = 062CE	拐 ≈ 拐 062D0 = 062D0	拒 ≈ 拒 062D2 = 062D2	拔 ≈ 拔 062D4 = 062D4
40 常用－C－丙 拴 ≈ 拴 062F4 = 062F4	10 常用－A－甲 持 ≈ 持 06301 = 06301	05 常用－A－甲 指 ≈ 指 06307 = 06307	15 常用－B－乙 挖 ≈ 挖 06316 = 06316
45 常用－丁 捎 ≈ 捎 0634E = 0634E	20 常用－丁 捐 ≈ 捐 06350 = 06350	50 捩 ≈ 捩 06369 = 06369	35 次常 捺 ≈ 捺 0637A = 0637A
10 常用－A－甲 排 ≈ 排 06392 = 06392	10 探 ≈ 探 063A2 = 063A2	20 常用－B－乙 控 ≈ 控 063A7 = 063A7	15 常用－B－乙 描 ≈ 描 063CF = 063CF
15 常用－B－乙 插 ≈ 插 063D2 = 063D2	30 次常－C－丙 搓 ≈ 搓 06413 = 06413	40 次常 搔 ≈ 搔 06414 = 06414	20 常用－C－丙 搜 ≈ 搜 0641C = 0641C
30 搧 ≈ 搧 06427 = 06427	20 常用－B－乙 搭 ≈ 搭 0642D = 0642D	10 常用－C－丙 摩 ≈ 摩 06469 = 06469	50 摰 ≈ 摰 06470 = 06470
15 常用－B－乙 摸 ≈ 摸 06478 = 06478	35 次常 摹 ≈ 摹 06479 = 06479	20 常用－B－乙 撒 ≈ 撒 06492 = 06492	35 常用－C－丙 撤 ≈ 撤 064A4 = 064A4
30 次常 撮 ≈ 撮 064AE = 064AE	35 次常 撼 ≈ 撼 064BC = 064BC	30 次常 擎 ≈ 擎 064CE = 064CE	15 常用－A－甲 擦 ≈ 擦 064E6 = 064E6
45 敖 ≈ 敖 06556 = 06556	10 敢 ≈ 敢 06562 = 06562	10 常用－A－甲 散 ≈ 散 06563 = 06563	10 常用－B－乙 敬 ≈ 敬 0656C = 0656C
45 斐 ≈ 斐 06590 = 06590	40 斛 ≈ 斛 0659B = 0659B	45 斟 ≈ 斟 0659F = 0659F	05 常用－A－甲 新 ≈ 新 065B0 = 065B0
50 旋 ≈ 旋 065CE = 065CE	45 旒 ≈ 旒 065D2 = 065D2	25 旨 ≈ 旨 065E8 = 065E8	常用－丁 50 昀 ≈ 昀 06600 = 06600
15 常用－C－丙 昆 ≈ 昆 06606 = 06606	20 常用－A－甲 晴 ≈ 晴 06674 = 06674	40 晷 ≈ 晷 06677 = 06677	30 常用－丁 暮 ≈ 暮 066AE = 066AE
50 曠 ≈ 曠 066E3 = 066E3	20 曼 ≈ 曼 066FC = 066FC	次常 05 最 ≈ 最 06700 = 06700	常用－A－甲 05 有 ≈ 有 06709 = 06709
05 常用－A－甲 望 ≈ 望 0671B = 0671B	35 朦 ≈ 朦 06726 = 06726	次常 10 板 ≈ 板 0677F = 0677F	常用－A－甲 45 柢 ≈ 柢 067E2 = 067E2
15 常用－B－乙 柴 ≈ 柴 067F4 = 067F4	45 次常 栓 ≈ 栓 06813 = 06813	30 常用－丁 梢 ≈ 梢 068A2 = 068A2	25 次常 梭 ≈ 梭 068AD = 068AD
25 常用－C－丙 梳 ≈ 梳 068B3 = 068B3	25 常用－C－丙 棍 ≈ 棍 068CD = 068CD	30 常用－丁 棕 ≈ 棕 068D5 = 068D5	50 棻 ≈ 棻 068FB = 068FB

40 椹 ≈ 椹 06939 = 06939	40 楷 ≈ 楷 06977 = 06977	次常 45 常用一丁 榆 ≈ 榆 06986 = 06986	45 榧 ≈ 榧 069A7 = 069A7
45 常用一丁 榨 ≈ 榨 069A8 = 069A8	40 榭 ≈ 榭 069AD = 069AD	45 榻 ≈ 榻 069BB = 069BB	40 常用一丁 槐 ≈ 槐 069D0 = 069D0
50 槲 ≈ 槲 069F2 = 069F2	10 常用一B一乙 模 ≈ 模 06A21 = 06A21	35 次常 橄 ≈ 橄 06A44 = 06A44	20 常用一A一甲 橘 ≈ 橘 06A58 = 06A58
15 常用一丁 橡 ≈ 橡 06A61 = 06A61	35 次常一丁 檬 ≈ 檬 06AAC = 06AAC	05 常用一A一甲 次 ≈ 次 06B21 = 06B21	20 常用一B一乙 款 ≈ 款 06B3E = 06B3E
05 常用一B一乙 此 ≈ 此 06B64 = 06B64	10 常用一C一丙 毒 ≈ 毒 06BD2 = 06BD2	45 毓 ≈ 毓 06BD3 = 06BD3	05 常用一A一甲 比 ≈ 比 06BD4 = 06BD4
50 毖 ≈ 毖 06BD6 = 06BD6	50 氐 ≈ 氐 06C10 = 06C10	35 氯 ≈ 氯 06C2F = 06C2F	次常 40 汲 ≈ 汲 06C72 = 06C72
15 常用一B一乙 沉 ≈ 沉 06C89 = 06C89	15 常用一B一乙 沿 ≈ 沿 06CBF = 06CBF	50 冷 ≈ 冷 06CE0 = 06CE0	15 常用一B一乙 泥 ≈ 泥 06CE5 = 06CE5
05 常用一A一甲 流 ≈ 流 06D41 = 06D41	25 常用一C一丙 浸 ≈ 浸 06D78 = 06D78	10 常用一A一甲 消 ≈ 消 06D88 = 06D88	40 次常 涎 ≈ 涎 06D8E = 06D8E
30 涓 ≈ 涓 06D93 = 06D93	40 次常一C一丙 淆 ≈ 淆 06DC6 = 06DC6	40 淙 ≈ 淙 06DD9 = 06DD9	05 常用一A一甲 深 ≈ 深 06DF1 = 06DF1
15 常用一B一乙 混 ≈ 混 06DF7 = 06DF7	05 常用一A一甲 清 ≈ 清 06E05 = 06E05	35 渝 ≈ 渝 06E1D = 06E1D	40 常用一B一乙 渠 ≈ 渠 06E20 = 06E20
50 渭 ≈ 渭 06E2D = 06E2D	10 常用一A一甲 湖 ≈ 湖 06E56 = 06E56	40 湛 ≈ 湛 06E5B = 06E5B	10 常用一B一乙 滑 ≈ 滑 06ED1 = 06ED1
50 滕 ≈ 滕 06ED5 = 06ED5	10 常用一A一甲 漂 ≈ 漂 06F02 = 06F02	40 漉 ≈ 漉 06F09 = 06F09	20 常用一B一乙 漠 ≈ 漠 06F20 = 06F20
20 常用一C一丙 漫 ≈ 漫 06F2B = 06F2B	50 潢 ≈ 潢 06F62 = 06F62	30 澈 ≈ 澈 06F88 = 06F88	次常 20 次常一丁十 澳 ≈ 澳 06FB3 = 06FB3
45 瀛 ≈ 瀛 0701B = 0701B	20 常用一C一丙 灌 ≈ 灌 0704C = 0704C	35 炙 ≈ 炙 07099 = 07099	40 次常 炬 ≈ 炬 070AC = 070AC
30 常用一丁 炭 ≈ 炭 070AD = 070AD	05 常用一A一甲 然 ≈ 然 07136 = 07136	30 常用一C一丙 煎 ≈ 煎 0714E = 0714E	35 次常 煞 ≈ 煞 0715E = 0715E
45 煽 ≈ 煽 0717D = 0717D	15 常用一B一乙 熊 ≈ 熊 0718A = 0718A	40 熨 ≈ 熨 071A8 = 071A8	35 次常一C一丙 熬 ≈ 熬 071AC = 071AC

燃 ≈ 燃	燕 ≈ 燕	燠 ≈ 燠	片 ≈ 片
071C3 = 071C3	071D5 = 071D5	071E0 = 071E0	07247 = 07247

15 常用-B-乙	20 常用-B-乙	05 常用-A-甲	45
版 ≈ 版	牌 ≈ 牌	特 ≈ 特	狷 ≈ 狷
07248 = 07248	0724C = 0724C	07279 = 07279	072F7 = 072F7

15 常用-B-乙	40 常用-C-丙	45	45
猜 ≈ 猜	猾 ≈ 猾	獒 ≈ 獒	獴 ≈ 獴
0731C = 0731C	0733E = 0733E	07352 = 07352	07374 = 07374

40	20	15 次常-丁	50 次常-丁
玃 ≈ 玃	玲 ≈ 玲	珊 ≈ 珊	琄 ≈ 琄
0737E = 0737E	073B2 = 073B2	073CA = 073CA	07404 = 07404

30 次常	45	45	45
琉 ≈ 琉	琛 ≈ 琛	琥 ≈ 琥	琨 ≈ 琨
07409 = 07409	0741B = 0741B	07425 = 07425	07428 = 07428

45	10 常用-C-丙	35	25 丁
琮 ≈ 琮	琴 ≈ 琴	琵 ≈ 琵	瑚 ≈ 瑚
0742E = 0742E	07434 = 07434	07435 = 07435	0745A = 0745A

35	25	25 次常-丁	50
瑛 ≈ 瑛	瑜 ≈ 瑜	瑰 ≈ 瑰	璜 ≈ 璜
0745B = 0745B	0745C = 0745C	07470 = 07470	0749C = 0749C

35 次常	20 常用-C-丙	15 常用-A-甲	20 次常-C-丙
瓢 ≈ 瓢	瓦 ≈ 瓦	瓶 ≈ 瓶	瓷 ≈ 瓷
074E2 = 074E2	074E6 = 074E6	074F6 = 074F6	074F7 = 074F7

30	10 常用-C-丙	20 常用-B-乙	20 常用-丁
甄 ≈ 甄	甚 ≈ 甚	甜 ≈ 甜	疏 ≈ 疏
07504 = 07504	0751A = 0751A	0751C = 0751C	0758F = 0758F

15 常用-B-乙	45	40	40 次常
疑 ≈ 疑	疵 ≈ 疵	痊 ≈ 痊	瘟 ≈ 瘟
07591 = 07591	075B5 = 075B5	075CA = 075CA	0761F = 0761F

40	20 常用-B-乙	40 次常-丁	20 常用-丁
瘠 ≈ 瘠	瘦 ≈ 瘦	瘩 ≈ 瘩	皆 ≈ 皆
07620 = 07620	07626 = 07626	07629 = 07629	07686 = 07686

40	50	10 常用-A-甲	10 常用-A-甲
皴 ≈ 皴	盥 ≈ 盥	睛 ≈ 睛	睡 ≈ 睡
076B4 = 076B4	076E5 = 076E5	0775B = 0775B	07761 = 07761

40 次常-丁	35 次常	50	30 常用-C-丙
睦 ≈ 睦	瞄 ≈ 瞄	瞍 ≈ 瞍	瞎 ≈ 瞎
07766 = 07766	07784 = 07784	0778D = 0778D	0778E = 0778E

50	35	45 次常-丁	30 常用-C-丙
瞟 ≈ 瞟	瞰 ≈ 瞰	瞻 ≈ 瞻	矩 ≈ 矩
0779F = 0779F	077B0 = 077B0	077BB = 077BB	077E9 = 077E9

40	50	45	40 次常
砥 ≈ 砥	砱 ≈ 砱	硓 ≈ 硓	硝 ≈ 硝
07825 = 07825	07831 = 07831	07853 = 07853	0785D = 0785D

30 次常-丁	25	20 常用-丁	40 丁
硫 ≈ 硫	碌 ≈ 碌	碳 ≈ 碳	磋 ≈ 磋
0786B = 0786B	0788C = 0788C	078B3 = 078B3	078CB = 078CB

15　常用-B-乙 磨 ≈ 磨 078E8 = 078E8	30　　　次常 礦 ≈ 礦 078FA = 078FA	40 磚 ≈ 磚 07921 = 07921	05　常用-A-甲 示 ≈ 示 0793A = 0793A
35　　　次常 祟 ≈ 祟 0795F = 0795F	15　常用-A-甲 票 ≈ 票 07968 = 07968	20　　　次常 祭 ≈ 祭 0796D = 0796D	15　常用-B-乙 禁 ≈ 禁 07981 = 07981
10　常用-B-乙 程 ≈ 程 07A0B = 07A0B	20　常用-B-乙 稍 ≈ 稍 07A0D = 07A0D	45 稔 ≈ 稔 07A14 = 07A14	50 稷 ≈ 稷 07A37 = 07A37
35　　　次常 稽 ≈ 稽 07A3D = 07A3D	10　常用-A-甲 究 ≈ 究 07A76 = 07A76	40 穹 ≈ 穹 07A79 = 07A79	05　常用-A-甲 空 ≈ 空 07A7A = 07A7A
10　常用-A-甲 穿 ≈ 穿 07A7F = 07A7F	10　常用-A-甲 突 ≈ 突 07A81 = 07A81	25　常用-B-乙 窄 ≈ 窄 07A84 = 07A84	50 窈 ≈ 窈 07A88 = 07A88
45 窒 ≈ 窒 07A92 = 07A92	50 窕 ≈ 窕 07A95 = 07A95	45 窖 ≈ 窖 07A96 = 07A96	10　常用-A-甲 窗 ≈ 窗 07A97 = 07A97
40　　　次常 窘 ≈ 窘 07A98 = 07A98	30　　次常-C-丙 窟 ≈ 窟 07A9F = 07A9F	40 窣 ≈ 窣 07AA3 = 07AA3	40 窸 ≈ 窸 07AB8 = 07AB8
35　　　次常 竣 ≈ 竣 07AE3 = 07AE3	50 笈 ≈ 笈 07B08 = 07B08	05　常用-A-甲 等 ≈ 等 07B49 = 07B49	15　　常用-C-丙 筋 ≈ 筋 07B4B = 07B4B
35 筠 ≈ 筠 07B60 = 07B60	45 筵 ≈ 筵 07B75 = 07B75	40 箸 ≈ 箸 07BAC = 07BAC	15　常用-B-乙 箭 ≈ 箭 07BAD = 07BAD
15　常用-A-甲 篇 ≈ 篇 07BC7 = 07BC7	45 篦 ≈ 篦 07BE6 = 07BE6	20 簧 ≈ 簧 07C27 = 07C27	20　　常用-C-丙 籍 ≈ 籍 07C4D = 07C4D
20 粽 ≈ 粽 07CBD = 07CBD	25　常用-B-乙 糊 ≈ 糊 07CCA = 07CCA	35 糜 ≈ 糜 07CDC = 07CDC	10 系 ≈ 系 07CFB = 07CFB
15　常用-B-乙 紫 ≈ 紫 07D2B = 07D2B	35 縣 ≈ 縣 07E47 = 07E47	20　常用-B-乙 罐 ≈ 罐 07F50 = 07F50	30　　　次常-丁 罕 ≈ 罕 07F55 = 07F55
15　　常用-C-丙 罪 ≈ 罪 07F6A = 07F6A	50 羌 ≈ 羌 07F8C = 07F8C	35 羚 ≈ 羚 07F9A = 07F9A	20　　　常用-丁 羞 ≈ 羞 07F9E = 07F9E
45 翎 ≈ 翎 07FCE = 07FCE	35　　　次常 翡 ≈ 翡 07FE1 = 07FE1	30 翩 ≈ 翩 07FE9 = 07FE9	05　常用-A-甲 老 ≈ 老 08001 = 08001
45 耆 ≈ 耆 08006 = 08006	15　　常用-C-丙 耕 ≈ 耕 08015 = 08015	30　　常用-C-丙 耗 ≈ 耗 08017 = 08017	25　　　次常 耘 ≈ 耘 08018 = 08018
40　　　次常 耙 ≈ 耙 08019 = 08019	45 耜 ≈ 耜 0801C = 0801C	50 耥 ≈ 耥 08025 = 08025	30 聆 ≈ 聆 08046 = 08046

15　常用-C-丙 聚 ≈ 聚 0805A = 0805A	45　次常 肄 ≈ 肄 08084 = 08084	35　次常 肇 ≈ 肇 08087 = 08087	30　次常 肋 ≈ 肋 0808B = 0808B
15　常用-C-丙 肌 ≈ 肌 0808C = 0808C	25　次常-丁 肖 ≈ 肖 08096 = 08096	40　次常 肘 ≈ 肘 08098 = 08098	15　常用-B-乙 肚 ≈ 肚 0809A = 0809A
35　次常 肛 ≈ 肛 0809B = 0809B	30　常用-B-乙 肝 ≈ 肝 0809D = 0809D	15　常用-C-丙 股 ≈ 股 080A1 = 080A1	25　常用-丁 肢 ≈ 肢 080A2 = 080A2
15　常用-B-乙 肥 ≈ 肥 080A5 = 080A5	20　常用-B-乙 肩 ≈ 肩 080A9 = 080A9	40　次常-丁 肪 ≈ 肪 080AA = 080AA	15　常用-B-乙 肯 ≈ 肯 080AF = 080AF
35 肱 ≈ 肱 080B1 = 080B1	05　常用-A-甲 育 ≈ 育 080B2 = 080B2	40　次常 肴 ≈ 肴 080B4 = 080B4	20　常用-B-乙 肺 ≈ 肺 080BA = 080BA
20　常用-B-乙 胃 ≈ 胃 080C3 = 080C3	35 胄 ≈ 胄 080C4 = 080C4	10　常用-B-乙 背 ≈ 背 080CC = 080CC	20　次常 胎 ≈ 胎 080CE = 080CE
20　常用-B-乙 胖 ≈ 胖 080D6 = 080D6	25　次常 胚 ≈ 胚 080DA = 080DA	45 胛 ≈ 胛 080DB = 080DB	15　常用-C-丙 胞 ≈ 胞 080DE = 080DE
15　常用-B-乙 胡 ≈ 胡 080E1 = 080E1	45 胤 ≈ 胤 080E4 = 080E4	45 胥 ≈ 胥 080E5 = 080E5	45 胭 ≈ 胭 080ED = 080ED
30　次常 胰 ≈ 胰 080F0 = 080F0	40 胱 ≈ 胱 080F1 = 080F1	40　常用-B-乙 胳 ≈ 胳 080F3 = 080F3	15　常用-B-乙 胸 ≈ 胸 080F8 = 080F8
45 胺 ≈ 胺 080FA = 080FA	05　常用-A-甲 能 ≈ 能 080FD = 080FD	30　常用-丁 脂 ≈ 脂 08102 = 08102	25　常用-B-乙 脆 ≈ 脆 08106 = 08106
20　常用-丁 脊 ≈ 脊 0810A = 0810A	20　常用-B-乙 脖 ≈ 脖 08116 = 08116	50　次常 脯 ≈ 脯 0812F = 0812F	25　常用-B-乙 脾 ≈ 脾 0813E = 0813E
50　常用-丁 腊 ≈ 腊 0814A = 0814A	45 腋 ≈ 腋 0814B = 0814B	45 腑 ≈ 腑 08151 = 08151	45 腓 ≈ 腓 08153 = 08153
20　常用-C-丙 腔 ≈ 腔 08154 = 08154	30　次常 腕 ≈ 腕 08155 = 08155	35　常用-丁 腥 ≈ 腥 08165 = 08165	45　次常-丁 腮 ≈ 腮 0816E = 0816E
20　常用-B-乙 腰 ≈ 腰 08170 = 08170	35 腱 ≈ 腱 08171 = 08171	45 腴 ≈ 腴 08174 = 08174	20　常用-丁 腹 ≈ 腹 08179 = 08179
25　次常 腺 ≈ 腺 0817A = 0817A	15　常用-A-甲 腿 ≈ 腿 0817F = 0817F	15　常用-B-乙 膀 ≈ 膀 08180 = 08180	40 膈 ≈ 膈 08188 = 08188
40　常用-B-乙 膊 ≈ 膊 0818A = 0818A	30　常用-C-丙 膏 ≈ 膏 0818F = 0818F	45　常用-丁 膛 ≈ 膛 0819B = 0819B	20　常用-丁 膜 ≈ 膜 0819C = 0819C

30 膝 ≈ 膝 0819D = 0819D	30　　　常用－C－丙 膨 ≈ 膨 081A8 = 081A8	35　　　　　　次常 臀 ≈ 臀 081C0 = 081C0	15　　　常用－丁 臂 ≈ 臂 081C2 = 081C2
50 臃 ≈ 臃 081C3 = 081C3	50 臆 ≈ 臆 081C6 = 081C6	15　　常用－B－乙 致 ≈ 致 081F4 = 081F4	20　　常用－B－乙 舌 ≈ 舌 0820C = 0820C
35 舐 ≈ 舐 08210 = 08210	35　　　　　　次常 舔 ≈ 舔 08214 = 08214	45 舨 ≈ 舨 08228 = 08228	10　　常用－A－甲 船 ≈ 船 08239 = 08239
25　　常用－C－丙 艘 ≈ 艘 08258 = 08258	20　　　　次常－丁 艾 ≈ 艾 0827E = 0827E	45 芃 ≈ 芃 08283 = 08283	35　　　　　　次常 芋 ≈ 芋 0828B = 0828B
50　　　　　次常 芍 ≈ 芍 0828D = 0828D	20　　　常用－丁 芒 ≈ 芒 08292 = 08292	35 芙 ≈ 芙 08299 = 08299	25　　　常用－丁 芝 ≈ 芝 0829D = 0829D
45　　　　　次常 芥 ≈ 芥 082A5 = 082A5	50 芫 ≈ 芫 082AB = 082AB	15　　　常用－丁 芬 ≈ 芬 082AC = 082AC	25　　　次常－丁 芭 ≈ 芭 082AD = 082AD
40 芮 ≈ 芮 082AE = 082AE	40 芯 ≈ 芯 082AF = 082AF	05　　常用－A－甲 花 ≈ 花 082B1 = 082B1	15　　　常用－丁 芳 ≈ 芳 082B3 = 082B3
45 芷 ≈ 芷 082B7 = 082B7	35 芸 ≈ 芸 082B8 = 082B8	45　　　常用－丁 芹 ≈ 芹 082B9 = 082B9	15　　常用－C－丙 芽 ≈ 芽 082BD = 082BD
40 苇 ≈ 苇 082BE = 082BE	35 苑 ≈ 苑 082D1 = 082D1	50 苓 ≈ 苓 082D3 = 082D3	35　　　　　　次常 苔 ≈ 苔 082D4 = 082D4
20　　常用－C－丙 苗 ≈ 苗 082D7 = 082D7	50 苛 ≈ 苛 082DB = 082DB	35　　　　次常 苞 ≈ 苞 082DE = 082DE	35　　　　　　次常 苟 ≈ 苟 082DF = 082DF
40 苡 ≈ 苡 082E1 = 082E1	10　　常用－C－丙 若 ≈ 若 082E5 = 082E5	05　　常用－A－甲 苦 ≈ 苦 082E6 = 082E6	45 苯 ≈ 苯 082EF = 082EF
10　　常用－B－甲 英 ≈ 英 082F1 = 082F1	45 苳 ≈ 苳 082F3 = 082F3	50 苷 ≈ 苷 082F7 = 082F7	45　　常用－A－甲 苹 ≈ 苹 082F9 = 082F9
35　　　　　次常 苗 ≈ 苗 08301 = 08301	20　　　常用－丁 茂 ≈ 茂 08302 = 08302	20　　常用－B－乙 范 ≈ 范 08303 = 08303	20　　　常用－丁 茄 ≈ 茄 08304 = 08304
30　　常用－C－丙 茅 ≈ 茅 08305 = 08305	35　　　　次常 茉 ≈ 茉 08309 = 08309	45 茌 ≈ 茌 0830C = 0830C	50 茗 ≈ 茗 08317 = 08317
50 茛 ≈ 茛 0831B = 0831B	30 茜 ≈ 茜 0831C = 0831C	50 茨 ≈ 茨 08328 = 08328	20　　　常用－丁 茫 ≈ 茫 0832B = 0832B
30 茱 ≈ 茱 08331 = 08331	50 茴 ≈ 茴 08334 = 08334	40　　　　次常 茵 ≈ 茵 08335 = 08335	10　　常用－A－甲 茶 ≈ 茶 08336 = 08336

35 茸 ≈ 茸 08338 = 08338	次常 35 茹 ≈ 茹 08339 = 08339	35 荀 ≈ 荀 08340 = 08340	50 荃 ≈ 荃 08343 = 08343
50 荇 ≈ 荇 08347 = 08347	05 常用－A－甲 草 ≈ 草 08349 = 08349	35 常用－C－丙 荐 ≈ 荐 08350 = 08350	20 常用－C－丙 荒 ≈ 荒 08352 = 08352
40 次常－丁 荔 ≈ 荔 08354 = 08354	20 常用－丁 荷 ≈ 荷 08377 = 08377	40 荻 ≈ 荻 0837B = 0837B	35 茶 ≈ 茶 0837C = 0837C
15 次常 莉 ≈ 莉 08389 = 08389	20 莎 ≈ 莎 0838E = 0838E	35 莒 ≈ 莒 08392 = 08392	25 C 莓 ≈ 莓 08393 = 08393
15 常用－丁 莫 ≈ 莫 083AB = 083AB	35 次常 莽 ≈ 莽 083BD = 083BD	30 菁 ≈ 菁 083C1 = 083C1	25 次常－丁 菇 ≈ 菇 083C7 = 083C7
30 常用－丁 菊 ≈ 菊 083CA = 083CA	20 常用－B－乙 菌 ≈ 菌 083CC = 083CC	40 菖 ≈ 菖 083D6 = 083D6	10 常用－A－甲 菜 ≈ 菜 083DC = 083DC
50 常用－C－丙 菠 ≈ 菠 083E0 = 083E0	30 菩 ≈ 菩 083E9 = 083E9	35 次常 菱 ≈ 菱 083F1 = 083F1	25 次常 菲 ≈ 菲 083F2 = 083F2
40 萃 ≈ 萃 08403 = 08403	25 常用－C－丙 萄 ≈ 萄 08404 = 08404	45 萋 ≈ 萋 0840B = 0840B	35 常用－丁 萌 ≈ 萌 0840C = 0840C
30 常用－丁 萍 ≈ 萍 0840D = 0840D	30 次常 萎 ≈ 萎 0840E = 0840E	50 萣 ≈ 萣 08423 = 08423	30 萱 ≈ 萱 08431 = 08431
40 萸 ≈ 萸 08438 = 08438	40 萼 ≈ 萼 0843C = 0843C	05 常用－B－乙 落 ≈ 落 0843D = 0843D	40 葆 ≈ 葆 08446 = 08446
45 葎 ≈ 葎 0844E = 0844E	05 常用－B－乙 著 ≈ 著 08457 = 08457	45 葚 ≈ 葚 0845A = 0845A	25 常用－C＋－丙＋ 葛 ≈ 葛 0845B = 0845B
25 常用－C－丙 葡 ≈ 葡 08461 = 08461	20 常用－丁 董 ≈ 董 08463 = 08463	25 次常－丁 葫 ≈ 葫 0846B = 0846B	25 常用－丁 葬 ≈ 葬 0846C = 0846C
50 常用－丁 葱 ≈ 葱 08471 = 08471	40 葳 ≈ 葳 08473 = 08473	35 常用－丁 葵 ≈ 葵 08475 = 08475	15 次常－丁 蒂 ≈ 蒂 08482 = 08482
50 蒍 ≈ 蒍 0848D = 0848D	15 常用－C－丙 蒙 ≈ 蒙 08499 = 08499	30 常用－丁 蒜 ≈ 蒜 0849C = 0849C	45 蒟 ≈ 蒟 0849F = 0849F
45 蒡 ≈ 蒡 084A1 = 084A1	30 次常 蒲 ≈ 蒲 084B2 = 084B2	45 蒴 ≈ 蒴 084B4 = 084B4	15 常用－C－丙 蒸 ≈ 蒸 084B8 = 084B8
45 蒻 ≈ 蒻 084BB = 084BB	45 次常 蒿 ≈ 蒿 084BF = 084BF	45 蓁 ≈ 蓁 084C1 = 084C1	30 常用－丁 蓄 ≈ 蓄 084C4 = 084C4

30 蓉 ≈ 蓉 084C9 = 084C9	50 次常 蓊 ≈ 蓊 084CA = 084CA	35 蓑 ≈ 蓑 084D1 = 084D1	35 蓓 ≈ 蓓 084D3 = 084D3
30 常用-C-丙 蓬 ≈ 蓬 084EC = 084EC	50 常用-C-丙 蔑 ≈ 蔑 08511 = 08511	30 蔓 ≈ 蔓 08513 = 08513	25 次常-丁 蔗 ≈ 蔗 08517 = 08517
30 次常 蔚 ≈ 蔚 0851A = 0851A	20 蔡 ≈ 蔡 08521 = 08521	25 常用-B-乙 蔬 ≈ 蔬 0852C = 0852C	40 常用-丁 蔽 ≈ 蔽 0853D = 0853D
35 蕃 ≈ 蕃 08543 = 08543	45 蕈 ≈ 蕈 08548 = 08548	20 常用-A-甲 蕉 ≈ 蕉 08549 = 08549	25 次常 蕊 ≈ 蕊 0854A = 0854A
35 蕙 ≈ 蕙 08559 = 08559	30 蕨 ≈ 蕨 08568 = 08568	25 次常-丁 蕾 ≈ 蕾 0857E = 0857E	20 常用-B-乙 薄 ≈ 薄 08584 = 08584
25 次常 薇 ≈ 薇 08587 = 08587	35 次常 薛 ≈ 薛 0859B = 0859B	25 常用-丁 薪 ≈ 薪 085AA = 085AA	25 常用-丁 薯 ≈ 薯 085AF = 085AF
15 藉 ≈ 藉 085C9 = 085C9	10 常用-B-乙 藏 ≈ 藏 085CF = 085CF	40 藕 ≈ 藕 085D5 = 085D5	20 次常-丁 藤 ≈ 藤 085E4 = 085E4
40 藩 ≈ 藩 085E9 = 085E9	25 次常 藻 ≈ 藻 085FB = 085FB	50 蘟 ≈ 蘟 085FF = 085FF	35 次常-丁 蘑 ≈ 蘑 08611 = 08611
45 次常 蘸 ≈ 蘸 08638 = 08638	10 常用-B-乙 虎 ≈ 虎 0864E = 0864E	35 虞 ≈ 虞 0865E = 0865E	45 次常 虱 ≈ 虱 08671 = 08671
40 蚌 ≈ 蚌 0868C = 0868C	35 次常 蚤 ≈ 蚤 086A4 = 086A4	30 蚩 ≈ 蚩 086A9 = 086A9	45 次常 蛉 ≈ 蛉 086C9 = 086C9
45 蛸 ≈ 蛸 086F8 = 086F8	45 次常 蜈 ≈ 蜈 08708 = 08708	30 蜒 ≈ 蜒 08712 = 08712	50 次常 蜚 ≈ 蜚 0871A = 0871A
50 蜣 ≈ 蜣 08723 = 08723	30 常用-丁 蜻 ≈ 蜻 0873B = 0873B	30 蝙 ≈ 蝙 08759 = 08759	20 常用-C-丙 蝴 ≈ 蝴 08774 = 08774
40 螯 ≈ 螯 087AF = 087AF	40 蟆 ≈ 蟆 087C6 = 087C6	50 次常 蟳 ≈ 蟳 087F3 = 087F3	20 次常 蟹 ≈ 蟹 087F9 = 087F9
35 蟾 ≈ 蟾 087FE = 087FE	45 蠃 ≈ 蠃 08803 = 08803	50 蠖 ≈ 蠖 08816 = 08816	40 蠵 ≈ 蠵 08835 = 08835
35 裔 ≈ 裔 088D4 = 088D4	45 裴 ≈ 裴 088F4 = 088F4	50 褊 ≈ 褊 0890A = 0890A	50 褙 ≈ 褙 08919 = 08919
50 襁 ≈ 襁 08941 = 08941	30 次常 襟 ≈ 襟 0895F = 0895F	05 常用-A-甲 角 ≈ 角 089D2 = 089D2	50 觚 ≈ 觚 089DA = 089DA

05	常用—A—甲	20		10	常用—B—乙	45	次常—丁
解 ≈ 解		詹 ≈ 詹		警 ≈ 警		豁 ≈ 豁	
089E3 = 089E3		08A79 = 08A79		08B66 = 08B66		08C41 = 08C41	

25		05	常用—B—乙	30	次常—C—丙	35	
豚 ≈ 豚		象 ≈ 象		豫 ≈ 豫		貘 ≈ 貘	
08C5A = 08C5A		08C61 = 08C61		08C6B = 08C6B		08C98 = 08C98	

05	常用—A—甲	35			次常	15	常用—B—乙
起 ≈ 起		跋 ≈ 跋		跚 ≈ 跚		距 ≈ 距	
08D77 = 08D77		08DCB = 08DCB		08DDA = 08DDA		08DDD = 08DDD	

50		40			次常—丁	45	丁
蹉 ≈ 蹉		蹋 ≈ 蹋		蹙 ≈ 蹙		蹯 ≈ 蹯	
08E49 = 08E49		08E4B = 08E4B		08E59 = 08E59		08E87 = 08E87	

25	常用—丁	15	常用—B—乙	20	常用—A—甲	20	常用—C—丙
躬 ≈ 躬		躲 ≈ 躲		躺 ≈ 躺		返 ≈ 返	
08EAC = 08EAC		08EB2 = 08EB2		08EBA = 08EBA		08FD4 = 08FD4	

15	常用—B—乙	35		15	常用—B—乙	35	次常
述 ≈ 述		逍 ≈ 逍		途 ≈ 途		逞 ≈ 逞	
08FF0 = 08FF0		0900D = 0900D		09014 = 09014		0901E = 0901E	

40		50			次常	15	常用—A—甲	20
達 ≈ 達		逾 ≈ 逾		遍 ≈ 遍		遨 ≈ 遨	
09035 = 09035		0903E = 0903E		0904D = 0904D		09068 = 09068	

50		40		20	次常—丁	40	
邂 ≈ 邂		邃 ≈ 邃		邦 ≈ 邦		邸 ≈ 邸	
09082 = 09082		09083 = 09083		090A6 = 090A6		090B8 = 090B8	

25	次常—丁	35	常用—丁	45		15	常用—A—甲
郁 ≈ 郁		鄙 ≈ 鄙		鄱 ≈ 鄱		酸 ≈ 酸	
090C1 = 090C1		09119 = 09119		0912F = 0912F		09178 = 09178	

30		50		40		30	
釉 ≈ 釉		鋜 ≈ 鋜		鎏 ≈ 鎏		陛 ≈ 陛	
091C9 = 091C9		0928E = 0928E		0938F = 0938F		0965B = 0965B	

25	常用—C—丙	30		25	常用—丁	30	次常—C—丙
陵 ≈ 陵		隋 ≈ 隋		隙 ≈ 隙		雇 ≈ 雇	
09675 = 09675		0968B = 0968B		09699 = 09699		096C7 = 096C7	

20	次常—丁	10	常用—A—甲	15	常用—A—甲	30	
雌 ≈ 雌		雪 ≈ 雪		零 ≈ 零		霄 ≈ 霄	
096CC = 096CC		096EA = 096EA		096F6 = 096F6		09704 = 09704	

45		50		05	常用—A—甲	25	次常
霏 ≈ 霏		靆 ≈ 靆		青 ≈ 青		靖 ≈ 靖	
0970F = 0970F		09730 = 09730		09752 = 09752		09756 = 09756	

45		05	常用—A—甲	10	常用—B—乙	35	次常
靛 ≈ 靛		非 ≈ 非		靠 ≈ 靠		靡 ≈ 靡	
0975B = 0975B		0975E = 0975E		09760 = 09760		09761 = 09761	

35	次常—丁	05	常用—A—甲	40		10	常用—B—乙
靴 ≈ 靴		食 ≈ 食		飧 ≈ 飧		餐 ≈ 餐	
09774 = 09774		098DF = 098DF		098E7 = 098E7		09910 = 09910	

10	常用—B—乙	35		40		40	
骨 ≈ 骨		骰 ≈ 骰		骶 ≈ 骶		骷 ≈ 骷	
09AA8 = 09AA8		09AB0 = 09AB0		09AB6 = 09AB6		09AB7 = 09AB7	

113

30	20	40	30 次常
髂 ≈ 髂 09AB8 = 09AB8	骼 ≈ 骼 09ABC = 09ABC	髂 ≈ 髂 09AC2 = 09AC2	髓 ≈ 髓 09AD3 = 09AD3
50	30	10 常用-B-乙	35 次常
鬃 ≈ 鬃 09B03 = 09B03	鬣 ≈ 鬣 09B23 = 09B23	鬼 ≈ 鬼 09B3C = 09B3C	魁 ≈ 魁 09B41 = 09B41
25 常用-C-丙	30 常用-丁	35	45
魂 ≈ 魂 09B42 = 09B42	魄 ≈ 魄 09B44 = 09B44	魅 ≈ 魅 09B45 = 09B45	魆 ≈ 魆 09B46 = 09B46
25 次常-丁+	10 常用-丁	15 常用-丁	35
魏 ≈ 魏 09B4F = 09B4F	魔 ≈ 魔 09B54 = 09B54	鹿 ≈ 鹿 09E7F = 09E7F	麓 ≈ 麓 09E93 = 09E93
35	30	10 常用-A-甲	10 常用-丁
麝 ≈ 麝 09E9D = 09E9D	麟 ≈ 麟 09E9F = 09E9F	麻 ≈ 麻 09EBB = 09EBB	鼠 ≈ 鼠 09F20 = 09F20
50	45	50	40
鼩 ≈ 鼩 09F29 = 09F29	鼬 ≈ 鼬 09F2C = 09F2C	鼱 ≈ 鼱 09F31 = 09F31	齹 ≈ 齹 09F39 = 09F39

[大陆-台湾]简化异码字表X_T V4.0

简化 鰤▶鰤 40 04C81 ≠09CDA	汉字正形　常用-A-甲 丟▶丢 15 04E1F ≠04E22	异体代换　常用-B-乙 並▶并 05 04E26 ≠05E76	条件简化　常用-A-甲 乾▶干 10 04E7E ≠05E72
简化　常用-A-甲 亂▶乱 10 04E82 ≠04E71	异体代换 互▶亘 35 04E99 ≠04E98	简化　常用-C-丙 亞▶亚 10 04E9E ≠04E9A	异体代换　常用-A-甲 佚▶夫 35 04F15 ≠0592B
异体代换 佇▶伫 40 04F47 ≠04F2B	异体代换　常用-A-甲 佈▶布 15 04F48 ≠05E03	异体代换　常用-A-甲 佔▶占 25 04F54 ≠05360	异体代换　常用-B-乙 併▶并 25 04F75 ≠05E76
简化　常用-A-甲 來▶来 05 04F86 ≠06765	简化　次常 侖▶仑 40 04F96 ≠04ED1	汉字正形　次常-丁 侣▶侣 35 04FB6 ≠04FA3	异体代换　常用-A-甲 侷▶局 40 04FB7 ≠05C40
简化　常用-A-甲 係▶系 10 04FC2 ≠07CFB	简化　次常 俠▶侠 25 04FE0 ≠04FA0	简化　常用-A-甲 倆▶俩 20 05006 ≠04FE9	简化　常用-C-丙 倉▶仓 30 05009 ≠04ED3
简化　常用-A-甲 個▶个 05 0500B ≠04E2A	简化　常用-A-甲 們▶们 05 05011 ≠04EEC	异体代换　常用-A-甲 倖▶幸 40 05016 ≠05E78	异体代换　常用-B-乙 傲▶仿 50 05023 ≠04EFF
简化　次常 倫▶伦 10 0502B ≠04F26	简化　常用-A-甲 偉▶伟 10 05049 ≠04F1F	简化　常用-C-丙 側▶侧 15 05074 ≠04FA7	简化　常用-丁 偵▶侦 20 05075 ≠04FA6
简化　常用-丁 僞▶伪 30 0507D ≠04F2A	异体代换　常用-丁 傑▶杰 15 05091 ≠06770	简化　常用-B-乙 傘▶伞 20 05098 ≠04F1E	简化　常用-A-甲 備▶备 10 05099 ≠05907
汉字正形 傜▶徭 45 0509C ≠05FAD	简化　常用-A-甲 傢▶家 25 050A2 ≠05BB6	简化　常用-丁 傭▶佣 30 050AD ≠04F63	简化　常用-B-乙 傳▶传 05 050B3 ≠04F20
简化　常用-C-丙 債▶债 30 050B5 ≠0503A	简化　常用-B-乙 傷▶伤 10 050B7 ≠04F24	简化　常用-C-丙 傾▶倾 20 050BE ≠0503E	简化　常用-B-乙 僅▶仅 15 050C5 ≠04EC5
简化 僉▶金 50 050C9 ≠04F65	简化　常用-C-丙 僑▶侨 35 050D1 ≠04FA8	简化　常用-丁 僕▶仆 25 050D5 ≠04EC6	简化　次常 僥▶侥 40 050E5 ≠04FA5
异体代换　次常-C-丙 催▶雇 40 050F1 ≠096C7	简化　常用-B-乙 價▶价 15 050F9 ≠04EF7	简化 儀▶仪 15 05100 ≠04EEA	简化 儂▶侬 30 05102 ≠04FAC
简化　常用-A-甲 億▶亿 15 05104 ≠04EBF	简化　常用-丁 儉▶俭 30 05109 ≠04FED	简化 儕▶侪 45 05115 ≠04FAA	简化　常用-B-乙 儘▶尽 20 05118 ≠05C3D
简化　常用-C-丙 償▶偿 30 0511F ≠0507F	简化　常用-B-乙 優▶优 10 0512A ≠04F18	异体简化　常用-丁 儲▶储 25 05132 ≠050A8	异体简化　常用-丁 儸▶罗 35 05138 ≠07F57
简化 儼▶俨 45 0513C ≠04FE8	异体代换　常用-C-丙 兇▶凶 25 05147 ≠051F6	汉字正形 兌▶兑 40 0514C ≠05151	简化　常用-A-甲 兒▶儿 05 05152 ≠0513F
异体代换 兗▶兖 50 05157 ≠05156	汉字正形　常用-A-甲 內▶内 05 05167 ≠05185	简化　常用-A-甲 兩▶两 05 05169 ≠04E24	异体代换　常用-B-乙 冊▶册 20 0518A ≠0518C

异体代换 幕 ▸ 幕 50　051AA ≠ 05E42	简化　　常用-B-乙 凍 ▸ 冻 20　051CD ≠ 051BB	异体代换　　次常 凛 ▸ 凛 30　051DC ≠ 051DB	简化　　常用-丁 凱 ▸ 凯 20　051F1 ≠ 051EF
汉字正形　常用-A-甲 別 ▸ 别 05　05225 ≠ 0522B	异体代换　常用-C-丙 刪 ▸ 删 30　0522A ≠ 05220	简化　　常用-B-乙 則 ▸ 则 05　05247 ≠ 05219	简化　　常用-A-甲 剋 ▸ 克 45　0524B ≠ 0514B
汉字正形　　次常-丁 剎 ▸ 刹 30　0524E ≠ 05239	简化　　常用-A-甲 剛 ▸ 刚 10　0525B ≠ 0521A	汉字正形　常用-C-丙 剝 ▸ 剥 30　0525D ≠ 05265	简化　　常用-B-乙 創 ▸ 创 10　05275 ≠ 0521B
异体简化　常用-C-丙 剷 ▸ 铲 35　05277 ≠ 094F2	简化　　常用-A-甲 劃 ▸ 划 20　05283 ≠ 05212	异体代换 劄 ▸ 札 45　05284 ≠ 0672D	简化　　常用-B-乙 劇 ▸ 剧 10　05287 ≠ 05267
简化　　常用-C+-丙+ 劉 ▸ 刘 10　05289 ≠ 05218	简化　　　次常 劊 ▸ 刽 50　0528A ≠ 0523D	简化　　常用-丁 劍 ▸ 剑 20　0528D ≠ 05251	简化　　常用-丁 劑 ▸ 剂 20　05291 ≠ 05242
简化　　常用-B-乙 勁 ▸ 劲 20　052C1 ≠ 052B2	简化　　常用-A-甲 動 ▸ 动 05　052D5 ≠ 052A8	简化　　常用-A-甲 務 ▸ 务 10　052D9 ≠ 052A1	简化　　常用-A-甲 勝 ▸ 胜 15　052DD ≠ 080DC
简化　　常用-A-甲 勞 ▸ 劳 10　052DE ≠ 052B3	简化　　常用-B-乙 勢 ▸ 势 15　052E2 ≠ 052BF	异体简化 勳 ▸ 勋 40　052F3 ≠ 052CB	简化　　常用-B-乙 勵 ▸ 励 15　052F5 ≠ 052B1
简化　　常用-B-乙 勸 ▸ 劝 20　052F8 ≠ 0529D	汉字正形 勻 ▸ 匀 35　052FB ≠ 05300	简化　　常用-C-丙 匯 ▸ 汇 30　0532F ≠ 06C47	简化　　常用-B-乙 區 ▸ 区 05　05340 ≠ 0533A
简化　　常用-C-丙 協 ▸ 协 15　05354 ≠ 0534F	异体代换　常用-B-乙 卻 ▸ 却 05　0537B ≠ 05374	简化　　常用-B-乙 厭 ▸ 厌 20　053AD ≠ 0538C	简化　　常用-B-乙 厲 ▸ 厉 20　053B2 ≠ 05389
简化 厴 ▸ 厣 50　053B4 ≠ 053A3	简化　　常用-A-甲 參 ▸ 参 05　053C3 ≠ 053C2	异体代换　常用-A-甲 叚 ▸ 假 45　053DA ≠ 05047	异体代换 叡 ▸ 睿 40　053E1 ≠ 0777F
简化　　常用-C-丙 叢 ▸ 丛 15　053E2 ≠ 04E1B	异体代换 吒 ▸ 咤 30　05412 ≠ 054A4	汉字正形　常用-C+-丙+ 吳 ▸ 吴 15　05433 ≠ 05434	汉字正形　次常-A-甲 吶 ▸ 呐 35　05436 ≠ 05450
汉字正形　次常-丁+ 呂 ▸ 吕 20　05442 ≠ 05415	异体代换 咿 ▸ 吚 35　054BF ≠ 0541A	简化　　常用-A-甲 員 ▸ 员 10　054E1 ≠ 05458	异体代换　常用-A-甲 唸 ▸ 念 25　05538 ≠ 05FF5
简化　　常用-A-甲 問 ▸ 问 05　0554F ≠ 095EE	简化　　常用-丁 啞 ▸ 哑 30　0555E ≠ 054D1	异体代换　常用-B-乙 啟 ▸ 启 15　0555F ≠ 0542F	异体代换　常用-丁 啣 ▸ 衔 50　05563 ≠ 08854
汉字正形　常用-C-丙 喚 ▸ 唤 25　0559A ≠ 05524	简化　　常用-C-丙 喪 ▸ 丧 20　055AA ≠ 04E27	异体代换　常用-A-甲 喫 ▸ 吃 45　055AB ≠ 05403	简化　　常用-丁 喬 ▸ 乔 20　055AC ≠ 04E54
简化　　常用-A-甲 單 ▸ 单 05　055AE ≠ 05355	简化　　次常-C-丙 喲 ▸ 哟 20　055B2 ≠ 054DF	简化 嗆 ▸ 呛 45　055C6 ≠ 0545B	简化　　次常 嗇 ▸ 啬 35　055C7 ≠ 0556C
简化　　常用-A-甲 嗎 ▸ 吗 05　055CE ≠ 05417	简化　　常用-丁 嗚 ▸ 呜 20　055DA ≠ 0545C	简化 嗩 ▸ 唢 45　055E9 ≠ 05522	简化 嗶 ▸ 哔 40　055F6 ≠ 054D4

简化 常用—C—丙	C—丙 简化	简化	简化 次常—丁
嘆 ▸ 叹	嘍 ▸ 喽	嘓 ▸ 啯	嘔 ▸ 呕
15 05606 ≠ 053F9	25 0560D ≠ 055BD	40 05613 ≠ 0556F	40 05614 ≠ 05455
简化	简化 常用—B—乙	简化 常用—C—丙	简化 次常—丁
噴 ▸ 喷	嘗 ▸ 尝	嘩 ▸ 哗	嘮 ▸ 唠
35 05616 ≠ 05567	20 05617 ≠ 05C1D	25 05629 ≠ 054D7	40 0562E ≠ 05520
简化 次常—丁	简化 次常	简化 常用—C—丙	汉字正形
嘯 ▸ 啸	嘰 ▸ 叽	噁 ▸ 恶	嘘 ▸ 嘘
35 0562F ≠ 05578	25 05630 ≠ 053FD	40 05641 ≠ 06076	30 05653 ≠ 05618
简化	简化	简化 常用—B—乙	简化
噠 ▸ 哒	嚘 ▸ 嗳	噴 ▸ 喷	噸 ▸ 吨
30 05660 ≠ 054D2	40 0566F ≠ 055F3	15 05674 ≠ 055B7	30 05678 ≠ 05428
简化 常用—A—甲	简化	简化 常用—B—乙	异体简化 常用—B—乙
噹 ▸ 当	嚀 ▸ 咛	嚇 ▸ 吓	嚐 ▸ 尝
25 05679 ≠ 05F53	30 05680 ≠ 0549B	15 05687 ≠ 05413	35 05690 ≠ 05C1D
简化	简化	异体代换 常用—B—乙	简化 次常—C—丙
嚕 ▸ 噜	嚙 ▸ 啮	嚥 ▸ 咽	嚨 ▸ 咙
25 05695 ≠ 0565C	50 05699 ≠ 0556E	35 056A5 ≠ 054BD	35 056A8 ≠ 05499
简化 常用—A—甲	简化 常用—B—乙	简化	简化 次常
嚮 ▸ 向	嚴 ▸ 严	囁 ▸ 嗫	囂 ▸ 嚣
30 056AE ≠ 05411	10 056B4 ≠ 04E25	45 056C1 ≠ 055EB	40 056C2 ≠ 056A3
简化 常用—A—甲	简化	简化 常用—丁	简化 常用—C—丙
囈 ▸ 呓	囉 ▸ 啰	囌 ▸ 苏	囑 ▸ 嘱
50 056C8 ≠ 05453	15 056C9 ≠ 05570	50 056CC ≠ 082CF	35 056D1 ≠ 05631
异体简化	汉字正形 次常—C—丙	简化 常用—A—甲	简化 常用—A—甲
齧 ▸ 啮	囪 ▸ 囱	國 ▸ 国	圍 ▸ 围
40 056D3 ≠ 0556E	40 056EA ≠ 056F1	05 0570B ≠ 056FD	10 0570D ≠ 056F4
简化 常用—A—甲	简化 常用—A—甲	简化 常用—A—甲	简化 常用—A—甲
園 ▸ 园	圓 ▸ 圆	圖 ▸ 图	團 ▸ 团
05 05712 ≠ 056ED	10 05713 ≠ 05706	05 05716 ≠ 056FE	10 05718 ≠ 056E2
简化 常用—B—乙	简化 常用—A—甲	简化	简化
執 ▸ 执	堅 ▸ 坚	堊 ▸ 垩	堯 ▸ 尧
20 057F7 ≠ 06267	10 05805 ≠ 0575A	30 0580A ≠ 057A9	30 0582F ≠ 05C27
简化 常用—A—甲	简化 常用—A—甲	简化 常用—A—甲	简化 常用—B—乙
報 ▸ 报	場 ▸ 场	塊 ▸ 块	塗 ▸ 涂
05 05831 ≠ 062A5	05 05834 ≠ 0573A	10 0584A ≠ 05757	20 05857 ≠ 06D82
异体代换	简化 次常	简化 常用—C—丙	简化 常用—C—丙
塚 ▸ 冢	塢 ▸ 坞	塵 ▸ 尘	墊 ▸ 垫
50 0585A ≠ 051A2	45 05862 ≠ 0575E	20 05875 ≠ 05C18	25 0588A ≠ 057AB
简化 次常	简化 次常—丁	简化 常用—C—丙	简化 常用—丁
墜 ▸ 坠	墮 ▸ 堕	墳 ▸ 坟	墾 ▸ 垦
30 0589C ≠ 05760	40 058AE ≠ 05815	25 058B3 ≠ 0575F	25 058BE ≠ 057A6
简化 常用—丁	简化 常用—B—乙	简化 常用—丁	简化 常用—A—甲
壇 ▸ 坛	壓 ▸ 压	壘 ▸ 垒	壞 ▸ 坏
30 058C7 ≠ 0575B	10 058D3 ≠ 0538B	30 058D8 ≠ 05792	10 058DE ≠ 0574F
简化 常用—C—丙	简化	简化 常用—C—丙	简化 常用—C—丙
壟 ▸ 垄	壢 ▸ 坜	壩 ▸ 坝	壯 ▸ 壮
50 058DF ≠ 05784	40 058E2 ≠ 0575C	30 058E9 ≠ 0575D	15 058EF ≠ 058EE

简化　　　　常用-B-乙 壺▸壷 15　058FA ≠ 058F6	简化 壺▸壺 30　058FC ≠ 058F8	简化　　　　常用-C-丙 壽▸寿 20　058FD ≠ 05BFF	异体代换　　常用-C-丙 菱▸陵 50　0590C ≠ 09675
异体代换　　常用-A-甲 夠▸够 10　05920 ≠ 0591F	简化 夢▸梦 10　05922 ≠ 068A6	简化　　　　常用-B-乙 夥▸伙 20　05925 ≠ 04F19	简化　　　　常用-B-乙 夾▸夹 20　0593E ≠ 05939
汉字正形 奐▸奂 45　05950 ≠ 05942	汉字正形 奧▸奥 15　05967 ≠ 05965	简化　　　　常用-C-丙 奪▸夺 20　0596A ≠ 0593A	简化　　　　常用-B-乙 奮▸奋 15　0596E ≠ 0594B
简化　　　　　次常-丁 妝▸妆 30　0599D ≠ 05986	异体代换　　常用-A-甲 妳▸你 10　059B3 ≠ 04F60	异体代换 姍▸姗 30　059CD ≠ 059D7	异体代换　　　　常用-丁 姦▸奸 40　059E6 ≠ 05978
异体代换　　　常用-丁 姪▸侄 25　059EA ≠ 04F84	汉字正形　　常用-C-丙 娛▸娱 30　05A1B ≠ 05A31	简化　　　　　　　次常 婁▸娄 40　05A41 ≠ 05A04	简化　　　　常用-B-乙 婦▸妇 15　05A66 ≠ 05987
简化 媧▸娲 40　05AA7 ≠ 05A32	简化　　　　常用-A-甲 媽▸妈 05　05ABD ≠ 05988	简化 嫗▸妪 50　05AD7 ≠ 059AA	简化 嫵▸妩 40　05AF5 ≠ 059A9
异体简化 嫺▸娴 50　05AFA ≠ 05A34	简化 嫻▸娴 40　05AFB ≠ 05A34	简化 嫠▸婆 50　05B03 ≠ 05AAD	简化 嬋▸婵 45　05B0B ≠ 05A75
简化　　　　　常用-丁 嬌▸娇 25　05B0C ≠ 05A07	简化 嬪▸嫔 45　05B2A ≠ 05AD4	简化　　　次常-C-丙 嬰▸婴 25　05B30 ≠ 05A74	简化　　　　常用-C-丙 嬸▸婶 25　05B38 ≠ 05A76
简化　　　　常用-C-丙 孫▸孙 10　05B6B ≠ 05B59	简化　　　　常用-A-甲 學▸学 05　05B78 ≠ 05B66	简化 孿▸孪 50　05B7F ≠ 05B6A	汉字正形　　常用-C-丙 宮▸宫 10　05BAE ≠ 05BAB
异体代换　　常用-A-甲 寔▸实 45　05BD4 ≠ 05B9E	简化　　　　　　次常 寢▸寝 30　05BE2 ≠ 05BDD	简化　　　　常用-A-甲 實▸实 05　05BE6 ≠ 05B9E	简化　　　　常用-C-丙 寧▸宁 15　05BE7 ≠ 05B81
简化　　　　常用-C-丙 審▸审 25　05BE9 ≠ 05BA1	简化　　　　常用-A-甲 寫▸写 05　05BEB ≠ 05199	简化　　　　常用-B-乙 寬▸宽 15　05BEC ≠ 05BBD	简化　　　　　　次常 寵▸宠 25　05BF5 ≠ 05BA0
简化　　　　常用-B-乙 寶▸宝 05　05BF6 ≠ 05B9D	简化　　　　常用-A-甲 將▸将 05　05C07 ≠ 05C06	简化　　　　常用-B-乙 專▸专 10　05C08 ≠ 04E13	简化　　　　常用-B-乙 尋▸寻 10　05C0B ≠ 05BFB
简化 對▸对 05　05C0D ≠ 05BF9	简化　　　　常用-A-甲 導▸导 05　05C0E ≠ 05BFC	简化 尷▸尴 45　05C37 ≠ 05C34	异体代换　　常用-B-乙 屆▸届 15　05C46 ≠ 05C4A
异体代换　　　常用-丁 屍▸尸 20　05C4D ≠ 05C38	汉字正形　　　次常-丁 屜▸屉 35　05C5C ≠ 05C49	简化　　　　　常用-丁 屢▸屡 35　05C62 ≠ 05C61	简化　　　　常用-A-甲 層▸层 10　05C64 ≠ 05C42
简化　　　　常用-B-乙 屬▸属 10　05C6C ≠ 05C5E	简化　　　　　常用-丁 岡▸冈 25　05CA1 ≠ 05188	异体代换　　常用-C-丙 峯▸峰 40　05CEF ≠ 05CF0	简化　　　　常用-B-乙 島▸岛 10　05CF6 ≠ 05C9B
简化　　　　常用-C-丙 峽▸峡 20　05CFD ≠ 05CE1	异体代换　　常用-C-丙 崑▸昆 30　05D11 ≠ 06606	简化　　　　常用-C-丙 崗▸岗 30　05D17 ≠ 05C97	异体代换　　　　　次常 崙▸仑 30　05D19 ≠ 04ED1

汉字正形	异体代换	简化	简化　　常用－C－丙
峥▸峥	崧▸嵩	嵐▸岚	崭▸崭
50　05D22 ≠ 05CE5	45　05D27 ≠ 05D69	50　05D50 ≠ 05C9A	50　05D84 ≠ 05D2D
简化　　　　次常	简化	简化　　　　常用－丁	简化　　常用－C－丙
嵝▸岖	嵘▸嵘	嶺▸岭	嶼▸屿
35　05D87 ≠ 05C96	50　05DB8 ≠ 05D58	25　05DBA ≠ 05CAD	20　05DBC ≠ 05C7F
异体简化　　次常－丁＋	简化　　　　次常	简化	异体简化　常用－C－丙
嶽▸岳	巒▸峦	巓▸巅	巖▸岩
40　05DBD ≠ 05CB3	30　05DD2 ≠ 05CE6	40　05DD4 ≠ 05DC5	40　05DD6 ≠ 05CA9
简化　　　　常用－丁	简化　　常用－A－甲	简化　　常用－C－丙	简化　　常用－A－甲
帥▸帅	師▸师	帳▸帐	帶▸带
20　05E25 ≠ 05E05	05　05E2B ≠ 05E08	20　05E33 ≠ 05E10	05　05E36 ≠ 05E26
简化	简化	简化　　常用－C－丙	简化　　常用－B－乙
幀▸帧	幗▸帼	幟▸帜	幣▸币
45　05E40 ≠ 05E27	50　05E57 ≠ 05E3C	30　05E5F ≠ 05E1C	15　05E63 ≠ 05E01
简化　　常用－A－甲	简化　　常用－A－甲	简化　　常用－A－甲	简化　　常用－C－丙
幫▸帮	幹▸干	幾▸几	庫▸库
05　05E6B ≠ 05E2E	15　05E79 ≠ 05E72	05　05E7E ≠ 051E0	15　05EAB ≠ 05E93
异体简化　常用－B－乙	异体代换　　次常－C－丙	异体代换	异体代换　　常用－丁
廁▸厕	廂▸厢	廄▸厩	廈▸厦
25　05EC1 ≠ 05395	35　05EC2 ≠ 053A2	45　05EC4 ≠ 053A9	30　05EC8 ≠ 053A6
异体代换　常用－B－乙	异体代换	简化　　常用－B－乙	简化　　常用－A－甲
廚▸厨	廝▸厮	廟▸庙	廠▸厂
20　05EDA ≠ 053A8	45　05EDD ≠ 053AE	15　05EDF ≠ 05E99	15　05EE0 ≠ 05382
简化　　常用－C－丙	简化　　常用－A－甲	简化　　　　次常	简化　　常用－B－乙
廢▸废	廣▸广	廬▸庐	廳▸厅
15　05EE2 ≠ 05E9F	10　05EE3 ≠ 05E7F	35　05EEC ≠ 05E90	15　05EF3 ≠ 05385
汉字正形	异体代换	简化　　常用－A－甲	异体代换　常用－B－乙
弑▸弑	弔▸吊	張▸张	強▸强
40　05F12 ≠ 05F11	45　05F14 ≠ 0540A	05　05F35 ≠ 05F20	05　05F37 ≠ 05F3A
简化　　常用－B－乙	简化　　　　次常－丁	简化　　常用－B－乙	简化　　常用－C－丙
彈▸弹	彌▸弥	彎▸弯	彙▸汇
10　05F48 ≠ 05F39	30　05F4C ≠ 05F25	15　05F4E ≠ 05F2F	45　05F59 ≠ 06C47
汉字正形	异体代换　常用－C－丙	异体代换　常用－B－乙	简化　　常用－A－甲
彥▸彦	彫▸雕	彿▸佛	後▸后
25　05F65 ≠ 05F66	40　05F6B ≠ 096D5	25　05F7F ≠ 04F5B	05　05F8C ≠ 0540E
简化　　常用－C－丙	简化　　常用－A－甲	简化　　常用－A－甲	简化
徑▸径	從▸从	復▸复	徬▸彷
15　05F91 ≠ 05F84	05　05F9E ≠ 04ECE	10　05FA9 ≠ 0590D	45　05FAC ≠ 05F77
简化　　常用－B－乙	简化　　常用－B－乙	异体代换　常用－C－丙	异体代换　　常用－丁
徵▸征	徹▸彻	忽▸匆	恆▸恒
15　05FB5 ≠ 05F81	20　05FB9 ≠ 05F7B	45　06031 ≠ 05306	20　06046 ≠ 06052
异体代换　　常用－丁	汉字正形　常用－C－丙	简化	简化　　常用－C－丙
恥▸耻	悅▸悦	悵▸怅	悶▸闷
20　06065 ≠ 0803B	20　06085 ≠ 060A6	40　060B5 ≠ 06005	20　060B6 ≠ 095F7
异体代换　　次常－丁	简化　　常用－C－丙	简化　　　　常用－丁	简化
悽▸凄	惡▸恶	惱▸恼	惻▸恻
30　060BD ≠ 051C4	15　060E1 ≠ 06076	20　060F1 ≠ 0607C	50　060FB ≠ 0607B

简化 · 常用-A-甲 愛 ▸ 爱 05 0611B ≠ 07231	简化 愜 ▸ 惬 50 0611C ≠ 060EC	简化 愴 ▸ 怆 35 06134 ≠ 06006	简化 愷 ▸ 恺 50 06137 ≠ 0607A
简化 憮 ▸ 怃 40 0613E ≠ 05FFE	异体代换 · 常用-丁 慄 ▸ 栗 45 06144 ≠ 06817	异体代换 · 次常-丁+ 慇 ▸ 殷 45 06147 ≠ 06BB7	简化 · 常用-A-甲 態 ▸ 态 10 0614B ≠ 06001
简化 · 常用-C-丙 慘 ▸ 惨 20 06158 ≠ 060E8	简化 · 常用-C-丙 慚 ▸ 惭 30 0615A ≠ 060ED	简化 · 常用-A-甲 慣 ▸ 惯 20 06163 ≠ 060EF	简化 慫 ▸ 怂 50 0616B ≠ 06002
简化 慮 ▸ 虑 20 0616E ≠ 08651	简化 · 常用-B-乙 慶 ▸ 庆 15 06176 ≠ 05E86	异体代换 · 常用-丁 慾 ▸ 欲 30 0617E ≠ 06B32	简化 · 常用-丁 憂 ▸ 忧 25 06182 ≠ 05FE7
简化 · 次常-丁 憊 ▸ 惫 40 0618A ≠ 060EB	简化 · 常用-B-乙 憐 ▸ 怜 15 06190 ≠ 0601C	简化 · 常用-C-丙 憑 ▸ 凭 20 06191 ≠ 051ED	简化 · 常用-B-乙 憤 ▸ 愤 25 061A4 ≠ 06124
简化 · 次常 憫 ▸ 悯 35 061AB ≠ 060AF	简化 · 常用-C-丙 憲 ▸ 宪 20 061B2 ≠ 05BAA	简化 · 常用-B-乙 憶 ▸ 忆 15 061B6 ≠ 05FC6	异体代换 · 常用-C-丙 懃 ▸ 勤 45 061C3 ≠ 052E4
简化 · 常用-B-乙 懇 ▸ 恳 30 061C7 ≠ 06073	简化 · 常用-A-甲 應 ▸ 应 05 061C9 ≠ 05E94	异体代换 懍 ▸ 懔 45 061CD ≠ 061D4	简化 懣 ▸ 懑 50 061E3 ≠ 061D1
简化 · 常用-B-乙 懨 ▸ 恹 45 061E8 ≠ 06079	简化 · 常用-丁 懲 ▸ 惩 35 061F2 ≠ 060E9	简化 · 常用-B-乙 懶 ▸ 懒 20 061F6 ≠ 061D2	简化 · 常用-C-丙 懷 ▸ 怀 10 061F7 ≠ 06000
简化 · 常用-C-丙 懸 ▸ 悬 20 061F8 ≠ 060AC	简化 懺 ▸ 忏 45 061FA ≠ 05FCF	简化 · 常用-丁 懼 ▸ 惧 25 061FC ≠ 060E7	简化 懾 ▸ 慑 45 061FE ≠ 06151
简化 · 常用-B-乙 戀 ▸ 恋 30 06200 ≠ 0604B	简化 戇 ▸ 戆 40 06207 ≠ 06206	异体代换 戩 ▸ 戬 40 06229 ≠ 0622C	简化 · 常用-B-乙 戰 ▸ 战 10 06230 ≠ 06218
简化 · 常用-B-乙 戲 ▸ 戏 10 06232 ≠ 0620F	汉字正形 · 常用-A-甲 戶 ▸ 户 15 06236 ≠ 06237	汉字正形 · 常用-C-丙 抛 ▸ 抛 25 062CB ≠ 0629B	异体代换 · 常用-A-甲 挐 ▸ 拿 45 062CF ≠ 062FF
异体代换 · 常用-B-乙 挊 ▸ 弄 45 06335 ≠ 05F04	简化 · 次常-丁 挾 ▸ 挟 30 0633E ≠ 0631F	简化 · 常用-A-甲 捨 ▸ 舍 15 06368 ≠ 0820D	简化 捫 ▸ 扪 50 0636B ≠ 0626A
简化 · 常用-B-乙 捲 ▸ 卷 20 06372 ≠ 05377	简化 · 常用-B-乙 掃 ▸ 扫 15 06383 ≠ 0626B	汉字正形 · 常用-B-乙 掙 ▸ 挣 30 06399 ≠ 06323	异体代换 · 常用-A-甲 掛 ▸ 挂 15 0639B ≠ 06302
异体代换 · 常用-B-乙 採 ▸ 采 10 063A1 ≠ 091C7	简化 · 常用-B-乙 揀 ▸ 拣 30 063C0 ≠ 062E3	简化 · 常用-A-甲 揚 ▸ 扬 15 063DA ≠ 0626C	汉字正形 · 常用-A-甲 換 ▸ 换 10 063DB ≠ 06362
简化 · 常用-B-乙 揮 ▸ 挥 10 063EE ≠ 06325	异体代换 · 常用-B-乙 揹 ▸ 背 50 063F9 ≠ 080CC	异体代换 · 常用-B-乙 構 ▸ 构 50 06406 ≠ 06784	简化 · 常用-B-乙 損 ▸ 损 20 0640D ≠ 0635F
汉字正形 · 常用-B-乙 搖 ▸ 摇 10 06416 ≠ 06447	简化 · 次常-丁 搗 ▸ 捣 30 06417 ≠ 06363	异体代换 · 次常-丁 搥 ▸ 捶 40 06425 ≠ 06376	异体代换 · 丁 搨 ▸ 拓 35 06428 ≠ 062D3

简化　常用-B-乙 搶 ▸ 抢 20　06436 ≠ 062A2	异体代换　常用-丁 榨 ▸ 榨 40　0643E ≠ 069A8	异体简化　次常 搗 ▸ 捂 30　06440 ≠ 06342	简化 摑 ▸ 掴 50　06451 ≠ 063B4
简化　常用-C-丙 摟 ▸ 搂 35　0645F ≠ 06402	简化　次常-丁 摯 ▸ 挚 35　0646F ≠ 0631A	简化　常用-丁 摺 ▸ 折 25　0647A ≠ 06298	简化　次常-丁 摻 ▸ 掺 45　0647B ≠ 063BA
简化 撈 ▸ 捞 25　06488 ≠ 0635E	异体代换　常用-C-丙 撐 ▸ 撑 20　06490 ≠ 06491	简化　常用-丁 撓 ▸ 挠 40　06493 ≠ 06320	异体代换　次常-丁 撚 ▸ 捻 50　0649A ≠ 0637B
简化　常用-C-丙 撥 ▸ 拨 20　064A5 ≠ 062E8	简化　常用-丁 撫 ▸ 抚 25　064AB ≠ 0629A	简化　常用-B-乙 撲 ▸ 扑 20　064B2 ≠ 06251	简化　常用-B-乙 撿 ▸ 捡 20　064BF ≠ 06361
简化　常用-B-乙 擁 ▸ 拥 20　064C1 ≠ 062E5	简化 擄 ▸ 掳 35　064C4 ≠ 063B3	简化 擇 ▸ 择 20　064C7 ≠ 062E9	简化 擊 ▸ 击 10　064CA ≠ 051FB
简化　常用-B-乙 擋 ▸ 挡 25　064CB ≠ 06321	简化　常用-B-乙 擔 ▸ 担 10　064D4 ≠ 062C5	简化　常用-B-乙 據 ▸ 据 10　064DA ≠ 0636E	简化　常用-A-甲 擠 ▸ 挤 15　064E0 ≠ 06324
简化　次常-丁 擬 ▸ 拟 25　064EC ≠ 062DF	简化　常用-B-乙 擱 ▸ 搁 35　064F1 ≠ 06401	简化　次常-丁 擲 ▸ 掷 25　064F2 ≠ 063B7	简化　常用-B-乙 擴 ▸ 扩 20　064F4 ≠ 06269
简化 擷 ▸ 撷 45　064F7 ≠ 064B7	简化　常用-A-甲 擺 ▸ 摆 15　064FA ≠ 06446	简化　常用-B-乙 擾 ▸ 扰 20　064FE ≠ 06270	简化　次常-丁 攆 ▸ 撵 50　06506 ≠ 064B5
简化　常用-C-丙 攏 ▸ 拢 35　0650F ≠ 062E2	简化　常用-B-乙 攔 ▸ 拦 30　06514 ≠ 062E6	简化　次常-丁 攙 ▸ 搀 40　06519 ≠ 06400	异体代换　常用-丁 攜 ▸ 携 25　0651C ≠ 0643A
简化　常用-C-丙 攝 ▸ 摄 15　0651D ≠ 06444	简化　常用-丁 攢 ▸ 攒 50　06522 ≠ 06512	简化 攣 ▸ 挛 45　06523 ≠ 0631B	简化　常用-C-丙 攤 ▸ 摊 30　06524 ≠ 0644A
简化　常用-C-丙 攪 ▸ 搅 30　0652A ≠ 06405	简化　常用-丁 攬 ▸ 揽 40　0652C ≠ 063FD	简化　次常 敗 ▸ 败 15　06557 ≠ 08D25	简化　常用-C-丙 敘 ▸ 叙 15　06558 ≠ 053D9
简化　常用-B-乙 敵 ▸ 敌 15　06575 ≠ 0654C	简化　常用-A-甲 數 ▸ 数 05　06578 ≠ 06570	简化　次常 斂 ▸ 敛 40　06582 ≠ 0655B	简化　常用-丁 斃 ▸ 毙 35　06583 ≠ 06BD9
简化 斕 ▸ 斓 40　06595 ≠ 06593	简化　常用-丁 斬 ▸ 斩 30　065AC ≠ 065A9	简化　常用-B-乙 斷 ▸ 断 10　065B7 ≠ 065AD	异体代换　常用-B-乙 於 ▸ 于 05　065BC ≠ 04E8E
异体代换　常用-B-乙 昇 ▸ 升 25　06607 ≠ 05347	简化　常用-A-甲 時 ▸ 时 05　06642 ≠ 065F6	异体代换　常用-丁 晉 ▸ 晋 25　06649 ≠ 0664B	简化　常用-丁 晝 ▸ 昼 30　0665D ≠ 0663C
简化　常用-C-丙 暈 ▸ 晕 25　06688 ≠ 06655	简化 暉 ▸ 晖 30　06689 ≠ 06656	简化 暘 ▸ 旸 50　06698 ≠ 065F8	简化　常用-C-丙 暢 ▸ 畅 25　066A2 ≠ 07545
简化　常用-B-乙 暫 ▸ 暂 25　066AB ≠ 06682	异体代换　次常 暱 ▸ 昵 50　066B1 ≠ 06635	简化　常用-A-甲 曆 ▸ 历 15　066C6 ≠ 05386	简化　次常 曇 ▸ 昙 45　066C7 ≠ 06619

简化 常用-B-乙	简化 常用-丁	简化 常用-B-乙	常用-A-甲
曉▸晓	曠▸旷	曬▸晒	書▸书
15 066C9 ≠ 06653	35 066E0 ≠ 065F7	30 066EC ≠ 06652	05 066F8 ≠ 04E66
简化 常用-A-甲	简化 次常	简化 常用-A-甲	异体代换
會▸会	朧▸胧	東▸东	枒▸丫
05 06703 ≠ 04F1A	35 06727 ≠ 080E7	05 06771 ≠ 04E1C	50 06792 ≠ 04E2B
异体简化 常用-B-乙	异体代换 常用-B-乙	异体代换 次常	异体代换 常用-B-乙
枱▸台	枴▸拐	柵▸栅	桿▸杆
45 067B1 ≠ 053F0	40 067B4 ≠ 062D0	35 067F5 ≠ 06805	20 0687F ≠ 06746
简化 常用-A-甲	异体代换 常用-B-乙	异体简化 常用-B-乙	简化 常用-丁
條▸条	梱▸捆	棄▸弃	棗▸枣
05 0689D ≠ 06761	45 068B1 ≠ 06346	20 068C4 ≠ 05F03	35 068D7 ≠ 067A3
简化 常用-丁	简化	异体代换 次常	简化 次常
棟▸栋	棧▸栈	棲▸栖	椏▸桠
25 068DF ≠ 0680B	25 068E7 ≠ 06808	20 068F2 ≠ 06816	40 0690F ≠ 06860
简化 常用-丁	简化	简化	简化 常用-A-甲
楊▸杨	楓▸枫	楨▸桢	業▸业
15 0694A ≠ 06768	30 06953 ≠ 067AB	40 06968 ≠ 06862	05 0696D ≠ 04E1A
简化 常用-A-甲	简化	条件异体代换 常用-B-乙	简化 常用-B-乙
極▸极	榮▸荣	槃▸盘	構▸构
10 06975 ≠ 06781	10 069AE ≠ 08363	45 069C3 ≠ 076D8	10 069CB ≠ 06784
简化 常用-B-乙	异体简化 常用-丁	简化	简化 常用-丁
槍▸枪	槓▸杠	槤▸桪	槳▸桨
20 069CD ≠ 067AA	30 069D3 ≠ 06760	45 069E4 ≠ 068BF	30 069F3 ≠ 06868
简化 次常-C-丙	简化 常用-A-甲	异体代换 常用-B-乙	简化 常用-A-甲
椿▸桩	樂▸乐	樑▸梁	樓▸楼
30 06A01 ≠ 06869	05 06A02 ≠ 04E50	30 06A11 ≠ 06881	10 06A13 ≠ 0697C
简化 常用-B-乙	简化 次常	简化 常用-A-甲	简化 常用-B-乙
標▸标	樞▸枢	樣▸样	樸▸朴
10 06A19 ≠ 06807	30 06A1E ≠ 067A2	05 06A23 ≠ 06837	25 06A38 ≠ 06734
简化 常用-A-甲	简化 次常	简化	简化 常用-A-甲
樹▸树	樺▸桦	橈▸桡	橋▸桥
05 06A39 ≠ 06811	35 06A3A ≠ 06866	40 06A48 ≠ 06861	15 06A4B ≠ 06865
简化 常用-A-甲	简化 次常-丁	汉字正形 常用-C-丙	简化 常用-C-丙
機▸机	橢▸椭	橫▸横	檔▸档
05 06A5F ≠ 0673A	30 06A62 ≠ 0692D	15 06A6B ≠ 06A2A	30 06A94 ≠ 06863
简化	简化 常用-A-甲	简化	简化 常用-B-乙
檜▸桧	檢▸检	檣▸樯	檯▸台
40 06A9C ≠ 06867	15 06AA2 ≠ 068C0	40 06AA3 ≠ 06A2F	40 06AAF ≠ 053F0
简化	次常-丁	简化	常用-C-丙
檳▸槟	檸▸柠	檻▸槛	櫃▸柜
40 06AB3 ≠ 069DF	35 06AB8 ≠ 067E0	50 06ABB ≠ 069DB	25 06AC3 ≠ 067DC
异体代换 常用-C-丙	简化	简化	简化
櫈▸凳	櫓▸橹	櫚▸榈	櫛▸栉
45 06AC8 ≠ 051F3	40 06AD3 ≠ 06A79	40 06ADA ≠ 06988	35 06ADB ≠ 06809
异体代换 次常	简化	简化	简化
櫥▸橱	櫧▸槠	櫫▸橥	欅▸榉
30 06AE5 ≠ 06A71	50 06AE7 ≠ 069E0	45 06AEB ≠ 06A65	50 06AF8 ≠ 06989

123

异体简化 檽 ▸ 㮃 45 06AFA ≠ 068C2	简化　　常用-丁 櫻 ▸ 樱 30 06AFB ≠ 06A31	简化　　常用-丁 欄 ▸ 栏 20 06B04 ≠ 0680F	异体简化　常用-病-丙 欉 ▸ 丛 45 06B09 ≠ 04E1B
简化　　常用-C-丙 權 ▸ 权 15 06B0A ≠ 06743	简化 欒 ▸ 栾 35 06B12 ≠ 0683E	简化　　　次常 欖 ▸ 榄 30 06B16 ≠ 06984	简化 櫶 ▸ 㮃 50 06B1E ≠ 068C2
简化　　次常-丁 欽 ▸ 钦 35 06B3D ≠ 094A6	异体代换　常用-C-丙 歎 ▸ 叹 40 06B4E ≠ 053F9	简化　常用-C+-丙+ 歐 ▸ 欧 10 06B50 ≠ 06B27	简化　　常用-A-甲 歡 ▸ 欢 05 06B61 ≠ 06B22
简化　　常用-A-甲 歲 ▸ 岁 10 06B72 ≠ 05C81	简化　　常用-A-甲 歷 ▸ 历 10 06B77 ≠ 05386	简化　　常用-C-丙 歸 ▸ 归 15 06B78 ≠ 05F52	简化　　常用-B-丙 殘 ▸ 残 20 06B98 ≠ 06B8B
异体代换　常用-C-丙 殭 ▸ 僵 50 06BAD ≠ 050F5	简化 殮 ▸ 殓 50 06BAE ≠ 06B93	简化　　常用-C-丙 殯 ▸ 殡 45 06BAF ≠ 06BA1	简化 殲 ▸ 歼 45 06BB2 ≠ 06B7C
简化　　常用-B-乙 殺 ▸ 杀 10 06BBA ≠ 06740	简化　　常用-C-丙 殼 ▸ 壳 10 06BBC ≠ 058F3	汉字正形　常用-C-丙 毀 ▸ 毁 25 06BC0 ≠ 06BC1	简化　　次常-丁 毆 ▸ 殴 40 06BC6 ≠ 06BB4
异体代换　常用-A-甲 毬 ▸ 球 40 06BEC ≠ 07403	简化　　　次常 氈 ▸ 毡 45 06C08 ≠ 06BE1	简化　　常用-A-甲 氣 ▸ 气 05 06C23 ≠ 06C14	简化　　次常-丁 氫 ▸ 氢 30 06C2B ≠ 06C22
简化 氬 ▸ 氩 50 06C2C ≠ 06C29	异体代换　常用-B-乙 氾 ▸ 泛 35 06C3E ≠ 06CDB	异体代换　常用-B-乙 汎 ▸ 泛 50 06C4E ≠ 06CDB	异体代换　常用-B-乙 汙 ▸ 污 20 06C59 ≠ 06C61
异体代换　常用-A-甲 決 ▸ 决 10 06C7A ≠ 051B3	汉字正形　常用-A-甲 沒 ▸ 没 05 06C92 ≠ 06CA1	简化　　常用-B-乙 沖 ▸ 冲 20 06C96 ≠ 051B2	异体代换　常用-A-甲 況 ▸ 况 15 06CC1 ≠ 051B5
异体代换　常用-丁 洩 ▸ 泄 35 06D29 ≠ 06CC4	异体代换　次常-丁 洶 ▸ 汹 35 06D36 ≠ 06C79	简化 浹 ▸ 浃 45 06D79 ≠ 06D43	简化 涇 ▸ 泾 45 06D87 ≠ 06CFE
异体代换　常用-A-甲 涼 ▸ 凉 15 06DBC ≠ 051C9	简化 淒 ▸ 凄 30 06DD2 ≠ 051C4	简化　　常用-B-乙 淚 ▸ 泪 15 06DDA ≠ 06CEA	简化 淨 ▸ 净 15 06DE8 ≠ 051C0
异体代换　次常-丁 淩 ▸ 凌 50 06DE9 ≠ 051CC	简化　　　次常 淪 ▸ 沦 35 06DEA ≠ 06CA6	简化　　　次常 淵 ▸ 渊 30 06DF5 ≠ 06E0A	简化 淺 ▸ 浅 20 06DFA ≠ 06D45
异体代换　常用-B-乙 減 ▸ 减 10 06E1B ≠ 051CF	简化 渦 ▸ 涡 30 06E26 ≠ 06DA1	简化　　　次常 測 ▸ 测 10 06E2C ≠ 06D4B	简化　　常用-C-丙 渾 ▸ 浑 20 06E3E ≠ 06D51
异体代换　常用-C-丙 湊 ▸ 凑 30 06E4A ≠ 051D1	异体代换 湣 ▸ 愍 45 06E63 ≠ 0610D	异体代换　常用-C-丙 湧 ▸ 涌 25 06E67 ≠ 06D8C	简化　　常用-A-甲 湯 ▸ 汤 15 06E6F ≠ 06C64
简化　　常用-A-甲 準 ▸ 准 10 06E96 ≠ 051C6	简化　　常用-C-丙 溝 ▸ 沟 25 06E9D ≠ 06C9F	汉字正形　常用-B-乙 溫 ▸ 温 05 06EAB ≠ 06E29	异体代换　常用-B-乙 溼 ▸ 湿 20 06EBC ≠ 06E7F
简化　　　次常 滄 ▸ 沧 35 06EC4 ≠ 06CA7	简化　　常用-B-乙 滅 ▸ 灭 15 06EC5 ≠ 0706D	简化 滌 ▸ 涤 35 06ECC ≠ 06DA4	简化　　次常-丁+ 滬 ▸ 沪 45 06EEC ≠ 06CAA

简化 / 次常-丁	简化 / 常用-丁	简化 / 次常	简化
滯►滞 35　06EEF ≠ 06EDE	滲►渗 25　06EF2 ≠ 06E17	滷►卤 35　06EF7 ≠ 05364	澌►浠 50　06EF8 ≠ 06D52
汉字正形 / 常用-B-乙 滾►滚 15　06EFE ≠ 06EDA	**简化 / 常用-A-甲** 滿►满 05　06EFF ≠ 06EE1	**简化 / 常用-C-丙** 漁►渔 15　06F01 ≠ 06E14	**简化** 漚►沤 45　06F1A ≠ 06CA4
简化 / 常用-A-甲 漢►汉 10　06F22 ≠ 06C49	**简化** 漬►渍 35　06F2C ≠ 06E0D	**简化 / 常用-B-乙** 漲►涨 25　06F32 ≠ 06DA8	**简化 / 常用-B-乙** 漸►渐 10　06F38 ≠ 06E10
简化 / 常用-C-丙 漿►浆 20　06F3F ≠ 06D46	**简化** 潁►颍 50　06F41 ≠ 0988D	**简化 / 常用-B-乙** 潑►泼 20　06F51 ≠ 06CFC	**简化 / 常用-C-丙** 潔►洁 15　06F54 ≠ 06D01
异体代换 / 常用-丁 潛►潜 20　06F5B ≠ 06F5C	**简化 / 常用-C-丙** 潤►润 25　06F64 ≠ 06DA6	**简化 / 次常-丁** 潰►溃 35　06F70 ≠ 06E83	**简化 / 次常** 澀►涩 40　06F80 ≠ 06DA9
简化 / 常用-C-丙 澆►浇 20　06F86 ≠ 06D47	**简化 / 常用-丁** 澇►涝 40　06F87 ≠ 06D9D	**异体代换 / 常用-丁** 澔►浩 50　06F94 ≠ 06D69	**简化 / 次常** 澗►涧 30　06F97 ≠ 06DA7
简化 / 常用-C-丙 澤►泽 20　06FA4 ≠ 06CFD	**简化 / 次常-丁** 澱►淀 25　06FB1 ≠ 06DC0	**简化 / 常用-丁** 濁►浊 30　06FC1 ≠ 06D4A	**简化 / 常用-B-乙** 濃►浓 15　06FC3 ≠ 06D53
简化 / 常用-B-乙 濕►湿 25　06FD5 ≠ 06E7F	**简化 / 次常** 濘►泞 45　06FD8 ≠ 06CDE	**简化 / 常用-C-丙** 濛►蒙 35　06FDB ≠ 08499	**简化 / 常用-A-甲** 濟►济 15　06FDF ≠ 06D4E
简化 / 常用-丁 濤►涛 30　06FE4 ≠ 06D9B	**简化 / 常用-C-丙** 濫►滥 25　06FEB ≠ 06EE5	**异体代换** 濬►浚 50　06FEC ≠ 06D5A	**简化** 濰►潍 50　06FF0 ≠ 06F4D
简化 / 常用-丁 濱►滨 25　06FF1 ≠ 06EE8	**简化 / 次常-C-丙** 濺►溅 35　06FFA ≠ 06E85	**简化 / 常用-丁** 濾►滤 30　06FFE ≠ 06EE4	**简化** 瀅►滢 50　07005 ≠ 06EE2
简化 瀆►渎 45　07006 ≠ 06E0E	**简化** 瀉►泻 35　07009 ≠ 06CFB	**简化 / 常用-丁** 瀋►沈 50　0700B ≠ 06E16	**简化** 瀏►浏 35　0700F ≠ 06D4F
简化 / 次常-C 瀕►濒 35　07015 ≠ 06FD2	**简化** 瀘►泸 50　07018 ≠ 06CF8	**简化 / 次常-丁** 瀝►沥 30　0701D ≠ 06CA5	**简化** 瀟►潇 40　0701F ≠ 06F47
简化 瀧►泷 45　07027 ≠ 06CF7	**简化 / 次常-丁** 瀰►弥 35　07030 ≠ 05F25	**简化 / 次常** 瀾►澜 45　0703E ≠ 06F9C	**简化 / 常用-B-乙** 灑►洒 25　07051 ≠ 06D12
简化 / 常用-C-丙 灘►滩 20　07058 ≠ 06EE9	**简化 / 常用-丁** 灣►湾 05　07063 ≠ 06E7E	**异体代换 / 常用-B-乙** 灾►灾 15　0707D ≠ 0707E	**简化 / 常用-A-甲** 為►为 05　070BA ≠ 04E3A
简化 / 常用-丁 烏►乌 15　070CF ≠ 04E4C	**简化 / 常用-B-乙** 無►无 05　07121 ≠ 065E0	**简化 / 常用-A-甲** 煉►炼 25　07149 ≠ 070BC	**简化** 煒►炜 40　07152 ≠ 0709C
异体代换 / 常用-B-乙 煙►烟 15　07159 ≠ 070DF	**汉字正形 / 次常** 煥►焕 35　07165 ≠ 07115	**简化 / 常用-A-甲** 煩►烦 15　07169 ≠ 070E6	**简化 / 次常** 熒►荧 40　07192 ≠ 08367

简化	简化	异体代换　　　常用-C-丙	简化　　　　常用-A-甲
熱▸热 05　071B1 ≠ 070ED	熾▸炽 40　071BE ≠ 070BD	燄▸焰 45　071C4 ≠ 07130	燈▸灯 10　071C8 ≠ 0706F
异体代换 燉▸炖 45　071C9 ≠ 07096	**简化　　常用-A-甲** 燒▸烧 10　071D2 ≠ 070E7	**简化　　常用-B-乙** 燙▸烫 30　071D9 ≠ 070EB	**简化　　常用-B-乙** 營▸营 10　071DF ≠ 08425
简化　　常用-C-丙 燦▸灿 25　071E6 ≠ 0707F	**异体代换　常用-C-丙** 燬▸毁 45　071EC ≠ 06BC1	**简化　　常用-C-丙** 燭▸烛 15　071ED ≠ 070DB	**异体代换　　次常-丁** 燻▸熏 40　071FB ≠ 0718F
简化 燼▸烬 45　071FC ≠ 070EC	**简化** 燾▸焘 50　071FE ≠ 07118	**异体代换　常用-C-丙** 燿▸耀 50　071FF ≠ 08000	**简化　　次常-C-丙** 爍▸烁 30　0720D ≠ 070C1
简化　　常用-C-丙 爐▸炉 20　07210 ≠ 07089	**简化** 爛▸烂 15　0721B ≠ 070C2	**汉字正形　常用-B-乙** 爭▸争 10　0722D ≠ 04E89	**简化　　常用-B-乙** 爺▸爷 10　0723A ≠ 07237
简化　　次常-C-丙 爾▸尔 05　0723E ≠ 05C14	**异体简化　常用-A-甲** 牆▸墙 15　07246 ≠ 05899	**异体代换　常用-A-甲** 牠▸它 05　07260 ≠ 05B83	**异体代换　常用-C-丙** 牴▸抵 50　07274 ≠ 062B5
简化　　常用-B-乙 牽▸牵 20　0727D ≠ 07275	**异体代换　常用-丁** 犂▸犁 50　07282 ≠ 07281	**异体代换** 犛▸牦 50　0729B ≠ 07266	**简化** 犢▸犊 35　072A2 ≠ 0728A
简化　　常用-B-乙 犧▸牺 25　072A7 ≠ 0727A	**简化　　常用-B-乙** 狀▸状 10　072C0 ≠ 072B6	**简化　　常用-丁** 狹▸狭 30　072F9 ≠ 072ED	**简化　　次常-丁** 狽▸狈 40　072FD ≠ 072C8
汉字正形　　　次常 猙▸狰 50　07319 ≠ 072F0	**简化** 猶▸犹 20　07336 ≠ 072B9	**简化　　常用-C-丙** 獄▸狱 25　07344 ≠ 072F1	**简化　　常用-B-乙** 獅▸狮 15　07345 ≠ 072EE
异体简化　常用-B-乙 奬▸奖 10　0734E ≠ 05956	**简化　　常用-B-乙** 獨▸独 10　07368 ≠ 072EC	**简化　　　　次常** 獰▸狞 45　07370 ≠ 072DE	**简化　　常用-B-乙** 獲▸获 10　07372 ≠ 083B7
简化　　常用-C-丙 獵▸猎 15　07375 ≠ 0730E	**简化** 獷▸犷 40　07377 ≠ 072B7	**简化　　常用-C-丙** 獸▸兽 15　07378 ≠ 0517D	**简化** 獺▸獭 50　0737A ≠ 0736D
简化　　常用-B-乙 獻▸献 15　0737B ≠ 0732E	**简化** 玀▸猡 45　0737C ≠ 07315	**异体代换** 玟▸珉 35　0739F ≠ 073C9	**条件异体代换　常用-C-丙** 珮▸佩 35　073EE ≠ 04F69
简化　　常用-A-甲 現▸现 05　073FE ≠ 073B0	**异体代换　常用-B-乙** 琍▸璃 35　0740D ≠ 07483	**异体代换** 琺▸珐 40　0743A ≠ 073D0	**简化** 琿▸珲 45　0743F ≠ 073F2
简化 瑋▸玮 35　0744B ≠ 073AE	**简化　　　　次常** 瑣▸琐 50　07463 ≠ 07410	**汉字正形** 瑤▸瑶 35　07464 ≠ 07476	**简化　　　　次常** 瑩▸莹 30　07469 ≠ 083B9
简化　　　　次常 瑪▸玛 15　0746A ≠ 0739B	**异体代换　　　次常** 瑯▸琅 35　0746F ≠ 07405	**简化** 璉▸琏 50　07489 ≠ 0740F	**简化** 璣▸玑 45　074A3 ≠ 07391
简化 璦▸瑷 45　074A6 ≠ 07477	**简化　　常用-B-乙** 環▸环 10　074B0 ≠ 073AF	**简化** 璽▸玺 40　074BD ≠ 073BA	**异体代换** 璿▸璇 45　074BF ≠ 07487

简化　　　　　次常	简化　　　　　　丁	简化	异体简化　　　　次常
瓊 ▸ 琼	瓏 ▸ 珑	瓚 ▸ 瓒	甕 ▸ 瓮
35　074CA ≠ 0743C	35　074CF ≠ 073D1	50　074DA ≠ 074D2	35　07515 ≠ 074EE
简化　　　常用-A-甲	异体代换　　常用-丁	异体简化　常用-C-丙	简化
產 ▸ 产	甦 ▸ 苏	甯 ▸ 宁	畝 ▸ 亩
05　07522 ≠ 04EA7	35　07526 ≠ 082CF	50　0752F ≠ 05B81	30　0755D ≠ 04EA9
简化　　　常用-B-乙	简化　　　常用-A-甲	异体代换　常用-B-乙	简化　　　常用-A-甲
畢 ▸ 毕	畫 ▸ 画	異 ▸ 异	當 ▸ 当
10　07562 ≠ 06BD5	05　0756B ≠ 0753B	10　07570 ≠ 05F02	05　07576 ≠ 05F53
简化　　　　次常-丁	异体代换　常用-B-乙	简化	异体代换　常用-A-甲
疇 ▸ 畴	疊 ▸ 叠	痙 ▸ 痉	痠 ▸ 酸
40　07587 ≠ 07574	20　0758A ≠ 053E0	45　075D9 ≠ 075C9	40　075E0 ≠ 09178
异体代换　　次常-丁	简化	简化	简化
痺 ▸ 痹	瘋 ▸ 疯	瘍 ▸ 疡	瘡 ▸ 疮
40　075FA ≠ 075F9	25　0760B ≠ 075AF	45　0760D ≠ 075A1	35　07621 ≠ 075AE
简化　　　　　次常	简化	简化	异体代换　常用-C-丙
瘧 ▸ 疟	療 ▸ 疗	癆 ▸ 痨	癒 ▸ 愈
40　07627 ≠ 0759F	20　07642 ≠ 07597	50　07646 ≠ 075E8	35　07652 ≠ 06108
简化	简化　　　　　次常	异体代换　　次常-丁	简化　　　　　　丁
癘 ▸ 疠	瘺 ▸ 瘘	癡 ▸ 痴	癢 ▸ 痒
50　07658 ≠ 075A0	35　0765F ≠ 0762A	35　07661 ≠ 075F4	35　07662 ≠ 075D2
简化	简化　　　　　次常	简化　　　　　次常	简化　　　　　　丁
癤 ▸ 疖	癩 ▸ 癞	癮 ▸ 瘾	癱 ▸ 瘫
50　07664 ≠ 07596	40　07669 ≠ 0765E	35　0766E ≠ 0763E	40　07671 ≠ 0762B
简化	简化　　　常用-A-甲	简化	简化
癲 ▸ 癫	發 ▸ 发	皚 ▸ 皑	皸 ▸ 皲
40　07672 ≠ 0766B	05　0767C ≠ 053D1	40　0769A ≠ 07691	45　076B8 ≠ 076B2
简化　　　常用-C-丙	汉字正形	简化　　　常用-C-丙	简化　　　常用-B-乙
皺 ▸ 皱	盜 ▸ 盗	盞 ▸ 盏	盡 ▸ 尽
25　076BA ≠ 076B1	20　076DC ≠ 076D7	30　076DE ≠ 076CF	10　076E1 ≠ 05C3D
简化　　　常用-C-丙	简化　　　常用-B-乙	简化　　　　次常-丁+	异体简化　　常用-丁
監 ▸ 监	盤 ▸ 盘	盧 ▸ 卢	盪 ▸ 荡
20　076E3 ≠ 076D1	10　076E4 ≠ 076D8	25　076E7 ≠ 05362	25　076EA ≠ 08361
异体代换	异体简化　常用-B-乙	简化　　　常用-A-甲	汉字正形　常用-B-乙
眥 ▸ 眦	眾 ▸ 众	睏 ▸ 困	睜 ▸ 睁
50　07725 ≠ 07726	10　0773E ≠ 04F17	35　0774F ≠ 056F0	20　0775C ≠ 07741
简化	异体代换　常用-C-丙	简化　　　常用-C-丙	简化
睞 ▸ 睐	瞇 ▸ 眯	瞞 ▸ 瞒	瞼 ▸ 睑
40　0775E ≠ 07750	30　07787 ≠ 0772F	30　0779E ≠ 07792	50　077BC ≠ 07751
简化　　　常用-C-丙	简化	简化　　　　　　丁	简化　　　　　次常
矇 ▸ 蒙	矓 ▸ 眬	矚 ▸ 瞩	矯 ▸ 矫
45　077C7 ≠ 08499	50　077D3 ≠ 0772C	35　077DA ≠ 077A9	35　077EF ≠ 077EB
条件异体代换　次常-丁	异体代换　常用-B-乙	简化　　常用-C+-丙+	简化　　　　　次常
矽 ▸ 硅	砲 ▸ 炮	硃 ▸ 朱	硯 ▸ 砚
40　077FD ≠ 07845	30　07832 ≠ 070AE	50　07843 ≠ 06731	40　0786F ≠ 0781A
简化　　　　　次常	简化　　　常用-A-甲	简化　　　常用-B-乙	简化　　　常用-C-丙
碩 ▸ 硕	確 ▸ 确	碼 ▸ 码	磚 ▸ 砖
30　078A9 ≠ 07855	10　078BA ≠ 0786E	15　078BC ≠ 07801	25　078DA ≠ 07816

简化 礒▸矶 35 078EF ≠ 077F6	简化 · 常用—A—甲 礎▸础 20 0790E ≠ 07840	简化 · 常用—C—丙 礙▸碍 20 07919 ≠ 0788D	简化 · 常用—B—乙 礦▸矿 15 07926 ≠ 077FF
简化 礪▸砺 40 0792A ≠ 0783A	简化 · 次常 礫▸砾 25 0792B ≠ 0783E	异体简化 · 常用—A—甲 祇▸只 35 07947 ≠ 053EA	异体代换 · 次常 祐▸佑 45 07950 ≠ 04F51
异体代换 · 常用—B—乙 祕▸秘 20 07955 ≠ 079D8	汉字正形 祿▸禄 35 0797F ≠ 07984	简化 · 常用—丁 禍▸祸 25 0798D ≠ 07978	简化 禎▸祯 35 0798E ≠ 0796F
简化 · 常用—C—丙 禦▸御 30 079A6 ≠ 05FA1	简化 禪▸禅 30 079AA ≠ 07985	简化 · 常用—A—甲 禮▸礼 10 079AE ≠ 0793C	简化 · 次常 禱▸祷 25 079B1 ≠ 07977
汉字正形 · 常用—丁 禿▸秃 30 079BF ≠ 079C3	汉字正形 稅▸税 30 07A05 ≠ 07A0E	异体代换 · 常用—丁 稈▸秆 35 07A08 ≠ 079C6	异体代换 · 次常 稜▸棱 30 07A1C ≠ 068F1
异体代换 · 次常 稟▸禀 35 07A1F ≠ 07980	简化 · 常用—A—甲 種▸种 05 07A2E ≠ 079CD	简化 · 常用—B—乙 稱▸称 05 07A31 ≠ 079F0	简化 · 常用—C—丙 穀▸谷 20 07A40 ≠ 08C37
简化 穌▸稣 30 07A4C ≠ 07A23	简化 · 常用—B—乙 積▸积 05 07A4D ≠ 079EF	简化 穎▸颖 30 07A4E ≠ 09896	简化 · 次常—丁 穢▸秽 40 07A62 ≠ 079FD
异体简化 · 次常 積▸颣 50 07A68 ≠ 09893	简化 · 常用—B—乙 穩▸稳 20 07A69 ≠ 07A33	简化 · 常用—B—乙 穫▸获 15 07A6B ≠ 083B7	简化 窩▸窝 20 07AA9 ≠ 07A9D
简化 窪▸洼 30 07AAA ≠ 06D3C	简化 窮▸穷 15 07AAE ≠ 07A77	异体代换 · 常用—C—丙 窯▸窑 25 07AAF ≠ 07A91	简化 · 次常 窺▸窥 35 07ABA ≠ 07AA5
简化 · 常用—C—丙 竄▸窜 35 07AC4 ≠ 07A9C	简化 竅▸窍 40 07AC5 ≠ 07A8D	简化 · 次常 竇▸窦 35 07AC7 ≠ 07AA6	简化 竊▸窃 30 07ACA ≠ 07A83
简化 · 常用—B—乙 競▸竞 20 07AF6 ≠ 07ADE	异体代换 · 常用—B—乙 笵▸范 45 07B35 ≠ 08303	简化 · 常用—A—甲 筆▸笔 10 07B46 ≠ 07B14	异体代换 · 常用—丁 筍▸笋 30 07B4D ≠ 07B0B
异体代换 筯▸箸 40 07B6F ≠ 07BB8	简化 箋▸笺 50 07B8B ≠ 07B3A	汉字正形 · 常用—丁 箏▸筝 20 07B8F ≠ 07B5D	简化 · 常用—A—甲 節▸节 05 07BC0 ≠ 08282
简化 · 常用—B—乙 範▸范 10 07BC4 ≠ 08303	简化 · 常用—B—乙 築▸筑 10 07BC9 ≠ 07B51	异体代换 篠▸筱 50 07BE0 ≠ 07B71	简化 篤▸笃 40 07BE4 ≠ 07B03
简化 · 常用—丁 篩▸筛 30 07BE9 ≠ 07B5B	简化 · 次常 簍▸篓 35 07C0D ≠ 07BD3	异体代换 簑▸蓑 45 07C11 ≠ 084D1	简化 · 常用—A—甲 簡▸简 10 07C21 ≠ 07B80
简化 簣▸篑 45 07C23 ≠ 07BD1	简化 簫▸箫 35 07C2B ≠ 07BAB	异体代换 · 次常 簷▸檐 35 07C37 ≠ 06A90	简化 · 常用—B—乙 簽▸签 25 07C3D ≠ 07B7E
简化 · 常用—C—丙 簾▸帘 30 07C3E ≠ 05E18	简化 · 常用—A—甲 籃▸篮 15 07C43 ≠ 07BEE	简化 · 常用—丁 籌▸筹 25 07C4C ≠ 07B79	异体代换 · 次常—丁 籐▸藤 45 07C50 ≠ 085E4

简化 籟▸籁 35 07C5F ≠ 07C41	简化　　　　常用-C-丙 籠▸笼 20 07C60 ≠ 07B3C	简化　　　　常用-B-乙 籤▸签 30 07C64 ≠ 07B7E	简化　　　　　次常-丁 籬▸篱 30 07C6C ≠ 07BF1
简化　　　　常用-丁 籮▸箩 40 07C6E ≠ 07BA9	简化 籲▸吁 30 07C72 ≠ 05401	异体代换　　　次常-丁 粧▸妆 45 07CA7 ≠ 05986	汉字正形　　　次常-丁+ 粵▸粤 50 07CB5 ≠ 07CA4
简化　　　　常用-C-丙 糞▸粪 25 07CDE ≠ 07CAA	简化　　　　常用-B-乙 糧▸粮 20 07CE7 ≠ 07CAE	异体代换　　　次常-丁 糬▸薯 50 07CEC ≠ 085AF	简化　　　　常用-A-甲 糰▸团 30 07CF0 ≠ 056E2
简化 糴▸籴 50 07CF4 ≠ 07C74	简化 糶▸粜 50 07CF6 ≠ 07C9C	简化 糸▸纟 45 07CF8 ≠ 07E9F	简化　　　　常用-B-乙 糾▸纠 30 07CFE ≠ 07EA0
简化　　　　常用-A-甲 紀▸纪 10 07D00 ≠ 07EAA	简化 紂▸纣 25 07D02 ≠ 07EA3	简化 約▸约 05 07D04 ≠ 07EA6	简化　　　　常用-A-甲 紅▸红 05 07D05 ≠ 07EA2
简化 紈▸纨 50 07D08 ≠ 07EA8	简化 紉▸纫 45 07D09 ≠ 07EAB	简化　　　　　次常 紋▸纹 15 07D0B ≠ 07EB9	简化　　　　常用-C-丙 納▸纳 15 07D0D ≠ 07EB3
简化　　　　常用-丁 紐▸纽 25 07D10 ≠ 07EBD	简化 紓▸纾 45 07D13 ≠ 07EBE	简化 純▸纯 20 07D14 ≠ 07EAF	简化　　　　常用-C-丙 紗▸纱 25 07D17 ≠ 07EB1
简化　　　　常用-A-甲 紙▸纸 10 07D19 ≠ 07EB8	简化　　　　常用-A-甲 級▸级 10 07D1A ≠ 07EA7	简化　　　　常用-A-甲 紛▸纷 10 07D1B ≠ 07EB7	简化 紜▸纭 45 07D1C ≠ 07EAD
简化　　　　常用-B-乙 紡▸纺 25 07D21 ≠ 07EBA	异体代换　　常用-B-乙 紮▸扎 30 07D2E ≠ 0624E	简化　　　　常用-A-甲 細▸细 05 07D30 ≠ 07EC6	简化　　　　　次常-丁 紳▸绅 30 07D33 ≠ 07EC5
简化　　　　常用-A-甲 紹▸绍 15 07D39 ≠ 07ECD	简化 絀▸绌 50 07D40 ≠ 07ECC	简化　　　　常用-B-乙 終▸终 10 07D42 ≠ 07EC8	异体简化　　　常用-丁 絃▸弦 25 07D43 ≠ 05F26
简化　　　　常用-A-甲 組▸组 05 07D44 ≠ 07EC4	简化　　　　　次常 絆▸绊 35 07D46 ≠ 07ECA	简化　　　　常用-A-甲 結▸结 05 07D50 ≠ 07ED3	简化　　　　常用-B-乙 絕▸绝 10 07D55 ≠ 07EDD
简化 綺▸绮 50 07D5D ≠ 07ED4	简化　　　　常用-丁 絞▸绞 40 07D5E ≠ 07EDE	简化　　　　常用-C-丙 絡▸络 20 07D61 ≠ 07EDC	简化 絢▸绚 40 07D62 ≠ 07EDA
简化　　　　常用-A-甲 給▸给 05 07D66 ≠ 07ED9	简化　　　　常用-丁 絨▸绒 30 07D68 ≠ 07ED2	简化　　　　常用-B-乙 統▸统 05 07D71 ≠ 07EDF	简化　　　　常用-B-乙 絲▸丝 10 07D72 ≠ 04E1D
简化　　　　常用-B-乙 絹▸绢 35 07D79 ≠ 07EE2	简化　　　　常用-C-丙 綁▸绑 25 07D81 ≠ 07ED1	异体简化　　常用-B-乙 綑▸捆 40 07D91 ≠ 06346	简化　　　　常用-A-甲 經▸经 05 07D93 ≠ 07ECF
简化　　　　次常-B-乙 綜▸综 25 07D9C ≠ 07EFC	简化　　　　常用-A-甲 綠▸绿 10 07DA0 ≠ 07EFF	简化　　　　常用-丁 綢▸绸 35 07DA2 ≠ 07EF8	简化 綬▸绶 50 07DAC ≠ 07EF6
简化　　　　常用-B-乙 維▸维 10 07DAD ≠ 07EF4	简化 綱▸纲 20 07DB1 ≠ 07EB2	简化　　　　常用-C-丙 網▸网 05 07DB2 ≠ 07F51	简化　　　　　次常-丁 綴▸缀 35 07DB4 ≠ 07F00

129

异体简化　常用-A-甲 綵▶彩 35　07DB5 ≠ 05F69	简化 綸▶纶 35　07DB8 ≠ 07EB6	简化 綺▶绮 25　07DBA ≠ 07EEE	简化　　　　　次常 綻▶绽 25　07DBB ≠ 07EFD
简化　　　　　次常 綽▶绰 35　07DBD ≠ 07EF0	简化 綾▶绫 45　07DBE ≠ 07EEB	简化　　　　常用-丁 綿▶绵 20　07DBF ≠ 07EF5	简化 緄▶绲 45　07DC4 ≠ 07EF2
简化　　　　常用-A-甲 緊▶紧 10　07DCA ≠ 07D27	简化 緋▶绯 50　07DCB ≠ 07EEF	简化　　　　常用-B-乙 緒▶绪 25　07DD2 ≠ 07EEA	简化 緘▶缄 50　07DD8 ≠ 07F04
异体简化　常用-B-乙 線▶线 05　07DDA ≠ 07EBF	异体简化　　常用-丁 縣▶绵 50　07DDC ≠ 07EF5	简化 緝▶缉 40　07DDD ≠ 07F09	简化 緞▶缎 30　07DDE ≠ 07F0E
简化　　　　　次常-丁 締▶缔 40　07DE0 ≠ 07F14	简化 緡▶缗 50　07DE1 ≠ 07F17	简化　　　　常用-C-丙 緣▶缘 15　07DE3 ≠ 07F18	简化　　　　常用-B-乙 編▶编 10　07DE8 ≠ 07F16
简化　　　　常用-C-丙 緩▶缓 20　07DE9 ≠ 07F13	简化 緬▶缅 45　07DEC ≠ 07F05	简化　　　　　次常 緯▶纬 25　07DEF ≠ 07EAC	简化 緲▶缈 50　07DF2 ≠ 07F08
简化　　　　常用-A-甲 練▶练 05　07DF4 ≠ 07EC3	简化 緹▶缇 45　07DF9 ≠ 07F07	简化　　　　常用-B-乙 緻▶致 25　07DFB ≠ 081F4	简化 縈▶萦 50　07E08 ≠ 08426
简化 縊▶缢 50　07E0A ≠ 07F22	简化 縐▶绉 45　07E10 ≠ 07EC9	简化 縑▶缣 50　07E11 ≠ 07F23	简化　　　　次常-C-丙 縛▶缚 40　07E1B ≠ 07F1A
简化　　　　常用-B-乙 縣▶县 10　07E23 ≠ 053BF	简化 縧▶绦 45　07E27 ≠ 07EE6	简化　　　　常用-C-丙 縫▶缝 15　07E2B ≠ 07F1D	简化　　　　常用-B-乙 縮▶缩 15　07E2E ≠ 07F29
简化　　　　常用-C-丙 縱▶纵 20　07E31 ≠ 07EB5	简化 縷▶缕 35　07E37 ≠ 07F15	简化 縹▶缥 50　07E39 ≠ 07F25	简化　　　　常用-A-甲 總▶总 05　07E3D ≠ 0603B
简化　　　　常用-A-甲 績▶绩 15　07E3E ≠ 07EE9	异体简化　　次常-丁 繃▶绷 40　07E43 ≠ 07EF7	简化 繆▶缪 35　07E46 ≠ 07F2A	简化　　　　常用-A-甲 織▶织 10　07E54 ≠ 07EC7
简化 繕▶缮 50　07E55 ≠ 07F2E	简化 繚▶缭 35　07E5A ≠ 07F2D	简化　　　　常用-B-乙 繞▶绕 15　07E5E ≠ 07ED5	异体简化　　常用-C-丙 繡▶绣 20　07E61 ≠ 07EE3
简化　　　　常用-B-乙 繩▶绳 15　07E69 ≠ 07EF3	简化　　　　常用-丁 繪▶绘 15　07E6A ≠ 07ED8	简化　　　　常用-A-甲 繫▶系 25　07E6B ≠ 07CFB	简化　　　　常用-丁 繭▶茧 35　07E6D ≠ 08327
简化　　　　常用-丁 繳▶缴 35　07E73 ≠ 07F34	简化 繹▶绎 45　07E79 ≠ 07ECE	简化　　　　常用-A-甲 繼▶继 10　07E7C ≠ 07EE7	简化　　　　　次常 繽▶缤 30　07E7D ≠ 07F24
简化　　　　常用-A-甲 續▶续 10　07E8C ≠ 07EED	简化　　　　常用-A-甲 纍▶累 35　07E8D ≠ 07D2F	简化　　　　常用-丁 纏▶缠 25　07E8F ≠ 07F20	简化　　　　　次常 纓▶缨 50　07E93 ≠ 07F28
简化　　　　常用-A-甲 纔▶才 35　07E94 ≠ 0624D	简化　　　　常用-B-乙 纖▶纤 25　07E96 ≠ 07EA4	简化　　　　　次常 纜▶缆 45　07E9C ≠ 07F06	异体代换 缽▶钵 35　07F3D ≠ 094B5

异体代换 常用-丁	简化 常用-C-丙	简化	异体简化 常用-B-乙
罈 ▸ 坛	罌 ▸ 罂	罰 ▸ 罚	罵 ▸ 骂
30 07F48 ≠ 0575B	45 07F4C ≠ 07F42	20 07F70 ≠ 07F5A	20 07F75 ≠ 09A82
简化 常用-C-丙	简化 常用-丁	简化	汉字正形 常用-B-乙
罷 ▸ 罢	羅 ▸ 罗	羈 ▸ 羁	羨 ▸ 羡
25 07F77 ≠ 07F62	10 07F85 ≠ 07F57	45 07F88 ≠ 07F81	25 07FA8 ≠ 07FA1
简化 常用-A-甲	异体代换	简化 常用-A-甲	简化 次常-C-丙
義 ▸ 义	羶 ▸ 膻	習 ▸ 习	翹 ▸ 翘
05 07FA9 ≠ 04E49	45 07FB6 ≠ 081BB	05 07FD2 ≠ 04E60	30 07FF9 ≠ 07FD8
简化	简化	简化 常用-A-甲	简化 常用-B-乙
聖 ▸ 圣	聞 ▸ 闻	聯 ▸ 联	聰 ▸ 聪
10 08056 ≠ 05723	10 0805E ≠ 095FB	10 0806F ≠ 08054	15 08070 ≠ 0806A
简化 常用-A-甲	简化 次常-丁	简化 次常-丁+	简化 常用-B-乙
聲 ▸ 声	聳 ▸ 耸	聶 ▸ 聂	職 ▸ 职
05 08072 ≠ 058F0	25 08073 ≠ 08038	35 08076 ≠ 08042	15 08077 ≠ 0804C
简化 常用-A-甲	简化 常用-丁	简化	简化 常用-C-丙
聽 ▸ 听	聾 ▸ 聋	肅 ▸ 肃	脅 ▸ 胁
05 0807D ≠ 0542C	35 0807E ≠ 0804B	30 08085 ≠ 08083	30 08105 ≠ 080C1
异体代换 常用-B-乙	简化	异体代换 常用-C-丙	汉字正形 常用-A-甲
脈 ▸ 脉	脛 ▸ 胫	脣 ▸ 唇	脫 ▸ 脱
15 08108 ≠ 08109	45 0811B ≠ 080EB	35 08123 ≠ 05507	15 0812B ≠ 08131
简化 常用-C-丙	简化 常用-丁	简化 常用-B-乙	简化 常用-C-丙
脹 ▸ 胀	腎 ▸ 肾	腦 ▸ 脑	腫 ▸ 肿
25 08139 ≠ 080C0	30 0814E ≠ 080BE	05 08166 ≠ 08111	35 0816B ≠ 080BF
异体代换 常用-A-甲	简化	简化 常用-B-乙	简化 常用-C-丙
腳 ▸ 脚	腸 ▸ 肠	膚 ▸ 肤	膠 ▸ 胶
10 08173 ≠ 0811A	20 08178 ≠ 080A0	20 0819A ≠ 080A4	15 081A0 ≠ 080F6
简化 次常	简化 常用-B-乙	简化	简化 次常
膩 ▸ 腻	膽 ▸ 胆	膾 ▸ 脍	膿 ▸ 脓
35 081A9 ≠ 0817B	20 081BD ≠ 080C6	45 081BE ≠ 0810D	45 081BF ≠ 08113
简化 常用-A-甲	简化 次常	简化	简化 常用-丁
臉 ▸ 脸	臍 ▸ 脐	臏 ▸ 膑	臘 ▸ 腊
10 081C9 ≠ 08138	40 081CD ≠ 08110	40 081CF ≠ 08191	25 081D8 ≠ 0814A
简化	简化 常用-A-甲	简化 常用-C-丙	简化 常用-B-乙
臚 ▸ 胪	臟 ▸ 脏	臥 ▸ 卧	臨 ▸ 临
45 081DA ≠ 080EA	15 081DF ≠ 0810F	20 081E5 ≠ 05367	15 081E8 ≠ 04E34
简化 常用-B-乙	简化 常用-B-乙	简化 常用-A-甲	简化 常用-A-甲
臺 ▸ 台	與 ▸ 与	興 ▸ 兴	舉 ▸ 举
05 081FA ≠ 053F0	05 08207 ≠ 04E0E	05 08208 ≠ 05174	10 08209 ≠ 04E3E
简化 常用-A-甲	异体代换 常用-B-乙	简化 常用-C-丙	简化 常用-C-丙
舊 ▸ 旧	舖 ▸ 铺	艙 ▸ 舱	艦 ▸ 舰
15 0820A ≠ 065E7	35 08216 ≠ 094FA	40 08259 ≠ 08231	30 08266 ≠ 08230
简化	简化 常用-C-丙	简化	异体代换
艱 ▸ 艰	艷 ▸ 艳	芻 ▸ 刍	苧 ▸ 苎
25 08271 ≠ 08270	35 08277 ≠ 08273	40 082BB ≠ 0520D	50 082E7 ≠ 082CE
汉字正形	汉字正形 次常	简化 常用-B-乙	简化 常用-丁
茲 ▸ 兹	荊 ▸ 荆	莊 ▸ 庄	莖 ▸ 茎
20 08332 ≠ 05179	20 0834A ≠ 08346	15 0838A ≠ 05E84	15 08396 ≠ 0830E

简化　　　次常 萊▸芙 40　083A2 ≠ 0835A	简化 蒐▸苋 45　083A7 ≠ 082CB	简化　　常用-C-丙 華▸华 05　083EF ≠ 0534E	异体代换　常用-B-乙 菸▸烟 30　083F8 ≠ 070DF
简化 萊▸莱 15　0840A ≠ 083B1	简化　　常用-A-甲 萬▸万 05　0842C ≠ 04E07	简化　　常用-B-乙 葉▸叶 05　08449 ≠ 053F6	条件简化　常用-A-甲 著▸着 05　08457 ≠ 07740
简化　　　次常 葦▸苇 30　08466 ≠ 082C7	异体代换　常用-A-甲 葯▸药 50　0846F ≠ 0836F	简化 葷▸荤 50　08477 ≠ 08364	简化　　　次常 蒐▸搜 25　08490 ≠ 0641C
异体代换 蒞▸莅 40　0849E ≠ 08385	简化　　常用-C-丙 蒼▸苍 20　084BC ≠ 082CD	简化 蓀▸蒜 50　084C0 ≠ 0836A	异体代换　常用-B-乙 蓆▸席 35　084C6 ≠ 05E2D
简化 蓋▸盖 10　084CB ≠ 076D6	简化　　常用-B-乙 蓮▸莲 15　084EE ≠ 083B2	异体代换　常用-丁 蓴▸莼 50　084F4 ≠ 083BC	简化 蕐▸荜 50　084FD ≠ 0835C
简化 蔔▸卜 15　08514 ≠ 0535C	简化　　常用-B-乙 蔞▸蒌 50　0851E ≠ 0848C	简化　次常-丁+ 异体代换 蔣▸蒋 25　08523 ≠ 0848B	简化　　常用-丁 蔥▸葱 30　08525 ≠ 08471
简化 蔭▸荫 30　0852D ≠ 0836B	简化 蕁▸荨 40　08541 ≠ 08368	简化 蕎▸荞 45　0854E ≠ 0835E	简化　　　次常 蕩▸荡 25　08569 ≠ 08361
简化　　　次常 蕪▸芜 35　0856A ≠ 0829C	简化 蕭▸萧 20　0856D ≠ 08427	简化 薈▸荟 45　08588 ≠ 0835F	简化 薊▸蓟 50　0858A ≠ 084DF
简化　　常用-丁 薑▸姜 40　08591 ≠ 059DC	简化 薔▸蔷 30　08594 ≠ 08537	简化　　常用-C-丙 薦▸荐 30　085A6 ≠ 08350	简化　　次常-丁+ 薩▸萨 20　085A9 ≠ 08428
简化　　常用-丁 薰▸熏 40　085B0 ≠ 0718F	简化　　常用-A-甲 藍▸蓝 10　085CD ≠ 084DD	简化　　常用-A-甲 藝▸艺 05　085DD ≠ 0827A	简化　　常用-A-甲 藥▸药 10　085E5 ≠ 0836F
异体简化 藷▸薯 40　085F7 ≠ 085AF	简化　　常用-丁 藹▸蔼 30　085F9 ≠ 0853C	简化　　次常-丁 藺▸蔺 25　085FA ≠ 0853A	简化 蘄▸蕲 50　08604 ≠ 08572
简化　　常用-丁 蘆▸芦 20　08606 ≠ 082A6	简化　　常用-丁 蘇▸苏 15　08607 ≠ 082CF	简化　　次常-丁 蘊▸蕴 25　0860A ≠ 08574	简化　　常用-A-甲 蘋▸苹 20　0860B ≠ 082F9
简化 蘚▸藓 50　0861A ≠ 085D3	简化 蘝▸蔹 45　0861E ≠ 08539	简化　　常用-C-丙 蘭▸兰 10　0862D ≠ 05170	简化　　常用-B-乙 蘿▸萝 15　0863F ≠ 0841D
简化　　常用-A-甲 處▸处 05　08655 ≠ 05904	汉字正形　常用-B-乙 虛▸虚 15　0865B ≠ 0865A	简化　　常用-丁 虜▸虏 40　0865C ≠ 0864F	简化　　常用-A-甲 號▸号 05　0865F ≠ 053F7
简化　　常用-C-丙 虧▸亏 25　08667 ≠ 04E8F	汉字正形　　次常 蛻▸蜕 30　086FB ≠ 08715	简化 蜆▸蚬 45　08706 ≠ 086AC	简化 蝕▸蚀 20　08755 ≠ 08680
异体代换　　次常 蝟▸猬 50　0875F ≠ 0732C	简化　　常用-C-丙 蝦▸虾 20　08766 ≠ 0867E	异体代换　　次常 蟲▸虫 45　08768 ≠ 08671	简化　　　次常 蝸▸蜗 25　08778 ≠ 08717

简化　　　　常用–丁	简化　　　　次常	简化	简化
螞▸蚂　20 0879E ≠ 08682	螢▸萤　25 087A2 ≠ 08424	蟪▸蝼　40 087BB ≠ 0877C	蟄▸蛰　40 087C4 ≠ 086F0
简化　　　次常–丁	简化	简化　　　常用–B–乙	简化　　　常用–丁
蟬▸蝉　30 087EC ≠ 08749	蟯▸蛲　50 087EF ≠ 086F2	蟲▸虫　10 087F2 ≠ 0866B	蟻▸蚁　15 087FB ≠ 08681
简化　　　常用–C–丙	异体代换　　次常	简化	简化　　　常用–C–丙
蠅▸蝇　30 08805 ≠ 08747	蠍▸蝎　35 0880D ≠ 0874E	蠂▸蝶　45 08811 ≠ 0877E	蠟▸蜡　20 0881F ≠ 08721
简化	简化　　　常用–丁	简化　　　常用–A–甲	简化　　　常用–B–乙
蠶▸蚕　25 08836 ≠ 08695	蠻▸蛮　25 0883B ≠ 086EE	術▸术　05 08853 ≠ 0672F	衛▸卫　10 0885B ≠ 0536B
简化　　　常用–B–乙	简化	简化　　　常用–A–甲	简化　　　常用–B–乙
衝▸冲　15 0885D ≠ 051B2	裊▸袅　45 088CA ≠ 08885	裏▸里　10 088CF ≠ 091CC	補▸补　15 088DC ≠ 08865
简化　　　常用–A–甲	异体代换　　常用–A–甲	简化　　　常用–B–乙	简化　　　常用–A–甲
裝▸装　10 088DD ≠ 088C5	裡▸里　05 088E1 ≠ 091CC	製▸制　10 088FD ≠ 05236	複▸复　15 08907 ≠ 0590D
简化　　　常用–B–乙	简化	简化　　　常用–丁	简化
褲▸裤　35 08932 ≠ 088E4	褸▸褛　45 08938 ≠ 0891B	襖▸袄　35 08956 ≠ 08884	襤▸褴　45 08964 ≠ 08934
简化　　　常用–A–甲	简化　　　常用–B–乙	简化　　　常用–C–丙	简化　　　常用–A–甲
襪▸袜　35 0896A ≠ 0889C	襯▸衬　30 0896F ≠ 0886C	襲▸袭　20 08972 ≠ 088AD	見▸见　05 0898B ≠ 089C1
简化　　　常用–B–乙	简化　　　次常	简化　　　常用–A–甲	简化
規▸规　10 0898F ≠ 089C4	覓▸觅　25 08993 ≠ 089C5	視▸视　10 08996 ≠ 089C6	覦▸觎　50 089A6 ≠ 089CE
简化　　　常用–A–甲	简化	简化	简化
親▸亲　05 089AA ≠ 04EB2	覬▸觊　50 089AC ≠ 089CA	覲▸觐　50 089B2 ≠ 089D0	覷▸觑　40 089B7 ≠ 089D1
简化　　　常用–A–甲	简化　　　常用–A–甲	简化　　　常用–A–甲	异体代换　　常用–A–甲
覺▸觉　05 089BA ≠ 089C9	覽▸览　15 089BD ≠ 089C8	觀▸观　05 089C0 ≠ 089C2	觔▸斤　40 089D4 ≠ 065A4
简化　　　常用–B–乙	简化	简化　　　常用–A–甲	简化　　　常用–B–乙
觸▸触　15 089F8 ≠ 089E6	訂▸订　20 08A02 ≠ 08BA2	計▸计　05 08A08 ≠ 08BA1	訊▸讯　15 08A0A ≠ 08BAF
简化	简化　　　常用–A–甲	简化　　　常用–B–乙	简化
訌▸讧　40 08A0C ≠ 08BA7	討▸讨　10 08A0E ≠ 08BA8	訓▸训　15 08A13 ≠ 08BAD	訕▸讪　45 08A15 ≠ 08BAA
简化　　　常用–B–乙	简化　　　常用–A–甲	简化　　　次常–C–丙	简化　　　次常–丁
託▸托　15 08A17 ≠ 06258	記▸记　05 08A18 ≠ 08BB0	訝▸讶　20 08A1D ≠ 08BB6	訟▸讼　50 08A1F ≠ 08BBC
异体代换　　常用–C–丙	简化　　　次常	简化　　　常用–A–甲	简化　　　常用–A–甲
訢▸欣　50 08A22 ≠ 06B23	訣▸诀　30 08A23 ≠ 08BC0	訪▸访　15 08A2A ≠ 08BBF	設▸设　05 08A2D ≠ 08BBE
简化　　　常用–A–甲	简化　　　常用–A–甲	简化　　　常用–C–丙	异体简化　　常用–A–甲
許▸许　05 08A31 ≠ 08BB8	訴▸诉　10 08A34 ≠ 08BC9	診▸诊　25 08A3A ≠ 08BCA	註▸注　25 08A3B ≠ 06CE8

简化 · 常用-B-乙 証▸证 45 08A3C ≠ 08BC1	简化 話▸话 45 08A41 ≠ 08BC2	简化 · 次常-丁 詐▸诈 40 08A50 ≠ 08BC8	简化 詒▸诒 50 08A52 ≠ 08BD2
简化 詔▸诏 40 08A54 ≠ 08BCF	简化 · 常用-A-甲 評▸评 15 08A55 ≠ 08BC4	简化 · 次常 詛▸诅 35 08A5B ≠ 08BC5	简化 · 常用-A-甲 詞▸词 05 08A5E ≠ 08BCD
异体简化 · 常用-丁 詠▸咏 35 08A60 ≠ 0548F	简化 · 常用-C-丙 詢▸询 20 08A62 ≠ 08BE2	简化 詣▸诣 40 08A63 ≠ 08BE3	简化 · 常用-A-甲 試▸试 05 08A66 ≠ 08BD5
简化 · 常用-B-乙 詩▸诗 10 08A69 ≠ 08BD7	简化 · 丁 詫▸诧 45 08A6B ≠ 08BE7	简化 詭▸诡 35 08A6D ≠ 08BE1	简化 · 次常 詮▸诠 35 08A6E ≠ 08BE0
简化 詰▸诘 45 08A70 ≠ 08BD8	简化 · 常用-A-甲 話▸话 05 08A71 ≠ 08BDD	简化 · 常用-A-甲 該▸该 05 08A72 ≠ 08BE5	简化 · 常用-B-乙 詳▸详 20 08A73 ≠ 08BE6
简化 誅▸诛 40 08A85 ≠ 08BDB	简化 · 常用-C-丙 誇▸夸 25 08A87 ≠ 05938	异体代换 · 常用-A-甲 誌▸志 20 08A8C ≠ 05FD7	简化 認▸认 05 08A8D ≠ 08BA4
简化 誑▸诳 50 08A91 ≠ 08BF3	简化 · 常用-C-丙 誕▸诞 15 08A95 ≠ 08BDE	简化 誘▸诱 30 08A98 ≠ 08BF1	简化 · 常用-A-甲 語▸语 05 08A9E ≠ 08BED
简化 · 常用-B-乙 誠▸诚 15 08AA0 ≠ 08BDA	简化 誡▸诫 45 08AA1 ≠ 08BEB	简化 · 次常-丁 誣▸诬 40 08AA3 ≠ 08BEC	简化 · 次常-C-丙 誤▸误 15 08AA4 ≠ 08BEF
简化 · 常用-C-丙 誦▸诵 30 08AA6 ≠ 08BF5	简化 誨▸诲 30 08AA8 ≠ 08BF2	正形简化 · 常用-A-甲 說▸说 05 08AAA ≠ 08BF4	简化 · 常用-A-甲 誰▸谁 10 08AB0 ≠ 08C01
简化 · 常用-A-甲 課▸课 05 08AB2 ≠ 08BFE	简化 · 常用-丁 誹▸诽 45 08AB9 ≠ 08BFD	简化 · 常用-A-甲 誼▸谊 25 08ABC ≠ 08C0A	简化 · 常用-A-甲 調▸调 10 08ABF ≠ 08C03
简化 諂▸谄 45 08AC2 ≠ 08C04	简化 諄▸谆 30 08AC4 ≠ 08C06	简化 · 次常 談▸谈 10 08AC7 ≠ 08C08	简化 諉▸诿 45 08AC9 ≠ 08BFF
简化 · 常用-A-甲 請▸请 05 08ACB ≠ 08BF7	简化 諍▸诤 50 08ACD ≠ 08BE4	简化 · 常用-A-甲 諒▸谅 20 08AD2 ≠ 08C05	简化 · 常用-A-甲 論▸论 10 08AD6 ≠ 08BBA
简化 · 次常 諜▸谍 45 08ADC ≠ 08C0D	简化 諦▸谛 35 08AE6 ≠ 08C1B	简化 諧▸谐 30 08AE7 ≠ 08C10	简化 · 次常-丁 諫▸谏 30 08AEB ≠ 08C0F
简化 諭▸谕 40 08AED ≠ 08C15	简化 諮▸谘 40 08AEE ≠ 08C18	简化 諱▸讳 35 08AF1 ≠ 08BB3	简化 譜▸谱 40 08AF3 ≠ 08C19
简化 · 常用-C-丙 諷▸讽 35 08AF7 ≠ 08BBD	简化 · 常用-丁 諸▸诸 20 08AF8 ≠ 08BF8	简化 諺▸谚 35 08AFA ≠ 08C1A	简化 諼▸谖 45 08AFC ≠ 08C16
简化 · 次常 諾▸诺 20 08AFE ≠ 08BFA	简化 · 常用-C-丙 謀▸谋 25 08B00 ≠ 08C0B	简化 謁▸谒 45 08B01 ≠ 08C12	简化 · 次常-B-乙 謂▸谓 20 08B02 ≠ 08C13

简化 譋 ► 诌 45 08B05 ≠ 08BCC	简化　常用—丁 谎 ► 谎 30 08B0A ≠ 08C0E	简化　常用—C—丙 謎 ► 谜 15 08B0E ≠ 08C1C	简化 謐 ► 谧 40 08B10 ≠ 08C27
简化 譴 ► 谴 45 08B14 ≠ 08C11	简化 譞 ► 谖 50 08B16 ≠ 08C21	简化 谤 ► 谤 45 08B17 ≠ 08C24	简化　常用—C—丙 謙 ► 谦 20 08B19 ≠ 08C26
简化　常用—A—甲 講 ► 讲 10 08B1B ≠ 08BB2	简化　常用—A—甲 謝 ► 谢 05 08B1D ≠ 08C22	正形简化　常用—C—丙 謡 ► 谣 25 08B20 ≠ 08C23	简化 謨 ► 谟 50 08B28 ≠ 08C1F
简化　次常用—丁 謬 ► 谬 40 08B2C ≠ 08C2C	简化 謳 ► 讴 45 08B33 ≠ 08BB4	简化　常用—C—丙 謹 ► 谨 25 08B39 ≠ 08C28	简化 謾 ► 谩 50 08B3E ≠ 08C29
异体简化　常用—C—丙 譁 ► 哗 45 08B41 ≠ 054D7	简化　常用—B—乙 證 ► 证 15 08B49 ≠ 08BC1	简化 譎 ► 谲 45 08B4E ≠ 08C32	简化　次常用—丁 譏 ► 讥 35 08B4F ≠ 08BA5
简化　常用—A—甲 識 ► 识 05 08B58 ≠ 08BC6	简化　次常用 譚 ► 谭 45 08B5A ≠ 08C2D	简化 譜 ► 谱 20 08B5C ≠ 08C31	简化　常用—A—甲 譯 ► 译 20 08B6F ≠ 08BD1
简化　常用—B—乙 議 ► 议 10 08B70 ≠ 08BAE	简化 譴 ► 谴 50 08B74 ≠ 08C34	简化　常用—B—乙 護 ► 护 10 08B77 ≠ 062A4	简化　常用—丁 譽 ► 誉 20 08B7D ≠ 08A89
简化　常用—A—甲 讀 ► 读 05 08B80 ≠ 08BFB	简化　常用—A—甲 變 ► 变 05 08B8A ≠ 053D8	简化　常用—A—甲 讓 ► 让 05 08B93 ≠ 08BA9	异体简化　常用—B—乙 讚 ► 赞 15 08B9A ≠ 08D5E
异体简化　常用—丁 谿 ► 溪 40 08C3F ≠ 06EAA	简化　常用—丁 豈 ► 岂 30 08C48 ≠ 05C82	异体简化 豎 ► 竖 25 08C4E ≠ 07AD6	简化　常用—A—甲 豐 ► 丰 10 08C50 ≠ 04E30
异体简化　常用—C—丙 豔 ► 艳 25 08C54 ≠ 08273	异体代换　常用—A—甲 豬 ► 猪 15 08C6C ≠ 0732A	异体代换　常用—B—乙 貓 ► 猫 10 08C93 ≠ 0732B	简化　常用—丁 貝 ► 贝 10 08C9D ≠ 08D1D
简化　常用—丁 貞 ► 贞 20 08C9E ≠ 08D1E	简化　常用—A—甲 負 ► 负 10 08CA0 ≠ 08D1F	简化 財 ► 财 15 08CA1 ≠ 08D22	简化　常用—B—乙 貢 ► 贡 20 08CA2 ≠ 08D21
简化　常用—C—丙 貧 ► 贫 20 08CA7 ≠ 08D2B	简化 貨 ► 货 15 08CA8 ≠ 08D27	简化　常用—B—乙 販 ► 贩 30 08CA9 ≠ 08D29	简化　常用—丁 貪 ► 贪 25 08CAA ≠ 08D2A
简化　常用—B—乙 貫 ► 贯 20 08CAB ≠ 08D2F	简化　常用—A—甲 責 ► 责 15 08CAC ≠ 08D23	简化　次常 貯 ► 贮 35 08CAF ≠ 08D2E	简化 賫 ► 赍 50 08CB2 ≠ 08D40
简化　次常用—丁 貳 ► 贰 25 08CB3 ≠ 08D30	简化　常用—A—甲 貴 ► 贵 10 08CB4 ≠ 08D35	简化　次常 貶 ► 贬 35 08CB6 ≠ 08D2C	简化　常用—A—甲 買 ► 买 10 08CB7 ≠ 04E70
简化　常用—丁 貸 ► 贷 35 08CB8 ≠ 08D37	简化　常用—B—乙 費 ► 费 10 08CBB ≠ 08D39	简化　常用—B—乙 貼 ► 贴 15 08CBC ≠ 08D34	简化　常用—B—乙 貿 ► 贸 35 08CBF ≠ 08D38
简化　常用—B—乙 賀 ► 贺 20 08CC0 ≠ 08D3A	简化 貰 ► 贳 50 08CC1 ≠ 08D32	简化　次常用—丁 賂 ► 赂 50 08CC2 ≠ 08D42	简化　次常 賃 ► 赁 50 08CC3 ≠ 08D41

简化　常用-丁 賄▸贿 50　08CC4 ≠ 08D3F	简化　常用-B-乙 資▸资 10　08CC7 ≠ 08D44	简化　次常 賈▸贾 25　08CC8 ≠ 08D3E	简化　常用-丁 賊▸贼 25　08CCA ≠ 08D3C
简化 賬▸账 40　08CD1 ≠ 08D48	简化　常用-B-乙 賓▸宾 20　08CD3 ≠ 05BBE	简化　次常 賜▸赐 25　08CDC ≠ 08D50	简化　常用-C-丙 賞▸赏 10　08CDE ≠ 08D4F
简化　常用-B-乙 賠▸赔 30　08CE0 ≠ 08D54	简化　常用-丁 賢▸贤 20　08CE2 ≠ 08D24	简化　常用-A-甲 賣▸卖 10　08CE3 ≠ 05356	简化　常用-C-丙 賤▸贱 30　08CE4 ≠ 08D31
简化　次常-丁 賦▸赋 30　08CE6 ≠ 08D4B	简化　常用-B-乙 質▸质 10　08CEA ≠ 08D28	简化 賬▸账 40　08CEC ≠ 08D26	简化　次常 賭▸赌 25　08CED ≠ 08D4C
简化　常用-丁 賴▸赖 15　08CF4 ≠ 08D56	异体简化　常用-A-甲 膡▸剩 50　08CF8 ≠ 05269	简化　常用-C-丙 賺▸赚 20　08CFA ≠ 08D5A	简化　常用-B-乙 購▸购 20　08CFC ≠ 08D2D
简化　常用-A-甲 賽▸赛 10　08CFD ≠ 08D5B	简化　次常 贅▸赘 45　08D05 ≠ 08D58	简化　常用-C-丙 贈▸赠 25　08D08 ≠ 08D60	简化　常用-B-乙 贊▸赞 20　08D0A ≠ 08D5E
简化　次常 贍▸赡 50　08D0D ≠ 08D61	简化　常用-A-甲 贏▸赢 25　08D0F ≠ 08D62	正形简化 贓▸赃 45　08D13 ≠ 08D43	简化　次常 贖▸赎 40　08D16 ≠ 08D4E
异体简化 贗▸赝 45　08D17 ≠ 08D5D	简化 贛▸赣 50　08D1B ≠ 08D63	简化　常用-B-乙 趕▸赶 10　08D95 ≠ 08D76	简化　常用-C+-丙+ 趙▸赵 15　08D99 ≠ 08D75
简化　常用-丁 趨▸趋 35　08DA8 ≠ 08D8B	异体代换　常用-B-乙 跡▸迹 20　08DE1 ≠ 08FF9	简化　常用-A-甲 踐▸践 25　08E10 ≠ 08DF5	简化　次常-C-丙 踴▸踊 30　08E34 ≠ 08E0A
异体简化　常用-B-乙 蹔▸暂 50　08E54 ≠ 06682	异体简化　常用-B-乙 蹟▸迹 20　08E5F ≠ 08FF9	异体代换 蹠▸跖 45　08E60 ≠ 08DD6	简化 蹣▸蹒 45　08E63 ≠ 08E52
异体代换　常用-丁 蹤▸踪 20　08E64 ≠ 08E2A	异体代换　常用-B-乙 蹧▸糟 40　08E67 ≠ 07CDF	简化　次常 蹺▸跷 35　08E7A ≠ 08DF7	简化　丁 躊▸踌 45　08E8A ≠ 08E0C
简化　常用-B-乙 躍▸跃 20　08E8D ≠ 08DC3	异体代换 躓▸蹰 50　08E95 ≠ 08E70	简化 躡▸蹑 30　08EA1 ≠ 08E51	简化　次常 躪▸躏 45　08EAA ≠ 08E8F
异体代换　常用-C-丙 躭▸耽 50　08EAD ≠ 0803D	简化 軀▸躯 25　08EC0 ≠ 08EAF	简化　常用-A-甲 車▸车 05　08ECA ≠ 08F66	简化　常用-丁 軋▸轧 45　08ECB ≠ 08F67
简化　常用-C-丙 軌▸轨 25　08ECC ≠ 08F68	简化　常用-B-乙 軍▸军 10　08ECD ≠ 0519B	简化　次常 軒▸轩 30　08ED2 ≠ 08F69	简化　常用-B-乙 軟▸软 15　08EDF ≠ 08F6F
简化 軫▸轸 45　08EEB ≠ 08F78	简化 軸▸轴 20　08EF8 ≠ 08F74	简化　次常 軻▸轲 20　08EFB ≠ 08F72	简化 軼▸轶 50　08EFC ≠ 08F76
简化 軾▸轼 45　08EFE ≠ 08F7C	简化　常用-A-甲 較▸较 05　08F03 ≠ 08F83	简化　常用-C-丙 載▸载 15　08F09 ≠ 08F7D	简化 輒▸辄 40　08F12 ≠ 08F84

简化 常用－B－甲	简化 常用－A－甲	简化 常用－A－甲	简化 常用－B－乙
輔 ▸ 辅	輕 ▸ 轻	輛 ▸ 辆	輝 ▸ 辉
15 08F14 ≠ 08F85	05 08F15 ≠ 08F7B	20 08F1B ≠ 08F86	20 08F1D ≠ 08F89
简化 常用－A－甲	简化 常用－C－丙	简化 常用－B－乙	简化 次常－C－丙
輟 ▸ 辍	輩 ▸ 辈	輪 ▸ 轮	輯 ▸ 辑
35 08F1F ≠ 08F8D	20 08F29 ≠ 08F88	10 08F2A ≠ 08F6E	30 08F2F ≠ 08F91
简化 常用－A－甲	简化 次常－丁	简化	简化 次常－丁
輸 ▸ 输	輻 ▸ 辐	輾 ▸ 辗	輿 ▸ 舆
15 08F38 ≠ 08F93	35 08F3B ≠ 08F90	35 08F3E ≠ 08F97	45 08F3F ≠ 08206
简化 次常－丁	简化	简化 常用－B－乙	简化 次常－丁
轄 ▸ 辖	轆 ▸ 辘	轉 ▸ 转	轍 ▸ 辙
40 08F44 ≠ 08F96	35 08F46 ≠ 08F98	05 08F49 ≠ 08F6C	30 08F4D ≠ 08F99
简化 常用－丁	简化	简化	简化
轎 ▸ 轿	轟 ▸ 轰	彎 ▸ 弯	轤 ▸ 轳
25 08F4E ≠ 08F7F	25 08F5F ≠ 08F70	45 08F61 ≠ 08F94	50 08F64 ≠ 08F73
简化 常用－A－甲	简化 常用－C－丙	简化 常用－丁	简化 常用－C－丙
辦 ▸ 办	辭 ▸ 辞	辯 ▸ 辩	辯 ▸ 辩
05 08FA6 ≠ 0529E	20 08FAD ≠ 08F9E	40 08FAE ≠ 08FAB	20 08FAF ≠ 08FA9
简化 常用－A－甲	简化 常用－A－甲	异体简化 常用－C－丙	简化 常用－A－甲
農 ▸ 农	迴 ▸ 回	逕 ▸ 径	這 ▸ 这
10 08FB2 ≠ 0519C	20 08FF4 ≠ 056DE	40 09015 ≠ 05F84	05 09019 ≠ 08FD9
简化 常用－A－甲	异体代换 常用－A－甲	简化 常用－A－甲	异体代换 常用－A－甲
連 ▸ 连	週 ▸ 周	進 ▸ 进	遊 ▸ 游
05 09023 ≠ 08FDE	15 09031 ≠ 05468	05 09032 ≠ 08FDB	10 0904A ≠ 06E38
简化 常用－A－甲	简化 常用－A－甲	简化 常用－B－乙	简化 常用－B－乙
運 ▸ 运	過 ▸ 过	達 ▸ 达	違 ▸ 违
05 0904B ≠ 08FD0	05 0904E ≠ 08FC7	05 09054 ≠ 08FBE	25 09055 ≠ 08FDD
汉字正形 常用－C－丙	简化 次常－丁	简化 常用－B－乙	简化 常用－A－甲
遙 ▸ 遥	遜 ▸ 逊	遞 ▸ 递	遠 ▸ 远
20 09059 ≠ 09065	25 0905C ≠ 0900A	25 0905E ≠ 09012	05 09060 ≠ 08FDC
简化 常用－A－甲	简化 常用－A－甲	异体简化 常用－B－乙	简化 常用－丁
適 ▸ 适	遲 ▸ 迟	遶 ▸ 绕	遷 ▸ 迁
10 09069 ≠ 09002	20 09072 ≠ 08FDF	50 09076 ≠ 07ED5	20 09077 ≠ 08FC1
简化 常用－B－乙	简化 常用－A－甲	简化 常用－丁	简化 常用－B－乙
選 ▸ 选	遺 ▸ 遗	遼 ▸ 辽	邁 ▸ 迈
05 09078 ≠ 09009	15 0907A ≠ 09057	25 0907C ≠ 08FBD	25 09081 ≠ 08FC8
简化 常用－A－甲	简化 常用－A－甲	简化 常用－A－甲	简化 次常－C－丙
還 ▸ 还	邇 ▸ 迩	邊 ▸ 边	邏 ▸ 逻
05 09084 ≠ 08FD8	50 09087 ≠ 08FE9	05 0908A ≠ 08FB9	35 0908F ≠ 0903B
简化 常用－A－甲	简化 常用－B－乙	简化 次常－丁＋	简化
郵 ▸ 邮	鄉 ▸ 乡	鄒 ▸ 邹	鄧 ▸ 邓
15 090F5 ≠ 090AE	10 09109 ≠ 04E61	35 09112 ≠ 090B9	25 09127 ≠ 09093
简化 常用－丁	简化 常用－B－乙	简化	异体代换 次常
鄭 ▸ 郑	鄰 ▸ 邻	鄲 ▸ 郸	醃 ▸ 腌
20 0912D ≠ 090D1	15 09130 ≠ 090BB	40 09132 ≠ 090F8	45 09183 ≠ 0814C
简化 常用－C－丙	汉字正形 次常－丁	异体代换 常用－A－甲	简化 常用－A－甲
醜 ▸ 丑	醞 ▸ 酝	醣 ▸ 糖	醫 ▸ 医
25 0919C ≠ 04E11	45 0919E ≠ 0915D	50 091A3 ≠ 07CD6	10 091AB ≠ 0533B

简化　常用-B-乙 醬▸酱 30　091AC ≠ 09171	简化　常用-丁 釀▸酿 40　091C0 ≠ 0917F	简化　常用-B-乙 釋▸释 15　091CB ≠ 091CA	异体代换　常用-B-乙 釐▸厘 30　091D0 ≠ 05398
简化 釧▸钏 45　091D7 ≠ 0948A	简化　常用-C-丙 釘▸钉 20　091D8 ≠ 09489	简化　常用-B-乙 針▸针 10　091DD ≠ 09488	简化　常用-B-乙 釣▸钓 25　091E3 ≠ 09493
简化 釧▸钏 50　091E7 ≠ 0948F	简化 釵▸钗 35　091F5 ≠ 09497	简化　次常 鈉▸钠 35　09209 ≠ 094A0	简化　次常 鈍▸钝 30　0920D ≠ 0949D
简化　常用-C-丙 鈎▸钩 40　0920E ≠ 094A9	简化 鈴▸铃 45　09210 ≠ 094A4	简化　常用-C-丙 鈔▸钞 25　09214 ≠ 0949E	简化　次常-丁 鈕▸钮 30　09215 ≠ 094AE
简化　次常 鈞▸钧 30　0921E ≠ 094A7	简化　次常-丁 鈣▸钙 35　09223 ≠ 09499	简化 鈦▸钛 45　09226 ≠ 0949B	简化　常用-B-乙 鈴▸铃 15　09234 ≠ 094C3
简化 鈷▸钴 50　09237 ≠ 094B4	简化 鈸▸钹 35　09238 ≠ 094B9	简化 鈺▸钰 40　0923A ≠ 094B0	简化 鈰▸铈 50　0923D ≠ 094B8
简化　丁 鈾▸铀 40　0923E ≠ 094C0	简化 鉀▸钾 35　09240 ≠ 094BE	异体简化　常用-B-乙 鉅▸巨 30　09245 ≠ 05DE8	异体简化　次常-丁 鉋▸刨 50　0924B ≠ 05228
简化 鉑▸铂 50　09251 ≠ 094C2	简化　常用-丁 鉗▸钳 40　09257 ≠ 094B3	简化　常用-A-甲 鉛▸铅 20　0925B ≠ 094C5	异体简化　常用-C-丙 鈎▸钩 20　09264 ≠ 094A9
简化 鉻▸铬 50　0927B ≠ 094EC	简化　常用-A-甲 銀▸银 10　09280 ≠ 094F6	简化　常用-B-乙 銅▸铜 15　09285 ≠ 094DC	简化 銖▸铢 50　09296 ≠ 094E2
简化　次常-丁 銘▸铭 25　09298 ≠ 094ED	简化 銜▸衔 35　0929C ≠ 08854	简化 銥▸铱 45　092A5 ≠ 094F1	简化 銨▸铵 45　092A8 ≠ 094F5
简化　次常 銬▸铐 45　092AC ≠ 094D0	正形简化　常用-B-乙 銳▸锐 20　092B3 ≠ 09510	简化 銷▸销 25　092B7 ≠ 09500	简化　常用-C-丙 銹▸锈 45　092B9 ≠ 09508
简化 銼▸锉 50　092BC ≠ 09509	简化　次常-C-丙 鋁▸铝 30　092C1 ≠ 094DD	简化　次常-丁 鋅▸锌 45　092C5 ≠ 0950C	简化　常用-丁 鋒▸锋 15　092D2 ≠ 0950B
简化　常用-丁 鋤▸锄 30　092E4 ≠ 09504	简化　常用-B-乙 鋪▸铺 25　092EA ≠ 094FA	简化 鋯▸锆 50　092EF ≠ 09506	简化　常用-丁 鋸▸锯 25　092F8 ≠ 0952F
简化　常用-A-甲 鋼▸钢 15　092FC ≠ 094A2	简化　常用-A-甲 錄▸录 10　09304 ≠ 05F55	简化　次常 錐▸锥 30　09310 ≠ 09525	简化　常用-丁 錘▸锤 35　09318 ≠ 09524
简化 錚▸铮 50　0931A ≠ 094EE	简化 錛▸锛 50　0931B ≠ 0951B	简化　次常 錠▸锭 40　09320 ≠ 0952D	简化　常用-A-甲 錢▸钱 05　09322 ≠ 094B1
简化　常用-丁 錦▸锦 20　09326 ≠ 09526	简化　次常 錨▸锚 50　09328 ≠ 0951A	简化 錩▸锠 50　09329 ≠ 09520	简化　常用-C-丙 錫▸锡 30　0932B ≠ 09521

简化 常用-A-甲 錯 ▸ 错 10 0932F ≠ 09519	简化 次常 錳 ▸ 锰 35 09333 ≠ 09530	简化 常用-A-甲 錶 ▸ 表 35 09336 ≠ 08868	异体简化 常用-A-甲 鍊 ▸ 炼 25 0934A ≠ 070BC
简化 常用-B-乙 鍋 ▸ 锅 20 0934B ≠ 09505	简化 次常-丁 鍍 ▸ 镀 50 0934D ≠ 09540	简化 錫 ▸ 锡 50 0935A ≠ 09496	简化 常用-A-甲 鍛 ▸ 锻 30 0935B ≠ 0953B
简化 鍥 ▸ 锲 50 09365 ≠ 09532	简化 鍬 ▸ 锹 45 0936C ≠ 09539	简化 常用-B-乙 鍵 ▸ 键 20 09375 ≠ 0952E	简化 鍾 ▸ 锺 25 0937E ≠ 0953A
简化 丁 鎂 ▸ 镁 40 09382 ≠ 09541	简化 鎊 ▸ 镑 40 0938A ≠ 09551	异体简化 常用-丁 鎌 ▸ 镰 45 0938C ≠ 09570	简化 鎔 ▸ 镕 45 09394 ≠ 09555
简化 常用-C-丙 鎖 ▸ 锁 25 09396 ≠ 09501	异体简化 常用-B-乙 鎗 ▸ 枪 45 09397 ≠ 067AA	异体简化 常用-丁 鎚 ▸ 锤 35 0939A ≠ 09524	简化 次常 鎬 ▸ 镐 45 093AC ≠ 09550
简化 常用-C-丙 鎮 ▸ 镇 10 093AE ≠ 09547	简化 鎳 ▸ 镍 40 093B3 ≠ 0954D	简化 鏃 ▸ 镞 50 093C3 ≠ 0955E	简化 常用-丁 鏈 ▸ 链 30 093C8 ≠ 094FE
简化 鏇 ▸ 镟 40 093D8 ≠ 09535	简化 常用-C-丙 鏟 ▸ 铲 35 093DF ≠ 094F2	简化 常用-B-乙 鏡 ▸ 镜 10 093E1 ≠ 0955C	简化 鏢 ▸ 镖 40 093E2 ≠ 09556
简化 鏤 ▸ 镂 45 093E4 ≠ 09542	异体简化 常用-C-丙 鏽 ▸ 锈 30 093FD ≠ 09508	简化 常用-A-甲 鐘 ▸ 钟 10 09418 ≠ 0949F	简化 鐙 ▸ 镫 45 09419 ≠ 0956B
简化 鐫 ▸ 镌 50 0942B ≠ 0954C	简化 常用-丁 鐮 ▸ 镰 35 0942E ≠ 09570	简化 鐲 ▸ 镯 35 09432 ≠ 0956F	简化 鐳 ▸ 镭 50 09433 ≠ 0956D
简化 常用-B-乙 鐵 ▸ 铁 10 09435 ≠ 094C1	简化 鐸 ▸ 铎 35 09438 ≠ 094CE	简化 次常 鐺 ▸ 铛 35 0943A ≠ 094DB	简化 常用-C-丙 鑄 ▸ 铸 25 09444 ≠ 094F8
异体简化 常用-C-丙 鑑 ▸ 鉴 25 09451 ≠ 09274	简化 鑒 ▸ 鉴 45 09452 ≠ 09274	简化 常用-C-丙 鑰 ▸ 钥 30 09470 ≠ 094A5	简化 次常-丁 鑲 ▸ 镶 30 09472 ≠ 09576
简化 次常 鑷 ▸ 镊 40 09477 ≠ 0954A	简化 常用-C-丙 鑼 ▸ 锣 25 0947C ≠ 09523	简化 常用-乙 鑽 ▸ 钻 20 0947D ≠ 094BB	简化 鑾 ▸ 銮 40 0947E ≠ 092AE
简化 次常-C-丙 鑿 ▸ 凿 25 0947F ≠ 051FF	简化 常用-A-甲 長 ▸ 长 05 09577 ≠ 0957F	简化 常用-A-甲 門 ▸ 门 05 09580 ≠ 095E8	简化 閂 ▸ 闩 45 09582 ≠ 095E9
简化 常用-B-乙 閃 ▸ 闪 15 09583 ≠ 095EA	简化 常用-B-乙 閉 ▸ 闭 20 09589 ≠ 095ED	简化 常用-A-甲 開 ▸ 开 05 0958B ≠ 05F00	简化 閎 ▸ 闳 25 0958E ≠ 095F3
简化 次常 閑 ▸ 闲 50 09591 ≠ 095F2	异体简化 常用-B-乙 閒 ▸ 闲 15 09592 ≠ 095F2	简化 常用-A-甲 間 ▸ 间 05 09593 ≠ 095F4	简化 閔 ▸ 闵 25 09594 ≠ 095F5
简化 常用-丁 閘 ▸ 闸 40 09598 ≠ 095F8	简化 C-丙 閡 ▸ 阂 50 095A1 ≠ 09602	简化 常用-丁 閣 ▸ 阁 25 095A3 ≠ 09601	简化 常用-A-甲 閤 ▸ 合 45 095A4 ≠ 05408

简化 常用-丁	简化 次常-丁	简化 次常	简化
閥▸阀 35 095A5 ≠ 09600	閨▸闺 45 095A8 ≠ 095FA	閩▸闽 30 095A9 ≠ 095FD	闇▸阍 50 095AB ≠ 09603
简化	**正形简化 常用-B-乙**	**简化**	**简化 次常**
闐▸阗 50 095AC ≠ 09606	覘▸阅 15 095B1 ≠ 09605	閹▸阉 50 095B9 ≠ 09609	闍▸阇 35 095BB ≠ 0960E
简化 常用-A-甲	**简化**	**简化 常用-B-乙**	**简化**
闆▸板 20 095C6 ≠ 0677F	闊▸阔 15 095CA ≠ 09614	闌▸阑 40 095CC ≠ 09611	闐▸阗 40 095D0 ≠ 09617
简化	**简化**	**简化 常用-B-乙**	**简化 常用-A-甲**
闛▸阛 40 095D4 ≠ 09616	闕▸阙 45 095D5 ≠ 09619	闖▸闯 25 095D6 ≠ 095EF	關▸关 05 095DC ≠ 05173
简化 次常-丁	**简化 常用-B-乙**	**简化 常用-C+-丙+**	**异体代换 常用-B-乙**
闡▸闸 35 095E1 ≠ 09610	闢▸辟 30 095E2 ≠ 08F9F	陝▸陕 35 0965D ≠ 09655	陞▸升 40 0965E ≠ 05347
简化 常用-B-乙	**简化 常用-A-甲**	**简化 常用-C-丙**	**简化 常用-B-乙**
陣▸阵 10 09663 ≠ 09635	陰▸阴 15 09670 ≠ 09634	陳▸陈 10 09673 ≠ 09648	陸▸陆 10 09678 ≠ 09646
简化 常用-A-甲	**异体代换 常用-C-丙**	**简化 常用-B-乙**	**简化 常用-A-甲**
陽▸阳 05 0967D ≠ 09633	隄▸堤 50 09684 ≠ 05824	隊▸队 10 0968A ≠ 0961F	階▸阶 15 0968E ≠ 09636
简化 次常	**简化**	**简化 常用-B-乙**	**简化 常用-A-甲**
隕▸陨 30 09695 ≠ 09668	際▸际 10 0969B ≠ 09645	隨▸随 10 096A8 ≠ 0968F	險▸险 10 096AA ≠ 09669
简化 常用-C-丙	**简化**	**简化 常用-C-丙**	**简化 常用-A-甲**
隱▸隐 15 096B1 ≠ 09690	隴▸陇 40 096B4 ≠ 09647	隸▸隶 35 096B8 ≠ 096B6	隻▸只 05 096BB ≠ 053EA
异体代换	**简化 常用-A-甲**	**简化 常用-A-甲**	**简化 次常**
雋▸隽 45 096CB ≠ 096BD	雖▸虽 05 096D6 ≠ 0867D	雙▸双 10 096D9 ≠ 053CC	雛▸雏 30 096DB ≠ 096CF
简化 常用-A-甲	**异体简化 常用-A-甲**	**简化 常用-A-甲**	**简化 常用-A-甲**
雜▸杂 15 096DC ≠ 06742	雞▸鸡 10 096DE ≠ 09E21	離▸离 05 096E2 ≠ 079BB	難▸难 05 096E3 ≠ 096BE
简化 常用-A-甲	**简化 常用-A-甲**	**简化 常用-B-乙**	**简化**
雲▸云 10 096F2 ≠ 04E91	電▸电 05 096FB ≠ 07535	霧▸雾 15 09727 ≠ 096FE	霽▸霁 40 0973D ≠ 09701
简化 次常	**简化**	**简化 常用-B-乙**	**汉字正形 常用-A-甲**
靂▸雳 40 09742 ≠ 096F3	靄▸霭 45 09744 ≠ 0972D	靈▸灵 10 09748 ≠ 07075	靜▸静 10 0975C ≠ 09759
简化	**简化 常用-B-乙**	**简化 常用-A-甲**	**异体代换 次常**
靨▸靥 40 09768 ≠ 09765	鞏▸巩 45 0978F ≠ 05DE9	鞦▸秋 45 097A6 ≠ 079CB	韁▸缰 35 097C1 ≠ 07F30
简化 常用-A-甲	**简化**	**简化 次常-丁**	**简化 次常**
韆▸千 45 097C6 ≠ 05343	韋▸韦 25 097CB ≠ 097E6	韌▸韧 30 097CC ≠ 097E7	韓▸韩 20 097D3 ≠ 097E9
简化	**简化**	**异体简化 常用-丁**	**简化 常用-A-甲**
韙▸韪 45 097D9 ≠ 097EA	韜▸韬 50 097DC ≠ 097EC	韻▸韵 20 097FB ≠ 097F5	響▸响 10 097FF ≠ 054CD

简化　　常用-A-甲 頁▸页 10　09801 ≠ 09875	简化　　常用-B-乙 頂▸顶 10　09802 ≠ 09876	简化　　常用-C-丙 頃▸顷 30　09803 ≠ 09877	简化　　常用-B-乙 項▸项 10　09805 ≠ 09879
简化　　常用-B-乙 順▸顺 10　09806 ≠ 0987A	简化　　常用-A-甲 須▸须 10　09808 ≠ 0987B	简化　　常用-C-丙 頌▸颂 25　0980C ≠ 09882	简化　　常用-A-甲 頏▸颀 50　0980E ≠ 09880
简化　　常用-A-甲 預▸预 15　09810 ≠ 09884	简化　　常用-C-丙 頑▸顽 25　09811 ≠ 0987D	简化　　次常-丁 頒▸颁 30　09812 ≠ 09881	简化　　常用-A-甲 頓▸顿 15　09813 ≠ 0987F
简化　　次常-丁 頗▸颇 25　09817 ≠ 09887	简化　　常用-A-甲 領▸领 10　09818 ≠ 09886	简化 頜▸颌 50　0981C ≠ 0988C	简化 頡▸颉 45　09821 ≠ 09889
简化 頤▸颐 35　09824 ≠ 09890	条件简化 頻▸频 50　0982B ≠ NoCode	条件异体代换　常用-C-丙 頫▸俯 50　0982B ≠ 04FEF	简化　　常用-A-甲 頭▸头 05　0982D ≠ 05934
简化　　次常-丁 頰▸颊 30　09830 ≠ 0988A	简化 頷▸颔 40　09837 ≠ 09894	简化　　常用-丁 頸▸颈 15　09838 ≠ 09888	正形简化　　次常 頹▸颓 35　09839 ≠ 09893
简化　　次常-丁 頻▸频 20　0983B ≠ 09891	简化　　常用-B-乙 顆▸颗 10　09846 ≠ 09897	简化　　常用-A-甲 題▸题 05　0984C ≠ 09898	简化　　常用-C-丙 額▸额 20　0984D ≠ 0989D
简化 顎▸颚 25　0984E ≠ 0989A	简化　　常用-A-甲 顏▸颜 10　0984F ≠ 0989C	简化　　常用-A-甲 願▸愿 10　09858 ≠ 0613F	简化　　常用-丁 顛▸颠 30　0985B ≠ 098A0
简化　　常用-B-乙 類▸类 05　0985E ≠ 07C7B	简化 顥▸颢 45　09865 ≠ 098A2	简化　　常用-A-甲 顧▸顾 10　09867 ≠ 0987E	简化　　常用-C-丙 顫▸颤 30　0986B ≠ 098A4
简化　　常用-B-乙 顯▸显 10　0986F ≠ 0663E	简化 顰▸颦 50　09870 ≠ 098A6	简化　　次常 顱▸颅 25　09871 ≠ 09885	简化 顳▸颞 45　09873 ≠ 0989E
简化　　常用-B-乙 顴▸颧 50　09874 ≠ 098A7	简化　　常用-A-甲 風▸风 05　098A8 ≠ 098CE	简化 颯▸飒 40　098AF ≠ 098D2	简化　　次常 颱▸台 25　098B1 ≠ 053F0
简化　　常用-A-甲 颳▸刮 30　098B3 ≠ 0522E	简化 颼▸飕 30　098BC ≠ 098D5	简化　　常用-B-乙 飄▸飘 15　098C4 ≠ 098D8	简化 飆▸飙 45　098C6 ≠ 098D9
简化　　常用-A-甲 飛▸飞 05　098DB ≠ 098DE	异体简化　常用-C-丙 飢▸饥 25　098E2 ≠ 09965	简化　　常用-A-甲 飯▸饭 10　098EF ≠ 0996D	简化　　常用-C-丙 飲▸饮 20　098F2 ≠ 0996E
简化　　常用-C-丙 飼▸饲 25　098FC ≠ 09972	简化 飽▸饱 15　098FD ≠ 09971	简化　　常用-C-丙 飾▸饰 15　098FE ≠ 09970	简化 餃▸饺 35　09903 ≠ 0997A
简化　　常用-B-乙 餅▸饼 20　09905 ≠ 0997C	简化 養▸养 10　0990A ≠ 0517B	简化 餌▸饵 45　0990C ≠ 09975	简化　　次常 餑▸饽 45　09911 ≠ 0997D
简化　　次常 餒▸馁 40　09912 ≠ 09981	简化　　常用-A-甲 餓▸饿 15　09913 ≠ 0997F	简化　　常用-B-乙 餘▸余 15　09918 ≠ 04F59	异体简化　　次常 餚▸肴 35　0991A ≠ 080B4

简化 餞 ▶ 饯 50　0991E ≠ 0996F	简化　　　常用-丁 餡 ▶ 馅 40　09921 ≠ 09985	简化　　常用-A-甲 館 ▶ 馆 10　09928 ≠ 09986	简化　　常用-A-甲 餵 ▶ 喂 25　09935 ≠ 05582
异体简化　　　　丁 餽 ▶ 馈 45　0993D　09988	简化　　　　　次常 餾 ▶ 馏 50　0993E ≠ 0998F	简化　　常用-B-乙 饅 ▶ 馒 40　09945 ≠ 09992	简化　　　　　丁 饋 ▶ 馈 40　0994B ≠ 09988
简化 饌 ▶ 馔 45　0994C ≠ 09994	简化　　常用-C-丙 饑 ▶ 饥 35　09951 ≠ 09965	简化　　常用-C-丙 饒 ▶ 饶 25　09952 ≠ 09976	简化 饗 ▶ 飨 40　09957 ≠ 098E8
简化　　　　常用-丁 饞 ▶ 馋 40　0995E ≠ 0998B	简化　　常用-A-甲 馬 ▶ 马 05　099AC ≠ 09A6C	简化 馭 ▶ 驭 50　099AD ≠ 09A6D	简化　　　次常-丁+ 馮 ▶ 冯 35　099AE ≠ 051AF
简化　　次常-C-丙 馱 ▶ 驮 40　099B1 ≠ 09A6E	简化　　　常用-丁 馳 ▶ 驰 25　099B3 ≠ 09A70	简化　　　　次常 馴 ▶ 驯 30　099B4 ≠ 09A6F	简化 駁 ▶ 驳 35　099C1 ≠ 09A73
简化　　常用-C-丙 駐 ▶ 驻 25　099D0 ≠ 09A7B	简化　　常用-A-甲 駕 ▶ 驾 20　099D5 ≠ 09A7E	简化 駙 ▶ 驸 40　099D9 ≠ 09A78	简化　　常用-C-丙 駛 ▶ 驶 20　099DB ≠ 09A76
简化　　常用-C-丙 駝 ▶ 驼 30　099DD ≠ 09A7C	简化 馹 ▶ 驲 40　099DF ≠ 09A77	简化 駢 ▶ 骈 50　099E2 ≠ 09A88	简化　　　　次常 駭 ▶ 骇 40　099ED ≠ 09A87
简化　　常用-C-丙 駱 ▶ 骆 30　099F1 ≠ 09A86	简化 駿 ▶ 骏 40　099FF ≠ 09A8F	简化　　　　次常 騁 ▶ 骋 45　09A01 ≠ 09A8B	简化 騅 ▶ 骓 50　09A05 ≠ 09A93
简化　　常用-A-甲 騎 ▶ 骑 15　09A0E ≠ 09A91	简化 騙 ▶ 骗 20　09A19 ≠ 09A97	简化　　常用-B-乙 騫 ▶ 骞 25　09A2B ≠ 09A9E	简化　　常用-C-丙 騰 ▶ 腾 20　09A30 ≠ 0817E
简化　　次常-C-丙 騷 ▶ 骚 35　09A37 ≠ 09A9A	简化 騾 ▶ 骡 40　09A3E ≠ 09AA1	简化　　　常用-丁 驃 ▶ 骠 50　09A43 ≠ 09AA0	简化　　　常用-丁 驅 ▶ 驱 25　09A45 ≠ 09A71
简化 驊 ▶ 骅 50　09A4A ≠ 09A85	简化 驍 ▶ 骁 50　09A4D ≠ 09A81	简化　　常用-B-乙 驕 ▶ 骄 25　09A55 ≠ 09A84	简化　　常用-A-甲 驗 ▶ 验 10　09A57 ≠ 09A8C
简化　　常用-B-乙 驚 ▶ 惊 10　09A5A ≠ 060CA	简化 驛 ▶ 驿 40　09A5B ≠ 09A7F	简化　　常用-C-丙 驟 ▶ 骤 25　09A5F ≠ 09AA4	简化　　常用-C-丙 驢 ▶ 驴 25　09A62 ≠ 09A74
简化 驥 ▶ 骥 45　09A65 ≠ 09AA5	简化 驪 ▶ 骊 35　09A6A ≠ 09A8A	简化　　　　次常 骯 ▶ 肮 35　09AAF ≠ 080AE	简化 髏 ▶ 髅 40　09ACF ≠ 09AC5
简化　　常用-A-甲 髒 ▶ 脏 20　09AD2 ≠ 0810F	简化　　常用-A-甲 體 ▶ 体 05　09AD4 ≠ 04F53	简化 髖 ▶ 髋 35　09AD6 ≠ 09ACB	简化　　常用-A-甲 髮 ▶ 发 15　09AEE ≠ 053D1
简化　　常用-B-乙 鬆 ▶ 松 15　09B06 ≠ 0677E	简化　　常用-B-乙 鬍 ▶ 胡 20　09B0D ≠ 080E1	简化　　常用-A-甲 鬚 ▶ 须 30　09B1A ≠ 0987B	简化　　　　次常 鬢 ▶ 鬓 40　09B22 ≠ 09B13
简化　　常用-B-乙 鬥 ▶ 斗 15　09B25 ≠ 06597	简化　　常用-B-乙 鬧 ▶ 闹 10　09B27 ≠ 095F9	简化　　　次常-丁 鬱 ▶ 郁 35　09B31 ≠ 090C1	简化　　常用-A-甲 魚 ▶ 鱼 05　09B5A ≠ 09C7C

简化 鮋 ▸ 鲉 45 09B68 ≠ 09C80	简化 常用—丁 魯 ▸ 鲁 15 09B6F ≠ 09C81	简化 魷 ▸ 鱿 45 09B77 ≠ 09C7F	简化 鮐 ▸ 鲐 50 09B90 ≠ 09C90
简化 鮑 ▸ 鲍 40 09B91 ≠ 09C8D	简化 鮒 ▸ 鲋 40 09B92 ≠ 09C8B	简化 鮪 ▸ 鲔 45 09BAA ≠ 09C94	简化 鮭 ▸ 鲑 30 09BAD ≠ 09C91
简化 常用—B—乙 鮮 ▸ 鲜 15 09BAE ≠ 09C9C	简化 鯉 ▸ 鲤 45 09BC9 ≠ 09CA4	次常 鯊 ▸ 鲨 25 09BCA ≠ 09CA8	简化 鯔 ▸ 鲻 50 09BD4 ≠ 09CBB
简化 鯛 ▸ 鲷 45 09BDD ≠ 09CB4	简化 次常—C—丙 鯨 ▸ 鲸 25 09BE8 ≠ 09CB8	简化 鯰 ▸ 鲶 40 09BF0 ≠ 09CB6	简化 次常 鯽 ▸ 鲫 40 09BFD ≠ 09CAB
简化 鰭 ▸ 鳍 50 09C06 ≠ 0E858	简化 鰈 ▸ 鲽 45 09C08 ≠ 09CBD	简化 鰍 ▸ 鳅 35 09C0D ≠ 09CC5	简化 鰓 ▸ 鳃 30 09C13 ≠ 09CC3
简化 次常 鰭 ▸ 鳍 30 09C2D ≠ 09CCD	简化 鰲 ▸ 鳌 45 09C32 ≠ 09CCC	简化 鰹 ▸ 鲣 35 09C39 ≠ 09CA3	简化 鰻 ▸ 鳗 30 09C3B ≠ 09CD7
简化 鰾 ▸ 鳔 40 09C3E ≠ 09CD4	简化 鱈 ▸ 鳕 50 09C48 ≠ 09CD5	次常 鱉 ▸ 鳖 40 09C49 ≠ 09CD6	简化 鱒 ▸ 鳟 45 09C52 ≠ 09CDF
简化 鱔 ▸ 鳝 45 09C54 ≠ 09CDD	简化 鱖 ▸ 鳜 40 09C56 ≠ 09CDC	简化 次常 鱗 ▸ 鳞 25 09C57 ≠ 09CDE	异体简化 鱷 ▸ 鳄 20 09C77 ≠ 09CC4
简化 鱸 ▸ 鲈 50 09C78 ≠ 09C88	简化 鱺 ▸ 鲡 50 09C7A ≠ 09CA1	简化 常用—B—乙 鳥 ▸ 鸟 05 09CE5 ≠ 09E1F	简化 次常 鳩 ▸ 鸠 45 09CE9 ≠ 09E20
简化 常用—丁 鳳 ▸ 凤 15 09CF3 ≠ 051E4	简化 常用—C—丙 鳴 ▸ 鸣 20 09CF4 ≠ 09E23	简化 鳶 ▸ 鸢 35 09CF6 ≠ 09E22	简化 常用—丁 鴉 ▸ 鸦 20 09D09 ≠ 09E26
简化 鴒 ▸ 鸰 50 09D12 ≠ 09E30	简化 鴕 ▸ 鸵 30 09D15 ≠ 09E35	简化 鴛 ▸ 鸳 50 09D1B ≠ 09E33	简化 鴝 ▸ 鸲 50 09D1D ≠ 09E32
简化 鴞 ▸ 鸮 35 09D1E ≠ 09E2E	简化 次常 鴦 ▸ 鸯 50 09D26 ≠ 09E2F	简化 常用—C—丙 鴨 ▸ 鸭 15 09D28 ≠ 09E2D	简化 鴷 ▸ 䴕 45 09D37 ≠ 0E85E
简化 鴻 ▸ 鸿 30 09D3B ≠ 09E3F	简化 次常 鴿 ▸ 鸽 25 09D3F ≠ 09E3D	简化 鵑 ▸ 鹃 25 09D51 ≠ 09E43	简化 鵜 ▸ 鹈 40 09D5C ≠ 09E48
简化 常用—B—乙 鵝 ▸ 鹅 15 09D5D ≠ 09E45	简化 鵠 ▸ 鹄 50 09D60 ≠ 09E44	简化 鵡 ▸ 鹉 30 09D61 ≠ 09E49	简化 鶘 ▸ 鹕 40 09D6A ≠ 09E4C
简化 次常 鵬 ▸ 鹏 30 09D6C ≠ 09E4F	简化 鶯 ▸ 鹐 50 09D6F ≠ 09E4E	异体代换 常用—C—丙 鵰 ▸ 雕 40 09D70 ≠ 096D5	简化 常用—丁 鵲 ▸ 鹊 35 09D72 ≠ 09E4A
简化 鶇 ▸ 鸫 45 09D87 ≠ 09E2B	简化 鶉 ▸ 鹑 50 09D89 ≠ 09E51	简化 鶘 ▸ 鹕 40 09D98 ≠ 09E55	简化 鶩 ▸ 鹜 50 09DA9 ≠ 09E5C

简化　　　　　次常	简化　　　　　次常	简化	异体简化
鶯 ▸ 莺	鶴 ▸ 鹤	鷺 ▸ 鹈	鷿 ▸ 鸊
25　09DAF ≠ 083BA	35　09DB4 ≠ 09E64	50　09DBA ≠ 09E61	50　09DBF ≠ 09E5A
简化	简化　　　　　次常	简化	简化
鷂 ▸ 鹚	鷗 ▸ 鸥	鷥 ▸ 鸶	鷲 ▸ 鹫
50　09DC2 ≠ 09E5E	30　09DD7 ≠ 09E25	45　09DE5 ≠ 09E36	40　09DF2 ≠ 09E6B
简化　　　　常用一丁	简化	简化	简化　　　　　次常
鷹 ▸ 鹰	鷺 ▸ 鹭	鸆 ▸ 鸬	鸚 ▸ 鹦
15　09DF9 ≠ 09E70	25　09DFA ≠ 09E6D	50　09E15 ≠ 09E2C	30　09E1A ≠ 09E66
简化	简化	简化	简化　　　常用一C一丙
鸛 ▸ 鹳	鸝 ▸ 鹂	鸞 ▸ 鸾	鹹 ▸ 咸
35　09E1B ≠ 09E73	40　09E1D ≠ 09E42	50　09E1E ≠ 09E3E	30　09E79 ≠ 054B8
简化　　　次常一C一丙	简化　　　常用一B一乙	简化　　　常用一B一乙	简化　　　常用一B一乙
鹼 ▸ 碱	鹽 ▸ 盐	麗 ▸ 丽	麥 ▸ 麦
25　09E7C ≠ 078B1	15　09E7D ≠ 076D0	05　09E97 ≠ 04E3D	15　09EA5 ≠ 09EA6
简化　　　常用一A一甲	简化　　　常用一A一甲	汉字正形　常用一A一甲	简化　　　常用一A一甲
麵 ▸ 面	麽 ▸ 么	黃 ▸ 黄	點 ▸ 点
20　09EB5 ≠ 09762	05　09EBC ≠ 04E48	05　09EC3 ≠ 09EC4	05　09EDE ≠ 070B9
简化　　　常用一B一乙	简化　　　常用一C一丙	简化	简化
黨 ▸ 党	黴 ▸ 霉	黿 ▸ 鼋	鼀 ▸ 鼁
20　09EE8 ≠ 0515A	30　09EF4 ≠ 09709	40　09EFD ≠ 09EFE	50　09EFF ≠ 09F0B
异体代换	简化　　　常用一A一甲	简化　　　　　次常	简化　　　常用一C一丙
鼴 ▸ 鼹	齊 ▸ 齐	齋 ▸ 斋	齒 ▸ 齿
40　09F34 ≠ 09F39	10　09F4A ≠ 09F50	40　09F4B ≠ 0658B	10　09F52 ≠ 09F7F
简化	简化　　　常用一B一乙	简化　　　常用一A一甲	简化
齜 ▸ 龇	齡 ▸ 龄	齣 ▸ 出	齦 ▸ 龈
50　09F5C ≠ 09F87	20　09F61 ≠ 09F84	40　09F63 ≠ 051FA	30　09F66 ≠ 09F88
异体简化	简化	简化	简化
齧 ▸ 啮	齪 ▸ 龊	齬 ▸ 龋	齷 ▸ 龌
50　09F67 ≠ 0556E	50　09F6A ≠ 09F8A	40　09F72 ≠ 09F8B	50　09F77 ≠ 09F8C
简化　　　常用一B一乙	简化　　　　次常一丁	简化	简化　　　　常用一丁
龍 ▸ 龙	龐 ▸ 庞	龕 ▸ 龛	龜 ▸ 龟
05　09F8D ≠ 09F99	20　09F90 ≠ 05E9E	40　09F95 ≠ 09F9B	15　09F9C ≠ 09F9F

144

[大陆-台湾]CY独有字表U_CY_T V4.0

冗 05197	凫 051EB	剿 0527F	叁 053C1	啑 05501	噔 055E4	喊 05601	坯 0576F
夯 0592F	姥 059E5	嫡 05AE1	忴 06014	憋 0618B	抠 062A0	抢 062A1	拧 062E7
挎 0630E	捌 0634C	掸 063B8	搪 0642A	撬 064AC	晾 0667E	权 06748	柬 067EC
梆 06886	檩 06AA9	殉 06B89	汛 06C5B	涣 06DA3	涮 06DAE	滓 06ED3	炕 07095
烙 070D9	燎 071CE	牍 0724D	瓢 074E4	畸 07578	瘓 075EA	癣 07663	矾 077FE
硐 07889	秕 079D5	秋 079EB	秸 079F8	窆 07ABF	笤 07B24	胯 080EF	膘 08198
膳 081B3	臊 081CA	苫 082EB	茬 0832C	荞 08360	荸 08378	蓖 084D6	蔫 0852B
藐 085D0	蛔 086D4	蚌 08845	衩 08869	袒 08892	裆 088C6	誊 08A8A	讹 08BB9
赊 08D4A	蹬 08E6C	辕 08F95	迁 08FC2	铆 094C6	铡 094E1	铣 094E3	锨 09528
镣 09563	闰 095F0	馍 0998D	驹 09A79	麸 09EB8	黔 09ED4		

[大陆–台湾]HSK（汉办版）独有字表U_HSK0_T V4.0

叁 053C1	坯 0576F	姥 059E5	憋 0618B	抠 062A0	抡 062A1	拧 062E7	挎 0630E
捌 0634C	晾 0667E	柬 067EC	汛 06C5B	炕 07095	痪 075EA	窨 07ABF	衅 08845
讥 08BB9	谗 08C17	蹬 08E6C	饪 0996A	髦 09AE6			

[大陆-台湾]HSK(北语版)独有字表U_HSK1_T V4.0

姥	拧	窿	蹬				
059E5	062E7	07ABF	08E6C				

原字频序号	Unicode EUDC In TTE	Hanzi EUDC inTTE	Hanzi EUDC JPEG	大陆字库借用	简化前 Unicode	Hanzi 简化后	简化后 Unicode
3512	3577	咱	咱	咱	3577	咱	3577
3516	920E	鉤	鉤	鉤	920E	钩	94A9
5001	70DF	烟	烟	烟	70DF	烟	70DF
4274	E040	坂	坂	坂	5742	坂	5742
3738	E09D	筋	筋	筋	7B6F	筋	7B6F
5003	E139	緜	緜	緜	7DDC	绵	7EF5
3881	E160	峯	峯	峯	5CEF	峰	5CF0
5007	E17F	虬	虬	虬	866C	虬	866C
5009	E18F	躭	躭	躭	8EAD	耽	803D
4113	E1B3	櫈	櫈	櫈	6AC8	凳	51F3
4187	E1D4	枱	枱	枱	67B1	台	53F0
4270	E1D8	縧	縧	縧	7E27	绦	7EE6

5019	E249	犂	犂	犂	7282	犁	7281
5020	E2ED	鮟	鮟	鮟	9B9F	鮟	9B9F
5021	E2EE	鱇	鱇	鱇	9C47	鱇	9C47
4587	E37E	苷	苷	苷	82F7	苷	82F7
4525	E40A	綺	綺	綺	7D5D	绮	7ED4
4215	E41A	況	況	況	51B5	況	51B5
4613	E421	鴴	鴴	鴴	4D08	鴴	4D08
4639	E44C	葱	葱	葱	8471	葱	8471
4205	E58E	叚	叚	叚	53DA	叚	53DA
4579	E5CA	碱	碱	碱	78B1	碱	78B1
4210	E7E2	怱	怱	怱	6031	匆	5306
3470	E8C9	鰕	鰕	鰕	9C15	鰕	9C15
3528	E8DB	齹	齹	齹	9F39	齹	9F39
4531	E98C	玘	玘	玘	7398	玘	7398

3454	EACB	吔	吔	吔	5414	吔	5414
4519	EB9C	牤	牤	牤	7264	牤	7264
4581	EBDC	咔	咔	咔	5494	咔	5494
4022	EBE1	嗬	嗬	嗬	55EC	嗬	55EC
4204	EBE9	鮦	鮦	鮦	9BDD	鮦	9CB4
4202	EC00	碮	碮	碮	7853	碮	7853
4206	EC01	砝	砝	砝	2546E	砝	2546E
4529	EC02	掖	掖			掖	
4615	EC03	綀	綀			綀	
4010	EC05	玃	玃	玃	7374	玃	7374
4627	EC09	蝽	蝽	蝽	877D	蝽	877D
4507	EC0C	耥	耥	耥	8025	耥	8025
4505	EC11	諢	諢	諢	8AEA	諢	8AEA
4199	EC12	挵	挵	挵	6335	弄	5F04

4629	EC18	鱲	鱲	鱲	4C85	鱲	4C85
3994	EC19	鲥	鲥	鲥	4C81	鲥	4C81
3992	EC1A	鳺	鳺	鳺	4CB3	鳺	4CB3
4577	EC1B	朢	朢	朢	27375	朢	27375
4515		??	??				

其中
大陆未简化之字

5020	E2ED	鮟	鮟	鮟	9B9F	鮟	9B9F
5021	E2EE	鱇	鱇	鱇	9C47	鱇	9C47
4613	E421	鶵	鶵	鶵	4D08	鶵	4D08
4505	EC11	諄	諄	諄	8AEA	諄	8AEA
4629	EC18	鱲	鱲	鱲	4C85	鱲	4C85
3994	EC19	鲥	鲥	鲥	4C81	鲥	4C81
3992	EC1A	鳺	鳺	鳺	4CB3	鳺	4CB3

第二平面编码汉字(CJK_B)

4206	EC01	砧	砧	砧	2546E	砧	2546E
4577	EC1B	塑	塑	塑	27375	塑	27375

迄今未编码之字

4529	EC02	掫	掫			掫	
4615	EC03	綊	綊			綊	

[内地–香港]同形同码字表Y_H V4.0

一阶 常用-A-甲	一阶 常用-C-丙	一阶 常用-A-甲	一阶 常用-B-乙
一 = 一 04E00 = 04E00	丁 = 丁 04E01 = 04E01	七 = 七 04E03 = 04E03	丈 = 丈 04E08 = 04E08
一阶	一阶 常用-A-甲	一阶 常用-A-甲	一阶 常用-A-甲
三 = 三 04E09 = 04E09	上 = 上 04E0A = 04E0A	下 = 下 04E0B = 04E0B	不 = 不 04E0D = 04E0D
一阶 次常	一阶 常用-A-甲	一阶 常用-A-甲	二阶 常用-C-丙
丐 = 丐 04E10 = 04E10	且 = 且 04E14 = 04E14	世 = 世 04E16 = 04E16	丘 = 丘 04E18 = 04E18
一阶 常用-C-丙	一阶 常用-A-甲	二阶 常用-丁	一阶 常用-A-甲
丙 = 丙 04E19 = 04E19	丢 = 丢 04E22 = 04E22	丫 = 丫 04E2B = 04E2B	中 = 中 04E2D = 04E2D
一阶 常用-C-丙	一阶 常用-C-丙	二阶 常用-丁	一阶 常用-A-甲
串 = 串 04E32 = 04E32	丸 = 丸 04E38 = 04E38	丹 = 丹 04E39 = 04E39	主 = 主 04E3B = 04E3B
二阶 常用-丁	一阶 常用-A-甲	一阶 常用-A-甲	一阶 常用-B-乙
乃 = 乃 04E43 = 04E43	久 = 久 04E45 = 04E45	之 = 之 04E4B = 04E4B	乎 = 乎 04E4E = 04E4E
二阶 常用-B-乙	一阶 常用-B-乙	一阶 常用-B-乙	一阶 常用-C-丙
乏 = 乏 04E4F = 04E4F	乒 = 乒 04E52 = 04E52	乓 = 乓 04E53 = 04E53	乙 = 乙 04E59 = 04E59
一阶 常用-A-甲	一阶 常用-丁	一阶 常用-A-甲	二阶 常用-丁
九 = 九 04E5D = 04E5D	乞 = 乞 04E5E = 04E5E	也 = 也 04E5F = 04E5F	乳 = 乳 04E73 = 04E73
一阶 次常	一阶 常用-A-甲	二阶 常用-C-丙	一阶 常用-A-甲
乾 = 乾 04E7E = 04E7E	了 = 了 04E86 = 04E86	予 = 予 04E88 = 04E88	事 = 事 04E8B = 04E8B
一阶 常用-A-甲	二阶 常用-A-甲	一阶 常用-A-甲	一阶 常用-A-甲
二 = 二 04E8C = 04E8C	云 = 云 04E91 = 04E91	互 = 互 04E92 = 04E92	五 = 五 04E94 = 04E94
一阶 常用-B-乙	一阶 常用-A-甲	一阶 常用-C-丙	一阶 常用-A-甲
井 = 井 04E95 = 04E95	些 = 些 04E9B = 04E9B	亡 = 亡 04EA1 = 04EA1	交 = 交 04EA4 = 04EA4
二阶	一阶 常用-B-乙	一阶 常用-B-乙	一阶 常用-C-丙
亨 = 亨 04EA8 = 04EA8	享 = 享 04EAB = 04EAB	京 = 京 04EAC = 04EAC	亭 = 亭 04EAD = 04EAD
一阶 常用-A-甲	一阶 常用-A-甲	二阶 常用-丁	二阶 常用-C-丙
人 = 人 04EBA = 04EBA	什 = 什 04EC0 = 04EC0	仁 = 仁 04EC1 = 04EC1	仇 = 仇 04EC7 = 04EC7
一阶 常用-A-甲	一阶 常用-A-甲	一阶 常用-B-乙	一阶 常用-B-乙
今 = 今 04ECA = 04ECA	介 = 介 04ECB = 04ECB	仍 = 仍 04ECD = 04ECD	仔 = 仔 04ED4 = 04ED4
一阶 常用-A-甲	一阶 常用-C-丙	一阶 常用-B-乙	一阶 常用-丁
他 = 他 04ED6 = 04ED6	仗 = 仗 04ED7 = 04ED7	付 = 付 04ED8 = 04ED8	仙 = 仙 04ED9 = 04ED9
一阶 常用-A-甲	一阶 常用-C-乙	二阶 常用-B-乙	一阶 常用-A-甲
代 = 代 04EE3 = 04EE3	令 = 令 04EE4 = 04EE4	仰 = 仰 04EF0 = 04EF0	件 = 件 04EF6 = 04EF6

一阶 常用—A—甲	一阶 常用—B—乙	一阶 常用—B—乙	一阶 常用—B—乙
任 = 任	份 = 份	仿 = 仿	企 = 企
04EFB = 04EFB	04EFD = 04EFD	04EFF = 04EFF	04F01 = 04F01
一阶 次常—丙	一阶 常用—B—乙	二阶 常用—丁	二阶 常用—丁
伊 = 伊	伍 = 伍	伏 = 伏	伐 = 伐
04F0A = 04F0A	04F0D = 04F0D	04F0F = 04F0F	04F10 = 04F10
一阶 常用—A—甲	一阶 常用—B—乙	一阶 常用—B—乙	一阶 常用—B—乙
休 = 休	伙 = 伙	伯 = 伯	估 = 估
04F11 = 04F11	04F19 = 04F19	04F2F = 04F2F	04F30 = 04F30
一阶 常用—C—丙	二阶 常用—丁	一阶 常用—B—乙	一阶 常用—A—甲
伴 = 伴	伶 = 伶	伸 = 伸	但 = 但
04F34 = 04F34	04F36 = 04F36	04F38 = 04F38	04F46 = 04F46
一阶 常用—A—甲	一阶 常用—A—甲	一阶 常用—A—甲	二阶 次常
位 = 位	低 = 低	住 = 住	佑 = 佑
04F4D = 04F4D	04F4E = 04F4E	04F4F = 04F4F	04F51 = 04F51
一阶 常用—A—甲	二阶 常用—B—乙	一阶 常用—A—甲	一阶 常用—A—甲
何 = 何	佛 = 佛	作 = 作	你 = 你
04F55 = 04F55	04F5B = 04F5B	04F5C = 04F5C	04F60 = 04F60
一阶 常用—C—丙	二阶 常用—B—乙	一阶 常用—C—丙	一阶 常用—A—甲
佩 = 佩	佬 = 佬	佳 = 佳	使 = 使
04F69 = 04F69	04F6C = 04F6C	04F73 = 04F73	04F7F = 04F7F
一阶 常用—丁	二阶 次常—丁	一阶 常用—A—甲	一阶 常用—丁
侄 = 侄	侈 = 侈	例 = 例	侍 = 侍
04F84 = 04F84	04F88 = 04F88	04F8B = 04F8B	04F8D = 04F8D
一阶 常用—B—乙	一阶 常用—B—乙	二阶 常用—C—丙	二阶 次常—丁+
供 = 供	依 = 依	侮 = 侮	侯 = 侯
04F9B = 04F9B	04F9D = 04F9D	04FAE = 04FAE	04FAF = 04FAF
一阶 常用—B—乙	一阶 常用—A—甲	一阶 常用—B—乙	二阶 次常—丁
侵 = 侵	便 = 便	促 = 促	俐 = 俐
04FB5 = 04FB5	04FBF = 04FBF	04FC3 = 04FC3	04FD0 = 04FD0
一阶 常用—B—乙	二阶 常用—丁	一阶 常用—B—乙	一阶 常用—A—甲
俗 = 俗	俘 = 俘	保 = 保	信 = 信
04FD7 = 04FD7	04FD8 = 04FD8	04FDD = 04FDD	04FE1 = 04FE1
二阶 常用—C—丙	二阶 常用—B—乙	二阶 常用—B—乙	一阶 常用—A—甲
俯 = 俯	俱 = 俱	俾 = 俾	倍 = 倍
04FEF = 04FEF	04FF1 = 04FF1	04FFE = 04FFE	0500D = 0500D
一阶 常用—A—甲	二阶 次常	一阶 常用—C—丙	一阶 常用—A—甲
倒 = 倒	倔 = 倔	倘 = 倘	候 = 候
05012 = 05012	05014 = 05014	05018 = 05018	05019 = 05019
二阶 常用—C—丙	一阶 常用—A—甲	二阶 常用—B—乙	一阶 常用—C—丙
倚 = 倚	借 = 借	倡 = 倡	倦 = 倦
0501A = 0501A	0501F = 0501F	05021 = 05021	05026 = 05026
一阶 常用—B—乙	一阶 常用—A—甲	一阶 常用—B—乙	一阶 常用—A—甲
值 = 值	假 = 假	偏 = 偏	做 = 做
0503C = 0503C	05047 = 05047	0504F = 0504F	0505A = 0505A
一阶 常用—A—甲	一阶 常用—A—甲	一阶 常用—C—丙	一阶 常用—B—乙
停 = 停	健 = 健	偶 = 偶	偷 = 偷
0505C = 0505C	05065 = 05065	05076 = 05076	05077 = 05077

二阶 常用-A-甲	一阶 常用-B-乙	一阶 常用-B-乙	二阶 次常
傳 = 傅 05085 = 05085	傍 = 傍 0508D = 0508D	催 = 催 050AC = 050AC	僧 = 僧 050E7 = 050E7
二阶 常用-C-丙	一阶 常用-丁	二阶 次常	二阶 常用-B-乙
僵 = 僵 050F5 = 050F5	僻 = 僻 050FB = 050FB	儒 = 儒 05112 = 05112	允 = 允 05141 = 05141
一阶 常用-A-甲	一阶 常用-B-乙	一阶 常用-B-乙	二阶 常用-丁
元 = 元 05143 = 05143	兄 = 兄 05144 = 05144	充 = 充 05145 = 05145	兆 = 兆 05146 = 05146
一阶 常用-A-甲	一阶 常用-B-乙	一阶 常用-A-甲	一阶 常用-B-乙
先 = 先 05148 = 05148	光 = 光 05149 = 05149	克 = 克 0514B = 0514B	免 = 免 0514D = 0514D
二阶 次常-C-丙	一阶 常用-B-乙	一阶 常用-B-乙	一阶 常用-A-甲
兌 = 兑 05151 = 05151	兔 = 兔 05154 = 05154	入 = 入 05165 = 05165	八 = 八 0516B = 0516B
一阶 常用-A-甲	一阶 常用-A-甲	一阶 常用-A-甲	一阶 常用-B-乙
公 = 公 0516C = 0516C	六 = 六 0516D = 0516D	共 = 共 05171 = 05171	兵 = 兵 05175 = 05175
一阶 常用-A-甲	一阶 常用-B-乙	一阶 常用-A-甲	一阶 常用-C-丙
其 = 其 05176 = 05176	具 = 具 05177 = 05177	典 = 典 05178 = 05178	兼 = 兼 0517C = 0517C
一阶 常用-A-甲	一阶 常用-A-甲	二阶 次常	一阶 常用-B-乙
再 = 再 0518D = 0518D	冒 = 冒 05192 = 05192	冕 = 冕 05195 = 05195	冠 = 冠 051A0 = 051A0
一阶 常用-C-丙	一阶 常用-A-甲	一阶 常用-B-乙	一阶 常用-B-乙
冤 = 冤 051A4 = 051A4	冬 = 冬 051AC = 051AC	冰 = 冰 051B0 = 051B0	冲 = 冲 051B2 = 051B2
二阶 常用-C-丙	一阶 常用-A-甲	一阶 常用-A-甲	二阶 常用-C-丙
冶 = 冶 051B6 = 051B6	冷 = 冷 051B7 = 051B7	准 = 准 051C6 = 051C6	凝 = 凝 051DD = 051DD
一阶 常用-B-乙	二阶 次常-丁	一阶 常用-C-丙	二阶 常用-C-丙
凡 = 凡 051E1 = 051E1	凰 = 凰 051F0 = 051F0	凳 = 凳 051F3 = 051F3	凶 = 凶 051F6 = 051F6
二阶 次常-丁	二阶 次常-丁	一阶 常用-A-甲	二阶 次常-丁
凸 = 凸 051F8 = 051F8	凹 = 凹 051F9 = 051F9	出 = 出 051FA = 051FA	函 = 函 051FD = 051FD
一阶 常用-A-甲	一阶 常用-A-甲	一阶 常用-A-甲	一阶 常用-C-丙
刀 = 刀 05200 = 05200	分 = 分 05206 = 05206	切 = 切 05207 = 05207	刊 = 刊 0520A = 0520A
一阶 常用-A-甲	一阶 常用-B-乙	一阶 常用-A-甲	一阶 常用-B-乙
划 = 划 05212 = 05212	列 = 列 05217 = 05217	初 = 初 0521D = 0521D	判 = 判 05224 = 05224
一阶 次常-丁	一阶 常用-A-甲	一阶 常用-A-甲	一阶 常用-A-甲
刨 = 刨 05228 = 05228	利 = 利 05229 = 05229	别 = 别 0522B = 0522B	刮 = 刮 0522E = 0522E
一阶 常用-A-甲	一阶 常用-B-乙	一阶 常用-B-乙	一阶 常用-丁
到 = 到 05230 = 05230	制 = 制 05236 = 05236	刷 = 刷 05237 = 05237	券 = 券 05238 = 05238

一阶	常用—B—乙	一阶	常用—A—甲	一阶	常用—丁	二阶	常用—C—丙
剌 = 剌		刻 = 刻		剔 = 剔		削 = 削	
0523A = 0523A		0523B = 0523B		05243 = 05243		0524A = 0524A	

一阶	常用—A—甲	二阶	次常	二阶	常用—C—丙	一阶	常用—B—乙
前 = 前		剔 = 剔		剖 = 剖		剪 = 剪	
0524D = 0524D		05254 = 05254		05256 = 05256		0526A = 0526A	

一阶	常用—B—乙	一阶	常用—B—乙	二阶	常用—丁	一阶	常用—A—甲
副 = 副		割 = 割		劈 = 劈		力 = 力	
0526F = 0526F		05272 = 05272		05288 = 05288		0529B = 0529B	

一阶	常用—B—乙	一阶	常用—B—乙	一阶	常用—A—甲	一阶	常用—A—甲
功 = 功		加 = 加		助 = 助		努 = 努	
0529F = 0529F		052A0 = 052A0		052A9 = 052A9		052AA = 052AA	

一阶	常用—丁	二阶		一阶	次常—C—丙	一阶	常用—B—乙
劫 = 劫		劾 = 劾		勃 = 勃		勇 = 勇	
052AB = 052AB		052B9 = 052B9		052C3 = 052C3		052C7 = 052C7	

二阶	常用—C—丙	一阶	常用—丁	一阶	常用—C—丙	二阶	常用—C—丙
勉 = 勉		勒 = 勒		勤 = 勤		勾 = 勾	
052C9 = 052C9		052D2 = 052D2		052E4 = 052E4		052FE = 052FE	

二阶	常用—丁	一阶	常用—C—丙	一阶	常用—A—甲	一阶	常用—C—丙
勿 = 勿		匀 = 匀		包 = 包		匆 = 匆	
052FF = 052FF		05300 = 05300		05305 = 05305		05306 = 05306	

一阶	常用—A—甲	一阶	常用—A—甲	一阶	常用—C—丙	一阶	常用—丁
化 = 化		北 = 北		匙 = 匙		匠 = 匠	
05316 = 05316		05317 = 05317		05319 = 05319		05320 = 05320	

一阶	常用—B—乙	二阶	次常	一阶	常用—A—甲	一阶	常用—A—甲
匹 = 匹		區 = 區		十 = 十		千 = 千	
05339 = 05339		0533E = 0533E		05341 = 05341		05343 = 05343	

一阶	常用—B—乙	一阶	常用—A—甲	一阶	常用—A—甲	一阶	常用—A—甲
升 = 升		午 = 午		卉 = 卉		半 = 半	
05347 = 05347		05348 = 05348		05349 = 05349		0534A = 0534A	

二阶	次常—丁	一阶	次常	二阶	次常—丁	一阶	常用—A—甲
卑 = 卑		卒 = 卒		卓 = 卓		南 = 南	
05351 = 05351		05352 = 05352		05353 = 05353		05357 = 05357	

二阶	常用—C—丙	二阶	常用—B—乙	二阶	常用—A—甲	一阶	常用—A—甲
博 = 博		卜 = 卜		占 = 占		卡 = 卡	
0535A = 0535A		0535C = 0535C		05360 = 05360		05361 = 05361	

一阶	常用—丁	次常	二阶	常用—C—丙	一阶	常用—A—甲	一阶	常用—B—乙
卦 = 卦		卧 = 卧		危 = 危		即 = 即		
05366 = 05366		05367 = 05367		05371 = 05371		05373 = 05373		

一阶	常用—B—乙	一阶	常用—C—丙	一阶	常用—A—甲	二阶	
却 = 却		卵 = 卵		卷 = 卷		厄 = 厄	
05374 = 05374		05375 = 05375		05377 = 05377		05384 = 05384	

一阶	常用—B—乙	一阶	常用—B—乙	一阶	常用—A—甲	一阶	常用—丁
厘 = 厘		厚 = 厚		原 = 原		厦 = 厦	
05398 = 05398		0539A = 0539A		0539F = 0539F		053A6 = 053A6	

一阶	常用—B—乙	一阶	常用—A—甲	二阶	次常—丁	一阶	常用—A—甲
厨 = 厨		去 = 去		叁 = 叁		又 = 又	
053A8 = 053A8		053BB = 053BB		053C1 = 053C1		053C8 = 053C8	

一阶 常用-B-乙 叉 = 叉 053C9 = 053C9	一阶 常用-B-乙 及 = 及 053CA = 053CA	一阶 常用-A-甲 友 = 友 053CB = 053CB	一阶 常用-A-甲 反 = 反 053CD = 053CD
一阶 常用-B-乙 叔 = 叔 053D4 = 053D4	一阶 常用-A-甲 取 = 取 053D6 = 053D6	一阶 常用-A-甲 受 = 受 053D7 = 053D7	二阶 常用-C-丙 叙 = 叙 053D9 = 053D9
二阶 常用-丁 叛 = 叛 053DB = 053DB	一阶 常用-B-乙 叠 = 叠 053E0 = 053E0	一阶 常用-A-甲 口 = 口 053E3 = 053E3	一阶 常用-B-乙 古 = 古 053E4 = 053E4
一阶 常用-A-甲 句 = 句 053E5 = 053E5	一阶 另 = 另 053E6 = 053E6	一阶 只 = 只 053EA = 053EA	一阶 叫 = 叫 053EB = 053EB
二阶 常用-B-乙 召 = 召 053EC = 053EC	一阶 次常-C-丙 叭 = 叭 053ED = 053ED	二阶 常用-丁 叮 = 叮 053EE = 053EE	一阶 常用-A-甲 可 = 可 053EF = 053EF
一阶 常用-B-乙 台 = 台 053F0 = 053F0	二阶 常用-A-甲 史 = 史 053F2 = 053F2	一阶 常用-A-甲 右 = 右 053F3 = 053F3	一阶 常用-B-乙 司 = 司 053F8 = 053F8
二阶 常用-丁 叼 = 叼 053FC = 053FC	一阶 常用-A-甲 吃 = 吃 05403 = 05403	一阶 常用-A-甲 各 = 各 05404 = 05404	一阶 常用-A-甲 合 = 合 05408 = 05408
一阶 常用-丁 吉 = 吉 05409 = 05409	一阶 常用-B-乙 吊 = 吊 0540A = 0540A	一阶 吋 = 吋 0540B = 0540B	一阶 同 = 同 0540C = 0540C
一阶 常用-A-甲 名 = 名 0540D = 0540D	一阶 常用-A-甲 后 = 后 0540E = 0540E	一阶 常用-B-乙 吐 = 吐 05410 = 05410	一阶 常用-A-甲 向 = 向 05411 = 05411
二阶 常用-丁 君 = 君 0541B = 0541B	二阶 次常 吝 = 吝 0541D = 0541D	二阶 次常-丁 吟 = 吟 0541F = 0541F	一阶 次常 吠 = 吠 05420 = 05420
一阶 常用-B-乙 否 = 否 05426 = 05426	一阶 常用-A-甲 吧 = 吧 05427 = 05427	一阶 常用-B-乙 吩 = 吩 05429 = 05429	一阶 常用-B-乙 含 = 含 0542B = 0542B
一阶 次常 吱 = 吱 05431 = 05431	一阶 常用-B-乙 吸 = 吸 05438 = 05438	一阶 常用-A-甲 吹 = 吹 05439 = 05439	一阶 次常-C-丙 吻 = 吻 0543B = 0543B
二阶 常用-C-丙 吼 = 吼 0543C = 0543C	一阶 常用-A-甲 呀 = 呀 05440 = 05440	一阶 常用-B-乙 呆 = 呆 05446 = 05446	一阶 次常-C-丙 呎 = 呎 0544E = 0544E
一阶 吞 = 吞 05451 = 05451	一阶 常用-A-甲 呢 = 呢 05462 = 05462	一阶 常用-B-乙 味 = 味 05473 = 05473	一阶 次常-C-丙 呵 = 呵 05475 = 05475
二阶 次常-丁 呻 = 呻 0547B = 0547B	一阶 常用-B-乙 呼 = 呼 0547C = 0547C	一阶 常用-B-乙 命 = 命 0547D = 0547D	二阶 咀 = 咀 05480 = 05480
一阶 常用-A-甲 和 = 和 0548C = 0548C	一阶 常用-丁 咏 = 咏 0548F = 0548F	一阶 常用-B-乙 咐 = 咐 05490 = 05490	二阶 次常 咒 = 咒 05492 = 05492

一阶 　次常-A-甲 咖 = 咖 05496 = 05496	二阶 咚 = 咚 0549A = 0549A	二阶 咦 = 咦 054A6 = 054A6	一阶 　次常 咪 = 咪 054AA = 054AA
一阶 　常用-B-乙 咬 = 咬 054AC = 054AC	二阶 　常用-A-甲 咱 = 咱 054B1 = 054B1	一阶 　常用-A-甲 咳 = 咳 054B3 = 054B3	二阶 　常用-B-乙 咽 = 咽 054BD = 054BD
二阶 　常用-C-丙 哀 = 哀 054C0 = 054C0	一阶 　常用-B-乙 品 = 品 054C1 = 054C1	二阶 　常用-丁 哄 = 哄 054C4 = 054C4	一阶 　B-乙 哇 = 哇 054C7 = 054C7
一阶 　常用-A-甲 哈 = 哈 054C8 = 054C8	一阶 　常用-B-乙 哥 = 哥 054E5 = 054E5	一阶 　C-丙 哦 = 哦 054E6 = 054E6	一阶 　常用-C-丙 哨 = 哨 054E8 = 054E8
二阶 　次常-B-乙 哩 = 哩 054E9 = 054E9	一阶 　常用-A-甲 哪 = 哪 054EA = 054EA	一阶 　常用-A-甲 哭 = 哭 054ED = 054ED	二阶 　次常-B-乙 哼 = 哼 054FC = 054FC
一阶 　常用-C-丙 唇 = 唇 05507 = 05507	一阶 　常用-B-丙 唉 = 唉 05509 = 05509	一阶 　常用-丁 唐 = 唐 05510 = 05510	二阶 唔 = 唔 05514 = 05514
一阶 　常用-C-丙 售 = 售 0552E = 0552E	二阶 　常用-丁 唯 = 唯 0552F = 0552F	一阶 唱 = 唱 05531 = 05531	二阶 　次常-丁 唧 = 唧 05543 = 05543
一阶 　常用-丁 啄 = 啄 05544 = 05544	一阶 　常用-A-甲 啊 = 啊 0554A = 0554A	一阶 　次常-A-甲 啤 = 啤 05564 = 05564	二阶 　次常-丁 啥 = 啥 05565 = 05565
一阶 　常用-A-甲 啦 = 啦 05566 = 05566	一阶 啪 = 啪 0556A = 0556A	一阶 　次常 啼 = 啼 0557C = 0557C	一阶 　常用-A-甲 喂 = 喂 05582 = 05582
一阶 喃 = 喃 05583 = 05583	一阶 　常用-C-丙 喇 = 喇 05587 = 05587	一阶 　常用-C-丙 喉 = 喉 05589 = 05589	一阶 　常用-A-甲 喊 = 喊 0558A = 0558A
一阶 喔 = 喔 05594 = 05594	二阶 　常用-C-丙 喘 = 喘 05598 = 05598	一阶 　常用-A-甲 喜 = 喜 0559C = 0559C	一阶 　常用-A-甲 喝 = 喝 0559D = 0559D
二阶 　次常-丁 喧 = 喧 055A7 = 055A7	一阶 喱 = 喱 055B1 = 055B1	二阶 　次常 喳 = 喳 055B3 = 055B3	一阶 　次常-丁 喻 = 喻 055BB = 055BB
二阶 　次常-丁 嗅 = 嗅 055C5 = 055C5	二阶 　常用-B-乙 嗓 = 嗓 055D3 = 055D3	二阶 　次常 嗜 = 嗜 055DC = 055DC	一阶 　次常 嗡 = 嗡 055E1 = 055E1
二阶 　A-甲 嗯 = 嗯 055EF = 055EF	一阶 　常用-A-甲 嗽 = 嗽 055FD = 055FD	二阶 嘈 = 嘈 05608 = 05608	一阶 　常用-丁 嘉 = 嘉 05609 = 05609
二阶 　A-甲 嘛 = 嘛 0561B = 0561B	一阶 　次常-丁 嘲 = 嘲 05632 = 05632	一阶 嘹 = 嘹 05639 = 05639	一阶 嘻 = 嘻 0563B = 0563B
二阶 　次常-B-乙 嘿 = 嘿 0563F = 0563F	一阶 　常用-A-甲 器 = 器 05668 = 05668	二阶 　次常-丁 噪 = 噪 0566A = 0566A	一阶 嚏 = 嚏 0568F = 0568F

一阶 常用-B-乙 嚷 = 嚷 056B7 = 056B7	二阶 常用-丁 嚼 = 嚼 056BC = 056BC	一阶 常用-丁 囊 = 囊 056CA = 056CA	一阶 次常 囚 = 囚 056DA = 056DA
一阶 常用-A-甲 四 = 四 056DB = 056DB	一阶 常用-A-甲 回 = 回 056DE = 056DE	一阶 常用-A-甲 因 = 因 056E0 = 056E0	一阶 常用-A-甲 困 = 困 056F0 = 056F0
二阶 次常-C-丙 囱 = 囱 056F1 = 056F1	一阶 常用-B-乙 固 = 固 056FA = 056FA	一阶 次常 囿 = 囿 05703 = 05703	一阶 常用-B-乙 圈 = 圈 05708 = 05708
一阶 常用-B-乙 土 = 土 0571F = 0571F	一阶 常用-A-甲 在 = 在 05728 = 05728	一阶 常用-A-甲 地 = 地 05730 = 05730	一阶 常用-B-乙 圾 = 圾 0573E = 0573E
一阶 常用-B-乙 址 = 址 05740 = 05740	一阶 常用-B-乙 均 = 均 05747 = 05747	一阶 常用-丁 坊 = 坊 0574A = 0574A	一阶 常用-A-甲 坐 = 坐 05750 = 05750
二阶 常用-C-丙 坑 = 坑 05751 = 05751	一阶 常用-B-乙 坡 = 坡 05761 = 05761	二阶 常用-C-丙 坦 = 坦 05766 = 05766	一阶 次常 坪 = 坪 0576A = 0576A
一阶 常用-B-乙 垃 = 垃 05783 = 05783	一阶 次常 垢 = 垢 057A2 = 057A2	二阶 常用-C-丙 垮 = 垮 057AE = 057AE	二阶 次常-丁+ 埃 = 埃 057C3 = 057C3
一阶 常用-B-乙 埋 = 埋 057CB = 057CB	一阶 常用-A-甲 城 = 城 057CE = 057CE	二阶 常用-C-丙 域 = 域 057DF = 057DF	二阶 次常-丁 埠 = 埠 057E0 = 057E0
一阶 常用-B-乙 培 = 培 057F9 = 057F9	一阶 常用-C-丙 基 = 基 057FA = 057FA	一阶 常用-A-甲 堂 = 堂 05802 = 05802	一阶 常用-B-乙 堆 = 堆 05806 = 05806
一阶 常用-丁 堡 = 堡 05821 = 05821	二阶 常用-C-丙 堤 = 堤 05824 = 05824	一阶 常用-B-乙 堵 = 堵 05835 = 05835	二阶 常用-C-丙 塌 = 塌 0584C = 0584C
一阶 常用-B-乙 塑 = 塑 05851 = 05851	一阶 常用-丁 塘 = 塘 05858 = 05858	一阶 常用-C-丙 塞 = 塞 0585E = 0585E	一阶 常用-B-乙 填 = 填 0586B = 0586B
一阶 常用-B-乙 境 = 境 05883 = 05883	二阶 次常 墅 = 墅 05885 = 05885	一阶 常用-A-甲 增 = 增 0589E = 0589E	一阶 常用-B-乙 墨 = 墨 058A8 = 058A8
一阶 常用-B-乙 壁 = 壁 058C1 = 058C1	二阶 常用-C-丙 壤 = 壤 058E4 = 058E4	一阶 常用-B-乙 士 = 士 058EB = 058EB	一阶 次常-丁 壹 = 壹 058F9 = 058F9
一阶 常用-B-乙 壻 = 壻 058FB = 058FB	一阶 常用-A-甲 夏 = 夏 0590F = 0590F	一阶 常用-丁 夕 = 夕 05915 = 05915	一阶 常用-A-甲 外 = 外 05916 = 05916
一阶 常用-A-甲 多 = 多 0591A = 0591A	一阶 常用-A-甲 夜 = 夜 0591C = 0591C	一阶 常用-A-甲 够 = 够 0591F = 0591F	一阶 常用-A-甲 大 = 大 05927 = 05927
一阶 常用-A-甲 天 = 天 05929 = 05929	一阶 常用-A-甲 太 = 太 0592A = 0592A	一阶 常用-A-甲 夫 = 夫 0592B = 0592B	二阶 次常 夭 = 夭 0592D = 0592D

一阶	常用—B—乙	一阶	常用—B—乙	一阶	常用—B—乙	二阶	次常—C—丙
央 = 央		失 = 失		奇 = 奇		奈 = 奈	
0592E = 0592E		05931 = 05931		05947 = 05947		05948 = 05948	

二阶	常用—丁	一阶	常用—丁	二阶	次常	一阶	常用—C—丙
奉 = 奉		奏 = 奏		契 = 契		奔 = 奔	
05949 = 05949		0594F = 0594F		05951 = 05951		05954 = 05954	

一阶	常用—B—乙	二阶	次常—丁	一阶	常用—A—甲	二阶	常用—C—丙
套 = 套		奢 = 奢		女 = 女		奴 = 奴	
05957 = 05957		05962 = 05962		05973 = 05973		05974 = 05974	

一阶	常用—A—甲	二阶	常用—丁	一阶	常用—A—甲	一阶	常用—A—甲
奶 = 奶		奸 = 奸		她 = 她		好 = 好	
05976 = 05976		05978 = 05978		05979 = 05979		0597D = 0597D	

一阶	常用—A—甲	二阶	常用—丁	二阶	次常—丁	一阶	常用—丁
如 = 如		妃 = 妃		妒 = 妒		妖 = 妖	
05982 = 05982		05983 = 05983		05992 = 05992		05996 = 05996	

二阶	常用—C—丙	二阶	常用—C—丙	一阶	常用—A—甲	一阶	常用—B—乙
妥 = 妥		妨 = 妨		妹 = 妹		妻 = 妻	
059A5 = 059A5		059A8 = 059A8		059B9 = 059B9		059BB = 059BB	

二阶	次常—丁	一阶	次常	一阶	常用—A—甲	一阶	常用—A—甲
姆 = 姆		姊 = 姊		始 = 始		姐 = 姐	
059C6 = 059C6		059CA = 059CA		059CB = 059CB		059D0 = 059D0	

一阶	常用—A—甲	一阶	常用—A—甲	二阶	常用—B—乙	一阶	常用—C—丙
姑 = 姑		姓 = 姓		委 = 委		姥 = 姥	
059D1 = 059D1		059D3 = 059D3		059D4 = 059D4		059E5 = 059E5	

一阶	常用—B—乙	二阶	常用—B—乙	一阶	常用—C—丙	一阶	常用—C—丙
姨 = 姨		姻 = 姻		姿 = 姿		威 = 威	
059E8 = 059E8		059FB = 059FB		059FF = 059FF		05A01 = 05A01	

一阶	常用—C—丙	一阶	常用—A—甲	二阶	次常—C—丙	一阶	常用—C—丙
娃 = 娃		娘 = 娘		娶 = 娶		婆 = 婆	
05A03 = 05A03		05A18 = 05A18		05A36 = 05A36		05A46 = 05A46	

二阶	次常	一阶	常用—B—乙	一阶	常用—B—乙	二阶	次常—C—丁
婉 = 婉		婚 = 婚		婿 = 婿		媒 = 媒	
05A49 = 05A49		05A5A = 05A5A		05A7F = 05A7F		05A92 = 05A92	

二阶	次常	二阶	次常—C—丙	二阶	常用—C—丙	二阶	次常—丁
媚 = 媚		媳 = 媳		嫁 = 嫁		嫉 = 嫉	
05A9A = 05A9A		05AB3 = 05AB3		05AC1 = 05AC1		05AC9 = 05AC9	

二阶	常用—C—丙	二阶	常用—C—丙	二阶	次常	一阶	常用—A—甲
嫌 = 嫌		嫩 = 嫩		嬉 = 嬉		子 = 子	
05ACC = 05ACC		05AE9 = 05AE9		05B09 = 05B09		05B50 = 05B50	

一阶	常用—B—乙	二阶	常用—丁	一阶	常用—B—乙	一阶	常用—B—乙
孔 = 孔		孕 = 孕		字 = 字		存 = 存	
05B54 = 05B54		05B55 = 05B55		05B57 = 05B57		05B58 = 05B58	

一阶	常用—丁	一阶	常用—B—乙	一阶	常用—C—丙	一阶	常用—A—甲
孝 = 孝		季 = 季		孤 = 孤		孩 = 孩	
05B5D = 05B5D		05B63 = 05B63		05B64 = 05B64		05B69 = 05B69	

一阶	次常	一阶	常用—A—甲	一阶	常用—C—丙	一阶	常用—C—丙
孵 = 孵		它 = 它		宅 = 宅		宇 = 宇	
05B75 = 05B75		05B83 = 05B83		05B85 = 05B85		05B87 = 05B87	

一阶	常用一B一乙	一阶	常用一A一甲	一阶	常用一A一甲	二阶	常用一C一丙
守 = 守		安 = 安		完 = 完		宏 = 宏	
05B88 = 05B88		05B89 = 05B89		05B8C = 05B8C		05B8F = 05B8F	
二阶	常用一C一丙	一阶	常用一B一乙	二阶	常用一C一丙	一阶	常用一A一甲
宗 = 宗		官 = 官		宙 = 宙		定 = 定	
05B97 = 05B97		05B98 = 05B98		05B99 = 05B99		05B9A = 05B9A	
一阶	常用一A一甲	一阶	常用一A一甲	一阶	常用一B一乙	一阶	常用一A一甲
宜 = 宜		客 = 客		宣 = 宣		室 = 室	
05B9C = 05B9C		05BA2 = 05BA2		05BA3 = 05BA3		05BA4 = 05BA4	
二阶	常用一丁	一阶	常用一B一乙	一阶	常用一A一甲	二阶	常用一C一丙
宰 = 宰		害 = 害		宴 = 宴		宵 = 宵	
05BB0 = 05BB0		05BB3 = 05BB3		05BB4 = 05BB4		05BB5 = 05BB5	
一阶	常用一A一甲	一阶	常用一A一甲	二阶	常用一A一甲	一阶	次常一C一丙
家 = 家		容 = 容		宿 = 宿		寂 = 寂	
05BB6 = 05BB6		05BB9 = 05BB9		05BBF = 05BBF		05BC2 = 05BC2	
一阶	常用一A一甲	一阶	常用一B一乙	一阶	常用一A一甲	一阶	常用一A一甲
寄 = 寄		密 = 密		富 = 富		寒 = 寒	
05BC4 = 05BC4		05BC6 = 05BC6		05BCC = 05BCC		05BD2 = 05BD2	
一阶	次常一C一丙	一阶	常用一B一乙	二阶	次常一C一丙	一阶	常用一B一乙
寓 = 寓		察 = 察		寡 = 寡		寸 = 寸	
05BD3 = 05BD3		05BDF = 05BDF		05BE1 = 05BE1		05BF8 = 05BF8	
一阶	常用一丁	一阶	常用一A一甲	一阶	常用一B一乙	一阶	常用一A一甲
寺 = 寺		封 = 封		尊 = 尊		小 = 小	
05BFA = 05BFA		05C01 = 05C01		05C0A = 05C0A		05C0F = 05C0F	
一阶	常用一C一丙	二阶	常用一A一甲	一阶	常用一A一甲	一阶	常用一B一乙
尚 = 尚		尤 = 尤		就 = 就		尺 = 尺	
05C1A = 05C1A		05C24 = 05C24		05C31 = 05C31		05C3A = 05C3A	
二阶	常用一丁	一阶	常用一B一乙	二阶	常用一丁	一阶	常用一A一甲
尼 = 尼		尾 = 尾		尿 = 尿		局 = 局	
05C3C = 05C3C		05C3E = 05C3E		05C3F = 05C3F		05C40 = 05C40	
一阶	次常一C一丙	一阶	常用一B一乙	二阶	常用一C一丙	一阶	常用一A一甲
屁 = 屁		居 = 居		屈 = 屈		屋 = 屋	
05C41 = 05C41		05C45 = 05C45		05C48 = 05C48		05C4B = 05C4B	
一阶	次常一丁	一阶	次常一丁	二阶	常用一丁	一阶	常用一A一甲
屎 = 屎		屏 = 屏		屑 = 屑		展 = 展	
05C4E = 05C4E		05C4F = 05C4F		05C51 = 05C51		05C55 = 05C55	
二阶	常用一丁	二阶	次常一丁	一阶	常用一A一甲	二阶	次常
屠 = 屠		履 = 履		山 = 山		屹 = 屹	
05C60 = 05C60		05C65 = 05C65		05C71 = 05C71		05C79 = 05C79	
一阶	常用一C一丙	二阶	常用一丁+	一阶	常用一B一乙	二阶	次常
岩 = 岩		岳 = 岳		岸 = 岸		峭 = 峭	
05CA9 = 05CA9		05CB3 = 05CB3		05CB8 = 05CB8		05CED = 05CED	
一阶	常用一C一丙	二阶	常用一B一乙	二阶	次常	二阶	常用一C一丙
峰 = 峰		崇 = 崇		崎 = 崎		崖 = 崖	
05CF0 = 05CF0		05D07 = 05D07		05D0E = 05D0E		05D16 = 05D16	
二阶		二阶	次常一丁	二阶	常用一丁	一阶	常用一丁
崛 = 崛		崩 = 崩		川 = 川		州 = 州	
05D1B = 05D1B		05D29 = 05D29		05DDD = 05DDD		05DDE = 05DDE	

二阶 常用—丁	一阶 次常	一阶 常用—A—甲	一阶 常用—A—甲
巡 = 巡	巢 = 巢	工 = 工	左 = 左
05DE1 = 05DE1	05DE2 = 05DE2	05DE5 = 05DE5	05DE6 = 05DE6
一阶 常用—B—乙	一阶 次常—丁	一阶 常用—A—甲	一阶 常用—A—甲
巧 = 巧	巫 = 巫	己 = 己	已 = 已
05DE7 = 05DE7	05DEB = 05DEB	05DF1 = 05DF1	05DF2 = 05DF2
一阶 常用—B—乙	一阶 常用—C—丙	一阶 常用—B—乙	一阶 常用—A—甲
巴 = 巴	巷 = 巷	巾 = 巾	市 = 市
05DF4 = 05DF4	05DF7 = 05DF7	05DFE = 05DFE	05E02 = 05E02
一阶 常用—A—甲	一阶 常用—丁	一阶 常用—B—乙	一阶 次常
布 = 布	帆 = 帆	希 = 希	帕 = 帕
05E03 = 05E03	05E06 = 05E06	05E0C = 05E0C	05E15 = 05E15
一阶 常用—丁	一阶 次常	一阶 常用—B—乙	一阶 常用—B—乙
帖 = 帖	帚 = 帚	帝 = 帝	席 = 席
05E16 = 05E16	05E1A = 05E1A	05E1D = 05E1D	05E2D = 05E2D
一阶 常用—A—甲	一阶 常用—A—甲	一阶 常用—B—乙	二阶 次常—C—丙
常 = 常	帽 = 帽	幅 = 幅	幢 = 幢
05E38 = 05E38	05E3D = 05E3D	05E45 = 05E45	05E62 = 05E62
二阶 常用—A—甲	一阶 常用—A—甲	一阶 常用—A—甲	一阶 常用—B—乙
干 = 干	平 = 平	年 = 年	并 = 并
05E72 = 05E72	05E73 = 05E73	05E74 = 05E74	05E76 = 05E76
一阶 常用—A—甲	二阶 常用—C—丙	一阶 常用—C—丙	二阶 次常—丁
幸 = 幸	幻 = 幻	幼 = 幼	幽 = 幽
05E78 = 05E78	05E7B = 05E7B	05E7C = 05E7C	05E7D = 05E7D
一阶 常用—A—甲	一阶 常用—B—乙	一阶 常用—B—乙	一阶 常用—A—甲
床 = 床	序 = 序	底 = 底	店 = 店
05E8A = 05E8A	05E8F = 05E8F	05E95 = 05E95	05E97 = 05E97
一阶 常用—A—甲	一阶 常用—A—甲	一阶 常用—A—甲	一阶 常用—A—甲
府 = 府	度 = 度	座 = 座	庭 = 庭
05E9C = 05E9C	05EA6 = 05EA6	05EA7 = 05EA7	05EAD = 05EAD
一阶 常用—A—甲	二阶 常用—丁	一阶 常用—丁	一阶 常用—C—丙
康 = 康	庸 = 庸	廉 = 廉	廊 = 廊
05EB7 = 05EB7	05EB8 = 05EB8	05EC9 = 05EC9	05ECA = 05ECA
二阶 次常	一阶 常用—A—甲	一阶 常用—B—乙	二阶 常用—丁
廷 = 廷	建 = 建	弄 = 弄	弊 = 弊
05EF7 = 05EF7	05EFA = 05EFA	05F04 = 05F04	05F0A = 05F0A
一阶 常用—B—乙	一阶 常用—C—丙	一阶 常用—B—乙	二阶
式 = 式	弓 = 弓	引 = 引	弘 = 弘
05F0F = 05F0F	05F13 = 05F13	05F15 = 05F15	05F18 = 05F18
一阶 次常	一阶 常用—A—甲	二阶 常用—丁	一阶 次常
弛 = 弛	弟 = 弟	弦 = 弦	弧 = 弧
05F1B = 05F1B	05F1F = 05F1F	05F26 = 05F26	05F27 = 05F27
一阶 常用—B—乙	一阶 常用—B—乙	一阶 常用—A—甲	二阶 次常—丁
弱 = 弱	强 = 强	彩 = 彩	彰 = 彰
05F31 = 05F31	05F3A = 05F3A	05F69 = 05F69	05F70 = 05F70
一阶 常用—A—甲	二阶	二阶 常用—丁	二阶 常用—C—丙
影 = 影	彷 = 彷	役 = 役	彼 = 彼
05F71 = 05F71	05F77 = 05F77	05F79 = 05F79	05F7C = 05F7C

一阶 常用-A-甲 往 = 往 05F80 = 05F80	二阶 常用-B-乙 征 = 征 05F81 = 05F81	一阶 常用-B-乙 待 = 待 05F85 = 05F85	一阶 常用-A-甲 很 = 很 05F88 = 05F88
二阶 次常-丁 徊 = 徊 05F8A = 05F8A	一阶 常用-B-乙 律 = 律 05F8B = 05F8B	二阶 常用-丁 徐 = 徐 05F90 = 05F90	一阶 常用-C-丙 徒 = 徒 05F92 = 05F92
一阶 常用-A-甲 得 = 得 05F97 = 05F97	二阶 次常 徙 = 徙 05F99 = 05F99	二阶 常用-C-丙 循 = 循 05FAA = 05FAA	一阶 常用-B-乙 德 = 德 05FB7 = 05FB7
二阶 次常-丁 徽 = 徽 05FBD = 05FBD	一阶 常用-A-甲 心 = 心 05FC3 = 05FC3	一阶 常用-A-甲 必 = 必 05FC5 = 05FC5	一阶 常用-丁 忌 = 忌 05FCC = 05FCC
一阶 常用-B-乙 忍 = 忍 05FCD = 05FCD	一阶 常用-A-甲 志 = 志 05FD7 = 05FD7	一阶 常用-A-甲 忘 = 忘 05FD8 = 05FD8	一阶 常用-A-甲 忙 = 忙 05FD9 = 05FD9
一阶 常用-C-丙 忠 = 忠 05FE0 = 05FE0	一阶 常用-A-甲 快 = 快 05FEB = 05FEB	二阶 常用-A-甲 忱 = 忱 05FF1 = 05FF1	一阶 次常 念 = 念 05FF5 = 05FF5
二阶 忧 = 忧 05FFC = 05FFC	一阶 常用-A-甲 忽 = 忽 05FFD = 05FFD	二阶 常用-A-甲 忿 = 忿 05FFF = 05FFF	一阶 次常 怎 = 怎 0600E = 0600E
一阶 常用-B-乙 怒 = 怒 06012 = 06012	一阶 常用-A-甲 怕 = 怕 06015 = 06015	一阶 常用-C-丙 怖 = 怖 06016 = 06016	一阶 常用-A-甲 思 = 思 0601D = 0601D
二阶 常用-丁 怠 = 怠 06020 = 06020	二阶 常用-B-乙 怡 = 怡 06021 = 06021	一阶 常用-A-甲 急 = 急 06025 = 06025	一阶 常用-B-乙 性 = 性 06027 = 06027
一阶 常用-C-丙 怨 = 怨 06028 = 06028	一阶 常用-B-乙 怪 = 怪 0602A = 0602A	二阶 次常-丁 怯 = 怯 0602F = 0602F	二阶 次常 恍 = 恍 0604D = 0604D
一阶 常用-丁 恒 = 恒 06052 = 06052	二阶 次常 恕 = 恕 06055 = 06055	二阶 常用-B-乙 恢 = 恢 06062 = 06062	一阶 次常 恤 = 恤 06064 = 06064
一阶 常用-B-乙 恨 = 恨 06068 = 06068	一阶 常用-丁 恩 = 恩 06069 = 06069	一阶 常用-A-甲 息 = 息 0606F = 0606F	一阶 常用-C-丙 恰 = 恰 06070 = 06070
一阶 常用-B-乙 悄 = 悄 06084 = 06084	二阶 常用-B-乙 悉 = 悉 06089 = 06089	一阶 常用-B-乙 悔 = 悔 06094 = 06094	二阶 常用-B-乙 悟 = 悟 0609F = 0609F
一阶 常用-B-乙 悠 = 悠 060A0 = 060A0	二阶 常用-C-丙 患 = 患 060A3 = 060A3	一阶 常用-C-丙 悦 = 悦 060A6 = 060A6	一阶 常用-A-甲 您 = 您 060A8 = 060A8
二阶 次常 悴 = 悴 060B4 = 060B4	二阶 常用-丁 悼 = 悼 060BC = 060BC	一阶 常用-A-甲 情 = 情 060C5 = 060C5	二阶 次常-丁 惋 = 惋 060CB = 060CB
二阶 常用-丁 惑 = 惑 060D1 = 060D1	二阶 常用-C-丙 惕 = 惕 060D5 = 060D5	一阶 常用-C-丙 惜 = 惜 060DC = 060DC	二阶 丁 惟 = 惟 060DF = 060DF

二阶 常用-丁	一阶 次常-C-丙	一阶 常用-丁	一阶 常用-A-甲
惠 = 惠	惦 = 惦	惰 = 惰	想 = 想
060E0 = 060E0	060E6 = 060E6	060F0 = 060F0	060F3 = 060F3

二阶 次常	二阶 常用-B-乙	二阶 常用-C-丙	一阶 常用-A-甲
惶 = 惶	愁 = 愁	愈 = 愈	愉 = 愉
060F6 = 060F6	06101 = 06101	06108 = 06108	06109 = 06109

一阶 常用-A-甲	一阶 常用-C-丙	二阶 常用-C-丙	二阶 C-丙
意 = 意	愚 = 愚	惚 = 惚	愣 = 愣
0610F = 0610F	0611A = 0611A	06121 = 06121	06123 = 06123

一阶 常用-A-甲	一阶 常用-丁	二阶 常用-C-丙	一阶 常用-A-甲
愿 = 愿	慈 = 慈	慎 = 慎	慢 = 慢
0613F = 0613F	06148 = 06148	0614E = 0614E	06162 = 06162

二阶 常用-丁	一阶 常用-B-乙	二阶 次常-丁	一阶 次常
慨 = 慨	慰 = 慰	慷 = 慷	憎 = 憎
06168 = 06168	06170 = 06170	06177 = 06177	0618E = 0618E

二阶 次常	二阶	二阶	二阶
憔 = 憔	憧 = 憧	憩 = 憩	憬 = 憬
06194 = 06194	061A7 = 061A7	061A9 = 061A9	061AC = 061AC

二阶 次常	二阶 次常-丁+	一阶 常用-A-甲	一阶 常用-A-甲
懦 = 懦	戈 = 戈	成 = 成	我 = 我
061E6 = 061E6	06208 = 06208	06210 = 06210	06211 = 06211

一阶 常用-丁	一阶 常用-A-甲	一阶 常用-B-乙	二阶 常用-C-丙
戒 = 戒	或 = 或	戚 = 戚	截 = 截
06212 = 06212	06216 = 06216	0621A = 0621A	0622A = 0622A

一阶 常用-A-甲	一阶 常用-A-甲	一阶 常用-A-甲	一阶 常用-A-甲
戴 = 戴	户 = 户	房 = 房	所 = 所
06234 = 06234	06237 = 06237	0623F = 0623F	06240 = 06240

一阶 常用-B-乙	一阶 常用-B-乙	一阶 常用-A-甲	一阶 常用-A-甲
扁 = 扁	扇 = 扇	手 = 手	才 = 才
06241 = 06241	06247 = 06247	0624B = 0624B	0624D = 0624D

一阶 常用-B-乙	二阶 常用-C-丙	一阶 常用-A-甲	二阶 常用-B-乙
扎 = 扎	扒 = 扒	打 = 打	扔 = 扔
0624E = 0624E	06252 = 06252	06253 = 06253	06254 = 06254

一阶 常用-B-乙	二阶 常用-B-乙	一阶 常用-B-乙	一阶 常用-B-乙
托 = 托	扛 = 扛	扣 = 扣	扮 = 扮
06258 = 06258	0625B = 0625B	06263 = 06263	0626E = 0626E

二阶 常用-C-丙	一阶 常用-B-乙	一阶 常用-A-甲	一阶 常用-B-乙
扯 = 扯	扶 = 扶	找 = 找	承 = 承
0626F = 0626F	06276 = 06276	0627E = 0627E	0627F = 0627F

二阶 常用-A-甲	一阶 常用-A-甲	二阶 次常-C-丙	二阶 次常
技 = 技	把 = 把	抑 = 抑	抒 = 抒
06280 = 06280	0628A = 0628A	06291 = 06291	06292 = 06292

一阶 常用-B-乙	一阶 常用-B-乙	一阶 常用-B-乙	一阶 常用-B-乙
抓 = 抓	投 = 投	抖 = 抖	抗 = 抗
06293 = 06293	06295 = 06295	06296 = 06296	06297 = 06297

二阶 常用-B-乙	一阶 常用-C-丙	一阶 常用-B-乙	一阶 常用-A-甲
折 = 折	抛 = 抛	披 = 披	抬 = 抬
06298 = 06298	0629B = 0629B	062AB = 062AB	062AC = 062AC

一阶 常用-A-甲 抱 = 抱 062B1 = 062B1	一阶 常用-C-丙 抵 = 抵 062B5 = 062B5	一阶 常用-C-丙 抹 = 抹 062B9 = 062B9	一阶 常用-C-丙 押 = 押 062BC = 062BC
一阶 常用-A-甲 抽 = 抽 062BD = 062BD	一阶 常用-B-乙 拆 = 拆 062C6 = 062C6	次常-丁 拇 = 拇 062C7 = 062C7	一阶 常用-A-甲 拉 = 拉 062C9 = 062C9
一阶 常用-丁 拌 = 拌 062CC = 062CC	一阶 常用-A-甲 拍 = 拍 062CD = 062CD	一阶 常用-B-乙 拐 拐 062D0 = 062D0	二阶 次常-丁 拓 = 拓 062D3 = 062D3
一阶 常用-B-乙 拖 = 拖 062D6 = 062D6	一阶 常用-丁 拘 = 拘 062D8 = 062D8	二阶 拚 = 拚 062DA = 062DA	一阶 常用-B-乙 招 = 招 062DB = 062DB
一阶 常用-B-乙 拜 = 拜 062DC = 062DC	一阶 常用-B-乙 括 = 括 062EC = 062EC	二阶 次常 拯 = 拯 062EF = 062EF	二阶 次常-丁 拱 = 拱 062F1 = 062F1
一阶 常用-C-丙 拳 = 拳 062F3 = 062F3	一阶 常用-A-甲 拾 = 拾 062FE = 062FE	一阶 常用-A-甲 拿 = 拿 062FF = 062FF	一阶 常用-A-甲 持 = 持 06301 = 06301
一阶 常用-A-甲 按 = 按 06309 = 06309	一阶 常用-B-乙 挑 = 挑 06311 = 06311	二阶 常用-B-乙 挨 = 挨 06328 = 06328	二阶 常用-丁 挪 = 挪 0632A = 0632A
二阶 次常-C-丙 挫 = 挫 0632B = 0632B	一阶 常用-C-丙 振 = 振 0632F = 0632F	二阶 常用-A-甲 挺 = 挺 0633A = 0633A	二阶 常用-C-丙 挽 = 挽 0633D = 0633D
二阶 常用-B-乙 捆 = 捆 06346 = 06346	一阶 常用-B-乙 捉 = 捉 06349 = 06349	二阶 次常-丁 捍 = 捍 0634D = 0634D	二阶 常用-C-丙 捏 = 捏 0634F = 0634F
一阶 常用-丁 捐 = 捐 06350 = 06350	一阶 常用-B-乙 捕 = 捕 06355 = 06355	一阶 常用-B-乙 捧 = 捧 06367 = 06367	二阶 捩 = 捩 06369 = 06369
一阶 捱 = 捱 06371 = 06371	一阶 常用-C-丙 捷 = 捷 06377 = 06377	二阶 掀 = 掀 06380 = 06380	二阶 常用-B-乙 授 = 授 06388 = 06388
一阶 常用-A-甲 掉 = 掉 06389 = 06389	一阶 常用-A-甲 掌 = 掌 0638C = 0638C	二阶 常用-B-乙 掏 = 掏 0638F = 0638F	一阶 常用-丁 掘 = 掘 06398 = 06398
二阶 常用-C-丙 掠 = 掠 063A0 = 063A0	一阶 常用-A-甲 掣 = 掣 063A3 = 063A3	二阶 常用-B-乙 接 = 接 063A5 = 063A5	一阶 常用-A-甲 推 = 推 063A8 = 063A8
一阶 常用-A-甲 掩 = 掩 063A9 = 063A9	一阶 次常-B-乙 措 = 措 063AA = 063AA	二阶 常用-C-丙 揉 = 揉 063C9 = 063C9	一阶 常用-A-甲 提 = 提 063D0 = 063D0
一阶 常用-B-乙 插 = 插 063D2 = 063D2	一阶 常用-A-甲 握 = 握 063E1 = 063E1	二阶 常用-C-丙 揭 = 揭 063ED = 063ED	二阶 常用-B-乙 援 = 援 063F4 = 063F4
二阶 常用-丁 搏 = 搏 0640F = 0640F	一阶 常用-A-甲 搞 = 搞 0641E = 0641E	一阶 常用-A-甲 搬 = 搬 0642C = 0642C	一阶 常用-丁 携 = 携 0643A = 0643A

一阶	常用—B—乙	一阶	常用—B—乙	二阶	常用—C—丙	一阶	常用—C—丙

一阶 常用—B—乙	一阶 常用—B—乙	二阶 常用—C—丙	一阶 常用—C—丙
摔 = 摔 06454 = 06454	摘 = 摘 06458 = 06458	摧 = 摧 06467 = 06467	摩 = 摩 06469 = 06469
二阶 常用—B—乙	一阶 常用—B—乙	一阶 常用—B—乙	二阶 常用—C—丙
撒 = 撒 06492 = 06492	撕 = 撕 06495 = 06495	撞 = 撞 0649E = 0649E	撤 = 撤 064A4 = 064A4
一阶 常用—A—甲	一阶 次常	二阶 次常—丁	一阶 常用—A—甲
播 = 播 064AD = 064AD	擂 = 擂 064C2 = 064C2	擅 = 擅 064C5 = 064C5	操 = 操 064CD = 064CD
二阶 次常	一阶 常用—A—甲	二阶 常用—C—丙	一阶 常用—A—甲
擒 = 擒 064D2 = 064D2	擦 = 擦 064E6 = 064E6	攀 = 攀 06500 = 06500	支 = 支 0652F = 0652F
一阶 常用—A—甲	一阶 常用—A—甲	二阶 常用—B—乙	一阶 常用—A—甲
收 = 收 06536 = 06536	改 = 改 06539 = 06539	攻 = 攻 0653B = 0653B	放 = 放 0653E = 0653E
一阶 常用—A—甲	一阶 常用—A—甲	一阶 常用—B—乙	一阶 常用—C—丙
政 = 政 0653F = 0653F	故 = 故 06545 = 06545	效 = 效 06548 = 06548	敏 = 敏 0654F = 0654F
一阶 常用—A—甲	二阶	二阶 常用—丁	一阶 常用—A—甲
教 = 教 06559 = 06559	敝 = 敝 0655D = 0655D	敞 = 敞 0655E = 0655E	散 = 散 06563 = 06563
二阶 次常	一阶 常用—B—乙	一阶 常用—A—甲	二阶 次常—丁
敦 = 敦 06566 = 06566	敲 = 敲 06572 = 06572	整 = 整 06574 = 06574	敷 = 敷 06577 = 06577
一阶 常用—A—甲	一阶 常用—丁	一阶 常用—B—乙	二阶 常用—B—乙
文 = 文 06587 = 06587	斑 = 斑 06591 = 06591	料 = 料 06599 = 06599	斜 = 斜 0659C = 0659C
一阶 常用—A—甲	二阶 常用—C—丙	一阶 常用—丁	一阶 常用—C—丙
斤 = 斤 065A4 = 065A4	斥 = 斥 065A5 = 065A5	斧 = 斧 065A7 = 065A7	斯 = 斯 065AF = 065AF
一阶 常用—A—甲	一阶 常用—B—乙	一阶 常用—A—甲	一阶 常用—A—甲
方 = 方 065B9 = 065B9	施 = 施 065BD = 065BD	旁 = 旁 065C1 = 065C1	旅 = 旅 065C5 = 065C5
二阶 常用—C—丙	二阶 常用—A—甲	一阶 常用—B—乙	一阶 常用—B—乙
旋 = 旋 065CB = 065CB	族 = 族 065CF = 065CF	旗 = 旗 065D7 = 065D7	既 = 既 065E2 = 065E2
一阶 常用—A—甲	一阶 常用—C—丙	一阶 常用—A—甲	二阶 常用—C—丙
日 = 日 065E5 = 065E5	旦 = 旦 065E6 = 065E6	早 = 早 065E9 = 065E9	旬 = 旬 065EC = 065EC
二阶 常用—C—丙	一阶 常用—丁	二阶 常用—丁	二阶 常用—丁
旱 = 旱 065F1 = 065F1	旺 = 旺 065FA = 065FA	昂 = 昂 06602 = 06602	昌 = 昌 0660C = 0660C
一阶 常用—A—甲	一阶 常用—B—乙	一阶 常用—A—甲	二阶 次常
明 = 明 0660E = 0660E	昏 = 昏 0660F = 0660F	易 = 易 06613 = 06613	昔 = 昔 06614 = 06614
一阶 常用—A—甲	一阶 常用—B—乙	一阶 常用—A—甲	一阶 常用—A—甲
星 = 星 0661F = 0661F	映 = 映 06620 = 06620	春 = 春 06625 = 06625	昨 = 昨 06628 = 06628

一阶	常用－A－甲	二阶	常用－C－丙	一阶	常用－B－乙	一阶	常用－A－甲
是 = 是		晃 = 晃		晒 = 晒		晚 = 晚	
0662F = 0662F		06643 = 06643		06652 = 06652		0665A = 0665A	

二阶	次常－丁	一阶	常用－A－甲	一阶	常用－B－乙	一阶	常用－B－乙
晤 = 晤		晨 = 晨		普 = 普		景 = 景	
06664 = 06664		06668 = 06668		0666E = 0666E		0666F = 0666F	

二阶	次常－C－丙	一阶	常用－A－甲	一阶	常用－丁	一阶	常用－C－丙
晰 = 晰		晴 = 晴		晶 = 晶		智 = 智	
06670 = 06670		06674 = 06674		06676 = 06676		0667A = 0667A	

二阶		次常	一阶	常用－B－乙	一阶	常用－A－甲	一阶	常用－B－乙
暇 = 暇			暑 = 暑		暖 = 暖		暗 = 暗	
06687 = 06687			06691 = 06691		06696 = 06696		06697 = 06697	

一阶	常用－C－丙	二阶		次常	二阶		二阶	
暴 = 暴		曙 = 曙			曝 = 曝		甲 = 甲	
066B4 = 066B4		066D9 = 066D9			066DD = 066DD		066F1 = 066F1	

一阶	常用－C－丙	一阶	常用－A－甲	一阶	常用－B－乙	一阶	常用－B－乙
曲 = 曲		更 = 更		曾 = 曾		替 = 替	
066F2 = 066F2		066F4 = 066F4		066FE = 066FE		066FF = 066FF	

一阶	常用－A－甲	一阶	常用－A－甲	一阶	常用－A－甲	一阶	常用－A－甲
最 = 最		月 = 月		有 = 有		朋 = 朋	
06700 = 06700		06708 = 06708		06709 = 06709		0670B = 0670B	

一阶	常用－A－甲	一阶	常用－B－乙	二阶	常用－A－甲	一阶	常用－A－甲
服 = 服		朗 = 朗		朝 = 朝		期 = 期	
0670D = 0670D		06717 = 06717		0671D = 0671D		0671F = 0671F	

一阶	常用－B－乙	一阶	常用－B－乙	二阶	常用－C－丙	一阶	常用－A－甲
木 = 木		未 = 未		末 = 末		本 = 本	
06728 = 06728		0672A = 0672A		0672B = 0672B		0672C = 0672C	

一阶	常用－C＋－丙＋	一阶	常用－B－乙	二阶	常用－C－丙	一阶	常用－B－乙
朱 = 朱		朵 = 朵		朽 = 朽		杆 = 杆	
06731 = 06731		06735 = 06735		0673D = 0673D		06746 = 06746	

一阶	常用－B－乙	二阶	常用－丁	一阶	常用－B－乙	一阶	常用－A－甲
李 = 李		杏 = 杏		材 = 材		村 = 村	
0674E = 0674E		0674F = 0674F		06750 = 06750		06751 = 06751	

一阶	次常	二阶	常用－丁	一阶	常用－A－甲	一阶	常用－C－丙
杖 = 杖		杜 = 杜		東 = 東		杧 = 杧	
06756 = 06756		0675C = 0675C		0675F = 0675F		06767 = 06767	

一阶	常用－B－乙	二阶	常用－B－乙	一阶	常用－A－甲	一阶	次常－C－丙
杯 = 杯		松 = 松		板 = 板		枉 = 枉	
0676F = 0676F		0677E = 0677E		0677F = 0677F		06789 = 06789	

二阶	常用－B－乙	一阶	常用－C－丙	一阶	常用－B－乙	二阶	次常－丁
析 = 析		枕 = 枕		林 = 林		枚 = 枚	
06790 = 06790		06795 = 06795		06797 = 06797		0679A = 0679A	

一阶	常用－A－甲	一阶	常用－C－丙	一阶	常用－C－丙	一阶	常用－B－乙
果 = 果		枝 = 枝		枯 = 枯		架 = 架	
0679C = 0679C		0679D = 0679D		067AF = 067AF		067B6 = 067B6	

一阶	常用－C－丙	一阶	常用－C－丙	二阶	常用－B－乙	二阶	次常－丁
柄 = 柄		柏 = 柏		某 = 某		柴 = 柴	
067C4 = 067C4		067CF = 067CF		067D0 = 067D0		067D2 = 067D2	

一阶 常用—B—乙	一阶 常用—C—丙	一阶	一阶 常用—A—甲
染 = 染 067D3 = 067D3	柔 = 柔 067D4 = 067D4	柚 = 柚 067DA = 067DA	查 = 查 067E5 = 067E5
一阶 常用—C—丙	一阶 常用—C—丙	一阶 常用—B—乙	一阶 常用—B—乙
柱 = 柱 067F1 = 067F1	柳 = 柳 067F3 = 067F3	柴 = 柴 067F4 = 067F4	柿 = 柿 067FF = 067FF
一阶	次常	二阶 常用—B—乙	一阶 常用—C—丙
栖 = 栖 06816 = 06816	校 = 校 06821 = 06821	株 = 株 0682A = 0682A	核 = 核 06838 = 06838
一阶 常用—A—甲	一阶 常用—B—乙	一阶 常用—C—丙	二阶 常用—丁
根 = 根 06839 = 06839	格 = 格 0683C = 0683C	栽 = 栽 0683D = 0683D	桂 = 桂 06842 = 06842
一阶 常用—C—丙	一阶 常用—丁	一阶 常用—B—乙	一阶 常用—A—甲
桃 = 桃 06843 = 06843	框 = 框 06846 = 06846	案 = 案 06848 = 06848	桌 = 桌 0684C = 0684C
一阶 常用—丁	一阶 A—甲	一阶 常用—B—乙	一阶 常用—C—丙
桑 = 桑 06851 = 06851	桔 = 桔 06854 = 06854	桶 = 桶 06876 = 06876	梅 = 梅 06885 = 06885
二阶 常用—丁	一阶	一阶 常用—B—乙	一阶 常用—B—乙
梢 = 梢 068A2 = 068A2	梨 = 梨 068A8 = 068A8	梯 = 梯 068AF = 068AF	械 = 械 068B0 = 068B0
一阶 常用—C—丙	一阶 常用—B—乙	一阶 常用—C—丙	一阶 常用—C—丙
梳 = 梳 068B3 = 068B3	棉 = 棉 068C9 = 068C9	棋 = 棋 068CB = 068CB	棒 = 棒 068D2 = 068D2
一阶 常用—丁	一阶 常用—C—丙	一阶 常用—B—乙	一阶 常用—A—甲
棕 = 棕 068D5 = 068D5	棚 = 棚 068DA = 068DA	森 = 森 068EE = 068EE	棵 = 棵 068F5 = 068F5
一阶 常用—A—甲	一阶 常用—B—乙	次常	一阶 常用—A—甲
椅 = 椅 06905 = 06905	植 = 植 0690D = 0690D	椰 = 椰 06930 = 06930	楚 = 楚 0695A = 0695A
二阶 常用—A—甲	一阶 次常	一阶 常用—B—乙	一阶 常用—丁
概 = 概 06982 = 06982	榕 = 榕 06995 = 06995	榜 = 榜 0699C = 0699C	榴 = 榴 069B4 = 069B4
二阶 常用—丁	一阶	一阶 次常	二阶 次常
槽 = 槽 069FD = 069FD	樽 = 樽 06A3D = 06A3D	橙 = 橙 06A59 = 06A59	檀 = 檀 06A80 = 06A80
一阶	一阶 常用—B—乙	一阶 常用—A—甲	一阶 常用—C—丙
橇 = 橇 06AC8 = 06AC8	欠 = 欠 06B20 = 06B20	次 = 次 06B21 = 06B21	欣 = 欣 06B23 = 06B23
一阶 常用—丁	一阶 常用—B—乙	一阶 常用—B—乙	二阶 常用—B—乙
欲 = 欲 06B32 = 06B32	欺 = 欺 06B3A = 06B3A	款 = 款 06B3E = 06B3E	歇 = 歇 06B47 = 06B47
一阶 常用—B—乙	一阶 常用—A—甲	一阶 常用—B—乙	一阶 常用—A—甲
歉 = 歉 06B49 = 06B49	歌 = 歌 06B4C = 06B4C	止 = 止 06B62 = 06B62	正 = 正 06B63 = 06B63
一阶 常用—B—乙	一阶 常用—A—甲	一阶 常用—B—乙	二阶 次常—丁
此 = 此 06B64 = 06B64	步 = 步 06B65 = 06B65	武 = 武 06B66 = 06B66	歧 = 歧 06B67 = 06B67

二阶	常用-B-乙	二阶	次常-丁	一阶	常用-A-甲	二阶	
歪 = 歪		歺 = 歺		死 = 死		殆 = 殆	
06B6A = 06B6A		06B79 = 06B79		06B7B = 06B7B		06B86 = 06B86	

二阶	次常	二阶		二阶	常用-C-丙	一阶	常用-A-甲
殉 = 殉		殊 = 殊		殖 = 殖		段 = 段	
06B89 = 06B89		06B8A = 06B8A		06B96 = 06B96		06BB5 = 06BB5	

二阶	次常-丁+	一阶	常用-A-甲	一阶	常用-C-丙	二阶	
殷 = 殷		殿 = 殿		毅 = 毅		毋 = 毋	
06BB7 = 06BB7		06BBF = 06BBF		06BC5 = 06BC5		06BCB = 06BCB	

一阶	常用-A-甲	一阶	常用-A-甲	一阶	常用-C-丙	一阶	常用-A-甲
母 = 母		每 = 每		毒 = 毒		毛 = 毛	
06BCD = 06BCD		06BCF = 06BCF		06BD2 = 06BD2		06BDB = 06BDB	

一阶	常用-B-乙	一阶	常用-B-乙	一阶		二阶	常用-C-丙
毫 = 毫		毯 = 毯		毽 = 毽		氏 = 氏	
06BEB = 06BEB		06BEF = 06BEF		06BFD = 06BFD		06C0F = 06C0F	

一阶	常用-A-甲	一阶	次常-C-丙	一阶	次常-C-丙	二阶	常用-C-丙
民 = 民		氓 = 氓		氖 = 氖		氧 = 氧	
06C11 = 06C11		06C13 = 06C13		06C1B = 06C1B		06C27 = 06C27	

一阶	常用-A-甲	一阶	常用-A-甲	一阶	常用-丁	一阶	常用-B-乙
水 = 水		永 = 永		汁 = 汁		汗 = 汗	
06C34 = 06C34		06C38 = 06C38		06C41 = 06C41		06C57 = 06C57	

一阶	常用-A-甲	一阶	常用-B-乙	一阶	常用-B-乙	一阶	常用-丁
江 = 江		池 = 池		污 = 污		汪 = 汪	
06C5F = 06C5F		06C60 = 06C60		06C61 = 06C61		06C6A = 06C6A	

二阶	次常-丁	一阶	常用-A-甲	二阶	常用-丁	二阶	次常
汰 = 汰		汽 = 汽		沃 = 沃		沐 = 沐	
06C70 = 06C70		06C7D = 06C7D		06C83 = 06C83		06C90 = 06C90	

一阶	次常-丁	一阶	常用-A-甲	一阶	常用-丁	一阶	常用-A-甲
沛 = 沛		没 = 没		沫 = 沫		河 = 河	
06C9B = 06C9B		06CA1 = 06CA1		06CAB = 06CAB		06CB3 = 06CB3	

二阶	常用-C-丙	一阶	常用-B-乙	一阶	常用-A-甲	二阶	次常-丁
沸 = 沸		油 = 油		治 = 治		沼 = 沼	
06CB8 = 06CB8		06CB9 = 06CB9		06CBB = 06CBB		06CBC = 06CBC	

二阶	常用-C-丙	一阶	常用-丁	一阶	常用-丁	一阶	常用-丁
沾 = 沾		泄 = 泄		泉 = 泉		泊 = 泊	
06CBE = 06CBE		06CC4 = 06CC4		06CC9 = 06CC9		06CCA = 06CCA	

二阶	次常-C-丙	一阶	常用-A-甲	一阶	常用-B-乙	一阶	常用-C-丙
泌 = 泌		法 = 法		泛 = 泛		泡 = 泡	
06CCC = 06CCC		06CD5 = 06CD5		06CDB = 06CDB		06CE1 = 06CE1	

一阶	常用-C-丙	一阶	次常-丁	一阶	常用-B-乙	一阶	常用-A-甲
波 = 波		泣 = 泣		泥 = 泥		注 = 注	
06CE2 = 06CE2		06CE3 = 06CE3		06CE5 = 06CE5		06CE8 = 06CE8	

一阶	常用-A-甲	一阶	常用-B-乙	一阶	常用-B-乙	一阶	常用-A-甲
泳 = 泳		洋 = 洋		洒 = 洒		洗 = 洗	
06CF3 = 06CF3		06D0B = 06D0B		06D12 = 06D12		06D17 = 06D17	

二阶	次常	一阶	常用-B-乙	一阶	常用-丁	二阶	常用-C-丙
洛 = 洛		洞 = 洞		津 = 津		洪 = 洪	
06D1B = 06D1B		06D1E = 06D1E		06D25 = 06D25		06D2A = 06D2A	

174

阶	常用	字	编码
一阶	常用-丁	洲 = 洲	06D32 = 06D32
一阶	常用-A-甲	活 = 活	06D3B = 06D3B
二阶	常用-丁	洽 = 洽	06D3D = 06D3D
一阶	常用-A-甲	派 = 派	06D3E = 06D3E
一阶	常用-A-甲	流 = 流	06D41 = 06D41
一阶	常用-B-乙	浪 = 浪	06D6A = 06D6A
一阶	常用-B-乙	浮 = 浮	06D6E = 06D6E
一阶	常用-C-丙	浴 = 浴	06D74 = 06D74
一阶	常用-A-甲	海 = 海	06D77 = 06D77
一阶	常用-C-丙	浸 = 浸	06D78 = 06D78
一阶	常用-A-甲	消 = 消	06D88 = 06D88
二阶	常用-C-丙	涉 = 涉	06D89 = 06D89
一阶	次常-丁	涕 = 涕	06D95 = 06D95
二阶	次常	涯 = 涯	06DAF = 06DAF
一阶	常用-B-乙	液 = 液	06DB2 = 06DB2
二阶	次常	涵 = 涵	06DB5 = 06DB5
二阶	次常-C-丙	淆 = 淆	06DC6 = 06DC6
一阶	丁	淇 = 淇	06DC7 = 06DC7
一阶	常用-C-丙	淋 = 淋	06DCB = 06DCB
二阶	次常	淌 = 淌	06DCC = 06DCC
二阶	常用-丁	淘 = 淘	06DD8 = 06DD8
一阶	常用-B-乙	淡 = 淡	06DE1 = 06DE1
二阶	次常	淤 = 淤	06DE4 = 06DE4
一阶	常用-C-丙	淹 = 淹	06DF9 = 06DF9
一阶	常用-A-甲	清 = 清	06E05 = 06E05
一阶	常用-B-乙	渡 = 渡	06E21 = 06E21
二阶	常用-C-丙	渣 = 渣	06E23 = 06E23
一阶	常用-B-乙	温 = 温	06E29 = 06E29
一阶	常用-B-乙	港 = 港	06E2F = 06E2F
二阶		渲 = 渲	06E32 = 06E32
一阶	常用-A-甲	渴 = 渴	06E34 = 06E34
一阶	常用-A-甲	游 = 游	06E38 = 06E38
二阶	次常	湃 = 湃	06E43 = 06E43
一阶	常用-C-丙	溉 = 溉	06E89 = 06E89
一阶	常用-B-乙	源 = 源	06E90 = 06E90
二阶	常用-C-丙	溜 = 溜	06E9C = 06E9C
二阶	次常	溢 = 溢	06EA2 = 06EA2
一阶	常用-丁	溪 = 溪	06EAA = 06EAA
二阶	次常	溯 = 溯	06EAF = 06EAF
二阶	次常-C-丙	溶 = 溶	06EB6 = 06EB6
二阶	次常	溺 = 溺	06EBA = 06EBA
一阶	常用-丁	滋 = 滋	06ECB = 06ECB
二阶	次常	滓 = 滓	06ED3 = 06ED3
一阶	常用-丁	滔 = 滔	06ED4 = 06ED4
一阶	常用-B-乙	滴 = 滴	06EF4 = 06EF4
一阶	常用-A-甲	漂 = 漂	06F02 = 06F02
一阶	常用-C-丙	漆 = 漆	06F06 = 06F06
一阶	常用-B-乙	漏 = 漏	06F0F = 06F0F
一阶	常用-A-甲	演 = 演	06F14 = 06F14
一阶	常用-C-丙	漫 = 漫	06F2B = 06F2B
一阶	次常	漱 = 漱	06F31 = 06F31
二阶	次常	漾 = 漾	06F3E = 06F3E
一阶	次常-丁	潦 = 潦	06F66 = 06F66
二阶	次常-丁	潭 = 潭	06F6D = 06F6D
二阶	常用-C-丙	潮 = 潮	06F6E = 06F6E
二阶	次常-丁	澄 = 澄	06F84 = 06F84
二阶	次常-丁	澈 = 澈	06F88 = 06F88
二阶	次常	澎 = 澎	06F8E = 06F8E
一阶	常用-A-甲	澡 = 澡	06FA1 = 06FA1
一阶	常用-B-乙	激 = 激	06FC0 = 06FC0
二阶	次常-丁	瀑 = 瀑	07011 = 07011
一阶	常用-A-甲	火 = 火	0706B = 0706B
一阶	常用-B-乙	灰 = 灰	07070 = 07070
二阶	次常-C-丙	灸 = 灸	07078 = 07078

二阶	次常	一阶	常用-丁	二阶		二阶	次常
灼 = 灼		炎 = 炎		炙 = 炙		炫 = 炫	
0707C = 0707C		0708E = 0708E		07099 = 07099		070AB = 070AB	

一阶	常用-B-乙	一阶	常用-C-丙	一阶	常用-B-乙	一阶	常用-丁
炮 = 炮		炸 = 炸		烈 = 烈		烘 = 烘	
070AE = 070AE		070B8 = 070B8		070C8 = 070C8		070D8 = 070D8	

一阶	常用-B-乙	一阶	常用-B-乙	二阶	次常-丁	一阶	
烟 = 烟		烤 = 烤		烹 = 烹		焗 = 焗	
070DF = 070DF		070E4 = 070E4		070F9 = 070F9		07117 = 07117	

二阶	次常	二阶	常用-C-丙	二阶	常用-C-丙	一阶	常用-A-甲
焚 = 焚		焦 = 焦		焰 = 焰		然 = 然	
0711A = 0711A		07126 = 07126		07130 = 07130		07136 = 07136	

二阶	常用-C-丙	二阶	常用-C-丙	一阶	常用-B-乙	一阶	常用-A-甲
煌 = 煌		煎 = 煎		煤 = 煤		照 = 照	
0714C = 0714C		0714E = 0714E		07164 = 07164		07167 = 07167	

一阶	常用-B-乙	一阶		一阶	常用-丁	二阶	次常-丁
煮 = 煮		煲 = 煲		熄 = 熄		熏 = 熏	
0716E = 0716E		07172 = 07172		07184 = 07184		0718F = 0718F	

二阶	常用-丁	一阶	常用-A-甲	一阶	常用-B-乙	二阶	常用-B-乙
熔 = 熔		熟 = 熟		燃 = 燃		燥 = 燥	
07194 = 07194		0719F = 0719F		071C3 = 071C3		071E5 = 071E5	

二阶	常用-C-丙	一阶	常用-丁	一阶	常用-A-甲	二阶	次常
爆 = 爆		爪 = 爪		爬 = 爬		爵 = 爵	
07206 = 07206		0722A = 0722A		0722C = 0722C		07235 = 07235	

一阶	常用-A-甲	一阶	常用-A-甲	一阶	常用-丁	一阶	常用-A-甲
父 = 父		爸 = 爸		爽 = 爽		片 = 片	
07236 = 07236		07238 = 07238		0723D = 0723D		07247 = 07247	

一阶	常用-B-乙	一阶	常用-B-乙	一阶	常用-B-乙	一阶	常用-A-甲
版 = 版		牌 = 牌		牙 = 牙		牛 = 牛	
07248 = 07248		0724C = 0724C		07259 = 07259		0725B = 0725B	

二阶	次常	二阶	常用-C-丙	二阶		一阶	常用-A-甲
牡 = 牡		牢 = 牢		牧 = 牧		物 = 物	
07261 = 07261		07262 = 07262		07267 = 07267		07269 = 07269	

二阶	常用-B-乙	一阶	常用-A-甲	二阶	次常	一阶	常用-丁
牲 = 牲		特 = 特		犀 = 犀		犬 = 犬	
07272 = 07272		07279 = 07279		07280 = 07280		072AC = 072AC	

一阶	常用-B-乙	一阶	常用-C-丙	一阶	常用-丁	一阶	常用-B-乙
犯 = 犯		狂 = 狂		狐 = 狐		狗 = 狗	
072AF = 072AF		072C2 = 072C2		072D0 = 072D0		072D7 = 072D7	

一阶	常用-C-丙	一阶	常用-C-丙	一阶	常用-丁	一阶	常用-B-乙
狼 = 狼		狡 = 狡		狸 = 狸		狼 = 狼	
072E0 = 072E0		072E1 = 072E1		072F8 = 072F8		072FC = 072FC	

一阶	常用-C-丙	一阶	常用-B-乙	一阶	常用-B-乙	二阶	次常-C-丙
猛 = 猛		猜 = 猜		猴 = 猴		猿 = 猿	
0731B = 0731B		0731C = 0731C		07334 = 07334		0733F = 0733F	

二阶	常用-B-乙	一阶	常用-B-乙	一阶	常用-B-乙	二阶	次常-丁
率 = 率		玉 = 玉		王 = 王		玖 = 玖	
07387 = 07387		07389 = 07389		0738B = 0738B		07396 = 07396	

一阶　　常用-A-甲 玩 = 玩 073A9 = 073A9	一阶　　次常-丁 玫 = 玫 073AB = 073AB	一阶　　常用-B-乙 玻 = 玻 073BB = 073BB	一阶　　次常-丁 珊 = 珊 073CA = 073CA
一阶　　常用-C-丙 珍 = 珍 073CD = 073CD	一阶　　常用-B-乙 珠 = 珠 073E0 = 073E0	一阶　　常用-A-甲 班 = 班 073ED = 073ED	一阶　　常用-A-甲 理 = 理 07406 = 07406
一阶　　次常-丁 琢 = 琢 07422 = 07422	二阶　　次常 琳 = 琳 07433 = 07433	一阶　　常用-C-丙 琴 = 琴 07434 = 07434	一阶 琶 = 琶 07436 = 07436
二阶 璀 = 璀 07480 = 07480	一阶　　常用-B-乙 璃 = 璃 07483 = 07483	二阶　　次常 璧 = 璧 074A7 = 074A7	二阶 璨 = 璨 074A8 = 074A8
一阶　　常用-B-乙 瓜 = 瓜 074DC = 074DC	一阶　　常用-C-丙 瓣 = 瓣 074E3 = 074E3	一阶　　常用-C-丙 甘 = 甘 07518 = 07518	一阶　　常用-B-乙 甜 = 甜 0751C = 0751C
一阶　　常用-A-甲 生 = 生 0751F = 0751F	一阶　　次常 甥 = 甥 07525 = 07525	一阶　　常用-A-甲 用 = 用 07528 = 07528	二阶　　常用-B-乙 甩 = 甩 07529 = 07529
一阶　　常用-B-乙 田 = 田 07530 = 07530	一阶　　常用-B-乙 由 = 由 07531 = 07531	一阶　　常用-C-丙 甲 = 甲 07532 = 07532	一阶　　常用-C-丙 申 = 申 07533 = 07533
二阶 甴 = 甴 07534 = 07534	一阶　　常用-A-甲 男 = 男 07537 = 07537	一阶　　常用-A-甲 界 = 界 0754C = 0754C	二阶　　常用-丁 畏 = 畏 0754F = 0754F
二阶　　次常-C-丙 畔 = 畔 07554 = 07554	一阶　　常用-A-甲 留 = 留 07559 = 07559	一阶　　常用-丁 畜 = 畜 0755C = 0755C	一阶　　常用-B-乙 略 = 略 07565 = 07565
一阶　　常用-C-丙 番 = 番 0756A = 0756A	一阶　　次常 畸 = 畸 07578 = 07578	二阶　　常用-C-丙 疆 = 疆 07586 = 07586	二阶 疋 = 疋 0758B = 0758B
一阶 疍 = 疍 0758D = 0758D	一阶　　常用-丁 疏 = 疏 0758F = 0758F	一阶　　常用-B-丙 疤 = 疤 075A4 = 075A4	二阶　　常用-丁 疫 = 疫 075AB = 075AB
一阶　　常用-B-乙 疲 = 疲 075B2 = 075B2	一阶　　常用-A-甲 疼 = 疼 075BC = 075BC	一阶　　常用-B-丙 疾 = 疾 075BE = 075BE	一阶　　常用-A-甲 病 = 病 075C5 = 075C5
一阶　　常用-C-丙 症 = 症 075C7 = 075C7	二阶　　次常 痉 = 痉 075CA = 075CA	一阶　　常用-C-丙 痕 = 痕 075D5 = 075D5	一阶　　次常 痘 = 痘 075D8 = 075D8
一阶　　常用-A-甲 痛 = 痛 075DB = 075DB	一阶　　常用-丁 痰 = 痰 075F0 = 075F0	二阶　　次常-丁 痴 = 痴 075F4 = 075F4	二阶　　次常-丁 瘤 = 瘤 07624 = 07624
二阶　　次常-C-丙 癌 = 癌 0764C = 0764C	一阶　　常用-B-乙 登 = 登 0767B = 0767B	一阶　　常用-A-甲 白 = 白 0767D = 0767D	一阶　　常用-A-甲 百 = 百 0767E = 0767E
一阶　　常用-B-乙 皂 = 皂 07682 = 07682	一阶　　常用-A-甲 的 = 的 07684 = 07684	一阶　　常用-B-乙 皇 = 皇 07687 = 07687	二阶 皎 = 皎 0768E = 0768E

一阶	常用-B-乙	二阶	次常	一阶	常用-B-乙	二阶	常用-丁
皮 = 皮		皿 = 皿		盆 = 盆		盈 = 盈	
076AE = 076AE		076BF = 076BF		076C6 = 076C6		076C8 = 076C8	
益 = 益	一阶	盍 = 盍		盒 = 盒	一阶	盛 = 盛	常用-C-丙
076CA = 076CA		076CE = 076CE		076D2 = 076D2		076DB = 076DB	
盟 = 盟	一阶 常用-A-甲	目 = 目		盯 = 盯	二阶	盲 = 盲	常用-C-丙
076DF = 076DF		076EE = 076EE		076EF = 076EF		076F2 = 076F2	
直 = 直	一阶 常用-A-甲	相 = 相		盼 = 盼	二阶	盾 = 盾	常用-B-乙
076F4 = 076F4		076F8 = 076F8		076FC = 076FC		076FE = 076FE	
眉 = 眉	一阶 常用-A-甲	看 = 看		真 = 真	一阶 常用-A-甲	眠 = 眠	常用-C-丙
07709 = 07709		0770B = 0770B		0771F = 0771F		07720 = 07720	
眨 = 眨	二阶 次常-丁	眶 = 眶		眺 = 眺	一阶 常用-A-甲	眼 = 眼	
07728 = 07728		07736 = 07736		0773A = 0773A		0773C = 0773C	
睇 = 睇	一阶 常用-A-甲	睛 = 睛		督 = 督	一阶 常用-C-丙	睐 = 睐	常用-丁
07747 = 07747		0775B = 0775B		07763 = 07763		0776C = 0776C	
睹 = 睹	二阶 次常-丁	瞌 = 瞌		瞎 = 瞎	二阶 常用-B-乙	瞧 = 瞧	
07779 = 07779		0778C = 0778C		0778E = 0778E		077A7 = 077A7	
瞪 = 瞪	次常-C-丙 二阶	瞬 = 瞬		瞭 = 瞭	二阶 次常	矗 = 矗	
077AA = 077AA		077AC = 077AC		077AD = 077AD		077D7 = 077D7	
矛 = 矛	一阶 常用-A-甲	知 = 知		短 = 短	一阶 常用-A-甲	矮 = 矮	常用-A-甲
077DB = 077DB		077E5 = 077E5		077ED = 077ED		077EE = 077EE	
石 = 石	一阶 常用-丁	砌 = 砌		砍 = 砍	二阶 次常	砰 = 砰	
077F3 = 077F3		0780C = 0780C		0780D = 0780D		07830 = 07830	
破 = 破	一阶 常用-B-乙	硬 = 硬		碍 = 碍	一阶 常用-B-乙	碎 = 碎	
07834 = 07834		0786C = 0786C		0788D = 0788D		0788E = 0788E	
碑 = 碑	一阶 常用-A-甲	碗 = 碗		碟 = 碟	一阶 常用-丁	碧 = 碧	
07891 = 07891		07897 = 07897		0789F = 0789F		078A7 = 078A7	
碰 = 碰	一阶 常用-A-甲	磁 = 磁		磅 = 磅	一阶 常用-B-乙	磨 = 磨	
078B0 = 078B0		078C1 = 078C1		078C5 = 078C5		078E8 = 078E8	
示 = 示	一阶 常用-A-甲	社 = 社		祈 = 祈	一阶 次常	祖 = 祖	
0793A = 0793A		0793E = 0793E		07948 = 07948		07956 = 07956	
祝 = 祝	一阶 常用-A-甲	神 = 神		祟 = 祟	一阶 次常	祥 = 祥	
0795D = 0795D		0795E = 0795E		0795F = 0795F		07965 = 07965	

一阶 常用—A—甲	一阶 次常	一阶 常用—B—乙	一阶 常用—A—甲
票 = 票 07968 = 07968	祭 = 祭 0796D = 0796D	禁 = 禁 07981 = 07981	福 = 福 0798F = 0798F

一阶 常用—丁	一阶 常用—丁	一阶 常用—B—乙	一阶 常用—B—乙
禽 = 禽 079BD = 079BD	禾 = 禾 079BE = 079BE	秀 = 秀 079C0 = 079C0	私 = 私 079C1 = 079C1

二阶 常用—丁	一阶 常用—A—甲	一阶 常用—A—甲	一阶 常用—A—甲
秃 = 秃 079C3 = 079C3	秋 = 秋 079CB = 079CB	科 = 科 079D1 = 079D1	租 = 租 079DF = 079DF

一阶 常用—丁	一阶 常用—C—丙	一阶 常用—B—乙	一阶 常用—B—乙
秤 = 秤 079E4 = 079E4	秧 = 秧 079E7 = 079E7	秩 = 秩 079E9 = 079E9	移 = 移 079FB = 079FB

一阶 常用—C—丙	一阶 常用—B—乙	二阶 常用—C—丙	一阶 次常—C—丙
稀 = 稀 07A00 = 07A00	稍 = 稍 07A0D = 07A0D	税 = 税 07A0E = 07A0E	稚 = 稚 07A1A = 07A1A

一阶 常用—B—乙	二阶 常用—B—乙	二阶 常用—C—丙	二阶 常用—丁
稻 = 稻 07A3B = 07A3B	稼 = 稼 07A3C = 07A3C	稿 = 稿 07A3F = 07A3F	穗 = 穗 07A57 = 07A57

二阶 常用—丁	一阶 常用—A—甲	一阶 常用—A—甲	一阶 常用—B—乙
穴 = 穴 07A74 = 07A74	立 = 立 07ACB = 07ACB	站 = 站 07AD9 = 07AD9	竟 = 竟 07ADF = 07ADF

一阶 常用—B—乙	一阶 常用—A—甲	二阶 常用—C—丙	一阶 常用—B—乙
章 = 章 07AE0 = 07AE0	童 = 童 07AE5 = 07AE5	竭 = 竭 07AED = 07AED	端 = 端 07AEF = 07AEF

一阶 常用—B—乙	一阶 常用—丁	一阶 次常—丁	一阶 常用—A—甲
竹 = 竹 07AF9 = 07AF9	竿 = 竿 07AFF = 07AFF	笆 = 笆 07B06 = 07B06	笑 = 笑 07B11 = 07B11

二阶 次常	一阶 常用—丁	二阶 常用—B—乙	一阶 常用—B—乙
笙 = 笙 07B19 = 07B19	笛 = 笛 07B1B = 07B1B	符 = 符 07B26 = 07B26	笨 = 笨 07B28 = 07B28

一阶 常用—A—甲	一阶 常用—A—甲	二阶 常用—C—丙	一阶 常用—C—丙
第 = 第 07B2C = 07B2C	等 = 等 07B49 = 07B49	筐 = 筐 07B50 = 07B50	筒 = 筒 07B52 = 07B52

一阶 常用—A—甲	二阶 常用—B—乙	一阶 次常—B—乙	一阶 常用—A—甲
答 = 答 07B54 = 07B54	策 = 策 07B56 = 07B56	筷 = 筷 07B77 = 07B77	算 = 算 07B97 = 07B97

一阶 常用—B—乙	一阶 常用—B—乙	一阶 常用—B—乙	一阶 常用—A—甲
管 = 管 07BA1 = 07BA1	箭 = 箭 07BAD = 07BAD	箱 = 箱 07BB1 = 07BB1	篇 = 篇 07BC7 = 07BC7

二阶 次常	二阶 次常—丁	一阶 次常	一阶 常用—A—甲
簇 = 簇 07C07 = 07C07	簸 = 簸 07C38 = 07C38	簿 = 簿 07C3F = 07C3F	米 = 米 07C73 = 07C73

二阶 次常—丁	一阶 常用—B—乙	一阶 常用—B—乙	一阶 常用—B—乙
籽 = 籽 07C7D = 07C7D	粉 = 粉 07C89 = 07C89	粒 = 粒 07C92 = 07C92	粗 = 粗 07C97 = 07C97

一阶 次常	一阶 常用—C—丙	二阶 次常—丁	一阶
粟 = 粟 07C9F = 07C9F	粥 = 粥 07CA5 = 07CA5	粹 = 粹 07CB9 = 07CB9	粽 = 粽 07CBD = 07CBD

179

一阶 常用-A-甲	一阶 常用-B-乙	一阶 常用-A-甲	二阶 常用-B-乙
精 = 精 07CBE = 07CBE	糕 = 糕 07CD5 = 07CD5	糖 = 糖 07CD6 = 07CD6	糟 = 糟 07CDF = 07CDF
一阶 次常	二阶 次常	二阶 常用-B-乙	一阶 常用-C-丙
糯 = 糯 07CEF = 07CEF	絷 = 絷 07D0A = 07D0A	素 = 素 07D20 = 07D20	索 = 索 07D22 = 07D22
一阶 常用-B-乙	一阶 常用-A-甲	一阶 常用-丁	一阶 常用-B-乙
紫 = 紫 07D2B = 07D2B	累 = 累 07D2F = 07D2F	絮 = 絮 07D6E = 07D6E	繁 = 繁 07E41 = 07E41
一阶 常用-C-丙	一阶 常用-B-乙	二阶 常用-C-丙	一阶 常用-B-乙
缸 = 缸 07F38 = 07F38	缺 = 缺 07F3A = 07F3A	罩 = 罩 07F69 = 07F69	置 = 置 07F6E = 07F6E
一阶 次常-C-丙	二阶	一阶 常用-A-甲	一阶 常用-B-乙
署 = 署 07F72 = 07F72	罹 = 罹 07F79 = 07F79	羊 = 羊 07F8A = 07F8A	美 = 美 07F8E = 07F8E
一阶 次常	一阶 常用-B-乙	一阶 次常	一阶 常用-B-乙
羔 = 羔 07F94 = 07F94	群 = 群 07FA4 = 07FA4	羹 = 羹 07FB9 = 07FB9	羽 = 羽 07FBD = 07FBD
一阶 常用-C-丙	一阶 常用-B-乙	二阶	二阶 次常-丁
翁 = 翁 07FC1 = 07FC1	翅 = 翅 07FC5 = 07FC5	翌 = 翌 07FCC = 07FCC	翔 = 翔 07FD4 = 07FD4
二阶 常用-丁	二阶 次常	二阶 常用-A-甲	一阶 常用-丁
翠 = 翠 07FE0 = 07FE0	翩 = 翩 07FE9 = 07FE9	翻 = 翻 07FFB = 07FFB	翼 = 翼 07FFC = 07FFC
一阶 常用-C-丙	一阶 常用-A-甲	一阶 常用-A-甲	一阶 常用-A-甲
耀 = 耀 08000 = 08000	老 = 老 08001 = 08001	考 = 考 08003 = 08003	者 = 者 08005 = 08005
一阶 常用-A-甲	一阶 常用-C-丙	一阶 常用-B-乙	一阶 常用-B-乙
而 = 而 0800C = 0800C	耍 = 耍 0800D = 0800D	耐 = 耐 08010 = 08010	耳 = 耳 08033 = 08033
一阶 常用-丁	二阶 常用-C-丙	一阶 常用-A-甲	一阶 次常-B-乙
耻 = 耻 0803B = 0803B	耽 = 耽 0803D = 0803D	聆 = 聆 08046 = 08046	聊 = 聊 0804A = 0804A
二阶 次常-丁	一阶 常用-丁	一阶 常用-A-甲	二阶 次常-丁
聘 = 聘 08058 = 08058	肆 = 肆 08086 = 08086	肉 = 肉 08089 = 08089	肖 = 肖 08096 = 08096
一阶 常用-B-乙	一阶 常用-B-乙	一阶 常用-A-甲	二阶 次常
肩 = 肩 080A9 = 080A9	肯 = 肯 080AF = 080AF	育 = 育 080B2 = 080B2	肴 = 肴 080B4 = 080B4
一阶 常用-B-乙	一阶 常用-B-乙	二阶 常用-丁	一阶 常用-B-乙
胃 = 胃 080C3 = 080C3	背 = 背 080CC = 080CC	脊 = 脊 0810A = 0810A	腐 = 腐 08150 = 08150
一阶 常用-C-丙	一阶 常用-丁	二阶 常用-丁	一阶 常用-A-甲
膏 = 膏 0818F = 0818F	臂 = 臂 081C2 = 081C2	臣 = 臣 081E3 = 081E3	自 = 自 081EA = 081EA
一阶 常用-B-乙	一阶 常用-B-乙	一阶 常用-C-丙	一阶 常用-B-乙
臭 = 臭 081ED = 081ED	至 = 至 081F3 = 081F3	舅 = 舅 08205 = 08205	舌 = 舌 0820C = 0820C

180

一阶 常用-A-甲	一阶 常用-A-甲	二阶 次常	一阶 常用-A-甲
舍 = 舍	舒 = 舒	舔 = 舔	舞 = 舞
0820D = 0820D	08212 = 08212	08214 = 08214	0821E = 0821E
一阶 常用-丁	一阶 常用-B-乙	一阶 常用-A-甲	二阶 次常-丁
舟 = 舟	航 = 航	般 = 般	舵 = 舵
0821F = 0821F	0822A = 0822A	0822C = 0822C	08235 = 08235
二阶 次常-丁	一阶 常用-丁	一阶 常用-B-乙	一阶 常用-A-甲
舶 = 舶	艇 = 艇	良 = 良	色 = 色
08236 = 08236	08247 = 08247	0826F = 0826F	08272 = 08272
二阶 次常	二阶	一阶 常用-丁	一阶 常用-C-丙
虐 = 虐	虞 = 虞	虹 = 虹	蚊 = 蚊
08650 = 08650	08654 = 08654	08679 = 08679	0868A = 0868A
一阶 次常	一阶 次常	一阶 常用-B-乙	一阶 常用-A-甲
蚣 = 蚣	蛀 = 蛀	蛇 = 蛇	蛋 = 蛋
086A3 = 086A3	086C0 = 086C0	086C7 = 086C7	086CB = 086CB
一阶 常用-C-丙	一阶 常用-丁	一阶 常用-B-乙	一阶 常用-丁
蛙 = 蛙	蛛 = 蛛	蜂 = 蜂	蜓 = 蜓
086D9 = 086D9	086DB = 086DB	08702 = 08702	08713 = 08713
一阶	一阶 常用-B-乙	一阶 常用-丁	二阶
蜘 = 蜘	蜜 = 蜜	蜻 = 蜻	蜿 = 蜿
08718 = 08718	0871C = 0871C	0873B = 0873B	0873F = 0873F
一阶 次常	一阶 次常	一阶 常用-C-丙	二阶
蝙 = 蝙	蝠 = 蝠	蝶 = 蝶	螂 = 螂
08759 = 08759	08760 = 08760	08776 = 08776	08782 = 08782
二阶 常用-丁	一阶 常用-丁	二阶 次常	二阶 次常
融 = 融	螺 = 螺	蟀 = 蟀	蟋 = 蟋
0878D = 0878D	087BA = 087BA	087C0 = 087C0	087CB = 087CB
二阶 常用-丁	二阶 常用-C-丙	常用-B-乙	一阶 常用-A-甲
蟑 = 蟑	蠢 = 蠢	血 = 血	行 = 行
087D1 = 087D1	08822 = 08822	08840 = 08840	0884C = 0884C
二阶 次常-丁	一阶 常用-A-甲	二阶 常用-C-丙	一阶 常用-A-甲
衍 = 衍	街 = 街	衡 = 衡	衣 = 衣
0884D = 0884D	08857 = 08857	08861 = 08861	08863 = 08863
一阶 常用-A-甲	一阶 常用-B-乙	二阶 常用-C-丙	二阶 次常-C-丙
表 = 表	衫 = 衫	衰 = 衰	衷 = 衷
08868 = 08868	0886B = 0886B	08870 = 08870	08877 = 08877
一阶 常用-B-乙	二阶 常用-C-丙	一阶 常用-B-乙	一阶 常用-A-甲
袋 = 袋	袍 = 袍	袖 = 袖	被 = 被
0888B = 0888B	0888D = 0888D	08896 = 08896	088AB = 088AB
一阶 次常-C-丙	一阶 常用-C-丙	一阶 常用-C-丙	一阶 常用-C-丙
袱 = 袱	裁 = 裁	裂 = 裂	裕 = 裕
088B1 = 088B1	088C1 = 088C1	088C2 = 088C2	088D5 = 088D5
一阶 常用-B-乙	一阶 常用-丁	二阶 次常	一阶 常用-B-丙
裙 = 裙	裳 = 裳	裸 = 裸	裹 = 裹
088D9 = 088D9	088F3 = 088F3	088F8 = 088F8	088F9 = 088F9
二阶 次常	二阶 次常	二阶 次常	一阶 常用-A-甲
褒 = 褒	褥 = 褥	襟 = 襟	西 = 西
08912 = 08912	08925 = 08925	0895F = 0895F	0897F = 0897F

一阶 常用-A-甲 要 = 要 08981 = 08981	一阶 常用-丁 覆 = 覆 08986 = 08986	一阶 常用-A-甲 言 = 言 08A00 = 08A00	二阶 常用-丁 誓 = 誓 08A93 = 08A93
二阶 次常-C-丙 譬 = 譬 08B6C = 08B6C	一阶 常用-C-丙 谷 = 谷 08C37 = 08C37	一阶 常用-B-乙 豆 = 豆 08C46 = 08C46	一阶 常用-丁 豉 = 豉 08C49 = 08C49
二阶 常用-C-丙 豪 = 豪 08C6A = 08C6A	一阶 次常 豹 = 豹 08C79 = 08C79	一阶 常用-B-乙 貌 = 貌 08C8C = 08C8C	一阶 常用-A-甲 走 = 走 08D70 = 08D70
一阶 赳 = 赳 08D73 = 08D73	二阶 常用-丁 赴 = 赴 08D74 = 08D74	二阶 常用-B-乙 趁 = 趁 08D81 = 08D81	一阶 常用-B-乙 超 = 超 08D85 = 08D85
一阶 常用-B-乙 越 = 越 08D8A = 08D8A	二阶 常用-B-乙 趟 = 趟 08D9F = 08D9F	一阶 常用-B-乙 趣 = 趣 08DA3 = 08DA3	一阶 常用-A-甲 足 = 足 08DB3 = 08DB3
二阶 常用-C-丙 趴 = 趴 08DB4 = 08DB4	一阶 次常 趾 = 趾 08DBE = 08DBE	一阶 常用-B-乙 跌 = 跌 08DCC = 08DCC	一阶 常用-A-甲 跑 = 跑 08DD1 = 08DD1
二阶 跛 = 跛 08DDB = 08DDB	次常 跟 = 跟 08DDF = 08DDF	一阶 常用-A-甲 跤 = 跤 08DE4 = 08DE4	一阶 常用-B-乙 跨 = 跨 08DE8 = 08DE8
二阶 常用-B-乙 跪 = 跪 08DEA = 08DEA	一阶 常用-A-甲 路 = 路 08DEF = 08DEF	一阶 常用-A-甲 跳 = 跳 08DF3 = 08DF3	一阶 常用-C-丙 踏 = 踏 08E0F = 08E0F
一阶 常用-A-甲 踢 = 踢 08E22 = 08E22	一阶 常用-B-乙 踩 = 踩 08E29 = 08E29	一阶 常用-丁 踪 = 踪 08E2A = 08E2A	二阶 次常 踱 = 踱 08E31 = 08E31
二阶 常用-C-丙 蹄 = 蹄 08E44 = 08E44	一阶 常用-C-丙 蹈 = 蹈 08E48 = 08E48	二阶 常用-丁 蹦 = 蹦 08E66 = 08E66	二阶 常用-B-乙 蹲 = 蹲 08E72 = 08E72
二阶 常用-C-丙 躁 = 躁 08E81 = 08E81	一阶 常用-A-甲 身 = 身 08EAB = 08EAB	一阶 常用-A-甲 辛 = 辛 08F9B = 08F9B	二阶 常用-C-丙 辜 = 辜 08F9C = 08F9C
二阶 常用-C-丙 辣 = 辣 08FA3 = 08FA3	一阶 常用-丁 辨 = 辨 08FA8 = 08FA8	一阶 常用-A-甲 辰 = 辰 08FB0 = 08FB0	二阶 常用-C-丙 辱 = 辱 08FB1 = 08FB1
二阶 常用-B-乙 迅 = 迅 08FC5 = 08FC5	一阶 常用-B-乙 迎 = 迎 08FCE = 08FCE	一阶 常用-A-甲 近 = 近 08FD1 = 08FD1	一阶 常用-C-丙 返 = 返 08FD4 = 08FD4
一阶 迪 = 迪 08FEA = 08FEA	二阶 常用-B-乙 迫 = 迫 08FEB = 08FEB	一阶 常用-B-乙 迷 = 迷 08FF7 = 08FF7	一阶 常用-B-乙 迹 = 迹 08FF9 = 08FF9
一阶 常用-B-乙 追 = 追 08FFD = 08FFD	一阶 常用-A-甲 退 = 退 09000 = 09000	一阶 常用-A-甲 送 = 送 09001 = 09001	一阶 常用-B-乙 逃 = 逃 09003 = 09003
二阶 常用-丁 逆 = 逆 09006 = 09006	二阶 逍 = 逍 0900D = 0900D	一阶 常用-B-乙 透 = 透 0900F = 0900F	一阶 常用-B-乙 逐 = 逐 09010 = 09010

一阶 常用—B—乙	一阶 常用—B—乙	常用—A—甲 一阶	一阶 次常—B—乙
途 = 途 09014 = 09014	逗 = 逗 09017 = 09017	通 = 通 0901A = 0901A	逛 = 逛 0901B = 0901B
二阶 常用—C—丙	一阶 常用—B—乙	一阶 常用—B—乙	二阶 常用—C—丙
逝 = 逝 0901D = 0901D	速 = 速 0901F = 0901F	逢 = 逢 09022 = 09022	逮 = 逮 0902E = 0902E
二阶 次常	一阶 常用—B—乙	二阶 次常	二阶 次常
逸 = 逸 09038 = 09038	逼 = 逼 0903C = 0903C	逾 = 逾 0903E = 0903E	遂 = 遂 09042 = 09042
一阶 常用—A—甲	一阶 常用—A—甲	一阶 常用—A—甲	二阶 常用—丁
遇 = 遇 09047 = 09047	遍 = 遍 0904D = 0904D	道 = 道 09053 = 09053	遣 = 遣 09063 = 09063
二阶 常用—B—乙	一阶 常用—C—丙	一阶 常用—B—乙	一阶 常用—B—乙
遭 = 遭 0906D = 0906D	遮 = 遮 0906E = 0906E	遵 = 遵 09075 = 09075	避 = 避 0907F = 0907F
一阶 常用—B—乙	一阶 常用—A—甲	一阶 常用—A—甲	二阶 常用—丁
邀 = 邀 09080 = 09080	那 = 那 090A3 = 090A3	邨 = 邨 090A8 = 090A8	邪 = 邪 090AA = 090AA
二阶 次常—丁	一阶 常用—B—乙	一阶 常用—乙	二阶
郁 = 郁 090C1 = 090C1	郊 = 郊 090CA = 090CA	郎 = 郎 090CE = 090CE	郡 = 郡 090E1 = 090E1
一阶 常用—A—甲	一阶 常用—A—甲	一阶	一阶 常用—B—乙
部 = 部 090E8 = 090E8	都 = 都 090FD = 090FD	酉 = 酉 0914B = 0914B	配 = 配 0914D = 0914D
一阶 常用—A—甲	二阶 次常	一阶 次常	二阶 常用—C—丙
酒 = 酒 09152 = 09152	酣 = 酣 09163 = 09163	酪 = 酪 0916A = 0916A	酬 = 酬 0916C = 0916C
二阶 常用—丁	二阶 次常	二阶 常用—B—乙	一阶 常用—B—乙
醇 = 醇 09187 = 09187	醉 = 醉 09189 = 09189	醋 = 醋 0918B = 0918B	醒 = 醒 09192 = 09192
一阶 常用—B—乙	一阶 常用—B—乙	一阶 常用—A—甲	一阶 常用—B—乙
采 = 采 091C7 = 091C7	里 = 里 091CC = 091CC	重 = 重 091CD = 091CD	野 = 野 091CE = 091CE
一阶 常用—B—乙	一阶 常用—B—乙	二阶	一阶 次常
量 = 量 091CF = 091CF	金 = 金 091D1 = 091D1	鎟 = 鎟 09385 = 09385	阱 = 阱 09631 = 09631
一阶 常用—B—乙	一阶 常用—C—丙	一阶 常用—B—乙	一阶 常用—A—甲
防 = 防 09632 = 09632	阻 = 阻 0963B = 0963B	阿 = 阿 0963F = 0963F	附 = 附 09644 = 09644
一阶 次常—丁	一阶 次常—C—丙	一阶 常用—B—乙	一阶 常用—B—乙
陋 = 陋 0964B = 0964B	陌 = 陌 0964C = 0964C	降 = 降 0964D = 0964D	限 = 限 09650 = 09650
二阶 常用—C—丙	一阶 常用—A—甲	一阶 常用—A—甲	一阶 常用—B—乙
陡 = 陡 09661 = 09661	院 = 院 09662 = 09662	除 = 除 09664 = 09664	陪 = 陪 0966A = 0966A
二阶 常用—丁	一阶 常用—C—丙	二阶 常用—丁	一阶 常用—B—乙
陶 = 陶 09676 = 09676	陷 = 陷 09677 = 09677	隆 = 隆 09686 = 09686	隔 = 隔 09694 = 09694

183

二阶 次常—丁	二阶 常用—丁	二阶 常用—C—丙	一阶 次常—丁
隥 = 隥	隙 = 隙	障 = 障	隧 = 隧
09698 = 09698	09699 = 09699	0969C = 0969C	096A7 = 096A7

一阶 常用—丁	二阶 常用—B—乙	二阶 常用—丁	一阶 常用—A—甲
雁 = 雁	雄 = 雄	雅 = 雅	集 = 集
096C1 = 096C1	096C4 = 096C4	096C5 = 096C5	096C6 = 096C6

二阶 次常—丁	一阶 常用—A—甲	一阶 常用—A—甲	一阶 常用—A—甲
雌 = 雌	雨 = 雨	雪 = 雪	零 = 零
096CC = 096CC	096E8 = 096E8	096EA = 096EA	096F6 = 096F6

一阶 常用—B—乙	一阶 常用—A—甲	一阶 常用—C—丙	一阶 常用—C—丙
雷 = 雷	需 = 需	震 = 震	霉 = 霉
096F7 = 096F7	09700 = 09700	09707 = 09707	09709 = 09709

二阶 次常—丁	一阶 常用—丁	一阶 常用—C—丙	二阶 常用—丁
霍 = 霍	霓 = 霓	霜 = 霜	霞 = 霞
0970D = 0970D	09713 = 09713	0971C = 0971C	0971E = 0971E

一阶 常用—B—乙	二阶 常用—丁	一阶 常用—A—甲	一阶 常用—A—甲
露 = 露	霸 = 霸	青 = 青	面 = 面
09732 = 09732	09738 = 09738	09752 = 09752	09762 = 09762

二阶 常用—B—乙	一阶 常用—A—甲	一阶 次常	二阶 常用—丁
革 = 革	鞋 = 鞋	鞍 = 鞍	鞠 = 鞠
09769 = 09769	0978B = 0978B	0978D = 0978D	097A0 = 097A0

一阶 常用—丁	一阶 常用—A—甲	二阶 常用—丁	一阶 常用—A—甲
鞭 = 鞭	音 = 音	韵 = 韵	食 = 食
097AD = 097AD	097F3 = 097F3	097F5 = 097F5	098DF = 098DF

一阶	一阶 常用—A—甲	一阶 常用—A—甲	二阶
餞 = 餞	首 = 首	香 = 香	馨 = 馨
09938 = 09938	09996 = 09996	09999 = 09999	099A8 = 099A8

一阶 常用—A—甲	二阶 丁	一阶 常用—A—甲	一阶 常用—C—丙
高 = 高	髦 = 髦	麻 = 麻	黎 = 黎
09AD8 = 09AD8	09AE6 = 09AE6	09EBB = 09EBB	09ECE = 09ECE

二阶	一阶 常用—A—甲	一阶 常用—B—乙	二阶
黏 = 黏	黑 = 黑	默 = 默	黯 = 黯
09ECF = 09ECF	09ED1 = 09ED1	09ED8 = 09ED8	09EEF = 09EEF

一阶 次常	一阶 常用—B—乙	一阶 常用—B—乙	二阶
鼎 = 鼎	鼓 = 鼓	鼻 = 鼻	鼾 = 鼾
09F0E = 09F0E	09F13 = 09F13	09F3B = 09F3B	09F3E = 09F3E

二阶			
剧 = 剧			
20779 = 20779			

[内地-香港]微差同码字表Z_H V4.0

一阶 常用-C-丙 丑 ≈ 丑 04E11 = 04E11	一阶 常用-C-丙 乖 ≈ 乖 04E56 = 04E56	一阶 常用-B-乙 乘 ≈ 乘 04E58 = 04E58	一阶 常用-A-甲 事 ≈ 事 04E8B = 04E8B
一阶 常用-A-甲 些 ≈ 些 04E9B = 04E9B	二阶 常用-丁 亦 ≈ 亦 04EA6 = 04EA6	一阶 常用-A-甲 亮 ≈ 亮 04EAE = 04EAE	一阶 常用-A-甲 今 ≈ 今 04ECA = 04ECA
一阶 常用-B-乙 令 ≈ 令 04EE4 = 04EE4	一阶 常用-A-甲 以 ≈ 以 04EE5 = 04EE5	一阶 常用-A-甲 任 ≈ 任 04EFB = 04EFB	二阶 常用-丁 伶 ≈ 伶 04F36 = 04F36
一阶 常用-B-乙 似 ≈ 似 04F3C = 04F3C	一阶 常用-B-乙 低 ≈ 低 04F4E = 04F4E	二阶 常用-丁 佣 ≈ 佣 04F63 = 04F63	一阶 常用-B-乙 侵 ≈ 侵 04FB5 = 04FB5
二阶 常用-丁 俊 ≈ 俊 04FCA = 04FCA	一阶 常用-B-乙 修 ≈ 修 04FEE = 04FEE	二阶 偕 ≈ 偕 05055 = 05055	一阶 常用-B-乙 傲 ≈ 傲 050B2 = 050B2
一阶 常用-B-乙 傻 ≈ 傻 050BB = 050BB	一阶 常用-A-甲 像 ≈ 像 050CF = 050CF	二阶 次常-丁 兜 ≈ 兜 0515C = 0515C	一阶 常用-A-甲 全 ≈ 全 05168 = 05168
一阶 常用-C-丙 兼 ≈ 兼 0517C = 0517C	一阶 常用-B-乙 册 ≈ 册 0518C = 0518C	一阶 常用-A-甲 冒 ≈ 冒 05192 = 05192	二阶 次常 冕 ≈ 冕 05195 = 05195
一阶 常用-A-甲 冷 ≈ 冷 051B7 = 051B7	二阶 凋 ≈ 凋 051CB = 051CB	二阶 次常-丁 凌 ≈ 凌 051CC = 051CC	二阶 常用-丁 刑 ≈ 刑 05211 = 05211
二阶 常用-C-丙 删 ≈ 删 05220 = 05220	一阶 常用-A-甲 剩 ≈ 剩 05269 = 05269	一阶 常用-B-乙 割 ≈ 割 05272 = 05272	二阶 常用-C-丙 劣 ≈ 劣 052A3 = 052A3
二阶 次常 募 ≈ 募 052DF = 052DF	一阶 常用-A-甲 北 ≈ 北 05317 = 05317	一阶 常用-丁 匪 ≈ 匪 0532A = 0532A	二阶 常用 B 乙 印 ≈ 印 05370 = 05370
二阶 次常-丁 吟 ≈ 吟 0541F = 0541F	一阶 常用-B-乙 含 ≈ 含 0542B = 0542B	一阶 常用-B-乙 吵 ≈ 吵 05435 = 05435	二阶 常用-丁 呈 ≈ 呈 05448 = 05448
一阶 常用-B-乙 吞 ≈ 吞 05451 = 05451	一阶 常用-A-甲 周 ≈ 周 05468 = 05468	一阶 次常-B-乙 哎 ≈ 哎 054CE = 054CE	一阶 常用-丁 唐 ≈ 唐 05510 = 05510
二阶 次常-丁 唾 ≈ 唾 0553E = 0553E	一阶 常用-A-甲 商 ≈ 商 05546 = 05546	一阶 次常-A-甲 啡 ≈ 啡 05561 = 05561	一阶 常用-B-乙 善 ≈ 善 05584 = 05584
一阶 常用-A-甲 嘴 ≈ 嘴 05634 = 05634	二阶 C-丙 噢 ≈ 噢 05662 = 05662	一阶 常用-B-乙 均 ≈ 均 05747 = 05747	一阶 常用-C-丙 垂 ≈ 垂 05782 = 05782
一阶 常用-B-乙 型 ≈ 型 0578B = 0578B	一阶 常用-丁 堪 ≈ 堪 0582A = 0582A	一阶 常用-B-乙 堵 ≈ 堵 05835 = 05835	一阶 常用-B-乙 塔 ≈ 塔 05854 = 05854
一阶 常用-丁 塘 ≈ 塘 05858 = 05858	二阶 常用-C-丙 墓 ≈ 墓 05893 = 05893	二阶 C-丙 墟 ≈ 墟 0589F = 0589F	二阶 次常-丁 奢 ≈ 奢 05962 = 05962

 妙 ≈ 妙 05999 = 05999	一阶　常用-B-乙 妻 ≈ 妻 059BB = 059BB	一阶　常用-B-乙 嫂 ≈ 嫂 05AC2 = 05AC2	一阶　常用-B-乙 嫂 ≈ 嫂 05AC2 = 05AC2
一阶　常用-B-乙 害 ≈ 害 05BB3 = 05BB3	一阶　次常-C-丙 寞 ≈ 寞 05BDE = 05BDE	一阶　常用-B-乙 射 ≈ 射 05C04 = 05C04	一阶　常用-A-甲 少 ≈ 少 05C11 = 05C11
一阶　常用-B-乙 尖 ≈ 尖 05C16 = 05C16	二阶　常用-丁 屠 ≈ 屠 05C60 = 05C60	二阶　次常-丁 峻 ≈ 峻 05CFB = 05CFB	一阶　常用-B-乙 巨 ≈ 巨 05DE8 = 05DE8
一阶　常用-A-甲 差 ≈ 差 05DEE = 05DEE	一阶　次常 帚 ≈ 帚 05E1A = 05E1A	一阶　常用-A-甲 帽 ≈ 帽 05E3D = 05E3D	一阶　常用-C-丙 幕 ≈ 幕 05E55 = 05E55
二阶　次常 庇 ≈ 庇 05E87 = 05E87	一阶　常用-B-乙 底 ≈ 底 05E95 = 05E95	二阶　常用-丁 庸 ≈ 庸 05EB8 = 05EB8	一阶　常用-B-乙 延 ≈ 延 05EF6 = 05EF6
一阶　常用-B-乙 彗 ≈ 彗 05F57 = 05F57	一阶　常用-B-乙 形 ≈ 形 05F62 = 05F62	二阶　次常-丁 徘 ≈ 徘 05F98 = 05F98	二阶　常用-C-丙 御 ≈ 御 05FA1 = 05FA1
一阶　常用-B-乙 微 ≈ 微 05FAE = 05FAE	一阶　常用-A-甲 念 ≈ 念 05FF5 = 05FF5	一阶　常用-A-甲 急 ≈ 急 06025 = 06025	一阶　常用-B-乙 恐 ≈ 恐 06050 = 06050
一阶　常用-丁 恭 ≈ 恭 0606D = 0606D	一阶　常用-B-乙 悲 ≈ 悲 060B2 = 060B2	二阶　常用-B-乙 惹 ≈ 惹 060F9 = 060F9	一阶　常用-A-甲 感 ≈ 感 0611F = 0611F
一阶　常用-C-丙 愧 ≈ 愧 06127 = 06127	一阶　常用-丁 慈 ≈ 慈 06148 = 06148	一阶　常用-B-乙 慌 ≈ 慌 0614C = 0614C	二阶　常用-B-乙 慕 ≈ 慕 06155 = 06155
一阶　常用-A-甲 慢 ≈ 慢 06162 = 06162	一阶　常用-C-丙 慧 ≈ 慧 06167 = 06167	二阶　常用-B-乙 憩 ≈ 憩 061A9 = 061A9	二阶　次常-C-丙 憾 ≈ 憾 061BE = 061BE
一阶　常用-A-甲 懂 ≈ 懂 061C2 = 061C2	二阶　常用-A-甲 懈 ≈ 懈 061C8 = 061C8	二阶　次常 懊 ≈ 懊 061CA = 061CA	二阶　常用-B-乙 扭 ≈ 扭 0626D = 0626D
一阶　常用-A-甲 批 ≈ 批 06279 = 06279	一阶　常用-B-乙 抄 ≈ 抄 06284 = 06284	一阶　常用-C-丙 抵 ≈ 抵 062B5 = 062B5	二阶　常用-B-乙 拎 ≈ 拎 062CE = 062CE
一阶　常用-B-乙 拐 ≈ 拐 062D0 = 062D0	一阶　常用-A-甲 拒 ≈ 拒 062D2 = 062D2	一阶　常用-B-乙 拔 ≈ 拔 062D4 = 062D4	一阶　常用-B-乙 拼 ≈ 拼 062FC = 062FC
一阶　常用-A-甲 指 ≈ 指 06307 = 06307	一阶　常用-B-乙 挖 ≈ 挖 06316 = 06316	二阶　次常-丁 捌 ≈ 捌 0634C = 0634C	一阶　常用-A-甲 排 ≈ 排 06392 = 06392
一阶　常用-B-乙 探 ≈ 探 063A2 = 063A2	一阶　常用-B-乙 控 ≈ 控 063A7 = 063A7	二阶　常用-B-乙 描 ≈ 描 063CF = 063CF	一阶　常用-B-乙 插 ≈ 插 063D2 = 063D2
一阶　次常-C-丙 搓 ≈ 搓 06413 = 06413	一阶　常用-C-丙 搜 ≈ 搜 0641C = 0641C	一阶　常用-C-丙 搜 ≈ 搜 0641C = 0641C	一阶　常用-B-乙 搭 ≈ 搭 0642D = 0642D

一阶　常用—B—乙 摔 ≈ 摔 06454 = 06454	二阶　常用—B—乙 摸 ≈ 摸 06478 = 06478	二阶　次常 撼 ≈ 撼 064BC = 064BC	二阶　次常 擎 ≈ 擎 064CE = 064CE
二阶　次常 擎 ≈ 擎 064CE = 064CE	一阶　常用—B—乙 救 ≈ 救 06551 = 06551	一阶　常用—A—甲 敢 ≈ 敢 06562 = 06562	一阶　常用—B—乙 敬 ≈ 敬 0656C = 0656C
一阶　常用—B—乙 敬 ≈ 敬 0656C = 0656C	一阶　常用—A—甲 新 ≈ 新 065B0 = 065B0	二阶　常用—丁 旨 ≈ 旨 065E8 = 065E8	一阶　常用—C—丙 昆 ≈ 昆 06606 = 06606
二阶　常用—丁 晋 ≈ 晋 0664B = 0664B	一阶　常用—A—甲 暑 ≈ 暑 06691 = 06691	二阶　常用—丁 暮 ≈ 暮 066AE = 066AE	二阶　次常 曙 ≈ 曙 066D9 = 066D9
一阶　常用—A—甲 最 ≈ 最 06700 = 06700	一阶　常用—A—甲 望 ≈ 望 0671B = 0671B	二阶　次常 朦 ≈ 朦 06726 = 06726	一阶　常用—C—丙 柜 ≈ 柜 067DC = 067DC
一阶　常用—B—乙 柴 ≈ 柴 067F4 = 067F4	一阶　常用—B—乙 梭 ≈ 梭 068AD = 068AD	一阶　次常 棍 ≈ 棍 068CD = 068CD	一阶　常用—C—丙 榨 ≈ 榨 069A8 = 069A8
一阶　常用—B—乙 模 ≈ 模 06A21 = 06A21	一阶　常用—C—丙 横 ≈ 横 06A2A = 06A2A	二阶　常用—丁 橄 ≈ 橄 06A44 = 06A44	一阶　常用—丁 橡 ≈ 橡 06A61 = 06A61
一阶　次常—丁 檬 ≈ 檬 06AAC = 06AAC	一阶　常用—B—乙 此 ≈ 此 06B64 = 06B64	一阶　常用—B—乙 比 ≈ 比 06BD4 = 06BD4	一阶　常用—A—甲 求 ≈ 求 06C42 = 06C42
一阶　常用—B—乙 沉 ≈ 沉 06C89 = 06C89	一阶　常用—B—乙 沙 ≈ 沙 06C99 = 06C99	一阶　常用—B—乙 沿 ≈ 沿 06CBF = 06CBF	二阶　常用—丁 浩 ≈ 浩 06D69 = 06D69
一阶　常用—C—丙 浸 ≈ 浸 06D78 = 06D78	二阶　常用—B—乙 淤 ≈ 淤 06DE4 = 06DE4	一阶　常用—A—甲 深 ≈ 深 06DF1 = 06DF1	二阶　常用—B—乙 混 ≈ 混 06DF7 = 06DF7
一阶　常用—B—乙 添 ≈ 添 06DFB = 06DFB	一阶　常用—B—乙 添 ≈ 添 06DFB = 06DFB	一阶　常用—B—乙 渠 ≈ 渠 06E20 = 06E20	一阶　次常—丁 渺 ≈ 渺 06E3A = 06E3A
一阶　常用—A—甲 湖 ≈ 湖 06E56 = 06E56	一阶　常用—丁 滋 ≈ 滋 06ECB = 06ECB	一阶　常用—B—乙 滑 ≈ 滑 06ED1 = 06ED1	一阶　常用—B—乙 漠 ≈ 漠 06F20 = 06F20
一阶　常用—C—丙 漫 ≈ 漫 06F2B = 06F2B	二阶　常用 潢 ≈ 潢 06F62 = 06F62	一阶　常用—C—丙 灌 ≈ 灌 0704C = 0704C	一阶　常用—C—丙 灌 ≈ 灌 0704C = 0704C
一阶　常用—C—丙 炒 ≈ 炒 07092 = 07092	二阶　常用—B—乙 炬 ≈ 炬 070AC = 070AC	一阶　次常 炭 ≈ 炭 070AD = 070AD	一阶　次常 煞 ≈ 煞 0715E = 0715E
一阶　常用—B—乙 煮 ≈ 煮 0716E = 0716E	一阶　常用—B—乙 熊 ≈ 熊 0718A = 0718A	二阶　次常—C—丙 熬 ≈ 熬 071AC = 071AC	一阶　常用—C—丙 燕 ≈ 燕 071D5 = 071D5
一阶　常用—C—丙 猾 ≈ 猾 0733E = 0733E	二阶　常用—B—乙 率 ≈ 率 07387 = 07387	一阶　次常—丁 珊 ≈ 珊 073CA = 073CA	一阶　常用—A—甲 球 ≈ 球 07403 = 07403

一阶 常用-C-丙 琴 ≈ 琴 07434 = 07434	一阶 琵 ≈ 琵 07435 = 07435	一阶 丁 瑚 ≈ 瑚 0745A = 0745A	一阶 次常-丁 瑰 ≈ 瑰 07470 = 07470
一阶 常用-C-丙 瓦 ≈ 瓦 074E6 = 074E6	一阶 常用-A-甲 瓶 ≈ 瓶 074F6 = 074F6	二阶 次常-C-丙 瓷 ≈ 瓷 074F7 = 074F7	二阶 甄 ≈ 甄 07504 = 07504
一阶 常用-C-丙 甚 ≈ 甚 0751A = 0751A	一阶 常用-B-乙 甜 ≈ 甜 0751C = 0751C	一阶 常用-B-乙 疑 ≈ 疑 07591 = 07591	一阶 常用-B-乙 瘦 ≈ 瘦 07626 = 07626
一阶 瘦 ≈ 瘦 07626 = 07626	二阶 常用-丁 皆 ≈ 皆 07686 = 07686	一阶 常用-A-甲 省 ≈ 省 07701 = 07701	一阶 常用-A-甲 着 ≈ 着 07740 = 07740
一阶 常用-A-甲 睡 ≈ 睡 07761 = 07761	一阶 次常-丁 睦 ≈ 睦 07766 = 07766	二阶 次常-丁 睹 ≈ 睹 07779 = 07779	二阶 次常 瞄 ≈ 瞄 07784 = 07784
一阶 常用-C-丙 瞎 ≈ 瞎 0778E = 0778E	二阶 瞰 ≈ 瞰 077B0 = 077B0	二阶 次常-丁 瞻 ≈ 瞻 077BB = 077BB	一阶 常用-C-丙 矩 ≈ 矩 077E9 = 077E9
一阶 次常-丁 砂 ≈ 砂 07802 = 07802	二阶 常用-A-甲 研 ≈ 研 07814 = 07814	一阶 碌 ≈ 碌 0788C = 0788C	一阶 次常-丁 碳 ≈ 碳 078B3 = 078B3
一阶 常用-A-甲 磁 ≈ 磁 078C1 = 078C1	二阶 磋 ≈ 磋 078CB = 078CB	丁 一阶 秒 ≈ 秒 079D2 = 079D2	一阶 常用-B-乙 程 ≈ 程 07A0B = 07A0B
二阶 常用-丁 稠 ≈ 稠 07A20 = 07A20	二阶 次常 稽 ≈ 稽 07A3D = 07A3D	一阶 常用-A-甲 究 ≈ 究 07A76 = 07A76	一阶 常用-A-甲 空 ≈ 空 07A7A = 07A7A
一阶 常用-A-甲 穿 ≈ 穿 07A7F = 07A7F	一阶 常用-A-甲 突 ≈ 突 07A81 = 07A81	一阶 常用-B-乙 窄 ≈ 窄 07A84 = 07A84	二阶 次常 窒 ≈ 窒 07A92 = 07A92
一阶 常用-A-甲 窗 ≈ 窗 07A97 = 07A97	一阶 常用-A-甲 窗 ≈ 窗 07A97 = 07A97	二阶 次常-C-丙 窟 ≈ 窟 07A9F = 07A9F	二阶 次常-C-丙 窿 ≈ 窿 07ABF = 07ABF
二阶 次常 竣 ≈ 竣 07AE3 = 07AE3	一阶 常用-C-丙 筋 ≈ 筋 07B4B = 07B4B	二阶 筵 ≈ 筵 07B75 = 07B75	一阶 常用-C-丙 籍 ≈ 籍 07C4D = 07C4D
一阶 常用-B-乙 糊 ≈ 糊 07CCA = 07CCA	一阶 常用-A-甲 糖 ≈ 糖 07CD6 = 07CD6	二阶 次常 糙 ≈ 糙 07CD9 = 07CD9	二阶 常用-A-甲 系 ≈ 系 07CFB = 07CFB
一阶 常用-B-乙 罐 ≈ 罐 07F50 = 07F50	一阶 常用-B-乙 罐 ≈ 罐 07F50 = 07F50	一阶 常用-C-丙 罪 ≈ 罪 07F6A = 07F6A	一阶 次常-C-丙 署 ≈ 署 07F72 = 07F72
一阶 常用-丁 羞 ≈ 羞 07F9E = 07F9E	二阶 翡 ≈ 翡 07FE1 = 07FE1	一阶 常用-A-甲 者 ≈ 者 08005 = 08005	一阶 常用-C-丙 耕 ≈ 耕 08015 = 08015
二阶 常用-C-丙 耗 ≈ 耗 08017 = 08017	一阶 耘 ≈ 耘 08018 = 08018	次常 一阶 聆 ≈ 聆 08046 = 08046	一阶 常用-C-丙 聚 ≈ 聚 0805A = 0805A

二阶 常用-C-丙 肌 ≈ 肌 0808C = 0808C	一阶 常用-B-乙 肚 ≈ 肚 0809A = 0809A	二阶 次常 肛 ≈ 肛 0809B = 0809B	一阶 常用-C-丙 股 ≈ 股 080A1 = 080A1
一阶 常用-丁 肢 ≈ 肢 080A2 = 080A2	一阶 常用-B-乙 肥 ≈ 肥 080A5 = 080A5	二阶 次常-丁 肪 ≈ 肪 080AA = 080AA	二阶 常用-B-乙 肺 ≈ 肺 080BA = 080BA
二阶 常用-B-乙 胆 ≈ 胆 080C6 = 080C6	一阶 次常 胎 ≈ 胎 080CE = 080CE	一阶 常用-B-乙 胖 ≈ 胖 080D6 = 080D6	二阶 常用-C-丙 胞 ≈ 胞 080DE = 080DE
一阶 常用-B-乙 胡 ≈ 胡 080E1 = 080E1	二阶 常用-B-乙 胳 ≈ 胳 080F3 = 080F3	二阶 常用-B-乙 胸 ≈ 胸 080F8 = 080F8	一阶 常用-A-甲 能 ≈ 能 080FD = 080FD
二阶 常用-丁 脂 ≈ 脂 08102 = 08102	一阶 常用-A-甲 脆 ≈ 脆 08106 = 08106	二阶 常用-B-乙 脉 ≈ 脉 08109 = 08109	二阶 常用-B-乙 脖 ≈ 脖 08116 = 08116
一阶 常用-A-甲 脚 ≈ 脚 0811A = 0811A	一阶 常用-A-甲 脱 ≈ 脱 08131 = 08131	一阶 常用-B-乙 脾 ≈ 脾 0813E = 0813E	一阶 常用-C-丙 腔 ≈ 腔 08154 = 08154
一阶 次常 腕 ≈ 腕 08155 = 08155	二阶 常用-丁 腥 ≈ 腥 08165 = 08165	一阶 常用-B-乙 腰 ≈ 腰 08170 = 08170	二阶 常用-丁 腹 ≈ 腹 08179 = 08179
一阶 常用-A-甲 腿 ≈ 腿 0817F = 0817F	一阶 常用-B-乙 膀 ≈ 膀 08180 = 08180	二阶 常用-B-乙 膊 ≈ 膊 0818A = 0818A	二阶 常用-丁 膜 ≈ 膜 0819C = 0819C
一阶 常用-丁 膝 ≈ 膝 0819D = 0819D	二阶 常用-C-丙 膨 ≈ 膨 081A8 = 081A8	二阶 常用-B-乙 膳 ≈ 膳 081B3 = 081B3	一阶 次常 致 ≈ 致 081F4 = 081F4
一阶 常用-B-乙 舌 ≈ 舌 0820C = 0820C	二阶 次常 舔 ≈ 舔 08214 = 08214	一阶 常用-A-甲 船 ≈ 船 08239 = 08239	一阶 常用-C-丙 艘 ≈ 艘 08258 = 08258
一阶 常用-C-丙 艘 ≈ 艘 08258 = 08258	二阶 次常-丁 艾 ≈ 艾 0827E = 0827E	一阶 常用-丁 芒 ≈ 芒 08292 = 08292	一阶 常用-丁 芝 ≈ 芝 0829D = 0829D
一阶 常用-丁 芬 ≈ 芬 082AC = 082AC	一阶 次常-丁 芭 ≈ 芭 082AD = 082AD	一阶 常用-A-甲 花 ≈ 花 082B1 = 082B1	一阶 常用-丁 芳 ≈ 芳 082B3 = 082B3
一阶 常用-C-丙 芽 ≈ 芽 082BD = 082BD	二阶 常用-丁 苔 ≈ 苔 082D4 = 082D4	一阶 常用-C-丙 苗 ≈ 苗 082D7 = 082D7	二阶 次常 苛 ≈ 苛 082DB = 082DB
二阶 次常 苟 ≈ 苟 082DF = 082DF	一阶 常用-C-丙 若 ≈ 若 082E5 = 082E5	一阶 常用-A-甲 苦 ≈ 苦 082E6 = 082E6	一阶 常用-B-甲 英 ≈ 英 082F1 = 082F1
二阶 次常 茁 ≈ 茁 08301 = 08301	一阶 常用-丁 茂 ≈ 茂 08302 = 08302	一阶 常用-丁 茄 ≈ 茄 08304 = 08304	一阶 常用-C-丙 茅 ≈ 茅 08305 = 08305
二阶 常用-丁 茫 ≈ 茫 0832B = 0832B	一阶 常用-A-甲 茶 ≈ 茶 08336 = 08336	一阶 常用-A-甲 草 ≈ 草 08349 = 08349	二阶 常用-C-丙 荐 ≈ 荐 08350 = 08350

一阶　常用-C-丙 荒 ≈ 荒 08352 = 08352	一阶　次常-丁 荔 ≈ 荔 08354 = 08354	一阶　常用-丁 荷 ≈ 荷 08377 = 08377	一阶　常用-丁 莓 ≈ 莓 08393 = 08393
二阶　常用-丁 莫 ≈ 莫 083AB = 083AB	二阶　次常 莽 ≈ 莽 083BD = 083BD	一阶　次常-丁 菇 ≈ 菇 083C7 = 083C7	一阶　常用-丁 菊 ≈ 菊 083CA = 083CA
一阶　常用-B-乙 菌 ≈ 菌 083CC = 083CC	一阶　常用-A-甲 菜　菜 083DC = 083DC	一阶　常用-C-丙 菠 ≈ 菠 083E0 = 083E0	一阶　次常 菩 ≈ 菩 083E9 = 083E9
一阶　次常 菱 ≈ 菱 083F1 = 083F1	一阶　次常 菲 ≈ 菲 083F2 = 083F2	一阶　常用-C-丙 萄 ≈ 萄 08404 = 08404	二阶　常用-丁 萌 ≈ 萌 0840C = 0840C
一阶　常用-丁 萍 ≈ 萍 0840D = 0840D	二阶　次常 萎 ≈ 萎 0840E = 0840E	一阶　常用-B-乙 落 ≈ 落 0843D = 0843D	一阶　常用-B-乙 著 ≈ 著 08457 = 08457
一阶　常用-B-乙 著 ≈ 著 08457 = 08457	二阶　常用-C+-丙+ 葛 ≈ 葛 0845B = 0845B	一阶　常用-C-丙 葡 ≈ 葡 08461 = 08461	二阶　常用-丁 董 ≈ 董 08463 = 08463
二阶　次常-丁 葫 ≈ 葫 0846B = 0846B	二阶　常用-丁 葬 ≈ 葬 0846C = 0846C	一阶　常用-丁 葱 ≈ 葱 08471 = 08471	一阶　常用-丁 葵 ≈ 葵 08475 = 08475
二阶　常用-C-丙 蒙 ≈ 蒙 08499 = 08499	二阶　常用-C-丙 蒸 ≈ 蒸 084B8 = 084B8	一阶　常用-丁 蓄 ≈ 蓄 084C4 = 084C4	二阶　常用-C-丙 蓬 ≈ 蓬 084EC = 084EC
二阶　次常-丁 蔓 ≈ 蔓 08513 = 08513	二阶　次常-丁 蔓 ≈ 蔓 08513 = 08513	一阶　次常-丁 蔗 ≈ 蔗 08517 = 08517	二阶　次常 蔚 ≈ 蔚 0851A = 0851A
一阶　常用-B-乙 蔬 ≈ 蔬 0852C = 0852C	二阶　常用-丁 蔽 ≈ 蔽 0853D = 0853D	一阶　常用-A-甲 蕉 ≈ 蕉 08549 = 08549	一阶　次常 蕊 ≈ 蕊 0854A = 0854A
一阶　次常-丁 蕾 ≈ 蕾 0857E = 0857E	一阶　常用-B-乙 薄 ≈ 薄 08584 = 08584	一阶　常用-丁 薪 ≈ 薪 085AA = 085AA	一阶　常用-丁 薯 ≈ 薯 085AF = 085AF
一阶　常用-丁 薯 ≈ 薯 085AF = 085AF	二阶 藉 ≈ 藉 085C9 = 085C9	一阶　常用-B-乙 藏 ≈ 藏 085CF = 085CF	一阶　次常-丁 藤 ≈ 藤 085E4 = 085E4
一阶　次常 藻 ≈ 藻 085FB = 085FB	一阶　次常-丁 蘑 ≈ 蘑 08611 = 08611	一阶　常用-B-乙 虎 ≈ 虎 0864E = 0864E	二阶　次常 蚤 ≈ 蚤 086A4 = 086A4
一阶　次常 蜈 ≈ 蜈 08708 = 08708	二阶　次常 蜓 ≈ 蜓 08712 = 08712	一阶　常用-C-丙 蝴 ≈ 蝴 08774 = 08774	二阶　次常 蟀 ≈ 蟀 087C0 = 087C0
一阶　次常 蟹 ≈ 蟹 087F9 = 087F9	二阶 裔 ≈ 裔 088D4 = 088D4	一阶　常用-A-甲 角 ≈ 角 089D2 = 089D2	一阶　常用-A-甲 解 ≈ 解 089E3 = 089E3
一阶　常用-B-乙 警 ≈ 警 08B66 = 08B66	一阶　常用-B-乙 警 ≈ 警 08B66 = 08B66	一阶 豚 ≈ 豚 08C5A = 08C5A	一阶　常用-B-乙 象 ≈ 象 08C61 = 08C61

二阶　　　　次常-C-丙	二阶　　　　常用-C-丙	一阶　　　　常用-A-甲	一阶　　　　常用-B-乙
豫 ≈ 豫	赤 ≈ 赤	起 ≈ 起	距 ≈ 距
08C6B = 08C6B	08D64 = 08D64	08D77 = 08D77	08DDD = 08DDD
二阶　　　　常用-丁	一阶　　　　常用-B-乙	一阶　　　　常用-A-甲	一阶　　　　常用-B-乙
躬 ≈ 躬	躲 ≈ 躲	躺 ≈ 躺	述 ≈ 述
08EAC = 08EAC	08EB2 = 08EB2	08EBA = 08EBA	08FF0 = 08FF0
二阶　　　　次常	一阶　　　　常用-B-乙	二阶　　　　次常-丁	一阶　　　　常用-A-甲
逞 ≈ 逞	造 ≈ 造	邦 ≈ 邦	都 ≈ 都
0901E = 0901E	09020 = 09020	090A6 = 090A6	090FD = 090FD
二阶　　　　常用-丁	二阶　　　　常用-C-丙	一阶　　　　常用-A-甲	一阶
鄙 ≈ 鄙	酷 ≈ 酷	酸 ≈ 酸	陛 ≈ 陛
09119 = 09119	09177 = 09177	09178 = 09178	0965B = 0965B
二阶　　　　常用-C-丙	一阶　　　　常用-丁	二阶　　　　次常-丁	一阶　　　　常用-C-丙
陵 ≈ 陵	雀 ≈ 雀	雌 ≈ 雌	雕 ≈ 雕
09675 = 09675	096C0 = 096C0	096CC = 096CC	096D5 = 096D5
一阶　　　　常用-A-甲	一阶　　　　常用-A-甲	一阶　　　　常用-A-甲	一阶　　　　常用-B-乙
雪 ≈ 雪	零 ≈ 零	非 ≈ 非	靠 ≈ 靠
096EA = 096EA	096F6 = 096F6	0975E = 0975E	09760 = 09760
二阶　　　　常用-丁	一阶　　　　常用-A-甲	一阶　　　　常用-B-乙	一阶　　　　常用-B-乙
韵 ≈ 韵	食 ≈ 食	餐 ≈ 餐	骨 ≈ 骨
097F5 = 097F5	098DF = 098DF	09910 = 09910	09AA8 = 09AA8
二阶	二阶	二阶	一阶　　　　常用-B-乙
骸 ≈ 骸	骼 ≈ 骼	髓 ≈ 髓	鬼 ≈ 鬼
09AB8 = 09AB8	09ABC = 09ABC	09AD3 = 09AD3	09B3C = 09B3C
二阶　　　　常用-C-丙	二阶　　　　常用-丁	二阶	一阶　　　　常用-丁
魂 ≈ 魂	魄 ≈ 魄	魅 ≈ 魅	魔 ≈ 魔
09B42 = 09B42	09B44 = 09B44	09B45 = 09B45	09B54 = 09B54
一阶　　　　常用-丁	二阶	一阶　　　　常用-丁	
鹿 ≈ 鹿	麓 ≈ 麓	鼠 ≈ 鼠	
09E7F = 09E7F	09E93 = 09E93	09F20 = 09F20	

[内地–香港]简化异码字表X_H V4.0

汉字正形　　常用-A-甲 丟 ▶ 丢 一阶 04E1F ≠ 04E22	异体代换　　常用-A-甲 両 ▶ 两 一阶 04E21 ≠ 04E24	异体代换　　常用-B-乙 並 ▶ 并 一阶 04E26 ≠ 05E76	条件简化　　常用-A-甲 乾 ▶ 干 一阶 04E7E ≠ 05E72
简化　　常用-A-甲 亂 ▶ 乱 一阶 04E82 ≠ 04E71	简化　　常用-C-丙 亞 ▶ 亚 一阶 04E9E ≠ 04E9A	异体代换　　常用-A-甲 佈 ▶ 布 一阶 04F48 ≠ 05E03	异体代换　　常用-A-甲 佔 ▶ 占 一阶 04F54 ≠ 05360
异体代换　　常用-B-乙 倂 ▶ 并 二阶 04F75 ≠ 05E76	简化　　常用-A-甲 來 ▶ 来 一阶 04F86 ≠ 06765	汉字正形　　次常-丁 侶 ▶ 侣 二阶 04FB6 ≠ 04FA3	简化　　常用-A-甲 係 ▶ 系 一阶 04FC2 ≠ 07CFB
简化　　次常 俠 ▶ 侠 一阶 04FE0 ≠ 04FA0	简化　　常用-A-甲 倆 ▶ 俩 二阶 05006 ≠ 04FE9	简化　　常用-C-丙 倉 ▶ 仓 一阶 05009 ≠ 04ED3	简化　　常用-C-丙 倉 ▶ 仓 一阶 05009 ≠ 04ED3
简化　　常用-A-甲 個 ▶ 个 一阶 0500B ≠ 04E2A	简化　　常用-A-甲 們 ▶ 们 一阶 05011 ≠ 04EEC	异体代换　　常用-A-甲 倖 ▶ 幸 二阶 05016 ≠ 05E78	简化　　次常 倫 ▶ 伦 二阶 0502B ≠ 04F26
简化　　常用-A-甲 偉 ▶ 伟 一阶 05049 ≠ 04F1F	简化　　常用-C-丙 側 ▶ 侧 一阶 05074 ≠ 04FA7	简化　　常用-丁 偵 ▶ 侦 二阶 05075 ≠ 04FA6	简化　　常用-丁 僞 ▶ 伪 二阶 0507D ≠ 04F2A
异体代换　　常用-丁 傑 ▶ 杰 二阶 05091 ≠ 06770	简化　　常用-丁 傘 ▶ 伞 一阶 05098 ≠ 04F1E	简化　　常用-A-甲 備 ▶ 备 一阶 05099 ≠ 05907	简化　　常用-C-丙 傢 ▶ 家 二阶 050A2 ≠ 05BB6
简化　　常用-丁 傭 ▶ 佣 一阶 050AD ≠ 04F63	简化　　常用-丁 傭 ▶ 佣 一阶 050AD ≠ 04F63	简化　　常用-B-乙 傳 ▶ 传 一阶 050B3 ≠ 04F20	简化　　常用-C-丙 債 ▶ 债 二阶 050B5 ≠ 0503A
简化　　常用-B-乙 傷 ▶ 伤 一阶 050B7 ≠ 04F24	简化　　常用-C-丙 傾 ▶ 倾 一阶 050BE ≠ 0503E	简化　　常用-B-乙 僅 ▶ 仅 二阶 050C5 ≠ 04EC5	简化　　常用-C-丙 僑 ▶ 侨 二阶 050D1 ≠ 04FA8
简化　　常用-丁 僕 ▶ 仆 一阶 050D5 ≠ 04EC6	简化　　常用-丁 僞 ▶ 伪 二阶 050DE ≠ 04F2A	简化　　次常 僥 ▶ 侥 二阶 050E5 ≠ 04FA5	异体代换　　次常-C-丙 傕 ▶ 雇 二阶 050F1 ≠ 096C7
简化　　常用-B-乙 價 ▶ 价 一阶 050F9 ≠ 04EF7	简化　　常用-B-乙 儀 ▶ 仪 一阶 05100 ≠ 04EEA	简化　　常用-A-甲 億 ▶ 亿 二阶 05104 ≠ 04EBF	简化　　常用-丁 儉 ▶ 俭 二阶 05109 ≠ 04FED
简化　　常用-B-乙 盡 ▶ 尽 二阶 05118 ≠ 05C3D	简化　　常用-C-丙 償 ▶ 偿 二阶 0511F ≠ 0507F	简化　　常用-B-乙 優 ▶ 优 一阶 0512A ≠ 04F18	简化　　常用-丁 儲 ▶ 储 一阶 05132 ≠ 050A8
简化　　常用-丁 儲 ▶ 储 一阶 05132 ≠ 050A8	异体代换　　常用-A-甲 兇 ▶ 凶 一阶 05147 ≠ 051F6	汉字正形　　次常-C-丙 兌 ▶ 兑 二阶 0514C ≠ 05151	简化　　常用-A-甲 兒 ▶ 儿 一阶 05152 ≠ 0513F
汉字正形　　常用-A-甲 內 ▶ 内 一阶 05167 ≠ 05185	简化　　常用-A-甲 兩 ▶ 两 一阶 05169 ≠ 04E24	异体代换　　常用-B-乙 冊 ▶ 册 一阶 0518A ≠ 0518C	简化　　常用-B-乙 凍 ▶ 冻 二阶 051CD ≠ 051BB
简化　　常用-丁 凱 ▶ 凯 二阶 051F1 ≠ 051EF	异体代换　　常用-C-丙 删 ▶ 删 二阶 0522A ≠ 05220	简化　　常用-B-乙 則 ▶ 则 一阶 05247 ≠ 05219	汉字正形　　次常-丁 剎 ▶ 刹 二阶 0524E ≠ 05239
汉字正形　　次常-丁 剎 ▶ 刹 二阶 0524E ≠ 05239	简化　　常用-A-甲 剛 ▶ 刚 一阶 0525B ≠ 0521A	汉字正形　　常用-C-丙 剝 ▶ 剥 二阶 0525D ≠ 05265	简化　　常用-B-乙 創 ▶ 创 一阶 05275 ≠ 0521B

简化　常用-B-乙 創 ▸ 创 一阶 05275 ≠ 0521B	简化　常用-A-甲 劃 ▸ 划 一阶 05283 ≠ 05212	简化　常用-B-乙 劇 ▸ 剧 一阶 05287 ≠ 05267	简化　常用-丁 劍 ▸ 剑 一阶 0528D ≠ 05251
简化　常用-丁 劑 ▸ 剂 二阶 05291 ≠ 05242	简化　常用-B-乙 勁 ▸ 劲 一阶 052C1 ≠ 052B2	简化　常用-A-甲 動 ▸ 动 一阶 052D5 ≠ 052A8	简化　常用-A-甲 務 ▸ 务 一阶 052D9 ≠ 052A1
简化　次常 勛 ▸ 勋 二阶 052DB ≠ 052CB	简化　常用-A-甲 勝 ▸ 胜 一阶 052DD ≠ 080DC	简化　常用-A-甲 勞 ▸ 劳 一阶 052DE ≠ 052B3	简化　常用-B-乙 勢 ▸ 势 一阶 052E2 ≠ 052BF
异体简化　次常 勳 ▸ 勋 二阶 052F3 ≠ 052CB	简化　常用-B-乙 勵 ▸ 励 一阶 052F5 ≠ 052B1	简化　常用-B-乙 勸 ▸ 劝 一阶 052F8 ≠ 0529D	简化　常用-C-丙 勸 ▸ 劝 一阶 052F8 ≠ 0529D
汉字正形　常用-C-丙 匀 ▸ 匀 一阶 052FB ≠ 05300	简化　常用-C-丙 匯 ▸ 汇 二阶 0532F ≠ 06C47	简化　常用-B-乙 區 ▸ 区 一阶 05340 ≠ 0533A	简化　常用-C-丙 協 ▸ 协 一阶 05354 ≠ 0534F
异体代换　常用-B-乙 卻 ▸ 却 一阶 0537B ≠ 05374	简化　常用-B-乙 厠 ▸ 厕 一阶 053A0 ≠ 05395	简化　常用-B-乙 厭 ▸ 厌 一阶 053AD ≠ 0538C	简化　常用-B-乙 厲 ▸ 厉 一阶 053B2 ≠ 05389
简化　常用-A-甲 參 ▸ 参 一阶 053C3 ≠ 053C2	简化　常用-A-甲 叢 ▸ 丛 一阶 053E2 ≠ 04E1B	汉字正形　次常-A-甲 吶 ▸ 呐 二阶 05436 ≠ 05450	汉字正形　常用-A-甲 告 ▸ 告 一阶 0543F ≠ 0544A
简化　常用-A-甲 員 ▸ 员 一阶 054E1 ≠ 05458	异体代换　常用-A-甲 唸 ▸ 念 一阶 05538 ≠ 05FF5	简化　常用-A-甲 問 ▸ 问 一阶 0554F ≠ 095EE	简化　常用-B-乙 啓 ▸ 启 一阶 05553 ≠ 0542F
简化　常用-丁 啞 ▸ 哑 一阶 0555E ≠ 054D1	异体代换　常用-B-乙 啟 ▸ 启 一阶 0555F ≠ 0542F	异体代换　常用-丁 啣 ▸ 衔 二阶 05563 ≠ 08854	汉字正形　常用-C-丙 喚 ▸ 唤 一阶 0559A ≠ 05524
简化　常用-C-丙 喪 ▸ 丧 二阶 055AA ≠ 04E27	简化　常用-A-甲 單 ▸ 单 一阶 055AE ≠ 05355	简化　次常-C-丙 喲 ▸ 哟 二阶 055B2 ≠ 054DF	简化 嗇 ▸ 啬 二阶 055C7 ≠ 0556C
简化　常用-A-甲 嗎 ▸ 吗 一阶 055CE ≠ 05417	简化　常用-丁 嗚 ▸ 呜 二阶 055DA ≠ 0545C	简化　常用-C-丙 嘆 ▸ 叹 二阶 05606 ≠ 053F9	简化　次常-丁 嘔 ▸ 呕 一阶 05614 ≠ 05455
简化　常用-B-乙 嘗 ▸ 尝 一阶 05617 ≠ 05C1D	简化　常用-C-丙 嘩 ▸ 哗 二阶 05629 ≠ 054D7	简化　常用-丁 嘯 ▸ 啸 一阶 0562F ≠ 05578	简化　次常-丁 嘯 ▸ 啸 一阶 0562F ≠ 05578
简化　次常-丁 嘯 ▸ 啸 一阶 0562F ≠ 05578	简化　常用-B-乙 噴 ▸ 喷 一阶 05674 ≠ 055B7	简化　常用-B-乙 噸 ▸ 吨 二阶 05678 ≠ 05428	简化　常用-B-乙 嚇 ▸ 吓 一阶 05687 ≠ 05413
异体简化　常用-B-乙 嚐 ▸ 尝 一阶 05690 ≠ 05C1D	简化　次常-C-丙 嚨 ▸ 咙 一阶 056A8 ≠ 05499	简化　常用-A-甲 嚮 ▸ 向 二阶 056AE ≠ 05411	简化　常用-B-乙 嚴 ▸ 严 一阶 056B4 ≠ 04E25
简化　次常 囂 ▸ 嚣 二阶 056C2 ≠ 056A3	简化　常用-C-丙 囑 ▸ 嘱 二阶 056D1 ≠ 05631	汉字正形　次常-C-丙 囪 ▸ 囱 二阶 056EA ≠ 056F1	简化　常用-A-甲 國 ▸ 国 一阶 0570B ≠ 056FD
简化　常用-A-甲 圍 ▸ 围 一阶 0570D ≠ 056F4	简化　常用-A-甲 園 ▸ 园 一阶 05712 ≠ 056ED	简化　常用-A-甲 圓 ▸ 圆 一阶 05713 ≠ 05706	简化　常用-A-甲 圖 ▸ 图 一阶 05716 ≠ 056FE

简化　常用-A-甲 團▸团 一阶 05718 ≠ 056E2	简化　常用-A-甲 執▸执 二阶 057F7 ≠ 06267	简化　常用-B-乙 堅▸坚 一阶 05805 ≠ 0575A	简化　常用-A-甲 報▸报 一阶 05831 ≠ 062A5
简化　常用-A-甲 場▸场 一阶 05834 ≠ 0573A	简化　常用-A-甲 塊▸块 一阶 0584A ≠ 05757	简化　常用-B-乙 塗▸涂 一阶 05857 ≠ 06D82	异体简化　常用-A-甲 塲▸场 一阶 05872 ≠ 0573A
简化　常用-C-丙 塵▸尘 一阶 05875 ≠ 05C18	简化　常用-C-丙 墊▸垫 一阶 0588A ≠ 057AB	简化　次常 墜▸坠 二阶 0589C ≠ 05760	简化　次常-丁 墮▸堕 二阶 058AE ≠ 05815
简化　常用-C-丙 墳▸坟 二阶 058B3 ≠ 0575F	简化　常用-A-甲 墙▸墙 一阶 058BB ≠ 05899	简化　常用-丁 墾▸垦 二阶 058BE ≠ 057A6	简化　常用-B-乙 壓▸压 一阶 058D3 ≠ 0538B
简化　常用-丁 壘▸垒 二阶 058D8 ≠ 05792	简化　常用-A-甲 壞▸坏 一阶 058DE ≠ 0574F	简化　常用-C-丙 壯▸壮 一阶 058EF ≠ 058EE	简化　常用-B-乙 壺▸壶 一阶 058FA ≠ 058F6
简化　常用-C-丙 壽▸寿 一阶 058FD ≠ 05BFF	异体代换　常用-A-甲 夠▸够 一阶 05920 ≠ 0591F	简化　常用-B-乙 夢▸梦 一阶 05922 ≠ 068A6	简化　常用-B-乙 夢▸梦 一阶 05922 ≠ 068A6
简化　常用-B-乙 夥▸伙 二阶 05925 ≠ 04F19	简化　常用-B-乙 夾▸夹 一阶 0593E ≠ 05939	汉字正形　常用-C-丙 奧▸奥 二阶 05967 ≠ 05965	简化　常用-B-乙 奪▸夺 一阶 0596A ≠ 0593A
简化　常用-B-乙 獎▸奖 一阶 0596C ≠ 05956	简化　常用-B-乙 奮▸奋 一阶 0596E ≠ 0594B	简化　次常-丁 妝▸妆 一阶 0599D ≠ 05986	异体代换　常用-丁 姪▸侄 一阶 059EA ≠ 04F84
汉字正形　常用-C-丙 娛▸娱 二阶 05A1B ≠ 05A31	简化　常用-B-乙 婦▸妇 一阶 05A66 ≠ 05987	简化　常用-B-乙 婦▸妇 一阶 05A66 ≠ 05987	简化　常用-A-甲 媽▸妈 一阶 05ABD ≠ 05988
简化　常用-丁 嬌▸娇 二阶 05B0C ≠ 05A07	简化　次常-C-丙 嬰▸婴 一阶 05B30 ≠ 05A74	简化　常用-C-丙 嬸▸婶 一阶 05B38 ≠ 05A76	简化　常用-C-丙 孫▸孙 一阶 05B6B ≠ 05B59
简化　常用-A-甲 學▸学 一阶 05B78 ≠ 05B66	汉字正形　常用-C-丙 宮▸宫 一阶 05BAE ≠ 05BAB	简化　常用-A-甲 實▸实 一阶 05BE6 ≠ 05B9E	简化　常用-C-丙 寧▸宁 二阶 05BE7 ≠ 05B81
简化　常用-C-丙 審▸审 二阶 05BE9 ≠ 05BA1	简化　常用-A-甲 寫▸写 一阶 05BEB ≠ 05199	简化　常用-B-乙 寬▸宽 一阶 05BEC ≠ 05BBD	简化　常用-B-乙 寬▸宽 一阶 05BEC ≠ 05BBD
简化　次常 寵▸宠 一阶 05BF5 ≠ 05BA0	简化　常用-B-乙 寶▸宝 一阶 05BF6 ≠ 05B9D	简化　常用-A-甲 將▸将 一阶 05C07 ≠ 05C06	简化　常用-B-乙 專▸专 一阶 05C08 ≠ 04E13
简化　常用-B-乙 尋▸寻 一阶 05C0B ≠ 05BFB	简化　常用-B-乙 尋▸寻 一阶 05C0B ≠ 05BFB	简化　常用-A-甲 對▸对 一阶 05C0D ≠ 05BF9	简化　常用-A-甲 導▸导 一阶 05C0E ≠ 05BFC
异体代换　常用-B-乙 屆▸届 二阶 05C46 ≠ 05C4A	异体代换　常用-丁 屍▸尸 二阶 05C4D ≠ 05C38	汉字正形　次常-丁 屜▸屉 二阶 05C5C ≠ 05C49	简化　常用-B-乙 屢▸屡 二阶 05C62 ≠ 05C61
简化　常用-丁 屢▸屡 二阶 05C62 ≠ 05C61	简化　常用-A-甲 層▸层 一阶 05C64 ≠ 05C42	简化　常用-B-乙 屬▸属 一阶 05C6C ≠ 05C5E	简化　常用-丁 岡▸冈 一阶 05CA1 ≠ 05188

异体代换　　常用-C-丙 峯 ▸ 峰 一阶05CEF ≠ 05CF0	简化　　常用-B-乙 島 ▸ 岛 一阶05CF6 ≠ 05C9B	简化　　常用-C-丙 峽 ▸ 峡 一阶05CFD ≠ 05CE1	简化　　常用-C-丙 崗 ▸ 岗 二阶05D17 ≠ 05C97
简化　　常用-C-丙 嶄 ▸ 崭 二阶05D84 ≠ 05D2D	简化　　次常 嶇 ▸ 岖 二阶05D87 ≠ 05C96	简化　　常用-丁 嶺 ▸ 岭 二阶05DBA ≠ 05CAD	简化　　常用-丁 嶺 ▸ 岭 二阶05DBA ≠ 05CAD
简化　　常用-C-丙 嶼 ▸ 屿 二阶05DBC ≠ 05C7F	异体简化　　次常-丁+ 嶽 ▸ 岳 二阶05DBD ≠ 05CB3	简化　　次常 巒 ▸ 峦 一阶05DD2 ≠ 05CE6	异体简化　　常用-C-丙 巖 ▸ 岩 二阶05DD6 ≠ 05CA9
简化　　常用-丁 帥 ▸ 帅 一阶05E25 ≠ 05E05	简化　　常用-A-甲 師 ▸ 师 一阶05E2B ≠ 05E08	简化　　常用-C-丙 帳 ▸ 帐 一阶05E33 ≠ 05E10	简化　　常用-A-甲 帶 ▸ 带 一阶05E36 ≠ 05E26
简化　　常用-C-丙 幟 ▸ 帜 二阶05E5F ≠ 05E1C	简化　　常用-B-乙 幣 ▸ 币 一阶05E63 ≠ 05E01	简化　　常用-A-甲 幫 ▸ 帮 一阶05E6B ≠ 05E2E	简化　　常用-A-甲 幹 ▸ 干 一阶05E79 ≠ 05E72
简化　　常用-A-甲 幾 ▸ 几 一阶05E7E ≠ 051E0	简化　　常用-A-甲 幾 ▸ 几 一阶05E7E ≠ 051E0	简化　　常用-C-丙 庫 ▸ 库 一阶05EAB ≠ 05E93	异体简化　　常用-B-乙 廁 ▸ 厕 一阶05EC1 ≠ 05395
异体代换　　次常-C-丙 廂 ▸ 厢 一阶05EC2 ≠ 053A2	异体代换　　常用-丁 廈 ▸ 厦 一阶05EC8 ≠ 053A6	异体代换　　常用-B-乙 廚 ▸ 厨 一阶05EDA ≠ 053A8	简化　　常用-B-乙 廟 ▸ 庙 一阶05EDF ≠ 05E99
简化　　常用-A-甲 廠 ▸ 厂 一阶05EE0 ≠ 05382	简化　　常用-C-丙 廢 ▸ 废 一阶05EE2 ≠ 05E9F	简化　　常用-A-甲 廣 ▸ 广 一阶05EE3 ≠ 05E7F	简化　　常用-B-乙 廳 ▸ 厅 一阶05EF3 ≠ 05385
异体代换　　常用-A-甲 廻 ▸ 回 二阶05EFB ≠ 056DE	异体代换　　常用-B-乙 弔 ▸ 吊 二阶05F14 ≠ 0540A	简化　　常用-A-甲 張 ▸ 张 一阶05F35 ≠ 05F20	异体代换　　常用-B-乙 強 ▸ 强 一阶05F37 ≠ 05F3A
简化　　常用-B-乙 彈 ▸ 弹 一阶05F48 ≠ 05F39	简化　　常用-丁 彌 ▸ 弥 二阶05F4C ≠ 05F25	简化　　常用-A-甲 彎 ▸ 弯 一阶05F4E ≠ 05F2F	异体代换　　常用-B-乙 彿 ▸ 佛 二阶05F7F ≠ 04F5B
简化　　常用-A-甲 後 ▸ 后 一阶05F8C ≠ 0540E	简化　　常用-B-乙 徑 ▸ 径 一阶05F91 ≠ 05F84	简化　　常用-A-甲 從 ▸ 从 一阶05F9E ≠ 04ECE	简化　　常用-A-甲 復 ▸ 复 一阶05FA9 ≠ 0590D
简化　　常用-B-乙 徵 ▸ 征 二阶05FB5 ≠ 05F81	简化　　常用-B-乙 徵 ▸ 征 二阶05FB5 ≠ 05F81	简化　　常用-B-乙 徹 ▸ 彻 二阶05FB9 ≠ 05F7B	异体代换　　常用-C-丙 忽 ▸ 匆 一阶06031 ≠ 05306
异体代换　　常用-丁 恆 ▸ 恒 一阶06046 ≠ 06052	异体代换　　常用-丁 恥 ▸ 耻 一阶06065 ≠ 0803B	汉字正形　　常用-C-丙 悅 ▸ 悦 一阶06085 ≠ 060A6	简化　　常用-C-丙 悶 ▸ 闷 一阶060B6 ≠ 095F7
异体代换　　次常-丁 悽 ▸ 凄 二阶060BD ≠ 051C4	异体代换　　次常-丁 悽 ▸ 凄 二阶060BD ≠ 051C4	简化　　常用-C-丙 惡 ▸ 恶 一阶060E1 ≠ 06076	简化　　常用-丁 惱 ▸ 恼 一阶060F1 ≠ 0607C
简化　　常用-A-甲 愛 ▸ 爱 一阶0611B ≠ 07231	简化　　常用-A-甲 態 ▸ 态 一阶0614B ≠ 06001	简化　　常用-C-丙 慘 ▸ 惨 一阶06158 ≠ 060E8	简化　　常用-C-丙 慚 ▸ 惭 一阶0615A ≠ 060ED
简化　　常用-A-甲 慣 ▸ 惯 一阶06163 ≠ 060EF	简化　　常用-B-乙 慮 ▸ 虑 二阶0616E ≠ 08651	简化　　常用-B-乙 慳 ▸ 悭 二阶06173 ≠ 060AD	简化　　常用-B-乙 慶 ▸ 庆 一阶06176 ≠ 05E86

异体代换 常用—丁	简化 常用—丁	简化 常用—B—乙	简化 常用—C—丙
慾 ▸ 欲 一阶 0617E ≠ 06B32	憂 ▸ 忧 一阶 06182 ≠ 05FE7	憐 ▸ 怜 一阶 06190 ≠ 0601C	憑 ▸ 凭 二阶 06191 ≠ 051ED
简化 常用—B—乙	简化 常用—C—丙	简化 常用—C—丙	简化 常用—B—乙
憤 ▸ 愤 一阶 061A4 ≠ 06124	憲 ▸ 宪 二阶 061B2 ≠ 05BAA	憲 ▸ 宪 二阶 061B2 ≠ 05BAA	憶 ▸ 忆 一阶 061B6 ≠ 05FC6
简化 常用—B—乙	简化 常用—A—甲	简化 常用—丁	简化 常用—丁
懇 ▸ 恳 二阶 061C7 ≠ 06073	應 ▸ 应 一阶 061C9 ≠ 05E94	懲 ▸ 惩 一阶 061F2 ≠ 060E9	懲 ▸ 惩 二阶 061F2 ≠ 060E9
简化 常用—B—乙	简化 常用—C—丙	简化 常用—C—丙	简化 常用—C—丙
懶 ▸ 懒 一阶 061F6 ≠ 061D2	懷 ▸ 怀 一阶 061F7 ≠ 06000	懸 ▸ 悬 一阶 061F8 ≠ 060AC	懸 ▸ 悬 一阶 061F8 ≠ 060AC
简化 常用—丁	简化 常用—B—乙	简化 常用—B—乙	简化 常用—B—乙
懼 ▸ 惧 二阶 061FC ≠ 060E7	戀 ▸ 恋 二阶 06200 ≠ 0604B	戰 ▸ 战 一阶 06230 ≠ 06218	戲 ▸ 戏 一阶 06232 ≠ 0620F
简化 次常—丁	简化 常用—A—甲	简化 常用—B—乙	简化 常用—C—丙
挾 ▸ 挟 二阶 0633E ≠ 0631F	捨 ▸ 舍 一阶 06368 ≠ 0820D	捲 ▸ 卷 一阶 06372 ≠ 05377	掃 ▸ 扫 一阶 06383 ≠ 0626B
简化 常用—B—乙	汉字正形 常用—C—丙	汉字正形 常用—C—丙	异体代换 常用—A—甲
掃 ▸ 扫 一阶 06383 ≠ 0626B	掙 ▸ 挣 一阶 06399 ≠ 06323	掙 ▸ 挣 一阶 06399 ≠ 06323	掛 ▸ 挂 一阶 0639B ≠ 06302
异体代换 常用—B—乙	简化 常用—B—乙	异体代换 常用—C—丙	简化 常用—A—甲
採 ▸ 采 一阶 063A1 ≠ 091C7	揀 ▸ 拣 二阶 063C0 ≠ 062E3	揑 ▸ 捏 二阶 063D1 ≠ 0634F	揚 ▸ 扬 一阶 063DA ≠ 0626C
汉字正形 常用—A—甲	简化 常用—B—乙	异体代换 常用—B—乙	简化 常用—B—乙
換 ▸ 换 一阶 063DB ≠ 06362	揮 ▸ 挥 一阶 063EE ≠ 06325	揹 ▸ 背 二阶 063F9 ≠ 080CC	損 ▸ 损 一阶 0640D ≠ 0635F
汉字正形 常用—B—乙	简化 次常—丁	简化 常用—B—乙	简化 常用—B—乙
搖 ▸ 摇 一阶 06416 ≠ 06447	搗 ▸ 捣 一阶 06417 ≠ 06363	搶 ▸ 抢 一阶 06436 ≠ 062A2	搶 ▸ 抢 一阶 06436 ≠ 062A2
简化 常用—C—丙	简化 常用—C—丙	简化 次常—丁	简化 常用—B—乙
摟 ▸ 搂 二阶 0645F ≠ 06402	摟 ▸ 搂 二阶 0645F ≠ 06402	摯 ▸ 挚 二阶 0646F ≠ 0631A	摺 ▸ 折 二阶 0647A ≠ 06298
简化 常用—丁	异体代换 常用—C—丙	简化 常用—丁	简化 常用—C—丙
撈 ▸ 捞 二阶 06488 ≠ 0635E	撐 ▸ 撑 一阶 06490 ≠ 06491	撓 ▸ 挠 二阶 06493 ≠ 06320	撥 ▸ 拨 一阶 064A5 ≠ 062E8
简化 常用—丁	简化 常用—B—乙	简化 常用—B—乙	简化 常用—B—乙
撫 ▸ 抚 二阶 064AB ≠ 0629A	撲 ▸ 扑 一阶 064B2 ≠ 06251	撻 ▸ 挞 一阶 064BB ≠ 0631E	撿 ▸ 捡 一阶 064BF ≠ 06361
简化 常用—B—乙	简化	简化 常用—B—乙	简化 常用—B—乙
擁 ▸ 拥 一阶 064C1 ≠ 062E5	擄 ▸ 掳 二阶 064C4 ≠ 063B3	擇 ▸ 择 一阶 064C7 ≠ 062E9	擊 ▸ 击 一阶 064CA ≠ 051FB
简化 常用—B—乙	简化 常用—B—乙	简化 常用—B—乙	简化 常用—A—甲
擋 ▸ 挡 一阶 064CB ≠ 06321	擔 ▸ 担 一阶 064D4 ≠ 062C5	據 ▸ 据 二阶 064DA ≠ 0636E	擠 ▸ 挤 一阶 064E0 ≠ 06324
简化 常用—A—甲	异体简化 常用—A—甲	简化 次常—丁	简化 次常—C—丙
擡 ▸ 抬 一阶 064E1 ≠ 062AC	舉 ▸ 举 一阶 064E7 ≠ 04E3E	擬 ▸ 拟 二阶 064EC ≠ 062DF	擰 ▸ 拧 二阶 064F0 ≠ 062E7

简化	常用—B—乙	简化	次常—丁	简化	常用—B—乙	简化	常用—A—甲
擱 ▸ 搁		擲 ▸ 掷		擴 ▸ 扩		擺 ▸ 摆	
二阶 064F1 ≠ 06401		一阶 064F2 ≠ 063B7		一阶 064F4 ≠ 06269		一阶 064FA ≠ 06446	

简化	常用—B—乙	简化	常用—B—乙	异体代换	常用—丁	简化	常用—C—丙
擾 ▸ 扰		攔 ▸ 拦		攜 ▸ 携		攝 ▸ 摄	
一阶 064FE ≠ 06270		二阶 06514 ≠ 062E6		一阶 0651C ≠ 0643A		一阶 0651D ≠ 06444	

简化		简化	常用—C—丙	简化	常用—C—丙	简化	次常—丁
攣 ▸ 挛		攤 ▸ 摊		攪 ▸ 搅		攬 ▸ 揽	
二阶 06523 ≠ 0631B		一阶 06524 ≠ 0644A		一阶 0652A ≠ 06405		二阶 0652C ≠ 063FD	

异体代换	常用—C—丙	汉字正形		简化	常用—A—甲	异体代换	常用—C—丙
敍 ▸ 叙		敎 ▸ 教		敗 ▸ 败		敘 ▸ 叙	
二阶 0654D ≠ 053D9		一阶 0654E ≠ 06559		一阶 06557 ≠ 08D25		二阶 06558 ≠ 053D9	

简化	常用—B—乙	简化	常用—A—甲	简化	常用—A—甲	简化	常用—丁
敵 ▸ 敌		數 ▸ 数		數 ▸ 数		斃 ▸ 毙	
一阶 06575 ≠ 0654C		一阶 06578 ≠ 06570		一阶 06578 ≠ 06570		二阶 06583 ≠ 06BD9	

简化		简化	常用—丁	简化	常用—B—乙	异体代换	常用—B—乙
斕 ▸ 斓		斬 ▸ 斩		斷 ▸ 断		於 ▸ 于	
二阶 06595 ≠ 06593		二阶 065AC ≠ 065A9		一阶 065B7 ≠ 065AD		一阶 065BC ≠ 04E8E	

异体代换	常用—B—乙	简化	常用—A—甲	异体代换	常用—丁	简化	常用—丁
於 ▸ 于		時 ▸ 时		晉 ▸ 晋		晝 ▸ 昼	
一阶 065BC ≠ 04E8E		一阶 06642 ≠ 065F6		二阶 06649 ≠ 0664B		二阶 0665D ≠ 0663C	

简化	常用—C—丙	简化	常用—C—丙	简化	常用—B—乙	简化	常用—丁
暈 ▸ 晕		暢 ▸ 畅		暫 ▸ 暂		曆 ▸ 历	
二阶 06688 ≠ 06655		二阶 066A2 ≠ 07545		一阶 066AB ≠ 06682		一阶 066C6 ≠ 05386	

简化	常用—B—乙	简化	常用—丁	简化	常用—B—乙	简化	常用—B—乙
曉 ▸ 晓		曠 ▸ 旷		曬 ▸ 晒		曬 ▸ 晒	
一阶 066C9 ≠ 06653		二阶 066E0 ≠ 065F7		一阶 066EC ≠ 06652		一阶 066EC ≠ 06652	

简化	常用—B—乙	简化	常用—A—甲	简化	常用—A—甲	简化	次常
曬 ▸ 晒		書 ▸ 书		會 ▸ 会		朧 ▸ 胧	
一阶 066EC ≠ 06652		一阶 066F8 ≠ 04E66		一阶 06703 ≠ 04F1A		二阶 06727 ≠ 080E7	

异体代换	常用—B—乙	简化	常用—A—甲	异体简化	常用—B—乙	异体代换	常用—B—乙
朶 ▸ 朵		東 ▸ 东		枱 ▸ 台		柺 ▸ 拐	
一阶 06736 ≠ 06735		一阶 06771 ≠ 04E1C		一阶 067B1 ≠ 053F0		一阶 067FA ≠ 062D0	

异体代换	常用—B—乙	异体代换	常用—B—乙	简化		简化	常用—A—甲
柺 ▸ 拐		桿 ▸ 杆		梘 ▸ 枧		條 ▸ 条	
一阶 067FA ≠ 062D0		二阶 0687F ≠ 06746		一阶 06898 ≠ 067A7		一阶 0689D ≠ 06761	

异体简化	常用—B—乙	简化	常用—丁	异体代换	次常	异体代换	次常
棄 ▸ 弃		棟 ▸ 栋		棲 ▸ 栖		棲 ▸ 栖	
一阶 068C4 ≠ 05F03		二阶 068DF ≠ 0680B		一阶 068F2 ≠ 06816		一阶 068F2 ≠ 06816	

简化	常用—丁	简化	次常	简化	常用—A—甲	简化	常用—A—甲
楊 ▸ 杨		楓 ▸ 枫		業 ▸ 业		極 ▸ 极	
一阶 0694A ≠ 06768		一阶 06953 ≠ 067AB		一阶 0696D ≠ 04E1A		一阶 06975 ≠ 06781	

异体代换	常用—A—甲	简化	常用—B—乙	简化	常用—B—乙	简化	常用—B—乙
榦 ▸ 干		榮 ▸ 荣		構 ▸ 构		槍 ▸ 枪	
一阶 069A6 ≠ 05E72		一阶 069AE ≠ 08363		一阶 069CB ≠ 06784		一阶 069CD ≠ 067AA	

简化	常用—B—乙	异体简化	常用—丁	简化		简化	次常—C—丙
槍 ▸ 枪		槓 ▸ 杠		槤 ▸ 梿		樁 ▸ 桩	
一阶 069CD ≠ 067AA		二阶 069D3 ≠ 06760		二阶 069E4 ≠ 068BF		二阶 06A01 ≠ 06869	

简化　　常用-A-甲	异体代换　　常用-B-乙	简化　　次常	简化　　常用-A-甲
樂▶乐 一阶 06A02 ≠ 04E50	樑▶梁 二阶 06A11 ≠ 06881	樓▶楼 一阶 06A13 ≠ 0697C	樓▶楼 一阶 06A13 ≠ 0697C
简化　常用-B-乙 標▶标 一阶 06A19 ≠ 06807	**简化　次常** 樞▶枢 二阶 06A1E ≠ 067A2	**简化　常用-A-甲** 樣▶样 一阶 06A23 ≠ 06837	**简化　常用-B-乙** 樸▶朴 二阶 06A38 ≠ 06734
简化　常用-A-甲 樹▶树 一阶 06A39 ≠ 06811	**简化　常用-A-甲** 橋▶桥 一阶 06A4B ≠ 06865	**简化　常用-A-甲** 機▶机 一阶 06A5F ≠ 0673A	**简化　常用-B-乙** 機▶机 一阶 06A5F ≠ 0673A
简化　次常-丁 橢▶椭 一阶 06A62 ≠ 0692D	**简化　常用-C-丙** 檔▶档 一阶 06A94 ≠ 06863	**简化　常用-A-甲** 檢▶检 一阶 06AA2 ≠ 068C0	**简化　常用-B-乙** 檯▶台 一阶 06AAF ≠ 053F0
简化　次常-丁 檸▶柠 一阶 06AB8 ≠ 067E0	**简化　常用-C-丙** 櫃▶柜 一阶 06AC3 ≠ 067DC	**异体代换　次常** 櫥▶橱 二阶 06AE5 ≠ 06A71	**简化　常用-丁** 櫻▶樱 二阶 06AFB ≠ 06A31
简化　常用-丁 欄▶栏 一阶 06B04 ≠ 0680F	**简化　常用-C-丙** 權▶权 一阶 06B0A ≠ 06743	**简化　常用-C-丙** 權▶权 一阶 06B0A ≠ 06743	**简化　次常** 欖▶榄 二阶 06B16 ≠ 06984
简化　次常-丁 欽▶钦 二阶 06B3D ≠ 094A6	**异体代换　常用-C-丙** 歎▶叹 二阶 06B4E ≠ 053F9	**简化　常用-C+-丙+** 歐▶欧 一阶 06B50 ≠ 06B27	**简化　常用-A-甲** 歡▶欢 一阶 06B61 ≠ 06B22
简化　常用-A-甲 歡▶欢 一阶 06B61 ≠ 06B22	**简化　常用-A-甲** 歲▶岁 一阶 06B72 ≠ 05C81	**简化　常用-A-甲** 歷▶历 二阶 06B77 ≠ 05386	**简化　常用-C-丙** 歸▶归 一阶 06B78 ≠ 05F52
简化　常用-C-丙 歸▶归 一阶 06B78 ≠ 05F52	**简化　常用-B-丙** 殘▶残 一阶 06B98 ≠ 06B8B	**简化** 殯▶殡 二阶 06BAF ≠ 06BA1	**简化** 殲▶歼 二阶 06BB2 ≠ 06B7C
简化　常用-B-乙 殺▶杀 一阶 06BBA ≠ 06740	**简化　常用-B-乙** 殺▶杀 一阶 06BBA ≠ 06740	**简化　常用-C-丙** 殼▶壳 一阶 06BBC ≠ 058F3	**汉字正形　常用-C-丙** 毀▶毁 一阶 06BC0 ≠ 06BC1
简化　次常-丁 毆▶殴 一阶 06BC6 ≠ 06BB4	**简化　次常** 氈▶毡 二阶 06C08 ≠ 06BE1	**简化　常用-A-甲** 氣▶气 一阶 06C23 ≠ 06C14	**异体代换　常用-B-乙** 氾▶泛 二阶 06C3E ≠ 06CDB
异体代换　常用-B-乙 汙▶污 一阶 06C59 ≠ 06C61	**异体代换　常用-A-甲** 決▶决 一阶 06C7A ≠ 051B3	**汉字正形　常用-A-甲** 沒▶没 一阶 06C92 ≠ 06CA1	**简化　常用-B-乙** 沖▶冲 一阶 06C96 ≠ 051B2
异体代换　常用-A-甲 況▶况 一阶 06CC1 ≠ 051B5	**异体代换　常用-丁** 洩▶泄 一阶 06D29 ≠ 06CC4	**异体代换　次常-丁** 洶▶汹 二阶 06D36 ≠ 06C79	**异体代换　常用-A-甲** 涼▶凉 一阶 06DBC ≠ 051C9
异体代换　常用-B-乙 淚▶泪 一阶 06DDA ≠ 06CEA	**异体代换　常用-A-甲** 淨▶净 一阶 06DE8 ≠ 051C0	**异体代换　常用-A-甲** 淨▶净 一阶 06DE8 ≠ 051C0	**简化　次常** 淪▶沦 二阶 06DEA ≠ 06CA6
简化　次常 淵▶渊 二阶 06DF5 ≠ 06E0A	**简化　常用-A-甲** 淺▶浅 一阶 06DFA ≠ 06D45	**异体代换　常用-B-乙** 減▶减 一阶 06E1B ≠ 051CF	**简化　常用-B-乙** 測▶测 一阶 06E2C ≠ 06D4B
简化　常用-C-丙 渾▶浑 二阶 06E3E ≠ 06D51	**异体代换　常用-C-丙** 湊▶凑 二阶 06E4A ≠ 051D1	**异体代换　常用-C-丙** 湧▶涌 二阶 06E67 ≠ 06D8C	**简化　常用-A-甲** 湯▶汤 一阶 06E6F ≠ 06C64

简化 常用–A–甲	简化 常用–C–丙	汉字正形 常用–B–乙	异体代换 常用–B–乙
準 ▸ 准	溝 ▸ 沟	溫 ▸ 温	溼 ▸ 湿
一阶 06E96 ≠ 051C6	一阶 06E9D ≠ 06C9F	一阶 06EAB ≠ 06E29	一阶 06EBC ≠ 06E7F
简化 次常	简化 次常	简化 常用–B–乙	简化 次常–丁
滄 ▸ 沧	滄 ▸ 沧	滅 ▸ 灭	滌 ▸ 涤
二阶 06EC4 ≠ 06CA7	二阶 06EC4 ≠ 06CA7	一阶 06EC5 ≠ 0706D	二阶 06ECC ≠ 06DA4
异体简化 常用–C–丙	简化 次常–丁	简化 常用–丁	汉字正形 常用–B–乙
滙 ▸ 汇	滯 ▸ 滞	滲 ▸ 渗	滾 ▸ 滚
二阶 06ED9 ≠ 06C47	二阶 06EEF ≠ 06EDE	一阶 06EF2 ≠ 06E17	一阶 06EFE ≠ 06EDA
简化 常用–A–甲	简化 常用–C–丙	简化 常用–A–甲	简化
滿 ▸ 满	漁 ▸ 渔	漢 ▸ 汉	漬 ▸ 渍
一阶 06EFF ≠ 06EE1	一阶 06F01 ≠ 06E14	一阶 06F22 ≠ 06C49	二阶 06F2C ≠ 06E0D
简化 常用–B–乙	简化 常用–B–乙	简化 常用–C–丙	简化 常用–B–乙
漲 ▸ 涨	漸 ▸ 渐	漿 ▸ 浆	潑 ▸ 泼
一阶 06F32 ≠ 06DA8	一阶 06F38 ≠ 06E10	一阶 06F3F ≠ 06D46	一阶 06F51 ≠ 06CFC
简化 常用–C–丙	异体代换 常用–丁	异体代换 常用–丁	简化 常用–C–丙
潔 ▸ 洁	潛 ▸ 潜	潜 ▸ 潜	潤 ▸ 润
一阶 06F54 ≠ 06D01	二阶 06F5B ≠ 06F5C	二阶 06F5B ≠ 06F5C	二阶 06F64 ≠ 06DA6
简化 次常–丁	简化 次常	简化 常用–丁	简化 常用–C–丙
潰 ▸ 溃	澀 ▸ 涩	澆 ▸ 浇	澤 ▸ 泽
二阶 06F70 ≠ 06E83	二阶 06F80 ≠ 06DA9	一阶 06F86 ≠ 06D47	二阶 06FA4 ≠ 06CFD
简化 次常–丁	简化 常用–丁	简化 常用–B–乙	简化
澱 ▸ 淀	濁 ▸ 浊	濃 ▸ 浓	濕 ▸ 湿
二阶 06FB1 ≠ 06DC0	二阶 06FC1 ≠ 06D4A	二阶 06FC3 ≠ 06D53	一阶 06FD5 ≠ 06E7F
简化 次常	简化 常用–A–甲	简化 常用–丁	简化 常用–C–丙
濘 ▸ 泞	濟 ▸ 济	濤 ▸ 涛	濫 ▸ 滥
二阶 06FD8 ≠ 06CDE	二阶 06FDF ≠ 06D4E	二阶 06FE4 ≠ 06D9B	二阶 06FEB ≠ 06EE5
简化 常用–丁	异体简化 常用–B–乙	简化 常用–C–丙	简化 常用–丁
濱 ▸ 滨	濶 ▸ 阔	濺 ▸ 溅	濾 ▸ 滤
二阶 06FF1 ≠ 06EE8	一阶 06FF6 ≠ 09614	一阶 06FFA ≠ 06E85	一阶 06FFE ≠ 06EE4
简化	简化	简化 次常–C	简化 次常–丁
瀉 ▸ 泻	瀏 ▸ 浏	瀕 ▸ 濒	瀝 ▸ 沥
二阶 07009 ≠ 06CFB	二阶 0700F ≠ 06D4F	二阶 07015 ≠ 06FD2	二阶 0701D ≠ 06CA5
简化	简化	简化	简化 次常–丁
瀟 ▸ 潇	瀟 ▸ 潇	瀟 ▸ 潇	瀰 ▸ 弥
二阶 0701F ≠ 06F47	二阶 0701F ≠ 06F47	二阶 0701F ≠ 06F47	二阶 07030 ≠ 05F25
简化 常用–B–乙	简化	简化 常用–B–乙	简化 常用–C–丙
灑 ▸ 洒	灑 ▸ 洒	灑 ▸ 洒	灘 ▸ 滩
一阶 07051 ≠ 06D12	一阶 07051 ≠ 06D12	一阶 07051 ≠ 06D12	一阶 07058 ≠ 06EE9
简化 常用–丁	异体代换 常用–B–乙	简化 常用–A–甲	简化 常用–丁
灣 ▸ 湾	災 ▸ 灾	為 ▸ 为	烏 ▸ 乌
一阶 07063 ≠ 06E7E	一阶 0707D ≠ 0707E	一阶 070BA ≠ 04E3A	一阶 070CF ≠ 04E4C
简化 常用–B–乙	简化 常用–A–甲	异体代换 常用–B–乙	汉字正形 次常
無 ▸ 无	煉 ▸ 炼	煙 ▸ 烟	煥 ▸ 焕
一阶 07121 ≠ 065E0	一阶 07149 ≠ 070BC	一阶 07159 ≠ 070DF	二阶 07165 ≠ 07115
简化 常用–A–甲	简化	简化 次常	简化
煩 ▸ 烦	熒 ▸ 荧	熱 ▸ 热	熾 ▸ 炽
一阶 07169 ≠ 070E6	二阶 07192 ≠ 08367	一阶 071B1 ≠ 070ED	二阶 071BE ≠ 070BD

简化　　　常用-A-甲	简化　　　常用-A-甲	简化　　　常用-B-乙	简化　　　常用-B-乙
燈▸灯 一阶 071C8 ≠ 0706F	燒▸烧 一阶 071D2 ≠ 070E7	燙▸烫 二阶 071D9 ≠ 070EB	營▸营 一阶 071DF ≠ 08425
简化　常用-C-丙 燦▸灿 一阶 071E6 ≠ 0707F	**简化　常用-C-丙** 燭▸烛 一阶 071ED ≠ 070DB	**简化　常用-B-乙** 燼▸烬 二阶 071FC ≠ 070EC	**简化　次常-C-丙** 爍▸烁 二阶 0720D ≠ 070C1
简化　常用-C-丙 爐▸炉 一阶 07210 ≠ 07089	**简化　常用-B-乙** 爛▸烂 一阶 0721B ≠ 070C2	**汉字正形　常用-B-乙** 爭▸争 一阶 0722D ≠ 04E89	**汉字正形　常用-B-乙** 爭▸争 一阶 0722D ≠ 04E89
简化　常用-A-甲 爲▸为 一阶 07232 ≠ 04E3A	**简化　常用-A-甲** 爺▸爷 一阶 0723A ≠ 07237	**简化　次常-C-丙** 爾▸尔 一阶 0723E ≠ 05C14	**异体代换　常用-A-甲** 牀▸床 一阶 07240 ≠ 05E8A
异体简化　常用-A-甲 牆▸墙 一阶 07246 ≠ 05899	**异体代换　常用-A-甲** 牠▸它 一阶 07260 ≠ 05B83	**简化　常用-B-乙** 牽▸牵 一阶 0727D ≠ 07275	**简化　常用-B-乙** 犧▸牺 二阶 072A7 ≠ 0727A
简化　常用-B-乙 狀▸状 一阶 072C0 ≠ 072B6	**简化　常用-丁** 狹▸狭 一阶 072F9 ≠ 072ED	**简化　次常-丁** 狽▸狈 二阶 072FD ≠ 072C8	**简化　常用-C-丙** 猶▸犹 二阶 07336 ≠ 072B9
异体代换　常用-B-乙 獃▸呆 一阶 07343 ≠ 05446	**简化　常用-B-乙** 獄▸狱 二阶 07344 ≠ 072F1	**简化　常用-B-乙** 獅▸狮 一阶 07345 ≠ 072EE	**异体简化　常用-B-乙** 獎▸奖 一阶 0734E ≠ 05956
简化　常用-B-乙 獨▸独 一阶 07368 ≠ 072EC	**简化　常用-B-乙** 獲▸获 一阶 07372 ≠ 083B7	**简化　常用-B-乙** 獲▸获 一阶 07372 ≠ 083B7	**简化　常用-C-丙** 獵▸猎 一阶 07375 ≠ 0730E
简化　常用-C-丙 獸▸兽 一阶 07378 ≠ 0517D	**简化　常用-B-乙** 獻▸献 一阶 0737B ≠ 0732E	**简化　常用-A-甲** 現▸现 一阶 073FE ≠ 073B0	**简化　次常** 瑣▸琐 二阶 07463 ≠ 07410
简化　次常 瑩▸莹 二阶 07469 ≠ 083B9	**异体代换　次常** 瑯▸琅 二阶 0746F ≠ 07405	**简化　常用-B-乙** 環▸环 一阶 074B0 ≠ 073AF	**简化　常用-A-甲** 產▸产 一阶 07522 ≠ 04EA7
异体代换　常用-丁 甦▸苏 二阶 07526 ≠ 082CF	**简化　常用-B-乙** 畝▸亩 二阶 0755D ≠ 04EA9	**简化　常用-B-乙** 畢▸毕 一阶 07562 ≠ 06BD5	**异体代换　常用-B-乙** 畧▸略 一阶 07567 ≠ 07565
简化　常用-A-甲 畫▸画 一阶 0756B ≠ 0753B	**异体代换　常用-B-乙** 異▸异 一阶 07570 ≠ 05F02	**简化　常用-A-甲** 當▸当 二阶 07576 ≠ 05F53	**异体代换　常用-B-乙** 疊▸叠 一阶 0758A ≠ 053E0
异体代换　常用-丁 疎▸疏 一阶 0758E ≠ 0758F	**简化　常用-B-乙** 痙▸痉 二阶 075D9 ≠ 075C9	**异体代换　次常-丁** 痺▸痹 二阶 075FA ≠ 075F9	**异体代换　常用-C-丙** 瘉▸愈 二阶 07609 ≠ 06108
简化　常用-C-丙 瘋▸疯 一阶 0760B ≠ 075AF	**汉字正形　次常-丁** 瘓▸痪 二阶 07613 ≠ 075EA	**简化　常用-丁** 瘡▸疮 一阶 07621 ≠ 075AE	**简化　常用-丁** 瘡▸疮 一阶 07621 ≠ 075AE
简化　常用-C-丙 療▸疗 二阶 07642 ≠ 07597	**异体代换　常用-C-丙** 癒▸愈 二阶 07652 ≠ 06108	**异体代换　次常-丁** 癡▸痴 二阶 07661 ≠ 075F4	**简化　常用-丁** 癢▸痒 二阶 07662 ≠ 075D2
简化　常用-丁 癢▸痒 二阶 07662 ≠ 075D2	**简化　次常** 癮▸瘾 二阶 0766E ≠ 0763E	**简化　次常-丁** 癱▸瘫 二阶 07671 ≠ 0762B	**简化　常用-A-甲** 發▸发 一阶 0767C ≠ 053D1

简化 常用-C-丙 皺 ▸ 皱 一阶076BA ≠ 076B1	汉字正形 常用-B-乙 盜 ▸ 盗 一阶076DC ≠ 076D7	简化 常用-C-丙 盞 ▸ 盏 二阶076DE ≠ 076CF	简化 常用-B-乙 盡 ▸ 尽 一阶076E1 ≠ 05C3D
简化 常用-C-丙 監 ▸ 监 二阶076E3 ≠ 076D1	简化 常用-B-乙 盤 ▸ 盘 一阶076E4 ≠ 076D8	异体简化 常用-丁 盪 ▸ 荡 二阶076EA ≠ 08361	异体简化 常用-B-乙 眾 ▸ 众 一阶0773E ≠ 04F17
汉字正形 常用-B-乙 睜 ▸ 睁 二阶0775C ≠ 07741	汉字正形 常用-B-乙 睜 ▸ 睁 二阶0775C ≠ 07741	简化 常用-C-丙 瞞 ▸ 瞒 二阶0779E ≠ 07792	简化 丁 矚 ▸ 瞩 二阶077DA ≠ 077A9
简化 次常 矯 ▸ 矫 二阶077EF ≠ 077EB	简化 次常 碩 ▸ 硕 二阶078A9 ≠ 07855	简化 常用-A-甲 確 ▸ 确 一阶078BA ≠ 0786E	简化 常用-B-乙 碼 ▸ 码 一阶078BC ≠ 07801
简化 常用-C-丙 磚 ▸ 砖 一阶078DA ≠ 07816	简化 常用-A-甲 礎 ▸ 础 二阶0790E ≠ 07840	简化 常用-C-丙 礙 ▸ 碍 二阶07919 ≠ 0788D	简化 常用-B-乙 礦 ▸ 矿 一阶07926 ≠ 077FF
异体简化 常用-A-甲 祇 ▸ 只 一阶07947 ≠ 053EA	异体代换 常用-B-乙 祕 ▸ 秘 一阶07955 ≠ 079D8	简化 常用-丁 禍 ▸ 祸 一阶0798D ≠ 07978	简化 常用-C-丙 禦 ▸ 御 二阶079A6 ≠ 05FA1
简化 常用-A-甲 禮 ▸ 礼 一阶079AE ≠ 0793C	简化 次常 禱 ▸ 祷 一阶079B1 ≠ 07977	汉字正形 常用-C-丙 稅 ▸ 税 二阶07A05 ≠ 07A0E	简化 常用-A-甲 種 ▸ 种 一阶07A2E ≠ 079CD
简化 常用-B-乙 稱 ▸ 称 一阶07A31 ≠ 079F0	简化 常用-C-丙 穀 ▸ 谷 二阶07A40 ≠ 08C37	简化 常用-B-乙 積 ▸ 积 一阶07A4D ≠ 079EF	简化 次常-丁 穎 ▸ 颖 二阶07A4E ≠ 09896
汉字正形 常用-B-乙 穩 ▸ 稳 一阶07A4F ≠ 07A33	简化 次常-丁 穢 ▸ 秽 二阶07A62 ≠ 079FD	简化 常用-B-乙 穫 ▸ 获 一阶07A6B ≠ 083B7	简化 常用-B-乙 穫 ▸ 获 一阶07A6B ≠ 083B7
简化 常用-丁 窩 ▸ 窝 一阶07AA9 ≠ 07A9D	简化 常用-B-乙 窮 ▸ 穷 一阶07AAE ≠ 07A77	简化 常用-C-丙 竄 ▸ 窜 二阶07AC4 ≠ 07A9C	简化 常用-丁 竊 ▸ 窃 二阶07ACA ≠ 07A83
简化 常用-丁 竪 ▸ 竖 二阶07AEA ≠ 07AD6	简化 常用-B-乙 競 ▸ 竞 一阶07AF6 ≠ 07ADE	简化 常用-A-甲 筆 ▸ 笔 一阶07B46 ≠ 07B14	汉字正形 常用-丁 箏 ▸ 筝 一阶07B8F ≠ 07B5D
汉字正形 常用-丁 箏 ▸ 筝 一阶07B8F ≠ 07B5D	简化 常用-A-甲 節 ▸ 节 一阶07BC0 ≠ 08282	简化 常用-B-乙 範 ▸ 范 一阶07BC4 ≠ 08303	简化 常用-B-乙 築 ▸ 筑 一阶07BC9 ≠ 07B51
简化 常用-丁 篩 ▸ 筛 二阶07BE9 ≠ 07B5B	简化 常用-A-甲 簡 ▸ 简 一阶07C21 ≠ 07B80	异体代换 次常 簷 ▸ 檐 二阶07C37 ≠ 06A90	简化 常用-B-乙 簽 ▸ 签 二阶07C3D ≠ 07B7E
简化 常用-C-丙 簾 ▸ 帘 二阶07C3E ≠ 05E18	简化 常用-A-甲 籃 ▸ 篮 一阶07C43 ≠ 07BEE	简化 常用-丁 籌 ▸ 筹 二阶07C4C ≠ 07B79	简化 常用-C-丙 籠 ▸ 笼 一阶07C60 ≠ 07B3C
简化 次常-丁 籬 ▸ 篱 一阶07C6C ≠ 07BF1	简化 常用-丁 籮 ▸ 箩 一阶07C6E ≠ 07BA9	简化 次常-丁 籲 ▸ 吁 二阶07C72 ≠ 05401	异体代换 次常-丁 粧 ▸ 妆 一阶07CA7 ≠ 05986
汉字正形 次常-丁+ 粵 ▸ 粤 二阶07CB5 ≠ 07CA4	异体代换 糉 ▸ 粽 一阶07CC9 ≠ 07CBD	简化 常用-C-丙 糞 ▸ 粪 一阶07CDE ≠ 07CAA	简化 常用-B-乙 糧 ▸ 粮 一阶07CE7 ≠ 07CAE

簡化　　常用-B-乙 糾►纠 二阶07CFE ≠ 07EA0	簡化　　常用-A-甲 紀►纪 一阶07D00 ≠ 07EAA	簡化　　常用-B-乙 約►约 一阶07D04 ≠ 07EA6	簡化　　常用-A-甲 紅►红 一阶07D05 ≠ 07EA2
簡化　　常用-C-丙 紋►纹 一阶07D0B ≠ 07EB9	簡化　　常用-丁 納►纳 二阶07D0D ≠ 07EB3	簡化　　常用-丁 紐►纽 二阶07D10 ≠ 07EBD	簡化　　常用-C-丙 純►纯 二阶07D14 ≠ 07EAF
簡化　　常用-C-丙 紗►纱 一阶07D17 ≠ 07EB1	簡化　　常用-A-甲 紙►纸 一阶07D19 ≠ 07EB8	簡化　　常用-A-甲 級►级 一阶07D1A ≠ 07EA7	簡化　　常用-B-乙 紛►纷 一阶07D1B ≠ 07EB7
簡化 絋►纮 二阶07D1C ≠ 07EAD	簡化　　常用-B-乙 紡►纺 一阶07D21 ≠ 07EBA	异体代换　　常用-B-乙 紮►扎 一阶07D2E ≠ 0624E	簡化　　常用-A-甲 細►细 一阶07D30 ≠ 07EC6
簡化　　次常-丁 紳►绅 二阶07D33 ≠ 07EC5	簡化　　常用-A-甲 紹►绍 一阶07D39 ≠ 07ECD	簡化　　常用-B-乙 終►终 一阶07D42 ≠ 07EC8	簡化　　常用-A-甲 組►组 一阶07D44 ≠ 07EC4
簡化　　次常 絆►绊 二阶07D46 ≠ 07ECA	簡化　　常用-A-甲 結►结 一阶07D50 ≠ 07ED3	簡化　　常用-B-乙 絕►绝 一阶07D55 ≠ 07EDD	簡化　　常用-C-丙 絡►络 二阶07D61 ≠ 07EDC
簡化 絢►绚 二阶07D62 ≠ 07EDA	簡化　　常用-A-甲 給►给 一阶07D66 ≠ 07ED9	簡化　　常用-丁 絨►绒 一阶07D68 ≠ 07ED2	簡化　　常用-B-乙 統►统 一阶07D71 ≠ 07EDF
簡化　　常用-B-乙 絲►丝 一阶07D72 ≠ 04E1D	簡化 絹►绢 二阶07D79 ≠ 07EE2	簡化　　常用-C-丙 綁►绑 一阶07D81 ≠ 07ED1	簡化　　常用-C-丙 繡►绣 二阶07D89 ≠ 07EE3
簡化　　常用-A-甲 經►经 一阶07D93 ≠ 07ECF	簡化　　次常-B-乙 綜►综 二阶07D9C ≠ 07EFC	簡化　　常用-A-甲 綠►绿 一阶07DA0 ≠ 07EFF	簡化　　常用-丁 綢►绸 二阶07DA2 ≠ 07EF8
簡化　　常用-B-乙 綫►线 一阶07DAB ≠ 07EBF	簡化　　常用-B-乙 維►维 一阶07DAD ≠ 07EF4	簡化　　常用-C-丙 綱►纲 二阶07DB1 ≠ 07EB2	簡化　　常用-B-乙 網►网 二阶07DB2 ≠ 07F51
簡化　　次常-丁 綴►缀 二阶07DB4 ≠ 07F00	异体简化　　常用-A-甲 綵►彩 一阶07DB5 ≠ 05F69	簡化　　次常 綻►绽 二阶07DBB ≠ 07EFD	簡化　　次常 綽►绰 二阶07DBD ≠ 07EF0
簡化　　常用-丁 綿►绵 一阶07DBF ≠ 07EF5	簡化　　常用-A-甲 緊►紧 一阶07DCA ≠ 07D27	簡化 緋►绯 一阶07DCB ≠ 07EEF	簡化　　常用-B-乙 緒►绪 二阶07DD2 ≠ 07EEA
簡化　　常用-B-乙 緒►绪 二阶07DD2 ≠ 07EEA	异体简化　　常用-B-乙 線►线 一阶07DDA ≠ 07EBF	簡化 緝►缉 二阶07DDD ≠ 07F09	簡化　　次常-丁 締►缔 二阶07DE0 ≠ 07F14
簡化　　常用-C-丙 緣►缘 二阶07DE3 ≠ 07F18	簡化　　常用-B-乙 編►编 一阶07DE8 ≠ 07F16	簡化　　常用-C-丙 緩►缓 二阶07DE9 ≠ 07F13	簡化　　常用-A-甲 練►练 一阶07DF4 ≠ 07EC3
簡化　　常用-B-乙 緻►致 一阶07DFB ≠ 081F4	簡化　　次常-C-丙 縛►缚 二阶07E1B ≠ 07F1A	簡化　　常用-B-乙 縣►县 二阶07E23 ≠ 053BF	簡化　　常用-A-甲 縣►县 二阶07E23 ≠ 053BF
簡化　　常用-C-丙 縫►缝 一阶07E2B ≠ 07F1D	簡化　　常用-B-乙 縮►缩 一阶07E2E ≠ 07F29	簡化　　常用-C-丙 縱►纵 二阶07E31 ≠ 07EB5	簡化　　常用-A-甲 總►总 一阶07E3D ≠ 0603B

204

简化 常用-A-甲	简化 常用-A-甲	简化 常用-A-甲	简化 次常
總 ▶ 总	績 ▶ 绩	織 ▶ 织	繚 ▶ 缭
一阶 07E3D ≠ 0603B	一阶 07E3E ≠ 07EE9	一阶 07E54 ≠ 07EC7	二阶 07E5A ≠ 07F2D
简化 常用-B-乙	异体简化 常用-C-丙	异体简化 常用-C-丙	异体简化 常用-C-丙
繞 ▶ 绕	繡 ▶ 绣	繡 ▶ 绣	繡 ▶ 绣
二阶 07E5E ≠ 07ED5	二阶 07E61 ≠ 07EE3	二阶 07E61 ≠ 07EE3	二阶 07E61 ≠ 07EE3
简化 常用-B-乙	简化 常用-丁	简化 常用-A-甲	简化 常用-丁
繩 ▶ 绳	繪 ▶ 绘	繫 ▶ 系	繳 ▶ 缴
一阶 07E69 ≠ 07EF3	一阶 07E6A ≠ 07ED8	二阶 07E6B ≠ 07CFB	二阶 07E73 ≠ 07F34
简化 常用-A-甲	简化 次常	简化 常用-A-甲	简化 常用-A-甲
繼 ▶ 继	繽 ▶ 缤	續 ▶ 续	續 ▶ 续
一阶 07E7C ≠ 07EE7	二阶 07E7D ≠ 07F24	一阶 07E8C ≠ 07EED	一阶 07E8C ≠ 07EED
简化 常用-丁	简化 常用-B-乙	简化 次常	汉字正形 常用-C-丙
纏 ▶ 缠	纖 ▶ 纤	纜 ▶ 缆	卸 ▶ 卸
二阶 07E8F ≠ 07F20	二阶 07E96 ≠ 07EA4	一阶 07E9C ≠ 07F06	二阶 07F37 ≠ 05378
简化 常用-C-丙	异体简化 常用-B-乙	简化 常用-C-丙	简化 常用-丁
罰 ▶ 罚	駡 ▶ 骂	罷 ▶ 罢	羅 ▶ 罗
一阶 07F70 ≠ 07F5A	一阶 07F75 ≠ 09A82	一阶 07F77 ≠ 07F62	一阶 07F85 ≠ 07F57
简化 常用-A-甲	异体代换 常用-B-乙	汉字正形 常用-B-乙	简化 常用-A-甲
羈 ▶ 羁	羣 ▶ 群	羡 ▶ 羡	義 ▶ 义
二阶 07F88 ≠ 07F81	一阶 07FA3 ≠ 07FA4	二阶 07FA8 ≠ 07FA1	一阶 07FA9 ≠ 04E49
简化 常用-A-甲	简化 常用-C-丙	简化 常用-A-甲	简化 常用-A-甲
習 ▶ 习	聖 ▶ 圣	聞 ▶ 闻	聯 ▶ 联
一阶 07FD2 ≠ 04E60	一阶 08056 ≠ 05723	一阶 0805E ≠ 095FB	一阶 0806F ≠ 08054
简化 常用-B-乙	简化 常用-B-乙	简化 常用-A-甲	简化 次常-丁
聰 ▶ 聪	聰 ▶ 聪	聲 ▶ 声	聳 ▶ 耸
一阶 08070 ≠ 0806A	一阶 08070 ≠ 0806A	二阶 08072 ≠ 058F0	二阶 08073 ≠ 08038
简化 常用-B-乙	简化 常用-A-甲	简化 常用-丁	简化 常用-B-乙
職 ▶ 职	聽 ▶ 听	聾 ▶ 聋	肅 ▶ 肃
一阶 08077 ≠ 0804C	一阶 0807D ≠ 0542C	一阶 0807E ≠ 0804B	二阶 08085 ≠ 08083
简化 常用-B-乙	简化 常用-B-乙	简化 常用-C-丙	异体代换 常用-B-乙
肅 ▶ 肃	肅 ▶ 肃	脅 ▶ 胁	脈 ▶ 脉
二阶 08085 ≠ 08083	二阶 08085 ≠ 08083	二阶 08105 ≠ 080C1	二阶 08108 ≠ 08109
异体代换 次常-C-丙	异体代换 常用-C-丙	汉字正形 常用-A-甲	简化 常用-C-丙
脗 ▶ 吻	脣 ▶ 唇	脱 ▶ 脱	脹 ▶ 胀
一阶 08117 ≠ 0543B	一阶 08123 ≠ 05507	一阶 0812B ≠ 08131	二阶 08139 ≠ 080C0
简化 常用-B-乙	简化 常用-C-丙	异体代换 常用-A-甲	简化 常用-B-乙
腦 ▶ 脑	腫 ▶ 肿	腳 ▶ 脚	腸 ▶ 肠
一阶 08166 ≠ 08111	一阶 0816B ≠ 080BF	一阶 08173 ≠ 0811A	一阶 08178 ≠ 080A0
简化 常用-B-乙	简化 常用-C-丙	简化 次常	简化 常用-B-乙
膚 ▶ 肤	膠 ▶ 胶	膩 ▶ 腻	膽 ▶ 胆
一阶 0819A ≠ 080A4	一阶 081A0 ≠ 080F6	二阶 081A9 ≠ 0817B	二阶 081BD ≠ 080C6
简化 常用-A-甲	简化 次常	简化 常用-丁	简化 常用-A-甲
臉 ▶ 脸	臍 ▶ 脐	臘 ▶ 腊	臟 ▶ 脏
一阶 081C9 ≠ 08138	二阶 081CD ≠ 08110	一阶 081D8 ≠ 0814A	一阶 081DF ≠ 0810F
简化 常用-C-丙	简化 常用-B-乙	简化 常用-B-乙	简化 常用-B-乙
臥 ▶ 卧	臨 ▶ 临	臺 ▶ 台	與 ▶ 与
二阶 081E5 ≠ 05367	一阶 081E8 ≠ 04E34	一阶 081FA ≠ 053F0	一阶 08207 ≠ 04E0E

简化　常用-A-甲 興 ▶ 兴 一阶 08208 ≠ 05174	简化　常用-A-甲 舉 ▶ 举 一阶 08209 ≠ 04E3E	简化　常用-A-甲 舊 ▶ 旧 一阶 0820A ≠ 065E7	简化　常用-A-甲 舊 ▶ 旧 一阶 0820A ≠ 065E7
异体代换　常用-B-乙 舖 ▶ 铺 一阶 08216 ≠ 094FA	简化　常用-C-丙 艙 ▶ 舱 二阶 08259 ≠ 08231	简化　常用-C-丙 艙 ▶ 舱 二阶 08259 ≠ 08231	简化　常用-C-丙 艦 ▶ 舰 一阶 08266 ≠ 08230
简化　常用-B-乙 艱 ▶ 艰 一阶 08271 ≠ 08270	简化　常用-C-丙 艷 ▶ 艳 一阶 08277 ≠ 08273	汉字正形　次常 荊 ▶ 荆 一阶 0834A ≠ 08346	简化　常用-B-乙 莊 ▶ 庄 一阶 0838A ≠ 05E84
简化　常用-丁 莖 ▶ 茎 一阶 08396 ≠ 0830E	简化　常用-C-丙 華 ▶ 华 一阶 083EF ≠ 0534E	简化　常用-A-甲 萬 ▶ 万 一阶 0842C ≠ 04E07	简化　常用-B-乙 葉 ▶ 叶 一阶 08449 ≠ 053F6
条件简化　常用-A-甲 著 ▶ 着 一阶 08457 ≠ 07740	条件简化　常用-A-甲 著 ▶ 着 一阶 08457 ≠ 07740	异体代换　常用-C-丙 蒐 ▶ 搜 一阶 08490 ≠ 0641C	简化　常用-C-丙 蒼 ▶ 苍 一阶 084BC ≠ 082CD
简化　常用-C-丙 蒼 ▶ 苍 一阶 084BC ≠ 082CD	简化　常用-B-乙 蓋 ▶ 盖 一阶 084CB ≠ 076D6	简化　常用-丁 蓮 ▶ 莲 一阶 084EE ≠ 083B2	简化　常用-B-乙 蔔 ▶ 卜 一阶 08514 ≠ 0535C
异体代换　常用-丁 蔥 ▶ 葱 一阶 08525 ≠ 08471	简化 蔭 ▶ 荫 一阶 0852D ≠ 0836B	简化 蔭 ▶ 荫 一阶 0852D ≠ 0836B	简化　常用-丁 蕩 ▶ 荡 二阶 08569 ≠ 08361
简化　次常 蕪 ▶ 芜 二阶 0856A ≠ 0829C	简化　次常 蕭 ▶ 萧 二阶 0856D ≠ 08427	简化　次常 蕭 ▶ 萧 二阶 0856D ≠ 08427	简化　次常 蕭 ▶ 萧 二阶 0856D ≠ 08427
简化　常用-丁 薑 ▶ 姜 二阶 08591 ≠ 059DC	简化　常用-C-丙 薦 ▶ 荐 二阶 085A6 ≠ 08350	简化　次常-丁+ 薩 ▶ 萨 二阶 085A9 ≠ 08428	简化　次常-丁 薰 ▶ 熏 二阶 085B0 ≠ 0718F
简化　常用-A-甲 藍 ▶ 蓝 一阶 085CD ≠ 084DD	简化　常用-A-甲 藝 ▶ 艺 一阶 085DD ≠ 0827A	简化　常用-A-甲 藥 ▶ 药 一阶 085E5 ≠ 0836F	简化　次常-丁 蘊 ▶ 蕴 二阶 085F4 ≠ 08574
简化　次常-丁 藹 ▶ 蔼 一阶 085F9 ≠ 0853C	简化　常用-丁 蘆 ▶ 芦 二阶 08606 ≠ 082A6	简化　常用-丁 蘇 ▶ 苏 二阶 08607 ≠ 082CF	异体简化　次常-丁 蘊 ▶ 蕴 二阶 0860A ≠ 08574
简化　常用-A-甲 蘋 ▶ 苹 一阶 0860B ≠ 082F9	简化　常用-C-丙 蘭 ▶ 兰 一阶 0862D ≠ 05170	简化　常用-B-乙 蘿 ▶ 萝 一阶 0863F ≠ 0841D	简化　常用-A-甲 處 ▶ 处 一阶 08655 ≠ 05904
汉字正形　常用-B-乙 虛 ▶ 虚 一阶 0865B ≠ 0865A	简化　常用-丁 虜 ▶ 虏 二阶 0865C ≠ 0864F	简化　常用-A-甲 號 ▶ 号 一阶 0865F ≠ 053F7	简化　常用-C-丙 虧 ▶ 亏 二阶 08667 ≠ 04E8F
简化　常用-C-丙 蝕 ▶ 蚀 一阶 08755 ≠ 08680	简化　常用-C-丙 蝕 ▶ 蚀 一阶 08755 ≠ 08680	简化　常用-A-甲 蝦 ▶ 虾 一阶 08766 ≠ 0867E	简化　次常 蝸 ▶ 蜗 一阶 08778 ≠ 08717
简化　常用-丁 螞 ▶ 蚂 一阶 0879E ≠ 08682	简化　次常 螢 ▶ 萤 一阶 087A2 ≠ 08424	简化　次常-丁 蟬 ▶ 蝉 一阶 087EC ≠ 08749	简化　常用-B-乙 蟲 ▶ 虫 一阶 087F2 ≠ 0866B
简化　常用-丁 蟻 ▶ 蚁 一阶 087FB ≠ 08681	简化　常用-C-丙 蠅 ▶ 蝇 一阶 08805 ≠ 08747	异体代换 蠔 ▶ 蚝 二阶 08814 ≠ 0869D	简化　常用-C-丙 蠟 ▶ 蜡 一阶 0881F ≠ 08721

简化　　　常用-C-丙 蠶 ▸ 蚕 一阶 08836 ≠ 08695	简化　　　常用-C-丙 蠶 ▸ 蚕 一阶 08836 ≠ 08695	简化　　　　常用-丁 蠻 ▸ 蛮 二阶 0883B ≠ 086EE	简化　　　常用-A-甲 術 ▸ 术 一阶 08853 ≠ 0672F
简化　　　常用-B-乙 衞 ▸ 卫 一阶 0885B ≠ 0536B	简化　　　常用-B-乙 衝 ▸ 冲 一阶 0885D ≠ 051B2	正形简化　　常用-B-乙 衞 ▸ 卫 一阶 0885E ≠ 0536B	简化　　　常用-A-甲 裏 ▸ 里 一阶 088CF ≠ 091CC
简化　　　常用-B-乙 補 ▸ 补 一阶 088DC ≠ 08865	简化　　　常用-A-甲 裝 ▸ 装 一阶 088DD ≠ 088C5	异体代换　　常用-A-甲 裡 ▸ 里 一阶 088E1 ≠ 091CC	简化　　　常用-B-乙 製 ▸ 制 一阶 088FD ≠ 05236
简化 複 ▸ 复 一阶 08907 ≠ 0590D	简化　　　常用-B-乙 褲 ▸ 裤 一阶 08932 ≠ 088E4	简化 褸 ▸ 褛 二阶 08938 ≠ 0891B	简化 褸 ▸ 褛 二阶 08938 ≠ 0891B
异体代换　　　　次常 襃 ▸ 褒 二阶 08943 ≠ 08912	简化　　　常用-A-甲 襪 ▸ 袜 一阶 0896A ≠ 0889C	简化　　　常用-A-甲 襪 ▸ 袜 一阶 0896A ≠ 0889C	简化　　　常用-B-乙 襯 ▸ 衬 一阶 0896F ≠ 0886C
简化　　　常用-C-丙 襲 ▸ 袭 二阶 08972 ≠ 088AD	异体简化 羈 ▸ 羁 二阶 0898A ≠ 0898A	简化　　　常用-A-甲 見 ▸ 见 一阶 0898B ≠ 089C1	简化　　　常用-B-乙 規 ▸ 规 一阶 0898F ≠ 089C4
简化　　　　　次常 覓 ▸ 觅 二阶 08993 ≠ 089C5	简化　　　常用-A-甲 視 ▸ 视 一阶 08996 ≠ 089C6	简化　　　常用-A-甲 親 ▸ 亲 一阶 089AA ≠ 04EB2	简化　　　常用-A-甲 覺 ▸ 觉 一阶 089BA ≠ 089C9
简化　　　常用-A-甲 覽 ▸ 览 一阶 089BD ≠ 089C8	简化　　　常用-A-甲 觀 ▸ 观 一阶 089C0 ≠ 089C2	简化　　　常用-A-甲 觀 ▸ 观 一阶 089C0 ≠ 089C2	简化　　　常用-B-乙 觸 ▸ 触 二阶 089F8 ≠ 089E6
简化　　　常用-A-甲 訂 ▸ 订 一阶 08A02 ≠ 08BA2	简化　　　常用-A-甲 計 ▸ 计 一阶 08A08 ≠ 08BA1	简化　　　常用-B-乙 訊 ▸ 讯 二阶 08A0A ≠ 08BAF	简化　　　常用-A-甲 討 ▸ 讨 一阶 08A0E ≠ 08BA8
简化　　　常用-B-乙 訓 ▸ 训 一阶 08A13 ≠ 08BAD	简化　　　常用-B-乙 託 ▸ 托 一阶 08A17 ≠ 06258	简化　　　常用-A-甲 記 ▸ 记 一阶 08A18 ≠ 08BB0	简化　　　次常-C-丙 訝 ▸ 讶 二阶 08A1D ≠ 08BB6
简化　　　　次常-丁 訟 ▸ 讼 二阶 08A1F ≠ 08BBC	简化　　　　　次常 訣 ▸ 诀 二阶 08A23 ≠ 08BC0	简化　　　常用-A-甲 訪 ▸ 访 一阶 08A2A ≠ 08BBF	简化　　　常用-A-甲 設 ▸ 设 一阶 08A2D ≠ 08BBE
简化　　　常用-A-甲 許 ▸ 许 一阶 08A31 ≠ 08BB8	简化　　　常用-A-甲 訴 ▸ 诉 一阶 08A34 ≠ 08BC9	简化　　　常用-C-丙 診 ▸ 诊 一阶 08A3A ≠ 08BCA	异体简化　　常用-A-甲 註 ▸ 注 二阶 08A3B ≠ 06CE8
简化　　　　次常-丁 詐 ▸ 诈 二阶 08A50 ≠ 08BC8	简化　　　常用-A-甲 評 ▸ 评 一阶 08A55 ≠ 08BC4	简化　　　常用-A-甲 詞 ▸ 词 一阶 08A5E ≠ 08BCD	异体简化　　　常用-丁 詠 ▸ 咏 一阶 08A60 ≠ 0548F
简化　　　常用-C-丙 詢 ▸ 询 一阶 08A62 ≠ 08BE2	简化 詣 ▸ 诣 二阶 08A63 ≠ 08BE3	简化 試 ▸ 试 一阶 08A66 ≠ 08BD5	简化 詩 ▸ 诗 一阶 08A69 ≠ 08BD7
简化　　　　　　丁 詫 ▸ 诧 二阶 08A6B ≠ 08BE7	简化　　　　　次常 詭 ▸ 诡 二阶 08A6D ≠ 08BE1	简化　　　常用-A-甲 話 ▸ 话 一阶 08A71 ≠ 08BDD	简化　　　常用-A-甲 該 ▸ 该 一阶 08A72 ≠ 08BE5
简化　　　常用-B-乙 詳 ▸ 详 一阶 08A73 ≠ 08BE6	简化　　　常用-C-丙 誇 ▸ 夸 二阶 08A87 ≠ 05938	异体代换　　常用-A-甲 誌 ▸ 志 一阶 08A8C ≠ 05FD7	简化　　　常用-A-甲 認 ▸ 认 一阶 08A8D ≠ 08BA4

简化 常用—C—丙	简化 常用—丁	简化 常用—A—甲	简化 常用—B—乙
誕▸诞 一阶08A95 ≠ 08BDE	誘▸诱 二阶08A98 ≠ 08BF1	語▸语 一阶08A9E ≠ 08BED	誠▸诚 一阶08AA0 ≠ 08BDA
簡化 次常—丁 誠▸诚 二阶08AA1 ≠ 08BEB	簡化 次常—C—丙 諏▸诹 二阶08AA3 ≠ 08BEC	簡化 常用—A—甲 誤▸误 一阶08AA4 ≠ 08BEF	簡化 常用—C—丙 誦▸诵 一阶08AA6 ≠ 08BF5
简化 次常 誨▸诲 二阶08AA8 ≠ 08BF2	正形简化 常用—A—甲 說▸说 一阶08AAA ≠ 08BF4	简化 常用—A—甲 说▸说 一阶08AAC ≠ 08BF4	简化 常用—A—甲 誰▸谁 一阶08AB0 ≠ 08C01
简化 常用—A—甲 課▸课 一阶08AB2 ≠ 08BFE	简化 常用—A—甲 誼▸谊 一阶08ABC ≠ 08C0A	简化 常用—A—甲 調▸调 一阶08ABF ≠ 08C03	简化 常用—A—甲 談▸谈 一阶08AC7 ≠ 08C08
简化 常用—A—甲 請▸请 一阶08ACB ≠ 08BF7	简化 常用—A—甲 諒▸谅 一阶08AD2 ≠ 08C05	简化 常用—A—甲 論▸论 一阶08AD6 ≠ 08BBA	简化 次常 諜▸谍 二阶08ADC ≠ 08C0D
简化 常用—C—丙 諧▸谐 一阶08AE7 ≠ 08C10	简化 次常—丁 諭▸谕 二阶08AED ≠ 08C15	简化 諮▸谘 二阶08AEE ≠ 08C18	简化 常用—C—丙 諷▸讽 二阶08AF7 ≠ 08BBD
简化 常用—丁 諸▸诸 二阶08AF8 ≠ 08BF8	简化 常用—丁 諸▸诸 二阶08AF8 ≠ 08BF8	简化 次常 諾▸诺 二阶08AFE ≠ 08BFA	简化 常用—C—丙 謀▸谋 一阶08B00 ≠ 08C0B
简化 次常—B—乙 謂▸谓 二阶08B02 ≠ 08C13	简化 常用—丁 謊▸谎 一阶08B0A ≠ 08C0E	简化 常用—C—丙 謎▸谜 一阶08B0E ≠ 08C1C	简化 常用—C—丙 謙▸谦 二阶08B19 ≠ 08C26
简化 常用—A—甲 講▸讲 一阶08B1B ≠ 08BB2	简化 常用—A—甲 謝▸谢 一阶08B1D ≠ 08C22	正形简化 常用—C—丙 謠▸谣 一阶08B20 ≠ 08C23	简化 次常—丁 謬▸谬 二阶08B2C ≠ 08C2C
简化 常用—C—丙 謹▸谨 二阶08B39 ≠ 08C28	简化 常用—B—乙 證▸证 一阶08B49 ≠ 08BC1	简化 常用—A—甲 識▸识 一阶08B58 ≠ 08BC6	简化 常用—丁 譜▸谱 二阶08B5C ≠ 08C31
简化 常用—A—甲 譯▸译 二阶08B6F ≠ 08BD1	简化 常用—A—甲 議▸议 一阶08B70 ≠ 08BAE	简化 常用—B—乙 護▸护 一阶08B77 ≠ 062A4	简化 常用—B—乙 護▸护 一阶08B77 ≠ 062A4
简化 常用—丁 譽▸誉 二阶08B7D ≠ 08A89	简化 常用—A—甲 讀▸读 一阶08B80 ≠ 08BFB	简化 常用—B—乙 讀▸读 一阶08B80 ≠ 08BFB	简化 常用—A—甲 變▸变 一阶08B8A ≠ 053D8
简化 常用—A—甲 讓▸让 一阶08B93 ≠ 08BA9	简化 常用—B—乙 讚▸赞 一阶08B9A ≠ 08D5E	异体简化 常用—丁 豈▸岂 二阶08C48 ≠ 05C82	异体简化 常用—丁 豎▸竖 二阶08C4E ≠ 07AD6
简化 常用—A—甲 豐▸丰 一阶08C50 ≠ 04E30	异体简化 常用—C—丙 豔▸艳 一阶08C54 ≠ 08273	异体代换 常用—A—甲 豬▸猪 一阶08C6C ≠ 0732A	异体代换 常用—A—甲 豬▸猪 一阶08C6C ≠ 0732A
异体代换 常用—丁 貍▸狸 一阶08C8D ≠ 072F8	异体代换 常用—B—乙 貓▸猫 一阶08C93 ≠ 0732B	简化 常用—丁 貝▸贝 一阶08C9D ≠ 08D1D	简化 常用—A—甲 負▸负 一阶08CA0 ≠ 08D1F
简化 常用—C—丙 財▸财 一阶08CA1 ≠ 08D22	简化 常用—B—乙 貢▸贡 一阶08CA2 ≠ 08D21	简化 常用—C—丙 貧▸贫 一阶08CA7 ≠ 08D2B	简化 常用—B—乙 貨▸货 一阶08CA8 ≠ 08D27

简化 常用-丁	简化 常用-丁	简化 常用-丁	简化 常用-B-乙
販 ▸ 贩	貪 ▸ 贪	貪 ▸ 贪	貫 ▸ 贯
一阶08CA9 ≠ 08D29	一阶08CAA ≠ 08D2A	二阶08CAA ≠ 08D2A	二阶08CAB ≠ 08D2F

简化 常用-A-甲	简化 次常	简化 次常-丁	简化 常用-A-甲
責 ▸ 责	貯 ▸ 贮	貳 ▸ 贰	貴 ▸ 贵
一阶08CAC ≠ 08D23	一阶08CAF ≠ 08D2E	二阶08CB3 ≠ 08D30	二阶08CB4 ≠ 08D35

简化 次常-丁	简化 常用-A-甲	简化 常用-丁	简化 常用-B-乙
貶 ▸ 贬	買 ▸ 买	貸 ▸ 贷	費 ▸ 费
二阶08CB6 ≠ 08D2C	一阶08CB7 ≠ 04E70	二阶08CB8 ≠ 08D37	一阶08CBB ≠ 08D39

简化 常用-B-乙	简化 常用-B-乙	简化 常用-B-乙	简化 次常-丁
貼 ▸ 贴	貿 ▸ 贸	賀 ▸ 贺	賂 ▸ 赂
一阶08CBC ≠ 08D34	二阶08CBF ≠ 08D38	一阶08CC0 ≠ 08D3A	二阶08CC2 ≠ 08D42

简化 次常	简化 次常	简化 常用-丁	简化 常用-B-乙
賃 ▸ 赁	賃 ▸ 赁	賄 ▸ 贿	資 ▸ 资
二阶08CC3 ≠ 08D41	二阶08CC3 ≠ 08D41	二阶08CC4 ≠ 08D3F	二阶08CC7 ≠ 08D44

简化 常用-丁	简化 常用-B-乙	简化 常用-B-乙	简化 次常
賊 ▸ 贼	賬 ▸ 账	賓 ▸ 宾	賜 ▸ 赐
一阶08CCA ≠ 08D3C	二阶08CD1 ≠ 08D48	一阶08CD3 ≠ 05BBE	二阶08CDC ≠ 08D50

简化 常用-C-丙	简化 常用-B-乙	简化 常用-丁	简化 常用-A-甲
賞 ▸ 赏	賠 ▸ 赔	賢 ▸ 贤	賣 ▸ 卖
一阶08CDE ≠ 08D4F	二阶08CE0 ≠ 08D54	二阶08CE2 ≠ 08D24	一阶08CE3 ≠ 05356

简化 常用-A-甲	简化 常用-C-丙	简化 次常-丁	简化 常用-B-乙
賣 ▸ 卖	賤 ▸ 贱	賦 ▸ 赋	質 ▸ 质
一阶08CE3 ≠ 05356	二阶08CE4 ≠ 08D31	二阶08CE6 ≠ 08D4B	二阶08CEA ≠ 08D28

简化 次常	简化 常用-丁	简化 常用-丁	简化 常用-丁
賬 ▸ 账	賭 ▸ 赌	賭 ▸ 赌	賴 ▸ 赖
二阶08CEC ≠ 08D26	二阶08CED ≠ 08D4C	二阶08CED ≠ 08D4C	二阶08CF4 ≠ 08D56

简化 常用-C-丙	简化 常用-B-乙	简化 常用-A-甲	简化 常用-C-丙
賺 ▸ 赚	購 ▸ 购	賽 ▸ 赛	贈 ▸ 赠
二阶08CFA ≠ 08D5A	一阶08CFC ≠ 08D2D	一阶08CFD ≠ 08D5B	二阶08D08 ≠ 08D60

简化 常用-B-乙	简化 常用-B-乙	正形简化 次常	简化 次常
贊 ▸ 赞	贏 ▸ 赢	贓 ▸ 赃	贖 ▸ 赎
一阶08D0A ≠ 08D5E	二阶08D0F ≠ 08D62	二阶08D13 ≠ 08D43	二阶08D16 ≠ 08D4E

简化 次常	简化 常用-B-乙	简化 常用-丁	异体代换 常用-B-乙
贖 ▸ 赎	趕 ▸ 赶	趨 ▸ 趋	跡 ▸ 迹
二阶08D16 ≠ 08D4E	一阶08D95 ≠ 08D76	二阶08DA8 ≠ 08D8B	一阶08DE1 ≠ 08FF9

简化 常用-A-甲	简化 次常-C-丙	异体简化 常用-B-乙	异体代换 常用-丁
踐 ▸ 践	踴 ▸ 踊	蹟 ▸ 迹	蹤 ▸ 踪
二阶08E10 ≠ 08DF5	二阶08E34 ≠ 08E0A	一阶08E5F ≠ 08FF9	一阶08E64 ≠ 08E2A

简化 常用-B-乙	异体代换 常用-B-乙	简化 常用-丁	简化 常用-A-甲
躍 ▸ 跃	躱 ▸ 躲	軀 ▸ 躯	車 ▸ 车
一阶08E8D ≠ 08DC3	一阶08EB1 ≠ 08EB2	一阶08EC0 ≠ 08EAF	一阶08ECA ≠ 08F66

简化 常用-C-丙	简化 常用-B-乙	简化 常用-B-乙	简化 次常
軌 ▸ 轨	軍 ▸ 军	軟 ▸ 软	軸 ▸ 轴
一阶08ECC ≠ 08F68	一阶08ECD ≠ 0519B	一阶08EDF ≠ 08F6F	二阶08EF8 ≠ 08F74

简化 常用-A-甲	简化 常用-C-丙	简化 常用-B-甲	简化 常用-A-甲
較 ▸ 较	載 ▸ 载	輔 ▸ 辅	輕 ▸ 轻
一阶08F03 ≠ 08F83	一阶08F09 ≠ 08F7D	一阶08F14 ≠ 08F85	一阶08F15 ≠ 08F7B

简化	常用-A-甲	简化	常用-B-乙	简化		简化	常用-C-丙
輛 ▸ 辆		輝 ▸ 辉		輟 ▸ 辍		輩 ▸ 辈	
一阶08F1B ≠ 08F86		二阶08F1D ≠ 08F89		二阶08F1F ≠ 08F8D		一阶08F29 ≠ 08F88	
简化	常用-B-乙	异体简化	常用-B-乙		次常-C-丙	简化	
輪 ▸ 轮		輭 ▸ 软		輯 ▸ 辑		輸 ▸ 输	
一阶08F2A ≠ 08F6E		一阶08F2D ≠ 08F6F		二阶08F2F ≠ 08F91		一阶08F38 ≠ 08F93	
简化	次常-丁	简化		简化	次常-丁	简化	常用-B-乙
輻 ▸ 辐		輾 ▸ 辗		輿 ▸ 舆		轉 ▸ 转	
二阶08F3B ≠ 08F90		二阶08F3E ≠ 08F97		二阶08F3F ≠ 08206		一阶08F49 ≠ 08F6C	
简化	常用-丁	简化	常用-丁	简化	常用-A-甲	简化	常用-C-丙
轎 ▸ 轿		轟 ▸ 轰		辦 ▸ 办		辭 ▸ 辞	
二阶08F4E ≠ 08F7F		二阶08F5F ≠ 08F70		一阶08FA6 ≠ 0529E		一阶08FAD ≠ 08F9E	
简化	常用-丁	简化	常用-C-丙	简化	常用-A-甲	简化	常用-A-甲
辮 ▸ 辫		辯 ▸ 辩		農 ▸ 农		迴 ▸ 回	
一阶08FAE ≠ 08FAB		二阶08FAF ≠ 08FA9		一阶08FB2 ≠ 0519C		二阶08FF4 ≠ 056DE	
简化	常用-A-甲	简化	常用-A-甲	异体代换	常用-A-甲	简化	常用-A-甲
這 ▸ 这		連 ▸ 连		週 ▸ 周		進 ▸ 进	
一阶09019 ≠ 08FD9		一阶09023 ≠ 08FDE		一阶09031 ≠ 05468		一阶09032 ≠ 08FDB	
异体代换	常用-A-甲	简化	常用-A-甲	简化	常用-A-甲	简化	常用-B-乙
遊 ▸ 游		運 ▸ 运		過 ▸ 过		達 ▸ 达	
一阶0904A ≠ 06E38		一阶0904B ≠ 08FD0		一阶0904E ≠ 08FC7		一阶09054 ≠ 08FBE	
简化	常用-B-乙	汉字正形	常用-C-丙	简化	次常-丁	简化	
違 ▸ 违		遙 ▸ 遥		遜 ▸ 逊		遞 ▸ 递	
二阶09055 ≠ 08FDD		一阶09059 ≠ 09065		二阶0905C ≠ 0900A		二阶0905E ≠ 09012	
简化	常用-A-甲	简化	常用-A-甲	简化	常用-A-甲	简化	常用-丁
遠 ▸ 远		適 ▸ 适		遲 ▸ 迟		遷 ▸ 迁	
一阶09060 ≠ 08FDC		一阶09069 ≠ 09002		一阶09072 ≠ 08FDF		二阶09077 ≠ 08FC1	
简化	常用-B-乙	简化	常用-A-甲	简化	常用-C-丙	简化	常用-B-乙
選 ▸ 选		遺 ▸ 遗		遼 ▸ 辽		邁 ▸ 迈	
一阶09078 ≠ 09009		一阶0907A ≠ 09057		二阶0907C ≠ 08FBD		二阶09081 ≠ 08FC8	
简化	常用-B-乙	简化	常用-A-甲	简化	次常-C-丙	简化	常用-A-甲
還 ▸ 还		邊 ▸ 边		邏 ▸ 逻		郵 ▸ 邮	
一阶09084 ≠ 08FD8		一阶0908A ≠ 08FB9		二阶0908F ≠ 0903B		一阶090F5 ≠ 090AE	
简化	常用-B-乙	简化	常用-丁	简化	常用-B-乙	简化	次常-丁
鄉 ▸ 乡		鄭 ▸ 郑		鄰 ▸ 邻		醖 ▸ 酝	
一阶09109 ≠ 04E61		二阶0912D ≠ 090D1		一阶09130 ≠ 090BB		二阶09196 ≠ 0915D	
简化	常用-C-丙	汉字正形	次常-丁	简化	常用-A-甲	简化	常用-B-乙
醜 ▸ 丑		醞 ▸ 酝		醫 ▸ 医		醬 ▸ 酱	
一阶0919C ≠ 04E11		二阶0919E ≠ 0915D		一阶091AB ≠ 0533B		一阶091AC ≠ 09171	
简化	常用-丁	简化	常用-B-乙	异体代换	常用-B-乙	简化	常用-C-丙
釀 ▸ 酿		釋 ▸ 释		釐 ▸ 厘		釘 ▸ 钉	
二阶091C0 ≠ 0917F		一阶091CB ≠ 091CA		一阶091D0 ≠ 05398		一阶091D8 ≠ 09489	
简化	常用-B-乙	简化	常用-B-乙	简化	次常	简化	常用-C-丙
針 ▸ 针		釣 ▸ 钓		鈍 ▸ 钝		鈎 ▸ 钩	
一阶091DD ≠ 09488		一阶091E3 ≠ 09493		二阶0920D ≠ 0949D		一阶0920E ≠ 094A9	
简化	常用-C-丙	简化	次常-丁	简化	次常-丁	简化	常用-B-乙
鈔 ▸ 钞		鈕 ▸ 钮		鈣 ▸ 钙		鈴 ▸ 铃	
一阶09214 ≠ 0949E		一阶09215 ≠ 094AE		二阶09223 ≠ 09499		一阶09234 ≠ 094C3	

简化	常用–B–乙	简化	常用–丁	简化	常用–A–甲	异体简化	常用–C–丙
鈴 ▸ 铃		鉗 ▸ 钳		鉛 ▸ 铅		鉤 ▸ 钩	
一阶 09234 ≠ 094C3		一阶 09257 ≠ 094B3		一阶 0925B ≠ 094C5		一阶 09264 ≠ 094A9	
简化	常用–A–甲	简化	常用–B–乙	简化	常用–丁	正形简化	常用–B–乙
銀 ▸ 银		銅 ▸ 铜		銜 ▸ 衔		銳 ▸ 锐	
一阶 09280 ≠ 094F6		一阶 09285 ≠ 094DC		二阶 0929C ≠ 08854		一阶 092B3 ≠ 09510	
简化	常用–丁	简化	常用–C–丙	简化	次常–C–丙	简化	常用–丁
銷 ▸ 销		銹 ▸ 锈		鋁 ▸ 铝		鋒 ▸ 锋	
二阶 092B7 ≠ 09500		二阶 092B9 ≠ 09508		二阶 092C1 ≠ 094DD		一阶 092D2 ≠ 0950B	
简化	常用–丁	简化	常用–丁	简化	常用–B–乙	简化	常用–丁
鋤 ▸ 锄		鋪 ▸ 铺		鋭 ▸ 锐		鋸 ▸ 锯	
一阶 092E4 ≠ 09504		一阶 092EA ≠ 094FA		一阶 092ED ≠ 09510		一阶 092F8 ≠ 0952F	
简化	常用–A–甲	简化	常用–A–甲	简化	次常	简化	常用–A–甲
鋼 ▸ 钢		錄 ▸ 录		錐 ▸ 锥		錢 ▸ 钱	
一阶 092FC ≠ 094A2		一阶 09304 ≠ 05F55		二阶 09310 ≠ 09525		一阶 09322 ≠ 094B1	
简化	常用–丁	简化	常用–A–甲	简化	常用–A–甲	简化	常用–B–乙
錦 ▸ 锦		錯 ▸ 错		錶 ▸ 表		鍋 ▸ 锅	
二阶 09326 ≠ 09526		一阶 0932F ≠ 09519		一阶 09336 ≠ 08868		一阶 0934B ≠ 09505	
简化	常用–A–甲	简化	常用–B–乙	简化	常用–B–乙	简化	常用–C–丙
鍛 ▸ 锻		鍵 ▸ 键		鍾 ▸ 锺		鎖 ▸ 锁	
一阶 0935B ≠ 0953B		一阶 09375 ≠ 0952E		二阶 0937E ≠ 0953A		二阶 09396 ≠ 09501	
简化	常用–C–丙	简化	常用–丁	简化	常用–C–丙	简化	常用–B–乙
鎮 ▸ 镇		鏈 ▸ 链		鏟 ▸ 铲		鏡 ▸ 镜	
一阶 093AE ≠ 09547		二阶 093C8 ≠ 094FE		二阶 093DF ≠ 094F2		一阶 093E1 ≠ 0955C	
异体简化	常用–C–丙	异体简化	常用–C–丙	异体简化	常用–C–丙	简化	常用–A–甲
鏽 ▸ 锈		鏽 ▸ 锈		鏽 ▸ 锈		鐘 ▸ 钟	
二阶 093FD ≠ 09508		二阶 093FD ≠ 09508		二阶 093FD ≠ 09508		一阶 09418 ≠ 0949F	
简化	常用–C–丙	简化	常用–B–乙	简化	常用–B–乙	简化	常用–C–丙
鐳 ▸ 镭		鐵 ▸ 铁		鐵 ▸ 铁		鑄 ▸ 铸	
二阶 09433 ≠ 0956D		一阶 09435 ≠ 094C1		一阶 09435 ≠ 094C1		二阶 09444 ≠ 094F8	
异体简化	常用–C–丙	简化	常用–C–丙	简化	常用–C–丙	简化	次常–丁
鑑 ▸ 鉴		鑒 ▸ 鉴		鑰 ▸ 钥		鑲 ▸ 镶	
二阶 09451 ≠ 09274		二阶 09452 ≠ 09274		二阶 09470 ≠ 094A5		二阶 09472 ≠ 09576	
简化	常用–C–丙	简化	常用–乙	简化	次常–C–丙	简化	常用–A–甲
鑼 ▸ 锣		鑽 ▸ 钻		鑿 ▸ 凿		長 ▸ 长	
二阶 0947C ≠ 09523		一阶 0947D ≠ 094BB		二阶 0947F ≠ 051FF		一阶 09577 ≠ 0957F	
简化	常用–A–甲	简化	常用–A–甲	简化	常用–B–乙	简化	常用–B–乙
門 ▸ 门		閂 ▸ 闩		閃 ▸ 闪		閉 ▸ 闭	
一阶 09580 ≠ 095E8		一阶 09582 ≠ 095E9		一阶 09583 ≠ 095EA		二阶 09589 ≠ 095ED	
简化	常用–A–甲	简化	次常	简化	常用–B–乙	异体简化	常用–B–乙
開 ▸ 开		閏 ▸ 闰		閑 ▸ 闲		閒 ▸ 闲	
一阶 0958B ≠ 05F00		二阶 0958F ≠ 095F0		一阶 09591 ≠ 095F2		一阶 09592 ≠ 095F2	
简化	常用–A–甲	简化	常用–丁	简化	常用–丁	正形简化	常用–B–乙
間 ▸ 间		閘 ▸ 闸		閣 ▸ 阁		閱 ▸ 阅	
一阶 09593 ≠ 095F4		二阶 09598 ≠ 095F8		二阶 095A3 ≠ 09601		一阶 095B1 ≠ 09605	
简化	常用–B–乙	简化	常用–A–甲	简化	常用–B–乙	简化	常用–B–乙
閲 ▸ 阅		闆 ▸ 板		闊 ▸ 阔		闖 ▸ 闯	
一阶 095B2 ≠ 09605		二阶 095C6 ≠ 0677F		一阶 095CA ≠ 09614		二阶 095D6 ≠ 095EF	

211

简化　　　常用-A-甲	简化　　　常用-B-乙	简化　　　常用-B-乙	简化　　　常用-A-甲
關▶关	鬩▶辟	陣▶阵	陰▶阴
一阶095DC ≠ 05173	二阶095E2 ≠ 08F9F	一阶09663 ≠ 09635	一阶09670 ≠ 09634
简化　　　常用-A-甲	简化　　　常用-C-丙	简化　　　常用-B-乙	简化　　　常用-A-甲
陰▶阴	陳▶陈	陸▶陆	陽▶阳
一阶09670 ≠ 09634	二阶09673 ≠ 09648	一阶09678 ≠ 09646	一阶0967D ≠ 09633
简化　　　常用-B-乙	简化　　　常用-B-乙	简化　　　常用-B-乙	异体代换　　　常用-B-乙
隊▶队	階▶阶	際▶际	隣▶邻
一阶0968A ≠ 0961F	一阶0968E ≠ 09636	一阶0969B ≠ 09645	一阶096A3 ≠ 090BB
简化　　　常用-B-乙	简化　　　常用-A-甲	简化　　　常用-C-丙	简化　　　常用-C-丙
隨▶随	險▶险	隱▶隐	隸▶隶
一阶096A8 ≠ 0968F	一阶096AA ≠ 09669	二阶096B1 ≠ 09690	二阶096B8 ≠ 096B6
简化　　　常用-A-甲	简化　　　常用-A-甲	简化　　　常用-A-甲	简化　　　　　　次常
隻▶只	雖▶虽	雙▶双	雛▶雏
一阶096BB ≠ 053EA	一阶096D6 ≠ 0867D	一阶096D9 ≠ 053CC	二阶096DB ≠ 096CF
简化　　　常用-A-甲	异体简化　　　常用-A-甲	简化　　　常用-A-甲	简化　　　常用-A-甲
雜▶杂	雞▶鸡	離▶离	難▶难
一阶096DC ≠ 06742	一阶096DE ≠ 09E21	一阶096E2 ≠ 079BB	一阶096E3 ≠ 096BE
简化　　　常用-A-甲	简化　　　常用-A-甲	简化　　　常用-B-乙	简化　　　常用-B-乙
雲▶云	電▶电	霧▶雾	靈▶灵
一阶096F2 ≠ 04E91	一阶096FB ≠ 07535	一阶09727 ≠ 096FE	一阶09748 ≠ 07075
简化	汉字正形　　　常用-A-甲	汉字正形	简化　　　常用-B-乙
靚▶靓	靜▶静	靜▶静	鞏▶巩
一阶0975A ≠ 09753	一阶0975C ≠ 09759	一阶0975C ≠ 09759	二阶0978F ≠ 05DE9
异体简化　　　常用-丁	简化　　　常用-A-甲	简化　　　常用-A-甲	简化　　　常用-B-乙
韻▶韵	響▶响	頁▶页	頂▶顶
二阶097FB ≠ 097F5	一阶097FF ≠ 054CD	一阶09801 ≠ 09875	一阶09802 ≠ 09876
简化　　　常用-C-丙	简化　　　常用-B-乙	简化　　　常用-A-甲	简化　　　常用-A-甲
頃▶顷	項▶项	順▶顺	須▶须
二阶09803 ≠ 09877	一阶09805 ≠ 09879	一阶09806 ≠ 0987A	一阶09808 ≠ 0987B
简化　　　常用-C-丙	简化　　　常用-A-甲	简化　　　常用-C-丙	简化　　　　　　次常-丁
頌▶颂	預▶预	頑▶顽	頒▶颁
一阶0980C ≠ 09882	一阶09810 ≠ 09884	一阶09811 ≠ 0987D	一阶09812 ≠ 09881
简化　　　常用-A-甲	简化　　　　　　次常-丁	简化　　　常用-A-甲	简化　　　常用-A-甲
頓▶顿	頗▶颇	領▶领	領▶领
一阶09813 ≠ 0987F	二阶09817 ≠ 09887	一阶09818 ≠ 09886	一阶09818 ≠ 09886
简化　　　常用-A-甲	简化　　　　　　次常-丁	简化　　　常用-丁	简化　　　　　　次常-丁
頭▶头	頰▶颊	頸▶颈	頻▶频
一阶0982D ≠ 05934	二阶09830 ≠ 0988A	二阶09838 ≠ 09888	二阶0983B ≠ 09891
简化　　　　　　次常	简化　　　常用-B-乙	简化　　　常用-A-甲	简化　　　常用-C-丙
頹▶颓	顆▶颗	題▶题	額▶额
二阶0983D ≠ 09893	一阶09846 ≠ 09897	一阶0984C ≠ 09898	一阶0984D ≠ 0989D
简化　　　常用-A-甲	简化　　　常用-A-甲	简化　　　常用-丁	简化　　　常用-B-乙
顏▶颜	願▶愿	顛▶颠	類▶类
一阶0984F ≠ 0989C	一阶09858 ≠ 0613F	二阶0985B ≠ 098A0	一阶0985E ≠ 07C7B
简化　　　常用-A-甲	简化　　　常用-C-丙	简化　　　常用-B-乙	简化　　　　　　次常
顧▶顾	顫▶颤	顯▶显	顱▶颅
一阶09867 ≠ 0987E	二阶0986B ≠ 098A4	一阶0986F ≠ 0663E	二阶09871 ≠ 09885

简化　　常用－A－甲	简化　　常用－B－乙	简化	简化　　常用－B－乙
風 ▶ 凤	颱 ▶ 台	颶 ▶ 飓	飄 ▶ 飘
一阶 098A8 ≠ 098CE	一阶 098B1 ≠ 053F0	二阶 098B6 ≠ 098D3	一阶 098C4 ≠ 098D8
简化　　常用－A－甲	简化　　　　　　丁	简化　　　　　　丁	简化　　常用－A－甲
飛 ▶ 飞	飪 ▶ 饪	飪 ▶ 饪	飯 ▶ 饭
一阶 098DB ≠ 098DE	二阶 098EA ≠ 0996A	二阶 098EA ≠ 0996A	一阶 098EF ≠ 0996D
简化　　常用－C－丙	简化　　常用－C－丙	简化　　常用－A－甲	简化　　常用－C－丙
飲 ▶ 饮	飼 ▶ 饲	飽 ▶ 饱	飾 ▶ 饰
一阶 098F2 ≠ 0996E	一阶 098FC ≠ 09972	一阶 098FD ≠ 09971	一阶 098FE ≠ 09970
简化　　常用－A－甲	简化　　常用－B－乙	简化	简化　　常用－B－乙
餃 ▶ 饺	餅 ▶ 饼	餉 ▶ 饷	養 ▶ 养
一阶 09903 ≠ 0997A	一阶 09905 ≠ 0997C	二阶 09909 ≠ 09977	一阶 0990A ≠ 0517B
简化　　常用－B－乙	简化　　　　　次常	简化　　常用－A－甲	简化　　常用－B－乙
養 ▶ 养	餒 ▶ 馁	餓 ▶ 饿	餘 ▶ 余
一阶 0990A ≠ 0517B	二阶 09912 ≠ 09981	一阶 09913 ≠ 0997F	一阶 09918 ≠ 04F59
异体简化　　　次常	简化　　　　常用－丁	简化　　常用－A－甲	简化　　常用－A－甲
餚 ▶ 肴	餡 ▶ 馅	館 ▶ 馆	餵 ▶ 喂
二阶 0991A ≠ 080B4	一阶 09921 ≠ 09985	一阶 09928 ≠ 09986	一阶 09935 ≠ 05582
异体简化　　　　丁	简化　　常用－B－乙	简化　　常用－B－乙	简化　　　　　　丁
餽 ▶ 馈	饅 ▶ 馒	饅 ▶ 馒	饋 ▶ 馈
二阶 0993D ≠ 09988	二阶 09945 ≠ 09992	二阶 09945 ≠ 09992	二阶 0994B ≠ 09988
简化　　常用－C－丙	简化　　常用－C－丙	简化　　常用－C－丙	简化　　常用－A－甲
饑 ▶ 饥	饑 ▶ 饥	饒 ▶ 饶	馬 ▶ 马
一阶 09951 ≠ 09965	一阶 09951 ≠ 09965	二阶 09952 ≠ 09976	一阶 099AC ≠ 09A6C
简化　　次常－C－丙	简化　　　　常用－丁	简化	简化　　　　　次常
馱 ▶ 驮	馳 ▶ 驰	馴 ▶ 驯	駁 ▶ 驳
二阶 099B1 ≠ 09A6E	一阶 099B3 ≠ 09A70	二阶 099B4 ≠ 09A6F	二阶 099C1 ≠ 09A73
简化　　常用－C－丙	简化　　常用－A－甲	简化　　常用－C－丙	简化　　常用－C－丙
駐 ▶ 驻	駕 ▶ 驾	駛 ▶ 驶	駝 ▶ 驼
二阶 099D0 ≠ 09A7B	一阶 099D5 ≠ 09A7E	一阶 099DB ≠ 09A76	一阶 099DD ≠ 09A7C
简化　　常用－B－乙	简化　　　　　次常	简化　　常用－C－丙	简化　　常用－A－甲
駡 ▶ 骂	駭 ▶ 骇	駱 ▶ 骆	騎 ▶ 骑
一阶 099E1 ≠ 09A82	二阶 099ED ≠ 09A87	一阶 099F1 ≠ 09A86	一阶 09A0E ≠ 09A91
简化　　常用－B－乙	简化	简化　　常用－C－丙	简化　　次常－C－丙
騙 ▶ 骗	騮 ▶ 骝	騰 ▶ 腾	騷 ▶ 骚
一阶 09A19 ≠ 09A97	二阶 09A2E ≠ 09A9D	二阶 09A30 ≠ 0817E	二阶 09A37 ≠ 09A9A
简化　　　　常用－丁	简化　　　　常用－丁	简化　　常用－B－乙	简化　　常用－A－甲
騾 ▶ 骡	驅 ▶ 驱	驕 ▶ 骄	驗 ▶ 验
一阶 09A3E ≠ 09AA1	二阶 09A45 ≠ 09A71	一阶 09A55 ≠ 09A84	一阶 09A57 ≠ 09A8C
简化　　常用－B－乙	简化　　常用－B－乙	简化　　常用－C－丙	简化　　常用－C－丙
驚 ▶ 惊	驚 ▶ 惊	驟 ▶ 骤	驢 ▶ 驴
一阶 09A5A ≠ 060CA	一阶 09A5A ≠ 060CA	二阶 09A5F ≠ 09AA4	一阶 09A62 ≠ 09A74
简化　　　　　次常	简化　　常用－A－甲	简化　　常用－A－甲	简化　　常用－A－甲
骯 ▶ 肮	髒 ▶ 脏	體 ▶ 体	髮 ▶ 发
一阶 09AAF ≠ 080AE	一阶 09AD2 ≠ 0810F	一阶 09AD4 ≠ 04F53	一阶 09AEE ≠ 053D1
简化　　常用－B－乙	简化　　常用－B－乙	简化　　常用－A－甲	简化　　常用－B－乙
鬆 ▶ 松	鬍 ▶ 胡	鬚 ▶ 须	鬥 ▶ 斗
一阶 09B06 ≠ 0677E	一阶 09B0D ≠ 080E1	一阶 09B1A ≠ 0987B	一阶 09B25 ≠ 06597

简化　　　　常用–B–乙 鬧 ▸ 闹 一阶09B27 ≠ 095F9	简化 鬱 ▸ 郁 二阶09B31 ≠ 090C1	次常–丁 魚 ▸ 鱼 一阶09B5A ≠ 09C7C	简化　　　　常用–A–甲 魯 ▸ 鲁 二阶09B6F ≠ 09C81	简化　　　　次常–丁
简化 魷 ▸ 鱿 一阶09B77 ≠ 09C7F	简化 鮑 ▸ 鲍 一阶09B91 ≠ 09C8D	简化　　　　常用–B–乙 鮮 ▸ 鲜 一阶09BAE ≠ 09C9C	简化　　　　次常 鯉 ▸ 鲤 二阶09BC9 ≠ 09CA4
简化 鯊 ▸ 鲨 一阶09BCA ≠ 09CA8	次常–C–丙 鯨 ▸ 鲸 二阶09BE8 ≠ 09CB8	异体简化 鱷 ▸ 鳄 一阶09C77 ≠ 09CC4	简化　　　　常用–B–乙 鳥 ▸ 鸟 一阶09CE5 ≠ 09E1F
简化　　　　常用–丁 鳳 ▸ 凤 二阶09CF3 ≠ 051E4	简化 鳴 ▸ 鸣 二阶09CF4 ≠ 09E23	常用–C–丙 鴉 ▸ 鸦 一阶09D09 ≠ 09E26	简化　　　　常用–丁 鴛 ▸ 鸳 一阶09D1B ≠ 09E33
简化　　　　次常 鳶 ▸ 鸢 一阶09D26 ≠ 09E2F	简化 鴨 ▸ 鸭 一阶09D28 ≠ 09E2D	常用–C–丙 鴿 ▸ 鸽 一阶09D3F ≠ 09E3D	简化　　　　次常 鵑 ▸ 鹃 二阶09D51 ≠ 09E43
简化　　　　常用–B–乙 鵝 ▸ 鹅 一阶09D5D ≠ 09E45	异体代换 鵰 ▸ 雕 二阶09D70 ≠ 096D5	常用–C–丙 鶯 ▸ 莺 二阶09DAF ≠ 083BA	简化　　　　次常 鶴 ▸ 鹤 二阶09DB4 ≠ 09E64
简化　　　　常用–A–甲 鷄 ▸ 鸡 一阶09DC4 ≠ 09E21	简化 鷗 ▸ 鸥 一阶09DD7 ≠ 09E25	次常 鷹 ▸ 鹰 一阶09DF9 ≠ 09E70	简化　　　　常用–C–丙 鹹 ▸ 咸 一阶09E79 ≠ 054B8
简化　　　　常用–B–乙 鹽 ▸ 盐 一阶09E7D ≠ 076D0	简化 麗 ▸ 丽 一阶09E97 ≠ 04E3D	常用–B–乙 麗 ▸ 丽 一阶09E97 ≠ 04E3D	简化　　　　常用–B–乙 麗 ▸ 丽 一阶09E97 ≠ 04E3D
简化　　　　常用–B–乙 麥 ▸ 麦 一阶09EA5 ≠ 09EA6	异体简化 麪 ▸ 面 一阶09EAA ≠ 09762	常用–A–甲 麵 ▸ 面 一阶09EB5 ≠ 09762	简化　　　　常用–A–甲 麼 ▸ 么 一阶09EBC ≠ 04E48
汉字正形　　　常用–A–甲 黃 ▸ 黄 一阶09EC3 ≠ 09EC4	简化 點 ▸ 点 一阶09EDE ≠ 070B9	常用–A–甲 黨 ▸ 党 二阶09EE8 ≠ 0515A	简化　　　　常用–B–乙 齊 ▸ 齐 一阶09F4A ≠ 09F50
简化　　　　常用–C–丙 齒 ▸ 齿 一阶09F52 ≠ 09F7F	简化 齡 ▸ 龄 一阶09F61 ≠ 09F84	常用–B–乙 齡 ▸ 龄 一阶09F61 ≠ 09F84	简化　　　　常用–B–乙 龍 ▸ 龙 一阶09F8D ≠ 09F99
简化　　　　次常–丁 龐 ▸ 庞 一阶09F90 ≠ 05E9E	简化 龜 ▸ 龟 一阶09F9C ≠ 09F9F	异体简化　　　常用–C–丙 誕 ▸ 诞 一阶27A59 ≠ 08BDE	

[内地-香港]CY独有字表U_CY_H V4.0

乍 04E4D	乔 04E54	亥 04EA5	仑 04ED1	仲 04EF2	伺 04F3A	佃 04F43	俄 04FC4
俏 04FCF	俺 04FFA	偎 0504E	傀 05080	僚 050DA	儡 05121	兢 05162	冀 05180
冗 05197	冯 051AF	凛 051DB	凫 051EB	刁 05201	刃 05203	刘 05218	刽 0523D
剿 0527F	勘 052D8	勺 052FA	匈 05308	匕 05315	匣 05323	匿 0533F	卢 05362
卤 05364	卿 0537F	叨 053E8	叽 053FD	吆 05406	吏 0540F	吕 05415	吞 0541E
吭 0542D	吮 0542E	吴 05434	呛 0545B	咆 05486	咕 05495	咧 054A7	咨 054A8
哆 054C6	哮 054EE	哲 054F2	哺 054FA	唁 05501	唆 05506	唠 05520	唧 05527
唬 0552C	啰 05570	嗤 055E4	嗦 055E6	嘀 05600	喊 05601	嘶 05636	噩 05669
嚎 0568E	囤 056E4	坎 0574E	坛 0575B	坝 0575D	坞 0575E	坤 05764	坯 0576F
坷 05777	垄 05784	垛 0579B	埂 057C2	堰 05830	墩 058A9	壕 058D5	夯 0592F
夷 05937	奄 05944	奕 05955	奠 05960	妄 05984	妓 05993	姚 059DA	娄 05A04
娜 05A1C	娩 05A29	嫡 05AE1	孟 05B5F	孽 05B7D	宋 05B8B	宛 05B9B	宦 05BA6
寇 05BC7	寝 05BDD	寥 05BE5	寨 05BE8	尉 05C09	屯 05C6F	岔 05C94	崔 05D14
嵌 05D4C	巍 05DCD	幌 05E4C	幔 05E54	庐 05E90	庵 05EB5	庶 05EB6	廓 05ED3
彤 05F64	彪 05F6A	彬 05F6C	彭 05F6D	怔 06014	恃 06043	恬 0606C	悍 0608D
悯 060AF	愆 060EB	愕 06115	憋 0618B	憨 061A8	戳 06233	扳 06273	扼 0627C

216

抠 062A0	抡 062A1	拂 062C2	拄 062C4	拗 062D7	拙 062D9	拢 062E2	拭 062ED
拴 062F4	拷 062F7	挎 0630E	捂 06342	捅 06345	捎 0634E	捶 06376	捺 0637A
捻 0637B	掂 06382	掐 06390	掖 06396	掰 063B0	掸 063B8	掺 063BA	揍 063CD
揖 063D6	揣 063E3	揩 063E9	揪 063EA	揾 06400	搔 06414	搪 0642A	摹 06479
撇 06487	撩 064A9	撬 064AC	撮 064AE	撰 064B0	撵 064B5	攒 06512	攘 06518
敛 0655B	斋 0658B	斟 0659F	旭 065ED	昙 06619	昧 06627	昭 0662D	昵 06635
眴 0664C	晦 06666	晾 0667E	曹 066F9	曼 066FC	权 06748	杉 06749	杭 0676D
枣 067A3	枷 067B7	柑 067D1	柬 067EC	栅 06805	栈 06808	栓 06813	栗 06817
桅 06845	桐 06850	桦 06866	桨 06868	梆 06886	梗 06897	梧 068A7	棘 068D8
棠 068E0	棱 068F1	棺 068FA	椎 0690E	椒 06912	椿 0693F	楔 06954	楞 0695E
楣 06963	楷 06977	榆 06986	榔 06994	榛 0699B	槐 069D0	樊 06A0A	樟 06A1F
橘 06A58	檩 06AA9	殃 06B83	氢 06C22	氨 06C28	氮 06C2E	氯 06C2F	汛 06C5B
汞 06C5E	沈 06C88	沪 06CAA	沮 06CAE	沽 06CBD	泰 06CF0	泵 06CF5	洼 06D3C
浙 06D59	浦 06D66	涎 06D8E	涝 06D9D	涡 06DA1	涣 06DA3	涧 06DA7	涮 06DAE
淑 06DD1	淫 06DEB	淮 06DEE	淳 06DF3	渤 06E24	湘 06E58	漓 06F13	漩 06F29
潘 06F58	澜 06F9C	澳 06FB3	灶 07076	炊 0708A	炕 07095	烙 070D9	焊 0710A

217

焙 07119	熙 07199	燎 071CE	爹 07239	牍 0724D	犁 07281	狞 072DE	狰 072F0
猖 07316	猩 07329	猬 0732C	玄 07384	玛 0739B	玲 073B2	玷 073B7	琉 07409
琼 0743C	瑞 0745E	瑟 0745F	瓢 074E2	瓤 074E4	瓮 074EE	甫 0752B	甸 07538
畦 07566	畴 07574	疙 07599	疚 0759A	疟 0759F	疹 075B9	痢 075E2	瘟 0761F
瘩 07629	瘪 0762A	瘸 07638	癫 0765E	癣 07663	蛊 076C5	盔 076D4	眈 076F9
眯 0772F	眷 07737	瞳 077B3	矢 077E2	矾 077FE	砚 0781A	砸 07838	砾 0783E
硅 07845	硝 0785D	硫 0786B	硼 0787C	碉 07889	碘 07898	碱 078B1	碴 078B4
碾 078BE	磕 078D5	磷 078F7	磺 078FA	礁 07901	祠 07960	禀 07980	秆 079C6
秉 079C9	秕 079D5	秦 079E6	秫 079EB	秸 079F8	穆 07A46	窍 07A8D	窑 07A91
窖 07A96	窘 07A98	窥 07AA5	笋 07B0B	笤 07B24	筏 07B4F	箍 07B8D	箕 07B95
箫 07BAB	篓 07BD3	篙 07BD9	篡 07BE1	篷 07BF7	粘 07C98	梁 07CB1	糜 07CDC
糠 07CE0	纫 07EAB	纬 07EAC	绎 07ECE	绞 07EDE	绷 07EF7	缅 07F05	缎 07F0E
缕 07F15	缨 07F28	缰 07F30	罕 07F55	翎 07FCE	翘 07FD8	翰 07FF0	耙 08019
耿 0803F	聂 08042	肆 08084	肋 0808B	肘 08098	肝 0809D	肾 080BE	胚 080DA
胯 080EF	胰 080F0	脓 08113	脯 0812F	腋 0814B	腌 0814C	腮 0816E	腺 0817A
膘 08198	膛 0819B	臀 081C0	臊 081CA	臼 081FC	舀 08200	舷 08237	芋 0828B

芍 0828D	芙 08299	芥 082A5	芯 082AF	芹 082B9	苇 082C7	苞 082DE	苦 082EB
茉 08309	茧 08327	茌 0832C	茴 08334	茵 08335	茸 08338	芙 0835A	荞 0835E
荠 08360	荤 08364	荸 08378	莉 08389	莱 083B1	蒂 08482	蒋 0848B	蒜 0849C
蒲 084B2	蒿 084BF	蓉 084C9	蔻 084D6	蔑 08511	蔫 0852B	薇 08587	薛 0859B
藐 085D0	藕 085D5	蘸 08638	虱 08671	蚌 0868C	蚓 08693	蚜 0869C	蚪 086AA
蚯 086AF	蛆 086C6	蛉 086C9	蛔 086D4	蛤 086E4	蛹 086F9	蛾 086FE	蜀 08700
蜕 08715	蝌 0874C	蝎 0874E	蝗 08757	螃 08783	螟 0879F	蟆 087C6	蠕 08815
衅 08845	衙 08859	衩 08869	袁 08881	袄 08884	袒 08892	裆 088C6	裂 08902
褐 08910	褪 0892A	誊 08A8A	讥 08BA5	讳 08BB3	讹 08BB9	诅 08BC5	诽 08BFD
谆 08C06	谒 08C12	谚 08C1A	谤 08C24	谭 08C2D	谴 08C34	豁 08C41	豌 08C4C
豺 08C7A	贞 08D1E	贾 08D3E	赊 08D4A	赘 08D58	赡 08D61	赦 08D66	赫 08D6B
赵 08D75	跋 08DCB	跷 08DF7	踩 08DFA	蹂 08E42	蹋 08E4B	蹬 08E6C	蹭 08E6D
蹿 08E8F	轧 08F67	轩 08F69	辕 08F95	辖 08F96	辙 08F99	迁 08FC2	迄 08FC4
遏 0904F	邑 09091	邓 09093	邢 090A2	郭 090ED	酌 0914C	酗 09157	酥 09165
酵 09175	钠 094A0	钧 094A7	钾 094BE	铆 094C6	铐 094D0	铛 094DB	铡 094E1
铣 094E3	铭 094ED	锉 09509	锌 0950C	锚 0951A	锡 09521	锤 09524	锨 09528

锭 0952D	锰 09530	锹 09539	镀 09540	锾 0954A	镐 09550	镣 09563	镰 09570
闺 095FA	闽 095FD	阀 09600	阎 0960E	阐 09610	陕 09655	陨 09668	隅 09685
雳 096F3	雹 096F9	霎 0970E	霹 09739	靖 09756	靡 09761	靴 09774	靶 09776
韧 097E7	韩 097E9	韭 097ED	飒 098D2	饵 09975	馋 0998B	馍 0998D	馏 0998F
驹 09A79	骏 09A8F	鬃 09B13	魁 09B41	魏 09B4F	鲫 09CAB	鳍 09CCD	鳖 09CD6
鳞 09CDE	鸠 09E20	鸵 09E35	鸿 09E3F	鸪 09E49	鹊 09E4A	鹏 09E4F	鹦 09E66
麸 09EB8	黍 09ECD	黔 09ED4					

[内地-香港]HSK（汉办版）独有字表U_HSK0_H V4.0

乔 04E54	亢 04EA2	伺 04F3A	俄 04FC4	俏 04FCF	僚 050DA	兢 05162	冀 05180
冯 051AF	习 05201	刃 05203	刘 05218	勘 052D8	勺 052FA	匈 05308	卢 05362
叨 053E8	吕 05415	吞 0541E	吴 05434	咋 0548B	咨 054A8	哆 054C6	哲 054F2
唆 05506	唠 05520	喽 055BD	嗦 055E6	坛 0575B	坝 0575D	坯 0576F	垄 05784
埔 057D4	奠 05960	妄 05984	孟 05B5F	宋 05B8B	寇 05BC7	寨 05BE8	屯 05C6F
岔 05C94	崔 05D14	嵌 05D4C	廓 05ED3	彭 05F6D	愳 060EB	憋 0618B	扳 06273
抠 062A0	抢 062A1	拄 062C4	拙 062D9	拢 062E2	拴 062F4	拽 062FD	挎 0630E
捅 06345	捎 0634E	捶 06376	捻 0637B	掂 06382	掐 06390	掰 063B0	掺 063BA
揍 063CD	揪 063EA	搀 06400	撇 06487	撵 064B5	攒 06512	昧 06627	昫 0664C
晾 0667E	曰 066F0	曹 066F9	枣 067A3	柬 067EC	栗 06817	桅 06845	桐 06850
桨 06868	梗 06897	梧 068A7	棱 068F1	棺 068FA	椒 06912	榆 06986	榷 069B7
槐 069D0	橘 06A58	殃 06B83	氢 06C22	氮 06C2E	汛 06C5B	汞 06C5E	沈 06C88
沏 06C8F	沪 06CAA	泰 06CF0	浙 06D59	涝 06D9D	淫 06DEB	淮 06DEE	潘 06F58
澳 06FB3	灶 07076	炊 0708A	炕 07095	焊 0710A	爹 07239	犁 07281	猖 07316
玲 073B2	珑 073D1	瑞 0745E	甫 0752D	畴 07574	疙 07599	瘟 0761F	瘩 07629
癍 07638	眯 0772F	瞥 077A5	砸 07838	硅 07845	硫 0786B	碱 078B1	磕 078D5

磷 078F7	秆 079C6	秉 079C9	秦 079E6	穆 07A46	窑 07A91	笋 07B0B	粘 07C98
粱 07CB1	糠 07CE0	绞 07EDE	绷 07EF7	缎 07F0E	罕 07F55	翘 07FD8	耿 0803F
聂 08042	肝 0809D	肾 080BE	腮 0816E	膛 0819B	芹 082B9	茧 08327	蒂 08482
蒋 0848B	蒜 0849C	蔑 08511	蛾 086FE	蝗 08757	蚌 08845	袁 08881	袄 08884
讥 08BA5	讹 08BB9	诽 08BFD	谗 08C17	谤 08C24	谴 08C34	豁 08C41	豌 08C4C
贞 08D1E	赫 08D6B	赵 08D75	踩 08DFA	蹄 08E0C	蹋 08E4B	蹬 08E6C	蹭 08E6D
蹰 08E87	轧 08F67	辖 08F96	辙 08F99	邓 09093	邢 090A2	郭 090ED	酌 0914C
酗 09157	酶 09176	铀 094C0	铭 094ED	锌 0950C	锡 09521	锤 09524	锹 09539
镀 09540	镁 09541	镰 09570	闺 095FA	阀 09600	阂 09602	阐 09610	陕 09655
雹 096F9	靴 09774	韧 097E7	馋 0998B	魏 09B4F	鹊 09E4A		

[内地–香港]HSK(北语版)独有字表U_HSK1_H V4.0

伺 04F3A	俏 04FCF	僚 050DA	刘 05218	勺 052FA	吞 0541E	吴 05434	哆 054C6
哲 054F2	喽 055BD	嗦 055E6	坝 0575D	垄 05784	奠 05960	孟 05B5F	宋 05B8B
廓 05ED3	拢 062E2	拴 062F4	揪 063EA	椒 06912	橘 06A58	沈 06C88	浙 06D59
焊 0710A	爹 07239	甫 0752D	眯 0772F	砸 07838	碱 078B1	窑 07A91	粘 07C98
梁 07CB1	翘 07FD8	肝 0809D	蔑 08511	赵 08D75	蹬 08E6C	锡 09521	阂 09602
陕 09655							

[中-日]同形同码字表Y_J V4.0

一 ＝ 一 ＝ 一	丁 ＝ 丁 ＝ 丁	七 ＝ 七 ＝ 七
教-1　常用-A-甲	教-3　常用-C-丙	教-1　常用-A-甲
04E00 ＝ 04E00 ＝ 04E00	04E01 ＝ 04E01 ＝ 04E01	04E03 ＝ 04E03 ＝ 04E03
万 ＝ 万 ＝ 万	丈 ＝ 丈 ＝ 丈	三 ＝ 三 ＝ 三
教-2　常用-A-甲	常用-B-乙	教-1　常用-A-甲
04E07 ＝ 04E07 ＝ 04E07	04E08 ＝ 04E08 ＝ 04E08	04E09 ＝ 04E09 ＝ 04E09
上 ＝ 上 ＝ 上	下 ＝ 下 ＝ 下	且 ＝ 且 ＝ 且
教-1　常用-A-甲	教-1　常用-A-甲	教-1　常用-A-甲
04E0A ＝ 04E0A ＝ 04E0A	04E0B ＝ 04E0B ＝ 04E0B	04E14 ＝ 04E14 ＝ 04E14
世 ＝ 世 ＝ 世	丘 ＝ 丘 ＝ 丘	丙 ＝ 丙 ＝ 丙
教-3　常用-A-甲	常用-C-丙	常用-C-丙
04E16 ＝ 04E16 ＝ 04E16	04E18 ＝ 04E18 ＝ 04E18	04E19 ＝ 04E19 ＝ 04E19
中 ＝ 中 ＝ 中	丸 ＝ 丸 ＝ 丸	丹 ＝ 丹 ＝ 丹
教-1　常用-A-甲	教-2　常用-C-丙	常用-丁
04E2D ＝ 04E2D ＝ 04E2D	04E38 ＝ 04E38 ＝ 04E38	04E39 ＝ 04E39 ＝ 04E39
主 ＝ 主 ＝ 主	久 ＝ 久 ＝ 久	乙 ＝ 乙 ＝ 乙
教-3　常用-A-甲	教-5　常用-A-甲	常用-C-丙
04E3B ＝ 04E3B ＝ 04E3B	04E45 ＝ 04E45 ＝ 04E45	04E59 ＝ 04E59 ＝ 04E59
九 ＝ 九 ＝ 九	乱 ＝ 乱 ＝ 乱	乳 ＝ 乳 ＝ 乳
教-1　常用-A-甲	教-6　常用-A-甲	教-6　常用-丁
04E5D ＝ 04E5D ＝ 04E5D	04E71 ＝ 04E71 ＝ 04E71	04E73 ＝ 04E73 ＝ 04E73
乾 ＝ 乾 ＝ 乾	了 ＝ 了 ＝ 了	予 ＝ 予 ＝ 予
次常	常用-A-甲	教-3　常用-C-丙
04E7E ＝ 04E7E ＝ 04E7E	04E86 ＝ 04E86 ＝ 04E86	04E88 ＝ 04E88 ＝ 04E88
争 ＝ 争 ＝ 争	事 ＝ 事 ＝ 事	二 ＝ 二 ＝ 二
教-4　常用-B-乙	教-3　常用-A-甲	教-1　常用-A-甲
04E89 ＝ 04E89 ＝ 04E89	04E8B ＝ 04E8B ＝ 04E8B	04E8C ＝ 04E8C ＝ 04E8C
互 ＝ 互 ＝ 互	五 ＝ 五 ＝ 五	井 ＝ 井 ＝ 井
常用-A-甲	教-1　常用-A-甲	常用-B-乙
04E92 ＝ 04E92 ＝ 04E92	04E94 ＝ 04E94 ＝ 04E94	04E95 ＝ 04E95 ＝ 04E95
人 ＝ 人 ＝ 人	仁 ＝ 仁 ＝ 仁	介 ＝ 介 ＝ 介
教-1　常用-A-甲	教-6　常用-丁	常用-A-甲
04EBA ＝ 04EBA ＝ 04EBA	04EC1 ＝ 04EC1 ＝ 04EC1	04ECB ＝ 04ECB ＝ 04ECB
仕 ＝ 仕 ＝ 仕	他 ＝ 他 ＝ 他	付 ＝ 付 ＝ 付
教-3　常用-A-甲	教-3　常用-A-甲	教-4　常用-B-乙
04ED5 ＝ 04ED5 ＝ 04ED5	04ED6 ＝ 04ED6 ＝ 04ED6	04ED8 ＝ 04ED8 ＝ 04ED8
仙 ＝ 仙 ＝ 仙	代 ＝ 代 ＝ 代	令 ＝ 令 ＝ 令
常用-丁	教-3　常用-A-甲	教-4　常用-B-乙
04ED9 ＝ 04ED9 ＝ 04ED9	04EE3 ＝ 04EE3 ＝ 04EE3	04EE4 ＝ 04EE4 ＝ 04EE4
仲 ＝ 仲 ＝ 仲	件 ＝ 件 ＝ 件	任 ＝ 任 ＝ 任
教-4　次常	教-5　常用-A-甲	教-5　常用-A-甲
04EF2 ＝ 04EF2 ＝ 04EF2	04EF6 ＝ 04EF6 ＝ 04EF6	04EFB ＝ 04EFB ＝ 04EFB
企 ＝ 企 ＝ 企	伏 ＝ 伏 ＝ 伏	伐 ＝ 伐 ＝ 伐
常用-B-乙	常用-丁	常用-丁
04F01 ＝ 04F01 ＝ 04F01	04F0F ＝ 04F0F ＝ 04F0F	04F10 ＝ 04F10 ＝ 04F10
休 ＝ 休 ＝ 休	伯 ＝ 伯 ＝ 伯	伴 ＝ 伴 ＝ 伴
教-1　常用-A-甲	常用-B-乙	常用-C-丙
04F11 ＝ 04F11 ＝ 04F11	04F2F ＝ 04F2F ＝ 04F2F	04F34 ＝ 04F34 ＝ 04F34

日楷体		日教体	日楷体		日教体	日楷体		日教体
常用-B-乙			次常-C-丙			常用-A-甲		
伸 = 04F38	伸 = 04F38	伸 04F38	伺 = 04F3A	伺 = 04F3A	伺 04F3A	但 = 04F46	但 = 04F46	但 04F46
教-3 常用-A-甲			次常-C-丙			教-2 常用-A-甲		
住 = 04F4F	住 = 04F4F	住 04F4F	佐 = 04F50	佐 = 04F50	佐 04F50	体 = 04F53	体 = 04F53	体 04F53
教-2 常用-A-甲			教-5 常用-B-乙			教-2 常用-A-甲		
何 = 04F55	何 = 04F55	何 04F55	余 = 04F59	余 = 04F59	余 04F59	作 = 04F5C	作 = 04F5C	作 04F5C
常用-C-丙			教-3 常用-A-甲			教-4 常用-A-甲		
佳 = 04F73	佳 = 04F73	佳 04F73	使 = 04F7F	使 = 04F7F	使 04F7F	例 = 04F8B	例 = 04F8B	例 04F8B
常用-丁			教-6 常用-B-乙			次常-丁+		
侍 = 04F8D	侍 = 04F8D	侍 04F8D	供 = 04F9B	供 = 04F9B	供 04F9B	侯 = 04FAF	侯 = 04FAF	侯 04FAF
常用-B-乙			教-4 常用-A-甲			常用-B-乙		
侵 = 04FB5	侵 = 04FB5	侵 04FB5	便 = 04FBF	便 = 04FBF	便 04FBF	促 = 04FC3	促 = 04FC3	促 04FC3
常用-B-乙			教-5 常用-A-甲			教-4 常用-A-甲		
俗 = 04FD7	俗 = 04FD7	俗 04FD7	俵 = 04FF5	俵 = 04FF5	俵 04FF5	候 = 05019	候 = 05019	候 05019
教-4 常用-A-甲			教-4 常用-A-甲			常用-C-丙		
借 = 0501F	借 = 0501F	借 0501F	健 = 05065	健 = 05065	健 05065	偶 = 05076	偶 = 05076	偶 05076
常用-C-丙			次常			教-2 常用-A-甲		
僚 = 050DA	僚 = 050DA	僚 050DA	儒 = 05112	儒 = 05112	儒 05112	元 = 05143	元 = 05143	元 05143
教-2 常用-B-乙			教-4 常用-丁			教-1		
兄 = 05144	兄 = 05144	兄 05144	兆 = 05146	兆 = 05146	兆 05146	先 = 05148	先 = 05148	先 05148
教-2 常用-B-乙			常用-A-甲			教-6 常用-B-乙		
光 = 05149	光 = 05149	光 05149	克 = 0514B	克 = 0514B	克 0514B	党 = 0515A	党 = 0515A	党 0515A
教-1 常用-B-乙			教-3 常用-A-甲			教-1 常用-A-甲		
入 = 05165	入 = 05165	入 05165	全 = 05168	全 = 05168	全 05168	八 = 0516B	八 = 0516B	八 0516B
教-2 常用-A-甲			教-3 常用-A-甲			教-4 常用-B-乙		
公 = 0516C	公 = 0516C	公 0516C	共 = 05171	共 = 05171	共 05171	兵 = 05175	兵 = 05175	兵 05175
教-4 常用-A-甲			教-2 常用-A-甲			教-5 常用-A-甲		
典 = 05178	典 = 05178	典 05178	内 = 05185	内 = 05185	内 05185	再 = 0518D	再 = 0518D	再 0518D
次常			常用-B-乙			教-2 常用-A-甲		
冗 = 05197	冗 = 05197	冗 05197	冠 = 051A0	冠 = 051A0	冠 051A0	冬 = 051AC	冬 = 051AC	冬 051AC
教-4 常用-A-甲			常用-B-乙			常用-C-丙		
冷 = 051B7	冷 = 051B7	冷 051B7	凡 = 051E1	凡 = 051E1	凡 051E1	凶 = 051F6	凶 = 051F6	凶 051F6

次常-丁			次常-丁			教-1 常用-A-甲		
日楷体 凸 = 凸 = 凸 教体			日楷体 凹 = 凹 = 凹 教体			日楷体 出 = 出 = 出 教体		
051F8 = 051F8 = 051F8			051F9 = 051F9 = 051F9			051FA = 051FA = 051FA		
教-2 常用-A-甲			常用-丁			教-2 常用-A-甲		
日楷体 刀 = 刀 = 刀 教体			日楷体 刃 = 刃 = 刃 教体			日楷体 分 = 分 = 分 教体		
05200 = 05200 = 05200			05203 = 05203 = 05203			05206 = 05206 = 05206		
刈 = 刈 = 刈			教-5 常用-C-丙 刊 = 刊 = 刊			常用-丁 刑 = 刑 = 刑		
05208 = 05208 = 05208			0520A = 0520A = 0520A			05211 = 05211 = 05211		
教-3 常用-B-乙 列 = 列 = 列			教-4 常用-A-甲 初 = 初 = 初			教-4 常用-A-甲 利 = 利 = 利		
05217 = 05217 = 05217			0521D = 0521D = 0521D			05229 = 05229 = 05229		
教-5 常用-B-乙 制 = 制 = 制			教-4 常用-B-乙 刷 = 刷 = 刷			常用-B-乙 刺 = 刺 = 刺		
05236 = 05236 = 05236			05237 = 05237 = 05237			0523A = 0523A = 0523A		
常用-C-丙 削 = 削 = 削			教-2 常用-A-甲 前 = 前 = 前			教-4 常用-B-乙 副 = 副 = 副		
0524A = 0524A = 0524A			0524D = 0524D = 0524D			0526F = 0526F = 0526F		
教-1 常用-A-甲 力 = 力 = 力			教-4 常用-A-甲 功 = 功 = 功			教-4 常用-A-甲 加 = 加 = 加		
0529B = 0529B = 0529B			0529F = 0529F = 0529F			052A0 = 052A0 = 052A0		
教-3 常用-A-甲 助 = 助 = 助			教-4 常用-A-甲 努 = 努 = 努			常用-B-乙 励 = 励 = 励		
052A9 = 052A9 = 052A9			052AA = 052AA = 052AA			052B1 = 052B1 = 052B1		
常用-B-乙 勺 = 勺 = 勺			匆 = 匆 = 匆			教-3 常用-A-甲 化 = 化 = 化		
052FA = 052FA = 052FA			05301 = 05301 = 05301			05316 = 05316 = 05316		
常用-丁 匠 = 匠 = 匠			匹 = 匹 = 匹			教-3 常用-A-甲 医 = 医 = 医		
05320 = 05320 = 05320			05339 = 05339 = 05339			0533B = 0533B = 0533B		
教-1 常用-A-甲 十 = 十 = 十			教-1 常用-A-甲 千 = 千 = 千			升 = 升 = 升		
05341 = 05341 = 05341			05343 = 05343 = 05343			05347 = 05347 = 05347		
教-2 常用-A-甲 午 = 午 = 午			教-2 常用-A-甲 半 = 半 = 半			教-2 常用-A-甲 南 = 南 = 南		
05348 = 05348 = 05348			0534A = 0534A = 0534A			05357 = 05357 = 05357		
占 = 占 = 占			教-6 危 = 危 = 危			教-2 即 = 即 = 即		
05360 = 05360 = 05360			05371 = 05371 = 05371			05373 = 05373 = 05373		
常用-B-乙 却 = 却 = 却			教-6 常用-C-丙 卵 = 卵 = 卵			厄 = 厄 = 厄		
05374 = 05374 = 05374			05375 = 05375 = 05375			05384 = 05384 = 05384		
常用-B-乙 厘 = 厘 = 厘			教-5 常用-B-乙 厚 = 厚 = 厚			教-2 常用-A-甲 原 = 原 = 原		
05398 = 05398 = 05398			0539A = 0539A = 0539A			0539F = 0539F = 0539F		
教-3 去 = 去 = 去			常用-A-甲 又 = 又 = 又			常用-B-乙 及 = 及 = 及		
053BB = 053BB = 053BB			053C8 = 053C8 = 053C8			053CA = 053CA = 053CA		

教-2 常用-A-甲	常用-A-甲	常用-B-乙
友 = 友 = 友	双 = 双 = 双	叔 = 叔 = 叔
053CB = 053CB = 053CB	053CC = 053CC = 053CC	053D4 = 053D4 = 053D4
教-3 常用-A-甲	教-3 常用-B-乙	常用-C-丙
取 = 取 = 取	受 = 受 = 受	叙 = 叙 = 叙
053D6 = 053D6 = 053D6	053D7 = 053D7 = 053D7	053D9 = 053D9 = 053D9
教-1 常用-A-甲	教-2 常用-B-乙	教-5 常用-A-甲
口 = 口 = 口	古 = 古 = 古	句 = 句 = 句
053E3 = 053E3 = 053E3	053E4 = 053E4 = 053E4	053E5 = 053E5 = 053E5
常用-B-乙	教-5 常用-A-甲	教-4 常用-A-甲
召 = 召 = 召	可 = 可 = 可	史 = 史 = 史
053EC = 053EC = 053EC	053EF = 053EF = 053EF	053F2 = 053F2 = 053F2
教-1 常用-A-甲	教-3 常用-A-甲	教-4 常用-B-乙
右 = 右 = 右	号 = 号 = 号	司 = 司 = 司
053F3 = 053F3 = 053F3	053F7 = 053F7 = 053F7	053F8 = 053F8 = 053F8
教-4 常用-A-甲	教-2 常用-A-甲	常用-丁
各 = 各 = 各	合 = 合 = 合	吉 = 吉 = 吉
05404 = 05404 = 05404	05408 = 05408 = 05408	05409 = 05409 = 05409
教-2 常用-A-甲	教-1 常用-A-甲	教-6 常用-A-甲
同 = 同 = 同	名 = 名 = 名	后 = 后 = 后
0540C = 0540C = 0540C	0540D = 0540D = 0540D	0540E = 0540E = 0540E
次常	常用-B-乙	教-3 常用-A-甲
吏 = 吏 = 吏	吐 = 吐 = 吐	向 = 向 = 向
0540F = 0540F = 0540F	05410 = 05410 = 05410	05411 = 05411 = 05411
教-3 常用-丁	教-6 常用-B-乙	教-6 常用-B-乙
君 = 君 = 君	否 = 否 = 否	吸 = 吸 = 吸
0541B = 0541B = 0541B	05426 = 05426 = 05426	05438 = 05438 = 05438
常用-A-甲	常用-丁	教-4 常用-A-甲
吹 = 吹 = 吹	呈 = 呈 = 呈	告 = 告 = 告
05439 = 05439 = 05439	05448 = 05448 = 05448	0544A = 0544A = 0544A
教-4 常用-A-甲	教-6 常用-B-乙	教-3 常用-B-乙
周 = 周 = 周	呼 = 呼 = 呼	命 = 命 = 命
05468 = 05468 = 05468	0547C = 0547C = 0547C	0547D = 0547D = 0547D
教-3 常用-A-甲	教-3 常用-B-乙	教-3 常用-B-乙
和 = 和 = 和	咲 = 咲 = 咲	品 = 品 = 品
0548C = 0548C = 0548C	054B2 = 054B2 = 054B2	054C1 = 054C1 = 054C1
常用-B-乙	常用-C-丙	教-4 常用-A-甲
哲 = 哲 = 哲	唇 = 唇 = 唇	唱 = 唱 = 唱
054F2 = 054F2 = 054F2	05507 = 05507 = 05507	05531 = 05531 = 05531
教-6 常用-B-乙	教-4 常用-A-甲	教-4 常用-A-甲
善 = 善 = 善	喜 = 喜 = 喜	嗣 = 嗣 = 嗣
05584 = 05584 = 05584	0559C = 0559C = 0559C	055E3 = 055E3 = 055E3
常用-C-丙	次常	教-1 常用-A-甲
嘱 = 嘱 = 嘱	囚 = 囚 = 囚	四 = 四 = 四
05631 = 05631 = 05631	056DA = 056DA = 056DA	056DB = 056DB = 056DB
教-2 常用-A-甲	教-5 常用-A-甲	教-6 常用-A-甲
回 = 回 = 回	因 = 因 = 因	困 = 困 = 困
056DE = 056DE = 056DE	056E0 = 056E0 = 056E0	056F0 = 056F0 = 056F0

教-4 常用-B-乙 固 = 固 = 固 056FA = 056FA = 056FA	教-2 常用-A-甲 国 = 国 = 国 056FD = 056FD = 056FD	教-1 常用-B-乙 土 = 土 = 土 0571F = 0571F = 0571F
教-5 常用-A-甲 在 = 在 = 在 05728 = 05728 = 05728	教-2 常用-A-甲 地 = 地 = 地 05730 = 05730 = 05730	次常 坪 = 坪 = 坪 0576A = 0576A = 0576A
教-6 常用-C-丙 垂 = 垂 = 垂 05782 = 05782 = 05782	教-4 常用-B-乙 型 = 型 = 型 0578B = 0578B = 0578B	垣 = 垣 = 垣 057A3 = 057A3 = 057A3
常用-B-乙 埋 = 埋 = 埋 057CB = 057CB = 057CB	教-6 常用-A-甲 城 = 城 = 城 057CE = 057CE = 057CE	教-6 常用-C-丙 域 = 域 = 域 057DF = 057DF = 057DF
教-5 常用-A-甲 基 = 基 = 基 057FA = 057FA = 057FA	堀 = 堀 = 堀 05800 = 05800 = 05800	教-4 常用-A-甲 堂 = 堂 = 堂 05802 = 05802 = 05802
次常-丁 堕 = 堕 = 堕 05815 = 05815 = 05815	常用-C-丙 堤 = 堤 = 堤 05824 = 05824 = 05824	塀 = 塀 = 塀 05840 = 05840 = 05840
塑 = 塑 = 塑 05851 = 05851 = 05851	教-4 常用-B-乙 士 = 士 = 士 058EB = 058EB = 058EB	常用-C-丙 壮 = 壮 = 壮 058EE = 058EE = 058EE
教-2 常用-A-甲 声 = 声 = 声 058F0 = 058F0 = 058F0	教-2 常用-A-甲 夏 = 夏 = 夏 0590F = 0590F = 0590F	教-1 常用-丁 夕 = 夕 = 夕 05915 = 05915 = 05915
教-2 外 = 外 = 外 05916 = 05916 = 05916	教-2 常用-A-甲 多 = 多 = 多 0591A = 0591A = 0591A	教-1 常用-A-甲 大 = 大 = 大 05927 = 05927 = 05927
教-2 常用-A-甲 太 = 太 = 太 0592A = 0592A = 0592A	教-4 常用-A-甲 夫 = 夫 = 夫 0592B = 0592B = 0592B	教-3 常用-B-乙 央 = 央 = 央 0592E = 0592E = 0592E
教-4 常用-B-乙 失 = 失 = 失 05931 = 05931 = 05931	常用-B-乙 奇 = 奇 = 奇 05947 = 05947 = 05947	常用-C-丙 奔 = 奔 = 奔 05954 = 05954 = 05954
奥 = 奥 = 奥 05965 = 05965 = 05965	教-1 常用-A-甲 女 = 女 = 女 05973 = 05973 = 05973	常用-C-丙 奴 = 奴 = 奴 05974 = 05974 = 05974
教-4 常用-A-甲 好 = 好 = 好 0597D = 0597D = 0597D	常用-A-甲 如 = 如 = 如 05982 = 05982 = 05982	妃 = 妃 = 妃 05983 = 05983 = 05983
妊 = 妊 = 妊 0598A = 0598A = 0598A	常用-C-丙 妥 = 妥 = 妥 059A5 = 059A5 = 059A5	教-5 常用-B-乙 妻 = 妻 = 妻 059BB = 059BB = 059BB
教-3 常用-A-甲 始 = 始 = 始 059CB = 059CB = 059CB	常用-A-甲 姓 = 姓 = 姓 059D3 = 059D3 = 059D3	教-3 常用-B-乙 委 = 委 = 委 059D4 = 059D4 = 059D4
常用-B-乙 姻 = 姻 = 姻 059FB = 059FB = 059FB	教-6 常用-C-丙 姿 = 姿 = 姿 059FF = 059FF = 059FF	常用-C-丙 威 = 威 = 威 05A01 = 05A01 = 05A01

日楷体 = 常用 = 日教体	日楷体 常用-C-丙 日教体	日楷体 常用-B-乙 日教体
娠 = 娠 = 娠　05A20 = 05A20 = 05A20	婆 = 婆 = 婆　05A46 = 05A46 = 05A46	婚 = 婚 = 婚　05A5A = 05A5A = 05A5A
次常　婿 = 婿 = 婿　05A7F = 05A7F = 05A7F	教-1 常用-A-甲　子 = 子 = 子　05B50 = 05B50 = 05B50	常用-B-乙　孔 = 孔 = 孔　05B54 = 05B54 = 05B54
教-6 常用-B-乙　存 = 存 = 存　05B58 = 05B58 = 05B58	教-6 常用-丁　孝 = 孝 = 孝　05B5D = 05B5D = 05B5D	教-4 常用-B-乙　季 = 季 = 季　05B63 = 05B63 = 05B63
教-1 常用-A-甲　学 = 学 = 学　05B66 = 05B66 = 05B66	教-6 常用-B-乙　寸 = 寸 = 寸　05BF8 = 05BF8 = 05BF8	教-2 常用-丁　寺 = 寺 = 寺　05BFA = 05BFA = 05BFA
常用-A-甲　封 = 封 = 封　05C01 = 05C01 = 05C01	次常　尉 = 尉 = 尉　05C09 = 05C09 = 05C09	教-6 常用-B-乙　尊 = 尊 = 尊　05C0A = 05C0A = 05C0A
教-1 常用-A-甲　小 = 小 = 小　05C0F = 05C0F = 05C0F	常用-C-丙　尚 = 尚 = 尚　05C1A = 05C1A = 05C1A	教-6 常用-B-乙　尺 = 尺 = 尺　05C3A = 05C3A = 05C3A
常用-丁　尼 = 尼 = 尼　05C3C = 05C3C = 05C3C	常用-B-乙　尽 = 尽 = 尽　05C3D = 05C3D = 05C3D	常用-B-乙　尾 = 尾 = 尾　05C3E = 05C3E = 05C3E
常用-丁　尿 = 尿 = 尿　05C3F = 05C3F = 05C3F	教-3 常用-A-甲　局 = 局 = 局　05C40 = 05C40 = 05C40	教-5 常用-B-乙　居 = 居 = 居　05C45 = 05C45 = 05C45
常用-C-丙　屈 = 屈 = 屈　05C48 = 05C48 = 05C48	教-6 常用-B-乙　届 = 届 = 届　05C4A = 05C4A = 05C4A	教-6 常用-A-甲　展 = 展 = 展　05C55 = 05C55 = 05C55
教-5 常用-B-乙　属 = 属 = 属　05C5E = 05C5E = 05C5E	次常-丁　履 = 履 = 履　05C65 = 05C65 = 05C65	教-1 常用-A-甲　山 = 山 = 山　05C71 = 05C71 = 05C71
岐 = 岐 = 岐　05C90 = 05C90 = 05C90	教-2 常用-C-丙　岩 = 岩 = 岩　05CA9 = 05CA9 = 05CA9	岬 = 岬 = 岬　05CAC = 05CAC = 05CAC
次常-丁+　岳 = 岳 = 岳　05CB3 = 05CB3 = 05CB3	教-3 常用-B-乙　岸 = 岸 = 岸　05CB8 = 05CB8 = 05CB8	峠 = 峠 = 峠　05CE0 = 05CE0 = 05CE0
常用-C-丙　峡 = 峡 = 峡　05CE1 = 05CE1 = 05CE1	常用-C-丙　峰 = 峰 = 峰　05CF0 = 05CF0 = 05CF0	次常　崎 = 崎 = 崎　05D0E = 05D0E = 05D0E
次常-丁　崩 = 崩 = 崩　05D29 = 05D29 = 05D29	教-1 常用-丁　川 = 川 = 川　05DDD = 05DDD = 05DDD	教-3 常用-丁　州 = 州 = 州　05DDE = 05DDE = 05DDE
常用-丁　巡 = 巡 = 巡　05DE1 = 05DE1 = 05DE1	教-2 常用-A-甲　工 = 工 = 工　05DE5 = 05DE5 = 05DE5	教-1 常用-A-甲　左 = 左 = 左　05DE6 = 05DE6 = 05DE6
常用-B-乙　巧 = 巧 = 巧　05DE7 = 05DE7 = 05DE7	教-6 常用-A-甲　己 = 己 = 己　05DF1 = 05DF1 = 05DF1	教-5 常用-A-甲　布 = 布 = 布　05E03 = 05E03 = 05E03

	常用-丁			教-4	常用-A-甲			教-5	常用-A-甲	
日楷体	帆 = 帆 = 帆 教体			日楷体	希 = 希 = 希 教体			日楷体	常 = 常 = 常 教体		
	05E06 = 05E06 = 05E06				05E0C = 05E0C = 05E0C				05E38 = 05E38 = 05E38		
	常用-B-乙			教-6	常用-A-甲			教-3	常用-A-甲	
日楷体	幅 = 幅 = 幅 教体			日楷体	干 = 干 = 干 教体			日楷体	平 = 平 = 平 教体		
	05E45 = 05E45 = 05E45				05E72 = 05E72 = 05E72				05E73 = 05E73 = 05E73		
教-1	常用-A-甲			教-3	常用-A-甲			教-6	常用-C-丙	
日楷体	年 = 年 = 年 教体			日楷体	幸 = 幸 = 幸 教体			日楷体	幼 = 幼 = 幼 教体		
	05E74 = 05E74 = 05E74				05E78 = 05E78 = 05E78				05E7C = 05E7C = 05E7C		
	次常-丁				次常			教-4	常用-A-甲	
日楷体	幽 = 幽 = 幽 教体			日楷体	廷 = 廷 = 廷 教体			日楷体	建 = 建 = 建 教体		
	05E7D = 05E7D = 05E7D				05EF7 = 05EF7 = 05EF7				05EFA = 05EFA = 05EFA		
	常用-丁			教-3	常用-B-乙			教-2	常用-C-丙	
日楷体	弊 = 弊 = 弊 教体			日楷体	式 = 式 = 式 教体			日楷体	弓 = 弓 = 弓 教体		
	05F0A = 05F0A = 05F0A				05F0F = 05F0F = 05F0F				05F13 = 05F13 = 05F13		
教-2	常用-B-乙			教-2	常用-A-甲			教-2	常用-A-甲	
日楷体	引 = 引 = 引 教体			日楷体	弟 = 弟 = 弟 教体			日楷体	当 = 当 = 当 教体		
	05F15 = 05F15 = 05F15				05F1F = 05F1F = 05F1F				05F53 = 05F53 = 05F53		
教-2	常用-B-乙			教-3	常用-丁				常用-C-丙	
日楷体	形 = 形 = 形 教体			日楷体	役 = 役 = 役 教体			日楷体	彼 = 彼 = 彼 教体		
	05F62 = 05F62 = 05F62				05F79 = 05F79 = 05F79				05F7C = 05F7C = 05F7C		
教-5	常用-A-甲				常用-B-乙			教-3	常用-B-乙	
日楷体	往 = 往 = 往 教体			日楷体	征 = 征 = 征 教体			日楷体	待 = 待 = 待 教体		
	05F80 = 05F80 = 05F80				05F81 = 05F81 = 05F81				05F85 = 05F85 = 05F85		
教-6	常用-B-乙				常用-丁			教-4	常用-C-丙	
日楷体	律 = 律 = 律 教体			日楷体	徐 = 徐 = 徐 教体			日楷体	徒 = 徒 = 徒 教体		
	05F8B = 05F8B = 05F8B				05F90 = 05F90 = 05F90				05F92 = 05F92 = 05F92		
教-2	常用-A-甲			教-4	常用-A-甲				常用-丁	
日楷体	心 = 心 = 心 教体			日楷体	必 = 必 = 必 教体			日楷体	忌 = 忌 = 忌 教体		
	05FC3 = 05FC3 = 05FC3				05FC5 = 05FC5 = 05FC5				05FCC = 05FCC = 05FCC		
	常用-B-乙			教-5	常用-A-甲			教-6	常用-丙	
日楷体	忍 = 忍 = 忍 教体			日楷体	志 = 志 = 志 教体			日楷体	忠 = 忠 = 忠 教体		
	05FCD = 05FCD = 05FCD				05FD7 = 05FD7 = 05FD7				05FE0 = 05FE0 = 05FE0		
	常用-B-乙			教-2	常用-A-甲				常用-丁	
日楷体	怒 = 怒 = 怒 教体			日楷体	思 = 思 = 思 教体			日楷体	怠 = 怠 = 怠 教体		
	06012 = 06012 = 06012				0601D = 0601D = 0601D				06020 = 06020 = 06020		
教-3	常用-A-甲				常用-B-乙			教-5	常用-丁	
日楷体	急 = 急 = 急 教体			日楷体	恐 = 恐 = 恐 教体			日楷体	恩 = 恩 = 恩 教体		
	06025 = 06025 = 06025				06050 = 06050 = 06050				06069 = 06069 = 06069		
	常用-丁				常用-丁				常用-B-乙	
日楷体	恭 = 恭 = 恭 教体			日楷体	息 = 息 = 息 教体			日楷体	悠 = 悠 = 悠 教体		
	0606D = 0606D = 0606D				0606F = 0606F = 0606F				060A0 = 060A0 = 060A0		
	常用-C-丙				常用-丁			教-3	常用-A-甲	
日楷体	患 = 患 = 患 教体			日楷体	惑 = 惑 = 惑 教体			日楷体	想 = 想 = 想 教体		
	060A3 = 060A3 = 060A3				060D1 = 060D1 = 060D1				060F3 = 060F3 = 060F3		
	常用-B-乙				常用-C-丙			教-3	常用-A-甲	
日楷体	愁 = 愁 = 愁 教体			日楷体	愚 = 愚 = 愚 教体			日楷体	感 = 感 = 感 教体		
	06101 = 06101 = 06101				0611A = 0611A = 0611A				0611F = 0611F = 0611F		

	常用-丁				常用-B-乙				常用-丁	
日楷体 慈	=	慈	= 慈 日教体	日楷体 慰	=	慰	= 慰 日教体	日楷体 憩	= 憩	= 憩 日教体
06148	=	06148	06148	06170	=	06170	06170	061A9	= 061A9	061A9

教-4 常用-A-甲	教-6 常用-A-甲	常用-丁
日楷体 成 = 成 = 成 日教体	日楷体 我 = 我 = 我 日教体	日楷体 戒 = 戒 = 戒 日教体
06210 = 06210 06210	06211 = 06211 06211	06212 = 06212 06212

教-1 常用-A-甲	教-3 常用-A-甲	
日楷体 手 = 手 = 手 日教体	日楷体 打 = 打 = 打 日教体	日楷体 扱 = 扱 = 扱 日教体
0624B = 0624B 0624B	06253 = 06253 06253	06271 = 06271 06271

常用-B-乙	常用-B-乙	教-5 常用-A-甲
日楷体 扶 = 扶 = 扶 日教体	日楷体 承 = 承 = 承 日教体	日楷体 技 = 技 = 技 日教体
06276 = 06276 = 06276	0627F = 0627F 0627F	06280 = 06280 06280

常用-A-甲	次常-C-丙	教-3 常用-B-乙
日楷体 把 = 把 = 把 日教体	日楷体 抑 = 抑 = 抑 日教体	日楷体 投 = 投 = 投 日教体
0628A = 0628A = 0628A	06291 = 06291 06291	06295 = 06295 06295

教-4 常用-B-乙	常用-B-乙	常用-C-丙
日楷体 折 = 折 = 折 日教体	日楷体 披 = 披 = 披 日教体	日楷体 抹 = 抹 = 抹 日教体
06298 = 06298 06298	062AB = 062AB = 062AB	062B9 = 062B9 062B9

常用-C-丙	常用-A-甲	教-6 常用-B-乙
日楷体 押 = 押 = 押 日教体	日楷体 抽 = 抽 = 抽 日教体	日楷体 担 = 担 = 担 日教体
062BC = 062BC = 062BC	062BD = 062BD = 062BD	062C5 = 062C5 062C5

常用-A-甲	次常-丁	常用-丁
日楷体 拍 = 拍 = 拍 日教体	日楷体 拓 = 拓 = 拓 日教体	日楷体 拘 = 拘 = 拘 日教体
062CD = 062CD = 062CD	062D3 = 062D3 = 062D3	062D8 = 062D8 = 062D8

次常-丁	教-5 常用-B-乙	常用-B-乙
日楷体 拙 = 拙 = 拙 日教体	日楷体 招 = 招 = 招 日教体	日楷体 括 = 括 = 括 日教体
062D9 = 062D9 = 062D9	062DB = 062DB = 062DB	062EC = 062EC = 062EC

教-3 常用-A-甲	教-3 常用-A-甲	常用-B-乙
日楷体 拾 = 拾 = 拾 日教体	日楷体 持 = 持 = 持 日教体	日楷体 挑 = 挑 = 挑 日教体
062FE = 062FE = 062FE	06301 = 06301 06301	06311 = 06311 06311

次常-丁	常用-C-丙	常用-B-乙
日楷体 挟 = 挟 = 挟 日教体	日楷体 振 = 振 = 振 日教体	日楷体 捕 = 捕 = 捕 日教体
0631F = 0631F = 0631F	0632F = 0632F = 0632F	06355 = 06355 06355

常用-B-乙	教-5 常用-B-乙	常用-A-甲
日楷体 据 = 据 = 据 日教体	日楷体 授 = 授 = 授 日教体	日楷体 掌 = 掌 = 掌 日教体
0636E = 0636E = 0636E	06388 = 06388 06388	0638C = 0638C = 0638C

常用-丁	次常-B-乙	教-5 常用-A-甲
日楷体 掘 = 掘 = 掘 日教体	日楷体 措 = 措 = 措 日教体	日楷体 提 = 提 = 提 日教体
06398 = 06398 06398	063AA = 063AA 063AA	063D0 = 063D0 = 063D0

次常	教-5 常用-A-甲	常用-B-乙
日楷体 撮 = 撮 = 撮 日教体	日楷体 支 = 支 = 支 日教体	日楷体 攻 = 攻 = 攻 日教体
064AE = 064AE = 064AE	0652F = 0652F = 0652F	0653B = 0653B = 0653B

教-5 常用-A-甲	教-5 常用-A-甲	教-4 常用-B-乙
日楷体 政 = 政 = 政 日教体	日楷体 故 = 故 = 故 日教体	日楷体 救 = 救 = 救 日教体
0653F = 0653F = 0653F	06545 = 06545 06545	06551 = 06551 06551

教-2 常用-A-甲	教-4 常用-A-甲	教-2 常用-A-甲
日楷体 教 = 教 = 教 日教体	日楷体 散 = 散 = 散 日教体	日楷体 数 = 数 = 数 日教体
06559 = 06559 06559	06563 = 06563 06563	06570 = 06570 = 06570

日楷体 教-3 常用-A-甲 日教体	常用-B-乙	教-4 常用-B-乙
整 = 整 = 整 06574 = 06574 = 06574	斗 = 斗 = 斗 06597 = 06597 = 06597	料 = 料 = 料 06599 = 06599 = 06599
常用-B-乙 斜 = 斜 = 斜 0659C = 0659C = 0659C	常用-A-甲 斤 = 斤 = 斤 065A4 = 065A4 = 065A4	常用-C-丙 斥 = 斥 = 斥 065A5 = 065A5 = 065A5
教-5 常用-B-乙 断 = 断 = 断 065AD = 065AD = 065AD	教-1 常用-A-甲 日 = 日 = 日 065E5 = 065E5 = 065E5	教-5 常用-A-甲 旧 = 旧 = 旧 065E7 = 065E7 = 065E7
教-1 常用-A-甲 早 = 早 = 早 065E9 = 065E9 = 065E9	常用-C-丙 旬 = 旬 = 旬 065EC = 065EC = 065EC	常用-A-甲 明 = 明 = 明 0660E = 0660E = 0660E
教-5 常用-A-甲 易 = 易 = 易 06613 = 06613 = 06613	教-3 次常 昔 = 昔 = 昔 06614 = 06614 = 06614	教-2 常用-A-甲 星 = 星 = 星 0661F = 0661F = 0661F
教-6 常用-B-乙 映 = 映 = 映 06620 = 06620 = 06620	教-4 常用-A-甲 昨 = 昨 = 昨 06628 = 06628 = 06628	教-3 次常 昭 = 昭 = 昭 0662D = 0662D = 0662D
常用-A-甲 是 = 是 = 是 0662F = 0662F = 0662F	教-2 常用-丁 昼 = 昼 = 昼 0663C = 0663C = 0663C	常用-B-乙 普 = 普 = 普 0666E = 0666E = 0666E
教-2 常用-A-甲 晴 = 晴 = 晴 06674 = 06674 = 06674	常用-丁 晶 = 晶 = 晶 06676 = 06676 = 06676	次常 暇 = 暇 = 暇 06687 = 06687 = 06687
教-3 常用-B-乙 暑 = 暑 = 暑 06691 = 06691 = 06691	教-6 常用-A-甲 暖 = 暖 = 暖 06696 = 06696 = 06696	教-5 常用-C-丙 暴 = 暴 = 暴 066B4 = 066B4 = 066B4
教-3 常用-C-丙 曲 = 曲 = 曲 066F2 = 066F2 = 066F2	常用-A-甲 更 = 更 = 更 066F4 = 066F4 = 066F4	次常-丁+ 曹 = 曹 = 曹 066F9 = 066F9 = 066F9
常用-B-乙 替 = 替 = 替 066FF = 066FF = 066FF	教-4 常用-A-甲 最 = 最 = 最 06700 = 06700 = 06700	教-1 常用-A-甲 月 = 月 = 月 06708 = 06708 = 06708
教-3 常用-A-甲 有 = 有 = 有 06709 = 06709 = 06709	教-3 常用-A-甲 服 = 服 = 服 0670D = 0670D = 0670D	朕 = 朕 = 朕 06715 = 06715 = 06715
教-2 常用-A-甲 朝 = 朝 = 朝 0671D = 0671D = 0671D	教-3 常用-A-甲 期 = 期 = 期 0671F = 0671F = 0671F	教-1 常用-B-乙 木 = 木 = 木 06728 = 06728 = 06728
教-4 常用-C-丙 末 = 末 = 末 0672B = 0672B = 0672B	教-1 常用-A-甲 本 = 本 = 本 0672C = 0672C = 0672C	教-4 札 = 札 = 札 0672D = 0672D = 0672D
常用-B-乙 朴 = 朴 = 朴 06734 = 06734 = 06734	教-6 常用-A-甲 机 = 机 = 机 0673A = 0673A = 0673A	常用-C-丙 朽 = 朽 = 朽 0673D = 0673D = 0673D
次常 杉 = 杉 = 杉 06749 = 06749 = 06749	教-1 常用-A-甲 村 = 村 = 村 06751 = 06751 = 06751	常用-A-甲 杯 = 杯 = 杯 0676F = 0676F = 0676F

教-4　常用-B-乙 日楷体 松 = 松 = 松 教体 0677E = 0677E = 0677E	常用-B-乙 日楷体 析 = 析 = 析 教体 06790 = 06790 = 06790	教-1　常用-B-乙 日楷体 林 = 林 = 林 教体 06797 = 06797 = 06797
教-6　次常-丁 日楷体 枚 = 枚 = 枚 教体 0679A = 0679A = 0679A	教-5　常用-C-丙 日楷体 枝 = 枝 = 枝 教体 0679D = 0679D = 0679D	常用-C-丙 日楷体 枠 = 枠 = 枠 教体 067A0 = 067A0 = 067A0
次常 日楷体 枢 = 枢 = 枢 教体 067A2 = 067A2 = 067A2	常用-C-丙 日楷体 枯 = 枯 = 枯 教体 067AF = 067AF = 067AF	常用-C-丙 日楷体 柄 = 柄 = 柄 教体 067C4 = 067C4 = 067C4
教-3　常用-C-丙 日楷体 柱 = 柱 = 柱 教体 067F1 = 067F1 = 067F1	常用-C-丙 日楷体 柳 = 柳 = 柳 教体 067F3 = 067F3 = 067F3	次常 日楷体 栓 = 栓 = 栓 教体 06813 = 06813 = 06813
教-3　常用-A-甲 日楷体 根 = 根 = 根 教体 06839 = 06839 = 06839	教-5　常用-B-乙 日楷体 格 = 格 = 格 教体 0683C = 0683C = 0683C	常用-C-丙 日楷体 栽 = 栽 = 栽 教体 0683D = 0683D = 0683D
常用-C-丙 日楷体 桃 = 桃 = 桃 教体 06843 = 06843 = 06843	教-4　常用-B-乙 日楷体 械 = 械 = 械 教体 068B0 = 068B0 = 068B0	常用-C-丙 日楷体 棋 = 棋 = 棋 教体 068CB = 068CB = 068CB
常用-C-丙 日楷体 棚 = 棚 = 棚 教体 068DA = 068DA = 068DA	教-1　常用-B-乙 日楷体 森 = 森 = 森 教体 068EE = 068EE = 068EE	常用-A-甲 日楷体 楼 = 楼 = 楼 教体 0697C = 0697C = 0697C
常用-丁 日楷体 槽 = 槽 = 槽 教体 069FD = 069FD = 069FD	教-3　常用-C-丙 日楷体 横 = 横 = 横 教体 06A2A = 06A2A = 06A2A	教-4　常用-B-乙 日楷体 欠 = 欠 = 欠 教体 06B20 = 06B20 = 06B20
教-3 日楷体 次 = 次 = 次 教体 06B21 = 06B21 = 06B21	教-6　常用-丁 日楷体 欲 = 欲 = 欲 教体 06B32 = 06B32 = 06B32	常用-B-乙 日楷体 欺 = 欺 = 欺 教体 06B3A = 06B3A = 06B3A
常用-B-乙 日楷体 款 = 款 = 款 教体 06B3E = 06B3E = 06B3E	教-2　常用-A-甲 日楷体 歌 = 歌 = 歌 教体 06B4C = 06B4C = 06B4C	教-2　常用-B-乙 日楷体 止 = 止 = 止 教体 06B62 = 06B62 = 06B62
教-1　常用-A-甲 日楷体 正 = 正 = 正 教体 06B63 = 06B63 = 06B63	教-5　常用-B-乙 日楷体 武 = 武 = 武 教体 06B66 = 06B66 = 06B66	教-3　常用-A-甲 日楷体 死 = 死 = 死 教体 06B7B = 06B7B = 06B7B
次常 日楷体 殉 = 殉 = 殉 教体 06B89 = 06B89 = 06B89	教-6 日楷体 段 = 段 = 段 教体 06BB5 = 06BB5 = 06BB5	常用-A-甲 日楷体 殻 = 殻 = 殻 教体 06BBB = 06BBB = 06BBB
常用-C-丙 日楷体 殿 = 殿 = 殿 教体 06BBF = 06BBF = 06BBF	教-2　常用-A-甲 日楷体 母 = 母 = 母 教体 06BCD = 06BCD = 06BCD	教-2 日楷体 毛 = 毛 = 毛 教体 06BDB = 06BDB = 06BDB
教-4　常用-C-丙 日楷体 氏 = 氏 = 氏 教体 06C0F = 06C0F = 06C0F	教-4　常用-A-甲 日楷体 民 = 民 = 民 教体 06C11 = 06C11 = 06C11	教-1　常用-A-甲 日楷体 水 = 水 = 水 教体 06C34 = 06C34 = 06C34
教-5　常用-A-甲 日楷体 永 = 永 = 永 教体 06C38 = 06C38 = 06C38	常用-丁 日楷体 汁 = 汁 = 汁 教体 06C41 = 06C41 = 06C41	教-4　常用-A-甲 日楷体 求 = 求 = 求 教体 06C42 = 06C42 = 06C42
常用-B-乙 日楷体 汗 = 汗 = 汗 教体 06C57 = 06C57 = 06C57	常用-A-甲 日楷体 江 = 江 = 江 教体 06C5F = 06C5F = 06C5F	教-2　常用-B-乙 日楷体 池 = 池 = 池 教体 06C60 = 06C60 = 06C60

日楷体 / 日教体	日楷体 / 日教体	日楷体 / 日教体
教-2 常用-A-甲 汽 = 汽 = 汽 06C7D = 06C7D = 06C7D	常用-C+-丙+ 沈 = 沈 = 沈 06C88 = 06C88 = 06C88	常用-A-甲 没 = 没 = 没 06CA1 = 06CA1 = 06CA1
教-5 常用-A-甲 河 = 河 = 河 06CB3 = 06CB3 = 06CB3	常用-C-丙 沸 = 沸 = 沸 06CB8 = 06CB8 = 06CB8	教-3 常用-B-乙 油 = 油 = 油 06CB9 = 06CB9 = 06CB9
教-4 常用-A-甲 治 = 治 = 治 06CBB = 06CBB = 06CBB	次常-丁 沼 = 沼 = 沼 06CBC = 06CBC = 06CBC	教-6 常用-丁 泉 = 泉 = 泉 06CC9 = 06CC9 = 06CC9
常用-丁 泊 = 泊 = 泊 06CCA = 06CCA = 06CCA	次常-C-丙 泌 = 泌 = 泌 06CCC = 06CCC = 06CCC	教-4 常用-A-甲 法 = 法 = 法 06CD5 = 06CD5 = 06CD5
教-3 常用-C-丙 波 = 波 = 波 06CE2 = 06CE2 = 06CE2	常用-B-乙 泥 = 泥 = 泥 06CE5 = 06CE5 = 06CE5	教-3 常用-A-甲 注 = 注 = 注 06CE8 = 06CE8 = 06CE8
教-3 常用-A-甲 泳 = 泳 = 泳 06CF3 = 06CF3 = 06CF3	教-3 常用-B-乙 洋 = 洋 = 洋 06D0B = 06D0B = 06D0B	教-6 常用-A-甲 洗 = 洗 = 洗 06D17 = 06D17 = 06D17
常用-B-乙 洞 = 洞 = 洞 06D1E = 06D1E = 06D1E	常用-丁 津 = 津 = 津 06D25 = 06D25 = 06D25	常用-C-丙 洪 = 洪 = 洪 06D2A = 06D2A = 06D2A
教-2 常用-A-甲 活 = 活 = 活 06D3B = 06D3B = 06D3B	常用-C-丙 浜 = 浜 = 浜 06D5C = 06D5C = 06D5C	次常 浦 = 浦 = 浦 06D66 = 06D66 = 06D66
教-4 常用-C-丙 浴 = 浴 = 浴 06D74 = 06D74 = 06D74	常用-C-丙 浸 = 浸 = 浸 06D78 = 06D78 = 06D78	教-3 常用-A-甲 消 = 消 = 消 06D88 = 06D88 = 06D88
次常 涯 = 涯 = 涯 06DAF = 06DAF = 06DAF	次常 淑 = 淑 = 淑 06DD1 = 06DD1 = 06DD1	常用-B-乙 淡 = 淡 = 淡 06DE1 = 06DE1 = 06DE1
教-4 常用-A-甲 清 = 清 = 清 06E05 = 06E05 = 06E05	教-3 常用-B-乙 温 = 温 = 温 06E29 = 06E29 = 06E29	教-3 常用-A-甲 湖 = 湖 = 湖 06E56 = 06E56 = 06E56
常用-B-乙 湿 = 湿 = 湿 06E7F = 06E7F = 06E7F	教-6 常用-B-乙 源 = 源 = 源 06E90 = 06E90 = 06E90	常用-丁 滋 - 滋 - 滋 06ECB = 06ECB = 06ECB
常用-A-甲 漂 = 漂 = 漂 06F02 = 06F02 = 06F02	常用-C-丙 漆 = 漆 = 漆 06F06 = 06F06 = 06F06	常用-B-乙 漏 = 漏 = 漏 06F0F = 06F0F = 06F0F
常用-C-丙 漫 = 漫 = 漫 06F2B = 06F2B = 06F2B	常用-丁 潜 = 潜 = 潜 06F5C = 06F5C = 06F5C	潟 = 潟 = 潟 06F5F = 06F5F = 06F5F
教-6 常用-C-丙 潮 = 潮 = 潮 06F6E = 06F6E = 06F6E	次常-丁 澄 = 澄 = 澄 06F84 = 06F84 = 06F84	教-6 常用-B-乙 激 = 激 = 激 06FC0 = 06FC0 = 06FC0
教-1 常用-A-甲 火 = 火 = 火 0706B = 0706B = 0706B	常用-丁 炎 = 炎 = 炎 0708E = 0708E = 0708E	教-2 常用-A-甲 点 = 点 = 点 070B9 = 070B9 = 070B9

	常用-B-乙				教-4	常用-A-甲				常用-B-乙	
日楷体	烈 = 烈 = 烈	日教体		日楷体	照 = 照 = 照	日教体		日楷体	煮 = 煮 = 煮	日教体
	070C8 = 070C8 = 070C8				07167 = 07167 = 07167				0716E = 0716E = 0716E	

	次常				教-2	常用-A-甲				教-2	常用-A-甲	
日楷体	爵 = 爵 = 爵	日教体		日楷体	父 = 父 = 父	日教体		日楷体	牛 = 牛 = 牛	日教体
	07235 = 07235 = 07235				07236 = 07236 = 07236				0725B = 0725B = 0725B	

	教-4	常用-C-丙			教-3	常用-A-甲				常用-B-乙	
日楷体	牧 = 牧 = 牧	日教体		日楷体	物 = 物 = 物	日教体		日楷体	牲 = 牲 = 牲	日教体
	07267 = 07267 = 07267				07269 = 07269 = 07269				07272 = 07272 = 07272	

	教-4	常用-A-甲				常用-丁				教-5	常用-B-乙	
日楷体	特 = 特 = 特	日教体		日楷体	犬 = 犬 = 犬	日教体		日楷体	犯 = 犯 = 犯	日教体
	07279 = 07279 = 07279				072AC = 072AC = 072AC				072AF = 072AF = 072AF	

	教-5	常用-B-乙				常用-C-丙				教-5	常用-B-乙	
日楷体	状 = 状 = 状	日教体		日楷体	狂 = 狂 = 狂	日教体		日楷体	独 = 独 = 独	日教体
	072B6 = 072B6 = 072B6				072C2 = 072C2 = 072C2				072EC = 072EC = 072EC	

		常用-丁				常用-C-丙				常用-B-乙	
日楷体	狭 = 狭 = 狭	日教体		日楷体	猛 = 猛 = 猛	日教体		日楷体	献 = 献 = 献	日教体
	072ED = 072ED = 072ED				0731B = 0731B = 0731B				0732E = 0732E = 0732E	

	次常-C-丙				教-1	常用-B-乙				教-1	常用-B-乙	
日楷体	猿 = 猿 = 猿	日教体		日楷体	玉 = 玉 = 玉	日教体		日楷体	王 = 王 = 王	日教体
	0733F = 0733F = 0733F				07389 = 07389 = 07389				0738B = 0738B = 0738B	

	常用-C-丙				教-6	常用-A-甲				教-3	常用-A-甲	
日楷体	珍 = 珍 = 珍	日教体		日楷体	班 = 班 = 班	日教体		日楷体	球 = 球 = 球	日教体
	073CD = 073CD = 073CD				073ED = 073ED = 073ED				07403 = 07403 = 07403	

	教-2	常用-A-甲				常用-C-丙				教-1	常用-A-甲	
日楷体	理 = 理 = 理	日教体		日楷体	甘 = 甘 = 甘	日教体		日楷体	生 = 生 = 生	日教体
	07406 = 07406 = 07406				07518 = 07518 = 07518				0751F = 0751F = 0751F	

	教-2	常用-A-甲			教-1	常用-B-乙				教-3	常用-B-乙	
日楷体	用 = 用 = 用	日教体		日楷体	田 = 田 = 田	日教体		日楷体	由 = 由 = 由	日教体
	07528 = 07528 = 07528				07530 = 07530 = 07530				07531 = 07531 = 07531	

		常用-C-丙			教-3	常用-C-丙				教-1	常用-A-甲	
日楷体	甲 = 甲 = 甲	日教体		日楷体	申 = 申 = 申	日教体		日楷体	男 = 男 = 男	日教体
	07532 = 07532 = 07532				07533 = 07533 = 07533				07537 = 07537 = 07537	

	教-1	常用-B-乙			教-1	常用-A-甲				次常-C-丙	
日楷体	町 = 町 = 町	日教体		日楷体	界 = 界 = 界	日教体		日楷体	畔 = 畔 = 畔	日教体
	0753A = 0753A = 0753A				0754C = 0754C = 0754C				07554 = 07554 = 07554	

	教-5	常用-A-甲			教-5	常用-B-乙				教-2	常用-C-丙	
日楷体	留 = 留 = 留	日教体		日楷体	略 = 略 = 略	日教体		日楷体	番 = 番 = 番	日教体
	07559 = 07559 = 07559				07565 = 07565 = 07565				0756A = 0756A = 0756A	

	教-3	常用-B-乙			教-1	常用-A-甲				教-1	常用-A-甲	
日楷体	登 = 登 = 登	日教体		日楷体	白 = 白 = 白	日教体		日楷体	百 = 百 = 百	日教体
	0767B = 0767B = 0767B				0767D = 0767D = 0767D				0767E = 0767E = 0767E	

	教-4	常用-A-甲			教-6	常用-B-乙				教-3	常用-B-乙	
日楷体	的 = 的 = 的	日教体		日楷体	皇 = 皇 = 皇	日教体		日楷体	皮 = 皮 = 皮	日教体
	07684 = 07684 = 07684				07687 = 07687 = 07687				076AE = 076AE = 076AE	

	教-3	次常				常用-B-乙				教-5	常用-B-乙	
日楷体	皿 = 皿 = 皿	日教体		日楷体	盆 = 盆 = 盆	日教体		日楷体	益 = 益 = 益	日教体
	076BF = 076BF = 076BF				076C6 = 076C6 = 076C6				076CA = 076CA = 076CA	

日楷体 / 日教体	日楷体 / 日教体	日楷体 / 日教体
常用-B-乙 盗 = 盗 = 盗 076D7 = 076D7 = 076D7	教-6　常用-C-丙 盛 = 盛 = 盛 076DB = 076DB = 076DB	教-6　常用-C-丙 盟 = 盟 = 盟 076DF = 076DF = 076DF
教-1　常用-A-甲 目 = 目 = 目 076EE = 076EE = 076EE	教-3　常用-A-甲 相 = 相 = 相 076F8 = 076F8 = 076F8	教-6　常用-A-甲 看 = 看 = 看 0770B = 0770B = 0770B
常用-C-丙 眠 = 眠 = 眠 07720 = 07720 = 07720	眺 = 眺 = 眺 0773A = 0773A = 0773A	教-5　常用-A-甲 眼 = 眼 = 眼 0773C = 0773C = 0773C
常用-A-甲 睡 = 睡 = 睡 07761 = 07761 = 07761	常用-B-乙 矛 = 矛 = 矛 077DB = 077DB = 077DB	教-2　次常 矢 = 矢 = 矢 077E2 = 077E2 = 077E2
教-2　常用-A-甲 知 = 知 = 知 077E5 = 077E5 = 077E5	教-3　常用-A-甲 短 = 短 = 短 077ED = 077ED = 077ED	教-1　常用-B-乙 石 = 石 = 石 077F3 = 077F3 = 077F3
教-3　常用-A-甲 研 = 研 = 研 07814 = 07814 = 07814	教-5　常用-A-甲 破 = 破 = 破 07834 = 07834 = 07834	次常 硝 = 硝 = 硝 0785D = 0785D = 0785D
常用-B-乙 硬 = 硬 = 硬 0786C = 0786C = 0786C	碁 = 碁 = 碁 07881 = 07881 = 07881	教-6　常用-A-甲 磁 = 磁 = 磁 078C1 = 078C1 = 078C1
教-5　常用-A-甲 示 = 示 = 示 0793A = 0793A = 0793A	教-3　常用-A-甲 礼 = 礼 = 礼 0793C = 0793C = 0793C	教-2　常用-A-甲 社 = 社 = 社 0793E = 0793E = 0793E
次常 祈 = 祈 = 祈 07948 = 07948 = 07948	祉 = 祉 = 祉 07949 = 07949 = 07949	教-5　常用-A-甲 祖 = 祖 = 祖 07956 = 07956 = 07956
教-4　常用-A-甲 祝 = 祝 = 祝 0795D = 0795D = 0795D	教-3　常用-A-甲 神 = 神 = 神 0795E = 0795E = 0795E	常用-丁 祥 = 祥 = 祥 07965 = 07965 = 07965
教-4　常用-A-甲 票 = 票 = 票 07968 = 07968 = 07968	教-3　次常 祭 = 祭 = 祭 0796D = 0796D = 0796D	教-5　常用-B-乙 禁 = 禁 = 禁 07981 = 07981 = 07981
教-3　常用-A-甲 福 = 福 = 福 0798F = 0798F = 0798F	常用-B-乙 秀 = 秀 = 秀 079C0 = 079C0 = 079C0	教-6　常用-B-乙 私 = 私 = 私 079C1 = 079C1 = 079C1
教-2　常用-A-甲 秋 = 秋 = 秋 079CB = 079CB = 079CB	教-2　常用-A-甲 科 = 科 = 科 079D1 = 079D1 = 079D1	教-6　常用-B-乙 秘 = 秘 = 秘 079D8 = 079D8 = 079D8
常用-A-甲 租 = 租 = 租 079DF = 079DF = 079DF	常用-B-乙 秩 = 秩 = 秩 079E9 = 079E9 = 079E9	教-5　常用-B-乙 移 = 移 = 移 079FB = 079FB = 079FB
教-5　常用-B-乙 程 = 程 = 程 07A0B = 07A0B = 07A0B	教-5　常用-C-丙 税 = 税 = 税 07A0E = 07A0E = 07A0E	教-1　常用-B-乙 竹 = 竹 = 竹 07AF9 = 07AF9 = 07AF9
教-2　常用-A-甲 米 = 米 = 米 07C73 = 07C73 = 07C73	教-4　常用-B-乙 粉 = 粉 = 粉 07C89 = 07C89 = 07C89	常用-B-乙 粗 = 粗 = 粗 07C97 = 07C97 = 07C97

常用-B-乙		教-5 常用-A-甲		常用-A-甲	
日楷体 粘 = 粘 = 粘 日教体		精 = 精 = 精		缶 = 缶 = 缶	
07C98 = 07C98 = 07C98		07CBE = 07CBE = 07CBE		07F36 = 07F36 = 07F36	

常用-B-乙
日楷体 粘 = 粘 = 粘 日教体
07C98 = 07C98 = 07C98

教-5 常用-A-甲
日楷体 精 = 精 = 精 日教体
07CBE = 07CBE = 07CBE

日楷体 缶 = 缶 = 缶 日教体
07F36 = 07F36 = 07F36

教-6 次常-C-丙
日楷体 署 = 署 = 署 日教体
07F72 = 07F72 = 07F72

教-3 常用-A-甲
日楷体 羊 = 羊 = 羊 日教体
07F8A = 07F8A = 07F8A

教-3 常用-B-乙
日楷体 美 = 美 = 美 日教体
07F8E = 07F8E = 07F8E

教-5 常用-B-乙
日楷体 群 = 群 = 群 日教体
07FA4 = 07FA4 = 07FA4

教-3 常用-A-甲
日楷体 者 = 者 = 者 日教体
08005 = 08005 = 08005

常用-B-乙
日楷体 耐 = 耐 = 耐 日教体
08010 = 08010 = 08010

教-5 常用-C-丙
日楷体 耕 = 耕 = 耕 日教体
08015 = 08015 = 08015

常用-C-丙
日楷体 耗 = 耗 = 耗 日教体
08017 = 08017 = 08017

教-1 常用-B-乙
日楷体 耳 = 耳 = 耳 日教体
08033 = 08033 = 08033

教-2 常用-A-甲
日楷体 肉 = 肉 = 肉 日教体
08089 = 08089 = 08089

常用-C-丙
日楷体 肌 = 肌 = 肌 日教体
0808C = 0808C = 0808C

次常-丁
日楷体 肖 = 肖 = 肖 日教体
08096 = 08096 = 08096

常用-B-乙
日楷体 肝 = 肝 = 肝 日教体
0809D = 0809D = 0809D

常用-丁
日楷体 肢 = 肢 = 肢 日教体
080A2 = 080A2 = 080A2

教-5 常用-B-乙
日楷体 肥 = 肥 = 肥 日教体
080A5 = 080A5 = 080A5

常用-B-乙
日楷体 肯 = 肯 = 肯 日教体
080AF = 080AF = 080AF

教-4 常用-B-乙
日楷体 胃 = 胃 = 胃 日教体
080C3 = 080C3 = 080C3

常用-B-乙
日楷体 胆 = 胆 = 胆 日教体
080C6 = 080C6 = 080C6

次常
日楷体 胎 = 胎 = 胎 日教体
080CE = 080CE = 080CE

常用-丁
日楷体 胴 = 胴 = 胴 日教体
080F4 = 080F4 = 080F4

教-6 常用-B-乙
日楷体 胸 = 胸 = 胸 日教体
080F8 = 080F8 = 080F8

常用-A-甲
日楷体 脚 = 脚 = 脚 日教体
0811A = 0811A = 0811A

常用-A-甲
日楷体 脱 = 脱 = 脱 日教体
08131 = 08131 = 08131

常用-B-乙
日楷体 腰 = 腰 = 腰 日教体
08170 = 08170 = 08170

教-6 常用-丁
日楷体 腹 = 腹 = 腹 日教体
08179 = 08179 = 08179

常用-C-丙
日楷体 膨 = 膨 = 膨 日教体
081A8 = 081A8 = 081A8

教-2 常用-A-甲
日楷体 自 = 自 = 自 日教体
081EA = 081EA = 081EA

常用-B-乙
日楷体 致 = 致 = 致 日教体
081F4 = 081F4 = 081F4

教-5 常用-B-乙
日楷体 舌 = 舌 = 舌 日教体
0820C = 0820C = 0820C

教-2 常用-A-甲
日楷体 色 = 色 = 色 日教体
08272 = 08272 = 08272

常用-B-乙
日楷体 虚 = 虚 = 虚 日教体
0865A = 0865A = 0865A

教-1 常用-B-乙
日楷体 虫 = 虫 = 虫 日教体
0866B = 0866B = 0866B

教-3 常用-B-乙
日楷体 血 = 血 = 血 日教体
08840 = 08840 = 08840

教-2 常用-A-甲
日楷体 行 = 行 = 行 日教体
0884C = 0884C = 0884C

教-4 常用-A-甲
日楷体 街 = 街 = 街 日教体
08857 = 08857 = 08857

常用-C-丙
日楷体 衡 = 衡 = 衡 日教体
08861 = 08861 = 08861

教-3 常用-A-甲
日楷体 表 = 表 = 表 日教体
08868 = 08868 = 08868

常用-A-甲
日楷体 被 = 被 = 被 日教体
088AB = 088AB = 088AB

常用-C-丙
日楷体 裕 = 裕 = 裕 日教体
088D5 = 088D5 = 088D5

次常
日楷体 襟 = 襟 = 襟 日教体
0895F = 0895F = 0895F

教-2 常用-A-甲
日楷体 西 = 西 = 西 日教体
0897F = 0897F = 0897F

教-4 常用-A-甲
日楷体 要 = 要 = 要 日教体
08981 = 08981 = 08981

常用-丁
日楷体 覆 = 覆 = 覆 日教体
08986 = 08986 = 08986

常用-丁
日楷体 誉 = 誉 = 誉 日教体
08A89 = 08A89 = 08A89

教-2 常用-C-丙
日楷体 谷 = 谷 = 谷 日教体
08C37 = 08C37 = 08C37

教-3　常用-B-乙			常用-C-丙		教-1　常用-C-丙
豆 = 豆 = 豆		豚 = 豚 = 豚		赤 = 赤 = 赤	
08C46 = 08C46 = 08C46		08C5A = 08C5A = 08C5A		08D64 = 08D64 = 08D64	
次常		教-2　常用-A-甲		常用-丁	
赦 = 赦 = 赦		走 = 走 = 走		赴 = 赴 = 赴	
08D66 = 08D66 = 08D66		08D70 = 08D70 = 08D70		08D74 = 08D74 = 08D74	
教-3　常用-A-甲		常用-B-乙		常用-B-乙	
起 = 起 = 起		超 = 超 = 超		越 = 越 = 越	
08D77 = 08D77 = 08D77		08D85 = 08D85 = 08D85		08D8A = 08D8A = 08D8A	
常用-B-乙		教-1　常用-A-甲		教-3　常用-A-甲	
趣 = 趣 = 趣		足 = 足 = 足		路 = 路 = 路	
08DA3 = 08DA3 = 08DA3		08DB3 = 08DB3 = 08DB3		08DEF = 08DEF = 08DEF	
常用-A-甲		次常-C-丙		常用-C-丙	
跳 = 跳 = 跳		踊 = 踊 = 踊		踏 = 踏 = 踏	
08DF3 = 08DF3 = 08DF3		08E0A = 08E0A = 08E0A		08E0F = 08E0F = 08E0F	
教-3		常用-C-丙		常用-B-乙	
身 = 身 = 身		辱 = 辱 = 辱		込 = 込 = 込	
08EAB = 08EAB = 08EAB		08FB1 = 08FB1 = 08FB1		08FBC = 08FBC = 08FBC	
常用-A-甲		教-2　常用-A-甲		常用-B-乙	
迎 = 迎 = 迎		近 = 近 = 近		迫 = 迫 = 迫	
08FCE = 08FCE = 08FCE		08FD1 = 08FD1 = 08FD1		08FEB = 08FEB = 08FEB	
		教-5　常用-B-乙		教-5　常用-B-乙	
迭 = 迭 = 迭		述 = 述 = 述		迷 = 迷 = 迷	
08FED = 08FED = 08FED		08FF0 = 08FF0 = 08FF0		08FF7 = 08FF7 = 08FF7	
教-3　常用-B-乙		教-5　常用-A-甲		教-3　常用-A-甲	
追 = 追 = 追		退 = 退 = 退		送 = 送 = 送	
08FFD = 08FFD = 08FFD		09000 = 09000 = 09000		09001 = 09001 = 09001	
常用-B-乙		教-5　常用-丁		常用-B-乙	
逃 = 逃 = 逃		逆 = 逆 = 逆		透 = 透 = 透	
09003 = 09003 = 09003		09006 = 09006 = 09006		0900F = 0900F = 0900F	
常用-B-乙		常用-B-乙		教-2　常用-A-甲	
逐 = 逐 = 逐		途 = 途 = 途		通 = 通 = 通	
09010 = 09010 = 09010		09014 = 09014 = 09014		0901A = 0901A = 0901A	
常用-C-丙		教-3　常用-B-乙		教-5　常用-B-乙	
逝 = 逝 = 逝		速 = 速 = 速		造 = 造 = 造	
0901D = 0901D = 0901D		0901F = 0901F = 0901F		09020 = 09020 = 09020	
常用-C-丙		次常		常用-A-甲	
逮 = 逮 = 逮		遂 = 遂 = 遂		遇 = 遇 = 遇	
0902E = 0902E = 0902E		09042 = 09042 = 09042		09047 = 09047 = 09047	
教-2　常用-A-甲		常用-丁		常用-B-乙	
道 = 道 = 道		遣 = 遣 = 遣		遭 = 遭 = 遭	
09053 = 09053 = 09053		09063 = 09063 = 09063		0906D = 0906D = 0906D	
常用-B-乙		教-4		教-3　常用-A-甲	
遵 = 遵 = 遵		郡 = 郡 = 郡		都 = 都 = 都	
09075 = 09075 = 09075		090E1 = 090E1 = 090E1		090FD = 090FD = 090FD	
次常-丁		教-3　常用-B-乙		常用	
酌 = 酌 = 酌		配 = 配 = 配		酒 = 酒 = 酒	
0914C = 0914C = 0914C		0914D = 0914D = 0914D		09152 = 09152 = 09152	

日楷体 酢 = 酢 = 酢 日教体 09162 = 09162 = 09162	次常 日楷体 酪 = 酪 = 酪 日教体 0916A = 0916A = 0916A	常用-C-丙 日楷体 酬 = 酬 = 酬 日教体 0916C = 0916C = 0916C
次常 日楷体 酵 = 酵 = 酵 日教体 09175 = 09175 = 09175	常用-C-丙 日楷体 酷 = 酷 = 酷 日教体 09177 = 09177 = 09177	教-2 常用-A-甲 日楷体 里 = 里 = 里 日教体 091CC = 091CC = 091CC
教-3 常用-A-甲 日楷体 重 = 重 = 重 日教体 091CD = 091CD = 091CD	教-2 常用-B-乙 日楷体 野 = 野 = 野 日教体 091CE = 091CE = 091CE	教-4 常用-B-乙 日楷体 量 = 量 = 量 日教体 091CF = 091CF = 091CF
教-1 常用-B-乙 日楷体 金 = 金 = 金 日教体 091D1 = 091D1 = 091D1	常用-C-丙 日楷体 阻 = 阻 = 阻 日教体 0963B = 0963B = 0963B	常用-A-甲 日楷体 附 = 附 = 附 日教体 09644 = 09644 = 09644
教-5 常用-B-乙 日楷体 限 = 限 = 限 日教体 09650 = 09650 = 09650	教-6 常用-A-甲 日楷体 除 = 除 = 除 日教体 09664 = 09664 = 09664	常用-丁 日楷体 陶 = 陶 = 陶 日教体 09676 = 09676 = 09676
次常 日楷体 隅 = 隅 = 隅 日教体 09685 = 09685 = 09685	常用-B-乙 日楷体 随 = 随 = 随 日教体 0968F = 0968F = 0968F	教-1 常用-A-甲 日楷体 雨 = 雨 = 雨 日教体 096E8 = 096E8 = 096E8
教-2 常用-A-甲 日楷体 雪 = 雪 = 雪 日教体 096EA = 096EA = 096EA	常用-A-甲 日楷体 雾 = 雾 = 雾 日教体 096F0 = 096F0 = 096F0	常用-A-甲 日楷体 零 = 零 = 零 日教体 096F6 = 096F6 = 096F6
常用-B-乙 日楷体 雷 = 雷 = 雷 日教体 096F7 = 096F7 = 096F7	常用-A-甲 日楷体 需 = 需 = 需 日教体 09700 = 09700 = 09700	常用-C-丙 日楷体 震 = 震 = 震 日教体 09707 = 09707 = 09707
常用-C-丙 日楷体 霜 = 霜 = 霜 日教体 0971C = 0971C = 0971C	常用-B-乙 日楷体 露 = 露 = 露 日教体 09732 = 09732 = 09732	教-1 常用-A-甲 日楷体 青 = 青 = 青 日教体 09752 = 09752 = 09752
教-4 常用-A-甲 日楷体 静 = 静 = 静 日教体 09759 = 09759 = 09759	教-3 常用-甲 日楷体 面 = 面 = 面 日教体 09762 = 09762 = 09762	教-6 常用-B-乙 日楷体 革 = 革 = 革 日教体 09769 = 09769 = 09769
次常-丁 日楷体 靴 = 靴 = 靴 日教体 09774 = 09774 = 09774	教-2 常用-A-甲 日楷体 首 = 首 = 首 日教体 09996 = 09996 = 09996	常用-A-甲 日楷体 香 = 香 = 香 日教体 09999 = 09999 = 09999
教-2 常用-B-乙 日楷体 麦 = 麦 = 麦 日教体 09EA6 = 09EA6 = 09EA6	教-2 常用-A-甲 日楷体 黄 = 黄 = 黄 日教体 09EC4 = 09EC4 = 09EC4	常用-B-乙 日楷体 鼓 = 鼓 = 鼓 日教体 09F13 = 09F13 = 09F13

[中-日]微差同码字表Z_J V4.0

	教-4　常用-A-甲				常用-B-乙					常用-B-乙		
日楷体	不 ≈ 不	=	不 日教体	日楷体	与 ≈ 与 ≈	与 日教体		日楷体	乏 =	乏 ≈	乏 日教体	
	04E0D = 04E0D = 04E0D				04E0E = 04E0E = 04E0E				04E4F = 04E4F = 04E4F			

教-6　常用-C-丙	教-2　常用-A-甲	常用-B-乙
日楷体 亡 ≈ 亡 ≈ 亡 日教体	交 ≈ 交 ≈ 交	享 ≈ 享 ≈ 享 日教体
04EA1 = 04EA1 = 04EA1	04EA4 = 04EA4 = 04EA4	04EAB = 04EAB = 04EAB

教-2　常用-B-乙	常用-C-丙	教-2　常用-A-甲
日楷体 京 ≈ 京 ≈ 京 日教体	亭 ≈ 亭 ≈ 亭	今 ≈ 今 ≈ 今
04EAC = 04EAC = 04EAC	04EAD = 04EAD = 04EAD	04ECA = 04ECA = 04ECA

教-4　常用-A-甲	常用-B-乙	教-2　常用-A-甲
日楷体 以 ≈ 以 ≈ 以 日教体	仰 = 仰 ≈ 仰	会 ≈ 会 ≈ 会 日教体
04EE5 = 04EE5 = 04EE5	04EF0 = 04EF0 = 04EF0	04F1A = 04F1A = 04F1A

教-5　常用-B-乙	教-4　常用-A-甲	教-4　常用-A-甲
日楷体 似 ≈ 似 ≈ 似 日教体	位 ≈ 位 ≈ 位	低 ≈ 低 ≈ 低 日教体
04F3C = 04F3C = 04F3C	04F4D = 04F4D = 04F4D	04F4E = 04F4E = 04F4E

常用-B-乙	常用-C-丙	常用-丁
日楷体 依 ≈ 依 ≈ 依 日教体	侮 ≈ 侮 ≈ 侮	俊 ≈ 俊 ≈ 俊
04F9D = 04F9D = 04F9D	04FAE = 04FAE = 04FAE	04FCA = 04FCA = 04FCA

教-5　常用-B-乙	教-4　常用-A-甲	教-5　常用-B-乙
日楷体 保 ≈ 保 = 保 日教体	信 ≈ 信 ≈ 信	修 ≈ 修 ≈ 修
04FDD = 04FDD = 04FDD	04FE1 = 04FE1 = 04FE1	04FEE = 04FEE = 04FEE

教-6	常用-B-乙	教-3　常用-A-甲
日楷体 俳 ≈ 俳 ≈ 俳 日教体	俸 = 俸 ≈ 俸	倍 ≈ 倍 ≈ 倍 日教体
04FF3 = 04FF3 = 04FF3	04FF8 = 04FF8 = 04FF8	0500D = 0500D = 0500D

常用-A-甲	常用-B-乙	教-4　常用-A-甲
日楷体 倒 = 倒 ≈ 倒 日教体	偏 ≈ 偏 ≈ 偏	停 ≈ 停 ≈ 停 日教体
05012 = 05012 = 05012	0504F = 0504F = 0504F	0505C = 0505C = 0505C

常用-B-乙	常用-B-乙	教-5　常用-B-乙
日楷体 傍 ≈ 傍 ≈ 傍 日教体	催 ≈ 催 ≈ 催	像 ≈ 像 ≈ 像
0508D = 0508D = 0508D	050AC = 050AC = 050AC	050CF = 050CF = 050CF

次常	常用-B-乙	常用-B-乙
日楷体 僧 ≈ 僧 ≈ 僧 日教体	充 ≈ 充 ≈ 充	免 ≈ 免 ≈ 免
050E7 = 050E7 = 050E7	05145 = 05145 = 05145	0514D = 0514D = 0514D

教-1　常用-A-甲	教-3　常用-B-乙	常用-C-丙
日楷体 六 ≈ 六 ≈ 六 日教体	具 ≈ 具 ≈ 具	兼 ≈ 兼 = 兼 日教体
0516D = 0516D = 0516D	05177 = 05177 = 05177	0517C = 0517C = 0517C

常用-A-甲	教-3　常用-A-甲	常用-C-丙
日楷体 冒 ≈ 冒 ≈ 冒 日教体	写 ≈ 写 ≈ 写	准 ≈ 准 ≈ 准 日教体
05192 = 05192 = 05192	05199 = 05199 = 05199	051C6 = 051C6 = 051C6

常用-C-丙	教-2　常用-A-甲	教-5　常用-B-乙
日楷体 凝 ≈ 凝 = 凝 日教体	切 = 切 ≈ 切	判 ≈ 判 ≈ 判 日教体
051DD = 051DD = 051DD	05207 = 05207 = 05207	05224 = 05224 = 05224

常用-A-甲	教-5　常用-丁	教-6　常用-A-甲
日楷体 到 = 到 ≈ 到 日教体	券 ≈ 券 ≈ 券	刻 ≈ 刻 ≈ 刻 日教体
05230 = 05230 = 05230	05238 = 05238 = 05238	0523B = 0523B = 0523B

常用-C-丙	教-6　常用-B-乙	常用-C-丙
日楷体 剖 ≈ 剖 ≈ 剖 日教体	割 ≈ 割 ≈ 割	劣 ≈ 劣 = 劣 日教体
05256 = 05256 = 05256	05272 = 05272 = 05272	052A3 = 052A3 = 052A3

教-5 日楷体 効 ≈ 効 ≈ 効 教育体 052B9 = 052B9 = 052B9	日楷体 劾 ≈ 劾 ≈ 劾 教育体 052BE = 052BE = 052BE	教-4 常用-B-乙 日楷体 勇 ≈ 勇 = 勇 教育体 052C7 = 052C7 = 052C7
教-3 常用-C-丙 日楷体 勉 ≈ 勉 ≈ 勉 教育体 052C9 = 052C9 = 052C9	次常-丁 日楷体 勘 ≈ 勘 ≈ 勘 教育体 052D8 = 052D8 = 052D8	次常 日楷体 募 ≈ 募 ≈ 募 教育体 052DF = 052DF = 052DF
教-6 常用-C-丙 日楷体 勤 ≈ 勤 ≈ 勤 教育体 052E4 = 052E4 = 052E4	教-4 常用-A-甲 日楷体 包 ≈ 包 ≈ 包 教育体 05305 = 05305 = 05305	教-2 常用-A-甲 日楷体 北 ≈ 北 = 北 教育体 05317 = 05317 = 05317
教-3 常用-B-乙 日楷体 区 ≈ 区 = 区 教育体 0533A = 0533A = 0533A	次常 日楷体 匿 ≈ 匿 ≈ 匿 教育体 0533F = 0533F = 0533F	次常-丁 日楷体 卑 ≈ 卑 ≈ 卑 教育体 05351 = 05351 = 05351
教-4 次常 日楷体 卒 ≈ 卒 ≈ 卒 教育体 05352 = 05352 = 05352	次常-丁 日楷体 卓 ≈ 卓 ≈ 卓 教育体 05353 = 05353 = 05353	教-4 常用-C-丙 日楷体 博 ≈ 博 ≈ 博 教育体 0535A = 0535A = 0535A
教-4 常用-B-乙 日楷体 印 = 印 ≈ 印 教育体 05370 = 05370 = 05370	常用-C-丙 日楷体 卸 ≈ 卸 = 卸 教育体 05378 = 05378 = 05378	教-4 日楷体 参 = 参 ≈ 参 教育体 053C2 = 053C2 = 053C2
教-3 常用-A-甲 日楷体 反 ≈ 反 ≈ 反 教育体 053CD = 053CD = 053CD	常用-A-甲 日楷体 叫 ≈ 叫 ≈ 叫 教育体 053EB = 053EB = 053EB	教-2 常用-B-乙 日楷体 台 = 台 ≈ 台 教育体 053F0 = 053F0 = 053F0
次常-丁 日楷体 吟 ≈ 吟 ≈ 吟 教育体 0541F = 0541F = 0541F	常用-B-乙 日楷体 含 ≈ 含 ≈ 含 教育体 0542B = 0542B = 0542B	教-3 常用-B-乙 日楷体 味 ≈ 味 = 味 教育体 05473 = 05473 = 05473
常用-C-丙 日楷体 哀 ≈ 哀 ≈ 哀 教育体 054C0 = 054C0 = 054C0	次常-丁 日楷体 唆 ≈ 唆 ≈ 唆 教育体 05506 = 05506 = 05506	常用-丁 日楷体 唐 ≈ 唐 ≈ 唐 教育体 05510 = 05510 = 05510
常用-丁 日楷体 唯 ≈ 唯 ≈ 唯 教育体 0552F = 0552F = 0552F	教-3 常用-A-甲 日楷体 商 ≈ 商 ≈ 商 教育体 05546 = 05546 = 05546	常用-A-甲 日楷体 喝 ≈ 喝 ≈ 喝 教育体 0559D = 0559D = 0559D
教-4 常用-A-甲 日楷体 器 ≈ 器 ≈ 器 教育体 05668 = 05668 = 05668	教-3 日楷体 坂 ≈ 坂 ≈ 坂 教育体 05742 = 05742 = 05742	教-5 常用-B-乙 日楷体 均 ≈ 均 = 均 教育体 05747 = 05747 = 05747
常用-丁 日楷体 坊 ≈ 坊 ≈ 坊 教育体 0574A = 0574A = 0574A	常用-C-丙 日楷体 坑 ≈ 坑 ≈ 坑 教育体 05751 = 05751 = 05751	常用-C-丙 日楷体 培 ≈ 培 ≈ 培 教育体 057F9 = 057F9 = 057F9
常用-丁 日楷体 堪 ≈ 堪 ≈ 堪 教育体 0582A = 0582A = 0582A	常用-B-乙 日楷体 塔 ≈ 塔 = 塔 教育体 05854 = 05854 = 05854	常用-C-丙 日楷体 塾 ≈ 塾 ≈ 塾 教育体 0587E = 0587E = 0587E
教-5 常用-B-乙 日楷体 境 ≈ 境 ≈ 境 教育体 05883 = 05883 = 05883	教-5 常用-C-丙 日楷体 墓 ≈ 墓 ≈ 墓 教育体 05893 = 05893 = 05893	常用-B-乙 日楷体 墨 ≈ 墨 ≈ 墨 教育体 058A8 = 058A8 = 058A8
常用-B-乙 日楷体 壁 ≈ 壁 ≈ 壁 教育体 058C1 = 058C1 = 058C1	教-2 常用-A-甲 日楷体 夜 ≈ 夜 ≈ 夜 教育体 0591C = 0591C = 0591C	教-1 常用-A-甲 日楷体 天 = 天 ≈ 天 教育体 05929 = 05929 = 05929
常用-丁 日楷体 奉 = 奉 ≈ 奉 教育体 05949 = 05949 = 05949	教-6 常用-丁 日楷体 奏 = 奏 ≈ 奏 教育体 0594F = 0594F = 0594F	次常 日楷体 契 ≈ 契 ≈ 契 教育体 05951 = 05951 = 05951

常用-丁　妄 ≈ 妄 ≈ 妄　05984 = 05984 = 05984	常用-B-乙　妙 ≈ 妙 ≈ 妙　05999 = 05999 = 05999	常用-C-丙　妨 ≈ 妨 ≈ 妨　059A8 = 059A8 = 059A8
教-2 常用-A-甲　妹 ≈ 妹 = 妹　059B9 = 059B9 = 059B9	姬 ≈ 姬 = 姬　059EB = 059EB = 059EB	常用-A-甲　娘 ≈ 娘 ≈ 娘　05A18 = 05A18 = 05A18
次常-C-丁　媒 ≈ 媒 = 媒　05A92 = 05A92 = 05A92	常用-C-丙　嫁 ≈ 嫁 = 嫁　05AC1 = 05AC1 = 05AC1	常用-C-丙　嫌 ≈ 嫌 = 嫌　05ACC = 05ACC = 05ACC
次常　嫡 ≈ 嫡 ≈ 嫡　05AE1 = 05AE1 = 05AE1	教-1 常用-A-甲　字 ≈ 字 ≈ 字　05B57 = 05B57 = 05B57	常用-C-丙　孤 ≈ 孤 ≈ 孤　05B64 = 05B64 = 05B64
教-6 常用-C-丙　宅 ≈ 宅 ≈ 宅　05B85 = 05B85 = 05B85	教-6 常用-C-丙　宇 ≈ 宇 ≈ 宇　05B87 = 05B87 = 05B87	教-3 常用-B-乙　守 ≈ 守 ≈ 守　05B88 = 05B88 = 05B88
教-3 常用-A-甲　安 ≈ 安 ≈ 安　05B89 = 05B89 = 05B89	教-4 常用-A-甲　完 ≈ 完 ≈ 完　05B8C = 05B8C = 05B8C	教-6 常用-C-丙　宗 ≈ 宗 ≈ 宗　05B97 = 05B97 = 05B97
教-4 常用-B-乙　官 ≈ 官 ≈ 官　05B98 = 05B98 = 05B98	教-6 常用-C-丙　宙 ≈ 宙 ≈ 宙　05B99 = 05B99 = 05B99	教-3 常用-A-甲　定 ≈ 定 ≈ 定　05B9A = 05B9A = 05B9A
常用-A-甲　宜 ≈ 宜 ≈ 宜　05B9C = 05B9C = 05B9C	教-6 常用-B-乙　宝 ≈ 宝 ≈ 宝　05B9D = 05B9D = 05B9D	教-3 常用-A-甲　客 ≈ 客 ≈ 客　05BA2 = 05BA2 = 05BA2
教-6 常用-B-乙　宣 ≈ 宣 ≈ 宣　05BA3 = 05BA3 = 05BA3	教-2 常用-A-甲　室 ≈ 室 ≈ 室　05BA4 = 05BA4 = 05BA4	常用-丁　宰 ≈ 宰 ≈ 宰　05BB0 = 05BB0 = 05BB0
教-4 常用-B-乙　害 ≈ 害 ≈ 害　05BB3 = 05BB3 = 05BB3	常用-A-甲　宴 ≈ 宴 ≈ 宴　05BB4 = 05BB4 = 05BB4	常用-C-丙　宵 ≈ 宵 ≈ 宵　05BB5 = 05BB5 = 05BB5
教-2 常用-A-甲　家 ≈ 家 ≈ 家　05BB6 = 05BB6 = 05BB6	教-5 常用-A-甲　容 ≈ 容 ≈ 容　05BB9 = 05BB9 = 05BB9	教-3 常用-A-甲　宿 ≈ 宿 ≈ 宿　05BBF = 05BBF = 05BBF
次常-C-丙　寂 ≈ 寂 ≈ 寂　05BC2 = 05BC2 = 05BC2	教-5 常用-A-甲　寄 ≈ 寄 ≈ 寄　05BC4 = 05BC4 = 05BC4	教-6 常用-B-乙　密 ≈ 密 ≈ 密　05BC6 = 05BC6 = 05BC6
教-5 常用-A-甲　富 ≈ 富 ≈ 富　05BCC = 05BCC = 05BCC	教-3 常用-A-甲　寒 ≈ 寒 ≈ 寒　05BD2 = 05BD2 = 05BD2	次常　寝 ≈ 寝 ≈ 寝　05BDD = 05BDD = 05BDD
教-4 常用-B-乙　察 ≈ 察 ≈ 察　05BDF = 05BDF = 05BDF	次常-C-丙　寡 ≈ 寡 ≈ 寡　05BE1 = 05BE1 = 05BE1	寮 ≈ 寮 ≈ 寮　05BEE = 05BEE = 05BEE
常用-C-丙　寿 ≈ 寿 ≈ 寿　05BFF = 05BFF = 05BFF	教-6 常用-B-乙　射 ≈ 射 ≈ 射　05C04 = 05C04 = 05C04	教-6 常用-A-甲　将 ≈ 将 ≈ 将　05C06 = 05C06 = 05C06
教-2 常用-A-甲　少 ≈ 少 ≈ 少　05C11 = 05C11 = 05C11	教-6 常用-A-甲　就 ≈ 就 ≈ 就　05C31 = 05C31 = 05C31	教-3 常用-A-甲　屋 = 屋 ≈ 屋　05C4B = 05C4B = 05C4B

各欄左側標示「日楷体」，右側標示「教体」。

日楷体	常用	日教体	日楷体	常用	日教体	日楷体	常用	日教体
	常用-丁			常用-B-乙			常用-B-乙	
屯	= 屯 ≈	屯	崇	≈ 崇 ≈	崇	巨	≈ 巨 ≈	巨
05C6F	= 05C6F =	05C6F	05D07	= 05D07 =	05D07	05DE8	= 05DE8 =	05DE8
教-4	常用-A-甲		教-2	常用-A-甲			常用-B-乙	
差	≈ 差 ≈	差	市	≈ 市 ≈	市	帝	≈ 帝 ≈	帝
05DEE	= 05DEE =	05DEE	05E02	= 05E02 =	05E02	05E1D	= 05E1D =	05E1D
教-4	常用-B-乙			常用-A-甲		教-6	常用-C-丙	
席	≈ 席 ≈	席	帽	≈ 帽 ≈	帽	幕	≈ 幕 ≈	幕
05E2D	= 05E2D =	05E2D	05E3D	= 05E3D =	05E3D	05E55	= 05E55 =	05E55
	常用-C-丙			常用-A-甲		教-5	常用-B-乙	
幻	= 幻 ≈	幻	床	≈ 床 ≈	床	序	≈ 序 ≈	序
05E7B	= 05E7B =	05E7B	05E8A	= 05E8A =	05E8A	05E8F	= 05E8F =	05E8F
教-4	常用-B-乙		教-2	常用-A-甲		教-4	常用-A-甲	
底	≈ 底 ≈	底	店	≈ 店 ≈	店	府	≈ 府 ≈	府
05E95	= 05E95 =	05E95	05E97	= 05E97 =	05E97	05E9C	= 05E9C =	05E9C
教-3	常用-A-甲		教-6	常用-A-甲		教-3	常用-A-甲	
度	≈ 度 ≈	度	座	≈ 座 ≈	座	庭	≈ 庭 ≈	庭
05EA6	= 05EA6 =	05EA6	05EA7	= 05EA7 =	05EA7	05EAD	= 05EAD =	05EAD
	次常		教-4	常用-A-甲			常用-丁	
庶	≈ 庶 ≈	庶	康	≈ 康 ≈	康	庸	≈ 庸 ≈	庸
05EB6	= 05EB6 =	05EB6	05EB7	= 05EB7 =	05EB7	05EB8	= 05EB8 =	05EB8
	常用-丁			常用-C-丙		教-6	常用-B-乙	
廉	≈ 廉 ≈	廉	廊	≈ 廊 ≈	廊	延	= 延 ≈	延
05EC9	= 05EC9 =	05EC9	05ECA	= 05ECA =	05ECA	05EF6	= 05EF6 =	05EF6
教-5				常用-丁			次常	
弁	≈ 弁 ≈	弁	弦	≈ 弦 ≈	弦	弧	≈ 弧 ≈	弧
05F01	= 05F01 =	05F01	05F26	= 05F26 =	05F26	05F27	= 05F27 =	05F27
教-2	常用-B-乙			常用-A-甲		次常-丁		
弱	≈ 弱 =	弱	彩	≈ 彩 ≈	彩	彰	≈ 彰 ≈	彰
05F31	= 05F31 =	05F31	05F69	= 05F69 =	05F69	05F70	= 05F70 =	05F70
	常用-A-甲		教-4	常用-C-丙		教-4	常用-A-甲	
影	≈ 影 ≈	影	径	≈ 径 ≈	径	得	= 得 ≈	得
05F71	= 05F71 =	05F71	05F84	= 05F84 =	05F84	05F97	= 05F97 =	05F97
	常用-C-丙			常用-C-丙			常用-B-乙	
御	≈ 御 ≈	御	循	= 循 ≈	循	微	≈ 微 ≈	微
05FA1	= 05FA1 =	05FA1	05FAA	= 05FAA =	05FAA	05FAE	= 05FAE =	05FAE
教-6	常用-A-甲			常用-A-甲		教-5	常用-A-甲	
忘	≈ 忘 ≈	忘	忙	≈ 忙 ≈	忙	快	≈ 快 =	快
05FD8	= 05FD8 =	05FD8	05FD9	= 05FD9 =	05FD9	05FEB	= 05FEB =	05FEB
教-4	常用-A-甲			常用-C-丙		教-5	常用-B-乙	
念	≈ 念 ≈	念	怖	≈ 怖 ≈	怖	性	≈ 性 =	性
05FF5	= 05FF5 =	05FF5	06016	= 06016 =	06016	06027	= 06027 =	06027
	常用-B-乙			常用-B-乙			常用-丁	
怪	≈ 怪 ≈	怪	恋	≈ 恋 ≈	恋	恒	≈ 恒 ≈	恒
0602A	= 0602A =	0602A	0604B	= 0604B =	0604B	06052	= 06052 =	06052
	常用-B-乙			常用-B-乙			常用-B-乙	
恨	≈ 恨 =	恨	悔	≈ 悔 ≈	悔	悟	≈ 悟 =	悟
06068	= 06068 =	06068	06094	= 06094 =	06094	0609F	= 0609F =	0609F

日楷体 ... 教体		
常用-C-丙 悦 ≈ 悦 = 悦 060A6 = 060A6 = 060A6	教-3　常用-B-乙 悲 ≈ 悲 ≈ 悲 060B2 = 060B2 = 060B2	常用-丁 悼 ≈ 悼 = 悼 060BC = 060BC = 060BC
教-5　常用-A-甲 情 ≈ 情 = 情 060C5 = 060C5 = 060C5	惜 ≈ 惜 = 惜 060DC = 060DC = 060DC	常用-C-丙 惨 ≈ 惨 ≈ 惨 060E8 = 060E8 = 060E8
常用-丁 惰 ≈ 惰 = 惰 060F0 = 060F0 = 060F0	愉 ≈ 愉 = 愉 06109 = 06109 = 06109	教-3　常用-A-甲 意 ≈ 意 ≈ 意 0610F = 0610F = 0610F
慌 ≈ 慌 ≈ 慌 0614C = 0614C = 0614C	慎 ≈ 慎 = 慎 0614E = 0614E = 0614E	常用-B-乙 慕 ≈ 慕 = 慕 06155 = 06155 = 06155
常用-A-甲 慢 ≈ 慢 = 慢 06162 = 06162 = 06162	常用-丁 慨 ≈ 慨 = 慨 06168 = 06168 = 06168	次常 憎 ≈ 憎 = 憎 0618E = 0618E = 0618E
次常-C-丙 憾 ≈ 憾 = 憾 061BE = 061BE = 061BE	戻 ≈ 戻 ≈ 戻 0623B = 0623B = 0623B	常用-A-甲 房 ≈ 房 ≈ 房 0623F = 0623F = 0623F
教-3　常用-A-甲 所 ≈ 所 ≈ 所 06240 = 06240 = 06240	常用-B-乙 扇 ≈ 扇 ≈ 扇 06247 = 06247 = 06247	扉 ≈ 扉 ≈ 扉 06249 = 06249 = 06249
教-2　常用-A-甲 才 ≈ 才 = 才 0624D = 0624D = 0624D	教-6　常用-A-甲 批 ≈ 批 = 批 06279 = 06279 = 06279	常用-B-乙 抄 ≈ 抄 ≈ 抄 06284 = 06284 = 06284
常用-B-乙 抗 ≈ 抗 ≈ 抗 06297 = 06297 = 06297	常用-A-甲 抱 ≈ 抱 ≈ 抱 062B1 = 062B1 = 062B1	常用-C-丙 抵 ≈ 抵 ≈ 抵 062B5 = 062B5 = 062B5
常用-B-乙 拐 ≈ 拐 ≈ 拐 062D0 = 062D0 = 062D0	常用-B-乙 拒 ≈ 拒 ≈ 拒 062D2 = 062D2 = 062D2	次常 拷 = 拷 ≈ 拷 062F7 = 062F7 = 062F7
教-3　常用-A-甲 指 ≈ 指 = 指 06307 = 06307 = 06307	常用-A-甲 排 ≈ 排 ≈ 排 06392 = 06392 = 06392	教-6　常用-B-乙 探 ≈ 探 ≈ 探 063A2 = 063A2 = 063A2
教-5　常用-A-甲 接 ≈ 接 ≈ 接 063A5 = 063A5 = 063A5	常用-B-乙 控 ≈ 控 ≈ 控 063A7 = 063A7 = 063A7	教-6　常用-A-甲 推 ≈ 推 = 推 063A8 = 063A8 = 063A8
常用-B-乙 描 ≈ 描 = 描 063CF = 063CF = 063CF	常用-A-甲 握 ≈ 握 ≈ 握 063E1 = 063E1 = 063E1	常用-B-乙 援 ≈ 援 = 援 063F4 = 063F4 = 063F4
常用-B-乙 搬 = 搬 ≈ 搬 0642C = 0642C = 0642C	常用-A-甲 搭 ≈ 搭 = 搭 0642D = 0642D = 0642D	常用-丁 携 ≈ 携 ≈ 携 0643A = 0643A = 0643A
常用-B-乙 摘 ≈ 摘 ≈ 摘 06458 = 06458 = 06458	常用-C-丙 摩 ≈ 摩 ≈ 摩 06469 = 06469 = 06469	常用-C-丙 撤 ≈ 撤 ≈ 撤 064A4 = 064A4 = 064A4
教-6　常用-A-甲 操 ≈ 操 = 操 064CD = 064CD = 064CD	常用-A-甲 擦 ≈ 擦 ≈ 擦 064E6 = 064E6 = 064E6	教-4　常用-A-甲 改 = 改 ≈ 改 06539 = 06539 = 06539

日楷体			日教体	日楷体			日教体	日楷体			日教体
教-3	常用-A-甲				常用-C-丙				常用-A-甲		
放	≈ 放	≈ 放		敏	= 敏	= 敏		敢	≈ 敢	≈ 敢	
0653E	= 0653E	= 0653E		0654F	= 0654F	= 0654F		06562	= 06562	= 06562	
教-6	常用-B-乙				次常-丁			教-1	常用-A-甲		
敬	≈ 敬	= 敬		敷	≈ 敷	≈ 敷		文	≈ 文	≈ 文	
0656C	= 0656C	= 0656C		06577	= 06577	= 06577		06587	= 06587	= 06587	
教-2	常用-A-甲			教-2	常用-A-甲				常用-B-乙		
新	≈ 新	≈ 新		方	≈ 方	≈ 方		施	= 施	≈ 施	
065B0	= 065B0	= 065B0		065B9	= 065B9	= 065B9		065BD	= 065BD	= 065BD	
教-3	常用-A-甲				常用-C-丙			教-3	常用-A-甲		
旅	≈ 旅	≈ 旅		旋	≈ 旋	≈ 旋		族	≈ 族	≈ 族	
065C5	= 065C5	= 065C5		065CB	= 065CB	= 065CB		065CF	= 065CF	= 065CF	
教-4	常用-B-乙				常用-B-乙				常用-丁		
旗	≈ 旗	≈ 旗		既	= 既	≈ 既		旨	≈ 旨	≈ 旨	
065D7	= 065D7	= 065D7		065E2	= 065E2	= 065E2		065E8	= 065E8	= 065E8	
	常用-C-丙			教-2	常用-A-甲			教-6			
昆	= 昆	- 昆		春	= 春	≈ 春		晚	≈ 晚	≈ 晚	
06606	= 06606	= 06606		06625	= 06625	= 06625		06669	= 06669	= 06669	
教-4	常用-B-乙			教-3	常用-B-乙			教-6	常用-丁		
景	≈ 景	≈ 景		暗	≈ 暗	暗		暮	≈ 暮	≈ 暮	
0666F	= 0666F	= 0666F		06697	= 06697	06697		066AE	= 066AE	= 066AE	
教-2				教-6	常用-B-乙			教-4	常用-A-甲		
曜	≈ 曜	≈ 曜		朗	≈ 朗	≈ 朗		望	≈ 望	≈ 望	
066DC	= 066DC	= 066DC		06717	= 06717	= 06717		0671B	= 0671B	= 0671B	
教-4	常用-B-乙				常用-C+-丙+			教-4	常用-B-乙		
未	≈ 未	= 未		朱	≈ 朱	= 朱		材	= 材	≈ 材	
0672A	= 0672A	= 0672A		06731	= 06731	= 06731		06750	= 06750	= 06750	
教-4				教-5	常用-A-甲			教-2	常用-A-甲		
束	≈ 束	= 束		条	= 条	≈ 条		来	≈ 来	= 来	
0675F	= 0675F	= 0675F		06761	= 06761	= 06761		06765	= 06765	= 06765	
教-3	常用-A-甲			教-4	常用-A-甲				常用-B-乙		
板	≈ 板	≈ 板		果	≈ 果	≈ 果		架	≈ 架	= 架	
0677F	= 0677F	= 0677F		0679C	= 0679C	= 0679C		067B6	= 067B6	= 067B6	
	常用-B-乙			教-6	常用-B-乙				常用-C-丙		
某	≈ 某	= 某		染	≈ 染	= 染		柔	≈ 柔	= 柔	
067D0	= 067D0	= 067D0		067D3	= 067D3	= 067D3		067D4	= 067D4	= 067D4	
教-1	常用-A-甲			教-6	常用-B-乙				常用-C-丙		
校	≈ 校	≈ 校		株	≈ 株	= 株		核	≈ 核	≈ 核	
06821	= 06821	= 06821		0682A	= 0682A	= 0682A		06838	= 06838	= 06838	
教-4					常用-丁			教-4	常用-C-丙		
案	≈ 案	≈ 案		桑	≈ 桑	= 桑		梅	≈ 梅	≈ 梅	
06848	= 06848	= 06848		06851	= 06851	= 06851		06885	= 06885	= 06885	
教-6	常用-C-丙				次常-丁			教-3	常用-B-乙		
棒	= 棒	≈ 棒		棺	≈ 棺	≈ 棺		植	≈ 植	≈ 植	
068D2	= 068D2	= 068D2		068FA	= 068FA	= 068FA		0690D	= 0690D	= 0690D	
	常用-A-甲			教-6	常用-B-乙				常用-C+-丙+		
概	= 概	≈ 概		模	≈ 模	= 模		欧	≈ 欧	= 欧	
06982	= 06982	= 06982		06A21	= 06A21	= 06A21		06B27	= 06B27	= 06B27	

日楷体		日教体	日楷体		日教体	日楷体		日教体
教-2				常用-B-乙		教-4	常用-B-丙	
步 ≈ 步 ≈ 步			殊 ≈ 殊 = 殊			残 ≈ 残 ≈ 残		
06B69 = 06B69 = 06B69			06B8A = 06B8A = 06B8A			06B8B = 06B8B = 06B8B		
	常用-C-丙			次常-丁		教-4	常用-C-丙	
殖 ≈ 殖 ≈ 殖			殴 ≈ 殴 = 殴			毒 ≈ 毒 ≈ 毒		
06B96 = 06B96 = 06B96			06BB4 = 06BB4 = 06BB4			06BD2 = 06BD2 = 06BD2		
教-5	常用-A-甲		教-6	常用-B-乙			常用-C-丙	
比 ≈ 比 = 比			沿 ≈ 沿 = 沿			泡 ≈ 泡 ≈ 泡		
06BD4 = 06BD4 = 06BD4			06CBF = 06CBF = 06CBF			06CE1 = 06CE1 = 06CE1		
教-4	次常-丁			常用-丁		教-6	常用-A-甲	
泣 ≈ 泣 ≈ 泣			泰 ≈ 泰 ≈ 泰			派 ≈ 派 ≈ 派		
06CE3 = 06CE3 = 06CE3			06CF0 = 06CF0 = 06CF0			06D3E = 06D3E = 06D3E		
教-3	常用-A-甲		教-4	常用-A-甲			常用-B-乙	
流 ≈ 流 ≈ 流			浅 ≈ 浅 ≈ 浅			浪 ≈ 浪 ≈ 浪		
06D41 = 06D41 = 06D41			06D45 = 06D45 = 06D45			06D6A = 06D6A = 06D6A		
	常用-B-乙		教-2	常用-A-甲		教-5	常用-B-乙	
浮 ≈ 浮 = 浮			海 ≈ 海 ≈ 海			液 ≈ 液 ≈ 液		
06D6E = 06D6E = 06D6E			06D77 = 06D77 = 06D77			06DB2 = 06DB2 = 06DB2		
教-3	常用-A-甲		教-5	常用-B-乙			常用-B-乙	
深 ≈ 深 ≈ 深			混 ≈ 混 ≈ 混			添 ≈ 添 ≈ 添		
06DF1 = 06DF1 = 06DF1			06DF7 = 06DF7 = 06DF7			06DFB = 06DFB = 06DFB		
涉 ≈ 涉 ≈ 涉				常用-B-乙		教-3	常用-B-乙	
06E09 = 06E09 = 06E09			渡 ≈ 渡 ≈ 渡			港 ≈ 港 ≈ 港		
			06E21 = 06E21 = 06E21			06E2F = 06E2F = 06E2F		
	常用-丁			次常-C-丙			常用-B-乙	
湾 ≈ 湾 ≈ 湾			溶 ≈ 溶 ≈ 溶			滑 ≈ 滑 ≈ 滑		
06E7E = 06E7E = 06E7E			06EB6 = 06EB6 = 06EB6			06ED1 = 06ED1 = 06ED1		
	次常-丁			常用-B-乙		教-5	常用-A-甲	
滞 ≈ 滞 ≈ 滞			滴 ≈ 滴 ≈ 滴			演 ≈ 演 ≈ 演		
06EDE = 06EDE = 06EDE			06EF4 = 06EF4 = 06EF4			06F14 = 06F14 = 06F14		
	常用-B-乙		濯 ≈ 濯 ≈ 濯			教-4	常用-A-甲	
漠 ≈ 漠 ≈ 漠			06FEF = 06FEF = 06FEF			灯 ≈ 灯 = 灯		
06F20 = 06F20 = 06F20						0706F = 0706F = 0706F		
教-6	常用-B-乙		炉 ≈ 炉 ≈ 炉				常用-丁	
灰 ≈ 灰 ≈ 灰			07089 = 07089 = 07089			炊 ≈ 炊 = 炊		
07070 = 07070 = 07070						0708A = 0708A = 0708A		
教-3	常用-丁		焦 ≈ 焦 ≈ 焦				常用-A-甲	
炭 ≈ 炭 ≈ 炭			07126 = 07126 = 07126			然 ≈ 然 ≈ 然		
070AD = 070AD = 070AD				常用-C-丙		07136 = 07136 = 07136		
教-6	常用-A-甲		教-5	常用-B-乙			常用-B-乙	
熟 ≈ 熟 ≈ 熟			燃 ≈ 燃 ≈ 燃			燥 ≈ 燥 ≈ 燥		
0719F = 0719F = 0719F			071C3 = 071C3 = 071C3			071E5 = 071E5 = 071E5		
	常用-C-丙		教-6	常用-A-甲		教-5	常用-B-乙	
爆 ≈ 爆 = 爆			片 ≈ 片 = 片			版 ≈ 版 ≈ 版		
07206 = 07206 = 07206			07247 = 07247 = 07247			07248 = 07248 = 07248		
狩 ≈ 狩 ≈ 狩				常用-B-乙			次常	
072E9 = 072E9 = 072E9			猫 ≈ 猫 = 猫			玄 ≈ 玄 ≈ 玄		
			0732B = 0732B = 0732B			07384 = 07384 = 07384		

	日楷体 ... 教体	
教-5 率 ≈ 率 ≈ 率 07387 = 07387 = 07387	常用-B-乙 珠 ≈ 珠 = 珠 073E0 = 073E0 = 073E0	常用-C-丙 琴 ≈ 琴 ≈ 琴 07434 = 07434 = 07434
常用-A-甲 瓶 = 瓶 ≈ 瓶 074F6 = 074F6 = 074F6	常用-C-丙 甚 ≈ 甚 ≈ 甚 0751A = 0751A = 0751A	教-2　常用-A-甲 画 ≈ 画 ≈ 画 0753B = 0753B = 0753B
教-3 畑 ≈ 畑 = 畑 07551 = 07551 = 07551	常用-丁 畜 ≈ 畜 ≈ 畜 0755C = 0755C = 0755C	教-6　常用-B-乙 疑 ≈ 疑 ≈ 疑 07591 = 07591 = 07591
常用-丁 疫 ≈ 疫 ≈ 疫 075AB = 075AB = 075AB	常用-B-乙 疲 ≈ 疲 ≈ 疲 075B2 = 075B2 = 075B2	常用-B-乙 疾 ≈ 疾 ≈ 疾 075BE = 075BE = 075BE
教-3　常用-A-甲 病 ≈ 病 ≈ 病 075C5 = 075C5 = 075C5	常用-C-丙 症 ≈ 症 ≈ 症 075C7 = 075C7 = 075C7	次常 痘 ≈ 痘 ≈ 痘 075D8 = 075D8 = 075D8
教-6　常用-A-甲 痛 ≈ 痛 ≈ 痛 075DB = 075DB = 075DB	次常 痢 ≈ 痢 ≈ 痢 075E2 = 075E2 = 075E2	次常-丁 痴 ≈ 痴 ≈ 痴 075F4 = 075F4 = 075F4
癖 ≈ 癖 ≈ 癖 07656 = 07656 = 07656	常用-丁 皆 ≈ 皆 ≈ 皆 07686 = 07686 = 07686	常用-C-丙 盲 ≈ 盲 ≈ 盲 076F2 = 076F2 = 076F2
教-2　常用-A-甲 直 ≈ 直 ≈ 直 076F4 = 076F4 = 076F4	常用-B-乙 盾 = 盾 ≈ 盾 076FE = 076FE = 076FE	教-4　常用-A-甲 省 ≈ 省 ≈ 省 07701 = 07701 = 07701
教-3 真 ≈ 真 ≈ 真 0771F = 0771F = 0771F	教-3　常用-A-甲 着 ≈ 着 ≈ 着 07740 = 07740 = 07740	常用-C-丙 督 ≈ 督 ≈ 督 07763 = 07763 = 07763
瞬 = 瞬 ≈ 瞬 077AC = 077AC = 077AC	教-6　次常-丁 砂 ≈ 砂 ≈ 砂 07802 = 07802 = 07802	次常-丁 硫 ≈ 硫 ≈ 硫 0786B = 0786B = 0786B
常用-B-乙 碑 ≈ 碑 ≈ 碑 07891 = 07891 = 07891	常用-B-乙 磨 ≈ 磨 ≈ 磨 078E8 = 078E8 = 078E8	次常 礁 ≈ 礁 ≈ 礁 07901 = 07901 = 07901
禅 ≈ 禅 ≈ 禅 07985 = 07985 = 07985	教-3　常用-B-乙 秒 ≈ 秒 ≈ 秒 079D2 = 079D2 = 079D2	常用-B-乙 称 ≈ 称 ≈ 称 079F0 = 079F0 = 079F0
次常-C-丙 稚 ≈ 稚 ≈ 稚 07A1A = 07A1A = 07A1A	常用-B-乙 稼 ≈ 稼 ≈ 稼 07A3C = 07A3C = 07A3C	常用-C-丙 稿 ≈ 稿 ≈ 稿 07A3F = 07A3F = 07A3F
教-6　常用-丁 穴 ≈ 穴 ≈ 穴 07A74 = 07A74 = 07A74	教-3　常用-A-甲 究 ≈ 究 ≈ 究 07A76 = 07A76 = 07A76	教-1　常用-A-甲 空 ≈ 空 ≈ 空 07A7A = 07A7A = 07A7A
常用-A-甲 突 ≈ 突 ≈ 突 07A81 = 07A81 = 07A81	常用-丁 窃 ≈ 窃 ≈ 窃 07A83 = 07A83 = 07A83	次常 窒 ≈ 窒 ≈ 窒 07A92 = 07A92 = 07A92
教-1　常用-A-甲 立 ≈ 立 ≈ 立 07ACB = 07ACB = 07ACB	教-3　常用-A-甲 章 ≈ 章 ≈ 章 07AE0 = 07AE0 = 07AE0	教-3　常用-B-乙 童 ≈ 童 ≈ 童 07AE5 = 07AE5 = 07AE5

	常用-B-乙			教-4	常用-A-甲		教-3	常用-丁
日楷体 端 ≈ 端 ≈ 端 日教体			笑 = 笑 ≈ 笑			笛 = 笛 ≈ 笛		
07AEF = 07AEF = 07AEF			07B11 = 07B11 = 07B11			07B1B = 07B1B = 07B1B		

常用-B-乙　　符 = 符 ≈ 符　07B26 = 07B26 = 07B26
教-3　常用-A-甲　第 = 第 ≈ 第　07B2C = 07B2C = 07B2C
教-3　常用-A-甲　等 = 等 ≈ 等　07B49 = 07B49 = 07B49

教-6　常用-C-丙　筋 = 筋 ≈ 筋　07B4B = 07B4B = 07B4B
常用-C-丙　筒 = 筒 ≈ 筒　07B52 = 07B52 = 07B52
教-2　常用-A-甲　答 = 答 ≈ 答　07B54 = 07B54 = 07B54

教-6　常用-B-乙　策 = 策 ≈ 策　07B56 = 07B56 = 07B56
教-2　算 = 算 ≈ 算　07B97 = 07B97 = 07B97
教-4　常用-B-乙　管 ≈ 管 ≈ 管　07BA1 = 07BA1 = 07BA1

教-3　常用-B-乙　箱 ≈ 箱 ≈ 箱　07BB1 = 07BB1 = 07BB1
次常　簿 ≈ 簿 ≈ 簿　07C3F = 07C3F = 07C3F
常用-C-丙　籍 = 籍 ≈ 籍　07C4D = 07C4D = 07C4D

常用-B-乙　粒 ≈ 粒 ≈ 粒　07C92 = 07C92 = 07C92
教-6　常用-A-甲　糖 ≈ 糖 ≈ 糖　07CD6 = 07CD6 = 07CD6
教-6　常用-A-甲　系 ≈ 系 ≈ 系　07CFB = 07CFB = 07CFB

教-5　常用-B-乙　素 = 素 ≈ 素　07D20 = 07D20 = 07D20
常用-C-丙　索 ≈ 索 ≈ 索　07D22 = 07D22 = 07D22
常用-B-乙　紫 ≈ 紫 ≈ 紫　07D2B = 07D2B = 07D2B

常用-A-甲　累 = 累 ≈ 累　07D2F = 07D2F = 07D2F
常用-B-乙　繁 ≈ 繁 ≈ 繁　07E41 = 07E41 = 07E41
教-5　常用-C-丙　罪 ≈ 罪 ≈ 罪　07F6A = 07F6A = 07F6A

教-4　常用-B-乙　置 ≈ 置 ≈ 置　07F6E = 07F6E = 07F6E
教-2　常用-B-乙　羽 ≈ 羽 = 羽　07FBD = 07FBD = 07FBD
常用-C-丙　翁 ≈ 翁 = 翁　07FC1 = 07FC1 = 07FC1

教-6　翌 ≈ 翌 ≈ 翌　07FCC = 07FCC = 07FCC
常用-A-甲　翻 ≈ 翻 = 翻　07FFB = 07FFB = 07FFB
常用-丁　翼 ≈ 翼 ≈ 翼　07FFC = 07FFC = 07FFC

教-4　常用-A-甲　老 ≈ 老 = 老　08001 = 08001 = 08001
教-2　常用-A-甲　考 = 考 ≈ 考　08003 = 08003 = 08003
常用-B-乙　肩 ≈ 肩 ≈ 肩　080A9 = 080A9 = 080A9

次常-丁　肪 ≈ 肪 ≈ 肪　080AA = 080AA = 080AA
教-3　常用-A-甲　育 ≈ 育 ≈ 育　080B2 = 080B2 = 080B2
教-6　常用-B-乙　肺 ≈ 肺 ≈ 肺　080BA = 080BA = 080BA

教-6　常用-B-乙　背 ≈ 背 = 背　080CC = 080CC = 080CC
常用-C-丙　胞 ≈ 胞 ≈ 胞　080DE = 080DE = 080DE
教-5　常用-A-甲　能 ≈ 能 = 能　080FD = 080FD = 080FD

常用-丁　脂 ≈ 脂 = 脂　08102 = 08102 = 08102
常用-B-乙　腐 ≈ 腐 ≈ 腐　08150 = 08150 = 08150
次常　腕 ≈ 腕 ≈ 腕　08155 = 08155 = 08155

常用-丁　膜 ≈ 膜 = 膜　0819C = 0819C = 0819C
教-4　常用-丁　臣 ≈ 臣 = 臣　081E3 = 081E3 = 081E3
常用-B-乙　臭 ≈ 臭 ≈ 臭　081ED = 081ED = 081ED

教-6　常用-B-乙　至 = 至 ≈ 至　081F3 = 081F3 = 081F3
常用-A-甲　舞 ≈ 舞 ≈ 舞　0821E = 0821E = 0821E
常用-丁　舟 ≈ 舟 ≈ 舟　0821F = 0821F = 0821F

日楷体	次常	日教体	日楷体	次常	日教体	日楷体	教-2　常用-A-甲	日教体
褐 ≈	褐 =	褐	褒 ≈	褒 ≈	褒	角 ≈	角 ≈	角
08910 =	08910 =	08910	08912 =	08912 =	08912	089D2 =	089D2 =	089D2
教-5　常用-A-甲			常用-B-乙			教-2　常用-A-甲		
解 ≈	解 ≈	解	触 ≈	触 ≈	触	言 ≈	言 ≈	言
089E3 =	089E3 =	089E3	089E6 =	089E6 =	089E6	08A00 =	08A00 =	08A00
常用-丁			教-6　常用-B-乙			教-4　常用-B-乙		
誓 ≈	誓 =	誓	警 ≈	警 =	警	象 ≈	象 ≈	象
08A93 =	08A93 =	08A93	08B66 =	08B66 =	08B66	08C61 =	08C61 =	08C61
常用-C-丙								
豪 ≈	豪 =	豪	距 ≈	距 ≈	距	践 ≈	践 ≈	践
08C6A =	08C6A =	08C6A	08DDD =	08DDD =	08DDD	08DF5 =	08DF5 =	08DF5
常用-A-甲			教-4　常用-C-丙			常用-B-乙		
辛 ≈	辛 ≈	辛	辞 ≈	辞 ≈	辞	迅 ≈	迅 ≈	迅
08F9B =	08F9B =	08F9B	08F9E =	08F9E =	08F9E	08FC5 =	08FC5 =	08FC5
教-3　常用-C-丙			次常			常用-A-甲		
返 ≈	返 ≈	返	逸 ≈	逸 ≈	逸	遍 ≈	遍 ≈	遍
08FD4 =	08FD4 =	08FD4	09038 =	09038 =	09038	0904D =	0904D =	0904D
常用-C-丙			常用-B-乙			次常-丁		
遮 ≈	遮 ≈	遮	避 ≈	避 ≈	避	邦 ≈	邦 ≈	邦
0906E =	0906E =	0906E	0907F =	0907F =	0907F	090A6 =	090A6 =	090A6
常用-丁						常用-B-乙		
邪 ≈	邪 ≈	邪	邸 ≈	邸 ≈	邸	郊 ≈	郊 ≈	郊
090AA =	090AA =	090AA	090B8 =	090B8 =	090B8	090CA =	090CA =	090CA
常用-乙			教-3　常用-A-甲			次常-丁+		
郎 ≈	郎 ≈	郎	部 ≈	部 ≈	部	郭 ≈	郭 ≈	郭
090CE =	090CE =	090CE	090E8 =	090E8 =	090E8	090ED =	090ED =	090ED
教-5　常用-A-甲			教-5　常用-B-乙			教-6　常用-B-乙		
酸 ≈	酸 ≈	酸	防 ≈	防 ≈	防	降 ≈	降 ≈	降
09178 =	09178 =	09178	09632 =	09632 =	09632	0964D =	0964D =	0964D
教-6			教-3　常用-A-甲			常用-B-乙		
陛 ≈	陛 =	陛	院 ≈	院 ≈	院	陪 ≈	陪 ≈	陪
0965B =	0965B =	0965B	09662 =	09662 =	09662	0966A =	0966A =	0966A
常用-C-丙			常用-丁			常用-B-乙		
陵 ≈	陵 ≈	陵	隆 ≈	隆 ≈	隆	隔 ≈	隔 ≈	隔
09675 =	09675 =	09675	09686 =	09686 =	09686	09694 =	09694 =	09694
教-6　常用-C-丙			常用-B-乙			常用-丁		
障 ≈	障 ≈	障	雄 ≈	雄 ≈	雄	雅 ≈	雅 ≈	雅
0969C =	0969C =	0969C	096C4 =	096C4 =	096C4	096C5 =	096C5 =	096C5
教-3　常用-A-甲			次常-C-丙			次常-丁		
集 ≈	集 ≈	集	雇 ≈	雇 ≈	雇	雌 ≈	雌 ≈	雌
096C6 =	096C6 =	096C6	096C7 =	096C7 =	096C7	096CC =	096CC =	096CC
教-5　常用-A-甲			教-1　常用-A-甲			教-2　常用-A-甲		
非 ≈	非 ≈	非	音 ≈	音 ≈	音	食 ≈	食 ≈	食
0975E =	0975E =	0975E	097F3 =	097F3 =	097F3	098DF =	098DF =	098DF
教-6　常用-B-乙						教-2　常用-A-甲		
骨 ≈	骨 ≈	骨	髄 ≈	髄 ≈	髄	高 ≈	高 ≈	高
09AA8 =	09AA8 =	09AA8	09AC4 =	09AC4 =	09AC4	09AD8 =	09AD8 =	09AD8

常用-B-乙			常用-C-丙					
日楷体 鬼 ≈ 鬼 ≈ 鬼 日教体			日楷体 魂 ≈ 魂 ≈ 魂 日教体			日楷体 魅 ≈ 魅 ≈ 魅 日教体		
09B3C = 09B3C = 09B3C			09B42 = 09B42 = 09B42			09B45 = 09B45 = 09B45		
常用-丁			常用-A-甲			教-3 常用-B-乙		
日楷体 魔 ≈ 魔 ≈ 魔 日教体			日楷体 麻 ≈ 麻 ≈ 麻 日教体			日楷体 鼻 = 鼻 ≈ 鼻 日教体		
09B54 = 09B54 = 09B54			09EBB = 09EBB = 09EBB			09F3B = 09F3B = 09F3B		

[中-日]简化异码字表X_J V4.0

分类1	分类2	对应	日楷体	中	日教体	编码
教-3	常用-A-甲	异体代换	両 ►	两	◄ 両	04E21 ≠ 04E24 ≠ 04E21
教-6	常用-B-乙	异体代换	並 ►	并	◄ 並	04E26 ≠ 05E76 ≠ 04E26
教-3	常用-B-乙	日略字对应	乘 ►	乘	◄ 乘	04E57 ≠ 04E58 ≠ 04E57
	常用-A-甲	条件简化	乾 ►	干	◄ 乾	04E7E ≠ 05E72 ≠ 04E7E
	常用-C-丙	日略字对应	亜 ►	亚	◄ 亜	04E9C ≠ 04E9A ≠ 04E9C
教-5	常用-B-乙	日略字对应	仏 ►	佛	◄ 仏	04ECF ≠ 04F5B ≠ 04ECF
教-5	常用-A-甲	日略字对应	仮 ►	假	◄ 仮	04EEE ≠ 05047 ≠ 04EEE
教-4	常用-B-乙	日略字对应	伝 ►	传	◄ 伝	04F1D ≠ 04F20 ≠ 04F1D
	常用-B-乙	异体代换	併 ►	并	◄ 併	04F75 ≠ 05E76 ≠ 04F75
教-5	常用-B-乙	日略字对应	価 ►	价	◄ 価	04FA1 ≠ 04EF7 ≠ 04FA1
教-3	常用-A-甲	简化	係 ►	系	◄ 係	04FC2 ≠ 07CFB ≠ 04FC2
教-4	常用-C-丙	简化	倉 ►	仓	◄ 倉	05009 ≠ 04ED3 ≠ 05009
教-5	常用-A-甲	简化	個 ►	个	◄ 個	0500B ≠ 04E2A ≠ 0500B
	常用-B-乙	异体代换	倣 ►	仿	◄ 倣	05023 ≠ 04EFF ≠ 05023
教-6	常用-B-乙	汉字正形	値 ►	值	◄ 値	05024 ≠ 0503C ≠ 05024
	次常	简化	倫 ►	伦	◄ 倫	0502B ≠ 04F26 ≠ 0502B
	常用-丁	日略字对应	倹 ►	俭	◄ 倹	05039 ≠ 04FED ≠ 05039
	常用-A-甲	简化	偉 ►	伟	◄ 偉	05049 ≠ 04F1F ≠ 05049
教-4	常用-C-丙	简化	側 ►	侧	◄ 側	05074 ≠ 04FA7 ≠ 05074
	常用-丁	简化	偵 ►	侦	◄ 偵	05075 ≠ 04FA6 ≠ 05075
	常用-丁	简化	偽 ►	伪	◄ 偽	0507D ≠ 04F2A ≠ 0507D
	常用-丁	异体代换	傑 ►	杰	◄ 傑	05091 ≠ 06770 ≠ 05091
	常用-B-乙	简化	傘 ►	伞	◄ 傘	05098 ≠ 04F1E ≠ 05098
教-5	常用-A-甲	简化	備 ►	备	◄ 備	05099 ≠ 05907 ≠ 05099
	常用-C-丙	简化	債 ►	债	◄ 債	050B5 ≠ 0503A ≠ 050B5
教-6	常用-B-乙	简化	傷 ►	伤	◄ 傷	050B7 ≠ 04F24 ≠ 050B7
	常用-C-丙	简化	傾 ►	倾	◄ 傾	050BE ≠ 0503E ≠ 050BE
教-4	常用-A-甲	日国字对应	働 ►	动	◄ 働	050CD ≠ 052A8 ≠ 050CD
	常用-丁	简化	僕 ►	仆	◄ 僕	050D5 ≠ 04EC6 ≠ 050D5
	常用-B-乙	简化	儀 ►	仪	◄ 儀	05100 ≠ 04EEA ≠ 05100
教-4	常用-A-甲	简化	億 ►	亿	◄ 億	05104 ≠ 04EBF ≠ 05104
	常用-C-丙	简化	償 ►	偿	◄ 償	0511F ≠ 0507F ≠ 0511F
教-6	常用-B-乙	简化	優 ►	优	◄ 優	0512A ≠ 04F18 ≠ 0512A
教-4	常用-A-甲	日略字对应	児 ►	儿	◄ 児	05150 ≠ 0513F ≠ 05150
教-1	常用-A-甲	异体代换	円 ►	圆	◄ 円	05186 ≠ 05706 ≠ 05186
教-6	常用-B-乙	异体代换	冊 ►	册	◄ 冊	0518A ≠ 0518C ≠ 0518A
	常用-B-乙	简化	凍 ►	冻	◄ 凍	051CD ≠ 051BB ≠ 051CD
教-6	常用-A-甲	日略字对应	処 ►	处	◄ 処	051E6 ≠ 05904 ≠ 051E6
教-4	常用-A-甲	汉字正形	別 ►	别	◄ 別	05225 ≠ 0522B ≠ 05225
教-5	常用-B-乙	简化	則 ►	则	◄ 則	05247 ≠ 05219 ≠ 05247
	常用-A-甲	简化	剛 ►	刚	◄ 剛	0525B ≠ 0521A ≠ 0525B
	常用-丁	日略字对应	劍 ►	剑	◄ 劍	05263 ≠ 05251 ≠ 05263
	常用-丁	日略字对应	剤 ►	剂	◄ 剤	05264 ≠ 05242 ≠ 05264
	常用-A-甲	日略字对应	剰 ►	剩	◄ 剰	05270 ≠ 05269 ≠ 05270
教-6	常用-B-乙	简化	創 ►	创	◄ 創	05275 ≠ 0521B ≠ 05275
教-6	常用-B-乙	简化	劇 ►	剧	◄ 劇	05287 ≠ 05267 ≠ 05287
教-4	常用-A-甲	日略字对应	労 ►	劳	◄ 労	052B4 ≠ 052B3 ≠ 052B4
		异体代换	勅 ►	敕	◄ 勅	052C5 ≠ 06555 ≠ 052C5

日楷体					日教体
教-3	动	常用-A-甲	動	简化	
動 ▶ 动 ◀ 動					
052D5 ≠ 052A8 ≠ 052D5					
教-5	务	常用-A-甲	務	简化	
務 ▶ 务 ◀ 務					
052D9 ≠ 052A1 ≠ 052D9					
教-3	胜	常用-A-甲	勝	简化	
勝 ▶ 胜 ◀ 勝					
052DD ≠ 080DC ≠ 052DD					

教-5 常用-B-乙 简化	常用-B-乙 日略字对应	次常 日略字对应
勢 ▶ 势 ◀ 勢	勸 ▶ 劝 ◀ 勧	勳 ▶ 勋 ◀ 勲
052E2 ≠ 052BF ≠ 052E2	052E7 ≠ 0529D ≠ 052E7	052F2 ≠ 052CB ≠ 052F2

教-4 常用-C-丙 简化	教-4 常用-A-甲 日略字对应	教-6 常用-B-乙 日略字对应
協 ▶ 协 ◀ 協	單 ▶ 单 ◀ 単	嚴 ▶ 严 ◀ 厳
05354 ≠ 0534F ≠ 05354	05358 ≠ 05355 ≠ 05358	053B3 ≠ 04E25 ≠ 053B3

教-6 常用-A-甲 日略字对应	常用-C+-丙+ 汉字正形	教-3 常用-A-甲 简化
収 ▶ 收 ◀ 収	吳 ▶ 吴 ◀ 呉	員 ▶ 员 ◀ 員
053CE ≠ 06536 ≠ 053CE	05449 ≠ 05434 ≠ 05449	054E1 ≠ 05458 ≠ 054E1

教-3 常用-A-甲 简化	常用-B-乙 简化	常用-C-丙 汉字正形
問 ▶ 问 ◀ 問	啓 ▶ 启 ◀ 啓	喚 ▶ 唤 ◀ 喚
0554F ≠ 095EE ≠ 0554F	05553 ≠ 0542F ≠ 05553	0559A ≠ 05524 ≠ 0559A

常用-C-丙 简化	常用-A-甲 异体代换	教-5 常用-B-乙 日略字对应
喪 ▶ 丧 ◀ 喪	喫 ▶ 吃 ◀ 喫	營 ▶ 营 ◀ 営
055AA ≠ 04E27 ≠ 055AA	055AB ≠ 05403 ≠ 055AB	055B6 ≠ 08425 ≠ 055B6

常用-C-丙 简化	常用-B-乙 简化	常用-B-乙 简化
嘆 ▶ 叹 ◀ 嘆	噴 ▶ 喷 ◀ 噴	嚇 ▶ 吓 ◀ 嚇
05606 ≠ 053F9 ≠ 05606	05674 ≠ 055B7 ≠ 05674	05687 ≠ 05413 ≠ 05687

教-5 常用-A-甲 日略字对应	教-4 常用-A-甲 日略字对应	教-2 常用-A-甲 日略字对应
団 ▶ 团 ◀ 団	囲 ▶ 围 ◀ 囲	図 ▶ 图 ◀ 図
056E3 ≠ 056E2 ≠ 056E3	056F2 ≠ 056F4 ≠ 056F2	056F3 ≠ 056FE ≠ 056F3

常用-B-乙 汉字正形	教-2 常用-A-甲 简化	教-5 常用-B-乙 日略字对应
圏 ▶ 圈 ◀ 圏	園 ▶ 园 ◀ 園	圧 ▶ 压 ◀ 圧
0570F ≠ 05708 ≠ 0570F	05712 ≠ 056ED ≠ 05712	05727 ≠ 0538B ≠ 05727

常用-B-乙 简化	教-2 常用-A-甲 简化	教-5 常用-A-甲 简化
執 ▶ 执 ◀ 執	堅 ▶ 坚 ◀ 堅	報 ▶ 报 ◀ 報
057F7 ≠ 06267 ≠ 057F7	05805 ≠ 0575A ≠ 05805	05831 ≠ 062A5 ≠ 05831

教-2 常用-A-甲 简化	常用-丁 日略字对应	常用-A-甲 简化
場 ▶ 场 ◀ 場	塁 ▶ 垒 ◀ 塁	塊 ▶ 块 ◀ 塊
05834 ≠ 0573A ≠ 05834	05841 ≠ 05792 ≠ 05841	0584A ≠ 05757 ≠ 0584A

常用-B-乙 简化	异体代换	教-4 常用-B-乙 异体代换
塗 ▶ 涂 ◀ 塗	塚 ▶ 冢 ◀ 塚	塩 ▶ 盐 ◀ 塩
05857 ≠ 06D82 ≠ 05857	0585A ≠ 051A2 ≠ 0585A	05869 ≠ 076D0 ≠ 05869

教-5 常用-A-甲 日略字对应	次常 简化	常用-C-丙 简化
増 ▶ 增 ◀ 増	墜 ▶ 坠 ◀ 墜	墳 ▶ 坟 ◀ 墳
05897 ≠ 0589E ≠ 05897	0589C ≠ 05760 ≠ 0589C	058B3 ≠ 0575F ≠ 058B3

常用-丁 简化	常用-丁 简化	常用-A-甲 日略字对应
墾 ▶ 垦 ◀ 墾	壇 ▶ 坛 ◀ 壇	壊 ▶ 坏 ◀ 壞
058BE ≠ 057A6 ≠ 058BE	058C7 ≠ 0575B ≠ 058C7	058CA ≠ 0574F ≠ 058CA

常用-C-丙 日略字对应	次常-丁 日略字对应	教-2 常用-A-甲 日略字对应
壌 ▶ 壤 ◀ 壌	壱 ▶ 壹 ◀ 壱	売 ▶ 卖 ◀ 売
058CC ≠ 058E4 ≠ 058CC	058F1 ≠ 058F9 ≠ 058F1	058F2 ≠ 05356 ≠ 058F2

教-4 常用-A-甲 日略字对应	教-5 常用-B-乙 简化	常用-B-乙 日略字对应
変 ▶ 变 ◀ 変	夢 ▶ 梦 ◀ 夢	奨 ▶ 奖 ◀ 奨
05909 ≠ 053D8 ≠ 05909	05922 ≠ 068A6 ≠ 05922	05968 ≠ 05956 ≠ 05968

常用-B-乙　简化 日楷体 奪 ▶ 夺 ◀ 奪 日教体 0596A ≠ 0593A ≠ 0596A	教-6　常用-B-乙　简化 日楷体 奮 ▶ 奋 ◀ 奮 日教体 0596E ≠ 0594B ≠ 0596E	教-2　次常　异体代换 日楷体 姊 ▶ 姊 ◀ 姊 日教体 059C9 ≠ 059CA ≠ 059C9
常用-C-丙　汉字正形 日楷体 娛 ▶ 娱 ◀ 娛 日教体 05A2F ≠ 05A31 ≠ 05A2F	教-5　常用-B-乙　简化 日楷体 婦 ▶ 妇 ◀ 婦 日教体 05A66 ≠ 05987 ≠ 05A66	常用-A-甲　日略字对应 日楷体 孃 ▶ 娘 ◀ 孃 日教体 05B22 ≠ 05A18 ≠ 05B22
教-4　常用-C-丙　简化 日楷体 孫 ▶ 孙 ◀ 孫 日教体 05B6B ≠ 05B59 ≠ 05B6B	教-3　常用-A-甲　日略字对应 日楷体 實 ▶ 实 ◀ 實 日教体 05B9F ≠ 05B9E ≠ 05B9F	教-3　常用-C-丙　汉字正形 日楷体 宮 ▶ 宫 ◀ 宮 日教体 05BAE ≠ 05BAB ≠ 05BAE
常用-B-乙　简化 日楷体 寬 ▶ 宽 ◀ 寬 日教体 05BDB ≠ 05BBD ≠ 05BDB	常用-C-丙　简化 日楷体 寧 ▶ 宁 ◀ 寧 日教体 05BE7 ≠ 05B81 ≠ 05BE7	常用-C-丙　简化 日楷体 審 ▶ 审 ◀ 審 日教体 05BE9 ≠ 05BA1 ≠ 05BE9
教-3　常用-A-甲　日略字对应 日楷体 對 ▶ 对 ◀ 對 日教体 05BFE ≠ 05BF9 ≠ 05BFE	教-6　常用-B-乙　日略字对应 日楷体 專 ▶ 专 ◀ 專 日教体 05C02 ≠ 04E13 ≠ 05C02	常用-B-乙　简化 日楷体 尋 ▶ 寻 ◀ 尋 日教体 05C0B ≠ 05BFB ≠ 05C0B
教-5　常用-A-甲　简化 日楷体 導 ▶ 导 ◀ 導 日教体 05C0E ≠ 05BFC ≠ 05C0E	教-6　常用-A-甲　简化 日楷体 層 ▶ 层 ◀ 層 日教体 05C64 ≠ 05C42 ≠ 05C64	教-3　常用-B-乙　简化 日楷体 島 ▶ 岛 ◀ 島 日教体 05CF6 ≠ 05C9B ≠ 05CF6
教-4　次常　日略字对应 日楷体 巢 ▶ 巢 ◀ 巢 日教体 05DE3 ≠ 05DE2 ≠ 05DE3	教-6　常用-B-乙　汉字正形 日楷体 卷 ▶ 卷 ◀ 卷 日教体 05DFB ≠ 05377 ≠ 05DFB	常用-丁　简化 日楷体 帥 ▶ 帅 ◀ 帥 日教体 05E25 ≠ 05E05 ≠ 05E25
教-5　常用-A-甲　简化 日楷体 師 ▶ 师 ◀ 師 日教体 05E2B ≠ 05E08 ≠ 05E2B	教-4　常用-A-甲　日略字对应 日楷体 帶 ▶ 带 ◀ 帶 日教体 05E2F ≠ 05E26 ≠ 05E2F	教-2　常用-C-丙　日略字对应 日楷体 歸 ▶ 归 ◀ 歸 日教体 05E30 ≠ 05F52 ≠ 05E30
教-3　常用-C-丙　简化 日楷体 帳 ▶ 帐 ◀ 帳 日教体 05E33 ≠ 05E10 ≠ 05E33	常用-B-乙　简化 日楷体 幣 ▶ 币 ◀ 幣 日教体 05E63 ≠ 05E01 ≠ 05E63	教-5　常用-A-甲　简化 日楷体 幹 ▶ 干 ◀ 幹 日教体 05E79 ≠ 05E72 ≠ 05E79
常用-A-甲　简化 日楷体 幾 ▶ 几 ◀ 幾 日教体 05E7E ≠ 051E0 ≠ 05E7E	教-6　常用-B-乙　日略字对应 日楷体 庁 ▶ 厅 ◀ 庁 日教体 05E81 ≠ 05385 ≠ 05E81	教-2　常用-A-甲　日略字对应 日楷体 廣 ▶ 广 ◀ 廣 日教体 05E83 ≠ 05E7F ≠ 05E83
教-3　常用-C-丙　简化 日楷体 庫 ▶ 库 ◀ 庫 日教体 05EAB ≠ 05E93 ≠ 05EAB	常用-C-丙　日略字对应 日楷体 廢 ▶ 废 ◀ 廢 日教体 05EC3 ≠ 05E9F ≠ 05EC3	次常-丁　日略字对应 日楷体 弍 ▶ 贰 ◀ 弍 日教体 05F10 ≠ 08D30 ≠ 05F10
常用-B-乙　异体代换 日楷体 弔 ▶ 吊 ◀ 弔 日教体 05F14 ≠ 0540A ≠ 05F14	教-5　常用-A-甲　简化 日楷体 張 ▶ 张 ◀ 張 日教体 05F35 ≠ 05F20 ≠ 05F35	教-2　常用-B-乙　异体代换 日楷体 強 ▶ 强 ◀ 強 日教体 05F37 ≠ 05F3A ≠ 05F37
常用-B-乙　日略字对应 日楷体 彈 ▶ 弹 ◀ 彈 日教体 05F3E ≠ 05F39 ≠ 05F3E	常用-C-丙　异体代换 日楷体 彫 ▶ 雕 ◀ 彫 日教体 05F6B ≠ 096D5 ≠ 05F6B	教-2　常用-A-甲　简化 日楷体 後 ▶ 后 ◀ 後 日教体 05F8C ≠ 0540E ≠ 05F8C
教-6　常用-A-甲　日略字对应 日楷体 從 ▶ 从 ◀ 從 日教体 05F93 ≠ 04ECE ≠ 05F93	教-5　常用-A-甲　简化 日楷体 復 ▶ 复 ◀ 復 日教体 05FA9 ≠ 0590D ≠ 05FA9	教-5　常用-B-乙　日略字对应 日楷体 德 ▶ 德 ◀ 德 日教体 05FB3 ≠ 05FB7 ≠ 05FB3
常用-B-乙　日略字对应 日楷体 徵 ▶ 征 ◀ 徵 日教体 05FB4 ≠ 05F81 ≠ 05FB4	常用-B-乙　简化 日楷体 徹 ▶ 彻 ◀ 徹 日教体 05FB9 ≠ 05F7B ≠ 05FB9	教-5　常用-A-甲　日略字对应 日楷体 應 ▶ 应 ◀ 應 日教体 05FDC ≠ 05E94 ≠ 05FDC
常用-丁　异体代换 日楷体 恥 ▶ 耻 ◀ 恥 日教体 06065 ≠ 0803B ≠ 06065	常用-丁　日略字对应 日楷体 惠 ▶ 惠 ◀ 惠 日教体 06075 ≠ 060E0 ≠ 06075	常用-丁　日略字对应 日楷体 惱 ▶ 恼 ◀ 惱 日教体 060A9 ≠ 0607C ≠ 060A9

教-3　常用-C-丙　日略字对应 日楷体 悪 ► 恶 ◄ 悪 日教体 060AA ≠ 06076 ≠ 060AA	常用-A-甲　简化 日楷体 愛 ► 爱 ◄ 愛 日教体 0611B ≠ 07231 ≠ 0611B	常用-A-甲　简化 日楷体 態 ► 态 ◄ 態 日教体 0614B ≠ 06001 ≠ 0614B
教-5　常用-A-甲　简化 日楷体 慣 ► 惯 ◄ 慣 日教体 06163 ≠ 060EF ≠ 06163	常用-B-乙　简化 日楷体 慮 ► 虑 ◄ 慮 日教体 0616E ≠ 08651 ≠ 0616E	常用-B-乙　简化 日楷体 慶 ► 庆 ◄ 慶 日教体 06176 ≠ 05E86 ≠ 06176
常用-丁　简化 日楷体 憂 ► 忧 ◄ 憂 日教体 06182 ≠ 05FE7 ≠ 06182	常用-B-乙　简化 日楷体 憤 ► 愤 ◄ 憤 日教体 061A4 ≠ 06124 ≠ 061A4	常用-C-丙　简化 日楷体 憲 ► 宪 ◄ 憲 日教体 061B2 ≠ 05BAA ≠ 061B2
常用-B-乙　简化 日楷体 憶 ► 忆 ◄ 憶 日教体 061B6 ≠ 05FC6 ≠ 061B6	常用-B-乙　简化 日楷体 懇 ► 恳 ◄ 懇 日教体 061C7 ≠ 06073 ≠ 061C7	常用-C-丙　日略字对应 日楷体 懐 ► 怀 ◄ 懐 日教体 061D0 ≠ 06000 ≠ 061D0
常用-丁　简化 日楷体 懲 ► 惩 ◄ 懲 日教体 061F2 ≠ 060E9 ≠ 061F2	常用-C-丙　简化 日楷体 懸 ► 悬 ◄ 懸 日教体 061F8 ≠ 060AC ≠ 061F8	教-4　常用-B-乙　日略字对应 日楷体 戦 ► 战 ◄ 戦 日教体 06226 ≠ 06218 ≠ 06226
常用-B-乙　日略字对应 日楷体 戯 ► 戏 ◄ 戲 日教体 0622F ≠ 0620F ≠ 0622F	教-2　常用-A-甲　汉字正形 日楷体 戸 ► 户 ◄ 戶 日教体 06238 ≠ 06237 ≠ 06238	次常　日略字对应 日楷体 払 ► 拂 ◄ 払 日教体 06255 ≠ 062C2 ≠ 06255
常用-B-乙　日略字对应 日楷体 抜 ► 拔 ◄ 抜 日教体 0629C ≠ 062D4 ≠ 0629C	常用-B-乙　日略字对应 日楷体 択 ► 择 ◄ 択 日教体 0629E ≠ 062E9 ≠ 0629E	教-6　常用-B-乙　日略字对应 日楷体 拝 ► 拜 ◄ 拝 日教体 062DD ≠ 062DC ≠ 062DD
常用-B-乙　日略字对应 日楷体 拠 ► 据 ◄ 拠 日教体 062E0 ≠ 0636E ≠ 062E0	常用-B-乙　日略字对应 日楷体 拡 ► 扩 ◄ 拡 日教体 062E1 ≠ 06269 ≠ 062E1	教-4　常用-A-甲　日略字对应 日楷体 挙 ► 举 ◄ 挙 日教体 06319 ≠ 04E3E ≠ 06319
常用-B-乙　日略字对应 日楷体 挿 ► 插 ◄ 挿 日教体 0633F ≠ 063D2 ≠ 0633F	常用-C-丙　日略字对应 日楷体 捜 ► 搜 ◄ 捜 日教体 0635C ≠ 0641C ≠ 0635C	教-6　常用-A-甲　简化 日楷体 捨 ► 舍 ◄ 捨 日教体 06368 ≠ 0820D ≠ 06368
常用-B-乙　简化 日楷体 掃 ► 扫 ◄ 掃 日教体 06383 ≠ 0626B ≠ 06383	常用-A-甲　异体代换 日楷体 掛 ► 挂 ◄ 掛 日教体 0639B ≠ 06302 ≠ 0639B	教-5　常用-B-乙　异体代换 日楷体 採 ► 采 ◄ 採 日教体 063A1 ≠ 091C7 ≠ 063A1
常用-C-丙　日略字对应 日楷体 掲 ► 揭 ◄ 掲 日教体 063B2 ≠ 063ED ≠ 063B2	常用-A-甲　简化 日楷体 揚 ► 扬 ◄ 揚 日教体 063DA ≠ 0626C ≠ 063DA	常用-A-甲　汉字正形 日楷体 換 ► 换 ◄ 換 日教体 063DB ≠ 06362 ≠ 063DB
教-6　常用-B-乙　简化 日楷体 揮 ► 挥 ◄ 揮 日教体 063EE ≠ 06325 ≠ 063EE	常用-B-乙　日略字对应 日楷体 揺 ► 摇 ◄ 揺 日教体 063FA ≠ 06447 ≠ 063FA	教-5　常用-B-乙　简化 日楷体 損 ► 损 ◄ 損 日教体 0640D ≠ 0635F ≠ 0640D
常用-丁　异体代换 日楷体 搾 ► 榨 ◄ 搾 日教体 0643E ≠ 069A8 ≠ 0643E	常用-C-丙　日略字对应 日楷体 摂 ► 摄 ◄ 摂 日教体 06442 ≠ 06444 ≠ 06442	常用-B-乙　日略字对应 日楷体 撃 ► 击 ◄ 撃 日教体 06483 ≠ 051FB ≠ 06483
常用-B-乙　简化 日楷体 撲 ► 扑 ◄ 撲 日教体 064B2 ≠ 06251 ≠ 064B2	常用-B-乙　简化 日楷体 擁 ► 拥 ◄ 擁 日教体 064C1 ≠ 062E5 ≠ 064C1	次常-丁　简化 日楷体 擬 ► 拟 ◄ 擬 日教体 064EC ≠ 062DF ≠ 064EC
教-4　常用-B-乙　简化 日楷体 敗 ► 败 ◄ 敗 日教体 06557 ≠ 08D25 ≠ 06557	教-5　常用-B-乙　简化 日楷体 敵 ► 敌 ◄ 敵 日教体 06575 ≠ 0654C ≠ 06575	常用-A-甲　日略字对应 日楷体 斉 ► 齐 ◄ 斉 日教体 06589 ≠ 09F50 ≠ 06589
次常　日略字对应 日楷体 斎 ► 斋 ◄ 斎 日教体 0658E ≠ 0658B ≠ 0658E	常用-B-乙　异体代换 日楷体 昇 ► 升 ◄ 昇 日教体 06607 ≠ 05347 ≠ 06607	教-2　常用-A-甲　简化 日楷体 時 ► 时 ◄ 時 日教体 06642 ≠ 065F6 ≠ 06642

日楷体 ► 日教体		
常用-B-乙　日略字对应 晓 ► 晓 ◄ 晓 06681 ≠ 06653 ≠ 06681	常用-A-甲　日略字对应 暦 ► 历 ◄ 暦 066A6 ≠ 05386 ≠ 066A6	常用-B-乙　简化 暂 ► 暂 ◄ 暂 066AB ≠ 06682 ≠ 066AB
次常　简化 曇 ► 昙 ◄ 曇 066C7 ≠ 06619 ≠ 066C7	教-2　常用-A-甲　简化 書 ► 书 ◄ 書 066F8 ≠ 04E66 ≠ 066F8	教-2　常用-A-甲　简化 東 ► 东 ◄ 東 06771 ≠ 04E1C ≠ 06771
教-5　常用-A-甲　异体代换 查 ► 查 ◄ 查 067FB ≠ 067E5 ≠ 067FB	教-4　常用-B-乙　日略字对应 栄 ► 荣 ◄ 栄 06804 ≠ 08363 ≠ 06804	教-5　常用-丁　日略字对应 桜 ► 樱 ◄ 桜 0685C ≠ 06A31 ≠ 0685C
次常　日略字对应 桟 ► 栈 ◄ 桟 0685F ≠ 06808 ≠ 0685F	常用-B-乙　异体简化 棄 ► 弃 ◄ 棄 068C4 ≠ 05F03 ≠ 068C4	常用-丁　简化 棟 ► 栋 ◄ 棟 068DF ≠ 0680B ≠ 068DF
教-5　常用-A-甲　日略字对应 検 ► 检 ◄ 検 0691C ≠ 068C0 ≠ 0691C	教-3　常用-A-甲　简化 業 ► 业 ◄ 業 0696D ≠ 04E1A ≠ 0696D	教-4　常用-A-甲　简化 極 ► 极 ◄ 極 06975 ≠ 06781 ≠ 06975
教-2　常用-A-甲　日略字对应 楽 ► 乐 ◄ 楽 0697D ≠ 04E50 ≠ 0697D	常用-B-乙　日略字对应 構 ► 构 ◄ 構 069CB ≠ 06784 ≠ 069CB	常用-A-甲　日略字对应 様 ► 样 ◄ 様 069D8 ≠ 06837 ≠ 069D8
教-4　常用-B-乙　简化 標 ► 标 ◄ 標 06A19 ≠ 06807 ≠ 06A19	教-6　常用-C-丙　日略字对应 権 ► 权 ◄ 権 06A29 ≠ 06743 ≠ 06A29	教-6　常用-A-甲　简化 樹 ► 树 ◄ 樹 06A39 ≠ 06811 ≠ 06A39
教-3　常用-A-甲　简化 橋 ► 桥 ◄ 橋 06A4B ≠ 06865 ≠ 06A4B	教-4　常用-A-甲　简化 機 ► 机 ◄ 機 06A5F ≠ 0673A ≠ 06A5F	常用-丁　简化 欄 ► 栏 ◄ 欄 06B04 ≠ 0680F ≠ 06B04
常用-A-甲　日略字对应 歓 ► 欢 ◄ 歓 06B53 ≠ 06B22 ≠ 06B53	教-3　常用-C-丙　日略字对应 歯 ► 齿 ◄ 歯 06B6F ≠ 09F7F ≠ 06B6F	常用-A-甲　日略字对应 歳 ► 岁 ◄ 歳 06B73 ≠ 05C81 ≠ 06B73
教-4　常用-A-甲　日略字对应 歴 ► 历 ◄ 歴 06B74 ≠ 05386 ≠ 06B74	教-4　常用-B-乙　简化 殺 ► 杀 ◄ 殺 06BBA ≠ 06740 ≠ 06BBA	教-2　常用-A-甲　日略字对应 毎 ► 每 ◄ 毎 06BCE ≠ 06BCF ≠ 06BCE
教-1　常用-A-甲　日略字对应 気 ► 气 ◄ 気 06C17 ≠ 06C14 ≠ 06C17	教-3　常用-B-乙　异体代换 氷 ► 冰 ◄ 氷 06C37 ≠ 051B0 ≠ 06C37	常用-B-乙　异体代换 汚 ► 污 ◄ 汚 06C5A ≠ 06C61 ≠ 06C5A
教-3　常用-A-甲　异体代换 決 ► 决 ◄ 決 06C7A ≠ 051B3 ≠ 06C7A	常用-B-乙　简化 沖 ► 冲 ◄ 沖 06C96 ≠ 051B2 ≠ 06C96	常用-C-丙　日略字对应 沢 ► 泽 ◄ 沢 06CA2 ≠ 06CFD ≠ 06CA2
常用-A-甲　异体代换 況 ► 况 ◄ 況 06CC1 ≠ 051B5 ≠ 06CC1	常用-A-甲　异体代换 浄 ► 净 ◄ 浄 06D44 ≠ 051C0 ≠ 06D44	常用-B-乙　日略字对应 涙 ► 泪 ◄ 涙 06D99 ≠ 06CEA ≠ 06D99
常用-A-甲　异体代换 涼 ► 凉 ◄ 涼 06DBC ≠ 051C9 ≠ 06DBC	常用-丁　日略字对应 渇 ► 渴 ◄ 渇 06E07 ≠ 06E34 ≠ 06E07	教-6　常用-A-甲　日略字对应 済 ► 济 ◄ 済 06E08 ≠ 06D4E ≠ 06E08
次常　日略字对应 渋 ► 涩 ◄ 渋 06E0B ≠ 06DA9 ≠ 06E0B	常用-丁　日略字对应 渓 ► 溪 ◄ 渓 06E13 ≠ 06EAA ≠ 06E13	教-5　常用-B-乙　异体代换 減 ► 减 ◄ 減 06E1B ≠ 051CF ≠ 06E1B
次常　简化 渦 ► 涡 ◄ 渦 06E26 ≠ 06DA1 ≠ 06E26	教-5　常用-B-乙　简化 測 ► 测 ◄ 測 06E2C ≠ 06D4B ≠ 06E2C	教-3　常用-A-甲　简化 湯 ► 汤 ◄ 湯 06E6F ≠ 06C64 ≠ 06E6F

教-4　常用-A-甲　日略字对应 日楷体 満 ▶ 满 ◀ 満 教体 06E80 ≠ 06EE1 ≠ 06E80	教-5　常用-A-甲　简化 日楷体 準 ▶ 准 ◀ 準 教体 06E96 ≠ 051C6 ≠ 06E96	常用-C-丙　简化 日楷体 溝 ▶ 沟 ◀ 溝 教体 06E9D ≠ 06C9F ≠ 06E9D
常用-B-乙　简化 日楷体 滅 ▶ 灭 ◀ 滅 教体 06EC5 ≠ 0706D ≠ 06EC5	日略字对应 日楷体 滝 ▶ 泷 ◀ 滝 教体 06EDD ≠ 06CF7 ≠ 06EDD	教-4　常用-C-丙　简化 日楷体 漁 ▶ 渔 ◀ 漁 教体 06F01 ≠ 06E14 ≠ 06F01
教-3　常用-A-甲　简化 日楷体 漢 ▶ 汉 ◀ 漢 教体 06F22 ≠ 06C49 ≠ 06F22	简化 日楷体 潰 ▶ 渍 ◀ 潰 教体 06F2C ≠ 06E0D ≠ 06F2C	常用-B-乙　简化 日楷体 漸 ▶ 渐 ◀ 漸 教体 06F38 ≠ 06E10 ≠ 06F38
教-5　常用-C-丙　简化 日楷体 潔 ▶ 洁 ◀ 潔 教体 06F54 ≠ 06D01 ≠ 06F54	常用-C-丙　简化 日楷体 潤 ▶ 润 ◀ 潤 教体 06F64 ≠ 06DA6 ≠ 06F64	常用-丁　简化 日楷体 濁 ▶ 浊 ◀ 濁 教体 06FC1 ≠ 06D4A ≠ 06FC1
常用-B-乙　简化 日楷体 濃 ▶ 浓 ◀ 濃 教体 06FC3 ≠ 06D53 ≠ 06FC3	常用-C-丙　简化 日楷体 濫 ▶ 滥 ◀ 濫 教体 06FEB ≠ 06EE5 ≠ 06FEB	日略字对应 日楷体 瀬 ▶ 濑 ◀ 瀬 教体 0702C ≠ 06FD1 ≠ 0702C
教-5　常用-B-乙　异体代换 日楷体 災 ▶ 灾 ◀ 災 教体 0707D ≠ 0707E ≠ 0707D	常用-A-甲　简化 日楷体 為 ▶ 为 ◀ 為 教体 070BA ≠ 04E3A ≠ 070BA	教-4　常用-B-乙　简化 日楷体 無 ▶ 无 ◀ 無 教体 07121 ≠ 065E0 ≠ 07121
常用-A-甲　日略字对应 日楷体 燒 ▶ 烧 ◀ 燒 教体 0713C ≠ 070E7 ≠ 0713C	常用-B-乙　异体代换 日楷体 煙 ▶ 烟 ◀ 煙 教体 07159 ≠ 070DF ≠ 07159	常用-A-甲　简化 日楷体 煩 ▶ 烦 ◀ 煩 教体 07169 ≠ 070E6 ≠ 07169
教-4　常用-A-甲　简化 日楷体 熱 ▶ 热 ◀ 熱 教体 071B1 ≠ 070ED ≠ 071B1	常用-B-乙　日略字对应 日楷体 犠 ▶ 牺 ◀ 犠 教体 072A0 ≠ 0727A ≠ 072A0	常用-C-丙　日略字对应 日楷体 獵 ▶ 猎 ◀ 獵 教体 0731F ≠ 0730E ≠ 0731F
常用-C-丙　简化 日楷体 猶 ▶ 犹 ◀ 猶 教体 07336 ≠ 072B9 ≠ 07336	常用-C-丙　简化 日楷体 獄 ▶ 狱 ◀ 獄 教体 07344 ≠ 072F1 ≠ 07344	常用-C-丙　日略字对应 日楷体 獣 ▶ 兽 ◀ 獣 教体 07363 ≠ 0517D ≠ 07363
常用-B-乙　简化 日楷体 獲 ▶ 获 ◀ 獲 教体 07372 ≠ 083B7 ≠ 07372	教-5　常用-A-甲　简化 日楷体 現 ▶ 现 ◀ 現 教体 073FE ≠ 073B0 ≠ 073FE	常用-B-乙　简化 日楷体 環 ▶ 环 ◀ 環 教体 074B0 ≠ 073AF ≠ 074B0
简化 日楷体 璽 ▶ 玺 ◀ 璽 教体 074BD ≠ 073BA ≠ 074BD	教-4　常用-A-甲　简化 日楷体 產 ▶ 产 ◀ 產 教体 07523 ≠ 04EA7 ≠ 07523	常用-B-乙　简化 日楷体 畝 ▶ 亩 ◀ 畝 教体 0755D ≠ 04EA9 ≠ 0755D
教-6　常用-B-乙　异体代换 日楷体 異 ▶ 异 ◀ 異 教体 07570 ≠ 05F02 ≠ 07570	常用-B-乙　日略字对应 日楷体 疊 ▶ 叠 ◀ 疊 教体 07573 ≠ 053E0 ≠ 07573	常用-丁　异体代换 日楷体 疎 ▶ 疏 ◀ 疎 教体 0758E ≠ 0758F ≠ 0758E
常用-C-丙　简化 日楷体 療 ▶ 疗 ◀ 療 教体 07642 ≠ 07597 ≠ 07642	常用-C-丙　异体代换 日楷体 癒 ▶ 愈 ◀ 癒 教体 07652 ≠ 06108 ≠ 07652	教-3　常用-A-甲　日略字对应 日楷体 發 ▶ 发 ◀ 發 教体 0767A ≠ 053D1 ≠ 0767A
常用-C-丙　简化 日楷体 監 ▶ 监 ◀ 監 教体 076E3 ≠ 076D1 ≠ 076E3	常用-B-乙　简化 日楷体 盤 ▶ 盘 ◀ 盤 教体 076E4 ≠ 076D8 ≠ 076E4	教-3　常用-B-乙　日略字对应 日楷体 県 ▶ 县 ◀ 県 教体 0770C ≠ 053BF ≠ 0770C
次常　简化 日楷体 矯 ▶ 矫 ◀ 矯 教体 077EF ≠ 077EB ≠ 077EF	常用-B-乙　日略字对应 日楷体 砕 ▶ 碎 ◀ 砕 教体 07815 ≠ 0788E ≠ 07815	常用-B-乙　异体代换 日楷体 砲 ▶ 炮 ◀ 砲 教体 07832 ≠ 070AE ≠ 07832
教-5　常用-A-甲　简化 日楷体 確 ▶ 确 ◀ 確 教体 078BA ≠ 0786E ≠ 078BA	常用-A-甲　简化 日楷体 礎 ▶ 础 ◀ 礎 教体 0790E ≠ 07840 ≠ 0790E	常用-丁　简化 日楷体 禍 ▶ 祸 ◀ 禍 教体 0798D ≠ 07978 ≠ 0798D

教-4	常用-A-甲	简化		常用-B-乙	日略字对应		教-6	常用-C-丙	简化
種 ► 种 ◄ 種			稲 ► 稲 ◄ 稲			穀 ► 谷 ◄ 穀			
07A2E ≠ 079CD ≠ 07A2E			07A32 ≠ 07A3B ≠ 07A32			07A40 ≠ 08C37 ≠ 07A40			

常用-丁	日略字对应		教-4	常用-B-乙	简化		常用-B-乙	汉字正形
穂 ► 穂 ◄ 穂			積 ► 积 ◄ 積			穏 ► 稳 ◄ 穏		
07A42 ≠ 07A57 ≠ 07A42			07A4D ≠ 079EF ≠ 07A4D			07A4F ≠ 07A33 ≠ 07A4F		

常用-B-乙	简化		教-6	常用-A-甲	异体代换		常用-B-乙	简化
穫 ► 获 ◄ 穫			窓 ► 窗 ◄ 窓			窮 ► 穷 ◄ 窮		
07A6B ≠ 083B7 ≠ 07A6B			07A93 ≠ 07A97 ≠ 07A93			07AAE ≠ 07A77 ≠ 07AAE		

常用-C-丙	异体代换		常用-B-乙	日略字对应		教-4	常用-A-甲	简化
窯 ► 窑 ◄ 窯			竜 ► 龙 ◄ 竜			競 ► 竞 ◄ 競		
07AAF ≠ 07A91 ≠ 07AAF			07ADC ≠ 09F99 ≠ 07ADC			07AF6 ≠ 07ADE ≠ 07AF6		

教-3	常用-A-甲	简化		常用-A-甲	异体代换		教-4	常用-A-甲	简化
筆 ► 笔 ◄ 筆			箇 ► 个 ◄ 箇			節 ► 节 ◄ 節			
07B46 ≠ 07B14 ≠ 07B46			07B87 ≠ 04E2A ≠ 07B87			07BC0 ≠ 08282 ≠ 07BC0			

常用-B-乙	简化		教-5	常用-B-乙	简化			简化
範 ► 范 ◄ 範			築 ► 筑 ◄ 築			篤 ► 笃 ◄ 篤		
07BC4 ≠ 08303 ≠ 07BC4			07BC9 ≠ 07B51 ≠ 07BC9			07BE4 ≠ 07B03 ≠ 07BE4		

教-6	常用-A-甲	简化		次常-丁	日略字对应		常用-B-乙	日略字对应
簡 ► 简 ◄ 簡			粋 ► 粹 ◄ 粋			粛 ► 肃 ◄ 粛		
07C21 ≠ 07B80 ≠ 07C21			07C8B ≠ 07CB9 ≠ 07C8B			07C9B ≠ 08083 ≠ 07C9B		

次常-丁	异体代换		常用-B-乙	简化		教-1		简化
粧 ► 妆 ◄ 粧			糧 ► 粮 ◄ 糧			糸 ► 纟 ◄ 糸		
07CA7 ≠ 05986 ≠ 07CA7			07CE7 ≠ 07CAE ≠ 07CE7			07CF8 ≠ 07E9F ≠ 07CF8		

常用-B-乙	简化		教-4	常用-A-甲	简化		教-4	常用-B-乙	简化
糾 ► 纠 ◄ 糾			紀 ► 纪 ◄ 紀			約 ► 约 ◄ 約			
07CFE ≠ 07EA0 ≠ 07CFE			07D00 ≠ 07EAA ≠ 07D00			07D04 ≠ 07EA6 ≠ 07D04			

教-6	常用-A-甲	简化		常用-C-丙	简化		教-6	常用-丁	简化
紅 ► 红 ◄ 紅			紋 ► 纹 ◄ 紋			納 ► 纳 ◄ 納			
07D05 ≠ 07EA2 ≠ 07D05			07D0B ≠ 07EB9 ≠ 07D0B			07D0D ≠ 07EB3 ≠ 07D0D			

教-6	常用-C-丙	简化		教-2	常用-A-甲	简化		教-3	常用-A-甲	简化
純 ► 纯 ◄ 純			紙 ► 纸 ◄ 紙			級 ► 级 ◄ 級			
07D14 ≠ 07EAF ≠ 07D14			07D19 ≠ 07EB8 ≠ 07D19			07D1A ≠ 07EA7 ≠ 07D1A			

常用-B-乙	简化		常用-B-乙	简化		教-2	常用-A-甲	简化
紛 ► 纷 ◄ 紛			紡 ► 纺 ◄ 紡			細 ► 细 ◄ 細		
07D1B ≠ 07EB7 ≠ 07D1B			07D21 ≠ 07EBA ≠ 07D21			07D30 ≠ 07EC6 ≠ 07D30		

次常-丁	简化		常用-A-甲	简化			简化
紳 ► 绅 ◄ 紳			紹 ► 绍 ◄ 紹			紺 ► 绀 ◄ 紺		
07D33 ≠ 07EC5 ≠ 07D33			07D39 ≠ 07ECD ≠ 07D39			07D3A ≠ 07EC0 ≠ 07D3A		

教-3	常用-B-乙	简化		教-2	常用-A-甲	简化		教-5	常用-A-甲	日略字对应
終 ► 终 ◄ 終			組 ► 组 ◄ 組			経 ► 经 ◄ 経			
07D42 ≠ 07EC8 ≠ 07D42			07D44 ≠ 07EC4 ≠ 07D44			07D4C ≠ 07ECF ≠ 07D4C			

教-4	常用-A-甲	简化		常用-丁	简化		常用-C-丙	简化
結 ► 结 ◄ 結			絞 ► 绞 ◄ 絞			絡 ► 络 ◄ 絡		
07D50 ≠ 07ED3 ≠ 07D50			07D5E ≠ 07EDE ≠ 07D5E			07D61 ≠ 07EDC ≠ 07D61		

教-4	常用-A-甲	简化		教-5	常用-B-乙	简化		教-2	常用-丁	日略字对应
給 ► 给 ◄ 給			統 ► 统 ◄ 統			絵 ► 绘 ◄ 絵			
07D66 ≠ 07ED9 ≠ 07D66			07D71 ≠ 07EDF ≠ 07D71			07D75 ≠ 07ED8 ≠ 07D75			

266

教级	常用	类型	日楷体	中	日教体	编码
教-5	常用-B-乙	简化	絶	绝	絶	07D76 ≠ 07EDD ≠ 07D76
教-6	常用-B-乙	简化	絹	绢	絹	07D79 ≠ 07EE2 ≠ 07D79
	常用-A-甲	日略字对应	継	继	継	07D99 ≠ 07EE7 ≠ 07D99
教-4	常用-A-甲	日略字对应	続	续	続	07D9A ≠ 07EED ≠ 07D9A
	常用-B-乙	简化	維	维	維	07DAD ≠ 07EF4 ≠ 07DAD
	常用-C-丙	简化	綱	纲	綱	07DB1 ≠ 07EB2 ≠ 07DB1
	常用-B-乙	简化	網	网	網	07DB2 ≠ 07F51 ≠ 07DB2
教-5	常用-丁	简化	綿	绵	綿	07DBF ≠ 07EF5 ≠ 07DBF
	常用-A-甲	简化	緊	紧	緊	07DCA ≠ 07D27 ≠ 07DCA
教-5	常用-A-甲	日略字对应	総	总	総	07DCF ≠ 0603B ≠ 07DCF
教-3	常用-A-甲	简化	緑	绿	緑	07DD1 ≠ 07EFF ≠ 07DD1
	常用-B-乙	简化	緒	绪	緒	07DD2 ≠ 07EEA ≠ 07DD2
教-2	常用-B-乙	异体简化	線	线	線	07DDA ≠ 07EBF ≠ 07DDA
	次常-丁	简化	締	缔	締	07DE0 ≠ 07F14 ≠ 07DE0
教-5	常用-B-乙	简化	編	编	編	07DE8 ≠ 07F16 ≠ 07DE8
	常用-C-丙	简化	緩	缓	緩	07DE9 ≠ 07F13 ≠ 07DE9
	次常	简化	緯	纬	緯	07DEF ≠ 07EAC ≠ 07DEF
教-3	常用-A-甲	简化	練	练	練	07DF4 ≠ 07EC3 ≠ 07DF4
	常用-C-丙	汉字正形	縁	缘	縁	07E01 ≠ 07F18 ≠ 07E01
	常用-B-乙	日略字对应	縄	绳	縄	07E04 ≠ 07EF3 ≠ 07E04
	次常-C-丙	简化	縛	缚	縛	07E1B ≠ 07F1A ≠ 07E1B
教-6	常用-C-丙	日略字对应	縦	纵	縦	07E26 ≠ 07EB5 ≠ 07E26
	常用-C-丙	简化	縫	缝	縫	07E2B ≠ 07F1D ≠ 07E2B
教-6	常用-B-乙	简化	縮	缩	縮	07E2E ≠ 07F29 ≠ 07E2E
教-5	常用-A-甲	简化	績	绩	績	07E3E ≠ 07EE9 ≠ 07E3E
	常用-B-乙	日略字对应	繊	纤	纖	07E4A ≠ 07EA4 ≠ 07E4A
教-5	常用-A-甲	简化	織	织	織	07E54 ≠ 07EC7 ≠ 07E54
		简化	繕	缮	繕	07E55 ≠ 07F2E ≠ 07E55
	常用-丁	简化	繭	茧	繭	07E6D ≠ 08327 ≠ 07E6D
		简化	繰	缲	繰	07E70 ≠ 07F32 ≠ 07E70
	常用-C-丙	简化	罰	罚	罰	07F70 ≠ 07F5A ≠ 07F70
	常用-C-丙	简化	罷	罢	罷	07F77 ≠ 07F62 ≠ 07F77
	常用-丁	简化	羅	罗	羅	07F85 ≠ 07F57 ≠ 07F85
教-5	常用-A-甲	简化	義	义	義	07FA9 ≠ 04E49 ≠ 07FA9
教-3	常用-A-甲	简化	習	习	習	07FD2 ≠ 04E60 ≠ 07FD2
教-6	常用-C-丙	简化	聖	圣	聖	08056 ≠ 05723 ≠ 08056
教-2	常用-A-甲	简化	聞	闻	聞	0805E ≠ 095FB ≠ 0805E
	常用-A-甲	日略字对应	聴	听	聴	08074 ≠ 0542C ≠ 08074
教-5	常用-B-乙	简化	職	职	職	08077 ≠ 0804C ≠ 08077
	常用-C-丙	简化	脅	胁	脅	08105 ≠ 080C1 ≠ 08105
教-4	常用-B-乙	异体代换	脈	脉	脈	08108 ≠ 08109 ≠ 08108
教-6	常用-B-乙	日略字对应	脳	脑	脳	08133 ≠ 08111 ≠ 08133
	常用-C-丙	简化	脹	胀	脹	08139 ≠ 080C0 ≠ 08139
教-4	常用-B-乙	简化	腸	肠	腸	08178 ≠ 080A0 ≠ 08178
	常用-B-乙	简化	膚	肤	膚	0819A ≠ 080A4 ≠ 0819A
教-6	常用-A-甲	日略字对应	臓	脏	臓	081D3 ≠ 0810F ≠ 081D3
教-6	常用-B-乙	简化	臨	临	臨	081E8 ≠ 04E34 ≠ 081E8
教-5	常用-A-甲	简化	興	兴	興	08208 ≠ 05174 ≠ 08208

日楷体 教-5 常用-A-甲 异体代换 日教体	日楷体 常用-B-乙 异体代换 日教体	日楷体 常用-C-丙 简化 日教体
舍 ▶ 舍 ◀ 舍 0820E ≠ 0820D ≠ 0820E	舖 ▶ 铺 ◀ 舖 08217 ≠ 094FA ≠ 08217	艦 ▶ 舰 ◀ 艦 08266 ≠ 08230 ≠ 08266
教-4 常用-A-甲 日略字对应 芸 ▶ 艺 ◀ 芸 082B8 ≠ 0827A ≠ 082B8	**常用-B-乙 日略字对应** 莊 ▶ 庄 ◀ 莊 08358 ≠ 05E84 ≠ 08358	**常用-A-甲 异体代换** 菓 ▶ 果 ◀ 菓 083D3 ≠ 0679C ≠ 083D3
常用-C-丙 简化 華 ▶ 华 ◀ 華 083EF ≠ 0534E ≠ 083EF	**教-3 常用-B-乙 简化** 葉 ▶ 叶 ◀ 葉 08449 ≠ 053F6 ≠ 08449	**教-6 常用-A-甲 条件简化** 著 ▶ 着 ◀ 著 08457 ≠ 07740 ≠ 08457
教-6 蔵 ▶ 藏 ◀ 蔵 08535 ≠ 085CF ≠ 08535	**常用-C-丙 简化** 薦 ▶ 荐 ◀ 薦 085A6 ≠ 08350 ≠ 085A6	**日略字对应** 薫 ▶ 薰 ◀ 薫 085AB ≠ 085B0 ≠ 085AB
教-3 常用-A-甲 日略字对应 藥 ▶ 药 ◀ 藥 085AC ≠ 0836F ≠ 085AC	**常用-丁 简化** 虜 ▶ 虏 ◀ 虜 0865C ≠ 0864F ≠ 0865C	**次常 日略字对应** 螢 ▶ 萤 ◀ 螢 086CD ≠ 08424 ≠ 086CD
教-6 常用-B-乙 简化 衆 ▶ 众 ◀ 衆 08846 ≠ 04F17 ≠ 08846	**教-5 常用-A-甲 简化** 術 ▶ 术 ◀ 術 08853 ≠ 0672F ≠ 08853	**教-5 常用-B-乙 简化** 衛 ▶ 卫 ◀ 衛 0885B ≠ 0536B ≠ 0885B
衝 ▶ 冲 ◀ 衝 0885D ≠ 051B2 ≠ 0885D	**教-6 常用-A-甲 简化** 裏 ▶ 里 ◀ 裏 088CF ≠ 091CC ≠ 088CF	**教-6 常用-B-乙 简化** 補 ▶ 补 ◀ 補 088DC ≠ 08865 ≠ 088DC
教-5 常用-B-乙 简化 製 ▶ 制 ◀ 製 088FD ≠ 05236 ≠ 088FD	**教-5 常用-A-甲 简化** 複 ▶ 复 ◀ 複 08907 ≠ 0590D ≠ 08907	**常用-C-丙 简化** 襲 ▶ 袭 ◀ 襲 08972 ≠ 088AD ≠ 08972
常用-丁 异体代换 覇 ▶ 霸 ◀ 覇 08987 ≠ 09738 ≠ 08987	**教-1 常用-A-甲 简化** 見 ▶ 见 ◀ 見 0898B ≠ 089C1 ≠ 0898B	**教-5 常用-B-乙 简化** 規 ▶ 规 ◀ 規 0898F ≠ 089C4 ≠ 0898F
教-6 常用-A-甲 简化 視 ▶ 视 ◀ 視 08996 ≠ 089C6 ≠ 08996	**教-4 常用-A-甲 日略字对应** 覚 ▶ 觉 ◀ 覺 0899A ≠ 089C9 ≠ 0899A	**教-6 常用-A-甲 日略字对应** 覧 ▶ 览 ◀ 覧 089A7 ≠ 089C8 ≠ 089A7
教-2 常用-A-甲 简化 親 ▶ 亲 ◀ 親 089AA ≠ 04EB2 ≠ 089AA	**教-4 常用-A-甲 日略字对应** 観 ▶ 观 ◀ 観 089B3 ≠ 089C2 ≠ 089B3	**常用-B-乙 简化** 訂 ▶ 订 ◀ 訂 08A02 ≠ 08BA2 ≠ 08A02
教-2 常用-A-甲 简化 計 ▶ 计 ◀ 計 08A08 ≠ 08BA1 ≠ 08A08	**教-6 常用-A-甲 简化** 討 ▶ 讨 ◀ 討 08A0E ≠ 08BA8 ≠ 08A0E	**教-4 常用-B-乙 简化** 訓 ▶ 训 ◀ 訓 08A13 ≠ 08BAD ≠ 08A13
常用-B-乙 简化 託 ▶ 托 ◀ 託 08A17 ≠ 06258 ≠ 08A17	**教-2 常用-A-甲 简化** 記 ▶ 记 ◀ 記 08A18 ≠ 08BB0 ≠ 08A18	**次常-丁 简化** 訟 ▶ 讼 ◀ 訟 08A1F ≠ 08BBC ≠ 08A1F
教-6 常用-A-甲 简化 訪 ▶ 访 ◀ 訪 08A2A ≠ 08BBF ≠ 08A2A	**教-5 常用-A-甲 简化** 設 ▶ 设 ◀ 設 08A2D ≠ 08BBE ≠ 08A2D	**教-5 常用-A-甲 简化** 許 ▶ 许 ◀ 許 08A31 ≠ 08BB8 ≠ 08A31
教-6 常用-A-甲 日略字对应 訳 ▶ 译 ◀ 訳 08A33 ≠ 08BD1 ≠ 08A33	**常用-A-甲 简化** 訴 ▶ 诉 ◀ 訴 08A34 ≠ 08BC9 ≠ 08A34	**常用-C-丙 简化** 診 ▶ 诊 ◀ 診 08A3A ≠ 08BCA ≠ 08A3A
教-5 常用-B-乙 简化 証 ▶ 证 ◀ 証 08A3C ≠ 08BC1 ≠ 08A3C	**次常-丁 简化** 詐 ▶ 诈 ◀ 詐 08A50 ≠ 08BC8 ≠ 08A50	**简化** 詔 ▶ 诏 ◀ 詔 08A54 ≠ 08BCF ≠ 08A54

教-5 常用-A-甲 简化	教-6 常用-A-甲 简化	常用-丁 异体简化
日楷体 評 ► 评 ◄ 評 日教体	日楷体 詞 ► 词 ≠ 詞 日教体	日楷体 詠 ► 咏 ◄ 詠 日教体
08A55 ≠ 08BC4 ≠ 08A55	08A5E ≠ 08BCD ≠ 08A5E	08A60 ≠ 0548F ≠ 08A60
教-4 常用-A-甲 简化	教-3 常用-B-乙 简化	简化
日楷体 試 ► 试 ◄ 試 日教体	日楷体 詩 ► 诗 ◄ 詩 日教体	日楷体 詰 ► 诘 ◄ 詰 日教体
08A66 ≠ 08BD5 ◄ 08A66	08A69 ► 08BD7 ≠ 08A69	08A70 ≠ 08BD8 ≠ 08A70
教-2 常用-A-甲 简化	常用-A-甲 简化	常用-B-乙 简化
日楷体 話 ► 话 ◄ 話 日教体	日楷体 該 ► 该 ◄ 該 日教体	日楷体 詳 ► 详 ◄ 詳 日教体
08A71 ≠ 08BDD ≠ 08A71	08A72 ≠ 08BE5 ◄ 08A72	08A73 ≠ 08BE6 ≠ 08A73
常用-C-丙 简化	教-6 常用-A-甲 异体代换	教-6 常用-A-甲 简化
日楷体 誇 ► 夸 ◄ 誇 日教体	日楷体 誌 ► 志 ◄ 誌 日教体	日楷体 認 ► 认 ◄ 認 日教体
08A87 ≠ 05938 ◄ 08A87	08A8C ≠ 05FD7 ≠ 08A8C	08A8D ≠ 08BA4 ≠ 08A8D
教-6 常用-C-丙 简化	常用-丁 简化	教-2 常用-A-甲 简化
日楷体 誕 ► 诞 ◄ 誕 日教体	日楷体 誘 ► 诱 ◄ 誘 日教体	日楷体 語 ► 语 ◄ 語 日教体
08A95 ≠ 08BDE ≠ 08A95	08A98 ≠ 08BF1 ◄ 08A98	08A9E ≠ 08BED ≠ 08A9E
教-6 常用-B-乙 简化	教-6 常用-A-甲 简化	教-4 常用-A-甲 简化
日楷体 誠 ► 诚 ◄ 誠 日教体	日楷体 誤 ► 误 ◄ 誤 日教体	日楷体 說 ► 说 ◄ 説 日教体
08AA0 ≠ 08BDA ≠ 08AA0	08AA4 ≠ 08BEF ◄ 08AA4	08AAC ≠ 08BF4 ≠ 08AAC
教-2 常用-A-甲 日略字对应	教-4 常用-A-甲 简化	教-3 常用-A-甲 简化
日楷体 讀 ► 读 ◄ 読 日教体	日楷体 課 ► 课 ◄ 課 日教体	日楷体 調 ► 调 ◄ 調 日教体
08AAD ≠ 08BFB ≠ 08AAD	08AB2 ≠ 08BFE ◄ 08AB2	08ABF ≠ 08C03 ≠ 08ABF
教-3 常用-A-甲 简化	常用-A-甲 简化	教-6 常用-A-甲 简化
日楷体 談 ► 谈 ◄ 談 日教体	日楷体 請 ► 请 ◄ 請 日教体	日楷体 論 ► 论 ◄ 論 日教体
08AC7 ≠ 08C08 ◄ 08AC7	08ACB ≠ 08BF7 ≠ 08ACB	08AD6 ≠ 08BBA ≠ 08AD6
简化	次常-丁 异体简化	教-6 常用-丁 简化
日楷体 諭 ► 谕 ◄ 諭 日教体	日楷体 諮 ► 咨 ◄ 諮 日教体	日楷体 諸 ► 诸 ◄ 諸 日教体
08AED ≠ 08C15 ◄ 08AED	08AEE ≠ 054A8 ≠ 08AEE	08AF8 ≠ 08BF8 ≠ 08AF8
次常 简化	常用-C-丙 简化	次常 简化
日楷体 諾 ► 诺 ◄ 諾 日教体	日楷体 謀 ► 谋 ◄ 謀 日教体	日楷体 謁 ► 谒 ◄ 謁 日教体
08AFE ≠ 08BFA ◄ 08AFE	08B00 ≠ 08C0B ◄ 08B00	08B01 ≠ 08C12 ≠ 08B01
次常 异体代换	常用-C-丙 简化	教-5 常用-A-甲 简化
日楷体 謄 ► 誊 ◄ 謄 日教体	日楷体 謙 ► 谦 ◄ 謙 日教体	日楷体 講 ► 讲 ◄ 講 日教体
08B04 ≠ 08A8A ≠ 08B04	08B19 ≠ 08C26 ≠ 08B19	08B1B ≠ 08BB2 ≠ 08B1B
教-5 常用-A-甲 简化	常用-C-丙 日略字对应	常用-C-丙 简化
日楷体 謝 ► 谢 ≠ 謝 日教体	日楷体 謠 ► 谣 ◄ 謡 日教体	日楷体 謹 ► 谨 ◄ 謹 日教体
08B1D ≠ 08C22 ≠ 08B1D	08B21 ≠ 08C23 ≠ 08B21	08B39 ≠ 08C28 ≠ 08B39
教-5 常用-A-甲 简化	常用-丁 简化	教-4 常用-B-乙 简化
日楷体 識 ► 识 ◄ 識 日教体	日楷体 譜 ► 谱 ◄ 譜 日教体	日楷体 議 ► 议 ◄ 議 日教体
08B58 ≠ 08BC6 ≠ 08B58	08B5C ≠ 08C31 ≠ 08B5C	08B70 ≠ 08BAE ≠ 08B70
常用-A-甲 日略字对应	教-5 常用-B-乙 简化	教-5 常用-A-甲 日略字对应
日楷体 讓 ► 让 ◄ 讓 日教体	日楷体 護 ► 护 ◄ 護 日教体	日楷体 豐 ► 丰 ◄ 豊 日教体
08B72 ≠ 08BA9 ≠ 08B72	08B77 ≠ 062A4 ≠ 08B77	08C4A ≠ 04E30 ≠ 08C4A
教-1 常用-丁 简化	常用-丁 简化	教-3 常用-A-甲 简化
日楷体 貝 ► 贝 ◄ 貝 日教体	日楷体 貞 ► 贞 ◄ 貞 日教体	日楷体 負 ► 负 ◄ 負 日教体
08C9D ≠ 08D1D ≠ 08C9D	08C9E ≠ 08D1E ≠ 08C9E	08CA0 ≠ 08D1F ≠ 08CA0
教-5 常用-C-丙 简化	常用-B-乙 简化	教-5 常用-C-丙 简化
日楷体 財 ► 财 ◄ 財 日教体	日楷体 貢 ► 贡 ◄ 貢 日教体	日楷体 貧 ► 贫 ◄ 貧 日教体
08CA1 ≠ 08D22 ≠ 08CA1	08CA2 ≠ 08D21 ≠ 08CA2	08CA7 ≠ 08D2B ≠ 08CA7

教-4　常用-B-乙　简化	常用-丁　简化	常用-B-乙　简化
日楷体 貨 ▶ 货 ◀ 貨 日教体 08CA8 ≠ 08D27 ≠ 08CA8	日楷体 販 ▶ 贩 ◀ 販 日教体 08CA9 ≠ 08D29 ≠ 08CA9	日楷体 貫 ▶ 贯 ◀ 貫 日教体 08CAB ≠ 08D2F ≠ 08CAB
教-5　常用-A-甲　简化	教-4　次常　简化	教-6　常用-A-甲　简化
日楷体 責 ▶ 责 ◀ 責 日教体 08CAC ≠ 08D23 ≠ 08CAC	日楷体 貯 ▶ 贮 ◀ 貯 日教体 08CAF ≠ 08D2E ≠ 08CAF	日楷体 貴 ▶ 贵 ◀ 貴 日教体 08CB4 ≠ 08D35 ≠ 08CB4
教-2　常用-A-甲　简化	教-5　常用-丁　简化	教-4　常用-B-乙　简化
日楷体 買 ▶ 买 ◀ 買 日教体 08CB7 ≠ 04E70 ≠ 08CB7	日楷体 貸 ▶ 贷 ◀ 貸 日教体 08CB8 ≠ 08D37 ≠ 08CB8	日楷体 費 ▶ 费 ◀ 費 日教体 08CBB ≠ 08D39 ≠ 08CBB
教-5　常用-B-乙　简化	教-5　常用-B-乙　简化	教-6　次常　简化
日楷体 貿 ▶ 贸 ◀ 貿 日教体 08CBF ≠ 08D38 ≠ 08CBF	日楷体 賀 ▶ 贺 ◀ 賀 日教体 08CC0 ≠ 08D3A ≠ 08CC0	日楷体 賃 ▶ 赁 ◀ 賃 日教体 08CC3 ≠ 08D41 ≠ 08CC3
常用-丁　简化	教-5　常用-B-乙　简化	常用-丁　简化
日楷体 賄 ▶ 贿 ◀ 賄 日教体 08CC4 ≠ 08D3F ≠ 08CC4	日楷体 資 ▶ 资 ◀ 資 日教体 08CC7 ≠ 08D44 ≠ 08CC7	日楷体 賊 ▶ 贼 ◀ 賊 日教体 08CCA ≠ 08D3C ≠ 08CCA
常用-B-乙　简化	教-5　常用-B-乙　日略字对应	次常　简化
日楷体 賓 ▶ 宾 ◀ 賓 日教体 08CD3 ≠ 05BBE ≠ 08CD3	日楷体 贊 ▶ 赞 ◀ 贊 日教体 08CDB ≠ 08D5E ≠ 08CDB	日楷体 賜 ▶ 赐 ◀ 賜 日教体 08CDC ≠ 08D50 ≠ 08CDC
教-4　常用-C-丙　简化	常用-B-乙　简化	常用-丁　简化
日楷体 賞 ▶ 赏 ◀ 賞 日教体 08CDE ≠ 08D4F ≠ 08CDE	日楷体 賠 ▶ 赔 ◀ 賠 日教体 08CE0 ≠ 08D54 ≠ 08CE0	日楷体 賢 ▶ 贤 ◀ 賢 日教体 08CE2 ≠ 08D24 ≠ 08CE2
次常-丁　简化	教-5　常用-B-乙　简化	常用-B-乙　简化
日楷体 賦 ▶ 赋 ◀ 賦 日教体 08CE6 ≠ 08D4B ≠ 08CE6	日楷体 質 ▶ 质 ◀ 質 日教体 08CEA ≠ 08D28 ≠ 08CEA	日楷体 購 ▶ 购 ◀ 購 日教体 08CFC ≠ 08D2D ≠ 08CFC
常用-C-丙　简化	常用-B-乙　异体代换	常用-B-乙　简化
日楷体 贈 ▶ 赠 ◀ 贈 日教体 08D08 ≠ 08D60 ≠ 08D08	日楷体 跡 ▶ 迹 ◀ 跡 日教体 08DE1 ≠ 08FF9 ≠ 08DE1	日楷体 躍 ▶ 跃 ◀ 躍 日教体 08E8D ≠ 08DC3 ≠ 08E8D
教-1　常用-A-甲　简化	常用-C-丙　简化	教-4　常用-B-乙　简化
日楷体 車 ▶ 车 ◀ 車 日教体 08ECA ≠ 08F66 ≠ 08ECA	日楷体 軌 ▶ 轨 ◀ 軌 日教体 08ECC ≠ 08F68 ≠ 08ECC	日楷体 軍 ▶ 军 ◀ 軍 日教体 08ECD ≠ 0519B ≠ 08ECD
次常　简化	常用-B-乙　简化	教-3　常用-B-乙　日略字对应
日楷体 軒 ▶ 轩 ◀ 軒 日教体 08ED2 ≠ 08F69 ≠ 08ED2	日楷体 軟 ▶ 软 ◀ 軟 日教体 08EDF ≠ 08F6F ≠ 08EDF	日楷体 転 ▶ 转 ◀ 転 日教体 08EE2 ≠ 08F6C ≠ 08EE2
次常　简化	教-3　常用-A-甲　日略字对应	常用-A-甲　简化
日楷体 軸 ▶ 轴 ◀ 軸 日教体 08EF8 ≠ 08F74 ≠ 08EF8	日楷体 軽 ▶ 轻 ◀ 軽 日教体 08EFD ≠ 08F7B ≠ 08EFD	日楷体 較 ▶ 较 ◀ 較 日教体 08F03 ≠ 08F83 ≠ 08F03
常用-C-丙　简化	常用-B-乙　简化	常用-C-丙　简化
日楷体 載 ▶ 载 ◀ 載 日教体 08F09 ≠ 08F7D ≠ 08F09	日楷体 輝 ▶ 辉 ◀ 輝 日教体 08F1D ≠ 08F89 ≠ 08F1D	日楷体 輩 ▶ 辈 ◀ 輩 日教体 08F29 ≠ 08F88 ≠ 08F29
教-4　常用-B-乙　简化	教-5　常用-A-甲　简化	次常-丁　简化
日楷体 輪 ▶ 轮 ◀ 輪 日教体 08F2A ≠ 08F6E ≠ 08F2A	日楷体 輸 ▶ 输 ◀ 輸 日教体 08F38 ≠ 08F93 ≠ 08F38	日楷体 轄 ▶ 辖 ◀ 轄 日教体 08F44 ≠ 08F96 ≠ 08F44
教-3　常用-A-甲　简化	教-4　常用-A-甲　日略字对应	常用-B-乙　日略字对应
日楷体 農 ▶ 农 ◀ 農 日教体 08FB2 ≠ 0519C ≠ 08FB2	日楷体 辺 ▶ 边 ◀ 辺 日教体 08FBA ≠ 08FB9 ≠ 08FBA	日楷体 逓 ▶ 递 ◀ 逓 日教体 09013 ≠ 09012 ≠ 09013
教-4　常用-A-甲　简化	教-2　常用-A-甲　异体代换	教-3　常用-A-甲　简化
日楷体 連 ▶ 连 ◀ 連 日教体 09023 ≠ 08FDE ≠ 09023	日楷体 週 ▶ 周 ◀ 週 日教体 09031 ≠ 05468 ≠ 09031	日楷体 進 ▶ 进 ◀ 進 日教体 09032 ≠ 08FDB ≠ 09032

日楷体	分類	常用字	異同類型	日教体	コード
遅	常用-A-甲 / 日略字対応	迟		遅	09045 ≠ 08FDF ≠ 09045
遊	教-3 / 常用-A-甲 / 异体代換	游		遊	0904A ≠ 06E38 ≠ 0904A
運	教-3 / 常用-A-甲 / 简化	运		運	0904B ≠ 08FD0 ≠ 0904B
過	教-5 / 常用-A-甲 / 简化	过		過	0904E ≠ 08FC7 ≠ 0904E
達	教-4 / 常用-B-乙 / 简化	达		達	09054 ≠ 08FBE ≠ 09054
違	常用-B-乙 / 简化	违		違	09055 ≠ 08FDD ≠ 09055
遠	教-2 / 常用-A-甲 / 简化	远		遠	09060 ≠ 08FDC ≠ 09060
適	教-5 / 常用-A-甲 / 简化	适		適	09069 ≠ 09002 ≠ 09069
遷	常用-丁 / 简化	迁		遷	09077 ≠ 08FC1 ≠ 09077
選	教-4 / 常用-B-乙 / 简化	选		選	09078 ≠ 09009 ≠ 09078
遺	教-6 / 常用-C-丙 / 简化	遗		遺	0907A ≠ 09057 ≠ 0907A
還	常用-B-乙 / 简化	还		還	09084 ≠ 08FD8 ≠ 09084
郵	教-6 / 常用-A-甲 / 简化	邮		郵	090F5 ≠ 090AE ≠ 090F5
郷	教-6 / 常用-B-乙 / 日略字対応	乡		郷	090F7 ≠ 04E61 ≠ 090F7
醉	常用-B-乙 / 日略字対応	醉		醉	09154 ≠ 09189 ≠ 09154
醜	常用-C-丙 / 简化	丑		醜	0919C ≠ 04E11 ≠ 0919C
釀	常用-丁 / 日略字対応	酿		釀	091B8 ≠ 0917F ≠ 091B8
釈	常用-B-乙 / 日略字対応	释		釈	091C8 ≠ 091CA ≠ 091C8
針	教-6 / 常用-B-乙 / 简化	针		針	091DD ≠ 09488 ≠ 091DD
釣	常用-B-乙 / 简化	钓		釣	091E3 ≠ 09493 ≠ 091E3
鈍	次常 / 简化	钝		鈍	0920D ≠ 0949D ≠ 0920D
鈴	常用-B-乙 / 简化	铃		鈴	09234 ≠ 094C3 ≠ 09234
鉄	教-3 / 常用-B-乙 / 日略字対応	铁		鉄	09244 ≠ 094C1 ≠ 09244
鉛	常用-A-甲 / 简化	铅		鉛	0925B ≠ 094C5 ≠ 0925B
鉢	异体简化	钵		鉢	09262 ≠ 094B5 ≠ 09262
鉱	教-5 / 常用-B-乙 / 日略字対応	矿		鉱	09271 ≠ 077FF ≠ 09271
銀	教-3 / 常用-A-甲 / 简化	银		銀	09280 ≠ 094F6 ≠ 09280
銃	常用-C-丙 / 简化	铳		銃	09283 ≠ 094F3 ≠ 09283
銅	常用-B-乙 / 简化	铜		銅	09285 ≠ 094DC ≠ 09285
銑	次常 / 简化	铣		銑	09291 ≠ 094E3 ≠ 09291
銘	次常-丁 / 简化	铭		銘	09298 ≠ 094ED ≠ 09298
銭	教-5 / 常用-A-甲 / 日略字対応	钱		銭	092AD ≠ 094B1 ≠ 092AD
鋭	常用-B-乙 / 简化	锐		鋭	092ED ≠ 09510 ≠ 092ED
鋳	常用-C-丙 / 日略字対応	铸		鋳	092F3 ≠ 094F8 ≠ 092F3
鋼	教-6 / 常用-A-甲 / 简化	钢		鋼	092FC ≠ 094A2 ≠ 092FC
錘	常用-丁 / 简化	锤		錘	09318 ≠ 09524 ≠ 09318
錠	次常 / 简化	锭		錠	09320 ≠ 0952D ≠ 09320
錬	常用-A-甲 / 日略字対応	炼		錬	0932C ≠ 070BC ≠ 0932C
錯	常用-A-甲 / 简化	错		錯	0932F ≠ 09519 ≠ 0932F
録	教-4 / 常用-A-甲 / 日略字対応	录		録	09332 ≠ 05F55 ≠ 09332
鍛	常用-A-甲 / 简化	锻		鍛	0935B ≠ 0953B ≠ 0935B
鎖	常用-C-丙 / 简化	锁		鎖	09396 ≠ 09501 ≠ 09396
鎮	常用-C-丙 / 简化	镇		鎮	093AE ≠ 09547 ≠ 093AE
鏡	教-4 / 常用-B-乙 / 简化	镜		鏡	093E1 ≠ 0955C ≠ 093E1
鐘	常用-A-甲 / 简化	钟		鐘	09418 ≠ 0949F ≠ 09418
鑑	常用-C-丙 / 异体简化	鉴		鑑	09451 ≠ 09274 ≠ 09451
長	教-2 / 常用-A-甲 / 简化	长		長	09577 ≠ 0957F ≠ 09577
門	教-2 / 常用-A-甲 / 简化	门		門	09580 ≠ 095E8 ≠ 09580

教-6 常用-B-乙 简化 日楷体 閉 ► 闭 ◄ 閉 日教体 09589 ≠ 095ED ≠ 09589	教-3 常用-A-甲 简化 日楷体 開 ► 开 ◄ 開 日教体 0958B ≠ 05F00 ≠ 0958B	常用-B-乙 简化 日楷体 閑 ► 闲 ◄ 閑 日教体 09591 ≠ 095F2 ≠ 09591
教-2 常用-A-甲 简化 日楷体 間 ► 间 ◄ 間 日教体 09593 ≠ 095F4 ≠ 09593	教-4 常用-A-甲 日楷字对应 日楷体 関 ► 关 ◄ 関 日教体 095A2 ≠ 05173 ≠ 095A2	教-6 常用-丁 简化 日楷体 閣 ► 阁 ◄ 閣 日教体 095A3 ≠ 09601 ≠ 095A3
常用-丁 简化 日楷体 閥 ► 阀 ◄ 閥 日教体 095A5 ≠ 09600 ≠ 095A5	常用-B-乙 简化 日楷体 閲 ► 阅 ◄ 閲 日教体 095B2 ≠ 09605 ≠ 095B2	常用-B-乙 日国字对应 日楷体 闘 ► 斗 ◄ 闘 日教体 095D8 ≠ 06597 ≠ 095D8
常用-B-乙 简化 日楷体 陣 ► 阵 ◄ 陣 日教体 09663 ≠ 09635 ≠ 09663	常用-C-丙 日略字对应 日楷体 陥 ► 陷 ◄ 陥 日教体 09665 ≠ 09677 ≠ 09665	常用-A-甲 简化 日楷体 陰 ► 阴 ◄ 陰 日教体 09670 ≠ 09634 ≠ 09670
常用-C-丙 简化 日楷体 陳 ► 陈 ◄ 陳 日教体 09673 ≠ 09648 ≠ 09673	教-4 常用-B-乙 简化 日楷体 陸 ► 陆 ◄ 陸 日教体 09678 ≠ 09646 ≠ 09678	教-5 常用-A-甲 日略字对应 日楷体 険 ► 险 ◄ 険 日教体 0967A ≠ 09669 ≠ 0967A
教-3 常用-A-甲 简化 日楷体 陽 ► 阳 ◄ 陽 日教体 0967D ≠ 09633 ≠ 0967D	教-4 常用-B-乙 简化 日楷体 隊 ► 队 ◄ 隊 日教体 0968A ≠ 0961F ≠ 0968A	教-3 常用-B-乙 简化 日楷体 階 ► 阶 ◄ 階 日教体 0968E ≠ 09636 ≠ 0968E
教-5 常用-B-乙 简化 日楷体 際 ► 际 ◄ 際 日教体 0969B ≠ 09645 ≠ 0969B	常用-C-丙 汉字正形 日楷体 隠 ► 隐 ◄ 隠 日教体 096A0 ≠ 09690 ≠ 096A0	常用-B-乙 异体代换 日楷体 隣 ► 邻 ◄ 隣 日教体 096A3 ≠ 090BB ≠ 096A3
常用-C-丙 异体简化 日楷体 隷 ► 隶 ◄ 隷 日教体 096B7 ≠ 096B6 ≠ 096B7	常用-A-甲 简化 日楷体 隻 ► 只 ◄ 隻 日教体 096BB ≠ 053EA ≠ 096BB	教-5 常用-A-甲 日略字对应 日楷体 雑 ► 杂 ◄ 雜 日教体 096D1 ≠ 06742 ≠ 096D1
教-2 常用-A-甲 简化 日楷体 離 ► 离 ◄ 離 日教体 096E2 ≠ 079BB ≠ 096E2	教-6 常用-A-甲 简化 日楷体 難 ► 难 ◄ 難 日教体 096E3 ≠ 096BE ≠ 096E3	教-2 常用-A-甲 简化 日楷体 雲 ► 云 ◄ 雲 日教体 096F2 ≠ 04E91 ≠ 096F2
教-2 常用-A-甲 简化 日楷体 電 ► 电 ◄ 電 日教体 096FB ≠ 07535 ≠ 096FB	常用-B-乙 日略字对应 日楷体 霊 ► 灵 ◄ 靈 日教体 0970A ≠ 07075 ≠ 0970A	常用-B-乙 简化 日楷体 霧 ► 雾 ◄ 霧 日教体 09727 ≠ 096FE ≠ 09727
常用-丁 异体简化 日楷体 韻 ► 韵 ◄ 韻 日教体 097FB ≠ 097F5 ≠ 097FB	常用-A-甲 简化 日楷体 響 ► 响 ◄ 響 日教体 097FF ≠ 054CD ≠ 097FF	教-6 常用-B-乙 简化 日楷体 頂 ► 顶 ◄ 頂 日教体 09802 ≠ 09876 ≠ 09802
常用-B-乙 简化 日楷体 項 ► 项 ◄ 項 日教体 09805 ≠ 09879 ≠ 09805	教-4 常用-B-乙 简化 日楷体 順 ► 顺 ◄ 順 日教体 09806 ≠ 0987A ≠ 09806	教-5 常用-A-甲 简化 日楷体 預 ► 预 ◄ 預 日教体 09810 ≠ 09884 ≠ 09810
常用-C-丙 简化 日楷体 頑 ► 顽 ◄ 頑 日教体 09811 ≠ 0987D ≠ 09811	次常-丁 简化 日楷体 頒 ► 颁 ◄ 頒 日教体 09812 ≠ 09881 ≠ 09812	常用-A-甲 简化 日楷体 領 ► 领 ◄ 領 日教体 09818 ≠ 09886 ≠ 09818
教-2 常用-A-甲 简化 日楷体 頭 ► 头 ◄ 頭 日教体 0982D ≠ 05934 ≠ 0982D	次常-丁 简化 日楷体 頻 ► 频 ◄ 頻 日教体 0983B ≠ 09891 ≠ 0983B	常用-丁 日略字对应 日楷体 頼 ► 赖 ◄ 頼 日教体 0983C ≠ 08D56 ≠ 0983C
教-3 常用-A-甲 简化 日楷体 題 ► 题 ◄ 題 日教体 0984C ≠ 09898 ≠ 0984C	教-5 常用-C-丙 简化 日楷体 額 ► 额 ◄ 額 日教体 0984D ≠ 0989D ≠ 0984D	教-2 常用-A-甲 异体简化 日楷体 顔 ► 颜 ◄ 顏 日教体 09854 ≠ 0989C ≠ 09854
常用-B-乙 日略字对应 日楷体 顕 ► 显 ◄ 顯 日教体 09855 ≠ 0663E ≠ 09855	教-4 常用-A-甲 简化 日楷体 願 ► 愿 ◄ 願 日教体 09858 ≠ 0613F ≠ 09858	教-4 常用-B-乙 简化 日楷体 類 ► 类 ◄ 類 日教体 0985E ≠ 07C7B ≠ 0985E

日楷体	教体	分类1	分类2	分类3	字形对照	编码

日楷体／教体	类别	字形	编码
日楷体 ／ 教体	常用-A-甲　简化	顧 ► 顾 ◄ 顧	09867 ≠ 0987E ≠ 09867
日楷体 ／ 教体	教-2　常用-A-甲　简化	風 ► 风 ◄ 風	098A8 ≠ 098CE ≠ 098A8
日楷体 ／ 教体	教-4　常用-A-甲　简化	飛 ► 飞 ◄ 飛	098DB ≠ 098DE ≠ 098DB
日楷体 ／ 教体	常用-C-丙　异体简化	飢 ► 饥 ◄ 飢	098E2 ≠ 09965 ≠ 098E2
日楷体 ／ 教体	教-4　常用-A-甲　简化	飯 ► 饭 ◄ 飯	098EF ≠ 0996D ≠ 098EF
日楷体 ／ 教体	教-3　常用-C-丙　简化	飲 ► 饮 ◄ 飲	098F2 ≠ 0996E ≠ 098F2
日楷体 ／ 教体	教-5　常用-C-丙　简化	飼 ► 饲 ◄ 飼	098FC ≠ 09972 ≠ 098FC
日楷体 ／ 教体	常用-A-甲　简化	飽 ► 饱 ◄ 飽	098FD ≠ 09971 ≠ 098FD
日楷体 ／ 教体	常用-C-丙　简化	飾 ► 饰 ◄ 飾	098FE ≠ 09970 ≠ 098FE
日楷体 ／ 教体	教-4　常用-B-乙　简化	養 ► 养 ◄ 養	0990A ≠ 0517B ≠ 0990A
日楷体 ／ 教体	常用-A-甲　简化	餓 ► 饿 ◄ 餓	09913 ≠ 0997F ≠ 09913
日楷体 ／ 教体	教-3　常用-A-甲　简化	館 ► 馆 ◄ 館	09928 ≠ 09986 ≠ 09928
日楷体 ／ 教体	教-2　常用-A-甲　简化	馬 ► 马 ◄ 馬	099AC ≠ 09A6C ≠ 099AC
日楷体 ／ 教体	次常-C-丙　日略字对应	駄 ► 驮 ◄ 駄	099C4 ≠ 09A6E ≠ 099C4
日楷体 ／ 教体	教-3　日略字对应	駅 ► 驿 ◄ 駅	099C5 ≠ 09A7F ≠ 099C5
日楷体 ／ 教体	常用-丁	驅 ► 驱 ◄ 驅	099C6 ≠ 09A71 ≠ 099C6
日楷体 ／ 教体	常用-C-丙　简化	駐 ► 驻 ◄ 駐	099D0 ≠ 09A7B ≠ 099D0
日楷体 ／ 教体	常用-A-甲　简化	騎 ► 骑 ◄ 騎	09A0E ≠ 09A91 ≠ 09A0E
日楷体 ／ 教体	次常-C-丙　日略字对应	騷 ► 骚 ◄ 騷	09A12 ≠ 09A9A ≠ 09A12
日楷体 ／ 教体	教-4　常用-A-甲　日略字对应	驗 ► 验 ◄ 驗	09A13 ≠ 09A8C ≠ 09A13
日楷体 ／ 教体	常用-C-丙	騰 ► 腾 ◄ 騰	09A30 ≠ 0817E ≠ 09A30
日楷体 ／ 教体	常用-B-乙　简化	驚 ► 惊 ◄ 驚	09A5A ≠ 060CA ≠ 09A5A
日楷体 ／ 教体	常用-B-乙　简化	髮 ► 发 ◄ 髮	09AEA ≠ 053D1 ≠ 09AEA
日楷体 ／ 教体	教-2　常用-A-甲　简化	魚 ► 鱼 ◄ 魚	09B5A ≠ 09C7C ≠ 09B5A
日楷体 ／ 教体	常用-B-乙　简化	鮮 ► 鲜 ◄ 鮮	09BAE ≠ 09C9C ≠ 09BAE
日楷体 ／ 教体	次常-C-丙　简化	鯨 ► 鲸 ◄ 鯨	09BE8 ≠ 09CB8 ≠ 09BE8
日楷体 ／ 教体	教-2　常用-B-乙　简化	鳥 ► 鸟 ◄ 鳥	09CE5 ≠ 09E1F ≠ 09CE5
日楷体 ／ 教体	教-2　常用-C-丙　简化	鳴 ► 鸣 ◄ 鳴	09CF4 ≠ 09E23 ≠ 09CF4
日楷体 ／ 教体	常用-A-甲　日略字对应	鷄 ► 鸡 ◄ 鷄	09D8F ≠ 09E21 ≠ 09D8F
日楷体 ／ 教体	教-2　常用-B-乙　简化	麗 ► 丽 ◄ 麗	09E97 ≠ 04E3D ≠ 09E97
日楷体 ／ 教体	教-2　常用-A-甲　日略字对应	黒 ► 黑 ◄ 黒	09ED2 ≠ 09ED1 ≠ 09ED2
日楷体 ／ 教体	常用-B-乙　汉字正形	黙 ► 默 ◄ 黙	09ED9 ≠ 09ED8 ≠ 09ED9
日楷体 ／ 教体	常用-B-乙　日略字对应	齡 ► 龄 ◄ 齡	09F62 ≠ 09F84 ≠ 09F62

[中-日]HSK（汉办版）独有字表U_HSK0_J V4.0

丛 04E1B	丝 04E1D	丢 04E22	串 04E32	乃 04E43	么 04E48	之 04E4B	乌 04E4C
乎 04E4E	兵 04E52	乓 04E53	乔 04E54	乖 04E56	乞 04E5E	也 04E5F	于 04E8E
亏 04E8F	些 04E9B	亢 04EA2	亦 04EA6	亮 04EAE	什 04EC0	仅 04EC5	仇 04EC7
仍 04ECD	仔 04ED4	仗 04ED7	们 04EEC	份 04EFD	伊 04F0A	伍 04F0D	伙 04F19
估 04F30	伶 04F36	你 04F60	佣 04F63	佩 04F69	任 04F84	侈 04F88	侣 04FA3
侨 04FA8	俄 04FC4	俏 04FCF	俐 04FD0	俘 04FD8	俩 04FE9	俯 04FEF	俱 04FF1
倘 05018	倚 0501A	倡 05021	倦 05026	做 0505A	偷 05077	傅 05085	储 050A8
傲 050B2	傻 050BB	僵 050F5	僻 050FB	允 05141	兑 05151	兔 05154	兜 0515C
兢 05162	兰 05170	其 05176	冀 05180	冈 05188	冤 051A4	冯 051AF	冶 051B6
凄 051C4	凌 051CC	凑 051D1	凤 051E4	凭 051ED	凯 051EF	凰 051F0	凳 051F3
函 051FD	凿 051FF	刁 05201	划 05212	刘 05218	删 05220	刨 05228	刮 0522E
刹 05239	剃 05243	剥 05265	剪 0526A	劈 05288	办 0529E	劫 052AB	劲 052B2
勃 052C3	勒 052D2	勾 052FE	勿 052FF	匀 05300	匆 05306	匈 05308	匙 05319
匪 0532A	卜 0535C	卡 05361	卢 05362	卧 05367	厂 05382	厉 05389	厌 0538C
厕 05395	厢 053A2	厦 053A6	厨 053A8	叁 053C1	叉 053C9	叛 053DB	另 053E6
叨 053E8	叭 053ED	叮 053EE	叼 053FC	吁 05401	吕 05415	吗 05417	吞 0541E

吧 05427	吨 05428	吩 05429	吵 05435	吻 0543B	吼 0543C	呀 05440	呆 05446
呐 05450	呕 05455	鸣 0545C	呢 05462	呵 05475	呻 0547B	咋 0548B	咐 05490
咖 05496	咙 05499	咬 054AC	咱 054B1	咳 054B3	咸 054B8	咽 054BD	哄 054C4
哆 054C6	哇 054C7	哈 054C8	哎 054CE	哑 054D1	哗 054D7	哟 054DF	哥 054E5
哦 054E6	哨 054E8	哩 054E9	哪 054EA	哭 054ED	哼 054FC	唉 05509	唠 05520
售 0552E	唾 0553E	啃 05543	啄 05544	啊 0554A	啡 05561	啤 05564	啥 05565
啦 05566	啸 05578	喂 05582	喇 05587	喉 05589	喊 0558A	喘 05598	喧 055A7
喻 055BB	喽 055BD	嗅 055C5	嗓 055D3	嗦 055E6	嗯 055EF	嗽 055FD	嘉 05609
嘛 0561B	嘲 05632	嘴 05634	嘿 0563F	噢 05662	噪 0566A	嚷 056B7	嚼 056BC
囊 056CA	囱 056F1	圾 0573E	址 05740	坐 05750	坝 0575D	坡 05761	坦 05766
坏 0576F	垃 05783	垄 05784	垫 057AB	垮 057AE	埃 057C3	埔 057D4	埠 057E0
堆 05806	堡 05821	堵 05835	塌 0584C	塘 05858	塞 0585E	填 0586B	墙 05899
墟 0589F	壳 058F3	壶 058F6	够 0591F	夹 05939	奈 05948	套 05957	奠 05960
奢 05962	奶 05976	奸 05978	她 05979	妈 05988	妒 05992	妖 05996	姆 059C6
姐 059D0	姑 059D1	姜 059DC	姥 059E5	姨 059E8	娃 05A03	娇 05A07	娶 05A36
婴 05A74	婶 05A76	媳 05AB3	嫂 05AC2	嫉 05AC9	嫩 05AE9	孕 05B55	孟 05B5F

孩 05B69	它 05B83	宋 05B8B	宏 05B8F	寇 05BC7	寓 05BD3	窦 05BDE	寨 05BE8
尔 05C14	尖 05C16	尘 05C18	尝 05C1D	尤 05C24	尸 05C38	屁 05C41	屉 05C49
屎 05C4E	屏 05C4F	屑 05C51	屠 05C60	屡 05C61	屿 05C7F	岂 05C82	岔 05C94
岗 05C97	岭 05CAD	峻 05CFB	崔 05D14	崖 05D16	嶄 05D2D	嵌 05D4C	巩 05DE9
巫 05DEB	己 05DF2	巴 05DF4	巷 05DF7	巾 05DFE	帖 05E16	帘 05E18	帜 05E1C
帮 05E2E	幢 05E62	庙 05E99	庞 05E9E	廓 05ED3	弄 05F04	弥 05F25	弯 05F2F
彭 05F6D	很 05F88	徊 05F8A	徘 05F98	徽 05FBD	忽 05FFD	怎 0600E	怕 06015
怜 0601C	怨 06028	怯 0602F	恢 06062	恰 06070	悄 06084	悉 06089	您 060A8
惋 060CB	惕 060D5	惟 060DF	惦 060E6	惧 060E7	惫 060EB	惭 060ED	惹 060F9
愣 06123	愧 06127	慧 06167	慷 06177	憋 0618B	懂 061C2	懒 061D2	戈 06208
或 06216	戚 0621A	截 0622A	戴 06234	扁 06241	扎 0624E	扒 06252	扔 06254
扛 0625B	扣 06263	扭 0626D	扮 0626E	扯 0626F	扰 06270	扳 06273	找 0627E
抓 06293	抖 06296	抚 0629A	抛 0629B	抠 062A0	抡 062A1	抢 062A2	抬 062AC
挂 062C4	拆 062C6	拇 062C7	拉 062C9	拌 062CC	拖 062D6	拢 062E2	拣 062E3
拦 062E6	拧 062E7	拨 062E8	拱 062F1	拳 062F3	拴 062F4	拼 062FC	拽 062FD
拿 062FF	按 06309	挎 0630E	挖 06316	挚 0631A	挠 06320	挡 06321	挣 06323

挤 06324	挨 06328	挪 0632A	挫 0632B	挺 0633A	挽 0633D	捅 06345	捆 06346
捉 06349	捌 0634C	捍 0634D	捎 0634E	捏 0634F	捐 06350	捞 0635E	捡 06361
捣 06363	捧 06367	捶 06376	捷 06377	捻 0637B	掀 06380	掂 06382	掉 06389
掏 0638F	掐 06390	掠 063A0	掩 063A9	掰 063B0	掷 063B7	掺 063BA	揉 063C9
揍 063CD	揪 063EA	揽 063FD	搀 06400	搁 06401	搂 06402	搅 06405	搏 0640F
搓 06413	搞 0641E	摆 06446	摊 0644A	摔 06454	摧 06467	摸 06478	撇 06487
撑 06491	撒 06492	撕 06495	撞 0649E	播 064AD	撵 064B5	擅 064C5	攀 06500
攒 06512	效 06548	敞 0655E	敲 06572	斑 06591	斧 065A7	斩 065A9	斯 065AF
旁 065C1	旦 065E6	旱 065F1	旷 065F7	旺 065FA	昂 06602	昌 0660C	昏 0660F
昧 06627	晃 06643	晋 0664B	晌 0664C	晒 06652	晕 06655	晚 0665A	晤 06664
晨 06668	晰 06670	智 0667A	晾 0667E	曰 066F0	曾 066FE	朋 0670B	朵 06735
杆 06746	李 0674E	杏 0674F	杜 0675C	杠 06760	杨 06768	枉 06789	枕 06795
枣 067A3	枪 067AA	柏 067CF	柒 067D2	柜 067DC	柠 067E0	柬 067EC	柴 067F4
柿 067FF	栗 06817	桂 06842	桅 06845	框 06846	桌 0684C	桐 06850	桔 06854
档 06863	桨 06868	桩 06869	桶 06876	梁 06881	梗 06897	梢 068A2	梧 068A7
梨 068A8	梯 068AF	梳 068B3	棉 068C9	棍 068CD	棕 068D5	棱 068F1	棵 068F5

椅 06905	椒 06912	椭 0692D	楚 0695A	榆 06986	榜 0699C	榴 069B4	榷 069B7
槐 069D0	橘 06A58	橡 06A61	檬 06AAC	欣 06B23	歇 06B47	歉 06B49	此 06B64
步 06B65	歧 06B67	歪 06B6A	歹 06B79	歼 06B7C	殃 06B83	殷 06BB7	毁 06BC1
毅 06BC5	毕 06BD5	毙 06BD9	毫 06BEB	毯 06BEF	氓 06C13	氖 06C1B	氢 06C22
氧 06C27	氮 06C2E	汇 06C47	汛 06C5B	汞 06C5E	汪 06C6A	汰 06C70	汹 06C79
沃 06C83	沉 06C89	沏 06C8F	沙 06C99	沛 06C9B	沥 06CA5	沪 06CAA	沫 06CAB
沾 06CBE	泄 06CC4	泛 06CDB	泻 06CFB	泼 06CFC	洒 06D12	洲 06D32	洽 06D3D
浆 06D46	浇 06D47	浑 06D51	浙 06D59	浩 06D69	涉 06D89	涌 06D8C	涕 06D95
涛 06D9B	涝 06D9D	涤 06DA4	涨 06DA8	淀 06DC0	淆 06DC6	淇 06DC7	淋 06DCB
淘 06DD8	淫 06DEB	淮 06DEE	淹 06DF9	渗 06E17	渠 06E20	渣 06E23	渺 06E3A
溃 06E83	溅 06E85	溉 06E89	溜 06E9C	滔 06ED4	滚 06EDA	滤 06EE4	滨 06EE8
滩 06EE9	潘 06F58	潦 06F66	潭 06F6D	澡 06FA1	澳 06FB3	瀑 07011	灌 0704C
灶 07076	灸 07078	灿 0707F	炒 07092	炕 07095	炸 070B8	烁 070C1	烂 070C2
烘 070D8	烛 070DB	烤 070E4	烫 070EB	烹 070F9	焊 0710A	焰 07130	煌 0714C
煎 0714E	煤 07164	熄 07184	熊 0718A	熏 0718F	熔 07194	熬 071AC	燕 071D5
爪 0722A	爬 0722C	爷 07237	爸 07238	爹 07239	爽 0723D	牌 0724C	牙 07259

牢 07262	牵 07275	犁 07281	狈 072C8	狐 072D0	狗 072D7	狠 072E0	狡 072E1
狮 072EE	狸 072F8	狼 072FC	猖 07316	猜 0731C	猪 0732A	猴 07334	猾 0733E
玖 07396	玩 073A9	玫 073AB	玲 073B2	玻 073BB	珊 073CA	珑 073D1	琢 07422
瑚 0745A	瑞 0745E	瑰 07470	璃 07483	瓜 074DC	瓣 074E3	瓦 074E6	瓷 074F7
甜 0751C	甩 07529	甫 0752D	畅 07545	畏 0754F	畴 07574	疆 07586	疙 07599
疤 075A4	疮 075AE	疯 075AF	疼 075BC	痒 075D2	痕 075D5	痪 075EA	痰 075F0
痹 075F9	瘟 0761F	瘤 07624	瘦 07626	瘩 07629	瘫 0762B	瘸 07638	癌 0764C
皂 07682	皱 076B1	盈 076C8	盏 076CF	盒 076D2	盖 076D6	盯 076EF	盼 076FC
眉 07709	眨 07728	眯 0772F	眶 07736	睁 07741	睛 0775B	睦 07766	睬 0776C
睹 07779	瞎 0778E	瞒 07792	瞥 077A5	瞧 077A7	瞩 077A9	瞪 077AA	瞻 077BB
矩 077E9	矮 077EE	码 07801	砌 0780C	砍 0780D	砖 07816	砸 07838	硅 07845
碌 0788C	碍 0788D	碗 07897	碟 0789F	碧 078A7	碰 078B0	碱 078B1	碳 078B3
磅 078C5	磋 078CB	磕 078D5	磷 078F7	禽 079BD	禾 079BE	秃 079C3	秆 079C6
秉 079C9	秤 079E4	秦 079E6	秧 079E7	秒 079FD	稀 07A00	稍 07A0D	稠 07A20
穆 07A46	穿 07A7F	窄 07A84	窜 07A9C	窝 07A9D	窟 07A9F	窿 07ABF	竖 07AD6
站 07AD9	竟 07ADF	竭 07AED	竿 07AFF	笆 07B06	笋 07B0B	笨 07B28	笼 07B3C

筐 07B50	筛 07B5B	筝 07B5D	筷 07B77	筹 07B79	签 07B7E	箩 07BA9	箭 07BAD
篇 07BC7	篮 07BEE	篱 07BF1	簸 07C38	籽 07C7D	粤 07CA4	粥 07CA5	粪 07CAA
粱 07CB1	糊 07CCA	糕 07CD5	糟 07CDF	糠 07CE0	絮 07D6E	纱 07EB1	纽 07EBD
绑 07ED1	绒 07ED2	绕 07ED5	绣 07EE3	绷 07EF7	绸 07EF8	综 07EFC	缀 07F00
缎 07F0E	缠 07F20	缴 07F34	缸 07F38	缺 07F3A	罐 07F50	罕 07F55	罩 07F69
羞 07F9E	美 07FA1	翅 07FC5	翔 07FD4	翘 07FD8	翠 07FE0	耀 08000	而 0800C
耍 0800D	耸 08038	耽 0803D	耿 0803F	聂 08042	聊 0804A	聋 0804B	联 08054
聘 08058	聚 0805A	聪 0806A	肆 08086	肚 0809A	股 080A1	肾 080BE	肿 080BF
胖 080D6	胡 080E1	胳 080F3	胶 080F6	脆 08106	脊 0810A	脖 08116	脸 08138
脾 0813E	腊 0814A	腔 08154	腥 08165	腮 0816E	腿 0817F	膀 08180	膊 0818A
膏 0818F	膛 0819B	膝 0819D	臂 081C2	舅 08205	舆 08206	舒 08212	舱 08231
舵 08235	艘 08258	艰 08270	艳 08273	艾 0827E	芒 08292	芦 082A6	芬 082AC
芭 082AD	芹 082B9	苍 082CD	苏 082CF	苹 082F9	茄 08304	茅 08305	茫 0832B
荔 08354	荡 08361	莫 083AB	莲 083B2	菇 083C7	菠 083E0	蜀 08404	萌 0840C
萍 0840D	萝 0841D	萨 08428	葛 0845B	葡 08461	董 08463	葫 0846B	葱 08471
葵 08475	蒂 08482	蒋 0848B	蒙 08499	蒜 0849C	蓝 084DD	蓬 084EC	蔑 08511

蔗 08517	蔬 0852C	蔼 0853C	蔽 0853D	蕉 08549	蕴 08574	蕾 0857E	薯 085AF
藤 085E4	蘑 08611	虎 0864E	虹 08679	虽 0867D	虾 0867E	蚀 08680	蚁 08681
蚂 08682	蛋 086CB	蛙 086D9	蛛 086DB	蛾 086FE	蜂 08702	蜓 08713	蜘 08718
蜜 0871C	蜡 08721	蜻 0873B	蝇 08747	蝉 08749	蝗 08757	蝴 08774	蝶 08776
螺 087BA	蠢 08822	衅 08845	衍 0884D	衔 08854	衫 0886B	衬 0886C	袁 08881
袄 08884	袍 0888D	袖 08896	袜 0889C	袱 088B1	裙 088D9	裤 088E4	裳 088F3
裹 088F9	譬 08B6C	讥 08BA5	讯 08BAF	讶 08BB6	讹 08BB9	讽 08BBD	询 08BE2
诧 08BE7	诚 08BEB	诬 08BEC	诵 08BF5	诽 08BFD	谁 08C01	谅 08C05	谊 08C0A
谎 08C0E	谐 08C10	谓 08C13	谗 08C17	谜 08C1C	谤 08C24	谬 08C2C	谴 08C34
豁 08C41	豌 08C4C	豫 08C6B	貌 08C8C	贪 08D2A	贬 08D2C	贱 08D31	贴 08D34
赂 08D42	赌 08D4C	赚 08D5A	赛 08D5B	赢 08D62	赫 08D6B	赵 08D75	赶 08D76
趁 08D81	趋 08D8B	趟 08D9F	趴 08DB4	跌 08DCC	跑 08DD1	跟 08DDF	跨 08DE8
跪 08DEA	踩 08DFA	踌 08E0C	踢 08E22	踩 08E29	踪 08E2A	蹄 08E44	蹈 08E48
蹋 08E4B	蹦 08E66	蹬 08E6C	蹭 08E6D	蹲 08E72	躁 08E81	躇 08E87	躬 08EAC
躲 08EB2	躺 08EBA	轧 08F67	轰 08F70	轿 08F7F	辅 08F85	辆 08F86	辐 08F90
辑 08F91	辙 08F99	辜 08F9C	辟 08F9F	辣 08FA3	辨 08FA8	辩 08FA9	辫 08FAB

辰 08FB0	辽 08FBD	迈 08FC8	这 08FD9	逊 0900A	逗 09017	逛 0901B	逢 09022
逻 0903B	逼 0903C	遥 09065	邀 09080	邓 09093	邢 090A2	那 090A3	郁 090C1
郑 090D1	鄙 09119	酗 09157	酝 0915D	酱 09171	酶 09176	醋 0918B	醒 09192
钉 09489	钙 09499	钞 0949E	钥 094A5	钦 094A6	钩 094A9	钮 094AE	钳 094B3
钻 094BB	铀 094C0	铝 094DD	铲 094F2	链 094FE	销 09500	锄 09504	锅 09505
锈 09508	锋 0950B	锌 0950C	锡 09521	锣 09523	锦 09526	键 0952E	锯 0952F
锹 09539	镀 09540	镁 09541	镰 09570	镶 09576	闪 095EA	闯 095EF	闷 095F7
闸 095F8	闹 095F9	闺 095FA	阂 09602	阐 09610	阔 09614	阿 0963F	陋 0964B
陌 0964C	陕 09655	陡 09661	隘 09698	隙 09699	隧 096A7	雀 096C0	雁 096C1
雹 096F9	霉 09709	霍 0970D	霞 0971E	靠 09760	鞋 0978B	鞠 097A0	鞭 097AD
韧 097E7	页 09875	顷 09877	须 0987B	顿 0987F	颂 09882	颇 09887	颈 09888
颊 0988A	颖 09896	颗 09897	颠 098A0	颤 098A4	飘 098D8	餐 09910	饪 0996A
饶 09976	饺 0997A	饼 0997C	馅 09985	馈 09988	馋 0998B	馒 09992	驰 09A70
驳 09A73	驴 09A74	驶 09A76	驼 09A7C	驾 09A7E	骂 09A82	骄 09A84	骆 09A86
骗 09A97	骡 09AA1	骤 09AA4	髦 09AE6	魄 09B44	魏 09B4F	鲁 09C81	鸦 09E26
鸭 09E2D	鸽 09E3D	鹅 09E45	鹊 09E4A	鹰 09E70	鹿 09E7F	黎 09ECE	鼠 09F20

龟
09F9F

[中-日]HSK(北语版)独有字表U_HSK1_J V4.0

丛 04E1B	丝 04E1D	丢 04E22	串 04E32	么 04E48	之 04E4B	乎 04E4E	乒 04E52
乓 04E53	乖 04E56	也 04E5F	于 04E8E	亏 04E8F	些 04E9B	亮 04EAE	什 04EC0
仅 04EC5	仇 04EC7	仍 04ECD	仔 04ED4	仗 04ED7	们 04EEC	份 04EFD	伍 04F0D
伙 04F19	估 04F30	你 04F60	佩 04F69	侨 04FA8	俏 04FCF	俩 04FE9	俯 04FEF
俱 04FF1	倘 05018	倚 0501A	倡 05021	倦 05026	做 0505A	偷 05077	傅 05085
傲 050B2	傻 050BB	僵 050F5	允 05141	兑 05151	兔 05154	兰 05170	其 05176
冤 051A4	冶 051B6	凑 051D1	凭 051ED	凳 051F3	凿 051FF	划 05212	刘 05218
删 05220	刮 0522E	剥 05265	剪 0526A	办 0529E	劲 052B2	勃 052C3	勾 052FE
匀 05300	匆 05306	匙 05319	卜 0535C	卡 05361	卧 05367	厂 05382	厉 05389
厌 0538C	厕 05395	厢 053A2	厨 053A8	叉 053C9	另 053E6	叭 053ED	吗 05417
吞 0541E	吧 05427	吨 05428	吩 05429	吵 05435	吻 0543B	吼 0543C	呀 05440
呆 05446	呐 05450	呢 05462	呵 05475	咐 05490	咖 05496	咙 05499	咬 054AC
咱 054B1	咳 054B3	咸 054B8	咽 054BD	哆 054C6	哇 054C7	哈 054C8	哎 054CE
哗 054D7	哟 054DF	哥 054E5	哦 054E6	哨 054E8	哩 054E9	哪 054EA	哭 054ED
哼 054FC	唉 05509	售 0552E	啊 0554A	啡 05561	啤 05564	啦 05566	喂 05582
喇 05587	喉 05589	喊 0558A	喘 05598	喽 055BD	嗓 055D3	嗦 055E6	嗯 055EF

嗽 055FD	嘛 0561B	嘴 05634	嘿 0563F	噢 05662	嚷 056B7	囱 056F1	圾 0573E
址 05740	坐 05750	坝 0575D	坡 05761	坦 05766	垃 05783	垄 05784	垫 057AB
垮 057AE	堆 05806	堵 05835	塌 0584C	塞 0585E	填 0586B	墙 05899	墟 0589F
壳 058F3	壶 058F6	够 0591F	夹 05939	奈 05948	套 05957	奠 05960	奶 05976
她 05979	妈 05988	姐 059D0	姑 059D1	姥 059E5	姨 059E8	娃 05A03	娶 05A36
婴 05A74	婶 05A76	媳 05AB3	嫂 05AC2	嫩 05AE9	孟 05B5F	孩 05B69	它 05B83
宋 05B8B	宏 05B8F	寓 05BD3	寞 05BDE	尔 05C14	尖 05C16	尘 05C18	尝 05C1D
尤 05C24	屁 05C41	屿 05C7F	岗 05C97	崖 05D16	嶄 05D2D	巩 05DE9	已 05DF2
巴 05DF4	巷 05DF7	巾 05DFE	帘 05E18	帜 05E1C	帮 05E2E	幢 05E62	庙 05E99
廓 05ED3	弄 05F04	弯 05F2F	很 05F88	忽 05FFD	怎 0600E	怕 06015	怜 0601C
怨 06028	恢 06062	恰 06070	悄 06084	悉 06089	您 060A8	惕 060D5	恬 060E6
惭 060ED	惹 060F9	愣 06123	愧 06127	慧 06167	懂 061C2	懒 061D2	或 06216
戚 0621A	截 0622A	戴 06234	扁 06241	扎 0624E	扒 06252	扔 06254	扛 0625B
扣 06263	扭 0626D	扮 0626E	扯 0626F	扰 06270	找 0627E	抓 06293	抖 06296
抛 0629B	抢 062A2	抬 062AC	拆 062C6	拉 062C9	拖 062D6	拢 062E2	拣 062E3
拦 062E6	拧 062E7	拨 062E8	拳 062F3	拴 062F4	拼 062FC	拿 062FF	按 06309

挖 06316	挡 06321	挣 06323	挤 06324	挨 06328	挫 0632B	挺 0633A	挽 0633D
捆 06346	捉 06349	捏 0634F	捞 0635E	捡 06361	捧 06367	捷 06377	掀 06380
掉 06389	掏 0638F	掠 063A0	掩 063A9	揉 063C9	揪 063EA	搁 06401	搂 06402
搅 06405	搓 06413	搞 0641E	摆 06446	摊 0644A	摔 06454	摧 06467	摸 06478
撑 06491	撒 06492	撕 06495	撞 0649E	播 064AD	攀 06500	效 06548	敲 06572
斯 065AF	旁 065C1	旦 065E6	旱 065F1	昏 0660F	晃 06643	晒 06652	晕 06655
晚 0665A	晨 06668	晰 06670	智 0667A	曾 066FE	朋 0670B	朵 06735	杆 06746
李 0674E	枉 06789	枕 06795	枪 067AA	柏 067CF	柜 067DC	柴 067F4	柿 067FF
桌 0684C	桔 06854	档 06863	桩 06869	桶 06876	梁 06881	梨 068A8	梯 068AF
梳 068B3	棉 068C9	棍 068CD	棵 068F5	椅 06905	椒 06912	楚 0695A	榜 0699C
橘 06A58	欣 06B23	歇 06B47	歉 06B49	此 06B64	步 06B65	歪 06B6A	歼 06B7C
毁 06BC1	毅 06BC5	毕 06BD5	毫 06BEB	毯 06BEF	氓 06C13	氯 06C1B	氧 06C27
汇 06C47	沉 06C89	沙 06C99	沾 06CBE	泛 06CDB	泼 06CFC	洒 06D12	浆 06D46
浇 06D47	浑 06D51	浙 06D59	涉 06D89	涌 06D8C	涨 06DA8	清 06DC6	淋 06DCB
淹 06DF9	渠 06E20	渣 06E23	溅 06E85	溉 06E89	溜 06E9C	滚 06EDA	滩 06EE9
澡 06FA1	濒 06FD2	灌 0704C	灸 07078	灿 0707F	炒 07092	炸 070B8	烁 070C1

烂 070C2	烛 070DB	烤 070E4	烫 070EB	焊 0710A	焰 07130	煌 0714C	煎 0714E
煤 07164	熊 0718A	熬 071AC	燕 071D5	爬 0722C	爷 07237	爸 07238	爹 07239
牌 0724C	牙 07259	牢 07262	牵 07275	狗 072D7	狼 072E0	狡 072E1	狮 072EE
狼 072FC	猜 0731C	猪 0732A	猴 07334	猾 0733E	玩 073A9	玻 073BB	璃 07483
瓜 074DC	瓣 074E3	瓦 074E6	瓷 074F7	甜 0751C	甩 07529	甫 0752D	畅 07545
疆 07586	疯 075AF	疼 075BC	痕 075D5	瘦 07626	癌 0764C	皂 07682	皱 076B1
盏 076CF	盒 076D2	盖 076D6	盯 076EF	盼 076FC	眉 07709	眯 0772F	睁 07741
睛 0775B	瞎 0778E	瞒 07792	瞧 077A7	瞪 077AA	矩 077E9	矮 077EE	码 07801
砍 0780D	砖 07816	砸 07838	碍 0788D	碗 07897	碰 078B0	碱 078B1	磅 078C5
秧 079E7	稀 07A00	稍 07A0D	穿 07A7F	窄 07A84	窜 07A9C	窟 07A9F	窿 07ABF
站 07AD9	竟 07ADF	竭 07AED	笨 07B28	笼 07B3C	筐 07B50	筷 07B77	签 07B7E
箭 07BAD	篇 07BC7	篮 07BEE	粥 07CA5	粪 07CAA	粱 07CB1	糊 07CCA	糕 07CD5
糟 07CDF	纱 07EB1	绑 07ED1	绕 07ED5	绣 07EE3	综 07EFC	缸 07F38	缺 07F3A
罐 07F50	罩 07F69	羡 07FA1	翅 07FC5	翘 07FD8	耀 08000	而 0800C	耍 0800D
耽 0803D	聊 0804A	联 08054	聚 0805A	聪 0806A	肚 0809A	股 080A1	肿 080BF
胖 080D6	胡 080E1	胳 080F3	胶 080F6	脆 08106	脖 08116	脸 08138	脾 0813E

腔	腿	膀	膊	膏	舅	舒	舱
08154	0817F	08180	0818A	0818F	08205	08212	08231
艘	艰	艳	苍	苹	茅	莓	菠
08258	08270	08273	082CD	082F9	08305	08393	083E0
萄	萝	葛	葡	蒙	蓝	蓬	蔑
08404	0841D	0845B	08461	08499	084DD	084EC	08511
蔬	蕉	虎	虽	虾	蚀	蛋	蛙
0852C	08549	0864E	0867D	0867E	08680	086CB	086D9
蜂	蜜	蜡	蝇	蝴	蝶	蠢	衫
08702	0871C	08721	08747	08774	08776	08822	0886B
衬	袍	袖	袜	袱	裙	裤	裹
0886C	0888D	08896	0889C	088B1	088D9	088E4	088F9
譬	讯	讶	讽	询	诬	诵	谁
08B6C	08BAF	08BB6	08BBD	08BE2	08BEC	08BF5	08C01
谅	谊	谓	谜	豫	貌	贱	贴
08C05	08C0A	08C13	08C1C	08C6B	08C8C	08D31	08D34
赚	赛	赢	赵	赶	趁	趟	趴
08D5A	08D5B	08D62	08D75	08D76	08D81	08D9F	08DB4
跌	跑	跟	跨	跪	踢	踩	蹄
08DCC	08DD1	08DDF	08DE8	08DEA	08E22	08E29	08E44
蹈	蹬	蹲	躁	躲	躺	辅	辆
08E48	08E6C	08E72	08E81	08EB2	08EBA	08F85	08F86
辑	辜	辟	辣	辩	迈	这	逗
08F91	08F9C	08F9F	08FA3	08FA9	08FC8	08FD9	09017
逛	逢	逻	逼	遥	邀	那	酱
0901B	09022	0903B	0903C	09065	09080	090A3	09171
醋	醒	钉	钞	钥	钩	铝	铲
0918B	09192	09489	0949E	094A5	094A9	094DD	094F2
锅	锈	锡	锣	键	闪	闯	闷
09505	09508	09521	09523	0952E	095EA	095EF	095F7
闹	阂	阔	阿	陌	陕	陡	霉
095F9	09602	09614	0963F	0964C	09655	09661	09709

靠 09760	鞋 0978B	页 09875	顷 09877	须 0987B	顿 0987F	颂 09882	颗 09897
颤 098A4	飘 098D8	餐 09910	饶 09976	饺 0997A	饼 0997C	馒 09992	驴 09A74
驶 09A76	驼 09A7C	驾 09A7E	骂 09A82	骄 09A84	骆 09A86	骗 09A97	骤 09AA4
鸭 09E2D	鸽 09E3D	鹅 09E45	黎 09ECE				

[中-韩]同形同码字表Y_K V4.0

級別	分類	字	編碼
初中	常用-A-甲	一＝一	04E00 = 04E00
初中	常用-C-丙	丁＝丁	04E01 = 04E01
初中	常用-A-甲	七＝七	04E03 = 04E03
初中	常用-A-甲	三＝三	04E09 = 04E09
初中	常用-A-甲	上＝上	04E0A = 04E0A
初中	常用-A-甲	下＝下	04E0B = 04E0B
初中	常用-A-甲	不＝不	04E0D = 04E0D
初中	常用-A-甲	且＝且	04E14 = 04E14
高中	常用-C-丙	丘＝丘	04E18 = 04E18
初中	常用-C-丙	丙＝丙	04E19 = 04E19
初中	常用-A-甲	中＝中	04E2D = 04E2D
高中	常用-C-丙	丸＝丸	04E38 = 04E38
初中	常用-丁	丹＝丹	04E39 = 04E39
初中	常用-A-甲	主＝主	04E3B = 04E3B
初中	常用-丁	乃＝乃	04E43 = 04E43
初中	常用-A-甲	久＝久	04E45 = 04E45
初中	常用-B-乙	乎＝乎	04E4E = 04E4E
初中	常用-B-乙	乘＝乘	04E58 = 04E58
初中	常用-C-丙	乙＝乙	04E59 = 04E59
初中	常用-A-甲	九＝九	04E5D = 04E5D
高中	常用-丁	乞＝乞	04E5E = 04E5E
初中	常用-A-甲	也＝也	04E5F = 04E5F
初中	火常	乾＝乾	04E7E = 04E7E
高中	常用-A-甲	了＝了	04E86 = 04E86
高中	常用-C-丙	予＝予	04E88 = 04E88
初中	常用-A-甲	事＝事	04E8B = 04E8B
初中	常用-A-甲	二＝二	04E8C = 04E8C
初中	常用-B-乙	于＝于	04E8E = 04E8E
初中	常用-A-甲	五＝五	04E94 = 04E94
初中	常用-B-乙	井＝井	04E95 = 04E95
初中	常用-A-甲	人＝人	04EBA = 04EBA
初中	常用-丁	仁＝仁	04EC1 = 04EC1
高中	常用-A-甲	介＝介	04ECB = 04ECB
初中	常用-A-甲	仕＝仕	04ED5 = 04ED5
初中	常用-A-甲	他＝他	04ED6 = 04ED6
高中	常用-B-乙	付＝付	04ED8 = 04ED8
初中	常用-A-甲	代＝代	04EE3 = 04EE3
高中	常用-A-甲	仲＝仲	04EF2 = 04EF2
高中	次常 常用-A-甲	件＝件	04EF6 = 04EF6
高中	常用-A-甲	任＝任	04EFB = 04EFB
高中	常用-B-乙	企＝企	04F01 = 04F01
初中	常用-丁	伏＝伏	04F0F = 04F0F
初中	常用-丁	伐＝伐	04F10 = 04F10
初中	常用-A-甲	休＝休	04F11 = 04F11
高中	常用-B-乙	伯＝伯	04F2F = 04F2F
高中	常用-B-乙	伸＝伸	04F38 = 04F38
初中	常用-A-甲	但＝但	04F46 = 04F46
初中	常用-A-甲	住＝住	04F4F = 04F4F
高中	常用-B-乙	佐＝佐	04F50 = 04F50
初中	常用-A-甲	何＝何	04F55 = 04F55
初中	常用-B-乙	余＝余	04F59 = 04F59
高中	常用-A-甲	作＝作	04F5C = 04F5C
初中	常用-C-丙	佳＝佳	04F73 = 04F73
初中	常用-A-甲	使＝使	04F7F = 04F7F
初中	常用-A-甲	例＝例	04F8B = 04F8B
高中	常用-丁	侍＝侍	04F8D = 04F8D
高中	常用-B-乙	供＝供	04F9B = 04F9B
高中	次常-丁+	侯＝侯	04FAF = 04FAF
初中	常用-A-甲	便＝便	04FBF = 04FBF
高中	常用-B-乙	促＝促	04FC3 = 04FC3
初中	常用-B-乙	俗＝俗	04FD7 = 04FD7
初中	常用-B-乙	保＝保	04FDD = 04FDD
初中	常用-B-乙	修＝修	04FEE = 04FEE
高中	常用-B-乙	俱＝俱	04FF1 = 04FF1

高中	常用-A-甲	初中	常用-A-甲	初中	常用-A-甲	高中	常用-A-甲
候 = 候		借 = 借		假 = 假		健 = 健	
05019 = 05019		0501F = 0501F		05047 = 05047		05065 = 05065	

高中	常用-C-丙	高中	常用-C-丙	高中	次常	初中	常用-A-甲
偶 = 偶		僚 = 僚		儒 = 儒		元 = 元	
05076 = 05076		050DA = 050DA		05112 = 05112		05143 = 05143	

初中	常用-B-乙	初中	常用-丁	初中	常用-A-甲	初中	常用-B-乙
兄 = 兄		兆 = 兆		先 = 先		光 = 光	
05144 = 05144		05146 = 05146		05148 = 05148		05149 = 05149	

高中	常用-A-甲	初中	常用-A-甲	初中	常用-B-乙	初中	常用-A-甲
克 = 克		共 = 共		兵 = 兵		其 = 其	
0514B = 0514B		05171 = 05171		05175 = 05175		05176 = 05176	

高中	常用-B-乙	初中	常用-A-甲	初中	常用-A-甲	高中	常用-A-甲
具 = 具		典 = 典		再 = 再		冒 = 冒	
05177 = 05177		05178 = 05178		0518D = 0518D		05192 = 05192	

高中	常用-B-乙	初中	常用-A-甲	高中	常用-C-丙	初中	常用-B-乙
冠 = 冠		冬 = 冬		凝 = 凝		凡 = 凡	
051A0 = 051A0		051AC = 051AC		051DD = 051DD		051E1 = 051E1	

初中	常用-A-甲	高中	常用-C-丙	初中	常用-丁	初中	常用-B-乙
刀 = 刀		刊 = 刊		刑 = 刑		列 = 列	
05200 = 05200		0520A = 0520A		05211 = 05211		05217 = 05217	

初中	常用-A-甲	高中	常用-B-乙	高中	常用-B-乙	高中	常用-B-乙
利 = 利		制 = 制		刷 = 刷		刺 = 刺	
05229 = 05229		05236 = 05236		05237 = 05237		0523A = 0523A	

初中	常用-A-甲	高中	常用-B-乙	初中	常用-A-甲	初中	常用-B-乙
前 = 前		副 = 副		力 = 力		功 = 功	
0524D = 0524D		0526F = 0526F		0529B = 0529B		0529F = 0529F	

初中	常用-A-甲	初中	常用-A-甲	初中	常用-C-丙	高中	次常
加 = 加		助 = 助		勉 = 勉		募 = 募	
052A0 = 052A0		052A9 = 052A9		052C9 = 052C9		052DF = 052DF	

初中	常用-C-丙	初中	常用-丁	高中	常用-A-甲	初中	常用-A-甲
勤 = 勤		勿 = 勿		包 = 包		化 = 化	
052E4 = 052E4		052FF = 052FF		05305 = 05305		05316 = 05316	

初中	常用-A-甲	初中	常用-A-甲	初中	常用-A-甲	初中	常用-A-甲
北 = 北		十 = 十		千 = 千		午 = 午	
05317 = 05317		05341 = 05341		05343 = 05343		05348 = 05348	

高中	次常-丁	初中	常用-A-甲	高中	常用-C-丙	高中	常用-B-乙
卓 = 卓		南 = 南		博 = 博		卜 = 卜	
05353 = 05353		05357 = 05357		0535A = 0535A		0535C = 0535C	

高中	常用-A-甲	初中	常用-A-甲	高中	常用-C-丙	初中	常用-B-乙
占 = 占		危 = 危		厄 = 厄		厚 = 厚	
05360 = 05360		05371 = 05371		05384 = 05384		0539A = 0539A	

初中	常用-A-甲	初中	常用-A-甲	初中	常用-B-乙	初中	常用-A-甲
原 = 原		又 = 又		及 = 及		友 = 友	
0539F = 0539F		053C8 = 053C8		053CA = 053CA		053CB = 053CB	

初中	常用-B-乙	初中	常用-A-甲	初中	常用-B-乙	初中	常用-A-甲
叔 = 叔		取 = 取		受 = 受		口 = 口	
053D4 = 053D4		053D6 = 053D6		053D7 = 053D7		053E3 = 053E3	

初中	常用－B－乙	初中	常用－A－甲	初中	常用－A－甲	高中	常用－B－乙
古 = 古		句 = 句		只 = 只		召 = 召	
053E4 = 053E4		053E5 = 053E5		053EA = 053EA		053EC = 053EC	

初中	常用－A－甲	初中	常用－A－甲	初中	常用－A－甲	高中	常用－B－乙
可 = 可		史 = 史		右 = 右		司 = 司	
053EF = 053EF		053F2 = 053F2		053F3 = 053F3		053F8 = 053F8	

初中	常用－A－甲	初中	常用－A－甲		常用－丁	初中	常用－A－甲
各 = 各		合 = 合		吉 = 吉		同 = 同	
05404 = 05404		05408 = 05408		05409 = 05409		0540C = 0540C	

初中	常用－A－甲	高中			次常	高中	
名 = 名		吏 = 吏		吐 = 吐		向 = 向	
0540D = 0540D		0540F = 0540F		05410 = 05410		05411 = 05411	

初中	常用－丁	初中	常用－B－乙	初中	常用－A－甲	初中	常用－A－甲
君 = 君		否 = 否		吹 = 吹		吾 = 吾	
0541B = 0541B		05426 = 05426		05439 = 05439		0543E = 0543E	

初中	常用－A－甲	高中	常用－A－甲	初中	常用－B－乙	初中	常用－B－乙
告 = 告		周 = 周		味 = 味		呼 = 呼	
0544A = 0544A		05468 = 05468		05473 = 05473		0547C = 0547C	

初中	常用－B－乙	初中	常用－A－甲	高中	常用－C－丙	初中	常用－B－乙
命 = 命		和 = 和		咸 = 咸		品 = 品	
0547D = 0547D		0548C = 0548C		054B8 = 054B8		054C1 = 054C1	

初中	常用－B－乙	高中	常用－A－甲	高中	常用－B－乙	初中	常用－A－甲
哉 = 哉		哭 = 哭		哲 = 哲		唱 = 唱	
054C9 = 054C9		054ED = 054ED		054F2 = 054F2		05531 = 05531	

初中	常用－B－乙	初中	常用－A－甲	高中	常用－A－甲	高中	次常
善 = 善		喜 = 喜		器 = 器		囚 = 囚	
05584 = 05584		0559C = 0559C		05668 = 05668		056DA = 056DA	

初中	常用－A－甲	初中	常用－A－甲	初中	常用－A－甲	初中	常用－B－乙
回 = 回		因 = 因		困 = 困		固 = 固	
056DE = 056DE		056E0 = 056E0		056F0 = 056F0		056FA = 056FA	

初中	常用－B－乙	初中	常用－A－甲	初中	常用－A－甲	初中	常用－A－甲
土 = 土		在 = 在		地 = 地		坐 = 坐	
0571F = 0571F		05728 = 05728		05730 = 05730		05750 = 05750	

初中	次常	高中	常用－C－丙	高中	常用－B－乙	初中	常用－A－甲
坤 = 坤		垂 = 垂		埋 = 埋		城 = 城	
05764 = 05764		05782 = 05782		057CB = 057CB		057CE = 057CE	

高中	常用－C－丙	初中	常用－A－甲	初中	常用－A－甲	高中	常用－C－丙
域 = 域		基 = 基		堂 = 堂		堤 = 堤	
057DF = 057DF		057FA = 057FA		05802 = 05802		05824 = 05824	

高中	常用－B－乙	高中	常用－C－丙	初中	常用－B－乙	初中	常用－B－乙
塔 = 塔		墓 = 墓		墨 = 墨		士 = 士	
05854 = 05854		05893 = 05893		058A8 = 058A8		058EB = 058EB	

初中		初中	常用－A－甲	初中	常用－丁	初中	常用－A－甲
壬 = 壬		夏 = 夏		夕 = 夕		多 = 多	
058EC = 058EC		0590F = 0590F		05915 = 05915		0591A = 0591A	

初中	常用－A－甲	初中	常用－A－甲	初中	常用－A－甲	初中	常用－A－甲
大 = 大		天 = 天		太 = 太		夫 = 夫	
05927 = 05927		05929 = 05929		0592A = 0592A		0592B = 0592B	

高中　　　　常用－B－乙	初中　　　　常用－B－乙	高中　　　　常用－B－乙	高中　　　　次常－C－丙
央＝央 0592E＝0592E	失＝失 05931＝05931	奇＝奇 05947＝05947	奈＝奈 05948＝05948
高中　　　　常用－C－丙	**初中　　　　次常**	**初中　　　　常用－C－丙**	**初中　　　　常用－A－甲**
奔＝奔 05954＝05954	姊＝姊 059CA＝059CA	威＝威 05A01＝05A01	子＝子 05B50＝05B50
高中　　　　常用－B－乙	**初中　　　　常用－B－乙**	**常用－丁**	**高中　　常用－C＋－丙＋**
孔＝孔 05B54＝05B54	存＝存 05B58＝05B58	孝＝孝 05B5D＝05B5D	孟＝孟 05B5F＝05B5F
初中　　　　常用－B－乙	**初中　　　　常用－B－乙**	**常用－丁**	**高中　　　　常用－A－甲**
季＝季 05B63＝05B63	寸＝寸 05BF8＝05BF8	寺＝寺 05BFA＝05BFA	封＝封 05C01＝05C01
初中　　　　常用－A－甲	**初中　　　　常用－B－乙**	**初中　　　　常用－B－乙**	**高中　　　　常用－A－甲**
小＝小 05C0F＝05C0F	尺＝尺 05C3A＝05C3A	尾＝尾 05C3E＝05C3E	局＝局 05C40＝05C40
初中　　　　常用－B－乙	**高中　　　　常用－C－丙**	**高中　　　　次常－丁**	**高中　　　　次常－丁**
居＝居 05C45＝05C45	屈＝屈 05C48＝05C48	履＝履 05C65＝05C65	崩＝崩 05D29＝05D29
初中　　　　常用－丁	**高中　　　　常用－丁**	**初中　　　　常用－A－甲**	**初中　　　　常用－A－甲**
川＝川 05DDD＝05DDD	州＝州 05DDE＝05DDE	工＝工 05DE5＝05DE5	左＝左 05DE6＝05DE6
高中　　　　常用－B－乙	**初中　　　　常用－A－甲**	**初中　　　　常用－A－甲**	**初中**
巧＝巧 05DE7＝05DE7	己＝己 05DF1＝05DF1	已＝已 05DF2＝05DF2	巳＝巳 05DF3＝05DF3
高中　　　　常用－C－丙	**初中　　　　常用－A－甲**	**初中　　　　常用－A－甲**	**初中　　　　常用－A－甲**
巷＝巷 05DF7＝05DF7	布＝布 05E03＝05E03	希＝希 05E0C＝05E0C	常＝常 05E38＝05E38
高中　　　　常用－B－乙	**高中　　　　常用－C－丙**	**初中　　　　常用－A－甲**	**初中　　　　常用－A－甲**
幅＝幅 05E45＝05E45	幕＝幕 05E55＝05E55	干＝干 05E72＝05E72	年＝年 05E74＝05E74
高中　　　　常用－B－乙	**高中　　　　次常**	**初中　　　　常用－A－甲**	**高中　　　　常用－B－乙**
延＝延 05EF6＝05EF6	廷＝廷 05EF7＝05EF7	建＝建 05EFA＝05EFA	弄＝弄 05F04＝05F04
初中　　　　常用－B－乙	**初中　　　　常用－C－丙**	**初中　　　　常用－B－乙**	**初中　　　　常用－B－乙**
式＝式 05F0F＝05F0F	弓＝弓 05F13＝05F13	强＝强 05F3A＝05F3A	形＝形 05F62＝05F62
高中　　　　常用－A－甲	**高中　　　　常用－丁**	**初中　　　　常用－C－丙**	**初中　　　　常用－A－甲**
彩＝彩 05F69＝05F69	役＝役 05F79＝05F79	彼＝彼 05F7C＝05F7C	往＝往 05F80＝05F80
高中　　　　常用－B－乙	**初中　　　　常用－B－乙**	**初中　　　　常用－B－乙**	**高中　　　　常用－丁**
征＝征 05F81＝05F81	待＝待 05F85＝05F85	律＝律 05F8B＝05F8B	徐＝徐 05F90＝05F90
初中　　　　常用－C－丙	**初中　　　　常用－A－甲**	**高中　　　　常用－C－丙**	**高中　　　　常用－C－丙**
徒＝徒 05F92＝05F92	得＝得 05F97＝05F97	御＝御 05FA1＝05FA1	循＝循 05FAA＝05FAA
初中　　　　常用－B－乙	**初中　　　　常用－A－甲**	**初中　　　　常用－A－甲**	**高中　　　　常用－丁**
德＝德 05FB7＝05FB7	心＝心 05FC3＝05FC3	必＝必 05FC5＝05FC5	忌＝忌 05FCC＝05FCC

初中 常用−B−乙 忍 = 忍 05FCD = 05FCD	初中 常用−A−甲 志 = 志 05FD7 = 05FD7	初中 常用−C−丙 忠 = 忠 05FE0 = 05FE0	初中 常用−A−甲 快 = 快 05FEB = 05FEB
高中 常用−A−甲 忽 = 忽 05FFD = 05FFD	初中 常用−A−甲 思 = 思 0601D = 0601D	初中 常用−B−乙 性 = 性 06027 = 06027	初中 常用−C−丙 怨 = 怨 06028 = 06028
高中 常用−B−乙 怪 = 怪 0602A = 0602A	高中 常用−B−乙 恐 = 恐 06050 = 06050	常用−丁 恒 = 恒 06052 = 06052	初中 常用−丁 恩 = 恩 06069 = 06069
高中 常用−丁 恭 = 恭 0606D = 0606D	高中 常用−A−甲 息 = 息 0606F = 0606F	初中 常用−B−乙 悟 = 悟 0609F = 0609F	高中 常用−B−乙 悠 = 悠 060A0 = 060A0
初中 常用−C−丙 患 = 患 060A3 = 060A3	高中 常用−丁 惑 = 惑 060D1 = 060D1	初中 常用−C−丙 惜 = 惜 060DC = 060DC	高中 常用−丁 惠 = 惠 060E0 = 060E0
初中 常用−A−甲 想 = 想 060F3 = 060F3	初中 常用−B−乙 愁 = 愁 06101 = 06101	高中 常用−C−丙 愚 = 愚 0611A = 0611A	初中 常用−A−甲 感 = 感 0611F = 0611F
高中 常用−B−乙 慕 = 慕 06155 = 06155	高中 常用−A−甲 慢 = 慢 06162 = 06162	高中 常用−B−乙 慰 = 慰 06170 = 06170	初中 常用−丁 戊 = 戊 0620A = 0620A
初中 常用−B−乙 戌 = 戌 0620C = 0620C	初中 常用−A−甲 成 = 成 06210 = 06210	初中 常用−A−甲 我 = 我 06211 = 06211	高中 常用−丁 戒 = 戒 06212 = 06212
初中 常用−A−甲 或 = 或 06216 = 06216	高中 常用−B−乙 戚 = 戚 0621A = 0621A	初中 常用−A−甲 所 = 所 06240 = 06240	高中 常用−B−乙 手 = 手 0624B = 0624B
初中 常用−A−甲 打 = 打 06253 = 06253	高中 常用−A−甲 托 = 托 06258 = 06258	初中 常用−B−乙 扶 = 扶 06276 = 06276	高中 常用−B−乙 承 = 承 0627F = 0627F
初中 常用−A−甲 技 = 技 06280 = 06280	高中 常用−A−甲 把 = 把 0628A = 0628A	初中 常用−B−乙 投 = 投 06295 = 06295	高中 常用−B−乙 折 = 折 06298 = 06298
初中 常用−A−甲 抱 = 抱 062B1 = 062B1	高中 常用−C−丙 押 = 押 062BC = 062BC	高中 常用−B−乙 抽 = 抽 062BD = 062BD	高中 常用−A−甲 拍 = 拍 062CD = 062CD
高中 次常−丁 拓 = 拓 062D3 = 062D3	高中 常用−丁 拘 = 拘 062D8 = 062D8	初中 常用−B−乙 招 = 招 062DB = 062DB	初中 常用−A−甲 拾 = 拾 062FE = 062FE
初中 常用−A−甲 持 = 持 06301 = 06301	初中 常用−A−甲 指 = 指 06307 = 06307	高中 常用−B−乙 挑 = 挑 06311 = 06311	高中 常用−B−乙 捉 = 捉 06349 = 06349
高中 常用−B−乙 捕 = 捕 06355 = 06355	初中 常用−B−乙 授 = 授 06388 = 06388	高中 常用−A−甲 掌 = 掌 0638C = 0638C	高中 常用−A−甲 提 = 提 063D0 = 063D0
高中 常用−C−丙 搜 = 搜 0641C = 0641C	高中 常用−A−甲 播 = 播 064AD = 064AD	高中 常用−A−甲 操 = 操 064CD = 064CD	初中 常用−A−甲 支 = 支 0652F = 0652F

300

高中 常用-C-丙	高中 常用-丁	高中 常用-B-乙	高中 常用-B-乙
柱 = 柱	栗 = 栗	株 = 株	格 = 格
067F1 = 067F1	06817 = 06817	0682A = 0682A	0683C = 0683C
初中 常用-C-丙	高中 常用-丁	高中 常用-C-丙	高中 常用-丁
栽 = 栽	桂 = 桂	桃 = 桃	桑 = 桑
0683D = 0683D	06842 = 06842	06843 = 06843	06851 = 06851
高中 常用-B-乙	高中 常用-B-乙	高中 常用-B-乙	高中 常用-B-乙
梁 = 梁	梨 = 梨	械 = 械	模 = 模
06881 = 06881	068A8 = 068A8	068B0 = 068B0	06A21 = 06A21
初中 常用-丁	高中 常用-B-乙	初中 常用-B-乙	初中 常用-A-甲
欲 = 欲	欺 = 欺	止 = 止	正 = 正
06B32 = 06B32	06B3A = 06B3A	06B62 = 06B62	06B63 = 06B63
初中 常用-B-乙	初中 常用-B-乙	初中 常用-A-甲	高中 常用-丁
此 = 此	武 = 武	死 = 死	殃 = 殃
06B64 = 06B64	06B66 = 06B66	06B7B = 06B7B	06B83 = 06B83
高中 次常	高中 常用-B-乙	高中 常用-A-甲	高中 常用-C-丙
殉 = 殉	殊 = 殊	段 = 段	殿 = 殿
06B89 = 06B89	06B8A = 06B8A	06BB5 = 06BB5	06BBF = 06BBF
高中 常用-C-丙	初中 常用-A-甲	初中 常用-A-甲	初中 常用-A-甲
毁 = 毁	毛 = 毛	水 = 水	永 = 永
06BC1 = 06BC1	06BDB = 06BDB	06C34 = 06C34	06C38 = 06C38
高中 常用-B-乙	初中 常用-A-甲	高中 常用-B-乙	高中 常用-C+-丙+
汗 = 汗	江 = 江	池 = 池	沈 = 沈
06C57 = 06C57	06C5F = 06C5F	06C60 = 06C60	06C88 = 06C88
初中 常用-A-甲	初中 常用-B-乙	初中 常用-丁	高中 常用-丁
河 = 河	油 = 油	泉 = 泉	泊 = 泊
06CB3 = 06CB3	06CB9 = 06CB9	06CC9 = 06CC9	06CCA = 06CCA
初中 常用-C-丙	高中 常用-B-乙	初中 常用-A-甲	高中 常用-A-甲
波 = 波	泥 = 泥	注 = 注	泳 = 泳
06CE2 = 06CE2	06CE5 = 06CE5	06CE8 = 06CE8	06CF3 = 06CF3
初中 常用-B-乙	初中 常用-A-甲	初中 常用-B-乙	高中 常用-C-丙
洋 = 洋	洗 = 洗	洞 = 洞	洪 = 洪
06D0B = 06D0B	06D17 = 06D17	06D1E = 06D1E	06D2A = 06D2A
高中 常用-丁	初中 常用-A-甲	高中 次常	高中 常用-丁
洲 = 洲	活 = 活	浦 = 浦	浩 = 浩
06D32 = 06D32	06D3B = 06D3B	06D66 = 06D66	06D69 = 06D69
初中 常用-C-丙	初中 常用-A-甲	高中 次常	初中 次常
浴 = 浴	海 = 海	涯 = 涯	淑 = 淑
06D74 = 06D74	06D77 = 06D77	06DAF = 06DAF	06DD1 = 06DD1
高中 常用-B-乙	初中 常用-A-甲	初中 常用-A-甲	高中 常用-B-乙
淡 = 淡	渴 = 渴	湖 = 湖	源 = 源
06DE1 = 06DE1	06E34 = 06E34	06E56 = 06E56	06E90 = 06E90
高中 常用-A-甲	高中 常用-C-丙	高中 常用-B-乙	高中 常用-B-乙
漂 = 漂	漆 = 漆	漏 = 漏	漠 = 漠
06F02 = 06F02	06F06 = 06F06	06F0F = 06F0F	06F20 = 06F20
高中 常用-C-丙	高中 常用-C-丙	初中 常用-A-甲	初中 常用-丁
漫 = 漫	潮 = 潮	火 = 火	炎 = 炎
06F2B = 06F2B	06F6E = 06F6E	0706B = 0706B	0708E = 0708E

302

初中　　　常用—B—乙	初中　　　常用—A—甲	高中　　　常用—A—甲	高中　　　常用—B—乙
烈 = 烈 070C8 = 070C8	然 = 然 07136 = 07136	照 = 照 07167 = 07167	燃 = 燃 071C3 = 071C3
高中　　　常用—C—丙	高中　　　常用—B—乙	高中　　　常用—C—丙	初中　　　常用—A—甲
燕 = 燕 071D5 = 071D5	燥 = 燥 071E5 = 071E5	爆 = 爆 07206 = 07206	片 = 片 07247 = 07247
初中　　　常用—A—甲	高中　　　常用—C—丙	初中　　　常用—A—甲	初中　　　常用—A—甲
牛 = 牛 0725B = 0725B	牧 = 牧 07267 = 07267	物 物 07269 = 07269	特 = 特 07279 = 07279
初中　　　常用—丁	高中　　　常用—B—乙	高中　　　常用—乙	高中　　　常用—B—乙
犬 = 犬 072AC = 072AC	犯 = 犯 072AF = 072AF	狂 = 狂 072C2 = 072C2	狗 = 狗 072D7 = 072D7
高中　　　常用—C—丙	初中　　　常用—B—乙	初中　　　常用—B—乙	高中　　　常用—C—丙
猛 = 猛 0731B = 0731B	玉 = 玉 07389 = 07389	王 = 王 0738B = 0738B	珍 = 珍 073CD = 073CD
高中　　　常用—B—乙	高中　　　常用—A—甲	初中　　　常用—A—甲	初中　　　常用—A—甲
珠 = 珠 073E0 = 073E0	班 = 班 073ED = 073ED	球 = 球 07403 = 07403	理 = 理 07406 = 07406
初中　　　常用—C—丙	初中　　　常用—C—丙	初中　　　常用—A—甲	初中　　　常用—B—乙
甘 = 甘 07518 = 07518	生 = 生 0751F = 0751F	用 = 用 07528 = 07528	田 = 田 07530 = 07530
初中　　　常用—B—乙	初中　　　常用—C—丙	初中　　　常用—C—丙	初中　　　常用—A—甲
由 = 由 07531 = 07531	甲 = 甲 07532 = 07532	申 = 申 07533 = 07533	男 = 男 07537 = 07537
初中　　　常用—A—甲	高中	高中	初中　　　常用—C—丙
界 = 界 0754C = 0754C	畚 = 畚 07553 = 07553	略 = 略 07565 = 07565	番 = 番 0756A = 0756A
高中	高中　　　常用—B—乙	初中	初中　　　常用—B—乙
畿 = 畿 0757F = 0757F	疑 = 疑 07591 = 07591	癸 = 癸 07678 = 07678	登 = 登 0767B = 0767B
初中　　　常用—A—甲	初中　　　常用—A—甲	初中　　　常用—A—甲	初中　　　常用—B—乙
白 = 白 0767D = 0767D	百 = 百 0767E = 0767E	的 = 的 07684 = 07684	皇 = 皇 07687 = 07687
初中　　　常用—B—乙	初中　　　常用—C—丙	高中　　　常用—C—丙	初中
皮 = 皮 076AE = 076AE	盛 = 盛 076DB = 076DB	盟 = 盟 076DF = 076DF	目 = 目 076EE = 076EE
初中　　　常用—A—甲	高中　　　常用—C—丙	初中　　　常用—A—甲	高中
相 = 相 076F8 = 076F8	眉 = 眉 07709 = 07709	看 = 看 0770B = 0770B	睡 = 睡 07761 = 07761
高中　　　次常	高中　　　次常	初中　　　常用—A—甲	初中
瞬 = 瞬 077AC = 077AC	矢 = 矢 077E2 = 077E2	知 = 知 077E5 = 077E5	短 = 短 077ED = 077ED
初中　　　常用—B—乙	初中	高中　　　常用—B—乙	高中　　　常用—丁
石 = 石 077F3 = 077F3	破 = 破 07834 = 07834	硬 = 硬 0786C = 0786C	碧 = 碧 078A7 = 078A7
初中　　　常用—A—甲	高中　　　常用—A—甲	初中　　　次常	初中　　　常用—B—乙
示 = 示 0793A = 0793A	票 = 票 07968 = 07968	祭 = 祭 0796D = 0796D	禁 = 禁 07981 = 07981

高中 常用－丁	初中 常用－A－甲	初中 常用－A－甲	高中 常用－A－甲
禾＝禾	秋＝秋	科＝科	租＝租
079BE＝079BE	079CB＝079CB	079D1＝079D1	079DF＝079DF
高中 常用－B－乙	初中 常用－B－乙	高中 常用－C－丙	高中 常用－B－乙
秩＝秩	移＝移	稀＝稀	程＝程
079E9＝079E9	079FB＝079FB	07A00＝07A00	07A0B＝07A0B
初中 常用－B－乙	初中 常用－A－甲	高中 常用－B－乙	初中 常用－A－甲
竹＝竹	笑＝笑	符＝符	等＝等
07AF9＝07AF9	07B11＝07B11	07B26＝07B26	07B49＝07B49
初中 常用－B－乙	高中 常用－B－乙	初中 常用－A－甲	高中 次常
答＝答	策＝策	算＝算	簿＝簿
07B54＝07B54	07B56＝07B56	07B97＝07B97	07C3F＝07C3F
高中 常用－C－丙	初中 常用－A－甲	高中 次常	初中 常用－A－甲
籍＝籍	米＝米	粟＝粟	羊＝羊
07C4D＝07C4D	07C73＝07C73	07C9F＝07C9F	07F8A＝07F8A
初中 常用－B－乙	高中 常用－B－乙	初中 常用－A－甲	初中 常用－A－甲
美＝美	群＝群	老＝老	而＝而
07F8E＝07F8E	07FA4＝07FA4	08001＝08001	0800C＝0800C
高中 常用－B－乙	初中 常用－C－丙	初中 常用－B－乙	高中 常用－B－乙
耐＝耐	耕＝耕	耳＝耳	耶＝耶
08010＝08010	08015＝08015	08033＝08033	08036＝08036
初中 常用－A－甲	高中 常用－B－乙	高中 常用－B－乙	高中 常用－B－乙
肉＝肉	肝＝肝	肥＝肥	肯＝肯
08089＝08089	0809D＝0809D	080A5＝080A5	080AF＝080AF
高中 常用－B－乙	高中 常用－B－乙	高中 常用－B－乙	高中 常用－C－丙
肺＝肺	胃＝胃	背＝背	胞＝胞
080BA＝080BA	080C3＝080C3	080CC＝080CC	080DE＝080DE
高中 常用－B－乙	高中 常用－丁	初中 常用－A－甲	高中 常用－B－乙
胡＝胡	腹＝腹	自＝自	臭＝臭
080E1＝080E1	08179＝08179	081EA＝081EA	081ED＝081ED
初中 常用－B－乙	初中 常用－B－乙	初中 常用－A－甲	初中 常用－A－甲
舌＝舌	舍＝舍	色＝色	花＝花
0820C＝0820C	0820D＝0820D	08272＝08272	082B1＝082B1
高中 常用－C－丙	高中 次常	初中 常用－C－丙	初中 常用－A－甲
苗＝苗	苟＝苟	若＝若	苦＝苦
082D7＝082D7	082DF＝082DF	082E5＝082E5	082E6＝082E6
初中 常用－B－甲	初中 常用－丁	初中 常用－A－甲	高中 常用－丁
英＝英	茂＝茂	草＝草	荷＝荷
082F1＝082F1	08302＝08302	08349＝08349	08377＝08377
初中 常用－丁	高中 常用－丁	高中 常用－B－乙	初中 常用－A－甲
莫＝莫	菊＝菊	菌＝菌	菜＝菜
083AB＝083AB	083CA＝083CA	083CC＝083CC	083DC＝083DC
初中 常用－B－乙	高中 常用－丁	高中 常用－C－丙	高中 常用－B－乙
落＝落	葬＝葬	蒸＝蒸	薄＝薄
0843D＝0843D	0846C＝0846C	084B8＝084B8	08584＝08584
高中 常用－B－乙	初中 常用－B－乙	初中 常用－A－甲	初中 常用－A－甲
蜂＝蜂	血＝血	行＝行	街＝街
08702＝08702	08840＝08840	0884C＝0884C	08857＝08857

高中　　　　常用-C-丙	高中　　　　　常用-丁	初中　　　　常用-C-丙	初中　　　　常用-B-乙
衡 = 衡 08861 = 08861	覆 = 覆 08986 = 08986	谷 = 谷 08C37 = 08C37	豆 = 豆 08C46 = 08C46
高中　　　　常用-B-乙	初中　　　　常用-C-丙	初中　　　　常用-A-甲	高中　　　　　常用-丁
貌 = 貌 08C8C = 08C8C	赤 = 赤 08D64 = 08D64	走 = 走 08D70 = 08D70	赴 = 赴 08D74 = 08D74
初中　　　　常用-A-甲	高中　　　　常用-B-乙	高中　　　　常用-B-乙	初中　　　　常用-A-甲
起 = 起 08D77 = 08D77	超 = 超 08D85 = 08D85	趣 = 趣 08DA3 = 08DA3	足 = 足 08DB3 = 08DB3
初中　　　　常用-A-甲	高中　　　　常用-A-甲	高中　　　　常用-C-丙	初中　　　　常用-A-甲
路 = 路 08DEF = 08DEF	跳 = 跳 08DF3 = 08DF3	踏 = 踏 08E0F = 08E0F	身 = 身 08EAB = 08EAB
初中　　　　　次常	高中　　　　　次常-丁	初中　　　　常用-A-甲	初中　　　　常用-A-甲
邑 = 邑 09091 = 09091	邦 = 邦 090A6 = 090A6	郡 = 郡 090E1 = 090E1	里 = 里 091CC = 091CC
初中　　　　常用-A-甲	初中　　　　常用-B-乙	初中　　　　常用-B-乙	初中　　　　常用-B-乙
重 = 重 091CD = 091CD	野 = 野 091CE = 091CE	量 = 量 091CF = 091CF	金 = 金 091D1 = 091D1
高中　　　　常用-A-甲	初中　　　　常用-A-甲	高中　　　　　常用-丁	初中　　　　常用-A-甲
附 = 附 09644 = 09644	除 = 除 09664 = 09664	隆 = 隆 09686 = 09686	雨 = 雨 096E8 = 096E8
高中　　　　常用-B-乙	高中　　　　常用-A-甲	初中　　　　常用-C-丙	初中　　　　常用-B-乙
雷 = 雷 096F7 = 096F7	需 = 需 09700 = 09700	霜 = 霜 0971C = 0971C	露 = 露 09732 = 09732
初中　　　　常用-A-甲	初中　　　　常用-B-乙	初中　　　　常用-A-甲	初中　　　　常用-A-甲
面 = 面 09762 = 09762	革 = 革 09769 = 09769	首 = 首 09996 = 09996	香 = 香 09999 = 09999
初中　　　　常用-A-甲	高中　　　　常用-B-乙		
黑 = 黑 09ED1 = 09ED1	鼓 = 鼓 09F13 = 09F13		

[中-韩]微差同码字表Z_K V4.0

高中 　常用－B－乙 丈 ≈ 丈 04E08 = 04E08	初中 　常用－C－丙 丑 ≈ 丑 04E11 = 04E11	初中 　常用－A－甲 世 ≈ 世 04E16 = 04E16	初中 　常用－A－甲 之 ≈ 之 04E4B = 04E4B
高中 　常用－丁 乳 ≈ 乳 04E73 = 04E73	初中 　常用－A－甲 云 ≈ 云 04E91 = 04E91	高中 　常用－A－甲 互 ≈ 互 04E92 = 04E92	初中 　常用－C－丙 亡 ≈ 亡 04EA1 = 04EA1
初中 　常用－A－甲 交 ≈ 交 04EA4 = 04EA4	初中 　次常 亥 ≈ 亥 04EA5 = 04EA5	初中 　常用－丁 亦 ≈ 亦 04EA6 = 04EA6	高中 亨 ≈ 亨 04EA8 = 04EA8
高中 　常用－B－乙 享 ≈ 享 04EAB = 04EAB	初中 　常用－B－乙 京 ≈ 京 04EAC = 04EAC	高中 　常用－C－丙 亭 ≈ 亭 04EAD = 04EAD	初中 　常用－A－甲 今 ≈ 今 04ECA = 04ECA
初中 　常用－丁 仙 ≈ 仙 04ED9 = 04ED9	初中 　常用－B－乙 令 ≈ 令 04EE4 = 04EE4	初中 　常用－A－甲 以 ≈ 以 04EE5 = 04EE5	初中 　常用－B－乙 仰 ≈ 仰 04EF0 = 04EF0
高中 　常用－C－丙 伴 ≈ 伴 04F34 = 04F34	高中 　常用－B－乙 似 ≈ 似 04F3C = 04F3C	初中 　常用－A－甲 位 ≈ 位 04F4D = 04F4D	初中 　常用－A－甲 低 ≈ 低 04F4E = 04F4E
初中 　常用－B－乙 佛 ≈ 佛 04F5B = 04F5B	初中 　常用－B－乙 依 ≈ 依 04F9D = 04F9D	高中 　常用－C－丙 侮 ≈ 侮 04FAE = 04FAE	高中 　常用－B－乙 侵 ≈ 侵 04FB5 = 04FB5
高中 　常用－丁 俊 ≈ 俊 04FCA = 04FCA	初中 　常用－A－甲 信 ≈ 信 04FE1 = 04FE1	初中 　常用－A－甲 倍 ≈ 倍 0500D = 0500D	高中 倒 ≈ 倒 05012 = 05012
高中 值 ≈ 值 05024 = 05024	高中 　常用－B－乙 偏 ≈ 偏 0504F = 0504F	初中 　常用－A－甲 停 ≈ 停 0505C = 0505C	高中 　常用－B－乙 傍 ≈ 傍 0508D = 0508D
高中 　常用－B－乙 催 ≈ 催 050AC = 050AC	高中 　常用－B－乙 傲 ≈ 傲 050B2 = 050B2	高中 　常用－A－甲 像 ≈ 像 050CF = 050CF	高中 　次常 僧 ≈ 僧 050E7 = 050E7
初中 　常用－B－乙 充 ≈ 充 05145 = 05145	初中 　常用－B－乙 免 ≈ 免 0514D = 0514D	初中 　常用－B－乙 入 ≈ 入 05165 = 05165	初中 　常用－A－甲 全 ≈ 全 05168 = 05168
初中 　常用－A－甲 八 ≈ 八 0516B = 0516B	初中 　常用－A－甲 公 ≈ 公 0516C = 0516C	初中 　常用－A－甲 六 ≈ 六 0516D = 0516D	高中 兮 ≈ 兮 0516E = 0516E
高中 　常用－C－丙 兼 ≈ 兼 0517C = 0517C	高中 冥 ≈ 冥 051A5 = 051A5	初中 　常用－A－甲 冷 ≈ 冷 051B7 = 051B7	初中 　常用－C－丙 凶 ≈ 凶 051F6 = 051F6
初中 　常用－A－甲 出 ≈ 出 051FA = 051FA	初中 　常用－A－甲 分 ≈ 分 05206 = 05206	高中 　常用－A－甲 切 ≈ 切 05207 = 05207	初中 　常用－A－甲 初 ≈ 初 0521D = 0521D
初中 　常用－B－乙 判 ≈ 判 05224 = 05224	初中 　常用－A－甲 到 ≈ 到 05230 = 05230	高中 　常用－丁 券 ≈ 券 05238 = 05238	高中 　常用－A－甲 刻 ≈ 刻 0523B = 0523B
高中 　常用－C－丙 削 ≈ 削 0524A = 0524A	高中 　常用－B－乙 割 ≈ 割 05272 = 05272	高中 　常用－C－丙 劣 ≈ 劣 052A3 = 052A3	高中 　常用－A－甲 努 ≈ 努 052AA = 052AA

类别	字符	编码
初中 常用−B−乙	勇 ≈ 勇	052C7 = 052C7
初中 常用−B−乙	匹 ≈ 匹	05339 = 05339
初中 常用−A−甲	半 ≈ 半	0534A = 0534A
高中 次常−丁	卑 ≈ 卑	05351 = 05351
初中 次常	卒 ≈ 卒	05352 = 05352
初中	卯 ≈ 卯	0536F = 0536F
初中 常用−B−乙	印 ≈ 印	05370 = 05370
高中 常用−B−乙	却 ≈ 却	05374 = 05374
初中 常用−C−丙	卵 ≈ 卵	05375 = 05375
初中 常用−B−乙	卷 ≈ 卷	05377 = 05377
高中 次常	卿 ≈ 卿	0537F = 0537F
高中 常用−A−甲	厥 ≈ 厥	053A5 = 053A5
初中 常用−A−甲	去 ≈ 去	053BB = 053BB
初中 常用−A−甲	反 ≈ 反	053CD = 053CD
高中 次常−丁	叛 ≈ 叛	053DB = 053DB
高中 常用−A−甲	叫 ≈ 叫	053EB = 053EB
初中 次常−丁	吟 ≈ 吟	0541F = 0541F
高中 常用−B−乙	含 ≈ 含	0542B = 0542B
高中 常用−B−乙	吸 ≈ 吸	05438 = 05438
初中 常用−C−丙	哀 ≈ 哀	054C0 = 054C0
高中 常用−丁	唐 ≈ 唐	05510 = 05510
初中 常用−丁	唯 ≈ 唯	0552F = 0552F
初中 常用−A−甲	商 ≈ 商	05546 = 05546
初中 常用−A−甲	四 ≈ 四	056DB = 056DB
初中 常用−B−乙	均 ≈ 均	05747 = 05747
高中 常用−C−丙	培 ≈ 培	057F9 = 057F9
高中 常用−C−丙	塞 ≈ 塞	0585E = 0585E
高中 常用−B−乙	境 ≈ 境	05883 = 05883
初中 常用−A−甲	增 ≈ 增	0589E = 0589E
高中 常用−B−乙	壁 ≈ 壁	058C1 = 058C1
高中 常用−C−丙	壞 ≈ 壞	058E4 = 058E4
初中 常用−A−甲	外 ≈ 外	05916 = 05916
初中 常用−A−甲	夜 ≈ 夜	0591C = 0591C
高中 次常	夷 ≈ 夷	05937 = 05937
初中 常用−丁	奉 ≈ 奉	05949 = 05949
高中 常用−丁	奏 ≈ 奏	0594F = 0594F
高中 次常	契 ≈ 契	05951 = 05951
高中	奚 ≈ 奚	0595A = 0595A
初中	女 ≈ 女	05973 = 05973
高中 常用−C−丙	奴 ≈ 奴	05974 = 05974
初中 常用−A−甲	好 ≈ 好	0597D = 0597D
初中 常用−A−甲	如 ≈ 如	05982 = 05982
高中	妃 ≈ 妃	05983 = 05983
高中 常用−丁	妄 ≈ 妄	05984 = 05984
初中 常用−B−乙	妙 ≈ 妙	05999 = 05999
高中 常用−C−丙	妥 ≈ 妥	059A5 = 059A5
高中	妨 ≈ 妨	059A8 = 059A8
初中 常用−A−甲	妹 ≈ 妹	059B9 = 059B9
初中 常用−B−乙	妻 ≈ 妻	059BB = 059BB
高中	妾 ≈ 妾	059BE = 059BE
高中 常用−A−甲	始 ≈ 始	059CB = 059CB
高中 常用−A−甲	姑 ≈ 姑	059D1 = 059D1
初中 常用−A−甲	姓 ≈ 姓	059D3 = 059D3
初中 常用−B−乙	委 ≈ 委	059D4 = 059D4
高中 常用−B−乙	姻 ≈ 姻	059FB = 059FB
高中 常用−C−丙	姿 ≈ 姿	059FF = 059FF
高中 常用−A−甲	娘 ≈ 娘	05A18 = 05A18
初中 常用−B−乙	婚 ≈ 婚	05A5A = 05A5A
高中	婢 ≈ 婢	05A62 = 05A62
高中 次常−C−丁	媒 ≈ 媒	05A92 = 05A92
高中 常用−C−丙	嫌 ≈ 嫌	05ACC = 05ACC
初中 常用−A−甲	字 ≈ 字	05B57 = 05B57
高中 常用−C−丙	孤 ≈ 孤	05B64 = 05B64
高中	孰 ≈ 孰	05B70 = 05B70

初中　　　　常用－C－丙	初中　　　　常用－C－丙	初中　　　　常用－B－乙	初中　　　　常用－A－甲
宅 ≈ 宅	宇 ≈ 宇	守 ≈ 守	安 ≈ 安
05B85 = 05B85	05B87 = 05B87	05B88 = 05B88	05B89 = 05B89
初中　　　　常用－A－甲	初中　　　　常用－C－丙	初中　　　　常用－B－乙	初中　　　　常用－C－丙
完 ≈ 完	宗 ≈ 宗	官 ≈ 官	宙 ≈ 宙
05B8C = 05B8C	05B97 = 05B97	05B98 = 05B98	05B99 = 05B99
初中　　　　常用－A－甲	高中　　　　常用－A－甲	初中　　　　常用－A－甲	高中　　　　常用－B－乙
定 ≈ 定	宜 ≈ 宜	客 ≈ 客	宣 ≈ 宣
05B9A = 05B9A	05B9C = 05B9C	05BA2 = 05BA2	05BA3 = 05BA3
初中　　　　常用－A－甲	高中　　　　常用－丁	初中　　　　常用－B－乙	高中　　　　常用－B－乙
室 ≈ 室	宰 ≈ 宰	害 ≈ 害	宴 ≈ 宴
05BA4 = 05BA4	05BB0 = 05BB0	05BB3 = 05BB3	05BB4 = 05BB4
初中　　　　常用－A－甲	初中　　　　常用－A－甲	初中　　　　常用－A－甲	高中　　　　次常－C－丙
家 ≈ 家	容 ≈ 容	宿 ≈ 宿	寂 ≈ 寂
05BB6 = 05BB6	05BB9 = 05BB9	05BBF = 05BBF	05BC2 = 05BC2
高中　　　　常用－A－甲	初中　　　　常用－A－甲	初中　　　　常用－B－乙	初中　　　　常用－A－甲
寄 ≈ 寄	寅 ≈ 寅	密 ≈ 密	富 ≈ 富
05BC4 = 05BC4	05BC5 = 05BC5	05BC6 = 05BC6	05BCC = 05BCC
初中　　　　常用－A－甲	初中　　　　常用－B－乙	高中　　　　次常－C－丙	初中　　　　常用－B－乙
寒 ≈ 寒	察 ≈ 察	寡 ≈ 寡	射 ≈ 射
05BD2 = 05BD2	05BDF = 05BDF	05BE1 = 05BE1	05C04 = 05C04
初中　　　　常用－B－乙	初中　　　　常用－A－甲	初中　　　　常用－B－乙	初中　　　　常用－A－甲
尊 ≈ 尊	少 ≈ 少	尖 ≈ 尖	尚 ≈ 尚
05C0A = 05C0A	05C11 = 05C11	05C16 = 05C16	05C19 = 05C19
初中　　　　常用－A－甲	初中　　　　常用－A－甲	初中　　　　常用－A－甲	初中　　　　常用－A－甲
尤 ≈ 尤	就 ≈ 就	屋 ≈ 屋	展 ≈ 展
05C24 = 05C24	05C31 = 05C31	05C4B = 05C4B	05C55 = 05C55
高中　　　　常用－丁	初中　　　　常用－A－甲	高中　　　　次常－丁＋	高中　　　　常用－B－乙
屯 ≈ 屯	山 ≈ 山	岳 ≈ 岳	岸 ≈ 岸
05C6F = 05C6F	05C71 = 05C71	05CB3 = 05CB3	05CB8 = 05CB8
初中　　　　常用－B－乙	高中　　　　常用－丁	初中　　　　常用－B－乙	高中　　　　常用－A－甲
崇 ≈ 崇	巡 ≈ 巡	巨 ≈ 巨	差 ≈ 差
05D07 = 05D07	05DE1 = 05DE1	05DE8 = 05DE8	05DEE = 05DEE
初中　　　　常用－B－乙	初中　　　　常用－A－甲	初中　　　　常用－B－乙	初中　　　　常用－A－甲
市 ≈ 市	帝 ≈ 帝	席 ≈ 席	平 ≈ 平
05E02 = 05E02	05E1D = 05E1D	05E2D = 05E2D	05E73 = 05E73
初中　　　　常用－A－甲	初中　　　　常用－C－丙	高中　　　　次常－丁	高中　　　　常用－A－甲
幸 ≈ 幸	幼 ≈ 幼	幽 ≈ 幽	床 ≈ 床
05E78 = 05E78	05E7C = 05E7C	05E7D = 05E7D	05E8A = 05E8A
初中　　　　常用－B－乙	高中　　　　常用－B－乙	初中　　　　常用－A－甲	初中　　　　常用－A－甲
序 ≈ 序	底 ≈ 底	店 ≈ 店	庚 ≈ 庚
05E8F = 05E8F	05E95 = 05E95	05E97 = 05E97	05E9A = 05E9A
高中　　　　常用－A－甲	初中　　　　常用－A－甲	高中　　　　常用－A－甲	初中　　　　常用－A－甲
府 ≈ 府	度 ≈ 度	座 ≈ 座	庭 ≈ 庭
05E9C = 05E9C	05EA6 = 05EA6	05EA7 = 05EA7	05EAD = 05EAD
高中　　　　次常	高中　　　　常用－A－甲	高中　　　　常用－丁	高中　　　　常用－丁
庶 ≈ 庶	康 ≈ 康	庸 ≈ 庸	廉 ≈ 廉
05EB6 = 05EB6	05EB7 = 05EB7	05EB8 = 05EB8	05EC9 = 05EC9

310

高中	常用-C-丙	高中	常用-丁	初中	常用-B-乙	高中	
廊 ≈ 廊		弊 ≈ 弊		引 ≈ 引		弘 ≈ 弘	
05ECA = 05ECA		05F0A = 05F0A		05F15 = 05F15		05F18 = 05F18	

初中	常用-A-甲	初中	常用-B-乙	高中	常用-A-甲	高中	常用-B-乙
弟 ≈ 弟		弱 ≈ 弱		影 ≈ 影		微 ≈ 微	
05F1F = 05F1F		05F31 = 05F31		05F71 = 05F71		05FAE = 05FAE	

初中	常用-A-甲	初中	常用-A-甲	初中	常用-A-甲	初中	常用-B-乙
忘 ≈ 忘		忙 ≈ 忙		念 ≈ 念		怒 ≈ 怒	
05FD8 = 05FD8		05FD9 = 05FD9		05FF5 = 05FF5		06012 = 06012	

高中	常用-丁	初中	常用-A-甲	高中	次常	高中	
怠 ≈ 怠		急 ≈ 急		恕 ≈ 恕		恣 ≈ 恣	
06020 = 06020		06025 = 06025		06055 = 06055		06063 = 06063	

初中	常用-B-乙	高中	常用-B-乙	初中	常用-B-乙	初中	常用-A-甲
恨 ≈ 恨		悔 ≈ 悔		悲 ≈ 悲		情 ≈ 情	
06068 = 06068		06094 = 06094		060B2 = 060B2		060C5 = 060C5	

高中	丁	高中	常用-C-丙	初中	常用-A-甲	高中	常用-C-丙
惟 ≈ 惟		愈 ≈ 愈		意 ≈ 意		愧 ≈ 愧	
060DF = 060DF		06108 = 06108		0610F = 0610F		06127 = 06127	

初中	常用-丁	高中	常用-C-丙	高中	常用-丁	高中	次常
慈 ≈ 慈		慧 ≈ 慧		慨 ≈ 慨		憎 ≈ 憎	
06148 = 06148		06167 = 06167		06168 = 06168		0618E = 0618E	

初中	常用-A-甲	初中		高中	常用-A-甲	高中	
房 ≈ 房		才 ≈ 才		批 ≈ 批		抄 ≈ 抄	
0623F = 0623F		0624D = 0624D		06279 = 06279		06284 = 06284	

高中	次常-C-丙	高中	常用-B-乙	高中	常用-C-丙	高中	次常
抑 ≈ 抑		抗 ≈ 抗		抵 ≈ 抵		拂 ≈ 拂	
06291 = 06291		06297 = 06297		062B5 = 062B5		062C2 = 062C2	

高中	常用-B-乙	高中	常用-B-乙	高中	次常-丁	初中	常用-B-乙
拒 ≈ 拒		拔 ≈ 拔		拙 ≈ 拙		拜 ≈ 拜	
062D2 = 062D2		062D4 = 062D4		062D9 = 062D9		062DC = 062DC	

高中	常用-C-丙	高中	常用-C-丙	高中	常用-A-甲	高中	常用-C-丙
拳 ≈ 拳		振 ≈ 振		排 ≈ 排		掠 ≈ 掠	
062F3 = 062F3		0632F = 0632F		06392 = 06392		063A0 = 063A0	

初中	常用-B-乙	初中	常用-A-甲	初中	常用-A-甲	高中	常用-B-乙
探 ≈ 探		接 ≈ 接		推 ≈ 推		援 ≈ 援	
063A2 = 063A2		063A5 = 063A5		063A8 = 063A8		063F4 = 063F4	

高中	常用-丁	高中	常用-B-乙	初中	常用-A-甲	初中	常用-A-甲
携 ≈ 携		摘 ≈ 摘		收 ≈ 收		改 ≈ 改	
0643A = 0643A		06458 = 06458		06536 = 06536		06539 = 06539	

初中	常用-A-甲	初中	常用-B-乙	高中	常用-C-丙	初中	常用-A-甲
放 ≈ 放		效 ≈ 效		敏 ≈ 敏		敢 ≈ 敢	
0653E = 0653E		06548 = 06548		0654F = 0654F		06562 = 06562	

高中	次常	初中	常用-A-甲	初中	常用-A-甲	初中	常用-A-甲
敦 ≈ 敦		文 ≈ 文		新 ≈ 新		方 ≈ 方	
06566 = 06566		06587 = 06587		065B0 = 065B0		065B9 = 065B9	

初中	常用-B-乙	初中	常用-A-甲	高中	常用-C-丙	初中	常用-A-甲
施 ≈ 施		旅 ≈ 旅		旋 ≈ 旋		族 ≈ 族	
065BD = 065BD		065C5 = 065C5		065CB = 065CB		065CF = 065CF	

311

高中 常用-B-乙	高中 常用-B-乙	初中 常用-A-甲	高中 常用-A-甲
旗 ≈ 旗 065D7 = 065D7	昏 ≈ 昏 0660F = 0660F	春 ≈ 春 06625 = 06625	晨 ≈ 晨 06668 = 06668
初中 晚 ≈ 晚 06669 = 06669	初中 常用-B-乙 景 ≈ 景 0666F = 0666F	初中 常用-A-甲 晴 ≈ 晴 06674 = 06674	初中 常用-B-乙 暑 ≈ 暑 06691 = 06691
初中 常用-A-甲 暖 ≈ 暖 06696 = 06696	初中 常用-B-乙 暗 ≈ 暗 06697 = 06697	初中 常用-B-乙 曾 ≈ 曾 066FE = 066FE	高中 常用-B-乙 朔 ≈ 朔 06714 = 06714
初中 常用-A-甲 望 ≈ 望 0671B = 0671B	初中 常用-A-甲 松 ≈ 松 0677E = 0677E	高中 常用-A-甲 板 ≈ 板 0677F = 0677F	初中 常用-C-丙 柳 ≈ 柳 067F3 = 067F3
初中 常用-A-甲 校 ≈ 校 06821 = 06821	高中 常用-C-丙 核 ≈ 核 06838 = 06838	初中 常用-A-甲 根 ≈ 根 06839 = 06839	初中 常用-B-乙 案 ≈ 案 06848 = 06848
高中 常用-C-丙 梅 ≈ 梅 06885 = 06885	初中 常用-B-乙 植 ≈ 植 0690D = 0690D	高中 次常 檀 ≈ 檀 06A80 = 06A80	初中 常用-A-甲 次 ≈ 次 06B21 = 06B21
初中 常用-A-甲 歌 ≈ 歌 06B4C = 06B4C	初中 常用-A-甲 步 ≈ 步 06B65 = 06B65	高中 殆 ≈ 殆 06B86 = 06B86	初中 常用-A-甲 母 ≈ 母 06BCD = 06BCD
初中 常用-A-甲 每 ≈ 每 06BCF = 06BCF	高中 常用-C-丙 毒 ≈ 毒 06BD2 = 06BD2	初中 常用-A-甲 比 ≈ 比 06BD4 = 06BD4	高中 常用-B-乙 毫 ≈ 毫 06BEB = 06BEB
初中 常用-C-丙 氏 ≈ 氏 06C0F = 06C0F	初中 常用-A-甲 民 ≈ 民 06C11 = 06C11	初中 汝 ≈ 汝 06C5D = 06C5D	高中 常用-B-乙 沙 ≈ 沙 06C99 = 06C99
初中 常用-A-甲 治 ≈ 治 06CBB = 06CBB	高中 常用-B-乙 沿 ≈ 沿 06CBF = 06CBF	初中 常用-A-甲 法 ≈ 法 06CD5 = 06CD5	初中 次常-丁 泣 ≈ 泣 06CE3 = 06CE3
初中 常用-丁 泰 ≈ 泰 06CF0 = 06CF0	高中 常用-A-甲 派 ≈ 派 06D3E = 06D3E	初中 常用-A-甲 流 ≈ 流 06D41 = 06D41	高中 常用-B-乙 浪 ≈ 浪 06D6A = 06D6A
初中 常用-B-乙 浮 ≈ 浮 06D6E = 06D6E	高中 常用-B-乙 浸 ≈ 浸 06D78 = 06D78	初中 常用-A-甲 消 ≈ 消 06D88 = 06D88	高中 常用-C-丙 涉 ≈ 涉 06D89 = 06D89
高中 次常-丁 淫 ≈ 淫 06DEB = 06DEB	初中 常用-A-甲 深 ≈ 深 06DF1 = 06DF1	初中 常用-B-乙 混 ≈ 混 06DF7 = 06DF7	高中 常用-B-乙 添 ≈ 添 06DFB = 06DFB
高中 常用-B-乙 渡 ≈ 渡 06E21 = 06E21	高中 常用-B-乙 港 ≈ 港 06E2F = 06E2F	初中 常用-丁 溪 ≈ 溪 06EAA = 06EAA	高中 常用-B-乙 滴 ≈ 滴 06EF4 = 06EF4
高中 常用-A-甲 演 ≈ 演 06F14 = 06F14	高中 常用-B-乙 激 ≈ 激 06FC0 = 06FC0	高中 常用-B-乙 濯 ≈ 濯 06FEF = 06FEF	高中 常用-丁 炭 ≈ 炭 070AD = 070AD
高中 焉 ≈ 焉 07109 = 07109	高中 常用-A-甲 熟 ≈ 熟 0719F = 0719F	高中 次常 爵 ≈ 爵 07235 = 07235	初中 常用-A-甲 父 ≈ 父 07236 = 07236

高中	常用-B-乙	高中	常用-B-乙	高中	次常	高中	常用-B-乙
版 ≈ 版		牙 ≈ 牙		玄 ≈ 玄		率 ≈ 率	
07248 = 07248		07259 = 07259		07384 = 07384		07387 = 07387	

高中 常用-C-丙　琴 ≈ 琴　07434 = 07434
初中 常用-C-丙　瓦 ≈ 瓦　074E6 = 074E6
初中 常用-C-丙　甚 ≈ 甚　0751A = 0751A
高中 常用-丁　畏 ≈ 畏　0754F = 0754F

初中 常用-A-甲　留 ≈ 留　07559 = 07559
高中 常用-丁　畜 ≈ 畜　0755C = 0755C
高中 常用-丁　疏 ≈ 疏　0758F = 0758F
高中 常用-丁　疫 ≈ 疫　075AB = 075AB

高中 常用-B-乙　疲 ≈ 疲　075B2 = 075B2
高中 常用-B-丙　疾 ≈ 疾　075BE = 075BE
初中 常用-A-甲　病 ≈ 病　075C5 = 075C5
高中 常用-C-丙　症 ≈ 症　075C7 = 075C7

初中 常用-A-甲　痛 ≈ 痛　075DB = 075DB
初中 常用-丁　皆 ≈ 皆　07686 = 07686
初中 常用-B-乙　益 ≈ 益　076CA = 076CA
高中 常用-C-丙　盲 ≈ 盲　076F2 = 076F2

初中 常用-A-甲　直 ≈ 直　076F4 = 076F4
初中 常用-A-甲　省 ≈ 省　07701 = 07701
初中 常用-C-丙　眠 ≈ 眠　07720 = 07720
初中 常用-A-甲　眼 ≈ 眼　0773C = 0773C

初中 常用-A-甲　着 ≈ 着　07740 = 07740
高中 常用-C-丙　督 ≈ 督　07763 = 07763
高中 次常-丁　睦 ≈ 睦　07766 = 07766
初中 常用-B-乙　矣 ≈ 矣　077E3 = 077E3

高中 常用-B-乙　碑 ≈ 碑　07891 = 07891
高中 常用-B-乙　磨 ≈ 磨　078E8 = 078E8
高中 常用-A-甲　社 ≈ 社　0793E = 0793E
高中 常用-B-乙　祀 ≈ 祀　07940 = 07940

高中 次常　祈 ≈ 祈　07948 = 07948
初中 常用-A-甲　祖 ≈ 祖　07956 = 07956
初中 常用-A-甲　祝 ≈ 祝　0795D = 0795D
初中 常用-A-甲　神 ≈ 神　0795E = 0795E

高中 常用-丁　祥 ≈ 祥　07965 = 07965
初中 常用-A-甲　福 ≈ 福　0798F = 0798F
高中 常用-丁　禽 ≈ 禽　079BD = 079BD
初中 常用-B-乙　秀 ≈ 秀　079C0 = 079C0

初中 常用-B-乙　私 ≈ 私　079C1 = 079C1
高中 常用-B-乙　秒 ≈ 秒　079D2 = 079D2
高中 常用-B-乙　稻 ≈ 稻　07A3B = 07A3B
高中 常用-C-丙　稿 ≈ 稿　07A3F = 07A3F

高中 常用-丁　穴 ≈ 穴　07A74 = 07A74
初中 常用-A-甲　究 ≈ 究　07A76 = 07A76
初中 常用-A-甲　空 ≈ 空　07A7A = 07A7A
高中 常用-A-甲　突 ≈ 突　07A81 = 07A81

初中 常用-A-甲　立 ≈ 立　07ACB = 07ACB
高中 常用-B-乙　竟 ≈ 竟　07ADF = 07ADF
初中 常用-A-甲　章 ≈ 章　07AE0 = 07AE0
高中 常用-B-乙　童 ≈ 童　07AE5 = 07AE5

初中 常用-B-乙　端 ≈ 端　07AEF = 07AEF
初中 常用-A-甲　第 ≈ 第　07B2C = 07B2C
高中 常用-B-乙　管 ≈ 管　07BA1 = 07BA1
初中 常用-A-甲　篇 ≈ 篇　07BC7 = 07BC7

高中 常用-B-乙　粉 ≈ 粉　07C89 = 07C89
初中 常用-A-甲　精 ≈ 精　07CBE = 07CBE
高中 常用-A-甲　糖 ≈ 糖　07CD6 = 07CD6
高中 常用-A-甲　系 ≈ 系　07CFB = 07CFB

初中 常用-B-乙　素 ≈ 素　07D20 = 07D20
高中 常用-C-丙　索 ≈ 索　07D22 = 07D22
高中 常用-B-乙　紫 ≈ 紫　07D2B = 07D2B
高中 常用-A-甲　累 ≈ 累　07D2F = 07D2F

高中　常用-B-乙 繁 ≈ 繁 07E41 = 07E41	高中　常用-B-乙 缺 ≈ 缺 07F3A = 07F3A	高中 罔 ≈ 罔 07F54 = 07F54	初中　常用-C-丙 罪 ≈ 罪 07F6A = 07F6A
高中　常用-B-乙 置 ≈ 置 07F6E = 07F6E	高中　次常-C-丙 署 ≈ 署 07F72 = 07F72	高中　常用-B-乙 羽 ≈ 羽 07FBD = 07FBD	高中　常用-C-丙 翁 ≈ 翁 07FC1 = 07FC1
高中　常用-丁 翼 ≈ 翼 07FFC = 07FFC	初中　常用-A-甲 考 ≈ 考 08003 = 08003	初中　常用-A-甲 者 ≈ 者 08005 = 08005	高中　次常-丁 聘 ≈ 聘 08058 = 08058
高中　次常-丁 肖 ≈ 肖 08096 = 08096	高中　常用-B-乙 肩 ≈ 肩 080A9 = 080A9	初中　常用-A-甲 育 ≈ 育 080B2 = 080B2	初中　常用-B-乙 胸 ≈ 胸 080F8 = 080F8
初中　常用-A-甲 能 ≈ 能 080FD = 080FD	初中　常用-A-甲 脚 ≈ 脚 0811A = 0811A	高中　常用-B-乙 腐 ≈ 腐 08150 = 08150	高中　常用-B-乙 腰 ≈ 腰 08170 = 08170
初中　常用-丁 臣 ≈ 臣 081E3 = 081E3	初中　常用-B-乙 至 ≈ 至 081F3 = 081F3	初中　常用-B-乙 致 ≈ 致 081F4 = 081F4	初中　常用-A-甲 舞 ≈ 舞 0821E = 0821E
高中　常用-丁 舟 ≈ 舟 0821F = 0821F	高中 航 ≈ 航 0822A = 0822A	高中　常用-丁 般 ≈ 般 0822C = 0822C	高中　常用-A-甲 船 ≈ 船 08239 = 08239
初中　常用-B-乙 良 ≈ 良 0826F = 0826F	高中　常用-B-乙 芳 ≈ 芳 082B3 = 082B3	高中　常用-丁 芽 ≈ 芽 082BD = 082BD	高中　常用-丁 茫 ≈ 茫 0832B = 0832B
高中　常用-A-甲 茶 ≈ 茶 08336 = 08336	高中　常用-C-丙 荒 ≈ 荒 08352 = 08352	初中　常用-B-乙 著 ≈ 著 08457 = 08457	高中　常用-C-丙 蒙 ≈ 蒙 08499 = 08499
高中　常用-B-乙 蓄 ≈ 蓄 084C4 = 084C4	高中　常用-B-乙 蔬 ≈ 蔬 0852C = 0852C	高中　常用-丁 蔽 ≈ 蔽 0853D = 0853D	高中　常用-B-乙 藏 ≈ 藏 085CF = 085CF
初中　常用-B-乙 虎 ≈ 虎 0864E = 0864E	高中　常用-B-乙 蛇 ≈ 蛇 086C7 = 086C7	高中　常用-B-乙 蜜 ≈ 蜜 0871C = 0871C	高中　常用-B-乙 蝶 ≈ 蝶 08776 = 08776
初中　常用-A-甲 衣 ≈ 衣 08863 = 08863	初中　常用-A-甲 表 ≈ 表 08868 = 08868	高中　常用-C-丙 衰 ≈ 衰 08870 = 08870	高中　常用-A-甲 被 ≈ 被 088AB = 088AB
高中　常用-C-丙 裁 ≈ 裁 088C1 = 088C1	高中　常用-C-丙 裂 ≈ 裂 088C2 = 088C2	高中　常用-C-丙 裕 ≈ 裕 088D5 = 088D5	高中　常用-丁 裳 ≈ 裳 088F3 = 088F3
初中　常用-A-甲 西 ≈ 西 0897F = 0897F	初中　常用-A-甲 要 ≈ 要 08981 = 08981	初中　常用-A-甲 角 ≈ 角 089D2 = 089D2	初中　常用-A-甲 解 ≈ 解 089E3 = 089E3
初中　常用-A-甲 言 ≈ 言 08A00 = 08A00	高中　常用-丁 誓 ≈ 誓 08A93 = 08A93	高中　常用-B-乙 警 ≈ 警 08B66 = 08B66	高中 豚 ≈ 豚 08C5A = 08C5A
高中　常用-B-乙 象 ≈ 象 08C61 = 08C61	高中　常用-C-丙 豪 ≈ 豪 08C6A = 08C6A	高中　次常-C-丙 豫 ≈ 豫 08C6B = 08C6B	高中　常用-B-乙 越 ≈ 越 08D8A = 08D8A

314

高中 常用－B－乙 初中 常用－A－甲 高中 常用－丁 初中 常用－丁
距 ≈ 距 辛 ≈ 辛 辨 ≈ 辨 辰 ≈ 辰
08DDD＝08DDD 08F9B＝08F9B 08FA8＝08FA8 08FB0＝08FB0

高中 常用－C－丙 初中 常用－A－甲 初中 常用－A－甲 高中 常用－C－丙
辱 ≈ 辱 迎 ≈ 迎 近 ≈ 近 返 ≈ 返
08FB1＝08FB1 08FCE＝08FCE 08FD1＝08FD1 08FD4＝08FD4

高中 常用－B－乙 高中 常用－B－乙 高中 常用－B－乙 初中 常用－B－乙
迫 ≈ 迫 述 ≈ 述 迷 ≈ 迷 追 ≈ 追
08FEB＝08FEB 08FF0＝08FF0 08FF7＝08FF7 08FFD＝08FFD

初中 常用－A－甲 初中 常用－A－甲 高中 常用－B－乙 初中 常用－丁
退 ≈ 退 送 ≈ 送 逃 ≈ 逃 逆 ≈ 逆
09000＝09000 09001＝09001 09003＝09003 09006＝09006

高中 常用－B－乙 高中 常用－B－乙 高中 常用－B－乙 初中 常用－A－甲
透 ≈ 透 逐 ≈ 逐 途 ≈ 途 通 ≈ 通
0900F＝0900F 09010＝09010 09014＝09014 0901A＝0901A

高中 常用－C－丙 初中 常用－B－乙 初中 常用－B－乙 初中 常用－B－乙
逝 ≈ 逝 速 ≈ 速 造 ≈ 造 逢 ≈ 逢
0901D＝0901D 0901F＝0901F 09020＝09020 09022＝09022

高中 常用－C－丙 初中 次常 高中 次常 初中 常用－A－甲
逮 ≈ 逮 逸 ≈ 逸 遂 ≈ 遂 遇 ≈ 遇
0902E＝0902E 09038＝09038 09042＝09042 09047＝09047

高中 常用－B－乙 初中 常用－A－甲 高中 常用－丁 高中 常用－B－乙
遍 ≈ 遍 道 ≈ 道 遣 ≈ 遣 遵 ≈ 遵
0904D＝0904D 09053＝09053 09063＝09063 09075＝09075

高中 常用－B－乙 高中 常用－A－甲 高中 常用－丁 高中 常用－B－乙
避 ≈ 避 那 ≈ 那 邪 ≈ 邪 郊 ≈ 郊
0907F＝0907F 090A3＝090A3 090AA＝090AA 090CA＝090CA

初中 常用－A－甲 高中 次常－丁＋ 初中 常用－A－甲 高中 常用－B－乙
部 ≈ 部 郭 ≈ 郭 都 ≈ 都 酉 ≈ 酉
090E8＝090E8 090ED＝090ED 090FD＝090FD 09149＝09149

高中 次常－丁 高中 常用－B－乙 初中 常用－B－乙 高中 常用－B－乙
酌 ≈ 酌 配 ≈ 配 酒 ≈ 酒 醉 ≈ 醉
0914C＝0914C 0914D＝0914D 09152＝09152 09189＝09189

初中 常用－B－乙 初中 常用－B－乙 初中 常用－B－乙 高中 常用－A－甲
防 ≈ 防 降 ≈ 降 限 ≈ 限 院 ≈ 院
09632＝09632 0964D＝0964D 09650＝09650 09662＝09662

高中 常用－C－丙 高中 常用－丁 高中 常用－C－丙 高中 常用－B－乙
陵 ≈ 陵 陶 ≈ 陶 陷 ≈ 陷 隔 ≈ 隔
09675＝09675 09676＝09676 09677＝09677 09694＝09694

高中 常用－C－丙 高中 常用－丁 初中 常用－B－乙 高中 常用－丁
障 ≈ 障 雁 ≈ 雁 雄 ≈ 雄 雅 ≈ 雅
0969C＝0969C 096C1＝096C1 096C4＝096C4 096C5＝096C5

初中 常用－A－甲 初中 常用－A－甲 高中 常用－A－甲 高中 常用－C－丙
集 ≈ 集 雪 ≈ 雪 零 ≈ 零 震 ≈ 震
096C6＝096C6 096EA＝096EA 096F6＝096F6 09707＝09707

初中 常用－A－甲 初中 常用－A－甲 初中 常用－A－甲 初中 常用－B－乙
非 ≈ 非 音 ≈ 音 食 ≈ 食 骨 ≈ 骨
0975E＝0975E 097F3＝097F3 098DF＝098DF 09AA8＝09AA8

高 ≈ 高		鬼 ≈ 鬼		魂 ≈ 魂		鹿 ≈ 鹿	
09AD8 = 09AD8		09B3C = 09B3C		09B42 = 09B42		09E7F = 09E7F	

麻 ≈ 麻		鼻 ≈ 鼻	
09EBB = 09EBB		09F3B = 09F3B	

[中-韩]简化异码字表X_K V4.0

条件简化　常用-A-甲 乾 ▸ 干 初中 04E7E ≠ 05E72	简化　常用-A-甲 亂 ▸ 乱 高中 04E82 ≠ 04E71	简化　常用-C-丙 亞 ▸ 亚 高中 04E9E ≠ 04E9A	简化　常用-A-甲 來 ▸ 来 初中 04F86 ≠ 06765
简化　常用-A-甲 係 ▸ 系 高中 04FC2 ≠ 07CFB	简化　常用-A-甲 倉 ▸ 仓 高中 05009 ≠ 04ED3	简化　常用-A-甲 個 ▸ 个 初中 0500B ≠ 04E2A	异体代换　常用-B-乙 傚 ▸ 仿 高中 05023 ≠ 04EFF
简化　次常 倫 ▸ 伦 初中 0502B ≠ 04F26	简化　常用-A-甲 偉 ▸ 伟 初中 05049 ≠ 04F1F	简化　常用-C-丙 側 ▸ 侧 高中 05074 ≠ 04FA7	异体代换　常用-丁 傑 ▸ 杰 高中 05091 ≠ 06770
简化　常用-A-甲 備 ▸ 备 初中 05099 ≠ 05907	简化　常用-B-乙 傳 ▸ 传 初中 050B3 ≠ 04F20	简化　常用-C-丙 債 ▸ 债 高中 050B5 ≠ 0503A	简化　常用-B-乙 傷 ▸ 伤 初中 050B7 ≠ 04F24
简化　常用-C-丙 傾 ▸ 倾 高中 050BE ≠ 0503E	简化　常用-B-乙 僅 ▸ 仅 高中 050C5 ≠ 04EC5	简化　常用-丁 僞 ▸ 伪 高中 050DE ≠ 04F2A	简化　常用-B-乙 價 ▸ 价 初中 050F9 ≠ 04EF7
简化　常用-B-乙 儀 ▸ 仪 高中 05100 ≠ 04EEA	简化　常用-A-甲 億 ▸ 亿 初中 05104 ≠ 04EBF	简化　常用-丁 儉 ▸ 俭 高中 05109 ≠ 04FED	简化　常用-C-丙 償 ▸ 偿 高中 0511F ≠ 0507F
简化　常用-B-乙 優 ▸ 优 高中 0512A ≠ 04F18	简化　常用-A-甲 兒 ▸ 儿 初中 05152 ≠ 0513F	汉字正形　常用-A-甲 內 ▸ 内 初中 05167 ≠ 05185	简化　常用-A-甲 兩 ▸ 两 初中 05169 ≠ 04E24
异体代换　常用-B-乙 冊 ▸ 册 初中 0518A ≠ 0518C	简化　常用-B-乙 凍 ▸ 冻 高中 051CD ≠ 051BB	汉字正形　常用-A-甲 別 ▸ 别 初中 05225 ≠ 0522B	简化　常用-B-乙 則 ▸ 则 初中 05247 ≠ 05219
简化　常用-A-甲 剛 ▸ 刚 高中 0525B ≠ 0521A	简化　常用-B-乙 創 ▸ 创 高中 05275 ≠ 0521B	简化　常用-A-甲 劃 ▸ 划 高中 05283 ≠ 05212	简化　常用-B-乙 劇 ▸ 剧 高中 05287 ≠ 05267
简化　常用-丁 劍 ▸ 剑 高中 0528D ≠ 05251	简化　常用-A-甲 動 ▸ 动 初中 052D5 ≠ 052A8	简化　常用-A-甲 務 ▸ 务 初中 052D9 ≠ 052A1	简化　常用-A-甲 勝 ▸ 胜 初中 052DD ≠ 080DC
简化　常用-A-甲 勞 ▸ 劳 初中 052DE ≠ 052B3	简化　常用-B-乙 勢 ▸ 势 初中 052E2 ≠ 052BF	简化　常用-B-乙 勵 ▸ 励 高中 052F5 ≠ 052B1	简化　常用-A-甲 勸 ▸ 劝 初中 052F8 ≠ 0529D
简化　常用-B-乙 區 ▸ 区 高中 05340 ≠ 0533A	简化　常用-C-丙 協 ▸ 协 初中 05354 ≠ 0534F	汉字正形　常用-B-乙 卽 ▸ 即 初中 0537D ≠ 05373	简化　常用-A-甲 參 ▸ 参 初中 053C3 ≠ 053C2
简化　常用-A-甲 員 ▸ 员 高中 054E1 ≠ 05458	简化　常用-A-甲 問 ▸ 问 初中 0554F ≠ 095EE	简化　常用-B-乙 啓 ▸ 启 高中 05553 ≠ 0542F	简化　常用-C-丙 喪 ▸ 丧 初中 055AA ≠ 04E27
简化　常用-A-甲 單 ▸ 单 初中 055AE ≠ 05355	简化　常用-丁 嗚 ▸ 呜 高中 055DA ≠ 0545C	简化　常用-B-乙 嘗 ▸ 尝 高中 05617 ≠ 05C1D	简化　常用-B-乙 嚴 ▸ 严 初中 056B4 ≠ 04E25
简化　常用-A-甲 國 ▸ 国 初中 0570B ≠ 056FD	简化　常用-A-甲 圍 ▸ 围 高中 0570D ≠ 056F4	简化　常用-A-甲 園 ▸ 园 初中 05712 ≠ 056ED	简化　常用-B-乙 圓 ▸ 圆 初中 05713 ≠ 05706
简化　常用-A-甲 圖 ▸ 图 初中 05716 ≠ 056FE	简化　常用-A-甲 團 ▸ 团 高中 05718 ≠ 056E2	简化　常用-B-乙 執 ▸ 执 初中 057F7 ≠ 06267	简化　常用-A-甲 堅 ▸ 坚 初中 05805 ≠ 0575A

分类	级别	繁►简	编码
简化	常用-A-甲	報►报	初中 05831 ≠ 062A5
简化	常用-A-甲	場►场	初中 05834 ≠ 0573A
简化	常用-A-甲	塊►块	高中 0584A ≠ 05757
简化	常用-B-乙	塗►涂	高中 05857 ≠ 06D82
简化	次常-丁	墮►堕	高中 058AE ≠ 05815
简化	常用-C-丙	墳►坟	高中 058B3 ≠ 0575F
简化	常用-A-甲	牆►墙	高中 058BB ≠ 05899
简化	常用-丁	壇►坛	高中 058C7 ≠ 0575B
简化	常用-B-乙	壓►压	高中 058D3 ≠ 0538B
简化	常用-A-甲	壞►坏	高中 058DE ≠ 0574F
简化	常用-C-丙	壯►壮	初中 058EF ≠ 058EE
简化	常用-C-丙	壽►寿	初中 058FD ≠ 05BFF
简化	常用-A-甲	夢►梦	高中 05922 ≠ 068A6
简化	常用-A-甲	奪►夺	高中 0596A ≠ 0593A
简化	常用-B-乙	奮►奋	高中 0596E ≠ 0594B
异体代换	常用-丁	姦►奸	高中 059E6 ≠ 05978
异体代换	常用-丁	姪►侄	高中 059EA ≠ 04F84
汉字正形	常用-C-丙	娛►娱	高中 05A1B ≠ 05A31
简化	常用-B-乙	婦►妇	初中 05A66 ≠ 05987
简化	常用-C-丙	孫►孙	初中 05B6B ≠ 05B59
简化	常用-A-甲	學►学	初中 05B78 ≠ 05B66
汉字正形	常用-C-丙	宮►宫	高中 05BAE ≠ 05BAB
简化	次常	寢►寝	高中 05BE2 ≠ 05BDD
简化	常用-A-甲	實►实	初中 05BE6 ≠ 05B9E
简化	常用-C-丙	寧►宁	高中 05BE7 ≠ 05B81
简化	常用-C-丙	審►审	高中 05BE9 ≠ 05BA1
简化	常用-A-甲	寫►写	高中 05BEB ≠ 05199
简化	常用-B-乙	寬►宽	高中 05BEC ≠ 05BBD
简化	常用-B-乙	寶►宝	高中 05BF6 ≠ 05B9D
简化	常用-A-甲	將►将	初中 05C07 ≠ 05C06
简化	常用-B-乙	專►专	高中 05C08 ≠ 04E13
简化	常用-B-乙	尋►寻	高中 05C0B ≠ 05BFB
简化	常用-A-甲	對►对	初中 05C0D ≠ 05BF9
简化	常用-A-甲	導►导	高中 05C0E ≠ 05BFC
汉字正形	次常-丁	屛►屏	高中 05C5B ≠ 05C4F
简化	常用-丁	屢►屡	高中 05C62 ≠ 05C61
简化	常用-A-甲	層►层	高中 05C64 ≠ 05C42
简化	常用-B-乙	屬►属	高中 05C6C ≠ 05C5E
异体代换	常用-C-丙	峯►峰	高中 05CEF ≠ 05CF0
简化	常用-B-乙	島►岛	初中 05CF6 ≠ 05C9B
简化	常用-丁	嶺►岭	高中 05DBA ≠ 05CAD
异体简化	常用-C-丙	巖►岩	初中 05DD6 ≠ 05CA9
简化	常用-丁	帥►帅	高中 05E25 ≠ 05E05
简化	常用-A-甲	師►师	初中 05E2B ≠ 05E08
简化	常用-C-丙	帳►帐	高中 05E33 ≠ 05E10
简化	常用-A-甲	帶►带	高中 05E36 ≠ 05E26
简化	常用-B-乙	幣►币	高中 05E63 ≠ 05E01
简化	常用-A-甲	幹►干	高中 05E79 ≠ 05E72
简化	常用-A-甲	幾►几	初中 05E7E ≠ 051E0
简化	常用-C-丙	庫►库	高中 05EAB ≠ 05E93
简化	常用-B-乙	廟►庙	高中 05EDF ≠ 05E99
简化	常用-C-丙	廢►废	高中 05EE2 ≠ 05E9F
简化	常用-A-甲	廣►广	初中 05EE3 ≠ 05E7F
简化	常用-B-乙	廳►厅	高中 05EF3 ≠ 05385
异体代换	常用-B-乙	弔►吊	高中 05F14 ≠ 0540A
简化	常用-A-甲	張►张	高中 05F35 ≠ 05F20
简化	常用-B-乙	彈►弹	高中 05F48 ≠ 05F39
简化	常用-A-甲	後►后	初中 05F8C ≠ 0540E
简化	常用-C-丙	徑►径	高中 05F91 ≠ 05F84
简化	常用-A-甲	從►从	初中 05F9E ≠ 04ECE
简化	常用-A-甲	復►复	初中 05FA9 ≠ 0590D
简化	常用-B-乙	徵►征	高中 05FB5 ≠ 05F81
简化	常用-B-乙	徹►彻	高中 05FB9 ≠ 05F7B
异体代换	常用-丁	恥►耻	高中 06065 ≠ 0803B

汉字正形 常用-C-丙 悦 ▶ 悦 初中 06085 ≠ 060A6	简化 常用-C-丙 惡 ▶ 恶 初中 060E1 ≠ 06076	简化 常用-丁 惱 ▶ 恼 高中 060F1 ≠ 0607C	简化 常用-A-甲 愛 ▶ 爱 初中 0611B ≠ 07231
汉字正形 常用-C-丙 愼 ▶ 慎 高中 0613C ≠ 0614E	简化 常用-A-甲 態 ▶ 态 高中 0614B ≠ 06001	简化 常用-C-丙 慘 ▶ 惨 高中 06158 ≠ 060E8	异体代换 常用-C-丙 慙 ▶ 惭 高中 06159 ≠ 060ED
简化 常用-A-甲 慣 ▶ 惯 高中 06163 ≠ 060EF	简化 常用-B-乙 慮 ▶ 虑 高中 0616E ≠ 08651	简化 常用-B-乙 慶 ▶ 庆 初中 06176 ≠ 05E86	异体代换 常用-丁 慾 ▶ 欲 高中 0617E ≠ 06B32
简化 常用-丁 憂 ▶ 忧 初中 06182 ≠ 05FE7	简化 常用-B-乙 憐 ▶ 怜 高中 06190 ≠ 0601C	简化 常用-B-乙 憤 ▶ 愤 高中 061A4 ≠ 06124	次常 憫 ▶ 悯 高中 061AB ≠ 060AF
简化 常用-C-丙 憲 ▶ 宪 高中 061B2 ≠ 05BAA	简化 常用-B-乙 憶 ▶ 忆 初中 061B6 ≠ 05FC6	简化 常用-B-乙 懇 ▶ 恳 高中 061C7 ≠ 06073	简化 常用-A-甲 應 ▶ 应 初中 061C9 ≠ 05E94
简化 常用-丁 懲 ▶ 惩 高中 061F2 ≠ 060E9	简化 常用-C-丙 懷 ▶ 怀 高中 061F7 ≠ 06000	简化 常用-C-丙 懸 ▶ 悬 高中 061F8 ≠ 060AC	简化 常用-丁 懼 ▶ 惧 高中 061FC ≠ 060E7
简化 常用-B-乙 戀 ▶ 恋 高中 06200 ≠ 0604B	简化 常用-B-乙 戰 ▶ 战 初中 06230 ≠ 06218	异体简化 常用-B-乙 戲 ▶ 戏 高中 06231 ≠ 0620F	汉字正形 常用-A-甲 戶 ▶ 户 初中 06236 ≠ 06237
简化 常用-A-甲 捨 ▶ 舍 高中 06368 ≠ 0820D	简化 常用-A-甲 掃 ▶ 扫 高中 06383 ≠ 0626B	异体代换 常用-B-乙 掛 ▶ 挂 高中 0639B ≠ 06302	异体代换 常用-B-乙 採 ▶ 采 初中 063A1 ≠ 091C7
简化 常用-A-甲 揚 ▶ 扬 初中 063DA ≠ 0626C	汉字正形 常用-A-甲 換 ▶ 换 高中 063DB ≠ 06362	简化 常用-B-乙 揮 ▶ 挥 高中 063EE ≠ 06325	简化 常用-B-乙 損 ▶ 损 高中 0640D ≠ 0635F
汉字正形 常用-B-乙 搖 ▶ 摇 高中 06416 ≠ 06447	简化 常用-B-乙 擁 ▶ 拥 高中 064C1 ≠ 062E5	简化 常用-B-乙 擇 ▶ 择 高中 064C7 ≠ 062E9	简化 常用-B-乙 擊 ▶ 击 高中 064CA ≠ 051FB
简化 常用-B-乙 擔 ▶ 担 高中 064D4 ≠ 062C5	简化 常用-B-乙 據 ▶ 据 高中 064DA ≠ 0636E	异体简化 常用-A-甲 擧 ▶ 举 初中 064E7 ≠ 04E3E	简化 常用-B-乙 擴 ▶ 扩 高中 064F4 ≠ 06269
简化 常用-C-丙 攝 ▶ 摄 高中 0651D ≠ 06444	异体代换 常用-C-丙 敍 ▶ 叙 高中 0654D ≠ 053D9	汉字正形 常用-A-甲 敎 ▶ 教 初中 0654E ≠ 06559	简化 常用-B-乙 敗 ▶ 败 初中 06557 ≠ 08D25
简化 常用-B-乙 敵 ▶ 敌 初中 06575 ≠ 0654C	简化 常用-A-甲 數 ▶ 数 初中 06578 ≠ 06570	简化 常用-B-乙 斷 ▶ 断 高中 065B7 ≠ 065AD	异体代换 常用-B-乙 於 ▶ 于 初中 065BC ≠ 04E8E
汉字正形 常用-B-乙 旣 ▶ 既 初中 065E3 ≠ 065E2	异体代换 常用-B-乙 昇 ▶ 升 高中 06607 ≠ 05347	简化 常用-A-甲 時 ▶ 时 初中 06642 ≠ 065F6	简化 常用-丁 晝 ▶ 昼 初中 0665D ≠ 0663C
简化 常用-C-丙 暢 ▶ 畅 高中 066A2 ≠ 07545	简化 常用-B-乙 暫 ▶ 暂 高中 066AB ≠ 06682	简化 常用-A-甲 曆 ▶ 历 高中 066C6 ≠ 05386	简化 常用-B-乙 曉 ▶ 晓 高中 066C9 ≠ 06653
简化 常用-A-甲 書 ▶ 书 初中 066F8 ≠ 04E66	简化 常用-A-甲 會 ▶ 会 初中 06703 ≠ 04F1A	简化 常用-A-甲 東 ▶ 东 初中 06771 ≠ 04E1C	异体代换 常用-A-甲 査 ▶ 查 高中 067FB ≠ 067E5

320

简化	常用-A-甲	异体简化	常用-B-乙	简化	常用-丁	简化	常用-A-甲
條►条		棄►弃		楊►杨		業►业	
高中 0689D ≠ 06761		高中 068C4 ≠ 05F03		高中 0694A ≠ 06768		初中 0696D ≠ 04E1A	

简化	常用-A-甲	简化	常用-A-甲	简化	常用-B-乙	汉字正形	常用-A-甲
極►极		榮►荣		構►构		概►概	
初中 06975 ≠ 06781		初中 069AE ≠ 08363		高中 069CB ≠ 06784		高中 069EA ≠ 06982	

简化	常用-A-甲	简化	常用-A-甲	简化	常用-B-乙	简化	常用-A-甲
樂►乐		樓►楼		標►标		樣►样	
初中 06A02 ≠ 04E50		高中 06A13 ≠ 0697C		高中 06A19 ≠ 06807		高中 06A23 ≠ 06837	

简化	常用-A-甲	简化	常用-A-甲	简化	常用-A-甲	汉字正形	常用-C-丙
樹►树		橋►桥		機►机		橫►横	
初中 06A39 ≠ 06811		初中 06A4B ≠ 06865		高中 06A5F ≠ 0673A		高中 06A6B ≠ 06A2A	

简化	常用-A-甲	简化	常用-丁	简化	常用-C-丙	异体代换	常用-C-丙
檢►检		欄►栏		權►权		歎►叹	
高中 06AA2 ≠ 068C0		高中 06B04 ≠ 0680F		初中 06B0A ≠ 06743		高中 06B4E ≠ 053F9	

简化	常用-A-甲	简化	常用-A-甲	简化	常用-A-甲	简化	常用-C-丙
歡►欢		歲►岁		歷►历		歸►归	
初中 06B61 ≠ 06B22		初中 06B72 ≠ 05C81		初中 06B77 ≠ 05386		初中 06B78 ≠ 05F52	

简化	常用-B-丙	简化	常用-B-乙	简化	常用-A-甲	异体代换	常用-B-乙
殘►残		殺►杀		氣►气		氷►冰	
高中 06B98 ≠ 06B8B		初中 06BBA ≠ 06740		初中 06C23 ≠ 06C14		初中 06C37 ≠ 051B0	

异体代换	常用-B-乙	异体代换	常用-A-甲	汉字正形	常用-A-甲	异体代换	常用-A-甲
汚►污		決►决		沒►没		況►况	
高中 06C5A ≠ 06C61		初中 06C7A ≠ 051B3		高中 06C92 ≠ 06CA1		高中 06CC1 ≠ 051B5	

异体代换	常用-A-甲	异体代换	常用-B-乙	异体代换	常用-A-甲	汉字正形	常用-A-甲
涼►凉		淚►泪		淨►净		淸►清	
初中 06DBC ≠ 051C9		高中 06DDA ≠ 06CEA		初中 06DE8 ≠ 051C0		初中 06DF8 ≠ 06E05	

简化	常用-A-甲	异体代换	常用-B-乙	简化	常用-B-乙	简化	常用-A-甲
淺►浅		減►减		測►测		湯►汤	
初中 06DFA ≠ 0D45		初中 06E1B ≠ 051CF		高中 06E2C ≠ 06D4B		高中 06E6F ≠ 06C64	

简化	常用-A-甲	汉字正形	常用-B-乙	简化	常用-B-乙	简化	次常-丁
準►准		溫►温		滅►灭		滯►滞	
高中 06E96 ≠ 051C6		初中 06EAB ≠ 06E29		高中 06EC5 ≠ 0706D		高中 06EEF ≠ 06EDE	

简化	常用-A-甲	简化	常用-C-丙	简化	常用-A-甲	简化	常用-B-乙
滿►满		漁►渔		漢►汉		漸►渐	
初中 06EFF ≠ 06EE1		初中 06F01 ≠ 06E14		初中 06F22 ≠ 06C49		高中 06F38 ≠ 06E10	

简化	常用-C-丙	异体代换	常用-丁	简化	常用-C-丙	简化	常用-C-丙
潔►洁		潛►潜		潤►润		澤►泽	
初中 06F54 ≠ 06D01		高中 06F5B ≠ 06F5C		高中 06F64 ≠ 06DA6		高中 06FA4 ≠ 06CFD	

简化	常用-丁	简化	常用-B-乙	简化	常用-A-甲	简化	常用-C-丙
濁►浊		濕►湿		濟►济		濫►滥	
高中 06FC1 ≠ 06D4A		高中 06FD5 ≠ 06E7F		高中 06FDF ≠ 06D4E		高中 06FEB ≠ 06EE5	

异体代换	常用-B-乙	简化	常用-丁	简化	常用-B-乙	异体代换	常用-B-乙
災►灾		烏►乌		無►无		煙►烟	
高中 0707D ≠ 0707E		初中 070CF ≠ 04E4C		初中 07121 ≠ 065E0		初中 07159 ≠ 070DF	

简化	常用-A-甲	简化	常用-A-甲	简化	常用-A-甲	简化	常用-A-甲
煩►烦		熱►热		燈►灯		燒►烧	
高中 07169 ≠ 070E6		初中 071B1 ≠ 070ED		初中 071C8 ≠ 0706F		高中 071D2 ≠ 070E7	

简化 常用-B-乙 營 ▸ 营 高中 071DF ≠ 08425	简化 常用-C-丙 燭 ▸ 烛 高中 071ED ≠ 070DB	简化 常用-C-丙 爐 ▸ 炉 高中 07210 ≠ 07089	汉字正形 常用-B-乙 爭 ▸ 争 初中 0722D ≠ 04E89
简化 常用-A-甲 爲 ▸ 为 初中 07232 ≠ 04E3A	简化 常用-B-乙 牽 ▸ 牵 高中 0727D ≠ 07275	简化 常用-B-乙 狀 ▸ 状 高中 072C0 ≠ 072B6	简化 常用-C-丙 猶 ▸ 犹 初中 07336 ≠ 072B9
简化 常用-C-丙 獄 ▸ 狱 高中 07344 ≠ 072F1	异体简化 常用-B-乙 獎 ▸ 奖 高中 0734E ≠ 05956	简化 常用-B-乙 獨 ▸ 独 初中 07368 ≠ 072EC	简化 常用-B-乙 獲 ▸ 获 高中 07372 ≠ 083B7
简化 常用-C-丙 獵 ▸ 猎 高中 07375 ≠ 0730E	简化 常用-C-丙 獸 ▸ 兽 高中 07378 ≠ 0517D	简化 常用-B-乙 獻 ▸ 献 高中 0737B ≠ 0732E	汉字正形 茲 ▸ 兹 高中 07386 ≠ 05179
简化 常用-A-甲 現 ▸ 现 初中 073FE ≠ 073B0	简化 常用-B-乙 環 ▸ 环 高中 074B0 ≠ 073AF	简化 常用-A-甲 産 ▸ 产 初中 07523 ≠ 04EA7	简化 常用-B-乙 畢 ▸ 毕 高中 07562 ≠ 06BD5
简化 常用-A-甲 畫 ▸ 画 初中 0756B ≠ 0753B	异体代换 常用-B-乙 異 ▸ 异 初中 07570 ≠ 05F02	简化 常用-A-甲 當 ▸ 当 初中 07576 ≠ 05F53	简化 常用-A-甲 發 ▸ 发 初中 0767C ≠ 053D1
汉字正形 常用-B-乙 盜 ▸ 盗 高中 076DC ≠ 076D7	简化 常用-B-乙 盡 ▸ 尽 初中 076E1 ≠ 05C3D	简化 常用-C-丙 監 ▸ 监 高中 076E3 ≠ 076D1	简化 常用-B-乙 盤 ▸ 盘 高中 076E4 ≠ 076D8
汉字正形 常用-A-甲 眞 ▸ 真 初中 0771E ≠ 0771F	简化 次常 矯 ▸ 矫 高中 077EF ≠ 077EB	汉字正形 常用-A-甲 研 ▸ 研 初中 0784F ≠ 07814	简化 常用-A-甲 確 ▸ 确 高中 078BA ≠ 0786E
简化 常用-A-甲 礎 ▸ 础 高中 0790E ≠ 07840	异体代换 常用-B-乙 祕 ▸ 秘 高中 07955 ≠ 079D8	汉字正形 常用-B-乙 祿 ▸ 禄 高中 0797F ≠ 07984	简化 常用-丁 禍 ▸ 祸 高中 0798D ≠ 07978
简化 常用-B-乙 禪 ▸ 禅 高中 079AA ≠ 07985	简化 常用-A-甲 禮 ▸ 礼 初中 079AE ≠ 0793C	汉字正形 常用-C-丙 稅 ▸ 税 初中 07A05 ≠ 07A0E	简化 常用-A-甲 種 ▸ 种 初中 07A2E ≠ 079CD
简化 常用-B-乙 稱 ▸ 称 高中 07A31 ≠ 079F0	简化 常用-C-丙 穀 ▸ 谷 初中 07A40 ≠ 08C37	简化 常用-B-乙 積 ▸ 积 高中 07A4D ≠ 079EF	简化 常用-B-乙 穫 ▸ 获 高中 07A6B ≠ 083B7
异体代换 常用-A-甲 窓 ▸ 窗 初中 07A93 ≠ 07A97	简化 常用-B-乙 窮 ▸ 穷 高中 07AAE ≠ 07A77	简化 常用-丁 竊 ▸ 窃 高中 07ACA ≠ 07A83	异体代换 常用-B-乙 竝 ▸ 并 高中 07ADD ≠ 05E76
简化 常用-A-甲 競 ▸ 竞 初中 07AF6 ≠ 07ADE	简化 常用-B-乙 筆 ▸ 笔 初中 07B46 ≠ 07B14	简化 常用-A-甲 節 ▸ 节 初中 07BC0 ≠ 08282	简化 常用-B-乙 範 ▸ 范 高中 07BC4 ≠ 08303
简化 常用-B-乙 築 ▸ 筑 高中 07BC9 ≠ 07B51	简化 常用-B-乙 篤 ▸ 笃 高中 07BE4 ≠ 07B03	简化 常用-A-甲 簡 ▸ 简 高中 07C21 ≠ 07B80	异体代换 次常-丁 粧 ▸ 妆 高中 07CA7 ≠ 05986
简化 常用-B-乙 糧 ▸ 粮 高中 07CE7 ≠ 07CAE	简化 常用-B-乙 糾 ▸ 纠 高中 07CFE ≠ 07EA0	简化 常用-A-甲 紀 ▸ 纪 高中 07D00 ≠ 07EAA	简化 常用-B-乙 約 ▸ 约 初中 07D04 ≠ 07EA6
简化 常用-A-甲 紅 ▸ 红 初中 07D05 ≠ 07EA2	简化 常用-丁 納 ▸ 纳 高中 07D0D ≠ 07EB3	简化 常用-C-丙 純 ▸ 纯 初中 07D14 ≠ 07EAF	简化 常用-A-甲 紙 ▸ 纸 初中 07D19 ≠ 07EB8

简化 常用-A-甲	简化 常用-B-乙	简化 常用-A-甲	简化 常用-B-乙
級►级 高中07D1A ≠ 07EA7	紛►纷 高中07D1B ≠ 07EB7	細►细 初中07D30 ≠ 07EC6	終►终 初中07D42 ≠ 07EC8
异体简化 常用-丁 絃►弦 高中07D43 ≠ 05F26	简化 常用-A-甲 組►组 高中07D44 ≠ 07EC4	简化 常用-A-甲 結►结 初中07D50 ≠ 07ED3	简化 常用-C-丙 絡►络 高中07D61 ≠ 07EDC
简化 常用-A-甲 給►给 初中07D66 ≠ 07ED9	简化 常用-B-乙 統►统 初中07D71 ≠ 07EDF	简化 常用-B-乙 絲►丝 初中07D72 ≠ 04E1D	简化 常用-B-乙 絶►绝 初中07D76 ≠ 07EDD
简化 常用-B-乙 絹►绢 高中07D79 ≠ 07EE2	简化 常用-A-甲 經►经 初中07D93 ≠ 07ECF	简化 常用-A-甲 綠►绿 初中07DA0 ≠ 07EFF	简化 常用-B-乙 維►维 高中07DAD ≠ 07EF4
简化 常用-C-丙 綱►纲 高中07DB1 ≠ 07EB2	简化 常用-丁 綿►绵 高中07DBF ≠ 07EF5	简化 常用-A-甲 繁►紧 高中07DCA ≠ 07D27	异体简化 常用-B-乙 緒►绪 高中07DD6 ≠ 07EEA
异体简化 常用-B-乙 線►线 初中07DDA ≠ 07EBF	简化 常用-C-丙 緣►缘 高中07DE3 ≠ 07F18	简化 常用-B-乙 編►编 高中07DE8 ≠ 07F16	简化 常用-C-丙 緩►缓 高中07DE9 ≠ 07F13
简化 次常 緯►纬 高中07DEF ≠ 07EAC	简化 常用-A-甲 練►练 初中07DF4 ≠ 07EC3	简化 常用-B-乙 縣►县 高中07E23 ≠ 053BF	简化 常用-B-乙 縮►缩 高中07E2E ≠ 07F29
简化 常用-C-丙 縱►纵 高中07E31 ≠ 07EB5	简化 常用-A-甲 總►总 高中07E3D ≠ 0603B	简化 常用-A-甲 績►绩 高中07E3E ≠ 07EE9	简化 常用-A-甲 織►织 高中07E54 ≠ 07EC7
简化 常用-A-甲 繫►系 高中07E6B ≠ 07CFB	简化 常用-A-甲 繼►继 高中07E7C ≠ 07EE7	简化 常用-A-甲 續►续 初中07E8C ≠ 07EED	简化 常用-C-丙 罰►罚 高中07F70 ≠ 07F5A
简化 常用-C-丙 罷►罢 高中07F77 ≠ 07F62	简化 常用-丁 羅►罗 高中07F85 ≠ 07F57	简化 常用-A-甲 義►义 初中07FA9 ≠ 04E49	简化 常用-A-甲 習►习 初中07FD2 ≠ 04E60
简化 常用-A-甲 聖►圣 初中08056 ≠ 05723	简化 常用-B-乙 聞►闻 初中0805E ≠ 095FB	简化 常用-A-甲 聯►联 高中0806F ≠ 08054	简化 常用-B-乙 聰►聪 高中08070 ≠ 0806A
简化 常用-A-甲 聲►声 初中08072 ≠ 058F0	简化 常用-B-乙 職►职 高中08077 ≠ 0804C	简化 常用-A-甲 聽►听 初中0807D ≠ 0542C	简化 常用-B-乙 肅►肃 高中08085 ≠ 08083
简化 常用-C-丙 脅►胁 高中08105 ≠ 080C1	异体代换 常用-B-乙 脈►脉 高中08108 ≠ 08109	异体代换 常用-C-丙 脣►唇 高中08123 ≠ 05507	汉字正形 常用-A-甲 脫►脱 初中0812B ≠ 08131
简化 常用-B-乙 腦►脑 高中08166 ≠ 08111	简化 常用-B-乙 腸►肠 高中08178 ≠ 080A0	简化 常用-B-乙 臟►脏 高中081DF ≠ 0810F	简化 常用-C-丙 臥►卧 初中081E5 ≠ 05367
简化 常用-B-乙 臨►临 高中081E8 ≠ 04E34	简化 常用-B-乙 臺►台 高中081FA ≠ 053F0	简化 常用-B-乙 與►与 初中08207 ≠ 04E0E	简化 常用-A-甲 興►兴 初中08208 ≠ 05174
简化 常用-A-甲 舊►旧 初中0820A ≠ 065E7	简化 常用-B-乙 莊►庄 高中0838A ≠ 05E84	简化 常用-C-丙 華►华 初中083EF ≠ 0534E	简化 常用-A-甲 萬►万 初中0842C ≠ 04E07

简化　常用–B–乙 葉▸叶 初中 08449 ≠ 053F6	条件简化　常用–A–甲 著▸着 初中 08457 ≠ 07740	简化　常用–C–丙 蒼▸苍 高中 084BC ≠ 082CD	简化　常用–B–乙 蓋▸盖 高中 084CB ≠ 076D6
简化　常用–丁 蓮▸莲 高中 084EE ≠ 083B2	简化　常用–C–丙 薦▸荐 高中 085A6 ≠ 08350	简化　常用–A–甲 藝▸艺 初中 085DD ≠ 0827A	简化　常用–A–甲 藥▸药 初中 085E5 ≠ 0836F
简化　常用–丁 蘇▸苏 高中 08607 ≠ 082CF	简化　常用–C–丙 蘭▸兰 高中 0862D ≠ 05170	简化　常用–A–甲 處▸处 初中 08655 ≠ 05904	汉字正形　常用–B–乙 虛▸虚 初中 0865B ≠ 0865A
简化　常用–A–甲 號▸号 初中 0865F ≠ 053F7	简化　常用–A–甲 螢▸萤 高中 087A2 ≠ 08424	次常　常用–B–乙 蟲▸虫 初中 087F2 ≠ 0866B	简化　常用–B–乙 衆▸众 初中 08846 ≠ 04F17
简化　常用–A–甲 術▸术 高中 08853 ≠ 0672F	简化　常用–B–乙 衛▸卫 高中 0885B ≠ 0536B	简化　常用–A–甲 衝▸冲 高中 0885D ≠ 051B2	简化　常用–A–甲 裏▸里 高中 088CF ≠ 091CC
简化　常用–B–乙 補▸补 高中 088DC ≠ 08865	简化　常用–A–甲 裝▸装 高中 088DD ≠ 088C5	简化　常用–B–乙 製▸制 初中 088FD ≠ 05236	简化　常用–A–甲 複▸复 高中 08907 ≠ 0590D
简化　常用–C–丙 襲▸袭 高中 08972 ≠ 088AD	简化　常用–A–甲 見▸见 初中 0898B ≠ 089C1	简化　常用–B–乙 規▸规 高中 0898F ≠ 089C4	简化　常用–A–甲 視▸视 初中 08996 ≠ 089C6
简化　常用–A–甲 親▸亲 初中 089AA ≠ 04EB2	简化　常用–A–甲 覺▸觉 高中 089BA ≠ 089C9	简化　常用–A–甲 覽▸览 高中 089BD ≠ 089C8	简化　常用–A–甲 觀▸观 初中 089C0 ≠ 089C2
简化　常用–B–乙 觸▸触 高中 089F8 ≠ 089E6	简化　常用–B–乙 訂▸订 高中 08A02 ≠ 08BA2	简化　常用–A–甲 計▸计 初中 08A08 ≠ 08BA1	简化　常用–A–甲 討▸讨 高中 08A0E ≠ 08BA8
简化　常用–B–乙 訓▸训 初中 08A13 ≠ 08BAD	简化　常用–A–甲 記▸记 初中 08A18 ≠ 08BB0	简化　次常–丁 訟▸讼 高中 08A1F ≠ 08BBC	简化　常用–A–甲 訪▸访 初中 08A2A ≠ 08BBF
简化　常用–A–甲 設▸设 初中 08A2D ≠ 08BBE	简化　常用–A–甲 許▸许 初中 08A31 ≠ 08BB8	简化　常用–A–甲 訴▸诉 高中 08A34 ≠ 08BC9	简化　次常–丁 詐▸诈 高中 08A50 ≠ 08BC8
简化　常用–A–甲 評▸评 高中 08A55 ≠ 08BC4	简化　常用–A–甲 詞▸词 高中 08A5E ≠ 08BCD	异体简化　常用–丁 詠▸咏 高中 08A60 ≠ 0548F	简化　常用–A–甲 試▸试 初中 08A66 ≠ 08BD5
简化　常用–B–乙 詩▸诗 初中 08A69 ≠ 08BD7	简化　常用–A–甲 話▸话 初中 08A71 ≠ 08BDD	简化　常用–A–甲 該▸该 高中 08A72 ≠ 08BE5	简化　常用–B–乙 詳▸详 高中 08A73 ≠ 08BE6
简化　常用–C–丙 誇▸夸 高中 08A87 ≠ 05938	异体代换　常用–A–甲 誌▸志 高中 08A8C ≠ 05FD7	简化　常用–A–甲 認▸认 初中 08A8D ≠ 08BA4	简化　常用–C–丙 誕▸诞 高中 08A95 ≠ 08BDE
简化　常用–丁 誘▸诱 高中 08A98 ≠ 08BF1	简化　常用–A–甲 語▸语 初中 08A9E ≠ 08BED	简化　常用–B–乙 誠▸诚 初中 08AA0 ≠ 08BDA	简化　常用–A–甲 誤▸误 初中 08AA4 ≠ 08BEF
简化　常用–C–丙 誦▸诵 高中 08AA6 ≠ 08BF5	正形简化　常用–A–甲 說▸说 初中 08AAA ≠ 08BF4	简化　常用–A–甲 誰▸谁 初中 08AB0 ≠ 08C01	简化　常用–A–甲 課▸课 初中 08AB2 ≠ 08BFE

简化　　常用-A-甲	简化　　常用-A-甲	简化　　常用-A-甲	简化　　常用-A-甲
調 ▸ 调	談 ▸ 谈	請 ▸ 请	諒 ▸ 谅
初中08ABF ≠ 08C03	初中08AC7 ≠ 08C08	初中08ACB ≠ 08BF7	高中08AD2 ≠ 08C05
简化　　常用-A-甲	简化　　常用-丁	简化　　次常	简化　　常用-C-丙
論 ▸ 论	諸 ▸ 诸	諾 ▸ 诺	謀 ▸ 谋
初中08AD6 ≠ 08BBA	初中08AF8 ≠ 08BF8	高中08AFE ≠ 08BFA	高中08B00 ≠ 08C0B
简化　　次常	简化　　次常-B-乙	简化　　常用-C-丙	简化　　常用-A-甲
謁 ▸ 谒	謂 ▸ 谓	謙 ▸ 谦	講 ▸ 讲
高中08B01 ≠ 08C12	高中08B02 ≠ 08C13	高中08B19 ≠ 08C26	初中08B1B ≠ 08BB2
简化　　常用-A-甲	正形简化　常用-C-丙	简化　　常用-C-丙	简化　　常用-B-乙
謝 ▸ 谢	謠 ▸ 谣	謹 ▸ 谨	證 ▸ 证
初中08B1D ≠ 08C22	高中08B20 ≠ 08C23	高中08B39 ≠ 08C28	高中08B49 ≠ 08BC1
简化　　常用-A-甲	简化　　常用-丁	简化　　常用-A-甲	简化　　常用-B-乙
識 ▸ 识	譜 ▸ 谱	譯 ▸ 译	議 ▸ 议
初中08B58 ≠ 08BC6	高中08B5C ≠ 08C31	高中08B6F ≠ 08BD1	初中08B70 ≠ 08BAE
简化　　常用-B-乙	简化　　常用-丁	简化　　常用-A-甲	简化　　常用-A-甲
護 ▸ 护	譽 ▸ 誉	讀 ▸ 读	變 ▸ 变
高中08B77 ≠ 062A4	高中08B7D ≠ 08A89	初中08B80 ≠ 08BFB	初中08B8A ≠ 053D8
简化　　常用-A-甲	异体简化　常用-B-乙	简化　　常用-丁	简化　　常用-A-甲
讓 ▸ 让	讚 ▸ 赞	豈 ▸ 岂	豐 ▸ 丰
初中08B93 ≠ 08BA9	高中08B9A ≠ 08D5E	高中08C48 ≠ 05C82	初中08C50 ≠ 04E30
简化　　常用-丁	简化　　常用-丁	简化　　常用-A-甲	简化　　常用-C-丙
貝 ▸ 贝	貞 ▸ 贞	負 ▸ 负	財 ▸ 财
初中08C9D ≠ 08D1D	初中08C9E ≠ 08D1E	高中08CA0 ≠ 08D1F	初中08CA1 ≠ 08D22
简化　　常用-B-乙	简化　　常用-C-丙	简化　　常用-B-乙	简化　　常用-丁
貢 ▸ 贡	貧 ▸ 贫	貨 ▸ 货	販 ▸ 贩
高中08CA2 ≠ 08D21	初中08CA7 ≠ 08D2B	高中08CA8 ≠ 08D27	高中08CA9 ≠ 08D29
简化　　常用-丁	简化　　常用-B-乙	简化　　常用-A-甲	简化　　次常
貪 ▸ 贪	貫 ▸ 贯	責 ▸ 责	貯 ▸ 贮
高中08CAA ≠ 08D2A	高中08CAB ≠ 08D2F	初中08CAC ≠ 08D23	初中08CAF ≠ 08D2E
简化　　常用-A-甲	简化　　常用-B-乙	简化　　常用-丁	简化　　常用-B-乙
貴 ▸ 贵	買 ▸ 买	貸 ▸ 贷	費 ▸ 费
初中08CB4 ≠ 08D35	初中08CB7 ≠ 04E70	高中08CB8 ≠ 08D37	高中08CBB ≠ 08D39
简化　　常用-B-乙	简化　　常用-B-乙	简化　　次常	简化　　常用-B-乙
貿 ▸ 贸	賀 ▸ 贺	賃 ▸ 赁	資 ▸ 资
高中08CBF ≠ 08D38	初中08CC0 ≠ 08D3A	高中08CC3 ≠ 08D41	高中08CC7 ≠ 08D44
简化　　常用-丁	简化　　常用-B-乙	简化　　次常	简化　　常用-C-丙
賊 ▸ 贼	賓 ▸ 宾	賜 ▸ 赐	賞 ▸ 赏
高中08CCA ≠ 08D3C	高中08CD3 ≠ 05BBE	高中08CDC ≠ 08D50	初中08CDE ≠ 08D4F
简化　　常用-丁	简化　　常用-A-甲	简化　　常用-C-丙	简化　　次常-丁
賢 ▸ 贤	賣 ▸ 卖	賤 ▸ 贱	賦 ▸ 赋
初中08CE2 ≠ 08D24	初中08CE3 ≠ 05356	高中08CE4 ≠ 08D31	高中08CE6 ≠ 08D4B
简化　　常用-B-乙	简化　　常用-丁	简化　　常用-C-丙	简化　　常用-B-乙
質 ▸ 质	賴 ▸ 赖	贈 ▸ 赠	贊 ▸ 赞
初中08CEA ≠ 08D28	高中08CF4 ≠ 08D56	08D08 ≠ 08D60	高中08D0A ≠ 08D5E
异体代换　常用-B-乙	简化　　常用-A-甲	简化　　常用-B-乙	简化　　常用-A-甲
跡 ▸ 迹	踐 ▸ 践	躍 ▸ 跃	車 ▸ 车
高中08DE1 ≠ 08FF9	高中08E10 ≠ 08DF5	高中08E8D ≠ 08DC3	初中08ECA ≠ 08F66

简化　　　常用-C-丙 軌 ▸ 轨 高中 08ECC ≠ 08F68	简化　　　常用-B-乙 軍 ▸ 军 初中 08ECD ≠ 0519B	简化　　　　　次常 軒 ▸ 轩 高中 08ED2 ≠ 08F69	简化　　　常用-B-乙 軟 ▸ 软 高中 08EDF ≠ 08F6F
简化　　　常用-A-甲 較 ▸ 较 高中 08F03 ≠ 08F83	简化　　　常用-C-丙 載 ▸ 载 高中 08F09 ≠ 08F7D	简化　　　常用-A-甲 輕 ▸ 轻 初中 08F15 ≠ 08F7B	简化　　　常用-B-乙 輝 ▸ 辉 高中 08F1D ≠ 08F89
简化　　　常用-C-丙 輩 ▸ 辈 高中 08F29 ≠ 08F88	简化　　　常用-B-乙 輪 ▸ 轮 高中 08F2A ≠ 08F6E	简化　　　常用-C-丙 輸 ▸ 输 高中 08F38 ≠ 08F93	简化　　　　次常-丁 輿 ▸ 舆 高中 08F3F ≠ 08206
简化　　　常用-B-乙 轉 ▸ 转 高中 08F49 ≠ 08F6C	简化　　　常用-A-甲 辭 ▸ 辞 高中 08FAD ≠ 08F9E	简化　　　常用-C-丙 辯 ▸ 辩 高中 08FAF ≠ 08FA9	简化　　　常用-A-甲 農 ▸ 农 初中 08FB2 ≠ 0519C
简化　　　常用-A-甲 連 ▸ 连 初中 09023 ≠ 08FDE	简化　　　常用-A-甲 進 ▸ 进 初中 09032 ≠ 08FDB	异体代换　常用-A-甲 遊 ▸ 游 初中 0904A ≠ 06E38	简化　　　常用-A-甲 運 ▸ 运 初中 0904B ≠ 08FD0
简化　　　常用-A-甲 過 ▸ 过 初中 0904E ≠ 08FC7	简化　　　常用-B-乙 達 ▸ 达 初中 09054 ≠ 08FBE	简化　　　常用-B-乙 違 ▸ 违 高中 09055 ≠ 08FDD	汉字正形　常用-C-丙 遙 ▸ 遥 高中 09059 ≠ 09065
简化　　　常用-B-乙 遞 ▸ 递 高中 0905E ≠ 09012	简化　　　常用-A-甲 遠 ▸ 远 初中 09060 ≠ 08FDC	简化　　　常用-A-甲 適 ▸ 适 初中 09069 ≠ 09002	简化　　　常用-A-甲 遲 ▸ 迟 高中 09072 ≠ 08FDF
简化　　　　常用-丁 遷 ▸ 迁 高中 09077 ≠ 08FC1	简化　　　常用-B-乙 選 ▸ 选 初中 09078 ≠ 09009	简化　　　常用-C-丙 遺 ▸ 遗 初中 0907A ≠ 09057	简化　　　常用-A-甲 還 ▸ 还 高中 09084 ≠ 08FD8
简化　　　常用-A-甲 邊 ▸ 边 高中 0908A ≠ 08FB9	汉字正形　　常用-乙 郎 ▸ 郎 初中 090DE ≠ 090CE	简化　　　常用-A-甲 郵 ▸ 邮 高中 090F5 ≠ 090AE	异体简化　常用-B-乙 鄉 ▸ 乡 初中 09115 ≠ 04E61
简化　　　常用-C-丙 醜 ▸ 丑 高中 0919C ≠ 04E11	简化　　　常用-A-甲 醫 ▸ 医 初中 091AB ≠ 0533B	简化　　　常用-B-乙 釋 ▸ 释 高中 091CB ≠ 091CA	简化　　　常用-B-乙 針 ▸ 针 初中 091DD ≠ 09488
简化　　　　　次常 鈍 ▸ 钝 高中 0920D ≠ 0949D	简化　　　常用-A-甲 鉛 ▸ 铅 高中 0925B ≠ 094C5	简化　　　常用-A-甲 銀 ▸ 银 初中 09280 ≠ 094F6	简化 銃 ▸ 铳 高中 09283 ≠ 094F3
简化　　　常用-B-乙 銅 ▸ 铜 高中 09285 ≠ 094DC	简化　　　　次常-丁 銘 ▸ 铭 高中 09298 ≠ 094ED	正形简化　常用-B-乙 銳 ▸ 锐 高中 092B3 ≠ 09510	简化　　　常用-A-甲 鋼 ▸ 钢 高中 092FC ≠ 094A2
简化　　　常用-A-甲 錄 ▸ 录 高中 09304 ≠ 05F55	简化　　　常用-A-甲 錢 ▸ 钱 初中 09322 ≠ 094B1	简化　　　　常用-丁 錦 ▸ 锦 高中 09326 ≠ 09526	简化　　　常用-B-乙 錯 ▸ 错 高中 0932F ≠ 09519
异体简化　常用-A-甲 鍊 ▸ 炼 高中 0934A ≠ 070BC	简化　　　常用-A-甲 鎖 ▸ 锁 高中 09396 ≠ 09501	正形简化　常用-C-丙 鎮 ▸ 镇 高中 093AD ≠ 09547	简化　　　常用-B-乙 鏡 ▸ 镜 高中 093E1 ≠ 0955C
简化　　　常用-A-甲 鐘 ▸ 钟 初中 09418 ≠ 0949F	简化　　　常用-B-乙 鐵 ▸ 铁 初中 09435 ≠ 094C1	简化　　　常用-C-丙 鑄 ▸ 铸 高中 09444 ≠ 094F8	异体简化　常用-C-丙 鑑 ▸ 鉴 高中 09451 ≠ 09274
异体简化　常用-B-乙 鑛 ▸ 矿 高中 0945B ≠ 077FF	简化　　　常用-A-甲 長 ▸ 长 初中 09577 ≠ 0957F	简化　　　常用-A-甲 門 ▸ 门 初中 09580 ≠ 095E8	简化　　　常用-B-乙 閉 ▸ 闭 初中 09589 ≠ 095ED

简化　常用-A-甲	简化　次常	简化　常用-B-乙	简化　常用-A-甲
開 ► 开 初中 0958B ≠ 05F00	閨 ► 闺 高中 0958F ≠ 095F0	閑 ► 闲 初中 09591 ≠ 095F2	間 ► 间 初中 09593 ≠ 095F4
简化　常用-丁	正形简化　常用-B-乙	简化　常用-A-甲	简化　常用-B-乙
閣 ► 阁 高中 095A3 ≠ 09601	閱 ► 阅 高中 095B1 ≠ 09605	關 ► 关 初中 095DC ≠ 05173	陣 ► 阵 高中 09663 ≠ 09635
简化　常用-A-甲	简化　常用-A-甲	简化　常用-C-丙	简化　常用-B-乙
陰 ► 阴 初中 09670 ≠ 09634	陳 ► 陈 高中 09673 ≠ 09648	陸 ► 陆 初中 09678 ≠ 09646	陽 ► 阳 初中 0967D ≠ 09633
简化　常用-B-乙	简化　常用-B-乙	简化　常用-B-乙	异体代换　常用-B-乙
隊 ► 队 高中 0968A ≠ 0961F	階 ► 阶 高中 0968E ≠ 09636	際 ► 际 高中 0969B ≠ 09645	鄰 ► 邻 高中 096A3 ≠ 090BB
简化　常用-B-乙	简化　常用-A-甲	简化　常用-C-丙	异体简化　常用-C-丙
隨 ► 随 高中 096A8 ≠ 0968F	險 ► 险 高中 096AA ≠ 09669	隱 ► 隐 高中 096B1 ≠ 09690	隸 ► 隶 高中 096B7 ≠ 096B6
简化　常用-A-甲	简化　常用-A-甲	简化　常用-A-甲	简化　常用-A-甲
雖 ► 虽 初中 096D6 ≠ 0867D	雙 ► 双 高中 096D9 ≠ 053CC	雜 ► 杂 高中 096DC ≠ 06742	離 ► 离 高中 096E2 ≠ 079BB
简化　常用-A-甲	简化　常用-A-甲	简化　常用-A-甲	简化　常用-B-乙
難 ► 难 初中 096E3 ≠ 096BE	雲 ► 云 初中 096F2 ≠ 04E91	電 ► 电 初中 096FB ≠ 07535	霧 ► 雾 高中 09727 ≠ 096FE
简化　常用-B-乙	汉字正形　常用-A-甲	汉字正形　常用-A-甲	简化　次常
靈 ► 灵 高中 09748 ≠ 07075	靑 ► 青 初中 09751 ≠ 09752	靜 ► 静 初中 0975C ≠ 09759	韓 ► 韩 初中 097D3 ≠ 097E9
异体简化　常用-丁	简化　常用-A-甲	简化　常用-B-乙	简化　常用-C-丙
韻 ► 韵 高中 097FB ≠ 097F5	響 ► 响 高中 097FF ≠ 054CD	頂 ► 顶 初中 09802 ≠ 09876	頃 ► 顷 高中 09803 ≠ 09877
简化　常用-B-乙	简化　常用-B-乙	简化　常用-A-甲	简化　常用-C-丙
項 ► 项 高中 09805 ≠ 09879	順 ► 顺 初中 09806 ≠ 0987A	須 ► 须 初中 09808 ≠ 0987B	頌 ► 颂 高中 0980C ≠ 09882
简化　次常-丁	简化　常用-A-甲	简化　常用-A-甲	简化　次常-丁
頗 ► 颇 高中 09817 ≠ 09887	領 ► 领 初中 09818 ≠ 09886	頭 ► 头 初中 0982D ≠ 05934	頻 ► 频 高中 0983B ≠ 09891
简化　常用-A-甲	简化　常用-C-丙	异体简化　常用-A-甲	简化　常用-A-甲
題 ► 题 初中 0984C ≠ 09898	額 ► 额 高中 0984D ≠ 0989D	顏 ► 颜 初中 09854 ≠ 0989C	願 ► 愿 初中 09858 ≠ 0613F
简化　常用-B-乙	简化　常用-A-甲	简化　常用-B-乙	简化　常用-A-甲
類 ► 类 高中 0985E ≠ 07C7B	顧 ► 顾 高中 09867 ≠ 0987E	顯 ► 显 高中 0986F ≠ 0663E	風 ► 风 初中 098A8 ≠ 098CE
简化　常用-A-甲	异体代换　常用-A-甲	异体简化　常用-C-丙	异体简化　常用-C-丙
飛 ► 飞 初中 098DB ≠ 098DE	飜 ► 翻 高中 098DC ≠ 07FFB	飢 ► 饥 高中 098E2 ≠ 09965	飲 ► 饮 初中 098EE ≠ 0996E
简化　常用-A-甲	简化　常用-A-甲	简化　常用-C-丙	简化　常用-B-乙
飯 ► 饭 初中 098EF ≠ 0996D	飽 ► 饱 高中 098FD ≠ 09971	飾 ► 饰 高中 098FE ≠ 09970	養 ► 养 初中 0990A ≠ 0517B
简化　常用-A-甲	简化　常用-B-乙	简化　常用-A-甲	简化　常用-A-甲
餓 ► 饿 高中 09913 ≠ 0997F	餘 ► 余 初中 09918 ≠ 04F59	館 ► 馆 高中 09928 ≠ 09986	馬 ► 马 初中 099AC ≠ 09A6C

简化　　　　　　常用-A-甲	简化　　　　　　常用-C-丙	简化　　　　　　次常-C-丙	简化　　　　　　　　常用-丁
騎 ▸ 骑	騰 ▸ 腾	騷 ▸ 骚	驅 ▸ 驱
高中 09A0E ≠ 09A91	高中 09A30 ≠ 0817E	高中 09A37 ≠ 09A9A	高中 09A45 ≠ 09A71
简化　　　　　　常用-A-甲	简化　　　　　　常用-B-乙	简化	简化　　　　　　常用-A-甲
驗 ▸ 验	驚 ▸ 惊	驛 ▸ 驿	體 ▸ 体
高中 09A57 ≠ 09A8C	初中 09A5A ≠ 060CA	高中 09A5B ≠ 09A7F	初中 09AD4 ≠ 04F53
简化　　　　　　常用-A-甲	异体简化　　　　常用-B-乙	简化　　　　　　常用-A-甲	简化　　　　　　常用-B-乙
髮 ▸ 发	鬥 ▸ 斗	魚 ▸ 鱼	鮮 ▸ 鲜
高中 09AEE ≠ 053D1	高中 09B2A ≠ 06597	初中 09B5A ≠ 09C7C	初中 09BAE ≠ 09C9C
简化　　　　　　常用-B-乙	简化　　　　　　　　常用-丁	简化　　　　　　常用-C-丙	简化　　　　　　　　次常
鳥 ▸ 鸟	鳳 ▸ 凤	鳴 ▸ 鸣	鴻 ▸ 鸿
初中 09CE5 ≠ 09E1F	高中 09CF3 ≠ 051E4	初中 09CF4 ≠ 09E23	高中 09D3B ≠ 09E3F
简化　　　　　　　　次常	简化　　　　　　常用-A-甲	简化　　　　　　常用-B-乙	简化　　　　　　常用-B-乙
鶴 ▸ 鹤	鷄 ▸ 鸡	鹽 ▸ 盐	麗 ▸ 丽
高中 09DB4 ≠ 09E64	初中 09DC4 ≠ 09E21	高中 09E7D ≠ 076D0	高中 09E97 ≠ 04E3D
简化　　　　　　常用-B-乙	汉字正形　　　　常用-A-甲	汉字正形　　　　常用-B-乙	简化　　　　　　常用-A-甲
麥 ▸ 麦	黃 ▸ 黄	默 ▸ 默	點 ▸ 点
初中 09EA5 ≠ 09EA6	初中 09EC3 ≠ 09EC4	高中 09ED9 ≠ 09ED8	高中 09EDE ≠ 070B9
简化　　　　　　常用-B-乙	简化　　　　　　常用-A-甲	简化　　　　　　常用-C-丙	简化　　　　　　常用-B-乙
黨 ▸ 党	齊 ▸ 齐	齒 ▸ 齿	龍 ▸ 龙
初中 09EE8 ≠ 0515A	高中 09F4A ≠ 09F50	初中 09F52 ≠ 09F7F	高中 09F8D ≠ 09F99
简化　　　　　　　　常用-丁			
龜 ▸ 龟			
高中 09F9C ≠ 09F9F			

328

[中-韩]HSK(汉办版)独有字表U_HSK0_K V4.0

丛 04E1B	丢 04E22	串 04E32	么 04E48	乏 04E4F	乒 04E52	乓 04E53	乔 04E54
乖 04E56	亏 04E8F	些 04E9B	亢 04EA2	亩 04EA9	亮 04EAE	什 04EC0	仆 04EC6
仇 04EC7	仍 04ECD	仔 04ED4	仗 04ED7	们 04EEC	份 04EFD	伊 04F0A	伍 04F0D
伙 04F19	伞 04F1E	估 04F30	伶 04F36	伺 04F3A	你 04F60	佣 04F63	佩 04F69
侈 04F88	侣 04FA3	侦 04FA6	侨 04FA8	俄 04FC4	俏 04FCF	俐 04FD0	俘 04FD8
俩 04FE9	俯 04FEF	倘 05018	倚 0501A	倡 05021	倦 05026	值 0503C	做 0505A
偷 05077	傅 05085	储 050A8	傻 050BB	僵 050F5	僻 050FB	允 05141	兑 05151
兔 05154	兜 0515C	兢 05162	冀 05180	冈 05188	冤 051A4	冯 051AF	冶 051B6
凄 051C4	凌 051CC	凑 051D1	凭 051ED	凯 051EF	凰 051F0	凳 051F3	凸 051F8
凹 051F9	函 051FD	凿 051FF	刁 05201	刃 05203	刘 05218	删 05220	刨 05228
刮 0522E	刹 05239	剂 05242	剃 05243	剖 05256	剥 05265	剩 05269	剪 0526A
劈 05288	办 0529E	劫 052AB	劲 052B2	勃 052C3	勒 052D2	勘 052D8	勺 052FA
勾 052FE	匀 05300	匆 05306	匈 05308	匙 05319	匠 05320	匪 0532A	卡 05361
卢 05362	卸 05378	厂 05382	厉 05389	厌 0538C	厕 05395	厘 05398	厢 053A2
厦 053A6	厨 053A8	叁 053C1	叉 053C9	叠 053E0	另 053E6	叨 053E8	叭 053ED
叮 053EE	叼 053FC	吁 05401	吃 05403	吓 05413	吕 05415	吗 05417	吞 0541E

330

吧 05427	吨 05428	吩 05429	吴 05434	吵 05435	吻 0543B	吼 0543C	呀 05440
呆 05446	呈 05448	呐 05450	呕 05455	呢 05462	呵 05475	呻 0547B	咋 0548B
咐 05490	咖 05496	咙 05499	咨 054A8	咬 054AC	咱 054B1	咳 054B3	咽 054BD
哄 054C4	哆 054C6	哇 054C7	哈 054C8	哎 054CE	哑 054D1	哗 054D7	哟 054DF
哥 054E5	哦 054E6	哨 054E8	哩 054E9	哪 054EA	哼 054FC	唆 05506	唉 05509
唠 05520	唤 05524	售 0552E	唾 0553E	啃 05543	啄 05544	啊 0554A	啡 05561
啤 05564	啥 05565	啦 05566	啸 05578	喂 05582	喇 05587	喉 05589	喊 0558A
喘 05598	喝 0559D	喧 055A7	喷 055B7	喻 055BB	喽 055BD	嗅 055C5	嗓 055D3
嗦 055E6	嗯 055EF	嗽 055FD	嘉 05609	嘛 0561B	嘱 05631	嘲 05632	嘴 05634
嘿 0563F	噢 05662	噪 0566A	嚷 056B7	嚼 056BC	囊 056CA	囱 056F1	圈 05708
圾 0573E	址 05740	坊 0574A	坑 05751	坝 0575D	坡 05761	坦 05766	坯 0576F
垃 05783	垄 05784	型 0578B	垒 05792	垦 057A6	垫 057AB	垮 057AE	埃 057C3
埔 057D4	埠 057E0	堆 05806	堡 05821	堪 0582A	堵 05835	塌 0584C	塑 05851
塘 05858	填 0586B	墟 0589F	壳 058F3	壶 058F6	壹 058F9	够 0591F	夹 05939
套 05957	奠 05960	奢 05962	奥 05965	奶 05976	她 05979	妈 05988	妒 05992
妖 05996	姆 059C6	姐 059D0	姜 059DC	姥 059E5	姨 059E8	娃 05A03	娇 05A07

娶 05A36	婆 05A46	嬰 05A74	婶 05A76	媳 05AB3	嫁 05AC1	嫂 05AC2	嫉 05AC9
嫩 05AE9	孕 05B55	孩 05B69	它 05B83	宋 05B8B	宏 05B8F	宵 05BB5	寇 05BC7
寓 05BD3	寞 05BDE	寨 05BE8	尔 05C14	尘 05C18	尚 05C1A	尸 05C38	尼 05C3C
尿 05C3F	屁 05C41	屉 05C49	届 05C4A	屎 05C4E	屑 05C51	屠 05C60	屿 05C7F
岔 05C94	岗 05C97	峡 05CE1	峻 05CFB	崔 05D14	崖 05D16	靳 05D2D	嵌 05D4C
巩 05DE9	巫 05DEB	巴 05DF4	巾 05DFE	帆 05E06	帖 05E16	帘 05E18	帜 05E1C
帮 05E2E	帽 05E3D	幢 05E62	幻 05E7B	庞 05E9E	廓 05ED3	弥 05F25	弯 05F2F
彭 05F6D	彰 05F70	很 05F88	徊 05F8A	徘 05F98	徽 05FBD	怎 0600E	怕 06015
怖 06016	怯 0602F	恢 06062	恰 06070	悄 06084	悉 06089	您 060A8	悼 060BC
惋 060CB	惕 060D5	恬 060E6	惫 060EB	情 060F0	惹 060F9	愉 06109	愣 06123
慌 0614C	慷 06177	憋 0618B	憾 061BE	懂 061C2	懒 061D2	戈 06208	截 0622A
戴 06234	扁 06241	扇 06247	扎 0624E	扑 06251	扒 06252	扔 06254	扛 0625B
扣 06263	扭 0626D	扮 0626E	扯 0626F	扰 06270	扳 06273	找 0627E	抓 06293
抖 06296	抚 0629A	抛 0629B	抠 062A0	抢 062A1	抢 062A2	披 062AB	抬 062AC
抹 062B9	拄 062C4	拆 062C6	拇 062C7	拉 062C9	拌 062CC	拐 062D0	拖 062D6
拟 062DF	拢 062E2	拣 062E3	拦 062E6	拧 062E7	拨 062E8	括 062EC	拱 062F1

拴 062F4	拼 062FC	拽 062FD	拿 062FF	按 06309	挎 0630E	挖 06316	挚 0631A
挟 0631F	挠 06320	挡 06321	挣 06323	挤 06324	挨 06328	挪 0632A	挫 0632B
挺 0633A	挽 0633D	捅 06345	捆 06346	捌 0634C	捍 0634D	捎 0634E	捏 0634F
捐 06350	捞 0635E	捡 06361	捣 06363	捧 06367	捶 06376	捷 06377	捻 0637B
掀 06380	掂 06382	掉 06389	掏 0638F	掐 06390	掘 06398	控 063A7	掩 063A9
措 063AA	掰 063B0	掷 063B7	掺 063BA	揉 063C9	揍 063CD	描 063CF	插 063D2
握 063E1	揪 063EA	揭 063ED	揽 063FD	搀 06400	搁 06401	搂 06402	搅 06405
搏 0640F	搓 06413	搞 0641E	搬 0642C	搭 0642D	摆 06446	摊 0644A	摔 06454
摧 06467	摩 06469	摸 06478	撇 06487	撑 06491	撒 06492	撕 06495	撞 0649E
撤 064A4	撬 064B5	擅 064C5	擦 064E6	攀 06500	攒 06512	敞 0655E	敲 06572
敷 06577	斑 06591	斧 065A7	斩 065A9	旁 065C1	旨 065E8	旷 065F7	旺 065FA
昂 06602	昆 06606	昧 06627	晃 06643	晋 0664B	晌 0664C	晒 06652	晕 06655
晚 0665A	晤 06664	晰 06670	晶 06676	晾 0667E	曹 066F9	朗 06717	朵 06735
朽 0673D	杆 06746	杏 0674F	杜 0675C	杠 06760	枉 06789	枚 0679A	枣 067A3
枪 067AA	柄 067C4	柏 067CF	柒 067D2	柜 067DC	柠 067E0	柬 067EC	柴 067F4
柿 067FF	栋 0680B	桅 06845	框 06846	桌 0684C	桐 06850	桔 06854	档 06863

桨 06868	桩 06869	桶 06876	梗 06897	梢 068A2	梧 068A7	梯 068AF	梳 068B3
棉 068C9	棋 068CB	棍 068CD	棒 068D2	棕 068D5	棚 068DA	森 068EE	棱 068F1
棵 068F5	棺 068FA	椅 06905	椒 06912	椭 0692D	楚 0695A	榆 06986	榜 0699C
榨 069A8	榴 069B4	榷 069B7	槐 069D0	槽 069FD	樱 06A31	橘 06A58	橡 06A61
檬 06AAC	欠 06B20	欣 06B23	欧 06B27	款 06B3E	歇 06B47	歉 06B49	歧 06B67
歪 06B6A	歹 06B79	歼 06B7C	殖 06B96	殴 06BB4	殷 06BB7	毅 06BC5	毙 06BD9
毯 06BEF	氓 06C13	氖 06C1B	氢 06C22	氧 06C27	氮 06C2E	汁 06C41	求 06C42
汇 06C47	汛 06C5B	汞 06C5E	汪 06C6A	汰 06C70	汹 06C79	汽 06C7D	沃 06C83
沉 06C89	沏 06C8F	沛 06C9B	沟 06C9F	沥 06CA5	沪 06CAA	沫 06CAB	沸 06CB8
沼 06CBC	沾 06CBE	泄 06CC4	泌 06CCC	泛 06CDB	泡 06CE1	泻 06CFB	泼 06CFC
洒 06D12	津 06D25	洽 06D3D	浆 06D46	浇 06D47	浑 06D51	浓 06D53	浙 06D59
涌 06D8C	涕 06D95	涛 06D9B	涝 06D9D	涤 06DA4	涨 06DA8	液 06DB2	淀 06DC0
淆 06DC6	淇 06DC7	淋 06DCB	淘 06DD8	淮 06DEE	淹 06DF9	渗 06E17	渠 06E20
渣 06E23	渺 06E3A	湾 06E7E	溃 06E83	溅 06E85	溉 06E89	溜 06E9C	溶 06EB6
滋 06ECB	滑 06ED1	滔 06ED4	滚 06EDA	滤 06EE4	滨 06EE8	滩 06EE9	潘 06F58
潦 06F66	潭 06F6D	澄 06F84	澡 06FA1	澳 06FB3	瀑 07011	灌 0704C	灰 07070

334

灶 07076	灸 07078	灿 0707F	炊 0708A	炒 07092	炕 07095	炮 070AE	炸 070B8
烁 070C1	烂 070C2	烘 070D8	烤 070E4	烫 070EB	烹 070F9	焊 0710A	焦 07126
焰 07130	煌 0714C	煎 0714E	煤 07164	煮 0716E	熄 07184	熊 0718A	熏 0718F
熔 07194	熬 071AC	爪 0722A	爬 0722C	爷 07237	爸 07238	爹 07239	爽 0723D
牌 0724C	牢 07262	牲 07272	牺 0727A	犁 07281	犸 072C8	狐 072D0	狠 072E0
狡 072E1	狭 072ED	狮 072EE	狸 072F8	狼 072FC	猖 07316	猜 0731C	猪 0732A
猫 0732B	猴 07334	猾 0733E	猿 0733F	玖 07396	玩 073A9	玫 073AB	玲 073B2
玻 073BB	珊 073CA	珑 073D1	琢 07422	瑚 0745A	瑞 0745E	瑰 07470	璃 07483
瓜 074DC	瓣 074E3	瓶 074F6	瓷 074F7	甜 0751C	甩 07529	甫 0752D	畔 07554
畴 07574	疆 07586	疗 07597	疙 07599	疤 075A4	疮 075AE	疯 075AF	疼 075BC
痒 075D2	痕 075D5	痪 075EA	痰 075F0	痴 075F4	痹 075F9	瘟 0761F	瘤 07624
瘦 07626	瘩 07629	瘫 0762B	腐 07638	癌 0764C	皂 07682	皱 076B1	盆 076C6
盈 076C8	盏 076CF	盒 076D2	盯 076EF	盼 076FC	盾 076FE	眨 07728	眯 0772F
眶 07736	睁 07741	睛 0775B	睬 0776C	睹 07779	瞎 0778E	瞒 07792	瞥 077A5
瞧 077A7	瞩 077A9	瞪 077AA	瞻 077BB	矛 077DB	矩 077E9	矮 077EE	码 07801
砂 07802	砌 0780C	砍 0780D	砖 07816	砸 07838	硅 07845	硫 0786B	碌 0788C

碍 0788D	碎 0788E	碗 07897	碟 0789F	碰 078B0	碱 078B1	碳 078B3	磁 078C1
磅 078C5	磋 078CB	磕 078D5	磷 078F7	秃 079C3	秆 079C6	秉 079C9	秤 079E4
秦 079E6	秧 079E7	秒 079FD	稍 07A0D	稚 07A1A	稠 07A20	稳 07A33	稼 07A3C
穆 07A46	穗 07A57	穿 07A7F	窄 07A84	窑 07A91	窜 07A9C	窝 07A9D	窟 07A9F
窿 07ABF	竖 07AD6	站 07AD9	竭 07AED	竿 07AFF	笆 07B06	笋 07B0B	笛 07B1B
笨 07B28	笼 07B3C	筋 07B4B	筐 07B50	筒 07B52	筛 07B5B	筝 07B5D	筷 07B77
筹 07B79	签 07B7E	箩 07BA9	箭 07BAD	箱 07BB1	篮 07BEE	篱 07BF1	簸 07C38
籽 07C7D	粒 07C92	粗 07C97	粘 07C98	粤 07CA4	粥 07CA5	粪 07CAA	粱 07CB1
粹 07CB9	糊 07CCA	糕 07CD5	糟 07CDF	糠 07CE0	絮 07D6E	纤 07EA4	纱 07EB1
纹 07EB9	纺 07EBA	纽 07EBD	绅 07EC5	绍 07ECD	绑 07ED1	绒 07ED2	绕 07ED5
绘 07ED8	绞 07EDE	绣 07EE3	绳 07EF3	绷 07EF7	绸 07EF8	综 07EFC	缀 07F00
缎 07F0E	缔 07F14	缚 07F1A	缝 07F1D	缠 07F20	缴 07F34	缸 07F38	罐 07F50
网 07F51	罕 07F55	罩 07F69	羞 07F9E	羡 07FA1	翅 07FC5	翔 07FD4	翘 07FD8
翠 07FE0	耀 08000	耍 0800D	耗 08017	耸 08038	耽 0803D	耿 0803F	聂 08042
聊 0804A	聋 0804B	聚 0805A	肆 08086	肌 0808C	肚 0809A	股 080A1	肢 080A2
肤 080A4	肪 080AA	肾 080BE	肿 080BF	胀 080C0	胆 080C6	胖 080D6	胳 080F3

胶 080F6	脂 08102	脆 08106	脊 0810A	脖 08116	脸 08138	脾 0813E	腊 0814A
腔 08154	腥 08165	腮 0816E	腿 0817F	膀 08180	膊 0818A	膏 0818F	膛 0819B
膜 0819C	膝 0819D	膨 081A8	臂 081C2	舅 08205	舒 08212	舰 08230	舱 08231
舵 08235	舶 08236	艇 08247	艘 08258	艰 08270	艳 08273	艾 0827E	芒 08292
芝 0829D	芦 082A6	芬 082AC	芭 082AD	芹 082B9	苹 082F9	茄 08304	茅 08305
茎 0830E	茧 08327	荔 08354	荡 08361	菇 083C7	菠 083E0	蜀 08404	萌 0840C
萍 0840D	萝 0841D	萨 08428	葛 0845B	葡 08461	董 08463	葫 0846B	葱 08471
葵 08475	蒂 08482	蒋 0848B	蒜 0849C	蓝 084DD	蓬 084EC	蔑 08511	蔗 08517
蔼 0853C	蕉 08549	蕴 08574	蕾 0857E	薪 085AA	薯 085AF	藤 085E4	蘑 08611
虏 0864F	虹 08679	虾 0867E	蚀 08680	蚁 08681	蚂 08682	蚊 0868A	蚕 08695
蛋 086CB	蛙 086D9	蛛 086DB	蛮 086EE	蛾 086FE	蜓 08713	蜘 08718	蜡 08721
蜻 0873B	蝇 08747	蝉 08749	蝗 08757	蝴 08774	融 0878D	螺 087BA	蠢 08822
衅 08845	衍 0884D	衔 08854	衫 0886B	衬 0886C	衷 08877	袁 08881	袄 08884
袋 0888B	袍 0888D	袖 08896	袜 0889C	袱 088B1	裙 088D9	裤 088E4	襄 088F9
譬 08B6C	讥 08BA5	讯 08BAF	讶 08BB6	讹 08BB9	讽 08BBD	诊 08BCA	询 08BE2
诧 08BE7	诚 08BEB	诬 08BEC	诽 08BFD	谊 08C0A	谎 08C0E	谐 08C10	谗 08C17

谜 08C1C	谤 08C24	谬 08C2C	谴 08C34	豁 08C41	豌 08C4C	贬 08D2C	购 08D2D
贰 08D30	贴 08D34	贿 08D3F	赂 08D42	赌 08D4C	赔 08D54	赚 08D5A	赛 08D5B
赢 08D62	赫 08D6B	赵 08D75	赶 08D76	趁 08D81	趋 08D8B	趟 08D9F	趴 08DB4
跌 08DCC	跑 08DD1	跟 08DDF	跨 08DE8	跪 08DEA	踩 08DFA	踊 08E0A	踌 08E0C
踢 08E22	踩 08E29	踪 08E2A	蹄 08E44	蹈 08E48	蹋 08E4B	蹦 08E66	蹬 08E6C
蹭 08E6D	蹲 08E72	躁 08E81	躇 08E87	躬 08EAC	躲 08EB2	躺 08EBA	轧 08F67
轰 08F70	轿 08F7F	辅 08F85	辆 08F86	辐 08F90	辑 08F91	辖 08F96	辙 08F99
辜 08F9C	辟 08F9F	辣 08FA3	辨 08FAB	辽 08FBD	迅 08FC5	迈 08FC8	这 08FD9
逊 0900A	逗 09017	逛 0901B	逻 0903B	逼 0903C	遭 0906D	遮 0906E	邀 09080
邓 09093	邢 090A2	郁 090C1	郑 090D1	鄙 09119	酗 09157	酝 0915D	酬 0916C
酱 09171	酶 09176	酷 09177	酸 09178	酿 0917F	醋 0918B	醒 09192	钉 09489
钓 09493	锈 09499	钞 0949E	钥 094A5	钦 094A6	钩 094A9	钮 094AE	钳 094B3
钻 094BB	铀 094C0	铃 094C3	铝 094DD	铲 094F2	铺 094FA	链 094FE	销 09500
锄 09504	锅 09505	锈 09508	锋 0950B	锌 0950C	锡 09521	锣 09523	锤 09524
键 0952E	锯 0952F	锹 09539	锻 0953B	镀 09540	镁 09541	镰 09570	镶 09576
闪 095EA	闯 095EF	闷 095F7	闸 095F8	闹 095F9	闺 095FA	阀 09600	阂 09602

阐 09610	阔 09614	阻 0963B	阿 0963F	陋 0964B	陌 0964C	陕 09655	陡 09661
陪 0966A	隘 09698	隙 09699	隧 096A7	雀 096C0	雇 096C7	雌 096CC	雕 096D5
雹 096F9	霉 09709	霍 0970D	霞 0971E	霸 09738	靠 09760	靴 09774	鞋 0978B
鞠 097A0	鞭 097AD	韧 097E7	页 09875	顽 0987D	顿 0987F	颁 09881	预 09884
颈 09888	颊 0988A	颖 09896	颗 09897	颠 098A0	颤 098A4	飘 098D8	餐 09910
饪 0996A	饲 09972	饶 09976	饺 0997A	饼 0997C	馅 09985	馈 09988	馋 0998B
馒 09992	驮 09A6E	驰 09A70	驳 09A73	驴 09A74	驶 09A76	驻 09A7B	驼 09A7C
驾 09A7E	骂 09A82	骄 09A84	骆 09A86	骗 09A97	骡 09AA1	骤 09AA4	髦 09AE6
魄 09B44	魏 09B4F	魔 09B54	鲁 09C81	鲸 09CB8	鸦 09E26	鸭 09E2D	鸽 09E3D
鹅 09E45	鹊 09E4A	鹰 09E70	黎 09ECE	鼠 09F20	龄 09F84		

[中-韩]HSK(北语版)独有字表U_HSK1_K V4.0

丛 04E1B	丢 04E22	串 04E32	么 04E48	乏 04E4F	乒 04E52	兵 04E53	乖 04E56
亏 04E8F	些 04E9B	亩 04EA9	亮 04EAE	什 04EC0	仇 04EC7	仍 04ECD	仔 04ED4
仗 04ED7	们 04EEC	份 04EFD	伍 04F0D	伙 04F19	伞 04F1E	估 04F30	伺 04F3A
你 04F60	佩 04F69	侨 04FA8	俏 04FCF	俩 04FE9	俯 04FEF	倘 05018	倚 0501A
倡 05021	倦 05026	值 0503C	做 0505A	偷 05077	傅 05085	傻 050BB	僵 050F5
允 05141	兑 05151	兔 05154	冤 051A4	冶 051B6	凑 051D1	凭 051ED	凳 051F3
凿 051FF	刘 05218	删 05220	刮 0522E	剖 05256	剥 05265	剩 05269	剪 0526A
办 0529E	劲 052B2	勃 052C3	勺 052FA	勾 052FE	匀 05300	匆 05306	匙 05319
卡 05361	卸 05378	厂 05382	厉 05389	厌 0538C	厕 05395	厘 05398	厢 053A2
厨 053A8	叉 053C9	叠 053E0	另 053E6	叭 053ED	吃 05403	吓 05413	吗 05417
吞 0541E	吧 05427	吨 05428	吩 05429	吴 05434	吵 05435	吻 0543B	吼 0543C
呀 05440	呆 05446	呐 05450	呢 05462	呵 05475	咐 05490	咖 05496	咙 05499
咬 054AC	咱 054B1	咳 054B3	咽 054BD	哆 054C6	哇 054C7	哈 054C8	哎 054CE
哗 054D7	哟 054DF	哥 054E5	哦 054E6	哨 054E8	哩 054E9	哪 054EA	哼 054FC
唉 05509	唤 05524	售 0552E	啊 0554A	啡 05561	啤 05564	啦 05566	喂 05582
喇 05587	喉 05589	喊 0558A	喘 05598	喝 0559D	喷 055B7	喽 055BD	嗓 055D3

嗦 055E6	嗯 055EF	嗽 055FD	嘛 0561B	嘱 05631	嘴 05634	嘿 0563F	噢 05662
嚷 056B7	囱 056F1	圈 05708	圾 0573E	址 05740	坑 05751	坝 0575D	坡 05761
坦 05766	垃 05783	垄 05784	型 0578B	垫 057AB	垮 057AE	堆 05806	堵 05835
塌 0584C	塑 05851	填 0586B	墟 0589F	壳 058F3	壶 058F6	够 0591F	夹 05939
套 05957	奠 05960	奥 05965	奶 05976	她 05979	妈 05988	姐 059D0	姥 059E5
姨 059E8	娃 05A03	娶 05A36	婆 05A46	婴 05A74	婶 05A76	媳 05AB3	嫁 05AC1
嫂 05AC2	嫩 05AE9	孩 05B69	它 05B83	宋 05B8B	宏 05B8F	宵 05BB5	寓 05BD3
寞 05BDE	尔 05C14	尘 05C18	尚 05C1A	屁 05C41	届 05C4A	屿 05C7F	岗 05C97
峡 05CE1	崖 05D16	嶄 05D2D	巩 05DE9	巴 05DF4	巾 05DFE	帘 05E18	帜 05E1C
帮 05E2E	帽 05E3D	幢 05E62	幻 05E7B	廓 05ED3	弯 05F2F	很 05F88	怎 0600E
怕 06015	怖 06016	恢 06062	恰 06070	悄 06084	悉 06089	您 060A8	惕 060D5
惦 060E6	惹 060F9	愉 06109	愣 06123	慌 0614C	憾 061BE	懂 061C2	懒 061D2
截 0622A	戴 06234	扁 06241	扇 06247	扎 0624E	扑 06251	扒 06252	扔 06254
扛 0625B	扣 06263	扭 0626D	扮 0626E	扯 0626F	扰 06270	找 0627E	抓 06293
抖 06296	抛 0629B	抢 062A2	披 062AB	抬 062AC	抹 062B9	拆 062C6	拉 062C9
拐 062D0	拖 062D6	拢 062E2	拣 062E3	拦 062E6	拧 062E7	拨 062E8	括 062EC

拴 062F4	拼 062FC	拿 062FF	按 06309	挖 06316	挡 06321	挣 06323	挤 06324
挨 06328	挫 0632B	挺 0633A	挽 0633D	捆 06346	捏 0634F	捞 0635E	捡 06361
捧 06367	捷 06377	掀 06380	掉 06389	掏 0638F	控 063A7	掩 063A9	措 063AA
揉 063C9	描 063CF	插 063D2	握 063E1	揪 063EA	揭 063ED	搁 06401	搂 06402
搅 06405	搓 06413	搞 0641E	搬 0642C	搭 0642D	摆 06446	摊 0644A	摔 06454
摧 06467	摩 06469	摸 06478	撑 06491	撒 06492	撕 06495	撞 0649E	撤 064A4
擦 064E6	攀 06500	敲 06572	旁 065C1	昆 06606	晃 06643	晒 06652	晕 06655
晚 0665A	晰 06670	朗 06717	朵 06735	朽 0673D	杆 06746	枉 06789	枪 067AA
柄 067C4	柏 067CF	柜 067DC	柴 067F4	柿 067FF	桌 0684C	桔 06854	档 06863
桩 06869	桶 06876	梯 068AF	梳 068B3	棉 068C9	棋 068CB	棍 068CD	棒 068D2
棚 068DA	森 068EE	椁 068F5	椅 06905	椒 06912	楚 0695A	榜 0699C	橘 06A58
欠 06B20	欣 06B23	欧 06B27	款 06B3E	歇 06B47	歉 06B49	歪 06B6A	歼 06B7C
殖 06B96	毅 06BC5	毯 06BEF	氓 06C13	氖 06C1B	氧 06C27	求 06C42	汇 06C47
汽 06C7D	沉 06C89	沟 06C9F	沸 06CB8	沾 06CBE	泌 06CCC	泛 06CDB	泡 06CE1
泼 06CFC	洒 06D12	浆 06D46	浇 06D47	浑 06D51	浓 06D53	浙 06D59	涌 06D8C
涨 06DA8	液 06DB2	涪 06DC6	淋 06DCB	淹 06DF9	渠 06E20	渣 06E23	溅 06E85

344

溉 06E89	溜 06E9C	溶 06EB6	滑 06ED1	滚 06EDA	滩 06EE9	澡 06FA1	濒 06FD2
灌 0704C	灰 07070	灸 07078	灿 0707F	炒 07092	炮 070AE	炸 070B8	烁 070C1
烂 070C2	烤 070E4	烫 070EB	焊 0710A	焦 07126	焰 07130	煌 0714C	煎 0714E
煤 07164	煮 0716E	熊 0718A	熬 071AC	爬 0722C	爷 07237	爸 07238	爹 07239
牌 0724C	牢 07262	牡 07272	牺 0727A	狼 072E0	狡 072E1	狮 072EE	狼 072FC
猜 0731C	猪 0732A	猫 0732B	猴 07334	猾 0733E	猿 0733F	玩 073A9	玻 073BB
璃 07483	瓜 074DC	瓣 074E3	瓶 074F6	瓷 074F7	甜 0751C	甩 07529	甫 0752D
畔 07554	疆 07586	疗 07597	疯 075AF	疼 075BC	痕 075D5	瘦 07626	癌 0764C
皂 07682	皱 076B1	盆 076C6	盏 076CF	盒 076D2	盯 076EF	盼 076FC	盾 076FE
眯 0772F	睁 07741	晴 0775B	瞎 0778E	瞒 07792	瞧 077A7	瞪 077AA	矛 077DB
矩 077E9	矮 077EE	码 07801	砍 0780D	砖 07816	砸 07838	碍 0788D	碎 0788E
碗 07897	碰 078B0	碱 078B1	磁 078C1	磅 078C5	秧 079E7	稍 07A0D	稚 07A1A
稳 07A33	稼 07A3C	穿 07A7F	窄 07A84	窑 07A91	審 07A9C	窟 07A9F	窿 07ABF
站 07AD9	竭 07AED	笨 07B28	笼 07B3C	筋 07B4B	筐 07B50	筒 07B52	筷 07B77
签 07B7E	箭 07BAD	箱 07BB1	篮 07BEE	粒 07C92	粗 07C97	粘 07C98	粥 07CA5
粪 07CAA	粱 07CB1	糊 07CCA	糕 07CD5	糟 07CDF	纤 07EA4	纱 07EB1	纹 07EB9

纺 07EBA	绍 07ECD	绑 07ED1	绕 07ED5	绣 07EE3	绳 07EF3	综 07EFC	缚 07F1A
缝 07F1D	缸 07F38	罐 07F50	网 07F51	罩 07F69	羡 07FA1	翅 07FC5	翘 07FD8
耀 08000	耍 0800D	耗 08017	耽 0803D	聊 0804A	聚 0805A	肌 0808C	肚 0809A
股 080A1	肤 080A4	肿 080BF	胀 080C0	胆 080C6	胖 080D6	胳 080F3	胶 080F6
脆 08106	脖 08116	脸 08138	脾 0813E	腔 08154	腿 0817F	膀 08180	膊 0818A
膏 0818F	膨 081A8	舅 08205	舒 08212	舰 08230	舱 08231	艘 08258	艰 08270
艳 08273	苹 082F9	茅 08305	莓 08393	菠 083E0	蜀 08404	萝 0841D	葛 0845B
葡 08461	蓝 084DD	蓬 084EC	蔑 08511	蕉 08549	虾 0867E	蚀 08680	蚊 0868A
蚕 08695	蛋 086CB	蛙 086D9	蜡 08721	蝇 08747	蝴 08774	蠢 08822	衫 0886B
衬 0886C	衷 08877	袋 0888B	袍 0888D	袖 08896	袜 0889C	袱 088B1	裙 088D9
裤 088E4	襄 088F9	譬 08B6C	讯 08BAF	讶 08BB6	讽 08BBD	诊 08BCA	询 08BE2
诬 08BEC	谊 08C0A	谜 08C1C	购 08D2D	贴 08D34	赔 08D54	赚 08D5A	赛 08D5B
赢 08D62	赵 08D75	赶 08D76	趁 08D81	趟 08D9F	趴 08DB4	跌 08DCC	跑 08DD1
跟 08DDF	跨 08DE8	跪 08DEA	踊 08E0A	踢 08E22	踩 08E29	蹄 08E44	蹈 08E48
蹬 08E6C	蹲 08E72	躁 08E81	躲 08EB2	躺 08EBA	辅 08F85	辆 08F86	辑 08F91
辜 08F9C	辟 08F9F	辣 08FA3	迅 08FC5	迈 08FC8	这 08FD9	逗 09017	逛 0901B

逻 0903B	逼 0903C	遭 0906D	遮 0906E	邀 09080	酬 0916C	酱 09171	酷 09177
酸 09178	醋 0918B	醒 09192	钉 09489	钓 09493	钞 0949E	钥 094A5	钩 094A9
铃 094C3	铝 094DD	铲 094F2	铺 094FA	锅 09505	锈 09508	锡 09521	锣 09523
键 0952E	锻 0953B	闪 095EA	闯 095EF	闷 095F7	闹 095F9	阂 09602	阔 09614
阻 0963B	阿 0963F	陌 0964C	陕 09655	陡 09661	陪 0966A	雇 096C7	雕 096D5
霉 09709	靠 09760	鞋 0978B	页 09875	顽 0987D	顿 0987F	预 09884	颗 09897
颤 098A4	飘 098D8	餐 09910	饲 09972	饶 09976	饺 0997A	饼 0997C	馒 09992
驮 09A6E	驴 09A74	驶 09A76	驻 09A7B	驼 09A7C	驾 09A7E	骂 09A82	骄 09A84
骆 09A86	骗 09A97	骤 09AA4	鲸 09CB8	鸭 09E2D	鸽 09E3D	鹅 09E45	黎 09ECE
龄 09F84							

豈	豈	更	更	車	車	賈	賈
0F900	08C48	0F901	066F4	0F902	08ECA	0F903	08CC8
滑	滑	串	串	句	句	龜	龜
0F904	06ED1	0F905	04E32	0F906	053E5	0F907	09F9C
龜	龜	金	金	喇	喇	奈	奈
0F908	09F9C	0F90A	091D1	0F90B	05587	0F90C	05948
懶	懶	癩	癩	羅	羅	蘿	蘿
0F90D	061F6	0F90E	07669	0F90F	07F85	0F910	0863F
螺	螺	裸	裸	邏	邏	樂	樂
0F911	087BA	0F912	088F8	0F913	0908F	0F914	06A02
洛	洛	烙	烙	落	落	酪	酪
0F915	06D1B	0F916	070D9	0F918	0843D	0F919	0916A
駱	駱	亂	亂	卵	卵	欄	欄
0F91A	099F1	0F91B	04E82	0F91C	05375	0F91D	06B04
爛	爛	蘭	蘭	嵐	嵐	濫	濫
0F91E	0721B	0F91F	0862D	0F921	05D50	0F922	06FEB
藍	藍	襤	襤	拉	拉	臘	臘
0F923	085CD	0F924	08964	0F925	062C9	0F926	081D8
蠟	蠟	廊	廊	朗	朗	浪	浪
0F927	0881F	0F928	05ECA	0F929	06717	0F92A	06D6A
狼	狼	郎	郎	來	來	冷	冷
0F92B	072FC	0F92C	090CE	0F92D	04F86	0F92E	051B7
勞	勞	擄	擄	櫓	櫓	爐	爐
0F92F	052DE	0F930	064C4	0F931	06AD3	0F932	07210
盧	盧	老	老	蘆	蘆	虜	虜
0F933	076E7	0F934	08001	0F935	08606	0F936	0865C
路	路	露	露	魯	魯	鷺	鷺
0F937	08DEF	0F938	09732	0F939	09B6F	0F93A	09DFA
碌	碌	祿	祿	綠	綠	錄	錄
0F93B	0788C	0F93C	0797F	0F93D	07DA0	0F93F	09304
鹿	鹿	論	論	壟	壟	弄	弄
0F940	09E7F	0F941	08AD6	0F942	058DF	0F943	05F04

籠	籠	聾	聾	牢	牢	磊	磊
0F944	07C60	0F945	0807E	0F946	07262	0F947	078CA
賂	賂	雷	雷	壘	壘	屢	屢
0F948	08CC2	0F949	096F7	0F94A	058D8	0F94B	05C62
樓	樓	淚	淚	漏	漏	累	累
0F94C	06A13	0F94D	06DDA	0F94E	06F0F	0F94F	07D2F
縷	縷	陋	陋	勒	勒	肋	肋
0F950	07E37	0F951	0964B	0F952	052D2	0F953	0808B
凜	凜	凌	凌	稜	稜	綾	綾
0F954	051DC	0F955	051CC	0F956	07A1C	0F957	07DBE
菱	菱	陵	陵	讀	讀	拏	拏
0F958	083F1	0F959	09675	0F95A	08B80	0F95B	062CF
樂	樂	諾	諾	丹	丹	寧	寧
0F95C	06A02	0F95D	08AFE	0F95E	04E39	0F95F	05BE7
怒	怒	率	率	異	異	北	北
0F960	06012	0F961	07387	0F962	07570	0F963	05317
便	便	復	復	不	不	泌	泌
0F965	04FBF	0F966	05FA9	0F967	04E0D	0F968	06CCC
數	數	索	索	參	參	塞	塞
0F969	06578	0F96A	07D22	0F96B	053C3	0F96C	0585E
省	省	說	說	殺	殺	辰	辰
0F96D	07701	0F96F	08AAA	0F970	06BBA	0F971	08FB0
沈	沈	拾	拾	若	若	掠	掠
0F972	06C88	0F973	062FE	0F974	082E5	0F975	063A0
略	略	亮	亮	兩	兩	涼	涼
0F976	07565	0F977	04EAE	0F978	05169	0F979	051C9
梁	梁	糧	糧	良	良	諒	諒
0F97A	06881	0F97B	07CE7	0F97C	0826F	0F97D	08AD2
量	量	勵	勵	呂	呂	女	女
0F97E	091CF	0F97F	052F5	0F980	05442	0F981	05973
旅	旅	濾	濾	閭	閭	麗	麗
0F983	065C5	0F984	06FFE	0F986	095AD	0F988	09E97

黎 黎	力 力	曆 曆	歷 歷
0F989 09ECE	0F98A 0529B	0F98B 066C6	0F98C 06B77
轢 轢	年 年	憐 憐	戀 戀
0F98D 08F62	0F98E 05E74	0F98F 06190	0F990 06200
撚 撚	漣 漣	煉 煉	練 練
0F991 0649A	0F992 06F23	0F993 07149	0F996 07DF4
聯 聯	輦 輦	蓮 蓮	連 連
0F997 0806F	0F998 08F26	0F999 084EE	0F99A 09023
鍊 鍊	列 列	劣 劣	咽 咽
0F99B 0934A	0F99C 05217	0F99D 052A3	0F99E 054BD
烈 烈	裂 裂	廉 廉	念 念
0F99F 070C8	0F9A0 088C2	0F9A2 05EC9	0F9A3 05FF5
捻 捻	殮 殮	簾 簾	獵 獵
0F9A4 0637B	0F9A5 06BAE	0F9A6 07C3E	0F9A7 07375
令 令	囹 囹	寧 寧	嶺 嶺
0F9A8 04EE4	0F9A9 056F9	0F9AA 05BE7	0F9AB 05DBA
怜 怜	玲 玲	羚 羚	鈴 鈴
0F9AC 0601C	0F9AE 07469	0F9AF 07F9A	0F9B1 09234
零 零	靈 靈	領 領	例 例
0F9B2 096F6	0F9B3 09748	0F9B4 09818	0F9B5 04F8B
禮 禮	隸 隸	惡 惡	了 了
0F9B6 079AE	0F9B8 096B8	0F9B9 060E1	0F9BA 04E86
僚 僚	寮 寮	尿 尿	料 料
0F9BB 050DA	0F9BC 05BEE	0F9BD 05C3F	0F9BE 06599
樂 樂	燎 燎	療 療	蓼 蓼
0F9BF 06A02	0F9C0 071CE	0F9C1 07642	0F9C2 084FC
龍 龍	暈 暈	柳 柳	流 流
0F9C4 09F8D	0F9C5 06688	0F9C9 067F3	0F9CA 06D41
溜 溜	琉 琉	留 留	硫 硫
0F9CB 06E9C	0F9CC 07409	0F9CD 07559	0F9CE 0786B
紐 紐	類 類	六 六	戮 戮
0F9CF 07D10	0F9D0 0985E	0F9D1 0516D	0F9D2 0622E

陸 0F9D3	陸 09678	倫 0F9D4	倫 0502B	淪 0F9D6	淪 06DEA	輪 0F9D7	輪 08F2A
律 0F9D8	律 05F8B	慄 0F9D9	慄 06144	栗 0F9DA	栗 06817	率 0F9DB	率 07387
隆 0F9DC	隆 09686	利 0F9DD	利 05229	吏 0F9DE	吏 0540F	履 0F9DF	履 05C65
易 0F9E0	易 06613	李 0F9E1	李 0674E	梨 0F9E2	梨 068A8	泥 0F9E3	泥 06CE5
理 0F9E4	理 07406	痢 0F9E5	痢 075E2	罹 0F9E6	罹 07F79	裏 0F9E7	裏 088CF
里 0F9E9	里 091CC	離 0F9EA	離 096E2	匿 0F9EB	匿 0533F	溺 0F9EC	溺 06EBA
燐 0F9EE	燐 071D0	隣 0F9F1	隣 096A3	鱗 0F9F2	鱗 09C57	麟 0F9F3	麟 09E9F
林 0F9F4	林 06797	淋 0F9F5	淋 06DCB	臨 0F9F6	臨 081E8	立 0F9F7	立 07ACB
笠 0F9F8	笠 07B20	粒 0F9F9	粒 07C92	狀 0F9FA	狀 072C0	炙 0F9FB	炙 07099
識 0F9FC	識 08B58	什 0F9FD	什 04EC0	茶 0F9FE	茶 08336	刺 0F9FF	刺 0523A
切 0FA00	切 05207	度 0FA01	度 05EA6	拓 0FA02	拓 062D3	糖 0FA03	糖 07CD6
宅 0FA04	宅 05B85	洞 0FA05	洞 06D1E	暴 0FA06	暴 066B4	輻 0FA07	輻 08F3B
降 0FA09	降 0964D	見 0FA0A	見 0898B	廓 0FA0B	廓 05ED3		

Table 130 - Row F9: CJK Compatibility Ideographs

	F90	F91	F92	F93	F94	F95	F96	F97	F98	F99	F9A
0	豈 F900	蘿 F910	鸞 F920	攄 F930	鹿 F940	縷 F950	怒 F960	殺 F970	呂 F980	戀 F990	裂 F9A0
1	更 F901	螺 F911	嵐 F921	櫚 F931	論 F941	陋 F951	率 F961	辰 F971	女 F981	撚 F991	說 F9A1
2	車 F902	裸 F912	濫 F922	爐 F932	壟 F942	勒 F952	異 F962	沈 F972	廬 F982	漣 F992	廉 F9A2
3	賈 F903	邏 F913	藍 F923	盧 F933	弄 F943	肋 F953	北 F963	拾 F973	旅 F983	煉 F993	念 F9A3
4	滑 F904	樂 F914	襤 F924	老 F934	籠 F944	凜 F954	磻 F964	若 F974	濾 F984	璉 F994	捻 F9A4
5	串 F905	洛 F915	拉 F925	蘆 F935	聾 F945	凌 F955	便 F965	掠 F975	礪 F985	秊 F995	殮 F9A5
6	句 F906	烙 F916	臘 F926	虜 F936	牢 F946	稜 F956	復 F966	略 F976	閭 F986	練 F996	簾 F9A6
7	龜 F907	珞 F917	蠟 F927	路 F937	磊 F947	綾 F957	不 F967	亮 F977	驪 F987	聯 F997	獵 F9A7
8	龜 F908	落 F918	廊 F928	露 F938	賂 F948	菱 F958	泌 F968	兩 F978	麗 F988	輦 F998	令 F9A8
9	契 F909	酪 F919	朗 F929	魯 F939	雷 F949	陵 F959	數 F969	涼 F979	黎 F989	蓮 F999	囹 F9A9
A	金 F90A	駱 F91A	浪 F92A	鷺 F93A	壘 F94A	讀 F95A	索 F96A	梁 F97A	力 F98A	連 F99A	寧 F9AA
B	喇 F90B	亂 F91B	狼 F92B	碌 F93B	屢 F94B	拏 F95B	參 F96B	糧 F97B	曆 F98B	鍊 F99B	嶺 F9AB
C	奈 F90C	卵 F91C	郎 F92C	祿 F93C	樓 F94C	樂 F95C	塞 F96C	良 F97C	歷 F98C	列 F99C	怜 F9AC
D	懶 F90D	欄 F91D	來 F92D	綠 F93D	淚 F94D	諾 F95D	省 F96D	諒 F97D	轢 F98D	劣 F99D	玲 F9AD
E	癩 F90E	爛 F91E	冷 F92E	菉 F93E	漏 F94E	丹 F95E	葉 F96E	量 F97E	年 F98E	咽 F99E	瑩 F9AE
F	羅 F90F	蘭 F91F	勞 F92F	錄 F93F	累 F94F	寧 F95F	說 F96F	勵 F97F	憐 F98F	烈 F99F	羚 F9AF

G = 00
P = 00

Table 131 - Rows F9-FA: CJK Compatibility Ideographs

	F9B	F9C	F9D	F9E	F9F	FA0	FA1	FA2	FA3	FA4	FA5
0	聆 F9B0	燎 F9C0	類 F9D0	易 F9E0	繭 F9F0	切 FA00	塚 FA10	蘿 FA20			
1	鈴 F9B1	療 F9C1	六 F9D1	李 F9E1	隣 F9F1	度 FA01	﨑 FA11	蚯 FA21			
2	零 F9B2	蓼 F9C2	戮 F9D2	梨 F9E2	鱗 F9F2	拓 FA02	晴 FA12	諸 FA22			
3	靈 F9B3	遼 F9C3	陸 F9D3	泥 F9E3	麟 F9F3	糖 FA03	﨓 FA13	赴 FA23			
4	領 F9B4	龍 F9C4	倫 F9D4	理 F9E4	林 F9F4	宅 FA04	﨔 FA14	返 FA24			
5	例 F9B5	暈 F9C5	崙 F9D5	痢 F9E5	淋 F9F5	洞 FA05	﨟 FA15	逸 FA25			
6	禮 F9B6	阮 F9C6	淪 F9D6	罹 F9E6	臨 F9F6	暴 FA06	猪 FA16	都 FA26			
7	醴 F9B7	劉 F9C7	輪 F9D7	裏 F9E7	立 F9F7	輻 FA07	益 FA17	鍱 FA27			
8	隷 F9B8	杻 F9C8	律 F9D8	裡 F9E8	笠 F9F8	行 FA08	礼 FA18	鍱 FA28			
9	惡 F9B9	柳 F9C9	慄 F9D9	里 F9E9	粒 F9F9	降 FA09	神 FA19	隖 FA29			
A	了 F9BA	流 F9CA	栗 F9DA	離 F9EA	狀 F9FA	見 FA0A	祥 FA1A	飯 FA2A			
B	僚 F9BB	溜 F9CB	率 F9DB	匿 F9EB	炙 F9FB	廓 FA0B	福 FA1B	飼 FA2B			
C	寮 F9BC	琉 F9CC	隆 F9DC	溺 F9EC	識 F9FC	兀 FA0C	靖 FA1C	館 FA2C			
D	尿 F9BD	留 F9CD	利 F9DD	吝 F9ED	什 F9FD	嗀 FA0D	精 FA1D	鶴 FA2D			
E	料 F9BE	硫 F9CE	吏 F9DE	燐 F9EE	茶 F9FE	雙 FA0E	羽 FA1E				
F	樂 F9BF	紐 F9CF	履 F9DF	璘 F9EF	刺 F9FF	﨏 FA0F	﨟 FA1F				

G = 00
P = 00

354

现代汉语常用字表

常用 一 04E00	常用 乙 04E59	常用 二 04E8C	常用 十 05341	常用 丁 04E01	常用 厂 05382	常用 七 04E03	常用 卜 0535C
常用 八 0516B	常用 人 04EBA	常用 入 05165	常用 儿 0513F	常用 九 04E5D	常用 匕 05315	次常用 几 051E0	次常用 习 05201
常用 了 04E86	常用 乃 04E43	常用 刀 05200	常用 力 0529B	常用 又 053C8	常用 三 04E09	常用 干 05E72	常用 于 04E8E
常用 亏 04E8F	常用 士 058EB	常用 土 0571F	常用 工 05DE5	常用 才 0624D	常用 下 04E0B	常用 寸 05BF8	常用 丈 04E08
常用 大 05927	常用 与 04E0E	常用 万 04E07	常用 上 04E0A	常用 小 05C0F	常用 口 053E3	常用 山 05C71	常用 巾 05DFE
常用 千 05343	常用 乞 04E5E	常用 川 05DDD	常用 亿 04EBF	常用 个 04E2A	常用 么 04E48	常用 久 04E45	常用 勺 052FA
常用 丸 04E38	常用 夕 05915	常用 凡 051E1	常用 及 053CA	常用 广 05E7F	常用 亡 04EA1	常用 门 095E8	常用 义 04E49
常用 之 04E4B	常用 尸 05C38	常用 已 05DF2	常用 弓 05F13	常用 己 05DF1	常用 卫 0536B	常用 子 05B50	常用 也 04E5F
常用 女 05973	常用 飞 098DE	常用 刃 05203	常用 习 04E60	常用 叉 053C9	常用 马 09A6C	常用 乡 04E61	常用 丰 04E30
常用 王 0738B	常用 井 04E95	常用 开 05F00	常用 夫 0592B	常用 天 05929	常用 元 05143	常用 无 065E0	常用 云 04E91
常用 专 04E13	次常用 丐 04E10	常用 扎 0624E	常用 艺 0827A	常用 木 06728	常用 五 04E94	常用 支 0652F	常用 厅 05385
常用 不 04E0D	常用 太 0592A	常用 犬 072AC	常用 区 0533A	常用 历 05386	常用 友 053CB	次常用 歹 06B79	常用 尤 05C24
常用 匹 05339	常用 车 08F66	常用 巨 05DE8	常用 牙 07259	常用 屯 05C6F	次常用 戈 06208	常用 比 06BD4	常用 互 04E92
常用 切 05207	常用 瓦 074E6	常用 止 06B62	常用 少 05C11	常用 日 065E5	常用 中 04E2D	常用 贝 08D1D	常用 内 05185
常用 水 06C34	常用 冈 05188	常用 见 089C1	常用 手 0624B	常用 午 05348	常用 牛 0725B	常用 毛 06BDB	常用 气 06C14
常用 升 05347	次常用 夭 0592D	常用 长 0957F	常用 仁 04EC1	常用 什 04EC0	常用 片 07247	常用 仆 04EC6	常用 化 05316

356

常用 仇 04EC7	常用 币 05E01	常用 仍 04ECD	常用 仅 04EC5	常用 斤 065A4	常用 爪 0722A	常用 反 053CD	常用 介 04ECB
常用 父 07236	常用 从 04ECE	次常用 仓 04ED1	常用 今 04ECA	常用 凶 051F6	常用 分 05206	常用 乏 04E4F	常用 公 0516C
常用 仓 04ED3	常用 月 06708	常用 氏 06C0F	常用 勿 052FF	常用 风 098CE	常用 欠 06B20	常用 丹 04E39	常用 勾 05300
常用 乌 04E4C	常用 勾 052FE	常用 凤 051E4	常用 六 0516D	常用 文 06587	常用 方 065B9	常用 火 0706B	常用 为 04E3A
常用 斗 06597	常用 忆 05FC6	常用 计 08BA1	常用 订 08BA2	常用 户 06237	常用 认 08BA4	常用 讥 08BA5	次常用 冗 05197
常用 心 05FC3	常用 尺 05C3A	常用 引 05F15	常用 丑 04E11	常用 巴 05DF4	常用 孔 05B54	常用 队 0961F	常用 办 0529E
常用 以 04EE5	常用 允 05141	次常用 邓 09093	常用 予 04E88	常用 劝 0529D	常用 双 053CC	常用 书 04E66	常用 幻 05E7B
常用 玉 07389	常用 刊 0520A	常用 末 0672B	常用 未 0672A	常用 示 0793A	常用 击 051FB	常用 打 06253	常用 巧 05DE7
常用 正 06B63	常用 扑 06251	常用 扒 06252	常用 功 0529F	常用 扔 06254	常用 去 053BB	常用 甘 07518	常用 世 04E16
次常用 艾 0827E	常用 古 053E4	常用 节 08282	常用 本 0672C	常用 术 0672F	常用 可 053EF	常用 丙 04E19	常用 左 05DE6
常用 厉 05389	常用 石 077F3	常用 右 053F3	常用 布 05E03	次常用 夯 0592F	常用 龙 09F99	常用 平 05E73	常用 灭 0706D
常用 轧 08F67	常用 东 04E1C	常用 卡 05361	常用 北 05317	常用 占 05360	次常用 凸 051F8	次常用 卢 05362	常用 业 04E1A
常用 旧 065E7	常用 帅 05E05	常用 归 05F52	常用 目 076EE	常用 旦 065E6	常用 且 04E14	常用 叮 053EE	常用 叶 053F6
常用 甲 07532	常用 申 07533	常用 号 053F7	常用 电 07535	常用 田 07530	常用 由 07531	次常用 叭 053ED	常用 只 053EA
常用 央 0592E	常用 史 053F2	次常用 叽 053FD	常用 兄 05144	常用 叼 053FC	常用 叫 053EB	常用 叨 053E8	常用 另 053E6
常用 叹 053F9	次常用 皿 076BF	次常用 凹 051F9	次常用 囚 056DA	常用 四 056DB	常用 生 0751F	常用 失 05931	次常用 矢 077E2

357

次常用 乍 04E4D	常用 禾 079BE	常用 丘 04E18	常用 付 04ED8	常用 仗 04ED7	常用 代 04EE3	常用 仙 04ED9	常用 们 04EEC
常用 仪 04EEA	常用 白 0767D	常用 仔 04ED4	常用 他 04ED6	常用 斥 065A5	常用 瓜 074DC	常用 乎 04E4E	常用 丛 04E1B
常用 令 04EE4	常用 用 07528	常用 甩 07529	常用 印 05370	常用 乐 04E50	次常用 尔 05C14	常用 句 053E5	常用 匆 05306
常用 册 0518C	常用 犯 072AF	常用 外 05916	常用 处 05904	常用 冬 051AC	常用 鸟 09E1F	常用 务 052A1	常用 包 05305
常用 饥 09965	常用 主 04E3B	常用 市 05E02	常用 立 07ACB	次常用 冯 051AF	次常用 玄 07384	常用 闪 095EA	常用 兰 05170
常用 半 0534A	常用 汁 06C41	常用 汇 06C47	常用 头 05934	次常用 汉 06C49	常用 宁 05B81	常用 穴 07A74	常用 它 05B83
常用 讨 08BA8	常用 写 05199	常用 让 08BA9	常用 礼 0793C	常用 训 08BAD	常用 必 05FC5	常用 议 08BAE	常用 讯 08BAF
常用 记 08BB0	常用 永 06C38	常用 司 053F8	常用 尼 05C3C	常用 民 06C11	常用 出 051FA	常用 辽 08FBD	常用 奶 05976
常用 奴 05974	常用 加 052A0	常用 召 053EC	常用 皮 076AE	常用 边 08FB9	常用 孕 05B55	常用 发 053D1	常用 圣 05723
常用 对 05BF9	常用 台 053F0	常用 矛 077DB	常用 纠 07EA0	常用 母 06BCD	常用 幼 05E7C	常用 丝 04E1D	次常用 邦 090A6
常用 式 05F0F	次常用 迁 08FC2	常用 刑 05211	次常用 邢 090A2	常用 动 052A8	常用 扛 0625B	常用 寺 05BFA	常用 吉 05409
常用 扣 06263	常用 考 08003	常用 托 06258	常用 老 08001	常用 圾 0573E	常用 巩 05DE9	常用 执 06267	常用 扩 06269
常用 扫 0626B	常用 地 05730	常用 扬 0626C	常用 场 0573A	常用 耳 08033	次常用 芋 0828B	常用 共 05171	次常用 芍 0828D
常用 芒 08292	常用 亚 04E9A	常用 芝 0829D	常用 朽 0673D	常用 朴 06734	常用 机 0673A	常用 权 06743	常用 过 08FC7
常用 臣 081E3	次常用 吏 0540F	常用 再 0518D	常用 协 0534F	常用 西 0897F	常用 压 0538B	常用 厌 0538C	常用 在 05728
常用 百 0767E	常用 有 06709	常用 存 05B58	常用 而 0800C	常用 页 09875	常用 匠 05320	常用 夸 05938	常用 夺 0593A

常用	常用	常用	常用	常用	常用	次常用	常用
灰	达	列	死	成	夹	夷	轨
07070	08FBE	05217	06B7B	06210	05939	05937	08F68
常用	常用	常用	常用	常用	常用	常用	常用
邪	划	迈	毕	至	此	贞	师
090AA	05212	08FC8	06BD5	081F3	06B64	08D1E	05E08
常用	常用	常用	常用	常用	次常用	常用	常用
尘	尖	劣	光	当	吁	早	吐
05C18	05C16	052A3	05149	05F53	05401	065E9	05410
常用	常用	常用	常用	常用	常用	常用	常用
吓	虫	曲	团	同	吕	吊	吃
05413	0866B	066F2	056E2	0540C	05415	0540A	05403
常用	常用	常用	次常用	常用	次常用	常用	常用
因	吸	吗	吆	屿	屹	帆	岁
056E0	05438	05417	05406	05C7F	05C79	05E06	05C81
常用	常用	常用	常用	常用	常用	常用	常用
回	岂	则	刚	网	肉	年	朱
056DE	05C82	05219	0521A	07F51	08089	05E74	06731
常用	常用	次常用	常用	常用	常用	常用	次常用
先	丢	廷	舌	竹	迁	乔	迄
05148	04E22	05EF7	0820C	07AF9	08FC1	04E54	08FC4
常用	常用	常用	常用	常用	常用	常用	常用
伟	传	乒	乓	休	伍	伏	优
04F1F	04F20	04E52	04E53	04F11	04F0D	04F0F	04F18
次常用	常用	常用	次常用	常用	常用	常用	常用
臼	伐	延	仲	件	任	伤	价
081FC	04F10	05EF6	04EF2	04EF6	04EFB	04F24	04EF7
次常用	常用	常用	常用	常用	常用	常用	常用
伦	份	华	仰	仿	伙	伪	自
04F26	04EFD	0534E	04EF0	04EFF	04F19	04F2A	081EA
次常用	常用	常用	常用	常用	常用	常用	常用
伊	血	向	似	后	行	舟	全
04F0A	08840	05411	04F3C	0540E	0884C	0821F	05168
常用	常用	常用	常用	常用	常用	常用	常用
会	杀	合	兆	企	众	爷	伞
04F1A	06740	05408	05146	04F01	04F17	07237	04F1E
常用	常用	次常用	常用	常用	常用	常用	次常用
创	肌	肋	朵	杂	危	旬	旭
0521B	0808C	0808B	06735	06742	05371	065EC	065ED
常用	常用	次常用	常用	常用	常用	次常用	常用
旨	负	匈	各	名	多	凫	争
065E8	08D1F	05308	05404	0540D	0591A	051EB	04E89
常用	常用	常用	次常用	常用	常用	常用	常用
色	壮	冲	妆	冰	庄	庆	亦
08272	058EE	051B2	05986	051B0	05E84	05E86	04EA6
常用	常用	常用	次常用	常用	常用	常用	次常用
刘	齐	交	次	衣	产	决	亥
05218	09F50	04EA4	06B21	08863	04EA7	051B3	04EA5

常用 充 05145	常用 妄 05984	常用 闭 095ED	常用 问 095EE	常用 闯 095EF	常用 羊 07F8A	常用 并 05E76	常用 关 05173
常用 米 07C73	常用 灯 0706F	常用 州 05DDE	常用 汗 06C57	常用 污 06C61	常用 江 06C5F	常用 汛 06C5B	次常用 池 06C60
常用 汤 06C64	常用 忙 05FD9	常用 兴 05174	常用 宇 05B87	常用 守 05B88	常用 宅 05B85	常用 字 05B57	常用 安 05B89
常用 讲 08BB2	次常用 讳 08BB3	常用 军 0519B	次常用 讶 08BB6	常用 许 08BB8	常用 讹 08BB9	常用 论 08BBA	次常用 讼 08BBC
常用 农 0519C	常用 讽 08BBD	常用 设 08BBE	常用 访 08BBF	次常用 诀 08BC0	常用 寻 05BFB	常用 那 090A3	常用 迅 08FC5
常用 尽 05C3D	常用 导 05BFC	常用 异 05F02	次常用 弛 05F1B	次常用 阱 09631	常用 孙 05B59	常用 阵 09635	常用 阳 09633
常用 收 06536	常用 阶 09636	常用 阴 09634	常用 防 09632	常用 奸 05978	常用 如 05982	常用 妇 05987	常用 好 0597D
常用 她 05979	常用 妈 05988	常用 戏 0620F	常用 羽 07FBD	常用 观 089C2	常用 欢 06B22	常用 买 04E70	常用 红 07EA2
次常用 驮 09A6E	常用 纤 07EA4	次常用 驯 09A6F	常用 约 07EA6	常用 级 07EA7	常用 纪 07EAA	常用 驰 09A70	次常用 纫 07EAB
常用 巡 05DE1	常用 寿 05BFF	常用 弄 05F04	常用 麦 09EA6	次常用 玖 07396	次常用 玛 0739B	常用 形 05F62	常用 进 08FDB
常用 戒 06212	常用 吞 0541E	常用 远 08FDC	常用 违 08FDD	常用 韧 097E7	常用 运 08FD0	常用 扶 06276	常用 抚 0629A
常用 坛 0575B	常用 技 06280	常用 坏 0574F	次常用 抠 062A0	常用 扰 06270	次常用 扼 0627C	常用 拒 062D2	常用 找 0627E
常用 批 06279	常用 扯 0626F	常用 址 05740	常用 走 08D70	常用 抄 06284	常用 汞 06C5E	常用 坝 0575D	常用 贡 08D21
常用 攻 0653B	常用 赤 08D64	常用 折 06298	常用 抓 06293	常用 扳 06273	次常用 抢 062A1	常用 扮 0626E	常用 抢 062A2
常用 孝 05B5D	次常用 坎 0574E	常用 均 05747	次常用 坞 0575E	次常用 抑 06291	常用 抛 0629B	常用 投 06295	常用 坟 0575F
常用 坑 05751	常用 抗 06297	常用 坊 0574A	常用 抖 06296	常用 护 062A4	常用 壳 058F3	常用 志 05FD7	常用 块 05757

360

常用 扭 0626D	常用 声 058F0	常用 把 0628A	常用 报 062A5	次常用 拟 062DF	常用 抒 06292	常用 却 05374	常用 劫 052AB
次常用 芙 08299	次常用 芜 0829C	次常用 苇 082C7	常用 芽 082BD	常用 花 082B1	常用 芹 082B9	常用 芥 082A5	常用 芬 082AC
常用 苍 082CD	常用 芳 082B3	常用 严 04E25	常用 芦 082A6	次常用 芯 082AF	常用 劳 052B3	常用 克 0514B	常用 芭 082AD
常用 苏 082CF	常用 杆 06746	常用 杜 0675C	常用 杠 06760	常用 材 06750	常用 村 06751	常用 杖 06756	常用 杏 0674F
次常用 杉 06749	次常用 巫 05DEB	常用 极 06781	常用 李 0674E	常用 杨 06768	常用 权 06748	常用 求 06C42	次常用 甫 0752B
次常用 匣 05323	常用 更 066F4	常用 束 0675F	常用 豆 08C46	常用 两 04E24	常用 丽 04E3D	常用 医 0533B	常用 辰 08FB0
常用 励 052B1	常用 否 05426	常用 还 08FD8	常用 歼 06B7C	常用 来 06765	常用 连 08FDE	次常用 轩 08F69	常用 步 06B65
次常用 卤 05364	常用 坚 0575A	次常用 肖 08096	常用 旱 065F1	常用 盯 076EF	常用 呈 05448	常用 时 065F6	常用 吴 05434
常用 助 052A9	常用 县 053BF	常用 里 091CC	常用 呆 05446	次常用 吱 05431	次常用 吠 05420	常用 呕 05455	常用 园 056ED
常用 旷 065F7	常用 围 056F4	常用 呀 05440	常用 吨 05428	次常用 足 08DB3	常用 邮 090AE	常用 男 07537	常用 困 056F0
常用 吵 05435	常用 串 04E32	次常用 呐 05450	常用 员 05458	常用 听 0542C	次常用 吟 0541F	常用 吩 05429	次常用 呛 0545B
次常用 吻 0543B	常用 吹 05439	常用 鸣 0545C	次常用 吭 0542D	常用 吼 0543C	次常用 邑 09091	常用 吧 05427	次常用 囤 056E4
常用 别 0522B	常用 吮 0542E	次常用 岖 05C96	常用 岗 05C97	常用 帐 05E10	常用 财 08D22	常用 钉 09489	常用 针 09488
次常用 牡 07261	常用 告 0544A	常用 我 06211	常用 乱 04E71	常用 利 05229	次常用 秃 079C3	常用 秀 079C0	常用 私 079C1
常用 每 06BCF	常用 兵 05175	常用 估 04F30	常用 体 04F53	常用 何 04F55	次常用 佑 04F51	常用 但 04F46	常用 伸 04F38
次常用 佃 04F43	常用 作 04F5C	常用 伯 04F2F	常用 伶 04F36	常用 佣 04F63	常用 低 04F4E	常用 你 04F60	常用 住 04F4F

常用 位 04F4D	常用 伴 04F34	常用 身 08EAB	常用 皂 07682	次常用 伺 04F3A	常用 佛 04F5B	次常用 囱 056F1	常用 近 08FD1
常用 彻 05F7B	常用 役 05F79	常用 返 08FD4	常用 余 04F59	常用 希 05E0C	常用 坐 05750	常用 谷 08C37	常用 妥 059A5
常用 含 0542B	常用 邻 090BB	常用 岔 05C94	常用 肝 0809D	次常用 肛 0809B	常用 肚 0809A	常用 肘 08098	常用 肠 080A0
常用 龟 09F9F	次常用 甸 07538	常用 免 0514D	常用 狂 072C2	常用 犹 072B9	次常用 狈 072C8	常用 角 089D2	常用 删 05220
次常用 鸠 09E20	常用 条 06761	次常用 形 05F64	常用 卵 05375	常用 灸 07078	常用 岛 05C9B	次常用 刨 05228	常用 迎 08FCE
常用 饭 0996D	常用 饮 0996E	常用 系 07CFB	常用 言 08A00	常用 冻 051BB	常用 状 072B6	常用 亩 04EA9	常用 况 051B5
常用 床 05E8A	常用 库 05E93	次常用 庇 05E87	常用 疗 07597	常用 吝 0541D	常用 应 05E94	常用 冷 051B7	常用 这 08FD9
次常用 庐 05E90	常用 序 05E8F	常用 辛 08F9B	常用 弃 05F03	常用 冶 051B6	常用 忘 05FD8	次常用 闰 095F0	常用 闲 095F2
常用 间 095F4	常用 闷 095F7	常用 判 05224	次常用 兑 05151	常用 灶 07076	常用 灿 0707F	次常用 灼 0707C	常用 弟 05F1F
常用 汪 06C6A	次常用 沐 06C90	次常用 沛 06C9B	次常用 汰 06C70	次常用 沥 06CA5	常用 沙 06C99	常用 汽 06C7D	常用 沃 06C83
次常用 沧 06CA6	次常用 汹 06C79	常用 泛 06CDB	次常用 沧 06CA7	常用 沟 06C9F	常用 没 06CA1	次常用 沪 06CAA	常用 沈 06C88
常用 沉 06C89	常用 怀 06000	常用 忧 05FE7	常用 忱 05FF1	常用 快 05FEB	常用 完 05B8C	常用 宋 05B8B	常用 宏 05B8F
常用 牢 07262	常用 究 07A76	常用 穷 07A77	常用 灾 0707E	常用 良 0826F	常用 证 08BC1	常用 启 0542F	常用 评 08BC4
常用 补 08865	常用 初 0521D	常用 社 0793E	次常用 诅 08BC5	常用 识 08BC6	次常用 诈 08BC8	常用 诉 08BC9	次常用 罕 07F55
常用 诊 08BCA	常用 词 08BCD	常用 译 08BD1	常用 君 0541B	常用 灵 07075	常用 即 05373	常用 层 05C42	次常用 屁 05C41
常用 尿 05C3F	常用 尾 05C3E	常用 迟 08FDF	常用 局 05C40	常用 改 06539	常用 张 05F20	常用 忌 05FCC	常用 际 09645

362

常用	常用	常用	常用	常用	次常用	次常用	常用
陆	阿	陈	阻	附	坠	妓	妙
09646	0963F	09648	0963B	09644	05760	05993	05999
常用	次常用	常用	次常用	常用	常用	常用	常用
妖	姊	妨	妒	努	忍	劲	鸡
05996	059CA	059A8	05992	052AA	05FCD	052B2	09E21
次常用	常用	常用	常用	常用	常用	常用	常用
纬	驱	纯	纱	纲	纳	纵	驳
07EAC	09A71	07EAF	07EB1	07EB2	07EB3	07EB5	09A73
常用	常用	常用	常用	常用	常用	常用	常用
纷	纸	纹	纺	驴	纽	奉	玩
07EB7	07EB8	07EB9	07EBA	09A74	07EBD	05949	073A9
常用	常用	常用	常用	常用	次常用	常用	常用
环	武	青	责	现	玫	表	规
073AF	06B66	09752	08D23	073B0	073AB	08868	089C4
常用	次常用	次常用	次常用	常用	常用	常用	次常用
抹	卦	坷	坯	拓	拢	拔	坪
062B9	05366	05777	0576F	062D3	062E2	062D4	0576A
常用	常用	常用	次常用	常用	常用	常用	常用
拣	坦	担	坤	押	抽	拐	拖
062E3	05766	062C5	05764	062BC	062BD	062D0	062D6
常用	常用	常用	常用	常用	常用	常用	常用
者	拍	顶	拆	拥	抵	拘	势
08005	062CD	09876	062C6	062E5	062B5	062D8	052BF
常用	次常用	常用	常用	常用	常用	常用	次常用
抱	拄	垃	拉	拦	幸	拌	拧
062B1	062C4	05783	062C9	062E6	05E78	062CC	062E7
次常用	次常用	常用	常用	常用	常用	常用	常用
拂	拙	招	坡	披	拨	择	抬
062C2	062D9	062DB	05761	062AB	062E8	062E9	062AC
次常用	次常用	常用	常用	次常用	常用	次常用	次常用
拇	拗	其	取	茉	苦	昔	苛
062C7	062D7	05176	053D6	08309	082E6	06614	082DB
常用	常用	常用	次常用	常用	常用	次常用	次常用
若	茂	苹	苫	苗	英	苟	苞
082E5	08302	082F9	082EB	082D7	082F1	082DF	082DE
常用	常用	次常用	常用	常用	次常用	常用	次常用
范	直	茁	茄	茎	苔	茅	枉
08303	076F4	08301	08304	0830E	082D4	08305	06789
常用	常用	常用	次常用	常用	次常用	常用	常用
林	枝	杯	枢	柜	枚	析	板
06797	0679D	0676F	067A2	067DC	0679A	06790	0677F
常用	常用	常用	常用	次常用	常用	常用	常用
松	枪	枫	构	杭	杰	述	枕
0677E	067AA	067AB	06784	0676D	06770	08FF0	06795
常用	常用	常用	常用	常用	常用	常用	常用
丧	或	画	卧	事	刺	枣	雨
04E27	06216	0753B	05367	04E8B	0523A	067A3	096E8

常用 卖 05356	次常用 郁 090C1	次常用 矾 077FE	常用 矿 077FF	常用 码 07801	常用 厕 05395	次常用 奈 05948	常用 奔 05954
常用 奇 05947	次常用 奄 05944	常用 奋 0594B	常用 态 06001	常用 欧 06B27	次常用 殴 06BB4	常用 垄 05784	常用 妻 059BB
常用 轰 08F70	常用 顷 09877	常用 转 08F6C	常用 斩 065A9	常用 轮 08F6E	常用 软 08F6F	常用 到 05230	常用 非 0975E
常用 叔 053D4	次常用 歧 06B67	常用 肯 080AF	常用 齿 09F7F	常用 些 04E9B	常用 卓 05353	常用 虎 0864E	常用 虏 0864F
常用 肾 080BE	常用 贤 08D24	常用 尚 05C1A	常用 旺 065FA	常用 具 05177	常用 昙 06619	常用 果 0679C	常用 味 05473
常用 昆 06606	常用 国 056FD	次常用 哎 054CE	常用 咕 05495	常用 昌 0660C	常用 呵 05475	常用 畅 07545	常用 明 0660E
常用 易 06613	常用 咙 05499	常用 昂 06602	常用 典 05178	常用 固 056FA	常用 忠 05FE0	常用 呻 0547B	次常用 咒 05492
常用 咐 05490	常用 呼 0547C	常用 鸣 09E23	常用 咆 05486	常用 咏 0548F	常用 呢 05462	次常用 咖 05496	常用 岸 05CB8
常用 岩 05CA9	常用 帖 05E16	常用 罗 07F57	常用 帜 05E1C	常用 帕 05E15	常用 岭 05CAD	常用 凯 051EF	常用 败 08D25
次常用 账 08D26	常用 贩 08D29	次常用 贬 08D2C	常用 购 08D2D	次常用 贮 08D2E	常用 图 056FE	常用 钓 09493	常用 制 05236
常用 知 077E5	次常用 氖 06C1B	常用 垂 05782	常用 牧 07267	常用 物 07269	常用 乖 04E56	常用 刮 0522E	常用 秆 079C6
常用 和 0548C	常用 季 05B63	常用 委 059D4	次常用 秉 079C9	常用 佳 04F73	常用 侍 04F8D	次常用 岳 05CB3	常用 供 04F9B
常用 使 04F7F	常用 例 04F8B	次常用 侠 04FA0	次常用 侥 04FA5	常用 版 07248	常用 侄 04F84	常用 侦 04FA6	次常用 侣 04FA3
常用 侧 04FA7	常用 凭 051ED	常用 侨 04FA8	常用 佩 04F69	常用 货 08D27	次常用 侈 04F88	常用 依 04F9D	常用 卑 05351
常用 的 07684	常用 迫 08FEB	常用 质 08D28	常用 欣 06B23	常用 征 05F81	常用 往 05F80	常用 爬 0722C	常用 彼 05F7C
常用 径 05F84	常用 所 06240	常用 舍 0820D	常用 金 091D1	次常用 剑 0523D	次常用 刹 05239	常用 命 0547D	次常用 肴 080B4

常用 斧 065A7	常用 爸 07238	常用 采 091C7	次常用 觅 089C5	常用 受 053D7	常用 乳 04E73	常用 贪 08D2A	常用 念 05FF5
常用 贫 08D2B	次常用 忿 05FFF	次常用 瓮 074EE	常用 肤 080A4	常用 肺 080BA	常用 肢 080A2	常用 肿 080BF	常用 胀 080C0
常用 朋 0670B	常用 股 080A1	常用 肮 080AE	次常用 肪 080AA	常用 肥 080A5	常用 服 0670D	常用 胁 080C1	常用 周 05468
常用 昏 0660F	常用 鱼 09C7C	常用 兔 05154	常用 狐 072D0	常用 忽 05FFD	常用 狗 072D7	次常用 狞 072DE	常用 备 05907
常用 饰 09970	常用 饱 09971	常用 饲 09972	次常用 变 053D8	常用 京 04EAC	常用 享 04EAB	次常用 庞 05E9E	常用 店 05E97
常用 夜 0591C	常用 庙 05E99	常用 府 05E9C	常用 底 05E95	次常用 疟 0759F	次常用 疙 07599	次常用 疚 0759A	常用 剂 05242
次常用 卒 05352	常用 郊 090CA	常用 废 05E9F	常用 净 051C0	常用 盲 076F2	常用 放 0653E	常用 刻 0523B	常用 育 080B2
次常用 氓 06C13	常用 闸 095F8	常用 闹 095F9	常用 郑 090D1	常用 券 05238	常用 卷 05377	常用 单 05355	次常用 炬 070AC
常用 炒 07092	常用 炊 0708A	常用 炕 07095	常用 炎 0708E	常用 炉 07089	常用 沫 06CAB	常用 浅 06D45	常用 法 06CD5
常用 泄 06CC4	次常用 沽 06CBD	常用 河 06CB3	常用 沾 06CBE	次常用 沮 06CAE	常用 泪 06CEA	常用 油 06CB9	常用 泊 06CCA
常用 沿 06CBF	常用 泡 06CE1	常用 注 06CE8	次常用 泣 06CE3	次常用 泞 06CDE	常用 泻 06CFB	次常用 泌 06CCC	常用 泳 06CF3
常用 泥 06CE5	常用 沸 06CB8	次常用 沼 06CBC	常用 波 06CE2	常用 泼 06CFC	常用 泽 06CFD	常用 治 06CBB	次常用 怔 06014
次常用 怯 0602F	常用 怖 06016	常用 性 06027	常用 怕 06015	常用 怜 0601C	常用 怪 0602A	常用 学 05B66	常用 宝 05B9D
常用 宗 05B97	常用 定 05B9A	次常用 宠 05BA0	常用 宜 05B9C	常用 审 05BA1	常用 宙 05B99	常用 官 05B98	常用 空 07A7A
常用 帘 05E18	次常用 宛 05B9B	常用 实 05B9E	常用 试 08BD5	常用 郎 090CE	常用 诗 08BD7	常用 肩 080A9	常用 房 0623F
常用 诚 08BDA	常用 衬 0886C	常用 衫 0886B	次常用 祀 08869	常用 视 089C6	次常用 祈 07948	常用 话 08BDD	常用 诞 08BDE

365

次常用 诡 08BE1	常用 询 08BE2	常用 该 08BE5	常用 详 08BE6	常用 建 05EFA	常用 肃 08083	常用 隶 096B6	常用 录 05F55
次常用 帚 05E1A	次常用 屉 05C49	常用 居 05C45	常用 届 05C4A	常用 刷 05237	常用 屈 05C48	次常用 弧 05F27	次常用 弥 05F25
常用 弦 05F26	常用 承 0627F	常用 孟 05B5F	次常用 陋 0964B	次常用 陌 0964C	常用 孤 05B64	常用 陕 09655	常用 降 0964D
次常用 函 051FD	常用 限 09650	常用 妹 059B9	常用 姑 059D1	常用 姐 059D0	常用 姓 059D3	常用 始 059CB	次常用 姆 059C6
次常用 虱 08671	常用 驾 09A7E	常用 叁 053C1	常用 参 053C2	常用 艰 08270	常用 线 07EBF	常用 练 07EC3	常用 组 07EC4
次常用 绅 07EC5	常用 细 07EC6	常用 驶 09A76	常用 织 07EC7	次常用 驹 09A79	常用 终 07EC8	常用 驻 09A7B	次常用 绊 07ECA
常用 驼 09A7C	常用 绍 07ECD	次常用 绎 07ECE	常用 经 07ECF	常用 贯 08D2F	次常用 契 05951	次常用 贰 08D30	常用 奏 0594F
常用 春 06625	次常用 帮 05E2E	次常用 玷 073B7	常用 珍 073CD	常用 玲 073B2	次常用 珊 073CA	常用 玻 073BB	常用 毒 06BD2
常用 型 0578B	次常用 拭 062ED	常用 挂 06302	常用 封 05C01	常用 持 06301	次常用 拷 062F7	次常用 拱 062F1	常用 项 09879
常用 垮 057AE	常用 挎 0630E	常用 城 057CE	次常用 挟 0631F	常用 挠 06320	常用 政 0653F	常用 赴 08D74	常用 赵 08D75
常用 挡 06321	常用 挺 0633A	常用 括 062EC	次常用 垢 057A2	常用 拴 062F4	常用 拾 062FE	常用 挑 06311	次常用 垛 0579B
常用 指 06307	常用 垫 057AB	常用 挣 06323	常用 挤 06324	常用 拼 062FC	常用 挖 06316	常用 按 06309	常用 挥 06325
常用 挪 0632A	次常用 拯 062EF	常用 某 067D0	常用 甚 0751A	次常用 荆 08346	次常用 茸 08338	常用 革 09769	次常用 茬 0832C
常用 荐 08350	常用 巷 05DF7	次常用 荚 0835A	常用 带 05E26	常用 草 08349	常用 茧 08327	常用 茵 08335	常用 茴 08334
次常用 荞 0835E	常用 茶 08336	次常用 荠 08360	次常用 荒 08352	常用 茫 0832B	常用 荡 08361	常用 荣 08363	次常用 荤 08364
次常用 荧 08367	常用 故 06545	常用 胡 080E1	次常用 荔 08354	常用 南 05357	常用 药 0836F	常用 标 06807	次常用 栈 06808

次常用	常用	常用	常用	常用	常用	常用	次常用
柑	枯	柄	栋	相	查	柏	栅
067D1	067AF	067C4	0680B	076F8	067E5	067CF	06805
常用	常用	常用	常用	次常用	次常用	常用	次常用
柳	柱	柿	栏	柠	枷	树	勃
067F3	067F1	067FF	0680F	067E0	067B7	06811	052C3
常用	次常用	常用	常用	常用	常用	常用	常用
要	柬	咸	威	歪	研	砖	厘
08981	067EC	054B8	05A01	06B6A	07814	07816	05398
常用	常用	次常用	次常用	次常用	次常用	常用	常用
厚	砌	砂	泵	砚	砍	面	耐
0539A	0780C	07802	06CF5	0781A	0780D	09762	08010
常用	常用	次常用	常用	常用	常用	常用	常用
耍	牵	鸥	残	殃	轴	轻	鸦
0800D	07275	09E25	06B8B	06B83	08F74	08F7B	09E26
常用	次常用	常用	常用	常用	常用	常用	常用
皆	韭	背	战	点	虐	临	览
07686	097ED	080CC	06218	070B9	08650	04E34	089C8
常用	常用	常用	常用	次常用	常用	常用	常用
竖	省	削	尝	昧	眍	是	盼
07AD6	07701	0524A	05C1D	06627	076F9	0662F	076FC
常用	常用	常用	常用	常用	常用	常用	常用
眨	哄	哑	显	冒	映	星	昨
07728	054C4	054D1	0663E	05192	06620	0661F	06628
次常用	次常用	次常用	常用	常用	常用	常用	常用
咧	昵	昭	畏	趴	胃	贵	界
054A7	06635	0662D	0754F	08DB4	080C3	08D35	0754C
常用	常用	常用	常用	常用	常用	常用	常用
虹	虾	蚁	思	蚂	盅	虽	品
08679	0867E	08681	0601D	08682	076C5	0867D	054C1
常用	常用	次常用	常用	常用	常用	常用	次常用
咽	骂	勋	哗	咱	响	哈	哆
054BD	09A82	052CB	054D7	054B1	054CD	054C8	054C6
常用	常用	次常用	常用	次常用	次常用	常用	常用
咬	咳	咪	哪	哟	炭	峡	罚
054AC	054B3	054AA	054EA	054DF	070AD	05CE1	07F5A
常用	常用	常用	次常用	次常用	次常用	常用	常用
贱	贴	骨	幽	钙	钝	钞	钟
08D31	08D34	09AA8	05E7D	09499	0949D	0949E	0949F
次常用	常用	常用	次常用	次常用	常用	次常用	常用
钠	钢	钥	钦	钧	钩	钮	卸
094A0	094A2	094A5	094A6	094A7	094A9	094AE	05378
常用	常用	常用	常用	次常用	次常用	常用	常用
缸	拜	看	矩	毡	氢	怎	牲
07F38	062DC	0770B	077E9	06BE1	06C22	0600E	07272
常用	常用	次常用	常用	常用	常用	常用	常用
选	适	秕	秒	香	种	秋	科
09009	09002	079D5	079D2	09999	079CD	079CB	079D1

常用	常用	常用	常用	常用	常用	常用	常用
重	复	竿	段	便	俩	贷	顺
091CD	0590D	07AFF	06BB5	04FBF	04FE9	08D37	0987A
常用	次常用	常用	常用	次常用	次常用	常用	常用
修	俏	保	促	俄	俐	侮	俭
04FEE	04FCF	04FDD	04FC3	04FC4	04FD0	04FAE	04FED
常用	常用	常用	常用	常用	常用	常用	次常用
俗	俘	信	皇	泉	鬼	侵	侯
04FD7	04FD8	04FE1	07687	06CC9	09B3C	04FB5	04FAF
常用	常用	常用	常用	次常用	常用	常用	常用
追	俊	盾	待	徊	衍	律	很
08FFD	04FCA	076FE	05F85	05F8A	0884D	05F8B	05F88
常用	常用	常用	常用	常用	常用	次常用	次常用
须	叙	剑	逃	食	盆	胚	胧
0987B	053D9	05251	09003	098DF	076C6	080DA	080E7
常用	常用	常用	常用	常用	常用	常用	常用
胆	胜	胞	胖	脉	胎	勉	狭
080C6	080DC	080DE	080D6	08109	080CE	052C9	072ED
常用	常用	次常用	常用	常用	常用	常用	常用
狮	独	狰	狡	狱	狠	贸	怨
072EE	072EC	072F0	072E1	072F1	072E0	08D38	06028
常用	次常用	常用	常用	常用	常用	次常用	常用
急	饵	饶	蚀	饺	饼	峦	弯
06025	09975	09976	08680	0997A	0997C	05CE6	05F2F
常用	常用	常用	常用	常用	常用	次常用	常用
将	奖	哀	亭	亮	度	奕	迹
05C06	05956	054C0	04EAD	04EAE	05EA6	05955	08FF9
常用	常用	常用	常用	常用	次常用	常用	常用
庭	疮	疯	疫	疤	咨	姿	亲
05EAD	075AE	075AF	075AB	075A4	054A8	059FF	04EB2
常用	次常用	常用	常用	次常用	常用	次常用	常用
音	飒	帝	施	闺	闻	闽	阀
097F3	098D2	05E1D	065BD	095FA	095FB	095FD	09600
常用	常用	常用	常用	常用	常用	常用	常用
阁	差	养	美	姜	叛	送	类
09601	05DEE	0517B	07F8E	059DC	053DB	09001	07C7B
常用	常用	次常用	常用	常用	常用	常用	常用
迷	籽	娄	前	首	逆	总	炼
08FF7	07C7D	05A04	0524D	09996	09006	0603B	070BC
常用	常用	常用	次常用	常用	常用	次常用	常用
炸	烁	炮	炫	烂	剃	洼	洁
070B8	070C1	070AE	070AB	070C2	05243	06D3C	06D01
常用	常用	次常用	常用	常用	常用	常用	常用
洪	洒	柒	浇	浊	洞	测	洗
06D2A	06D12	067D2	06D47	06D4A	06D1E	06D4B	06D17
常用	次常用	常用	常用	常用	次常用	常用	常用
活	涎	派	洽	染	洛	济	洋
06D3B	06D8E	06D3E	06D3D	067D3	06D1B	06D4E	06D0B

常用 洲 06D32	常用 浑 06D51	常用 浓 06D53	常用 津 06D25	次常用 恃 06043	常用 恒 06052	常用 恢 06062	次常用 恍 0604D
次常用 恬 0606C	次常用 恤 06064	次常用 恰 06070	常用 恼 0607C	常用 恨 06068	常用 举 04E3E	常用 觉 089C9	常用 宣 05BA3
次常用 宦 05BA6	常用 室 05BA4	常用 宫 05BAB	常用 宪 05BAA	常用 突 07A81	常用 穿 07A7F	常用 窃 07A83	次常用 客 05BA2
次常用 诚 08BEB	常用 冠 051A0	次常用 诬 08BEC	常用 语 08BED	常用 扁 06241	常用 袄 08884	常用 祖 07956	常用 神 0795E
常用 祝 0795D	次常用 祠 07960	常用 误 08BEF	常用 诱 08BF1	次常用 诲 08BF2	常用 说 08BF4	常用 诵 08BF5	常用 垦 057A6
常用 退 09000	常用 既 065E2	常用 屋 05C4B	常用 昼 0663C	次常用 屏 05C4F	次常用 屎 05C4E	常用 费 08D39	常用 陡 09661
次常用 逊 0900A	常用 眉 07709	常用 孩 05B69	次常用 陨 09668	常用 除 09664	常用 险 09669	常用 院 09662	常用 娃 05A03
常用 姥 059E5	常用 姨 059E8	常用 姻 059FB	常用 娇 05A07	次常用 姚 059DA	常用 娜 05A1C	常用 怒 06012	常用 架 067B6
常用 贺 08D3A	常用 盈 076C8	常用 勇 052C7	常用 怠 06020	次常用 蚤 086A4	常用 柔 067D4	常用 垒 05792	常用 绑 07ED1
常用 绒 07ED2	常用 结 07ED3	常用 绕 07ED5	常用 骄 09A84	常用 绘 07ED8	常用 给 07ED9	常用 络 07EDC	常用 骆 09A86
常用 绝 07EDD	常用 绞 07EDE	次常用 骇 09A87	常用 统 07EDF	常用 耕 08015	次常用 耘 08018	常用 耗 08017	次常用 耙 08019
常用 艳 08273	常用 泰 06CF0	次常用 秦 079E6	常用 珠 073E0	常用 班 073ED	常用 素 07D20	次常用 匿 0533F	次常用 蚕 08695
常用 顽 0987D	常用 盏 076CF	常用 匪 0532A	常用 捞 0635E	常用 栽 0683D	常用 捕 06355	常用 埂 057C2	次常用 捂 06342
常用 振 0632F	常用 载 08F7D	常用 赶 08D76	常用 起 08D77	常用 盐 076D0	常用 捎 0634E	次常用 捍 0634D	次常用 捏 0634F
常用 埋 057CB	常用 捉 06349	常用 捆 06346	常用 捐 06350	常用 损 0635F	次常用 袁 08881	次常用 捌 0634C	常用 都 090FD
常用 哲 054F2	常用 逝 0901D	常用 捡 06361	次常用 挫 0632B	次常用 换 06362	次常用 挽 0633D	次常用 挚 0631A	常用 热 070ED

常用	次常用	常用	次常用	次常用	常用	常用	次常用
恐 06050	搞 06363	壶 058F6	捅 06345	埃 057C3	挨 06328	耻 0803B	耿 0803F
耽 0803D	聂 08042	荸 08378	恭 0606D	芬 083BD	莱 083B1	莲 083B2	莫 083AB
莉 08389	荷 08377	获 083B7	晋 0664B	恶 06076	莹 083B9	莺 083BA	真 0771F
框 06846	梆 06886	桂 06842	栖 06816	档 06863	桐 06850	株 0682A	桥 06865
桦 06866	栓 06813	桃 06843	桅 06845	格 0683C	桩 06869	校 06821	核 06838
样 06837	根 06839	索 07D22	哥 054E5	速 0901F	逗 09017	栗 06817	贾 08D3E
酌 0914C	配 0914D	翅 07FC5	辱 08FB1	唇 05507	夏 0590F	砸 07838	砰 07830
砾 0783E	础 07840	破 07834	原 0539F	套 05957	逐 09010	烈 070C8	殊 06B8A
殉 06B89	顾 0987E	轿 08F7F	较 08F83	顿 0987F	毙 06BD9	致 081F4	柴 067F4
桌 0684C	虑 08651	监 076D1	紧 07D27	党 0515A	逞 0901E	晒 06652	眠 07720
晓 06653	哮 054EE	唠 05520	鸭 09E2D	晃 06643	哺 054FA	晌 0664C	剔 05254
晕 06655	蚌 0868C	蚜 0869C	畔 07554	蚣 086A3	蚊 0868A	蚪 086AA	蚓 08693
哨 054E8	哩 054E9	圃 05703	哭 054ED	恩 06069	鸯 09E2F	唤 05524	唁 05501
哼 054FC	唧 05527	啊 0554A	唉 05509	唆 05506	罢 07F62	峭 05CED	峰 05CF0
圆 05706	峻 05CFB	贼 08D3C	贿 08D3F	赂 08D42	赃 08D43	钱 094B1	钳 094B3
钻 094BB	钾 094BE	铁 094C1	铃 094C3	铅 094C5	铆 094C6	缺 07F3A	氧 06C27

次常用 氨 06C28	常用 特 07279	常用 牺 0727A	常用 造 09020	常用 乘 04E58	常用 敌 0654C	次常用 秋 079EB	常用 秤 079E4
常用 租 079DF	常用 秧 079E7	常用 积 079EF	常用 秩 079E9	常用 称 079F0	常用 秘 079D8	常用 透 0900F	常用 笔 07B14
常用 笑 07B11	常用 笋 07B0B	次常用 笆 07B06	常用 债 0503A	常用 借 0501F	常用 值 0503C	常用 倚 0501A	次常用 俺 04FFA
常用 倾 0503E	常用 倒 05012	常用 倘 05018	常用 俱 04FF1	常用 倡 05021	常用 候 05019	次常用 赁 08D41	常用 俯 04FEF
常用 倍 0500D	常用 倦 05026	常用 健 05065	常用 臭 081ED	常用 射 05C04	常用 躬 08EAC	常用 息 0606F	次常用 倔 05014
常用 徒 05F92	常用 徐 05F90	次常用 殷 06BB7	常用 舰 08230	常用 舱 08231	常用 般 0822C	常用 航 0822A	常用 途 09014
常用 拿 062FF	次常用 耸 08038	次常用 爹 07239	次常用 舀 08200	常用 爱 07231	次常用 豺 08C7A	次常用 豹 08C79	次常用 颁 09881
常用 颂 09882	常用 翁 07FC1	次常用 胯 080EF	次常用 胰 080F0	常用 脆 08106	常用 脂 08102	常用 胸 080F8	常用 胳 080F3
常用 脏 0810F	常用 脐 08110	常用 胶 080F6	常用 脑 08111	次常用 脓 08113	次常用 逛 0901B	次常用 狸 072F8	常用 狼 072FC
次常用 卿 0537F	常用 逢 09022	次常用 鸵 09E35	常用 留 07559	次常用 鸳 09E33	常用 皱 076B1	常用 饿 0997F	次常用 馁 09981
次常用 凌 051CC	次常用 凄 051C4	常用 恋 0604B	常用 桨 06868	常用 浆 06D46	常用 衰 08870	次常用 衷 08877	常用 高 09AD8
次常用 郭 090ED	常用 席 05E2D	常用 准 051C6	常用 座 05EA7	常用 症 075C7	常用 病 075C5	常用 疾 075BE	次常用 斋 0658B
次常用 疹 075B9	常用 疼 075BC	常用 疲 075B2	常用 脊 0810A	常用 效 06548	常用 离 079BB	次常用 紊 07D0A	常用 唐 05510
次常用 瓷 074F7	常用 资 08D44	常用 凉 051C9	常用 站 07AD9	常用 剖 05256	常用 竞 07ADE	常用 部 090E8	常用 旁 065C1
常用 旅 065C5	常用 畜 0755C	常用 阅 09605	常用 羞 07F9E	次常用 羔 07F94	常用 瓶 074F6	常用 拳 062F3	常用 粉 07C89
常用 料 06599	常用 益 076CA	常用 兼 0517C	常用 烤 070E4	常用 烘 070D8	常用 烦 070E6	常用 烧 070E7	常用 烛 070DB

常用	次常用	常用	常用	常用	常用	次常用	常用
烟 070DF	烙 070D9	递 09012	涛 06D9B	浙 06D59	涝 06D9D	浦 06D66	酒 09152
常用 涉 06D89	常用 消 06D88	次常用 涡 06DA1	常用 浩 06D69	常用 海 06D77	常用 涂 06D82	常用 浴 06D74	常用 浮 06D6E
次常用 涣 06DA3	次常用 涤 06DA4	常用 流 06D41	常用 润 06DA6	次常用 涧 06DA7	次常用 涕 06D95	常用 浪 06D6A	常用 浸 06D78
常用 涨 06DA8	常用 烫 070EB	次常用 涩 06DA9	常用 涌 06D8C	常用 悟 0609F	常用 悄 06084	次常用 悍 0608D	常用 悔 06094
次常用 悯 060AF	常用 悦 060A6	常用 害 05BB3	常用 宽 05BBD	常用 家 05BB6	常用 宵 05BB5	常用 宴 05BB4	常用 宾 05BBE
次常用 窍 07A8D	常用 窄 07A84	常用 容 05BB9	常用 宰 05BB0	常用 案 06848	常用 请 08BF7	常用 朗 06717	常用 诸 08BF8
次常用 诺 08BFA	常用 读 08BFB	常用 扇 06247	次常用 诽 08BFD	常用 袜 0889C	次常用 袒 08892	常用 袖 08896	常用 袍 0888D
常用 被 088AB	常用 祥 07965	常用 课 08BFE	常用 谁 08C01	常用 调 08C03	常用 冤 051A4	常用 谅 08C05	次常用 谆 08C06
常用 谈 08C08	常用 谊 08C0A	常用 剥 05265	常用 恳 06073	常用 展 05C55	常用 剧 05267	常用 屑 05C51	常用 弱 05F31
常用 陵 09675	次常用 崇 0795F	常用 陶 09676	常用 陷 09677	常用 陪 0966A	常用 娱 05A31	常用 恕 06055	次常用 娩 05A29
常用 娘 05A18	常用 通 0901A	常用 能 080FD	常用 难 096BE	常用 预 09884	常用 桑 06851	次常用 绢 07EE2	常用 绣 07EE3
常用 验 09A8C	常用 继 07EE7	次常用 骏 09A8F	常用 球 07403	次常用 琐 07410	常用 理 07406	次常用 麸 09EB8	次常用 琉 07409
次常用 琅 07405	常用 捧 06367	常用 堵 05835	次常用 措 063AA	常用 描 063CF	常用 域 057DF	次常用 捺 0637A	常用 掩 063A9
常用 捷 06377	常用 排 06392	常用 掉 06389	次常用 捶 06376	次常用 赦 08D66	常用 推 063A8	常用 堆 05806	次常用 埠 057E0
常用 掀 06380	常用 授 06388	次常用 捻 0637B	常用 教 06559	常用 掏 0638F	次常用 掐 06390	常用 掠 063A0	次常用 掂 06382
次常用 披 06396	常用 培 057F9	常用 接 063A5	次常用 掷 063B7	次常用 掸 063B8	常用 控 063A7	常用 探 063A2	常用 据 0636E

常用 掘 06398	次常用 掺 063BA	常用 职 0804C	常用 基 057FA	次常用 勘 052D8	次常用 聊 0804A	次常用 娶 05A36	常用 著 08457
次常用 菱 083F1	常用 勒 052D2	常用 黄 09EC4	次常用 菲 083F2	常用 萌 0840C	常用 萝 0841D	常用 菌 083CC	次常用 萎 0840E
常用 菜 083DC	常用 蜀 08404	常用 菊 083CA	次常用 菩 083E9	常用 萍 0840D	常用 菠 083E0	次常用 萤 08424	常用 营 08425
次常用 乾 04E7E	常用 萧 08427	次常用 萨 08428	次常用 菇 083C7	常用 械 068B0	次常用 彬 05F6C	常用 梦 068A6	常用 梗 06897
次常用 梧 068A7	常用 梢 068A2	常用 梅 06885	常用 检 068C0	常用 梳 068B3	常用 梯 068AF	常用 桶 06876	次常用 梭 068AD
常用 救 06551	常用 曹 066F9	常用 副 0526F	常用 票 07968	次常用 酝 0915D	次常用 酗 09157	次常用 厢 053A2	常用 戚 0621A
次常用 硅 07845	常用 硕 07855	常用 奢 05962	常用 盔 076D4	次常用 爽 0723D	常用 聋 0804B	次常用 袭 088AD	常用 盛 076DB
次常用 匾 0533E	常用 雪 096EA	常用 辅 08F85	常用 辆 08F86	次常用 颅 09885	常用 虚 0865A	常用 彪 05F6A	常用 雀 096C0
常用 堂 05802	常用 常 05E38	次常用 眶 07736	常用 匙 05319	次常用 晤 06664	常用 晨 06668	常用 睁 07741	常用 眯 0772F
常用 眼 0773C	常用 悬 060AC	常用 野 091CE	常用 啦 05566	常用 曼 066FC	次常用 晦 06666	常用 晚 0665A	次常用 冕 05195
常用 啄 05544	次常用 啡 05561	次常用 畦 07566	常用 距 08DDD	常用 趾 08DBE	次常用 啃 05543	常用 跃 08DC3	常用 略 07565
次常用 蛆 086C6	次常用 蚯 086AF	次常用 蛉 086C9	次常用 蛀 086C0	常用 蛇 086C7	次常用 唬 0552C	常用 累 07D2F	常用 唱 05531
常用 患 060A3	次常用 啰 05570	次常用 唾 0553E	次常用 唯 0552F	次常用 啤 05564	次常用 啥 05565	次常用 啸 05578	常用 崖 05D16
次常用 崎 05D0E	常用 靳 05D2D	次常用 逻 0903B	常用 崔 05D14	次常用 崩 05D29	常用 崇 05D07	次常用 婴 05A74	次常用 赊 08D4A
常用 圈 05708	次常用 铐 094D0	次常用 铛 094DB	常用 铜 094DC	次常用 铝 094DD	次常用 铡 094E1	次常用 铣 094E3	次常用 铭 094ED
常用 铲 094F2	常用 银 094F6	次常用 矫 077EB	常用 甜 0751C	次常用 秸 079F8	次常用 梨 068A8	常用 犁 07281	次常用 秽 079FD

常用	常用	常用	次常用	次常用	次常用	常用	常用
惧	惕	惊	惦	悴	惋	惨	惯
060E7	060D5	060CA	060E6	060B4	060CB	060E8	060EF
常用	常用	次常用	常用	次常用	常用	常用	常用
寇	寄	寂	宿	窒	窑	密	谋
05BC7	05BC4	05BC2	05BBF	07A92	07A91	05BC6	08C0B
次常用	常用	次常用	常用	次常用	常用	常用	次常用
谍	谎	谐	裆	祛	祷	祸	谒
08C0D	08C0E	08C10	088C6	088B1	07977	07978	08C12
常用	常用	常用	常用	常用	常用	常用	常用
谓	谚	谜	逮	敢	尉	屠	弹
08C13	08C1A	08C1C	0902E	06562	05C09	05C60	05F39
次常用	常用	常用	次常用	常用	常用	常用	常用
堕	随	蛋	隅	隆	隐	婚	婶
05815	0968F	086CB	09685	09686	09690	05A5A	05A76
次常用	次常用	常用	常用	常用	常用	常用	次常用
婉	颇	颈	绩	绪	续	骑	绰
05A49	09887	09888	07EE9	07EEA	07EED	09A91	07EF0
常用	常用	常用	次常用	常用	次常用	常用	常用
绳	维	绵	绷	绸	综	绽	绿
07EF3	07EF4	07EF5	07EF7	07EF8	07EFC	07EFD	07EFF
次常用	次常用	常用	次常用	次常用	次常用	常用	常用
缀	巢	琴	琳	琢	琼	斑	替
07F00	05DE2	07434	07433	07422	0743C	06591	066FF
次常用	常用	常用	常用	常用	次常用	次常用	常用
揍	款	堪	塔	搭	堰	楷	越
063CD	06B3E	0582A	05854	0642D	05830	063E9	08D8A
常用	常用	常用	次常用	常用	常用	常用	常用
趁	趋	超	揽	提	堤	揖	博
08D81	08D8B	08D85	063FD	063D0	05824	063D6	0535A
常用	常用	次常用	次常用	常用	常用	常用	常用
揭	喜	彭	揣	插	揪	搜	煮
063ED	0559C	05F6D	063E3	063D2	063EA	0641C	0716E
常用	次常用	常用	常用	次常用	常用	常用	次常用
援	挽	裁	搁	搓	搂	搅	壹
063F4	06400	088C1	06401	06413	06402	06405	058F9
常用	次常用	常用	常用	常用	常用	常用	常用
握	搔	揉	斯	期	欺	联	葫
063E1	06414	063C9	065AF	0671F	06B3A	08054	0846B
常用	次常用	常用	次常用	常用	常用	常用	常用
散	惹	葬	募	葛	董	葡	敬
06563	060F9	0846C	052DF	0845B	08463	08461	0656C
常用	次常用	次常用	常用	次常用	常用	常用	常用
葱	蒋	蒂	落	韩	朝	辜	葵
08471	0848B	08482	0843D	097E9	0671D	08F9C	08475
常用	次常用	常用	常用	常用	常用	次常用	常用
棒	棱	棋	椰	植	森	焚	椅
068D2	068F1	068CB	06930	0690D	068EE	0711A	06905

常用 椒 06912	常用 棵 068F5	常用 棍 068CD	次常用 椎 0690E	常用 棉 068C9	常用 棚 068DA	常用 棕 068D5	次常用 棺 068FA
次常用 榔 06994	次常用 椭 0692D	常用 惠 060E0	常用 惑 060D1	常用 逼 0903C	次常用 粟 07C9F	次常用 棘 068D8	次常用 酣 09163
次常用 酥 09165	常用 厨 053A8	常用 厦 053A6	常用 硬 0786C	次常用 硝 0785D	常用 确 0786E	常用 硫 0786B	常用 雁 096C1
常用 殖 06B96	常用 裂 088C2	常用 雄 096C4	次常用 颊 0988A	次常用 雳 096F3	常用 暂 06682	常用 雅 096C5	次常用 翘 07FD8
常用 辈 08F88	常用 悲 060B2	常用 紫 07D2B	次常用 凿 051FF	常用 辉 08F89	常用 敞 0655E	次常用 棠 068E0	常用 赏 08D4F
常用 掌 0638C	常用 晴 06674	常用 暑 06691	常用 最 06700	次常用 晰 06670	常用 量 091CF	次常用 鼎 09F0E	常用 喷 055B7
次常用 喳 055B3	常用 晶 06676	常用 喇 05587	常用 遇 09047	常用 喊 0558A	常用 遏 0904F	次常用 晾 0667E	常用 景 0666F
次常用 畴 07574	常用 践 08DF5	次常用 跋 08DCB	常用 跌 08DCC	常用 跑 08DD1	常用 跛 08DDB	常用 遗 09057	常用 蛙 086D9
次常用 蛔 086D4	常用 蛛 086DB	次常用 蜓 08713	次常用 蜒 08712	常用 蛤 086E4	次常用 喝 0559D	次常用 鹃 09E43	常用 喂 05582
常用 喘 05598	常用 喉 05589	次常用 喻 055BB	次常用 啼 0557C	常用 喧 055A7	常用 嵌 05D4C	次常用 幅 05E45	常用 帽 05E3D
次常用 赋 08D4B	常用 赌 08D4C	次常用 赎 08D4E	次常用 赐 08D50	常用 赔 08D54	常用 黑 09ED1	次常用 铸 094F8	常用 铺 094FA
常用 链 094FE	常用 销 09500	常用 锁 09501	常用 锄 09504	常用 锅 09505	常用 锈 09508	次常用 锉 09509	常用 锋 0950B
次常用 锌 0950C	常用 锐 09510	次常用 甥 07525	常用 掰 063B0	常用 短 077ED	常用 智 0667A	次常用 毯 06BEF	次常用 氮 06C2E
次常用 氯 06C2F	常用 鹅 09E45	常用 剩 05269	常用 稍 07A0D	常用 程 07A0B	常用 稀 07A00	次常用 黍 09ECD	常用 税 07A0E
常用 筐 07B50	常用 等 07B49	常用 筑 07B51	常用 策 07B56	常用 筛 07B5B	常用 筒 07B52	次常用 筏 07B4F	常用 答 07B54
常用 筋 07B4B	常用 筝 07B5D	常用 傲 050B2	常用 傅 05085	次常用 牍 0724D	常用 牌 0724C	次常用 堡 05821	常用 集 096C6

常用 焦 07126	常用 傍 0508D	常用 储 050A8	次常用 粤 07CA4	常用 奥 05965	常用 街 08857	常用 惩 060E9	常用 御 05FA1
常用 循 05FAA	常用 艇 08247	常用 舒 08212	次常用 逾 0903E	常用 番 0756A	常用 释 091CA	常用 禽 079BD	常用 腊 0814A
次常用 腌 0814C	常用 脾 0813E	次常用 腋 0814B	常用 腔 08154	次常用 腕 08155	常用 鲁 09C81	次常用 猩 07329	常用 猖 0732C
常用 猾 0733E	常用 猴 07334	常用 惫 060EB	常用 然 07136	常用 馋 0998B	常用 装 088C5	常用 蛮 086EE	常用 就 05C31
次常用 敦 06566	次常用 痘 075D8	次常用 痢 075E2	次常用 痪 075EA	常用 痛 075DB	常用 童 07AE5	常用 竣 07AE3	常用 阔 09614
常用 善 05584	次常用 翔 07FD4	常用 羡 07FA1	常用 普 0666E	常用 粪 07CAA	常用 尊 05C0A	常用 奠 05960	常用 道 09053
次常用 遂 09042	常用 曾 066FE	次常用 焰 07130	次常用 焙 07119	常用 港 06E2F	常用 滞 06EDE	常用 湖 06E56	常用 湘 06E58
次常用 渣 06E23	次常用 渤 06E24	次常用 渺 06E3A	常用 湿 06E7F	常用 温 06E29	常用 渴 06E34	常用 溃 06E83	次常用 溅 06E85
常用 滑 06ED1	次常用 湃 06E43	常用 湾 06E7E	常用 渡 06E21	常用 游 06E38	常用 滋 06ECB	常用 溉 06E89	常用 愤 06124
常用 慌 0614C	常用 惰 060F0	次常用 愕 06115	常用 惶 060F6	常用 愧 06127	常用 愉 06109	常用 慨 06168	常用 割 05272
常用 寒 05BD2	常用 富 05BCC	次常用 寓 05BD3	常用 窜 07A9C	常用 窝 07A9D	次常用 窖 07A96	常用 窗 07A97	次常用 窘 07A98
常用 遍 0904D	次常用 雇 096C7	常用 裕 088D5	常用 裤 088E4	常用 裙 088D9	常用 谢 08C22	次常用 谣 08C23	次常用 谤 08C24
常用 谦 08C26	次常用 犀 07280	次常用 属 05C5E	常用 屡 05C61	常用 强 05F3A	次常用 粥 07CA5	次常用 疏 0758F	常用 隔 09694
常用 隙 09699	次常用 隘 09698	次常用 媒 05A92	常用 絮 07D6E	常用 嫂 05AC2	次常用 媚 05A9A	次常用 婿 05A7F	常用 登 0767B
次常用 缅 07F05	次常用 缆 07F06	常用 缎 07F0E	常用 缓 07F13	次常用 缔 07F14	次常用 缕 07F15	常用 骗 09A97	常用 编 07F16
次常用 骚 09A9A	常用 缘 07F18	次常用 瑟 0745F	次常用 鹉 09E49	常用 瑞 0745E	常用 瑰 07470	次常用 魂 09B42	常用 肆 08086

377

常用 摄 06444	常用 摸 06478	常用 填 0586B	常用 搏 0640F	常用 塌 0584C	常用 鼓 09F13	常用 摆 06446	常用 携 0643A
常用 搬 0642C	常用 摇 06447	常用 搞 0641E	次常用 搪 0642A	常用 塘 05858	常用 摊 0644A	次常用 聘 08058	次常用 斟 0659F
常用 蒜 0849C	常用 勤 052E4	次常用 靴 09774	次常用 靶 09776	常用 鹊 09E4A	常用 蓝 084DD	常用 墓 05893	常用 幕 05E55
次常用 蓖 084D6	常用 蓬 084EC	次常用 蒿 084BF	次常用 蓄 084C4	常用 蒲 084B2	常用 蓉 084C9	常用 蒙 08499	常用 蒸 084B8
常用 献 0732E	次常用 楔 06954	次常用 椿 0693F	常用 禁 07981	常用 楚 0695A	次常用 楷 06977	次常用 榄 06984	常用 想 060F3
次常用 楞 0695E	常用 槐 069D0	常用 榆 06986	常用 楼 0697C	常用 概 06982	常用 楣 06963	次常用 赖 08D56	次常用 酪 0916A
常用 酬 0916C	常用 感 0611F	次常用 碍 0788D	次常用 碘 07898	常用 碑 07891	常用 硼 0787C	次常用 碉 07889	次常用 碎 0788E
常用 碰 078B0	常用 碗 07897	次常用 碌 0788C	常用 雷 096F7	常用 零 096F6	常用 雾 096FE	常用 雹 096F9	次常用 辐 08F90
次常用 辑 08F91	常用 输 08F93	常用 督 07763	次常用 频 09891	常用 龄 09F84	常用 鉴 09274	次常用 睛 0775B	常用 睹 07779
次常用 睦 07766	次常用 瞄 07784	常用 睡 07761	常用 睬 0776C	次常用 嗜 055DC	常用 鄙 09119	次常用 嗦 055E6	常用 愚 0611A
常用 暖 06696	常用 盟 076DF	常用 歇 06B47	常用 暗 06697	次常用 暇 06687	常用 照 07167	次常用 畸 07578	常用 跨 08DE8
次常用 跷 08DF7	常用 跳 08DF3	次常用 跺 08DFA	常用 跪 08DEA	常用 路 08DEF	常用 跟 08DDF	常用 遣 09063	次常用 蜈 08708
常用 蜗 08717	常用 蛾 086FE	常用 蜂 08702	次常用 蜕 08715	常用 蛹 086F9	次常用 嗅 055C5	次常用 嗡 055E1	次常用 嗤 055E4
常用 嗓 055D3	次常用 署 07F72	常用 置 07F6E	常用 罪 07F6A	常用 罩 07F69	次常用 蜀 08700	次常用 幌 05E4C	常用 错 09519
次常用 锚 0951A	常用 锡 09521	常用 锣 09523	常用 锤 09524	常用 锥 09525	常用 锦 09526	次常用 锨 09528	次常用 锭 0952D
常用 键 0952E	常用 锯 0952F	次常用 锰 09530	常用 矮 077EE	次常用 辞 08F9E	常用 稚 07A1A	常用 稠 07A20	次常用 颏 09893

378

常用	常用	常用	常用	次常用	常用	常用	常用
愁	筹	签	简	筷	毁	舅	鼠
06101	07B79	07B7E	07B80	07B77	06BC1	08205	09F20
常用	常用	常用	常用	次常用	次常用	常用	常用
催	傻	像	躲	魁	衙	微	愈
050AC	050BB	050CF	08EB2	09B41	08859	05FAE	06108
常用	常用	常用	常用	次常用	常用	次常用	次常用
遥	腻	腰	腥	腮	腹	腺	鹏
09065	0817B	08170	08165	0816E	08179	0817A	09E4F
常用	常用	次常用	次常用	次常用	常用	常用	次常用
腾	腿	肆	猿	颖	触	解	煞
0817E	0817F	08084	0733F	09896	089E6	089E3	0715E
次常用	次常用	次常用	次常用	次常用	次常用	次常用	次常用
雏	馍	馏	酱	禀	痹	廓	痴
096CF	0998D	0998F	09171	07980	075F9	05ED3	075F4
常用	常用	次常用	常用	常用	常用	常用	常用
痰	廉	靖	新	韵	意	誊	粮
075F0	05EC9	09756	065B0	097F5	0610F	08A8A	07CAE
常用	常用	常用	常用	常用	常用	常用	常用
数	煎	塑	慈	煤	煌	满	漠
06570	0714E	05851	06148	07164	0714C	06EE1	06F20
常用	常用	常用	常用	常用	常用	常用	常用
源	滤	滥	滔	溪	溜	漓	滚
06E90	06EE4	06EE5	06ED4	06EAA	06E9C	06F13	06EDA
次常用	次常用	常用	次常用	次常用	次常用	常用	常用
溢	溯	滨	溶	滓	溺	梁	滩
06EA2	06EAF	06EE8	06EB6	06ED3	06EBA	07CB1	06EE9
常用	常用	常用	常用	次常用	次常用	常用	常用
慎	誉	塞	寞	窥	窟	寝	谨
0614E	08A89	0585E	05BDE	07AA5	07A9F	05BDD	08C28
次常用	次常用	常用	次常用	常用	常用	常用	常用
褂	裸	福	谬	群	殿	辟	障
08902	088F8	0798F	08C2C	07FA4	06BBF	08F9F	0969C
次常用	次常用	常用	次常用	常用	次常用	常用	常用
媳	嫉	嫌	嫁	叠	缚	缝	缠
05AB3	05AC9	05ACC	05AC1	053E0	07F1A	07F1D	07F20
次常用	次常用	常用	常用	常用	次常用	次常用	常用
缤	剿	静	碧	璃	赘	熬	墙
07F24	0527F	09759	078A7	07483	08D58	071AC	05899
常用	常用	次常用	常用	常用	常用	常用	常用
嘉	摧	赫	截	誓	境	摘	摔
05609	06467	08D6B	0622A	08A93	05883	06458	06454
常用	常用	次常用	常用	常用	次常用	次常用	常用
撇	聚	蔫	慕	暮	摹	蔓	蔑
06487	0805A	0852B	06155	066AE	06479	08513	08511
次常用	常用	次常用	次常用	次常用	次常用	次常用	常用
蔗	蔽	蔼	熙	蔚	兢	榛	模
08517	0853D	0853C	07199	0851A	05162	0699B	06A21

常用 榴 069B4	常用 榜 0699C	常用 榨 069A8	次常用 榕 06995	常用 歌 06B4C	常用 遭 0906D	次常用 酵 09175	常用 酷 09177
常用 酿 0917F	常用 酸 09178	次常用 碟 0789F	次常用 磋 078B4	次常用 碱 078B1	次常用 碳 078B3	常用 磁 078C1	常用 愿 0613F
常用 需 09700	次常用 辕 08F95	次常用 辖 08F96	次常用 雌 096CC	常用 裳 088F3	常用 颗 09897	次常用 墅 05885	常用 嗽 055FD
次常用 喊 05601	次常用 踊 08E0A	常用 蜻 0873B	常用 蜡 08721	常用 蝇 08747	常用 蜘 08718	常用 蝉 08749	次常用 嘀 05600
次常用 幔 05E54	常用 赚 08D5A	常用 锹 09539	常用 锻 0953B	常用 镀 09540	常用 舞 0821E	次常用 舔 08214	常用 稳 07A33
常用 熏 0718F	次常用 箍 07B8D	次常用 箕 07B95	常用 算 07B97	次常用 箩 07BA9	常用 管 07BA1	次常用 箫 07BAB	次常用 舆 08206
常用 僚 050DA	次常用 僧 050E7	常用 鼻 09F3B	常用 魄 09B44	常用 貌 08C8C	常用 膜 0819C	次常用 膊 0818A	常用 膀 08180
常用 鲜 09C9C	常用 疑 07591	次常用 孵 05B75	常用 馒 09992	常用 裹 088F9	常用 敲 06572	常用 豪 08C6A	常用 膏 0818F
常用 遮 0906E	常用 腐 08150	常用 瘩 07629	常用 瘟 0761F	常用 瘦 07626	常用 辣 08FA3	常用 彰 05F70	常用 竭 07AED
常用 端 07AEF	常用 旗 065D7	常用 精 07CBE	常用 粹 07CB9	常用 歉 06B49	常用 弊 05F0A	常用 熄 07184	常用 熔 07194
常用 漆 06F06	常用 漱 06F31	常用 漂 06F02	常用 漫 06F2B	常用 滴 06EF4	常用 漩 06F29	次常用 漾 06F3E	常用 演 06F14
常用 漏 06F0F	常用 慢 06162	次常用 慷 06177	常用 寨 05BE8	常用 赛 08D5B	次常用 寡 05BE1	常用 察 05BDF	常用 蜜 0871C
次常用 寥 05BE5	次常用 谭 08C2D	次常用 褐 08910	常用 褪 0892A	常用 谱 08C31	次常用 隧 096A7	常用 嫩 05AE9	次常用 嫡 05AE1
常用 翠 07FE0	常用 熊 0718A	常用 凳 051F3	常用 骡 09AA1	次常用 缨 07F28	常用 缩 07F29	常用 慧 06167	次常用 撵 064B5
常用 撕 06495	常用 撒 06492	常用 撩 064A9	常用 趣 08DA3	常用 趟 08D9F	常用 撑 06491	次常用 撮 064AE	次常用 撬 064AC
常用 播 064AD	次常用 擒 064D2	次常用 墩 058A9	常用 撞 0649E	常用 撤 064A4	常用 增 0589E	次常用 撰 064B0	常用 聪 0806A

380

常用	次常用	常用	次常用	常用	次常用	常用	常用
鞋 0978B	鞍 0978D	蕉 08549	蕊 0854A	蔬 0852C	蘊 08574	横 06A2A	槽 069FD
櫻 06A31	樊 06A0A	橡 06A61	樟 06A1F	橄 06A44	敷 06577	豌 08C4C	飄 098D8
醋 0918B	醇 09187	醉 09189	磕 078D5	磅 078C5	碾 078BE	震 09707	霉 09709
瞞 07792	題 09898	暴 066B4	瞎 0778E	嘶 05636	嘲 05632	嘹 05639	影 05F71
踢 08E22	踏 08E0F	踩 08E29	踪 08E2A	蝶 08776	蝴 08774	蝙 08760	蝎 0874E
蝌 0874C	蝗 08757	蝙 08759	嘿 0563F	嘱 05631	幢 05E62	墨 058A8	镊 0954A
镇 09547	镐 09550	靠 09760	稽 07A3D	稻 07A3B	黎 09ECE	稿 07A3F	稼 07A3C
箱 07BB1	篓 07BD3	箭 07BAD	篇 07BC7	僵 050F5	躺 08EBA	僻 050FB	德 05FB7
艘 08258	膝 0819D	膘 08198	膛 0819B	鲤 09CA4	鲫 09CAB	熟 0719F	摩 06469
褒 08912	瘪 0762A	瘤 07624	瘫 0762B	凛 051DB	颜 0989C	糜 06BC5	糊 07CCA
遵 09075	憨 0618B	潜 06F5C	澎 06F8E	潮 06F6E	潭 06F6D	潦 06F66	澳 06FB3
潘 06F58	澈 06F88	澜 06F9C	澄 06F84	懂 061C2	憔 06194	懊 061CA	憎 0618E
额 0989D	翩 07FE9	褥 08925	谴 08C34	鹤 09E64	憨 061A8	慰 06170	劈 05288
履 05C65	嬉 05B09	豫 08C6B	缭 07F2D	撼 064BC	播 064C2	操 064CD	擅 064C5
燕 071D5	蕾 0857E	薯 085AF	薛 0859B	薇 08587	擎 064CE	薪 085AA	薄 08584
颠 098A0	翰 07FF0	噩 05669	橱 06A71	橙 06A59	橘 06A58	整 06574	融 0878D

次常用 瓢 074E2	常用 醒 09192	次常用 磺 078FA	次常用 霍 0970D	次常用 霎 0970E	次常用 辙 08F99	次常用 冀 05180	常用 餐 09910
常用 嘴 05634	次常用 蹀 08E31	常用 蹄 08E44	次常用 蹂 08E42	次常用 蟆 087C6	次常用 螃 08783	次常用 螟 0879F	常用 器 05668
次常用 噪 0566A	次常用 鹦 09E66	常用 赠 08D60	次常用 默 09ED8	次常用 黔 09ED4	常用 镜 0955C	常用 赞 08D5E	次常用 穆 07A46
常用 篮 07BEE	次常用 篡 07BE1	次常用 篷 07BF7	次常用 篙 07BD9	次常用 篱 07BF1	常用 儒 05112	次常用 邀 09080	常用 衡 08861
常用 膨 081A8	次常用 膳 081B3	常用 雕 096D5	常用 鲸 09CB8	常用 磨 078E8	次常用 瘾 0763E	次常用 瘫 07638	常用 凝 051DD
常用 辨 08FA8	常用 辩 08FA9	次常用 糙 07CD9	常用 糖 07CD6	次常用 糕 07CD5	次常用 燎 071CE	常用 燃 071C3	次常用 濒 06FD2
常用 澡 06FA1	常用 激 06FC0	常用 懒 061D2	次常用 憾 061BE	次常用 懈 061C8	次常用 窿 07ABF	常用 壁 058C1	常用 避 0907F
次常用 缰 07F30	常用 缴 07F34	常用 戴 06234	次常用 壕 058D5	常用 擦 064E6	次常用 鞠 097A0	常用 藏 085CF	次常用 藐 085D0
次常用 檬 06AAC	次常用 檐 06A90	次常用 檩 06AA9	次常用 檀 06A80	次常用 礁 07901	次常用 磷 078F7	常用 霜 0971C	常用 霞 0971E
次常用 瞭 077AD	次常用 瞧 077A7	次常用 瞬 077AC	次常用 瞳 077B3	次常用 瞪 077AA	次常用 曙 066D9	次常用 蹋 08E4B	常用 蹈 08E48
常用 螺 087BA	次常用 蟋 087CB	次常用 蟀 087C0	次常用 嚎 0568E	次常用 赡 08D61	次常用 镣 09563	常用 穗 07A57	常用 魏 09B4F
次常用 簇 07C07	常用 繁 07E41	次常用 儡 05121	次常用 徽 05FBD	次常用 爵 07235	次常用 朦 06726	次常用 臊 081CA	次常用 鳄 09CC4
次常用 糜 07CDC	次常用 癌 0764C	常用 辫 08FAB	次常用 赢 08D62	常用 糟 07CDF	常用 糠 07CE0	常用 燥 071E5	次常用 懦 061E6
次常用 豁 08C41	次常用 臀 081C0	常用 臂 081C2	次常用 翼 07FFC	常用 骤 09AA4	常用 藕 085D5	次常用 鞭 097AD	次常用 藤 085E4
常用 覆 08986	次常用 瞻 077BB	常用 蹦 08E66	次常用 嚣 056A3	常用 镰 09570	常用 翻 07FFB	次常用 鳍 09CCD	常用 鹰 09E70
次常用 癫 0765E	次常用 瀑 07011	次常用 襟 0895F	次常用 璧 074A7	次常用 戳 06233	次常用 攒 06512	次常用 孽 05B7D	常用 警 08B66

次常用	次常用	常用	常用	次常用	次常用	次常用	次常用
蘑 08611	藻 085FB	攀 06500	蹲 08E72	蹭 08E6D	蹬 08E6C	簸 07C38	簿 07C3F
蟹 087F9	颤 098A4	靡 09761	癣 07663	瓣 074E3	羹 07FB9	鳖 09CD6	爆 07206
疆 07586	鬓 09B13	壤 058E4	攘 06518	耀 08000	躁 08E81	蠕 08815	嚼 056BC
嚷 056B7	巍 05DCD	籍 07C4D	鳞 09CDE	魔 09B54	糯 07CEF	灌 0704C	譬 08B6C
蠢 08822	霸 09738	露 09732	霹 09739	蹦 08E8F	髓 09AD3	蘸 08638	囊 056CA
镶 09576	瓤 074E4	罐 07F50	矗 077D7				

汉语水平考试用字(汉办版)

啊 0554A	矮 077EE	爱 07231	安 05B89	吧 05427	八 0516B	把 0628A	爸 07238
白 0767D	百 0767E	摆 06446	班 073ED	搬 0642C	般 0822C	板 0677F	半 0534A
办 0529E	帮 05E2E	包 05305	饱 09971	抱 062B1	报 062A5	杯 0676F	北 05317
倍 0500D	备 05907	被 088AB	本 0672C	比 06BD4	笔 07B14	必 05FC5	边 08FB9
便 04FBF	变 053D8	遍 0904D	表 08868	别 0522B	病 075C5	播 064AD	不 04E0D
布 05E03	步 06B65	部 090E8	擦 064E6	才 0624D	彩 05F69	菜 083DC	参 053C2
操 064CD	草 08349	层 05C42	茶 08336	查 067E5	差 05DEE	产 04EA7	常 05E38
长 0957F	厂 05382	场 0573A	唱 05531	朝 0671D	车 08F66	晨 06668	城 057CE
成 06210	吃 05403	持 06301	迟 08FDF	抽 062BD	初 0521D	出 051FA	除 09664
楚 0695A	础 07840	处 05904	穿 07A7F	船 08239	窗 07A97	床 05E8A	吹 05439
春 06625	磁 078C1	词 08BCD	次 06B21	从 04ECE	村 06751	错 09519	答 07B54
打 06253	大 05927	戴 06234	带 05E26	代 04EE3	单 05355	但 04F46	蛋 086CB
当 05F53	刀 05200	倒 05012	导 05BFC	到 05230	道 09053	得 05F97	的 07684
灯 0706F	等 07B49	低 04F4E	地 05730	第 07B2C	弟 05F1F	点 070B9	典 05178
电 07535	店 05E97	掉 06389	调 08C03	定 05B9A	丢 04E22	东 04E1C	冬 051AC
懂 061C2	动 052A8	都 090FD	读 08BFB	度 05EA6	短 077ED	锻 0953B	段 06BB5

甲	甲	甲	甲	甲	甲	甲	甲
对	顿	多	饿	而	儿	二	发
05BF9	0987F	0591A	0997F	0800C	0513F	04E8C	053D1
法	翻	烦	反	饭	方	房	访
06CD5	07FFB	070E6	053CD	0996D	065B9	0623F	08BBF
放	非	啡	飞	分	丰	封	风
0653E	0975E	05561	098DE	05206	04E30	05C01	098CE
夫	服	福	辅	府	复	傅	父
0592B	0670D	0798F	08F85	05E9C	0590D	05085	07236
负	富	附	该	改	概	干	感
08D1F	05BCC	09644	08BE5	06539	06982	05E72	0611F
敢	刚	钢	高	搞	告	哥	歌
06562	0521A	094A2	09AD8	0641E	0544A	054E5	06B4C
个	各	给	根	跟	更	工	公
04E2A	05404	07ED9	06839	08DDF	066F4	05DE5	0516C
共	够	姑	故	顾	刮	挂	关
05171	0591F	059D1	06545	0987E	0522E	06302	05173
观	馆	惯	广	贵	国	果	过
089C2	09986	060EF	05E7F	08D35	056FD	0679C	08FC7
哈	孩	海	寒	喊	汉	好	号
054C8	05B69	06D77	05BD2	0558A	06C49	0597D	053F7
喝	和	何	合	河	黑	很	红
0559D	0548C	04F55	05408	06CB3	09ED1	05F88	07EA2
候	后	忽	湖	互	户	花	画
05019	0540E	05FFD	06E56	04E92	06237	082B1	0753B
划	化	话	坏	欢	还	换	黄
05212	05316	08BDD	0574F	06B22	08FD8	06362	09EC4
回	会	活	火	或	基	机	鸡
056DE	04F1A	06D3B	0706B	06216	057FA	0673A	09E21
极	集	急	级	挤	几	己	绩
06781	096C6	06025	07EA7	06324	051E0	05DF1	07EE9
技	济	寄	计	记	继	纪	家
06280	06D4E	05BC4	08BA1	08BB0	07EE7	07EAA	05BB6

加 052A0	假 05047	驾 09A7E	坚 0575A	间 095F4	检 068C0	简 07B80	践 08DF5
见 089C1	件 04EF6	健 05065	建 05EFA	将 05C06	江 06C5F	讲 08BB2	蕉 08549
交 04EA4	脚 0811A	角 089D2	饺 0997A	教 06559	较 08F83	叫 053EB	接 063A5
街 08857	节 08282	结 07ED3	解 089E3	姐 059D0	界 0754C	借 0501F	介 04ECB
斤 065A4	今 04ECA	紧 07D27	进 08FDB	近 08FD1	睛 0775B	精 07CBE	经 07ECF
静 09759	净 051C0	究 07A76	久 04E45	九 04E5D	酒 09152	旧 065E7	就 05C31
局 05C40	橘 06A58	桔 06854	举 04E3E	句 053E5	觉 089C9	决 051B3	咖 05496
卡 05361	开 05F00	看 0770B	康 05EB7	考 08003	棵 068F5	科 079D1	咳 054B3
可 053EF	渴 06E34	克 0514B	刻 0523B	客 05BA2	课 08BFE	空 07A7A	口 053E3
哭 054ED	苦 082E6	块 05757	快 05FEB	况 051B5	困 056F0	拉 062C9	啦 05566
来 06765	蓝 084DD	篮 07BEE	览 089C8	劳 052B3	老 08001	乐 04E50	累 07D2F
冷 051B7	离 079BB	理 07406	里 091CC	礼 0793C	历 05386	利 05229	例 04F8B
立 07ACB	力 0529B	俩 04FE9	联 08054	连 08FDE	脸 08138	炼 070BC	练 07EC3
凉 051C9	两 04E24	辆 08F86	亮 04EAE	谅 08C05	了 04E86	零 096F6	领 09886
留 07559	流 06D41	六 0516D	楼 0697C	路 08DEF	录 05F55	旅 065C5	绿 07EFF
乱 04E71	论 08BBA	妈 05988	麻 09EBB	马 09A6C	嘛 0561B	吗 05417	买 04E70

甲	甲	甲	甲	甲	甲	甲	甲
卖 05356	满 06EE1	慢 06162	忙 05FD9	毛 06BDB	冒 05192	帽 05E3D	么 04E48
没 06CA1	每 06BCF	妹 059B9	门 095E8	们 04EEC	米 07C73	面 09762	民 06C11
明 0660E	名 0540D	母 06BCD	目 076EE	拿 062FF	哪 054EA	呐 05450	那 090A3
奶 05976	南 05357	男 07537	难 096BE	呢 05462	内 05185	能 080FD	嗯 055EF
你 04F60	年 05E74	念 05FF5	娘 05A18	您 060A8	牛 0725B	农 0519C	努 052AA
女 05973	暖 06696	爬 0722C	怕 06015	拍 062CD	排 06392	派 06D3E	旁 065C1
跑 08DD1	朋 0670B	碰 078B0	批 06279	啤 05564	篇 07BC7	片 07247	漂 06F02
票 07968	苹 082F9	平 05E73	瓶 074F6	评 08BC4	破 07834	期 0671F	七 04E03
其 05176	齐 09F50	骑 09A91	起 08D77	器 05668	气 06C14	汽 06C7D	铅 094C5
千 05343	钱 094B1	前 0524D	浅 06D45	墙 05899	桥 06865	切 05207	且 04E14
亲 04EB2	青 09752	轻 08F7B	清 06E05	晴 06674	情 060C5	请 08BF7	秋 079CB
球 07403	求 06C42	取 053D6	去 053BB	全 05168	确 0786E	然 07136	让 08BA9
热 070ED	人 04EBA	任 04EFB	认 08BA4	日 065E5	容 05BB9	肉 08089	如 05982
赛 08D5B	三 04E09	散 06563	色 08272	山 05C71	商 05546	上 04E0A	烧 070E7
少 05C11	绍 07ECD	舍 0820D	社 0793E	设 08BBE	身 08EAB	深 06DF1	神 0795E
声 058F0	生 0751F	省 07701	剩 05269	胜 080DC	师 05E08	十 05341	拾 062FE

时 065F6	什 04EC0	食 098DF	实 05B9E	识 08BC6	史 053F2	使 04F7F	始 059CB
示 0793A	世 04E16	事 04E8B	是 0662F	适 09002	市 05E02	室 05BA4	视 089C6
试 08BD5	收 06536	手 0624B	首 09996	输 08F93	舒 08212	书 04E66	熟 0719F
术 0672F	树 06811	束 0675F	数 06570	双 053CC	谁 08C01	水 06C34	睡 07761
说 08BF4	思 0601D	死 06B7B	四 056DB	送 09001	嗽 055FD	宿 05BBF	诉 08BC9
酸 09178	算 07B97	虽 0867D	岁 05C81	所 06240	他 04ED6	它 05B83	她 05979
抬 062AC	太 0592A	态 06001	谈 08C08	汤 06C64	堂 05802	糖 07CD6	躺 08EBA
讨 08BA8	特 07279	疼 075BC	踢 08E22	提 063D0	题 09898	体 04F53	天 05929
条 06761	跳 08DF3	听 0542C	停 0505C	庭 05EAD	挺 0633A	通 0901A	同 0540C
痛 075DB	头 05934	突 07A81	图 056FE	团 056E2	推 063A8	腿 0817F	退 09000
脱 08131	袜 0889C	外 05916	玩 073A9	完 05B8C	碗 07897	晚 0665A	万 04E07
往 05F80	望 0671B	忘 05FD8	危 05371	围 056F4	为 04E3A	伟 04F1F	喂 05582
位 04F4D	文 06587	闻 095FB	问 095EE	我 06211	握 063E1	屋 05C4B	五 04E94
午 05348	舞 0821E	物 07269	务 052A1	误 08BEF	西 0897F	息 0606F	希 05E0C
习 04E60	喜 0559C	洗 06D17	系 07CFB	细 07EC6	下 04E0B	夏 0590F	先 05148
险 09669	现 073B0	相 076F8	香 09999	想 060F3	响 054CD	像 050CF	向 05411

甲 消 06D88	甲 小 05C0F	甲 校 06821	甲 笑 07B11	甲 些 04E9B	甲 鞋 0978B	甲 写 05199	甲 谢 08C22
甲 辛 08F9B	甲 新 065B0	甲 心 05FC3	甲 信 04FE1	甲 星 0661F	甲 兴 05174	甲 行 0884C	甲 幸 05E78
甲 姓 059D3	甲 休 04F11	甲 需 09700	甲 须 0987B	甲 许 08BB8	甲 续 07EED	甲 学 05B66	甲 雪 096EA
甲 呀 05440	甲 研 07814	甲 言 08A00	甲 颜 0989C	甲 眼 0773C	甲 演 06F14	甲 宴 05BB4	甲 验 09A8C
甲 扬 0626C	甲 羊 07F8A	甲 阳 09633	甲 样 06837	甲 药 0836F	甲 要 08981	甲 也 04E5F	甲 页 09875
甲 业 04E1A	甲 夜 0591C	甲 一 04E00	甲 医 0533B	甲 衣 08863	甲 宜 05B9C	甲 椅 06905	甲 已 05DF2
甲 以 04EE5	甲 艺 0827A	甲 易 06613	甲 亿 04EBF	甲 意 0610F	甲 义 04E49	甲 谊 08C0A	甲 译 08BD1
甲 因 056E0	甲 音 097F3	甲 阴 09634	甲 银 094F6	甲 英 082F1	甲 应 05E94	甲 迎 08FCE	甲 赢 08D62
甲 影 05F71	甲 泳 06CF3	甲 永 06C38	甲 用 07528	甲 尤 05C24	甲 邮 090AE	甲 游 06E38	甲 有 06709
甲 友 053CB	甲 右 053F3	甲 又 053C8	甲 鱼 09C7C	甲 愉 06109	甲 雨 096E8	甲 语 08BED	甲 遇 09047
甲 育 080B2	甲 预 09884	甲 元 05143	甲 原 0539F	甲 园 056ED	甲 员 05458	甲 圆 05706	甲 远 08FDC
甲 愿 0613F	甲 院 09662	甲 月 06708	甲 云 04E91	甲 运 08FD0	甲 杂 06742	甲 再 0518D	甲 在 05728
甲 咱 054B1	甲 脏 0810F	甲 早 065E9	甲 澡 06FA1	甲 责 08D23	甲 怎 0600E	甲 增 0589E	甲 展 05C55
甲 占 05360	甲 站 07AD9	甲 章 07AE0	甲 张 05F20	甲 掌 0638C	甲 找 0627E	甲 照 07167	甲 者 08005
甲 这 08FD9	甲 真 0771F	甲 整 06574	甲 正 06B63	甲 政 0653F	甲 支 0652F	甲 知 077E5	甲 之 04E4B
甲 织 07EC7	甲 直 076F4	甲 指 06307	甲 只 053EA	甲 纸 07EB8	甲 志 05FD7	甲 治 06CBB	甲 中 04E2D

甲 钟 0949F	甲 种 079CD	甲 重 091CD	甲 周 05468	甲 猪 0732A	甲 主 04E3B	甲 助 052A9	甲 住 04F4F
甲 注 06CE8	甲 祝 0795D	甲 装 088C5	甲 准 051C6	甲 桌 0684C	甲 着 07740	甲 子 05B50	甲 自 081EA
甲 字 05B57	甲 总 0603B	甲 走 08D70	甲 租 079DF	甲 足 08DB3	甲 族 065CF	甲 祖 07956	甲 组 07EC4
甲 嘴 05634	甲 最 06700	甲 昨 06628	甲 左 05DE6	甲 做 0505A	甲 作 04F5C	甲 坐 05750	甲 座 05EA7
乙 阿 0963F	乙 挨 06328	乙 哎 054CE	乙 按 06309	乙 暗 06697	乙 岸 05CB8	乙 案 06848	乙 傲 050B2
乙 巴 05DF4	乙 拔 062D4	乙 败 08D25	乙 拜 062DC	乙 版 07248	乙 扮 0626E	乙 榜 0699C	乙 膀 08180
乙 傍 0508D	乙 薄 08584	乙 保 04FDD	乙 宝 05B9D	乙 碑 07891	乙 悲 060B2	乙 背 080CC	乙 笨 07B28
乙 逼 0903C	乙 鼻 09F3B	乙 毕 06BD5	乙 币 05E01	乙 闭 095ED	乙 辟 08F9F	乙 壁 058C1	乙 避 0907F
乙 编 07F16	乙 扁 06241	乙 标 06807	乙 宾 05BBE	乙 兵 05175	乙 冰 051B0	乙 饼 0997C	乙 并 05E76
乙 玻 073BB	乙 伯 04F2F	乙 脖 08116	乙 膊 0818A	乙 捕 06355	乙 卜 0535C	乙 补 08865	乙 猜 0731C
乙 材 06750	乙 踩 08E29	乙 采 091C7	乙 餐 09910	乙 藏 085CF	乙 厕 05395	乙 策 07B56	乙 册 0518C
乙 测 06D4B	乙 曾 066FE	乙 插 063D2	乙 叉 053C9	乙 察 05BDF	乙 拆 062C6	乙 柴 067F4	乙 尝 05C1D
乙 肠 080A0	乙 倡 05021	乙 超 08D85	乙 抄 06284	乙 吵 05435	乙 彻 05F7B	乙 沉 06C89	乙 趁 08D81
乙 衬 0886C	乙 称 079F0	乙 乘 04E58	乙 程 07A0B	乙 诚 08BDA	乙 承 0627F	乙 池 06C60	乙 尺 05C3A
乙 翅 07FC5	乙 充 05145	乙 冲 051B2	乙 虫 0866B	乙 崇 05D07	乙 愁 06101	乙 臭 081ED	乙 厨 053A8
乙 触 089E6	乙 传 04F20	乙 闯 095EF	乙 创 0521B	乙 此 06B64	乙 刺 0523A	乙 聪 0806A	乙 粗 07C97

乙 醋 0918B	乙 促 04FC3	乙 催 050AC	乙 脆 08106	乙 存 05B58	乙 寸 05BF8	乙 措 063AA	乙 搭 0642D
乙 达 08FBE	乙 呆 05446	乙 袋 0888B	乙 待 05F85	乙 担 062C5	乙 胆 080C6	乙 淡 06DE1	乙 弹 05F39
乙 挡 06321	乙 党 0515A	乙 岛 05C9B	乙 稻 07A3B	乙 盗 076D7	乙 德 05FB7	乙 登 0767B	乙 滴 06EF4
乙 敌 0654C	乙 底 05E95	乙 帝 05E1D	乙 递 09012	乙 吊 0540A	乙 钓 09493	乙 跌 08DCC	乙 叠 053E0
乙 顶 09876	乙 订 08BA2	乙 冻 051BB	乙 洞 06D1E	乙 抖 06296	乙 斗 06597	乙 豆 08C46	乙 逗 09017
乙 独 072EC	乙 堵 05835	乙 肚 0809A	乙 渡 06E21	乙 端 07AEF	乙 断 065AD	乙 堆 05806	乙 队 0961F
乙 吨 05428	乙 蹲 08E72	乙 盾 076FE	乙 夺 0593A	乙 躲 08EB2	乙 朵 06735	乙 鹅 09E45	乙 耳 08033
乙 乏 04E4F	乙 繁 07E41	乙 凡 051E1	乙 范 08303	乙 犯 072AF	乙 泛 06CDB	乙 防 09632	乙 仿 04EFF
乙 纺 07EBA	乙 肥 080A5	乙 肺 080BA	乙 费 08D39	乙 吩 05429	乙 纷 07EB7	乙 粉 07C89	乙 奋 0594B
乙 份 04EFD	乙 愤 06124	乙 蜂 08702	乙 逢 09022	乙 佛 04F5B	乙 否 05426	乙 肤 080A4	乙 扶 06276
乙 幅 05E45	乙 符 07B26	乙 浮 06D6E	乙 腐 08150	乙 副 0526F	乙 付 04ED8	乙 妇 05987	乙 咐 05490
乙 盖 076D6	乙 杆 06746	乙 肝 0809D	乙 赶 08D76	乙 港 06E2F	乙 糕 07CD5	乙 搁 06401	乙 胳 080F3
乙 割 05272	乙 革 09769	乙 格 0683C	乙 隔 09694	乙 攻 0653B	乙 功 0529F	乙 供 04F9B	乙 巩 05DE9
乙 贡 08D21	乙 狗 072D7	乙 构 06784	乙 购 08D2D	乙 估 04F30	乙 鼓 09F13	乙 古 053E4	乙 骨 09AA8
乙 固 056FA	乙 瓜 074DC	乙 拐 062D0	乙 怪 0602A	乙 官 05B98	乙 冠 051A0	乙 管 07BA1	乙 罐 07F50
乙 贯 08D2F	乙 光 05149	乙 逛 0901B	乙 规 089C4	乙 鬼 09B3C	乙 跪 08DEA	乙 滚 06EDA	乙 锅 09505

乙 害 05BB3	乙 含 0542B	乙 汗 06C57	乙 航 0822A	乙 毫 06BEB	乙 盒 076D2	乙 贺 08D3A	乙 嘿 0563F
乙 恨 06068	乙 哼 054FC	乙 猴 07334	乙 厚 0539A	乙 呼 0547C	乙 乎 04E4E	乙 壶 058F6	乙 胡 080E1
乙 糊 07CCA	乙 虎 0864E	乙 护 062A4	乙 滑 06ED1	乙 环 073AF	乙 慌 0614C	乙 皇 07687	乙 灰 07070
乙 挥 06325	乙 辉 08F89	乙 恢 06062	乙 悔 06094	乙 昏 0660F	乙 婚 05A5A	乙 混 06DF7	乙 伙 04F19
乙 获 083B7	乙 货 08D27	乙 击 051FB	乙 圾 0573E	乙 积 079EF	乙 激 06FC0	乙 及 053CA	乙 即 05373
乙 迹 08FF9	乙 季 05B63	乙 既 065E2	乙 际 09645	乙 夹 05939	乙 稼 07A3C	乙 价 04EF7	乙 架 067B6
乙 尖 05C16	乙 肩 080A9	乙 艰 08270	乙 拣 062E3	乙 捡 06361	乙 剪 0526A	乙 减 051CF	乙 键 0952E
乙 箭 07BAD	乙 渐 06E10	乙 奖 05956	乙 酱 09171	乙 降 0964D	乙 郊 090CA	乙 骄 09A84	乙 阶 09636
乙 届 05C4A	乙 巾 05DFE	乙 金 091D1	乙 仅 04EC5	乙 禁 07981	乙 尽 05C3D	乙 劲 052B2	乙 京 04EAC
乙 惊 060CA	乙 井 04E95	乙 警 08B66	乙 景 0666F	乙 境 05883	乙 敬 0656C	乙 镜 0955C	乙 竟 07ADF
乙 竞 07ADE	乙 纠 07EA0	乙 救 06551	乙 居 05C45	乙 拒 062D2	乙 据 0636E	乙 巨 05DE8	乙 具 05177
乙 距 08DDD	乙 俱 04FF1	乙 剧 05267	乙 卷 05377	乙 绢 07EE2	乙 绝 07EDD	乙 均 05747	乙 菌 083CC
乙 军 0519B	乙 砍 0780D	乙 扛 0625B	乙 抗 06297	乙 烤 070E4	乙 靠 09760	乙 颗 09897	乙 肯 080AF
乙 恳 06073	乙 恐 06050	乙 孔 05B54	乙 控 063A7	乙 扣 06263	乙 裤 088E4	乙 跨 08DE8	乙 筷 07B77
乙 宽 05BBD	乙 款 06B3E	乙 矿 077FF	乙 捆 06346	乙 括 062EC	乙 扩 06269	乙 阔 09614	乙 垃 05783
乙 拦 062E6	乙 懒 061D2	乙 烂 070C2	乙 狼 072FC	乙 郎 090CE	乙 朗 06717	乙 浪 06D6A	乙 捞 0635E

394

乙 雷 096F7	乙 类 07C7B	乙 泪 06CEA	乙 厘 05398	乙 梨 068A8	乙 李 0674E	乙 丽 04E3D	乙 厉 05389
乙 励 052B1	乙 粒 07C92	乙 璃 07483	乙 哩 054E9	乙 怜 0601C	乙 恋 0604B	乙 粮 07CAE	乙 梁 06881
乙 良 0826F	乙 量 091CF	乙 聊 0804A	乙 料 06599	乙 列 05217	乙 烈 070C8	乙 林 06797	乙 临 04E34
乙 邻 090BB	乙 龄 09F84	乙 铃 094C3	乙 灵 07075	乙 另 053E6	乙 令 04EE4	乙 龙 09F99	乙 漏 06F0F
乙 露 09732	乙 陆 09646	乙 虑 08651	乙 律 05F8B	乙 率 07387	乙 略 07565	乙 轮 08F6E	乙 萝 0841D
乙 落 0843D	乙 码 07801	乙 骂 09A82	乙 埋 057CB	乙 麦 09EA6	乙 迈 08FC8	乙 脉 08109	乙 馒 09992
乙 猫 0732B	乙 矛 077DB	乙 貌 08C8C	乙 贸 08D38	乙 煤 07164	乙 美 07F8E	乙 梦 068A6	乙 迷 08FF7
乙 秘 079D8	乙 蜜 0871C	乙 密 05BC6	乙 棉 068C9	乙 免 0514D	乙 描 063CF	乙 秒 079D2	乙 庙 05E99
乙 妙 05999	乙 灭 0706D	乙 命 0547D	乙 摸 06478	乙 模 06A21	乙 磨 078E8	乙 墨 058A8	乙 默 09ED8
乙 漠 06F20	乙 某 067D0	乙 亩 04EA9	乙 慕 06155	乙 木 06728	乙 耐 08010	乙 脑 08111	乙 闹 095F9
乙 泥 06CE5	乙 鸟 09E1F	乙 扭 0626D	乙 浓 06D53	乙 弄 05F04	乙 怒 06012	乙 牌 0724C	乙 盘 076D8
乙 盼 076FC	乙 判 05224	乙 兵 04E53	乙 胖 080D6	乙 炮 070AE	乙 赔 08D54	乙 陪 0966A	乙 配 0914D
乙 喷 055B7	乙 盆 076C6	乙 捧 06367	乙 披 062AB	乙 脾 0813E	乙 疲 075B2	乙 皮 076AE	乙 匹 05339
乙 偏 0504F	乙 骗 09A97	乙 飘 098D8	乙 拼 062FC	乙 品 054C1	乙 乒 04E52	乙 坡 05761	乙 泼 06CFC
乙 迫 08FEB	乙 扑 06251	乙 铺 094FA	乙 朴 06734	乙 普 0666E	乙 欺 06B3A	乙 戚 0621A	乙 妻 059BB
乙 奇 05947	乙 旗 065D7	乙 企 04F01	乙 启 0542F	乙 弃 05F03	乙 牵 07275	乙 签 07B7E	乙 欠 06B20

歉 06B49	枪 067AA	强 05F3A	抢 062A2	敲 06572	悄 06084	瞧 077A7	巧 05DE7
侵 04FB5	庆 05E86	穷 07A77	区 0533A	渠 06E20	趣 08DA3	圈 05708	劝 0529D
缺 07F3A	却 05374	裙 088D9	群 07FA4	燃 071C3	染 067D3	嚷 056B7	扰 06270
绕 07ED5	惹 060F9	忍 05FCD	扔 06254	仍 04ECD	荣 08363	入 05165	软 08F6F
锐 09510	弱 05F31	撒 06492	洒 06D12	伞 04F1E	嗓 055D3	扫 0626B	嫂 05AC2
森 068EE	杀 06740	沙 06C99	傻 050BB	晒 06652	衫 0886B	闪 095EA	善 05584
扇 06247	伤 04F24	稍 07A0D	勺 052FA	蛇 086C7	舌 0820C	射 05C04	伸 04F38
牲 07272	升 05347	绳 07EF3	失 05931	狮 072EE	施 065BD	湿 06E7F	诗 08BD7
石 077F3	式 05F0F	士 058EB	柿 067FF	势 052BF	释 091CA	守 05B88	授 06388
受 053D7	瘦 07626	蔬 0852C	殊 06B8A	叔 053D4	暑 06691	属 05C5E	述 08FF0
刷 05237	摔 06454	甩 07529	顺 0987A	撕 06495	私 079C1	司 053F8	丝 04E1D
似 04F3C	松 0677E	俗 04FD7	素 07D20	速 0901F	塑 05851	肃 08083	随 0968F
碎 0788E	损 0635F	缩 07F29	塔 05854	台 053F0	毯 06BEF	探 063A2	趟 08D9F
烫 070EB	掏 0638F	逃 09003	套 05957	梯 068AF	替 066FF	添 06DFB	填 0586B
田 07530	甜 0751C	挑 06311	贴 08D34	铁 094C1	厅 05385	铜 094DC	童 07AE5
桶 06876	统 07EDF	偷 05077	投 06295	透 0900F	途 09014	涂 06D82	土 0571F

乙	乙	乙	乙	乙	乙	乙	乙
吐 05410	兔 05154	拖 062D6	托 06258	挖 06316	哇 054C7	歪 06B6A	弯 05F2F
王 0738B	网 07F51	微 05FAE	违 08FDD	维 07EF4	委 059D4	尾 05C3E	未 0672A
味 05473	胃 080C3	谓 08C13	慰 06170	卫 0536B	温 06E29	稳 07A33	污 06C61
无 065E0	武 06B66	伍 04F0D	雾 096FE	悟 0609F	析 06790	吸 05438	牺 0727A
悉 06089	席 05E2D	戏 0620F	吓 05413	掀 06380	鲜 09C9C	纤 07EA4	闲 095F2
显 0663E	献 0732E	县 053BF	羡 07FA1	限 09650	线 07EBF	箱 07BB1	乡 04E61
详 08BE6	享 04EAB	项 09879	象 08C61	晓 06653	效 06548	歇 06B47	斜 0659C
械 068B0	型 0578B	形 05F62	醒 09192	性 06027	兄 05144	胸 080F8	雄 096C4
熊 0718A	修 04FEE	秀 079C0	袖 08896	虚 0865A	序 05E8F	绪 07EEA	宣 05BA3
选 09009	血 08840	寻 05BFB	训 08BAD	讯 08BAF	迅 08FC5	压 0538B	牙 07259
咽 054BD	烟 070DF	盐 076D0	严 04E25	延 05EF6	沿 06CBF	厌 0538C	央 0592E
洋 06D0B	仰 04EF0	养 0517B	邀 09080	腰 08170	摇 06447	咬 054AC	爷 07237
野 091CE	叶 053F6	液 06DB2	依 04F9D	移 079FB	仪 04EEA	疑 07591	姨 059E8
忆 05FC6	益 076CA	议 08BAE	异 05F02	姻 059FB	引 05F15	印 05370	营 08425
硬 0786C	映 06620	拥 062E5	勇 052C7	优 04F18	悠 060A0	由 07531	油 06CB9
于 04E8E	余 04F59	与 04E0E	羽 07FBD	玉 07389	援 063F4	源 06E90	约 07EA6

乙 越 08D8A	乙 跃 08DC3	乙 阅 09605	乙 允 05141	乙 灾 0707E	乙 暂 06682	乙 赞 08D5E	乙 遭 0906D
乙 糟 07CDF	乙 造 09020	乙 皂 07682	乙 燥 071E5	乙 择 062E9	乙 则 05219	乙 扎 0624E	乙 摘 06458
乙 窄 07A84	乙 粘 07C98	乙 战 06218	乙 涨 06DA8	乙 丈 04E08	乙 招 062DB	乙 召 053EC	乙 折 06298
乙 哲 054F2	乙 针 09488	乙 阵 09635	乙 睁 07741	乙 征 05F81	乙 争 04E89	乙 证 08BC1	乙 职 0804C
乙 植 0690D	乙 执 06267	乙 值 0503C	乙 址 05740	乙 止 06B62	乙 至 081F3	乙 致 081F4	乙 置 07F6E
乙 制 05236	乙 秩 079E9	乙 质 08D28	乙 终 07EC8	乙 众 04F17	乙 珠 073E0	乙 株 0682A	乙 逐 09010
乙 竹 07AF9	乙 煮 0716E	乙 著 08457	乙 筑 07B51	乙 抓 06293	乙 专 04E13	乙 转 08F6C	乙 庄 05E84
乙 撞 0649E	乙 状 072B6	乙 追 08FFD	乙 捉 06349	乙 资 08D44	乙 紫 07D2B	乙 仔 04ED4	乙 综 07EFC
乙 钻 094BB	乙 醉 09189	乙 尊 05C0A	乙 遵 09075	乙 唉 05509	丙 哀 054C0	丙 癌 0764C	丙 碍 0788D
丙 熬 071AC	丙 奥 05965	丙 扒 06252	丙 叭 053ED	丙 坝 0575D	丙 罢 07F62	丙 柏 067CF	丙 伴 04F34
丙 瓣 074E3	丙 绑 07ED1	丙 棒 068D2	丙 磅 078C5	丙 胞 080DE	丙 剥 05265	丙 暴 066B4	丙 爆 07206
丙 辈 08F88	丙 奔 05954	丙 甫 0752D	丙 彼 05F7C	丙 辩 08FA9	丙 柄 067C4	丙 丙 04E19	丙 菠 083E0
丙 拨 062E8	丙 波 06CE2	丙 博 0535A	丙 勃 052C3	丙 怖 06016	丙 裁 088C1	丙 财 08D22	丙 蚕 08695
丙 残 06B8B	丙 惭 060ED	丙 惨 060E8	丙 灿 0707F	丙 苍 082CD	丙 舱 08231	丙 仓 04ED3	丙 侧 04FA7
丙 铲 094F2	丙 颤 098A4	丙 偿 0507F	丙 畅 07545	丙 钞 0949E	丙 潮 06F6E	丙 炒 07092	丙 扯 0626F
丙 撤 064A4	丙 尘 05C18	丙 陈 09648	丙 撑 06491	丙 匙 05319	丙 齿 09F7F	丙 赤 08D64	丙 斥 065A5

丙	丙	丙	丙	丙	丙	丙	丙
酬 0916C	仇 04EC7	丑 04E11	喘 05598	串 04E32	垂 05782	唇 05507	纯 07EAF
蠢 08822	辞 08F9E	瓷 074F7	囱 056F1	匆 05306	丛 04E1B	凑 051D1	窜 07A9C
摧 06467	搓 06413	挫 0632B	逮 0902E	耽 0803D	旦 065E6	诞 08BDE	档 06863
蹈 08E48	蹬 08E6C	瞪 077AA	凳 051F3	堤 05824	抵 062B5	垫 057AB	惦 060E6
奠 05960	殿 06BBF	雕 096D5	爹 07239	蝶 08776	丁 04E01	盯 076EF	钉 09489
陡 09661	督 07763	毒 06BD2	兑 05151	哆 054C6	俄 04FC4	额 0989D	恶 06076
尔 05C14	罚 07F5A	番 0756A	返 08FD4	妨 059A8	废 05E9F	沸 06CB8	氛 06C1B
坟 0575F	粪 07CAA	峰 05CF0	疯 075AF	缝 07F1D	讽 08BBD	袄 088B1	俯 04FEF
缚 07F1A	溉 06E89	甘 07518	缸 07F38	纲 07EB2	岗 05C97	膏 0818F	稿 07A3F
鸽 09E3D	耕 08015	宫 05BAB	弓 05F13	钩 094A9	勾 052FE	沟 06C9F	辜 08F9C
孤 05B64	谷 08C37	股 080A1	雇 096C7	寡 05BE1	乖 04E56	灌 0704C	归 05F52
轨 08F68	柜 067DC	棍 068CD	襄 088F9	旱 065F1	憾 061BE	焊 0710A	豪 08C6A
耗 08017	呵 05475	核 06838	阂 09602	痕 075D5	狠 072E0	横 06A2A	衡 08861
洪 06D2A	宏 05B8F	喉 05589	吼 0543C	蝴 08774	哗 054D7	华 0534E	猾 0733E
怀 06000	缓 07F13	患 060A3	唤 05524	幻 05E7B	荒 08352	煌 0714C	晃 06643
毁 06BC1	慧 06167	汇 06C47	魂 09B42	浑 06D51	肌 0808C	饥 09965	辑 08F91

籍 07C4D	疾 075BE	寂 05BC2	佳 04F73	甲 07532	嫁 05AC1	歼 06B7C	监 076D1
煎 0714E	兼 0517C	碱 078B1	荐 08350	鉴 09274	贱 08D31	舰 08230	溅 06E85
僵 050F5	浆 06D46	疆 07586	椒 06912	焦 07126	胶 080F6	浇 06D47	搅 06405
狡 072E1	揭 063ED	截 0622A	捷 06377	竭 07AED	洁 06D01	筋 07B4B	谨 08C28
浸 06D78	鲸 09CB8	径 05F84	揪 063EA	灸 07078	舅 08205	矩 077E9	聚 0805A
倦 05026	刊 0520A	壳 058F3	坑 05751	枯 067AF	窟 07A9F	酷 09177	库 05E93
夸 05938	垮 057AE	筐 07B50	狂 072C2	亏 04E8F	愧 06127	昆 06606	廓 05ED3
喇 05587	蜡 08721	辣 08FA3	兰 05170	滥 06EE5	廊 05ECA	牢 07262	姥 059E5
愣 06123	黎 09ECE	隶 096B6	帘 05E18	梁 07CB1	僚 050DA	疗 07597	裂 088C2
劣 052A3	猎 0730E	淋 06DCB	陵 09675	溜 06E9C	柳 067F3	咙 05499	笼 07B3C
窿 07ABF	垄 05784	拢 062E2	搂 06402	喽 055BD	炉 07089	驴 09A74	铝 094DD
卵 05375	掠 063A0	逻 0903B	锣 09523	骆 09A86	络 07EDC	瞒 07792	漫 06F2B
盲 076F2	氓 06C13	茅 08305	梅 06885	霉 09709	眉 07709	闷 095F7	蒙 08499
盟 076DF	猛 0731B	眯 0772F	谜 08C1C	泌 06CCC	眠 07720	勉 052C9	苗 082D7
蔑 08511	敏 0654F	鸣 09E23	摩 06469	抹 062B9	末 0672B	寞 05BDE	陌 0964C
谋 08C0B	墓 05893	幕 05E55	牧 07267	奈 05948	嫩 05AE9	捏 0634F	凝 051DD

丙 宁 05B81	丙 拧 062E7	丙 奴 05974	丙 噢 05662	丙 哦 054E6	丙 偶 05076	丙 趴 08DB4	丙 攀 06500
丙 畔 07554	丙 抛 0629B	丙 袍 0888D	丙 泡 06CE1	丙 培 057F9	丙 佩 04F69	丙 蓬 084EC	丙 棚 068DA
丙 膨 081A8	丙 屁 05C41	丙 譬 08B6C	丙 贫 08D2B	丙 凭 051ED	丙 婆 05A46	丙 剖 05256	丙 葡 08461
丙 漆 06F06	丙 棋 068CB	丙 恰 06070	丙 谦 08C26	丙 腔 08154	丙 侨 04FA8	丙 翘 07FD8	丙 俏 04FCF
丙 琴 07434	丙 勤 052E4	丙 倾 0503E	丙 顷 09877	丙 丘 04E18	丙 曲 066F2	丙 屈 05C48	丙 娶 05A36
丙 权 06743	丙 拳 062F3	丙 壤 058E4	丙 饶 09976	丙 溶 06EB6	丙 揉 063C9	丙 柔 067D4	丙 辱 08FB1
丙 润 06DA6	丙 若 082E5	丙 塞 0585E	丙 丧 04E27	丙 骚 09A9A	丙 纱 07EB1	丙 删 05220	丙 赏 08D4F
丙 尚 05C1A	丙 哨 054E8	丙 摄 06444	丙 涉 06D89	丙 申 07533	丙 审 05BA1	丙 婶 05A76	丙 甚 0751A
丙 慎 0614E	丙 盛 076DB	丙 圣 05723	丙 蚀 08680	丙 驶 09A76	丙 逝 0901D	丙 饰 09970	丙 泗 06C0F
丙 寿 05BFF	丙 售 0552E	丙 兽 0517D	丙 梳 068B3	丙 署 07F72	丙 耍 0800D	丙 衰 08870	丙 拴 062F4
丙 霜 0971C	丙 税 07A0E	丙 烁 070C1	丙 斯 065AF	丙 伺 04F3A	丙 饲 09972	丙 颂 09882	丙 诵 08BF5
丙 搜 0641C	丙 艘 08258	丙 孙 05B59	丙 嗦 055E6	丙 索 07D22	丙 锁 09501	丙 塌 0584C	丙 踏 08E0F
丙 摊 0644A	丙 滩 06EE9	丙 坦 05766	丙 叹 053F9	丙 倘 05018	丙 萄 08404	丙 桃 06843	丙 腾 0817E
丙 蹄 08E44	丙 惕 060D5	丙 亭 04EAD	丙 筒 07B52	丙 徒 05F92	丙 吞 0541E	丙 驮 09A6E	丙 驼 09A7C
丙 妥 059A5	丙 蛙 086D9	丙 娃 05A03	丙 瓦 074E6	丙 顽 0987D	丙 丸 04E38	丙 挽 0633D	丙 亡 04EA1
丙 枉 06789	丙 威 05A01	丙 蚊 0868A	丙 纹 07EB9	丙 吻 0543B	丙 翁 07FC1	丙 卧 05367	丙 诬 08BEC

401

丙 侮 04FAE	丙 晰 06670	丙 锡 09521	丙 稀 07A00	丙 惜 060DC	丙 袭 088AD	丙 媳 05AB3	丙 瞎 0778E
丙 虾 0867E	丙 峡 05CE1	丙 咸 054B8	丙 嫌 05ACC	丙 宪 05BAA	丙 陷 09677	丙 厢 053A2	丙 巷 05DF7
丙 削 0524A	丙 宵 05BB5	丙 淆 06DC6	丙 协 0534F	丙 胁 080C1	丙 卸 05378	丙 欣 06B23	丙 凶 051F6
丙 朽 0673D	丙 锈 09508	丙 绣 07EE3	丙 墟 0589F	丙 叙 053D9	丙 悬 060AC	丙 旋 065CB	丙 循 05FAA
丙 旬 065EC	丙 询 08BE2	丙 押 062BC	丙 鸭 09E2D	丙 芽 082BD	丙 崖 05D16	丙 亚 04E9A	丙 讶 08BB6
丙 淹 06DF9	丙 岩 05CA9	丙 掩 063A9	丙 艳 08273	丙 燕 071D5	丙 焰 07130	丙 秧 079E7	丙 氧 06C27
丙 遥 09065	丙 窑 07A91	丙 谣 08C23	丙 耀 08000	丙 钥 094A5	丙 冶 051B6	丙 伊 04F0A	丙 遗 09057
丙 倚 0501A	丙 乙 04E59	丙 抑 06291	丙 毅 06BC5	丙 饮 0996E	丙 隐 09690	丙 婴 05A74	丙 蝇 08747
丙 哟 054DF	丙 踊 08E0A	丙 涌 06D8C	丙 犹 072B9	丙 幼 05E7C	丙 愚 0611A	丙 渔 06E14	丙 予 04E88
丙 娱 05A31	丙 屿 05C7F	丙 宇 05B87	丙 域 057DF	丙 御 05FA1	丙 愈 06108	丙 狱 072F1	丙 浴 06D74
丙 寓 05BD3	丙 裕 088D5	丙 豫 08C6B	丙 冤 051A4	丙 猿 0733F	丙 缘 07F18	丙 怨 06028	丙 悦 060A6
丙 匀 05300	丙 晕 06655	丙 砸 07838	丙 栽 0683D	丙 载 08F7D	丙 凿 051FF	丙 躁 08E81	丙 泽 06CFD
丙 赠 08D60	丙 渣 06E23	丙 炸 070B8	丙 宅 05B85	丙 债 0503A	丙 沾 06CBE	丙 盏 076CF	丙 崭 05D2D
丙 帐 05E10	丙 仗 04ED7	丙 胀 080C0	丙 障 0969C	丙 罩 07F69	丙 遮 0906E	丙 珍 073CD	丙 枕 06795
丙 诊 08BCA	丙 震 09707	丙 振 0632F	丙 镇 09547	丙 蒸 084B8	丙 挣 06323	丙 症 075C7	丙 枝 0679D
丙 殖 06B96	丙 帜 05E1C	丙 智 0667A	丙 稚 07A1A	丙 忠 05FE0	丙 衷 08877	丙 肿 080BF	丙 粥 07CA5

丙 皱 076B1	丙 宙 05B99	丙 骤 09AA4	丙 烛 070DB	丙 嘱 05631	丙 柱 067F1	丙 铸 094F8	丙 驻 09A7B
丙 砖 07816	丙 赚 08D5A	丙 桩 06869	丙 壮 058EE	丙 幢 05E62	丙 姿 059FF	丙 宗 05B97	丙 纵 07EB5
丙 阻 0963B	丙 罪 07F6A	丙附录 赵 08D75	丙附录 刘 05218	丙附录 吴 05434	丙附录 陕 09655	丙附录 宋 05B8B	丙附录 朱 06731
丙附录 孟 05B5F	丙附录 欧 06B27	丙附录 葛 0845B	丙附录 沈 06C88	丙附录 浙 06D59	丁 蔼 0853C	丁 艾 0827E	丁 隘 09698
丁 昂 06602	丁 凹 051F9	丁 袄 08884	丁 芭 082AD	丁 捌 0634C	丁 笆 07B06	丁 疤 075A4	丁 霸 09738
丁 掰 063B0	丁 斑 06591	丁 扳 06273	丁 颁 09881	丁 拌 062CC	丁 邦 090A6	丁 谤 08C24	丁 雹 096F9
丁 堡 05821	丁 卑 05351	丁 贝 08D1D	丁 狈 072C8	丁 惫 060EB	丁 崩 05D29	丁 绷 07EF7	丁 蹦 08E66
丁 鄙 09119	丁 碧 078A7	丁 蔽 0853D	丁 毙 06BD9	丁 痹 075F9	丁 臂 081C2	丁 弊 05F0A	丁 鞭 097AD
丁 贬 08D2C	丁 辨 08FA8	丁 辩 08FAB	丁 憋 0618B	丁 滨 06EE8	丁 秉 079C9	丁 搏 0640F	丁 舶 08236
丁 泊 06CCA	丁 驳 09A73	丁 簸 07C38	丁 埠 057E0	丁 眵 0776C	丁 槽 069FD	丁 蹭 08E6D	丁 岔 05C94
丁 诧 08BE7	丁 搀 06400	丁 掺 063BA	丁 蝉 08749	丁 馋 0998B	丁 谗 08C17	丁 缠 07F20	丁 阐 09610
丁 昌 0660C	丁 猖 07316	丁 敞 0655E	丁 嘲 05632	丁 臣 081E3	丁 辰 08FB0	丁 呈 05448	丁 惩 060E9
丁 澄 06F84	丁 秤 079E4	丁 痴 075F4	丁 驰 09A70	丁 耻 0803B	丁 侈 04F88	丁 畴 07574	丁 踌 08E0C
丁 稠 07A20	丁 筹 07B79	丁 绸 07EF8	丁 蹰 08E87	丁 锄 09504	丁 储 050A8	丁 川 05DDD	丁 疮 075AE
丁 炊 0708A	丁 捶 06376	丁 锤 09524	丁 雌 096CC	丁 慈 06148	丁 葱 08471	丁 粹 07CB9	丁 翠 07FE0
丁 磋 078CB	丁 瘩 07629	丁 歹 06B79	丁 贷 08D37	丁 怠 06020	丁 丹 04E39	丁 氮 06C2E	丁 荡 08361

叨 053E8	捣 06363	悼 060BC	笛 07B1B	涤 06DA4	蒂 08482	缔 07F14	颠 098A0
掂 06382	淀 06DC0	习 05201	叼 053FC	碟 0789F	叮 053EE	董 08463	栋 0680B
兜 0515C	睹 07779	赌 08D4C	杜 0675C	镀 09540	妒 05992	缎 07F0E	跺 08DFA
舵 08235	惰 060F0	堕 05815	蛾 086FE	讹 08BB9	恩 06069	贰 08D30	伐 04F10
阀 09600	帆 05E06	贩 08D29	坊 0574A	芳 082B3	肪 080AA	匪 0532A	诽 08BFD
芬 082AC	锋 0950B	奉 05949	凤 051E4	敷 06577	辐 08F90	伏 04F0F	俘 04FD8
抚 0629A	斧 065A7	赴 08D74	覆 08986	赋 08D4B	腹 08179	钙 09499	竿 07AFF
秆 079C6	冈 05188	杠 06760	疙 07599	阁 09601	梗 06897	恭 0606D	躬 08EAC
汞 06C5E	拱 062F1	菇 083C7	棺 068FA	瑰 07470	硅 07845	龟 09F9F	闺 095FA
桂 06842	函 051FD	罕 07F55	捍 0634D	浩 06D69	荷 08377	禾 079BE	恒 06052
轰 08F70	哄 054C4	烘 070D8	虹 08679	瑚 0745A	葫 0846B	狐 072D0	槐 069D0
徊 05F8A	痪 075EA	蝗 08757	凰 051F0	谎 08C0E	徽 05FBD	惠 060E0	贿 08D3F
秽 079FD	绘 07ED8	豁 08C41	惑 060D1	霍 0970D	祸 07978	讥 08BA5	吉 05409
嫉 05AC9	脊 0810A	剂 05242	忌 05FCC	嘉 05609	颊 0988A	奸 05978	茧 08327
柬 067EC	俭 04FED	剑 05251	姜 059DC	桨 06868	匠 05320	娇 05A07	嚼 056BC
缴 07F34	绞 07EDE	轿 08F7F	皆 07686	劫 052AB	杰 06770	戒 06212	诫 08BEB

丁 津 06D25	丁 锦 09526	丁 晋 0664B	丁 兢 05162	丁 茎 0830E	丁 晶 06676	丁 颈 09888	丁 玖 07396
丁 鞠 097A0	丁 拘 062D8	丁 菊 083CA	丁 锯 0952F	丁 惧 060E7	丁 捐 06350	丁 掘 06398	丁 君 0541B
丁 峻 05CFB	丁 俊 04FCA	丁 凯 051EF	丁 慨 06168	丁 堪 0582A	丁 勘 052D8	丁 慷 06177	丁 糠 07CE0
丁 亢 04EA2	丁 炕 07095	丁 磕 078D5	丁 啃 05543	丁 垦 057A6	丁 抠 062A0	丁 寇 05BC7	丁 挎 0630E
丁 框 06846	丁 眶 07736	丁 旷 065F7	丁 葵 08475	丁 馈 09988	丁 溃 06E83	丁 腊 0814A	丁 赖 08D56
丁 栏 0680F	丁 揽 063FD	丁 唠 05520	丁 涝 06D9D	丁 勒 052D2	丁 蕾 0857E	丁 垒 05792	丁 棱 068F1
丁 犁 07281	丁 篱 07BF1	丁 狸 072F8	丁 荔 08354	丁 栗 06817	丁 俐 04FD0	丁 沥 06CA5	丁 莲 083B2
丁 镰 09570	丁 廉 05EC9	丁 链 094FE	丁 晾 0667E	丁 辽 08FBD	丁 潦 06F66	丁 磷 078F7	丁 玲 073B2
丁 伶 04F36	丁 凌 051CC	丁 岭 05CAD	丁 硫 0786B	丁 瘤 07624	丁 榴 069B4	丁 珑 073D1	丁 聋 0804B
丁 隆 09686	丁 陋 0964B	丁 芦 082A6	丁 虏 0864F	丁 鲁 09C81	丁 碌 0788C	丁 赂 08D42	丁 鹿 09E7F
丁 侣 04FA3	丁 履 05C65	丁 屡 05C61	丁 滤 06EE4	丁 抡 062A1	丁 螺 087BA	丁 罗 07F57	丁 箩 07BA9
丁 骡 09AA1	丁 蚂 08682	丁 蛮 086EE	丁 芒 08292	丁 茫 0832B	丁 髦 09AE6	丁 茂 08302	丁 玫 073AB
丁 枚 0679A	丁 酶 09176	丁 媒 05A92	丁 镁 09541	丁 昧 06627	丁 萌 0840C	丁 檬 06AAC	丁 弥 05F25
丁 绵 07EF5	丁 渺 06E3A	丁 铭 094ED	丁 谬 08C2C	丁 蘑 08611	丁 膜 0819C	丁 魔 09B54	丁 莫 083AB
丁 沫 06CAB	丁 拇 062C7	丁 姆 059C6	丁 暮 066AE	丁 睦 07766	丁 穆 07A46	丁 纳 07EB3	丁 乃 04E43
丁 囊 056CA	丁 挠 06320	丁 恼 0607C	丁 尼 05C3C	丁 拟 062DF	丁 逆 09006	丁 撵 064B5	丁 捻 0637B

酿 0917F	尿 05C3F	柠 067E0	钮 094AE	纽 07EBD	挪 0632A	殴 06BB4	呕 05455
徘 05F98	叛 053DB	庞 05E9E	刨 05228	沛 06C9B	烹 070F9	坯 0576F	劈 05288
僻 050FB	撇 06487	瞥 077A5	频 09891	聘 08058	萍 0840D	屏 05C4F	颇 09887
魄 09B44	仆 04EC6	谱 08C31	瀑 07011	凄 051C4	柒 067D2	沏 06C8F	歧 06B67
淇 06DC7	岂 05C82	乞 04E5E	砌 0780C	泣 06CE3	掐 06390	洽 06D3D	迁 08FC1
钳 094B3	潜 06F5C	遣 09063	谴 08C34	嵌 05D4C	锹 09539	乔 04E54	茄 08304
怯 0602F	窃 07A83	钦 094A6	芹 082B9	禽 079BD	蜻 0873B	氢 06C22	趋 08D8B
驱 09A71	泉 06CC9	犬 072AC	券 05238	瘸 07638	鹊 09E4A	榷 069B7	雀 096C0
仁 04EC1	韧 097E7	饪 0996A	刃 05203	融 0878D	熔 07194	绒 07ED2	乳 04E73
瑞 0745E	腮 0816E	叁 053C1	桑 06851	砂 07802	刹 05239	啥 05565	筛 07B5B
珊 073CA	擅 064C5	晌 0664C	裳 088F3	梢 068A2	捎 0634E	奢 05962	呻 0547B
绅 07EC5	肾 080BE	渗 06E17	尸 05C38	屎 05C4E	誓 08A93	侍 04F8D	疏 0758F
薯 085AF	鼠 09F20	竖 07AD6	帅 05E05	爽 0723D	肆 08086	寺 05BFA	耸 08038
讼 08BBC	苏 082CF	蒜 0849C	穗 07A57	隧 096A7	笋 07B0B	唆 05506	蹋 08E4B
泰 06CF0	汰 06C70	贪 08D2A	瘫 0762B	坛 0575B	痰 075F0	潭 06F6D	碳 078B3
炭 070AD	塘 05858	膛 0819B	唐 05510	涛 06D9B	滔 06ED4	淘 06DD8	陶 09676

藤 085E4	涕 06D95	剃 05243	屉 05C49	帖 05E16	蜓 08713	艇 08247	桐 06850
捅 06345	凸 051F8	秃 079C3	屠 05C60	屯 05C6F	椭 0692D	拓 062D3	唾 0553E
豌 08C4C	湾 06E7E	惋 060CB	汪 06C6A	旺 065FA	妄 05984	桅 06845	唯 0552F
惟 060DF	伪 04F2A	畏 0754F	瘟 0761F	窝 07A9D	沃 06C83	巫 05DEB	呜 0545C
乌 04E4C	梧 068A7	晤 06664	勿 052FF	膝 0819D	夕 05915	熄 07184	溪 06EAA
隙 09699	霞 0971E	辖 08F96	狭 072ED	厦 053A6	仙 04ED9	贤 08D24	衔 08854
弦 05F26	馅 09985	镶 09576	翔 07FD4	祥 07965	橡 06A61	销 09500	孝 05B5D
肖 08096	啸 05578	挟 0631F	携 0643A	邪 090AA	谐 08C10	泄 06CC4	泻 06CFB
屑 05C51	薪 085AA	锌 0950C	衅 08845	腥 08165	刑 05211	杏 0674F	汹 06C79
羞 07F9E	嗅 055C5	徐 05F90	蓄 084C4	酗 09157	畜 0755C	絮 07D6E	喧 055A7
靴 09774	穴 07A74	熏 0718F	巡 05DE1	汛 06C5B	逊 0900A	鸦 09E26	雅 096C5
哑 054D1	炎 0708E	衍 0884D	雁 096C1	殃 06B83	杨 06768	痒 075D2	妖 05996
壹 058F9	蚁 08681	役 05F79	疫 075AB	亦 04EA6	翼 07FFC	吟 0541F	淫 06DEB
樱 06A31	鹰 09E70	盈 076C8	颖 09896	佣 04F63	庸 05EB8	咏 0548F	幽 05E7D
忧 05FE7	铀 094C0	诱 08BF1	榆 06986	舆 08206	郁 090C1	吁 05401	喻 055BB
欲 06B32	誉 08A89	曰 066F0	蕴 08574	酝 0915D	韵 097F5	孕 05B55	咋 0548B

丁 宰 05BB0	丁 攒 06512	丁 葬 0846C	丁 枣 067A3	丁 噪 0566A	丁 灶 07076	丁 贼 08D3C	丁 轧 08F67
丁 闸 095F8	丁 眨 07728	丁 榨 069A8	丁 诈 08BC8	丁 寨 05BE8	丁 瞻 077BB	丁 斩 065A9	丁 彰 05F70
丁 沼 06CBC	丁 兆 05146	丁 辙 08F99	丁 蔗 08517	丁 贞 08D1E	丁 侦 04FA6	丁 筝 07B5D	丁 郑 090D1
丁 芝 0829D	丁 蜘 08718	丁 肢 080A2	丁 脂 08102	丁 汁 06C41	丁 侄 04F84	丁 旨 065E8	丁 挚 0631A
丁 掷 063B7	丁 滞 06EDE	丁 舟 0821F	丁 州 05DDE	丁 洲 06D32	丁 昼 0663C	丁 蛛 086DB	丁 诸 08BF8
丁 拄 062C4	丁 瞩 077A9	丁 爪 0722A	丁 拽 062FD	丁 妆 05986	丁 缀 07F00	丁 拙 062D9	丁 卓 05353
丁 啄 05544	丁 酌 0914C	丁 浊 06D4A	丁 咨 054A8	丁 滋 06ECB	丁 籽 07C7D	丁 棕 068D5	丁 踪 08E2A
丁 奏 0594F	丁 揍 063CD	丁 琢 07422	丁附录 澳 06FB3	丁附录 邓 09093	丁附录 冯 051AF	丁附录 戈 06208	丁附录 耿 0803F
丁附录 郭 090ED	丁附录 侯 04FAF	丁附录 沪 06CAA	丁附录 淮 06DEE	丁附录 蒋 0848B	丁附录 卢 05362	丁附录 吕 05415	丁附录 聂 08042
丁附录 潘 06F58	丁附录 彭 05F6D	丁附录 曹 066F9	丁附录 崔 05D14	丁附录 冀 05180	丁附录 赫 08D6B	丁附录 秦 079E6	丁附录 萨 08428
丁附录 魏 09B4F	丁附录 匈 05308	丁附录 岳 05CB3	丁附录 粤 07CA4	丁附录 邢 090A2	丁附录 殷 06BB7	丁附录 袁 08881	丁附录 埔 057D4
丁附录 埃 057C3							

汉语水平考试用字（北语版）

啊 0554A	矮 077EE	爱 07231	安 05B89	八 0516B	把 0628A	爸 07238	吧 05427
白 0767D	百 0767E	摆 06446	班 073ED	般 0822C	搬 0642C	板 0677F	办 0529E
半 0534A	帮 05E2E	包 05305	饱 09971	报 062A5	抱 062B1	杯 0676F	北 05317
备 05907	倍 0500D	被 088AB	本 0672C	比 06BD4	笔 07B14	必 05FC5	边 08FB9
变 053D8	便 04FBF	遍 0904D	表 08868	别 0522B	病 075C5	播 064AD	不 04E0D
布 05E03	步 06B65	部 090E8	擦 064E6	才 0624D	彩 05F69	菜 083DC	参 053C2
操 064CD	草 08349	层 05C42	茶 08336	查 067E5	差 05DEE	产 04EA7	长 0957F
常 05E38	厂 05382	场 0573A	唱 05531	朝 0671D	车 08F66	晨 06668	成 06210
城 057CE	吃 05403	迟 08FDF	持 06301	抽 062BD	出 051FA	初 0521D	除 09664
础 07840	楚 0695A	处 05904	穿 07A7F	船 08239	窗 07A97	床 05E8A	吹 05439
春 06625	词 08BCD	磁 078C1	次 06B21	从 04ECE	村 06751	错 09519	答 07B54
打 06253	大 05927	代 04EE3	带 05E26	戴 06234	单 05355	但 04F46	蛋 086CB
当 05F53	刀 05200	导 05BFC	倒 05012	到 05230	道 09053	得 05F97	的 07684
灯 0706F	等 07B49	低 04F4E	地 05730	弟 05F1F	第 07B2C	点 070B9	典 05178
电 07535	店 05E97	掉 06389	调 08C03	定 05B9A	丢 04E22	东 04E1C	冬 051AC
懂 061C2	动 052A8	都 090FD	读 08BFB	度 05EA6	短 077ED	段 06BB5	锻 0953B

甲 对 05BF9	甲 顿 0987F	甲 多 0591A	甲 饿 0997F	甲 儿 0513F	甲 而 0800C	甲 二 04E8C	甲 发 053D1
甲 法 06CD5	甲 翻 07FFB	甲 烦 070E6	甲 反 053CD	甲 饭 0996D	甲 方 065B9	甲 房 0623F	甲 访 08BBF
甲 放 0653E	甲 飞 098DE	甲 非 0975E	甲 啡 05561	甲 分 05206	甲 丰 04E30	甲 风 098CE	甲 封 05C01
甲 夫 0592B	甲 服 0670D	甲 福 0798F	甲 府 05E9C	甲 复 0590D	甲 傅 05085	甲 父 07236	甲 负 08D1F
甲 富 05BCC	甲 附 09644	甲 该 08BE5	甲 改 06539	甲 概 06982	甲 干 05E72	甲 感 0611F	甲 敢 06562
甲 刚 0521A	甲 钢 094A2	甲 高 09AD8	甲 搞 0641E	甲 告 0544A	甲 哥 054E5	甲 歌 06B4C	甲 个 04E2A
甲 各 05404	甲 给 07ED9	甲 根 06839	甲 跟 08DDF	甲 更 066F4	甲 工 05DE5	甲 公 0516C	甲 共 05171
甲 够 0591F	甲 姑 059D1	甲 故 06545	甲 顾 0987E	甲 刮 0522E	甲 挂 06302	甲 关 05173	甲 观 089C2
甲 馆 09986	甲 惯 060EF	甲 广 05E7F	甲 贵 08D35	甲 国 056FD	甲 果 0679C	甲 过 08FC7	甲 哈 054C8
甲 孩 05B69	甲 海 06D77	甲 寒 05BD2	甲 喊 0558A	甲 汉 06C49	甲 好 0597D	甲 号 053F7	甲 喝 0559D
甲 合 05408	甲 何 04F55	甲 和 0548C	甲 河 06CB3	甲 黑 09ED1	甲 很 05F88	甲 红 07EA2	甲 候 05019
甲 后 0540E	甲 忽 05FFD	甲 湖 06E56	甲 互 04E92	甲 户 06237	甲 花 082B1	甲 化 05316	甲 划 05212
甲 画 0753B	甲 话 08BDD	甲 坏 0574F	甲 欢 06B22	甲 还 08FD8	甲 换 06362	甲 黄 09EC4	甲 回 056DE
甲 会 04F1A	甲 活 06D3B	甲 火 0706B	甲 或 06216	甲 机 0673A	甲 鸡 09E21	甲 基 057FA	甲 级 07EA7
甲 极 06781	甲 急 06025	甲 集 096C6	甲 几 051E0	甲 己 05DF1	甲 挤 06324	甲 计 08BA1	甲 记 08BB0
甲 纪 07EAA	甲 技 06280	甲 济 06D4E	甲 继 07EE7	甲 寄 05BC4	甲 绩 07EE9	甲 加 052A0	甲 家 05BB6

甲 假 05047	甲 驾 09A7E	甲 坚 0575A	甲 间 095F4	甲 检 068C0	甲 简 07B80	甲 见 089C1	甲 件 04EF6
甲 建 05EFA	甲 健 05065	甲 践 08DF5	甲 江 06C5F	甲 将 05C06	甲 讲 08BB2	甲 交 04EA4	甲 教 06559
甲 蕉 08549	甲 角 089D2	甲 饺 0997A	甲 脚 0811A	甲 叫 053EB	甲 较 08F83	甲 接 063A5	甲 街 08857
甲 节 08282	甲 结 07ED3	甲 姐 059D0	甲 解 089E3	甲 介 04ECB	甲 借 0501F	甲 界 0754C	甲 斤 065A4
甲 今 04ECA	甲 紧 07D27	甲 进 08FDB	甲 近 08FD1	甲 经 07ECF	甲 睛 0775B	甲 精 07CBE	甲 净 051C0
甲 静 09759	甲 究 07A76	甲 九 04E5D	甲 久 04E45	甲 酒 09152	甲 旧 065E7	甲 就 05C31	甲 局 05C40
甲 桔 06854	甲 橘 06A58	甲 举 04E3E	甲 句 053E5	甲 决 051B3	甲 觉 089C9	甲 咖 05496	甲 卡 05361
甲 开 05F00	甲 看 0770B	甲 康 05EB7	甲 考 08003	甲 科 079D1	甲 棵 068F5	甲 咳 054B3	甲 可 053EF
甲 渴 06E34	甲 克 0514B	甲 刻 0523B	甲 客 05BA2	甲 课 08BFE	甲 空 07A7A	甲 口 053E3	甲 哭 054ED
甲 苦 082E6	甲 块 05757	甲 快 05FEB	甲 况 051B5	甲 困 056F0	甲 拉 062C9	甲 啦 05566	甲 来 06765
甲 蓝 084DD	甲 篮 07BEE	甲 览 089C8	甲 劳 052B3	甲 老 08001	甲 乐 04E50	甲 累 07D2F	甲 冷 051B7
甲 离 079BB	甲 礼 0793C	甲 里 091CC	甲 理 07406	甲 力 0529B	甲 历 05386	甲 立 07ACB	甲 利 05229
甲 例 04F8B	甲 俩 04FE9	甲 连 08FDE	甲 联 08054	甲 脸 08138	甲 练 07EC3	甲 炼 070BC	甲 凉 051C9
甲 两 04E24	甲 亮 04EAE	甲 谅 08C05	甲 辆 08F86	甲 了 04E86	甲 零 096F6	甲 领 09886	甲 留 07559
甲 流 06D41	甲 六 0516D	甲 楼 0697C	甲 录 05F55	甲 路 08DEF	甲 旅 065C5	甲 绿 07EFF	甲 乱 04E71
甲 论 08BBA	甲 妈 05988	甲 麻 09EBB	甲 马 09A6C	甲 吗 05417	甲 嘛 0561B	甲 买 04E70	甲 卖 05356

满 06EE1	慢 06162	忙 05FD9	毛 06BDB	冒 05192	帽 05E3D	么 04E48	没 06CA1
每 06BCF	妹 059B9	门 095E8	们 04EEC	米 07C73	面 09762	民 06C11	明 0660E
名 0540D	母 06BCD	目 076EE	拿 062FF	哪 054EA	那 090A3	呐 05450	奶 05976
男 07537	南 05357	难 096BE	呢 05462	内 05185	能 080FD	嗯 055EF	你 04F60
年 05E74	念 05FF5	娘 05A18	您 060A8	牛 0725B	农 0519C	努 052AA	女 05973
暖 06696	爬 0722C	怕 06015	拍 062CD	排 06392	派 06D3E	旁 065C1	跑 08DD1
朋 0670B	碰 078B0	批 06279	啤 05564	篇 07BC7	片 07247	漂 06F02	票 07968
平 05E73	评 08BC4	苹 082F9	瓶 074F6	破 07834	七 04E03	期 0671F	齐 09F50
其 05176	骑 09A91	起 08D77	气 06C14	汽 06C7D	器 05668	千 05343	铅 094C5
前 0524D	钱 094B1	浅 06D45	墙 05899	桥 06865	切 05207	且 04E14	亲 04EB2
青 09752	轻 08F7B	清 06E05	情 060C5	晴 06674	请 08BF7	秋 079CB	求 06C42
球 07403	取 053D6	去 053BB	全 05168	确 0786E	然 07136	让 08BA9	热 070ED
人 04EBA	任 04EFB	认 08BA4	日 065E5	容 05BB9	肉 08089	如 05982	赛 08D5B
三 04E09	散 06563	色 08272	山 05C71	商 05546	上 04E0A	烧 070E7	少 05C11
绍 07ECD	舍 0820D	设 08BBE	社 0793E	身 08EAB	深 06DF1	神 0795E	生 0751F
声 058F0	省 07701	胜 080DC	剩 05269	师 05E08	十 05341	什 04EC0	时 065F6

413

甲 识 08BC6	甲 实 05B9E	甲 拾 062FE	甲 食 098DF	甲 史 053F2	甲 使 04F7F	甲 始 059CB	甲 示 0793A
甲 世 04E16	甲 市 05E02	甲 事 04E8B	甲 试 08BD5	甲 视 089C6	甲 是 0662F	甲 适 09002	甲 室 05BA4
甲 收 06536	甲 手 0624B	甲 首 09996	甲 书 04E66	甲 舒 08212	甲 输 08F93	甲 熟 0719F	甲 术 0672F
甲 束 0675F	甲 树 06811	甲 数 06570	甲 双 053CC	甲 谁 08C01	甲 水 06C34	甲 睡 07761	甲 说 08BF4
甲 思 0601D	甲 死 06B7B	甲 四 056DB	甲 送 09001	甲 嗽 055FD	甲 诉 08BC9	甲 宿 05BBF	甲 酸 09178
甲 算 07B97	甲 虽 0867D	甲 岁 05C81	甲 所 06240	甲 它 05B83	甲 他 04ED6	甲 她 05979	甲 抬 062AC
甲 太 0592A	甲 态 06001	甲 谈 08C08	甲 汤 06C64	甲 堂 05802	甲 糖 07CD6	甲 躺 08EBA	甲 讨 08BA8
甲 特 07279	甲 疼 075BC	甲 踢 08E22	甲 提 063D0	甲 题 09898	甲 体 04F53	甲 天 05929	甲 条 06761
甲 跳 08DF3	甲 听 0542C	甲 庭 05EAD	甲 停 0505C	甲 挺 0633A	甲 通 0901A	甲 同 0540C	甲 痛 075DB
甲 头 05934	甲 突 07A81	甲 图 056FE	甲 团 056E2	甲 推 063A8	甲 腿 0817F	甲 退 09000	甲 脱 08131
甲 袜 0889C	甲 外 05916	甲 完 05B8C	甲 玩 073A9	甲 晚 0665A	甲 碗 07897	甲 万 04E07	甲 往 05F80
甲 忘 05FD8	甲 望 0671B	甲 危 05371	甲 为 04E3A	甲 围 056F4	甲 伟 04F1F	甲 位 04F4D	甲 喂 05582
甲 文 06587	甲 闻 095FB	甲 问 095EE	甲 我 06211	甲 握 063E1	甲 屋 05C4B	甲 五 04E94	甲 午 05348
甲 舞 0821E	甲 务 052A1	甲 物 07269	甲 误 08BEF	甲 西 0897F	甲 希 05E0C	甲 息 0606F	甲 习 04E60
甲 洗 06D17	甲 喜 0559C	甲 细 07EC6	甲 系 07CFB	甲 下 04E0B	甲 夏 0590F	甲 先 05148	甲 险 09669
甲 现 073B0	甲 相 076F8	甲 香 09999	甲 响 054CD	甲 想 060F3	甲 向 05411	甲 像 050CF	甲 消 06D88

甲 小 05C0F	甲 校 06821	甲 笑 07B11	甲 些 04E9B	甲 鞋 0978B	甲 写 05199	甲 谢 08C22
甲 心 05FC3	甲 辛 08F9B	甲 新 065B0	甲 信 04FE1	甲 兴 05174	甲 星 0661F	甲 行 0884C
甲 幸 05E78	甲 姓 059D3	甲 休 04F11	甲 需 09700	甲 须 0987B	甲 许 08BB8	甲 续 07EED
甲 学 05B66	甲 雪 096EA	甲 呀 05440	甲 言 08A00	甲 研 07814	甲 颜 0989C	甲 眼 0773C
甲 演 06F14	甲 宴 05BB4	甲 验 09A8C	甲 扬 0626C	甲 羊 07F8A	甲 阳 09633	甲 样 06837
甲 药 0836F	甲 要 08981	甲 也 04E5F	甲 业 04E1A	甲 页 09875	甲 夜 0591C	甲 一 04E00
甲 衣 08863	甲 医 0533B	甲 宜 05B9C	甲 已 05DF2	甲 以 04EE5	甲 椅 06905	甲 亿 04EBF
甲 义 04E49	甲 艺 0827A	甲 译 08BD1	甲 易 06613	甲 谊 08C0A	甲 意 0610F	甲 因 056E0
甲 阴 09634	甲 音 097F3	甲 银 094F6	甲 应 05E94	甲 迎 08FCE	甲 赢 08D62	甲 影 05F71
甲 永 06C38	甲 泳 06CF3	甲 用 07528	甲 尤 05C24	甲 邮 090AE	甲 游 06E38	甲 友 053CB
甲 有 06709	甲 又 053C8	甲 右 053F3	甲 鱼 09C7C	甲 愉 06109	甲 雨 096E8	甲 语 08BED
甲 育 080B2	甲 预 09884	甲 遇 09047	甲 元 05143	甲 园 056ED	甲 员 05458	甲 原 0539F
甲 圆 05706	甲 远 08FDC	甲 院 09662	甲 愿 0613F	甲 月 06708	甲 云 04E91	甲 运 08FD0
甲 杂 06742	甲 再 0518D	甲 在 05728	甲 咱 054B1	甲 脏 0810F	甲 早 065E9	甲 澡 06FA1
甲 责 08D23	甲 怎 0600E	甲 增 0589E	甲 展 05C55	甲 占 05360	甲 站 07AD9	甲 张 05F20
甲 章 07AE0	甲 掌 0638C	甲 找 0627E	甲 照 07167	甲 者 08005	甲 这 08FD9	甲 真 0771F
甲 整 06574	甲 正 06B63	甲 政 0653F	甲 之 04E4B	甲 支 0652F	甲 只 053EA	甲 知 077E5
甲 织 07EC7	甲 直 076F4	甲 纸 07EB8	甲 指 06307	甲 志 05FD7	甲 治 06CBB	甲 中 04E2D
甲 钟 0949F	甲 种 079CD					

415

甲 重 091CD	甲 周 05468	甲 猪 0732A	甲 主 04E3B	甲 助 052A9	甲 住 04F4F	甲 注 06CE8	甲 祝 0795D
甲 装 088C5	甲 准 051C6	甲 桌 0684C	甲 着 07740	甲 子 05B50	甲 自 081EA	甲 字 05B57	甲 总 0603B
甲 走 08D70	甲 租 079DF	甲 足 08DB3	甲 族 065CF	甲 组 07EC4	甲 祖 07956	甲 嘴 05634	甲 最 06700
甲 昨 06628	甲 左 05DE6	甲 作 04F5C	甲 坐 05750	甲 座 05EA7	甲 做 0505A	甲 阿 0963F	甲 哎 054CE
乙 挨 06328	乙 唉 05509	乙 岸 05CB8	乙 按 06309	乙 案 06848	乙 暗 06697	乙 傲 050B2	乙 巴 05DF4
乙 拔 062D4	乙 败 08D25	乙 拜 062DC	乙 版 07248	乙 扮 0626E	乙 榜 0699C	乙 膀 08180	乙 傍 0508D
乙 薄 08584	乙 宝 05B9D	乙 保 04FDD	乙 悲 060B2	乙 碑 07891	乙 背 080CC	乙 笨 07B28	乙 逼 0903C
乙 鼻 09F3B	乙 币 05E01	乙 毕 06BD5	乙 闭 095ED	乙 辟 08F9F	乙 壁 058C1	乙 避 0907F	乙 编 07F16
乙 扁 06241	乙 标 06807	乙 宾 05BBE	乙 冰 051B0	乙 兵 05175	乙 饼 0997C	乙 并 05E76	乙 玻 073BB
乙 伯 04F2F	乙 脖 08116	乙 膊 0818A	乙 卜 0535C	乙 补 08865	乙 捕 06355	乙 猜 0731C	乙 材 06750
乙 采 091C7	乙 踩 08E29	乙 餐 09910	乙 残 06B8B	乙 藏 085CF	乙 册 0518C	乙 厕 05395	乙 测 06D4B
乙 策 07B56	乙 曾 066FE	乙 叉 053C9	乙 插 063D2	乙 察 05BDF	乙 拆 062C6	乙 柴 067F4	乙 肠 080A0
乙 尝 05C1D	乙 倡 05021	乙 抄 06284	乙 超 08D85	乙 吵 05435	乙 彻 05F7B	乙 沉 06C89	乙 衬 0886C
乙 称 079F0	乙 趁 08D81	乙 诚 08BDA	乙 承 0627F	乙 乘 04E58	乙 程 07A0B	乙 池 06C60	乙 尺 05C3A
乙 翅 07FC5	乙 冲 051B2	乙 充 05145	乙 虫 0866B	乙 崇 05D07	乙 愁 06101	乙 臭 081ED	乙 厨 053A8
乙 触 089E6	乙 传 04F20	乙 闯 095EF	乙 创 0521B	乙 此 06B64	乙 刺 0523A	乙 聪 0806A	乙 粗 07C97

乙 促 04FC3	乙 醋 0918B	乙 催 050AC	乙 脆 08106	乙 存 05B58	乙 寸 05BF8	乙 措 063AA	乙 搭 0642D
乙 达 08FBE	乙 呆 05446	乙 待 05F85	乙 袋 0888B	乙 担 062C5	乙 胆 080C6	乙 淡 06DE1	乙 弹 05F39
乙 挡 06321	乙 党 0515A	乙 岛 05C9B	乙 盗 076D7	乙 稻 07A3B	乙 德 05FB7	乙 登 0767B	乙 滴 06EF4
乙 敌 0654C	乙 底 05E95	乙 帝 05E1D	乙 递 09012	乙 吊 0540A	乙 钓 09493	乙 跌 08DCC	乙 叠 053E0
乙 顶 09876	乙 订 08BA2	乙 冻 051BB	乙 洞 06D1E	乙 抖 06296	乙 斗 06597	乙 豆 08C46	乙 逗 09017
乙 独 072EC	乙 堵 05835	乙 肚 0809A	乙 渡 06E21	乙 端 07AEF	乙 断 065AD	乙 堆 05806	乙 队 0961F
乙 吨 05428	乙 蹲 08E72	乙 盾 076FE	乙 夺 0593A	乙 朵 06735	乙 躲 08EB2	乙 鹅 09E45	乙 耳 08033
乙 乏 04E4F	乙 凡 051E1	乙 繁 07E41	乙 犯 072AF	乙 泛 06CDB	乙 范 08303	乙 防 09632	乙 仿 04EFF
乙 纺 07EBA	乙 肥 080A5	乙 肺 080BA	乙 费 08D39	乙 吩 05429	乙 纷 07EB7	乙 粉 07C89	乙 份 04EFD
乙 奋 0594B	乙 愤 06124	乙 蜂 08702	乙 逢 09022	乙 佛 04F5B	乙 否 05426	乙 肤 080A4	乙 扶 06276
乙 浮 06D6E	乙 符 07B26	乙 幅 05E45	乙 辅 08F85	乙 腐 08150	乙 付 04ED8	乙 妇 05987	乙 咐 05490
乙 副 0526F	乙 盖 076D6	乙 杆 06746	乙 肝 0809D	乙 赶 08D76	乙 港 06E2F	乙 糕 07CD5	乙 胳 080F3
乙 搁 06401	乙 割 05272	乙 革 09769	乙 格 0683C	乙 隔 09694	乙 功 0529F	乙 攻 0653B	乙 供 04F9B
乙 巩 05DE9	乙 贡 08D21	乙 狗 072D7	乙 构 06784	乙 购 08D2D	乙 估 04F30	乙 古 053E4	乙 骨 09AA8
乙 鼓 09F13	乙 固 056FA	乙 瓜 074DC	乙 拐 062D0	乙 怪 0602A	乙 官 05B98	乙 冠 051A0	乙 管 07BA1
乙 罐 07F50	乙 贯 08D2F	乙 光 05149	乙 逛 0901B	乙 规 089C4	乙 鬼 09B3C	乙 跪 08DEA	乙 滚 06EDA

乙 锅 09505	乙 裹 088F9	乙 害 05BB3	乙 含 0542B	乙 汗 06C57	乙 航 0822A	乙 毫 06BEB	乙 盒 076D2
乙 贺 08D3A	乙 嘿 0563F	乙 恨 06068	乙 哼 054FC	乙 猴 07334	乙 厚 0539A	乙 乎 04E4E	乙 呼 0547C
乙 胡 080E1	乙 壶 058F6	乙 糊 07CCA	乙 虎 0864E	乙 护 062A4	乙 滑 06ED1	乙 环 073AF	乙 慌 0614C
乙 皇 07687	乙 灰 07070	乙 挥 06325	乙 恢 06062	乙 辉 08F89	乙 悔 06094	乙 昏 0660F	乙 婚 05A5A
乙 混 06DF7	乙 伙 04F19	乙 货 08D27	乙 获 083B7	乙 击 051FB	乙 圾 0573E	乙 积 079EF	乙 激 06FC0
乙 及 053CA	乙 即 05373	乙 疾 075BE	乙 际 09645	乙 季 05B63	乙 迹 08FF9	乙 既 065E2	乙 夹 05939
乙 价 04EF7	乙 架 067B6	乙 稼 07A3C	乙 尖 05C16	乙 肩 080A9	乙 艰 08270	乙 拣 062E3	乙 捡 06361
乙 减 051CF	乙 剪 0526A	乙 渐 06E10	乙 键 0952E	乙 箭 07BAD	乙 奖 05956	乙 降 0964D	乙 酱 09171
乙 郊 090CA	乙 骄 09A84	乙 阶 09636	乙 届 05C4A	乙 巾 05DFE	乙 金 091D1	乙 仅 04EC5	乙 尽 05C3D
乙 劲 052B2	乙 禁 07981	乙 京 04EAC	乙 惊 060CA	乙 井 04E95	乙 景 0666F	乙 警 08B66	乙 竞 07ADE
乙 竟 07ADF	乙 敬 0656C	乙 境 05883	乙 镜 0955C	乙 纠 07EA0	乙 救 06551	乙 居 05C45	乙 巨 05DE8
乙 拒 062D2	乙 具 05177	乙 俱 04FF1	乙 剧 05267	乙 据 0636E	乙 距 08DDD	乙 卷 05377	乙 绢 07EE2
乙 绝 07EDD	乙 军 0519B	乙 均 05747	乙 菌 083CC	乙 砍 0780D	乙 扛 0625B	乙 抗 06297	乙 烤 070E4
乙 靠 09760	乙 颗 09897	乙 肯 080AF	乙 恳 06073	乙 孔 05B54	乙 恐 06050	乙 控 063A7	乙 扣 06263
乙 裤 088E4	乙 跨 08DE8	乙 筷 07B77	乙 宽 05BBD	乙 款 06B3E	乙 矿 077FF	乙 捆 06346	乙 扩 06269
乙 括 062EC	乙 阔 09614	乙 垃 05783	乙 拦 062E6	乙 懒 061D2	乙 烂 070C2	乙 狼 072FC	乙 朗 06717

浪 06D6A	捞 0635E	雷 096F7	泪 06CEA	类 07C7B	厘 05398	梨 068A8	璃 07483
李 0674E	厉 05389	丽 04E3D	励 052B1	粒 07C92	哩 054E9	怜 0601C	恋 0604B
良 0826F	梁 06881	量 091CF	粮 07CAE	聊 0804A	料 06599	列 05217	烈 070C8
邻 090BB	林 06797	临 04E34	灵 07075	铃 094C3	龄 09F84	令 04EE4	另 053E6
龙 09F99	漏 06F0F	陆 09646	露 09732	律 05F8B	虑 08651	率 07387	略 07565
轮 08F6E	萝 0841D	落 0843D	码 07801	骂 09A82	埋 057CB	迈 08FC8	麦 09EA6
脉 08109	馒 09992	猫 0732B	矛 077DB	贸 08D38	貌 08C8C	煤 07164	美 07F8E
梦 068A6	迷 08FF7	秘 079D8	密 05BC6	蜜 0871C	棉 068C9	免 0514D	描 063CF
秒 079D2	妙 05999	庙 05E99	灭 0706D	命 0547D	摸 06478	模 06A21	磨 078E8
漠 06F20	墨 058A8	默 09ED8	某 067D0	亩 04EA9	木 06728	慕 06155	耐 08010
脑 08111	闹 095F9	泥 06CE5	鸟 09E1F	扭 0626D	浓 06D53	弄 05F04	怒 06012
牌 0724C	盘 076D8	判 05224	盼 076FC	兵 04E53	胖 080D6	炮 070AE	陪 0966A
赔 08D54	配 0914D	喷 055B7	盆 076C6	捧 06367	披 062AB	皮 076AE	疲 075B2
脾 0813E	匹 05339	偏 0504F	骗 09A97	飘 098D8	拼 062FC	品 054C1	乒 04E52
坡 05761	泼 06CFC	迫 08FEB	扑 06251	铺 094FA	朴 06734	普 0666E	妻 059BB
戚 0621A	欺 06B3A	奇 05947	旗 065D7	企 04F01	启 0542F	弃 05F03	牵 07275

乙 签 07B7E	乙 欠 06B20	乙 歉 06B49	乙 枪 067AA	乙 强 05F3A	乙 抢 062A2	乙 悄 06084	乙 敲 06572
乙 瞧 077A7	乙 巧 05DE7	乙 侵 04FB5	乙 庆 05E86	乙 穷 07A77	乙 区 0533A	乙 渠 06E20	乙 趣 08DA3
乙 圈 05708	乙 劝 0529D	乙 缺 07F3A	乙 却 05374	乙 裙 088D9	乙 群 07FA4	乙 燃 071C3	乙 染 067D3
乙 嚷 056B7	乙 扰 06270	乙 绕 07ED5	乙 惹 060F9	乙 忍 05FCD	乙 扔 06254	乙 仍 04ECD	乙 荣 08363
乙 入 05165	乙 软 08F6F	乙 锐 09510	乙 弱 05F31	乙 洒 06D12	乙 撒 06492	乙 伞 04F1E	乙 嗓 055D3
乙 扫 0626B	乙 嫂 05AC2	乙 森 068EE	乙 杀 06740	乙 沙 06C99	乙 傻 050BB	乙 晒 06652	乙 衫 0886B
乙 闪 095EA	乙 扇 06247	乙 善 05584	乙 伤 04F24	乙 稍 07A0D	乙 勺 052FA	乙 舌 0820C	乙 蛇 086C7
乙 射 05C04	乙 伸 04F38	乙 牲 07272	乙 升 05347	乙 绳 07EF3	乙 失 05931	乙 诗 08BD7	乙 狮 072EE
乙 施 065BD	乙 湿 06E7F	乙 石 077F3	乙 士 058EB	乙 式 05F0F	乙 柿 067FF	乙 势 052BF	乙 释 091CA
乙 守 05B88	乙 受 053D7	乙 授 06388	乙 瘦 07626	乙 叔 053D4	乙 殊 06B8A	乙 蔬 0852C	乙 暑 06691
乙 属 05C5E	乙 述 08FF0	乙 刷 05237	乙 摔 06454	乙 甩 07529	乙 顺 0987A	乙 司 053F8	乙 丝 04E1D
乙 私 079C1	乙 撕 06495	乙 似 04F3C	乙 松 0677E	乙 俗 04FD7	乙 肃 08083	乙 素 07D20	乙 速 0901F
乙 塑 05851	乙 随 0968F	乙 碎 0788E	乙 损 0635F	乙 缩 07F29	乙 塔 05854	乙 台 053F0	乙 毯 06BEF
乙 探 063A2	乙 烫 070EB	乙 趟 08D9F	乙 掏 0638F	乙 逃 09003	乙 套 05957	乙 梯 068AF	乙 替 066FF
乙 添 06DFB	乙 田 07530	乙 甜 0751C	乙 填 0586B	乙 挑 06311	乙 贴 08D34	乙 铁 094C1	乙 厅 05385
乙 铜 094DC	乙 童 07AE5	乙 统 07EDF	乙 桶 06876	乙 偷 05077	乙 投 06295	乙 透 0900F	乙 途 09014

乙	乙	乙	乙	乙	乙	乙	乙
涂 06D82	土 0571F	吐 05410	兔 05154	托 06258	拖 062D6	挖 06316	哇 054C7
歪 06B6A	弯 05F2F	王 0738B	网 07F51	微 05FAE	违 08FDD	维 07EF4	委 059D4
尾 05C3E	卫 0536B	未 0672A	味 05473	胃 080C3	谓 08C13	慰 06170	温 06E29
稳 07A33	污 06C61	无 065E0	伍 04F0D	武 06B66	雾 096FE	悟 0609F	吸 05438
析 06790	牺 0727A	悉 06089	席 05E2D	戏 0620F	吓 05413	鲜 09C9C	纤 07EA4
掀 06380	闲 095F2	显 0663E	县 053BF	限 09650	线 07EBF	羡 07FA1	献 0732E
乡 04E61	箱 07BB1	详 08BE6	享 04EAB	项 09879	象 08C61	晓 06653	效 06548
歇 06B47	斜 0659C	械 068B0	形 05F62	型 0578B	醒 09192	性 06027	兄 05144
胸 080F8	雄 096C4	熊 0718A	修 04FEE	秀 079C0	袖 08896	虚 0865A	序 05E8F
绪 07EEA	宣 05BA3	选 09009	血 08840	寻 05BFB	训 08BAD	讯 08BAF	迅 08FC5
压 0538B	牙 07259	咽 054BD	烟 070DF	延 05EF6	严 04E25	沿 06CBF	盐 076D0
厌 0538C	央 0592E	洋 06D0B	仰 04EF0	养 0517B	腰 08170	邀 09080	摇 06447
咬 054AC	爷 07237	野 091CE	叶 053F6	液 06DB2	依 04F9D	仪 04EEA	移 079FB
姨 059E8	疑 07591	忆 05FC6	议 08BAE	异 05F02	益 076CA	姻 059FB	引 05F15
印 05370	英 082F1	营 08425	映 06620	硬 0786C	拥 062E5	勇 052C7	优 04F18
悠 060A0	由 07531	油 06CB9	于 04E8E	余 04F59	与 04E0E	羽 07FBD	玉 07389

421

乙 援 063F4	乙 源 06E90	乙 约 07EA6	乙 阅 09605	乙 跃 08DC3	乙 越 08D8A	乙 允 05141	乙 灾 0707E
乙 暂 06682	乙 赞 08D5E	乙 遭 0906D	乙 糟 07CDF	乙 皂 07682	乙 造 09020	乙 燥 071E5	乙 则 05219
乙 择 062E9	乙 扎 0624E	乙 摘 06458	乙 窄 07A84	乙 粘 07C98	乙 战 06218	乙 涨 06DA8	乙 丈 04E08
乙 招 062DB	乙 召 053EC	乙 折 06298	乙 哲 054F2	乙 针 09488	乙 阵 09635	乙 争 04E89	乙 征 05F81
乙 睁 07741	乙 证 08BC1	乙 执 06267	乙 值 0503C	乙 职 0804C	乙 植 0690D	乙 止 06B62	乙 址 05740
乙 至 081F3	乙 质 08D28	乙 秩 079E9	乙 制 05236	乙 致 081F4	乙 置 07F6E	乙 终 07EC8	乙 众 04F17
乙 珠 073E0	乙 株 0682A	乙 竹 07AF9	乙 逐 09010	乙 煮 0716E	乙 著 08457	乙 筑 07B51	乙 抓 06293
乙 专 04E13	乙 转 08F6C	乙 庄 05E84	乙 状 072B6	乙 撞 0649E	乙 追 08FFD	丙 捉 06349	丙 资 08D44
乙 仔 04ED4	乙 紫 07D2B	乙 综 07EFC	乙 醉 09189	乙 尊 05C0A	乙 遵 09075	丙 哀 054C0	丙 癌 0764C
丙 碍 0788D	丙 熬 071AC	丙 奥 05965	丙 扒 06252	丙 叭 053ED	丙 坝 0575D	丙 罢 07F62	丙 柏 067CF
丙 伴 04F34	丙 瓣 074E3	丙 绑 07ED1	丙 棒 068D2	丙 磅 078C5	丙 胞 080DE	丙 剥 05265	丙 暴 066B4
丙 爆 07206	丙 辈 08F88	丙 奔 05954	丙 甫 0752D	丙 彼 05F7C	丙 辩 08FA9	丙 濒 06FD2	丙 丙 04E19
丙 柄 067C4	丙 拨 062E8	丙 波 06CE2	丙 菠 083E0	丙 勃 052C3	丙 博 0535A	丙 怖 06016	丙 财 08D22
丙 裁 088C1	丙 蚕 08695	丙 惭 060ED	丙 惨 060E8	丙 灿 0707F	丙 仓 04ED3	丙 苍 082CD	丙 舱 08231
丙 侧 04FA7	丙 铲 094F2	丙 颤 098A4	丙 偿 0507F	丙 畅 07545	丙 钞 0949E	丙 潮 06F6E	丙 炒 07092
丙 扯 0626F	丙 撤 064A4	丙 尘 05C18	丙 陈 09648	丙 撑 06491	丙 匙 05319	丙 齿 09F7F	丙 斥 065A5

丙 赤 08D64	丙 仇 04EC7	丙 酬 0916C	丙 丑 04E11	丙 喘 05598	丙 串 04E32	丙 垂 05782	丙 纯 07EAF
丙 唇 05507	丙 蠢 08822	丙 瓷 074F7	丙 辞 08F9E	丙 匆 05306	丙 囱 056F1	丙 丛 04E1B	丙 凑 051D1
丙 窜 07A9C	丙 摧 06467	丙 搓 06413	丙 挫 0632B	丙 逮 0902E	丙 耽 0803D	丙 旦 065E6	丙 诞 08BDE
丙 档 06863	丙 蹈 08E48	丙 蹬 08E6C	丙 凳 051F3	丙 瞪 077AA	丙 堤 05824	丙 抵 062B5	丙 垫 057AB
丙 惦 060E6	丙 奠 05960	丙 殿 06BBF	丙 雕 096D5	丙 爹 07239	丙 蝶 08776	丙 丁 04E01	丙 盯 076EF
丙 钉 09489	丙 陡 09661	丙 督 07763	丙 毒 06BD2	丙 兑 05151	丙 哆 054C6	丙 额 0989D	丙 恶 06076
丙 尔 05C14	丙 罚 07F5A	丙 番 0756A	丙 返 08FD4	丙 妨 059A8	丙 废 05E9F	丙 沸 06CB8	丙 氛 06C1B
丙 坟 0575F	丙 粪 07CAA	丙 疯 075AF	丙 峰 05CF0	丙 缝 07F1D	丙 讽 08BBD	丙 袱 088B1	丙 俯 04FEF
丙 缚 07F1A	丙 溉 06E89	丙 甘 07518	丙 岗 05C97	丙 纲 07EB2	丙 缸 07F38	丙 膏 0818F	丙 稿 07A3F
丙 鸽 09E3D	丙 耕 08015	丙 弓 05F13	丙 宫 05BAB	丙 勾 052FE	丙 沟 06C9F	丙 钩 094A9	丙 孤 05B64
丙 辜 08F9C	丙 谷 08C37	丙 股 080A1	丙 雇 096C7	丙 寡 05BE1	丙 乖 04E56	丙 灌 0704C	丙 归 05F52
丙 轨 08F68	丙 柜 067DC	丙 棍 068CD	丙 旱 065F1	丙 焊 0710A	丙 憾 061BE	丙 豪 08C6A	丙 耗 08017
丙 呵 05475	丙 核 06838	丙 阂 09602	丙 痕 075D5	丙 狠 072E0	丙 横 06A2A	丙 衡 08861	丙 宏 05B8F
丙 洪 06D2A	丙 喉 05589	丙 吼 0543C	丙 蝴 08774	丙 华 0534E	丙 哗 054D7	丙 猾 0733E	丙 怀 06000
丙 缓 07F13	丙 幻 05E7B	丙 唤 05524	丙 患 060A3	丙 荒 08352	丙 煌 0714C	丙 晃 06643	丙 毁 06BC1
丙 汇 06C47	丙 慧 06167	丙 浑 06D51	丙 魂 09B42	丙 饥 09965	丙 肌 0808C	丙 辑 08F91	丙 籍 07C4D

寂 05BC2	佳 04F73	甲 07532	嫁 05AC1	歼 06B7C	监 076D1	兼 0517C	煎 0714E
碱 078B1	荐 08350	贱 08D31	舰 08230	溅 06E85	鉴 09274	浆 06D46	僵 050F5
疆 07586	浇 06D47	胶 080F6	椒 06912	焦 07126	狡 072E1	搅 06405	揭 063ED
洁 06D01	捷 06377	截 0622A	竭 07AED	筋 07B4B	谨 08C28	浸 06D78	鲸 09CB8
径 05F84	揪 063EA	灸 07078	舅 08205	矩 077E9	聚 0805A	倦 05026	刊 0520A
壳 058F3	坑 05751	枯 067AF	窟 07A9F	库 05E93	酷 09177	夸 05938	垮 057AE
筐 07B50	狂 072C2	亏 04E8F	愧 06127	昆 06606	廓 05ED3	喇 05587	蜡 08721
辣 08FA3	兰 05170	滥 06EE5	廊 05ECA	牢 07262	姥 059E5	愣 06123	黎 09ECE
隶 096B6	帘 05E18	梁 07CB1	疗 07597	僚 050DA	劣 052A3	猎 0730E	裂 088C2
淋 06DCB	陵 09675	溜 06E9C	柳 067F3	咙 05499	笼 07B3C	窿 07ABF	垄 05784
拢 062E2	搂 06402	喽 055BD	炉 07089	驴 09A74	铝 094DD	卵 05375	掠 063A0
逻 0903B	锣 09523	骆 09A86	络 07EDC	瞒 07792	漫 06F2B	盲 076F2	氓 06C13
茅 08305	眉 07709	莓 08393	梅 06885	媒 05A92	霉 09709	闷 095F7	蒙 08499
盟 076DF	猛 0731B	眯 0772F	谜 08C1C	泌 06CCC	眠 07720	勉 052C9	苗 082D7
蔑 08511	敏 0654F	鸣 09E23	摩 06469	抹 062B9	末 0672B	陌 0964C	寞 05BDE
谋 08C0B	牧 07267	墓 05893	幕 05E55	奈 05948	嫩 05AE9	捏 0634F	宁 05B81

丙 凝 051DD	丙 拧 062E7	丙 奴 05974	丙 噢 05662	丙 哦 054E6	丙 偶 05076	丙 趴 08DB4	丙 攀 06500
丙 畔 07554	丙 抛 0629B	丙 袍 0888D	丙 泡 06CE1	丙 培 057F9	丙 佩 04F69	丙 棚 068DA	丙 蓬 084EC
丙 膨 081A8	丙 屁 05C41	丙 譬 08B6C	丙 贫 08D2B	丙 凭 051ED	丙 婆 05A46	丙 剖 05256	丙 葡 08461
丙 漆 06F06	丙 棋 068CB	丙 恰 06070	丙 谦 08C26	丙 腔 08154	丙 侨 04FA8	丙 俏 04FCF	丙 翘 07FD8
丙 琴 07434	丙 勤 052E4	丙 倾 0503E	丙 顷 09877	丙 丘 04E18	丙 曲 066F2	丙 屈 05C48	丙 娶 05A36
丙 权 06743	丙 拳 062F3	丙 壤 058E4	丙 饶 09976	丙 溶 06EB6	丙 柔 067D4	丙 揉 063C9	丙 辱 08FB1
丙 润 06DA6	丙 若 082E5	丙 塞 0585E	丙 丧 04E27	丙 骚 09A9A	丙 纱 07EB1	丙 删 05220	丙 赏 08D4F
丙 尚 05C1A	丙 哨 054E8	丙 涉 06D89	丙 摄 06444	丙 申 07533	丙 审 05BA1	丙 婶 05A76	丙 甚 0751A
丙 慎 0614E	丙 圣 05723	丙 盛 076DB	丙 蚀 08680	丙 驶 09A76	丙 氏 06C0F	丙 饰 09970	丙 逝 0901D
丙 寿 05BFF	丙 售 0552E	丙 兽 0517D	丙 梳 068B3	丙 署 07F72	丙 耍 0800D	丙 衰 08870	丙 拴 062F4
丙 霜 0971C	丙 税 07A0E	丙 烁 070C1	丙 斯 065AF	丙 伺 04F3A	丙 饲 09972	丙 颂 09882	丙 诵 08BF5
丙 搜 0641C	丙 艘 08258	丙 孙 05B59	丙 嗦 055E6	丙 索 07D22	丙 锁 09501	丙 塌 0584C	丙 踏 08E0F
丙 摊 0644A	丙 滩 06EE9	丙 坦 05766	丙 叹 053F9	丙 倘 05018	丙 桃 06843	丙 萄 08404	丙 腾 0817E
丙 蹄 08E44	丙 惕 060D5	丙 亭 04EAD	丙 筒 07B52	丙 徒 05F92	丙 吞 0541E	丙 驮 09A6E	丙 驼 09A7C
丙 妥 059A5	丙 蛙 086D9	丙 娃 05A03	丙 瓦 074E6	丙 丸 04E38	丙 顽 0987D	丙 挽 0633D	丙 亡 04EA1
丙 枉 06789	丙 威 05A01	丙 纹 07EB9	丙 蚊 0868A	丙 吻 0543B	丙 翁 07FC1	丙 卧 05367	丙 诬 08BEC

丙 侮 04FAE	丙 惜 060DC	丙 晰 06670	丙 稀 07A00	丙 锡 09521	丙 袭 088AD	丙 媳 05AB3	丙 虾 0867E
丙 瞎 0778E	丙 峡 05CE1	丙 咸 054B8	丙 嫌 05ACC	丙 宪 05BAA	丙 陷 09677	丙 厢 053A2	丙 巷 05DF7
丙 削 0524A	丙 宵 05BB5	丙 淆 06DC6	丙 协 0534F	丙 胁 080C1	丙 卸 05378	丙 欣 06B23	丙 凶 051F6
丙 朽 0673D	丙 绣 07EE3	丙 锈 09508	丙 墟 0589F	丙 叙 053D9	丙 悬 060AC	丙 旋 065CB	丙 旬 065EC
丙 询 08BE2	丙 循 05FAA	丙 押 062BC	丙 鸭 09E2D	丙 芽 082BD	丙 崖 05D16	丙 亚 04E9A	丙 讶 08BB6
丙 淹 06DF9	丙 岩 05CA9	丙 掩 063A9	丙 艳 08273	丙 焰 07130	丙 燕 071D5	丙 秧 079E7	丙 氧 06C27
丙 窑 07A91	丙 谣 08C23	丙 遥 09065	丙 钥 094A5	丙 耀 08000	丙 冶 051B6	丙 遗 09057	丙 乙 04E59
丙 倚 0501A	丙 抑 06291	丙 毅 06BC5	丙 饮 0996E	丙 隐 09690	丙 婴 05A74	丙 蝇 08747	丙 哟 054DF
丙 涌 06D8C	丙 踊 08E0A	丙 犹 072B9	丙 幼 05E7C	丙 予 04E88	丙 娱 05A31	丙 渔 06E14	丙 愚 0611A
丙 屿 05C7F	丙 宇 05B87	丙 狱 072F1	丙 浴 06D74	丙 域 057DF	丙 裕 088D5	丙 御 05FA1	丙 寓 05BD3
丙 愈 06108	丙 豫 08C6B	丙 冤 051A4	丙 缘 07F18	丙 猿 0733F	丙 怨 06028	丙 悦 060A6	丙 匀 05300
丙 晕 06655	丙 砸 07838	丙 栽 0683D	丙 载 08F7D	丙 凿 051FF	丙 躁 08E81	丙 泽 06CFD	丙 赠 08D60
丙 渣 06E23	丙 炸 070B8	丙 宅 05B85	丙 债 0503A	丙 沾 06CBE	丙 盏 076CF	丙 崭 05D2D	丙 仗 04ED7
丙 帐 05E10	丙 胀 080C0	丙 障 0969C	丙 罩 07F69	丙 遮 0906E	丙 珍 073CD	丙 诊 08BCA	丙 枕 06795
丙 振 0632F	丙 震 09707	丙 镇 09547	丙 挣 06323	丙 蒸 084B8	丙 症 075C7	丙 枝 0679D	丙 殖 06B96
丙 帜 05E1C	丙 智 0667A	丙 稚 07A1A	丙 忠 05FE0	丙 衷 08877	丙 肿 080BF	丙 粥 07CA5	丙 宙 05B99

426

丙 皱 076B1	丙 骤 09AA4	丙 烛 070DB	丙 嘱 05631	丙 驻 09A7B	丙 柱 067F1	丙 铸 094F8	丙 砖 07816
丙 赚 08D5A	丙 桩 06869	丙 壮 058EE	丙 幢 05E62	丙 姿 059FF	丙 宗 05B97	丙 纵 07EB5	丙 阻 0963B
丙 罪 07F6A	丙附录 赵 08D75	丙附录 刘 05218	丙附录 吴 05434	丙附录 陕 09655	丙附录 宋 05B8B	丙附录 朱 06731	丙附录 孟 05B5F
丙附录 欧 06B27	丙附录 葛 0845B	丙附录 沈 06C88	丙附录 浙 06D59				

香港小学用字一览表

一阶 一 04E00	一阶 乙 04E59	一阶 丁 04E01	一阶 七 04E03	一阶 九 04E5D	一阶 了 04E86	一阶 二 04E8C	一阶 人 04EBA
一阶 入 05165	一阶 八 0516B	一阶 刀 05200	一阶 力 0529B	一阶 十 05341	一阶 又 053C8	一阶 三 04E09	一阶 下 04E0B
一阶 丈 04E08	一阶 上 04E0A	一阶 丸 04E38	一阶 凡 051E1	一阶 久 04E45	一阶 也 04E5F	一阶 乞 04E5E	一阶 亡 04EA1
一阶 千 05343	一阶 叉 053C9	一阶 口 053E3	一阶 土 0571F	一阶 士 058EB	一阶 夕 05915	一阶 大 05927	一阶 女 05973
一阶 子 05B50	一阶 寸 05BF8	一阶 小 05C0F	一阶 山 05C71	一阶 工 05DE5	一阶 己 05DF1	一阶 已 05DF2	一阶 巾 05DFE
一阶 弓 05F13	一阶 才 0624D	一阶 丑 04E11	一阶 丐 04E10	一阶 不 04E0D	一阶 中 04E2D	一阶 之 04E4B	一阶 井 04E95
一阶 互 04E92	一阶 五 04E94	一阶 什 04EC0	一阶 仍 04ECD	一阶 今 04ECA	一阶 今 04ECA	一阶 介 04ECB	一阶 元 05143
一阶 内 05167	一阶 六 0516D	一阶 公 0516C	一阶 分 05206	一阶 切 05207	一阶 勾 052FB	一阶 匀 05300	一阶 化 05316
一阶 四 05339	一阶 午 05348	一阶 升 05347	一阶 友 053CB	一阶 及 053CA	一阶 反 053CD	一阶 天 05929	一阶 夫 0592B
一阶 太 0592A	一阶 孔 05B54	一阶 少 05C11	一阶 尺 05C3A	一阶 巴 05DF4	一阶 引 05F15	一阶 心 05FC3	一阶 户 06237
一阶 手 0624B	一阶 扎 0624E	一阶 支 0652F	一阶 文 06587	一阶 斤 065A4	一阶 方 065B9	一阶 日 065E5	一阶 月 06708
一阶 木 06728	一阶 欠 06B20	一阶 止 06B62	一阶 比 06BD4	一阶 毛 06BDB	一阶 水 06C34	一阶 火 0706B	一阶 爪 0722A
一阶 父 07236	一阶 片 07247	一阶 牙 07259	一阶 牛 0725B	一阶 犬 072AC	一阶 王 0738B	一阶 丙 04E19	一阶 世 04E16
一阶 且 04E14	一阶 主 04E3B	一阶 乎 04E4E	一阶 以 04EE5	一阶 付 04ED8	一阶 仔 04ED4	一阶 他 04ED6	一阶 仗 04ED7
一阶 代 04EE3	一阶 令 04EE4	一阶 令 04EE4	一阶 仙 04ED9	一阶 兄 05144	一阶 册 0518A	一阶 册 0518C	一阶 冬 051AC
一阶 出 051FA	一阶 刊 0520A	一阶 加 052A0	一阶 功 0529F	一阶 包 05305	一阶 匆 05306	一阶 忽 06031	一阶 北 05317

430

一阶 北 05317	一阶 半 0534A	一阶 卉 05349	一阶 卡 05361	一阶 去 053BB	一阶 可 053EF	一阶 古 053E4	一阶 右 053F3
一阶 司 053F8	一阶 叫 053EB	一阶 另 053E6	一阶 只 053EA	一阶 祇 07947	一阶 台 053F0	一阶 臺 081FA	一阶 句 053E5
一阶 叭 053ED	一阶 四 056DB	一阶 囚 056DA	一阶 外 05916	一阶 央 0592E	一阶 失 05931	一阶 奶 05976	一阶 它 05B83
一阶 巨 05DE8	一阶 巧 05DE7	一阶 左 05DE6	一阶 市 05E02	一阶 布 05E03	一阶 平 05E73	一阶 幼 05E7C	一阶 必 05FC5
一阶 打 06253	一阶 旦 065E6	一阶 本 0672C	一阶 未 0672A	一阶 正 06B63	一阶 母 06BCD	一阶 民 06C11	一阶 永 06C38
一阶 汁 06C41	一阶 犯 072AF	一阶 玉 07389	一阶 瓜 074DC	一阶 瓦 074E6	一阶 甘 07518	一阶 生 0751F	一阶 用 07528
一阶 田 07530	一阶 由 07531	一阶 甲 07532	一阶 申 07533	一阶 白 0767D	一阶 皮 076AE	一阶 目 076EE	一阶 石 077F3
一阶 示 0793A	一阶 禾 079BE	一阶 立 07ACB	一阶 丢 04E1F	一阶 丢 04E22	一阶 两 04E21	一阶 乒 04E52	一阶 兵 04E53
一阶 交 04EA4	一阶 仿 04EFF	一阶 伙 04F19	一阶 伊 04F0A	一阶 伍 04F0D	一阶 休 04F11	一阶 件 04EF6	一阶 任 04EFB
一阶 任 04EFB	一阶 份 04EFD	一阶 企 04F01	一阶 充 05145	一阶 光 05149	一阶 兑 05147	一阶 先 05148	一阶 全 05168
一阶 共 05171	一阶 再 0518D	一阶 冰 051B0	一阶 列 05217	一阶 划 05212	一阶 匠 05320	一阶 印 05370	一阶 危 05371
一阶 吉 05409	一阶 同 0540C	一阶 吊 0540A	一阶 吐 05410	一阶 吋 0540B	一阶 各 05404	一阶 向 05411	一阶 名 0540D
一阶 合 05408	一阶 吃 05403	一阶 后 0540E	一阶 因 056E0	一阶 回 056DE	一阶 地 05730	一阶 在 05728	一阶 多 0591A
一阶 好 0597D	一阶 她 05979	一阶 如 05982	一阶 字 05B57	一阶 存 05B58	一阶 宇 05B87	一阶 守 05B88	一阶 宅 05B85
一阶 安 05B89	一阶 寺 05BFA	一阶 尖 05C16	一阶 州 05DDE	一阶 帆 05E06	一阶 年 05E74	一阶 式 05F0F	一阶 忙 05FD9
一阶 成 06210	一阶 扣 06263	一阶 托 06258	一阶 收 06536	一阶 早 065E9	一阶 曲 066F2	一阶 有 06709	一阶 朱 06731

一阶 朵 06735	一阶 朵 06736	一阶 次 06B21	一阶 此 06B64	一阶 此 06B64	一阶 死 06B7B	一阶 汗 06C57	一阶 江 06C5F
一阶 池 06C60	一阶 污 06C61	一阶 汙 06C59	一阶 灰 07070	一阶 百 0767E	一阶 竹 07AF9	一阶 米 07C73	一阶 羊 07F8A
一阶 羽 07FBD	一阶 老 08001	一阶 考 08003	一阶 而 0800C	一阶 耳 08033	一阶 肉 08089	一阶 自 081EA	一阶 至 081F3
一阶 舌 0820C	一阶 舌 0820C	一阶 舟 0821F	一阶 色 08272	一阶 血 08840	一阶 行 0884C	一阶 衣 08863	一阶 西 0897F
一阶 串 04E32	一阶 位 04F4D	一阶 住 04F4F	一阶 伴 04F34	一阶 何 04F55	一阶 估 04F30	一阶 伸 04F38	一阶 佔 04F54
一阶 似 04F3C	一阶 但 04F46	一阶 作 04F5C	一阶 你 04F60	一阶 伯 04F2F	一阶 低 04F4E	一阶 低 04F4E	一阶 佈 04F48
一阶 克 0514B	一阶 免 0514D	一阶 兵 05175	一阶 冷 051B7	一阶 冷 051B7	一阶 别 0522B	一阶 判 05224	一阶 利 05229
一阶 刨 05228	一阶 劫 052AB	一阶 助 052A9	一阶 努 052AA	一阶 即 05373	一阶 卵 05375	一阶 吞 05451	一阶 吞 05451
一阶 否 05426	一阶 呎 0544E	一阶 吧 05427	一阶 呆 05446	一阶 獣 07343	一阶 吩 05429	一阶 告 0543F	一阶 吹 05439
一阶 吻 0543B	一阶 胭 08117	一阶 吸 05438	一阶 吵 05435	一阶 吠 05420	一阶 呀 05440	一阶 吱 05431	一阶 含 0542B
一阶 含 0542B	一阶 困 056F0	一阶 坊 0574A	一阶 址 05740	一阶 均 05747	一阶 均 05747	一阶 圾 0573E	一阶 坐 05750
一阶 壯 058EF	一阶 夾 0593E	一阶 妙 05999	一阶 妖 05996	一阶 孝 05B5D	一阶 完 05B8C	一阶 局 05C40	一阶 屁 05C41
一阶 尿 05C3F	一阶 尾 05C3E	一阶 巫 05DEB	一阶 希 05E0C	一阶 序 05E8F	一阶 弄 05F04	一阶 弟 05F1F	一阶 形 05F62
一阶 忘 05FD8	一阶 忌 05FCC	一阶 志 05FD7	一阶 忍 05FCD	一阶 快 05FEB	一阶 戒 06212	一阶 我 06211	一阶 抄 06284
一阶 抗 06297	一阶 抖 06296	一阶 扶 06276	一阶 把 0628A	一阶 找 0627E	一阶 批 06279	一阶 扮 0626E	一阶 投 06295
一阶 抓 06293	一阶 改 06539	一阶 更 066F4	一阶 束 0675F	一阶 李 0674E	一阶 材 06750	一阶 村 06751	一阶 杖 06756

一阶 杆 06746	一阶 杙 06767	一阶 步 06B65	一阶 每 06BCF	一阶 求 06C42	一阶 沙 06C99	一阶 沉 06C89	一阶 沛 06C9B
一阶 汪 06C6A	一阶 决 06C7A	一阶 冲 06C96	一阶 冲 051B2	一阶 沒 06C92	一阶 没 06CA1	一阶 汽 06C7D	一阶 災 0707D
一阶 牠 07260	一阶 狂 072C2	一阶 男 07537	一阶 皂 07682	一阶 盯 076EF	一阶 社 0793E	一阶 私 079C1	一阶 秀 079C0
一阶 究 07A76	一阶 肚 0809A	一阶 良 0826F	一阶 芒 08292	一阶 初 0521D	一阶 見 0898B	一阶 角 089D2	一阶 言 08A00
一阶 谷 08C37	一阶 豆 08C46	一阶 貝 08C9D	一阶 走 08D70	一阶 足 08DB3	一阶 身 08EAB	一阶 車 08ECA	一阶 辛 08F9B
一阶 辰 08FB0	一阶 那 090A3	一阶 邨 090A8	一阶 里 091CC	一阶 防 09632	一阶 阱 09631	一阶 並 04E26	一阶 并 05E76
一阶 乖 04E56	一阶 事 04E8B	一阶 事 04E8B	一阶 些 04E9B	一阶 些 04E9B	一阶 亞 04E9E	一阶 享 04EAB	一阶 京 04EAC
一阶 依 04F9D	一阶 侍 04F8D	一阶 佳 04F73	一阶 使 04F7F	一阶 供 04F9B	一阶 例 04F8B	一阶 來 04F86	一阶 佩 04F69
一阶 兔 05154	一阶 兒 05152	一阶 兩 05169	一阶 具 05177	一阶 其 05176	一阶 典 05178	一阶 刻 0523B	一阶 券 05238
一阶 刷 05237	一阶 刺 0523A	一阶 到 05230	一阶 刮 0522E	一阶 制 05236	一阶 卒 05352	一阶 協 05354	一阶 卦 05366
一阶 卷 05377	一阶 取 053D6	一阶 叔 053D4	一阶 受 053D7	一阶 味 05473	一阶 呵 05475	一阶 咖 05496	一阶 呼 0547C
一阶 咐 05490	一阶 和 0548C	一阶 呢 05462	一阶 周 05468	一阶 命 0547D	一阶 固 056FA	一阶 垃 05783	一阶 坪 0576A
一阶 坡 05761	一阶 夜 0591C	一阶 奇 05947	一阶 奔 05954	一阶 妻 059BB	一阶 妻 059BB	一阶 妹 059B9	一阶 姑 059D1
一阶 姐 059D0	一阶 始 059CB	一阶 姓 059D3	一阶 姊 059CA	一阶 孤 05B64	一阶 季 05B63	一阶 定 05B9A	一阶 官 05B98
一阶 宜 05B9C	一阶 尚 05C1A	一阶 居 05C45	一阶 岡 05CA1	一阶 岸 05CB8	一阶 帚 05E1A	一阶 帚 05E1A	一阶 帖 05E16
一阶 帕 05E15	一阶 幸 05E78	一阶 店 05E97	一阶 府 05E9C	一阶 底 05E95	一阶 底 05E95	一阶 延 05EF6	一阶 弧 05F27

一阶 往 05F80	一阶 忠 05FE0	一阶 忽 05FFD	一阶 念 05FF5	一阶 念 05FF5	一阶 怖 06016	一阶 怪 0602A	一阶 怕 06015
一阶 性 06027	一阶 或 06216	一阶 房 0623F	一阶 所 06240	一阶 承 0627F	一阶 拉 062C9	一阶 拌 062CC	一阶 抹 062B9
一阶 拒 062D2	一阶 招 062DB	一阶 披 062AB	一阶 拔 062D4	一阶 抛 0629B	一阶 抽 062BD	一阶 押 062BC	一阶 拐 062D0
一阶 拐 062D0	一阶 拇 062C7	一阶 拍 062CD	一阶 抵 062B5	一阶 抵 062B5	一阶 抱 062B1	一阶 拘 062D8	一阶 拖 062D6
一阶 拆 062C6	一阶 抬 062AC	一阶 擡 064E1	一阶 放 0653E	一阶 斧 065A7	一阶 於 065BC	一阶 於 065BC	一阶 旺 065FA
一阶 易 06613	一阶 昆 06606	一阶 明 0660E	一阶 昏 0660F	一阶 服 0670D	一阶 朋 0670B	一阶 枕 06795	一阶 東 06771
一阶 果 0679C	一阶 枝 0679D	一阶 林 06797	一阶 杯 0676F	一阶 板 0677F	一阶 枉 06789	一阶 松 0677E	一阶 欣 06B23
一阶 武 06B66	一阶 氓 06C13	一阶 氛 06C1B	一阶 泣 06CE3	一阶 注 06CE8	一阶 泳 06CF3	一阶 泥 06CE5	一阶 河 06CB3
一阶 波 06CE2	一阶 沫 06CAB	一阶 法 06CD5	一阶 泄 06CC4	一阶 洩 06D29	一阶 油 06CB9	一阶 況 06CC1	一阶 沿 06CBF
一阶 治 06CBB	一阶 泡 06CE1	一阶 泛 06CDB	一阶 泊 06CCA	一阶 炎 0708E	一阶 炒 07092	一阶 爬 0722C	一阶 爭 0722D
一阶 爭 0722D	一阶 爸 07238	一阶 牀 07240	一阶 床 05E8A	一阶 版 07248	一阶 牧 07267	一阶 物 07269	一阶 狀 072C0
一阶 狗 072D7	一阶 狐 072D0	一阶 玩 073A9	一阶 玫 073AB	一阶 的 07684	一阶 直 076F4	一阶 知 077E5	一阶 祈 07948
一阶 空 07A7A	一阶 者 08005	一阶 者 08005	一阶 育 080B2	一阶 肥 080A5	一阶 肢 080A2	一阶 股 080A1	一阶 肩 080A9
一阶 肯 080AF	一阶 舍 0820D	一阶 芳 082B3	一阶 芝 0829D	一阶 芭 082AD	一阶 芽 082BD	一阶 花 082B1	一阶 芬 082AC
一阶 虎 0864E	一阶 表 08868	一阶 衫 0886B	一阶 迎 08FCE	一阶 返 08FD4	一阶 近 08FD1	一阶 采 091C7	一阶 金 091D1
一阶 長 09577	一阶 門 09580	一阶 阿 0963F	一阶 阻 0963B	一阶 附 09644	一阶 雨 096E8	一阶 青 09752	一阶 非 0975E

一阶 亭 04EAD	一阶 亮 04EAE	一阶 信 04FE1	一阶 侵 04FB5	一阶 侵 04FB5	一阶 便 04FBF	一阶 侠 04FE0	一阶 保 04FDD
一阶 促 04FC3	一阶 俗 04FD7	一阶 係 04FC2	一阶 冒 05192	一阶 冒 05192	一阶 冠 051A0	一阶 剃 05243	一阶 前 0524D
一阶 则 05247	一阶 勇 052C7	一阶 勃 052C3	一阶 劲 052C1	一阶 南 05357	一阶 卻 0537B	一阶 却 05374	一阶 厚 0539A
一阶 厘 05398	一阶 咬 054AC	一阶 哎 054CE	一阶 咳 054B3	一阶 哇 054C7	一阶 咪 054AA	一阶 品 054C1	一阶 哈 054C8
一阶 垂 05782	一阶 型 0578B	一阶 垢 057A2	一阶 城 057CE	一阶 奏 0594F	一阶 姿 059FF	一阶 姨 059E8	一阶 娃 05A03
一阶 姥 059E5	一阶 姪 059EA	一阶 侄 04F84	一阶 威 05A01	一阶 孩 05B69	一阶 宣 05BA3	一阶 室 05BA4	一阶 客 05BA2
一阶 封 05C01	一阶 屎 05C4E	一阶 屏 05C4F	一阶 屋 05C4B	一阶 巷 05DF7	一阶 帝 05E1D	一阶 帅 05E25	一阶 度 05EA6
一阶 建 05EFA	一阶 很 05F88	一阶 待 05F85	一阶 律 05F8B	一阶 後 05F8C	一阶 怒 06012	一阶 思 0601D	一阶 急 06025
一阶 急 06025	一阶 怎 0600E	一阶 怨 06028	一阶 恰 06070	一阶 恨 06068	一阶 恆 06046	一阶 恒 06052	一阶 恤 06064
一阶 扁 06241	一阶 拜 062DC	一阶 挖 06316	一阶 按 06309	一阶 拼 062FC	一阶 持 06301	一阶 指 06307	一阶 括 062EC
一阶 拾 062FE	一阶 挑 06311	一阶 政 0653F	一阶 故 06545	一阶 施 065BD	一阶 既 065E2	一阶 春 06625	一阶 映 06620
一阶 是 0662F	一阶 星 0661F	一阶 昨 06628	一阶 柿 067FF	一阶 染 067D3	一阶 柱 067F1	一阶 柔 067D4	一阶 架 067B6
一阶 枯 067AF	一阶 枒 067FA	一阶 枒 067FA	一阶 柄 067C4	一阶 柚 067DA	一阶 查 067E5	一阶 柏 067CF	一阶 柳 067F3
一阶 枱 067B1	一阶 檯 06AAF	一阶 段 06BB5	一阶 毒 06BD2	一阶 泉 06CC9	一阶 洋 06D0B	一阶 洲 06D32	一阶 津 06D25
一阶 洞 06D1E	一阶 洗 06D17	一阶 活 06D3B	一阶 派 06D3E	一阶 为 070BA	一阶 為 07232	一阶 炭 070AD	一阶 炸 070B8
一阶 炮 070AE	一阶 狠 072E0	一阶 狡 072E1	一阶 珊 073CA	一阶 珊 073CA	一阶 玻 073BB	一阶 珍 073CD	一阶 甚 0751A

一阶 界 0754C	一阶 疤 075A4	一阶 皇 07687	一阶 盆 076C6	一阶 省 07701	一阶 相 076F8	一阶 眉 07709	一阶 看 0770B
一阶 盼 076FC	一阶 砂 07802	一阶 砌 0780C	一阶 砍 0780D	一阶 祕 07955	一阶 祖 07956	一阶 神 0795E	一阶 祝 0795D
一阶 科 079D1	一阶 秒 079D2	一阶 秋 079CB	一阶 穿 07A7F	一阶 突 07A81	一阶 竿 07AFF	一阶 紅 07D05	一阶 紀 07D00
一阶 約 07D04	一阶 缸 07F38	一阶 美 07F8E	一阶 耐 08010	一阶 耍 0800D	一阶 胖 080D6	一阶 胃 080C3	一阶 背 080CC
一阶 胡 080E1	一阶 胎 080CE	一阶 致 081F4	一阶 茅 08305	一阶 苦 082E6	一阶 茄 08304	一阶 若 082E5	一阶 茂 08302
一阶 苗 082D7	一阶 英 082F1	一阶 苔 082D4	一阶 虹 08679	一阶 要 08981	一阶 計 08A08	一阶 訂 08A02	一阶 負 08CA0
一阶 赳 08D73	一阶 軍 08ECD	一阶 軌 08ECC	一阶 述 08FF0	一阶 郊 090CA	一阶 郎 090CE	一阶 酉 0914B	一阶 重 091CD
一阶 門 09582	一阶 限 09650	一阶 陋 0964B	一阶 陌 0964C	一阶 降 0964D	一阶 面 09762	一阶 音 097F3	一阶 頁 09801
一阶 風 098A8	一阶 飛 098DB	一阶 食 098DF	一阶 食 098DF	一阶 首 09996	一阶 香 09999	一阶 乘 04E58	一阶 倍 0500D
一阶 倦 05026	一阶 值 0503C	一阶 借 0501F	一阶 倒 05012	一阶 們 05011	一阶 個 0500B	一阶 候 05019	一阶 倘 05018
一阶 修 04FEE	一阶 倉 05009	一阶 倉 05009	一阶 兼 0517C	一阶 兼 0517C	一阶 冤 051A4	一阶 准 051C6	一阶 剛 0525B
一阶 匪 0532A	一阶 原 0539F	一阶 哨 054E8	一阶 唐 05510	一阶 唐 05510	一阶 哥 054E5	一阶 哭 054ED	一阶 員 054E1
一阶 唉 05509	一阶 哪 054EA	一阶 哦 054E6	一阶 圃 05703	一阶 埋 057CB	一阶 夏 0590F	一阶 套 05957	一阶 娘 05A18
一阶 孫 05B6B	一阶 害 05BB3	一阶 害 05BB3	一阶 家 05BB6	一阶 宴 05BB4	一阶 宮 05BAE	一阶 宵 05BB5	一阶 容 05BB9
一阶 射 05C04	一阶 展 05C55	一阶 峽 05CFD	一阶 島 05CF6	一阶 峯 05CEF	一阶 峰 05CF0	一阶 差 05DEE	一阶 席 05E2D
一阶 師 05E2B	一阶 庫 05EAB	一阶 庭 05EAD	一阶 座 05EA7	一阶 弱 05F31	一阶 徒 05F92	一阶 徑 05F91	一阶 恥 06065

耻 0803B	恐 06050	恭 0606D	恩 06069	息 0606F	悄 06084	悔 06094	悦 060A6
悦 06085	扇 06247	拳 062F3	拿 062FF	振 0632F	捕 06355	捉 06349	捐 06350
效 06548	料 06599	旁 065C1	旅 065C5	時 06642	書 066F8	朗 06717	校 06821
核 06838	案 06848	框 06846	根 06839	桔 06854	桌 0684C	桑 06851	栽 0683D
柴 067F4	柴 067F4	格 0683C	桃 06843	氣 06C23	流 06D41	浪 06D6A	涕 06D95
消 06D88	浸 06D78	浸 06D78	海 06D77	浮 06D6E	浴 06D74	烘 070D8	烤 070E4
烈 070C8	烏 070CF	特 07279	狼 072FC	狹 072F9	狸 072F8	貍 08C8D	班 073ED
珠 073E0	畜 0755C	留 07559	疾 075BE	病 075C5	症 075C7	疲 075B2	疼 075BC
益 076CA	盎 076CE	真 0771F	眠 07720	眨 07728	矩 077E9	破 07834	祟 0795F
祥 07965	秤 079E4	秧 079E7	租 079DF	秩 079E9	窄 07A84	站 07AD9	笆 07B06
笑 07B11	粉 07C89	紡 07D21	紗 07D17	紋 07D0B	索 07D22	級 07D1A	紙 07D19
紛 07D1B	缺 07F3A	羔 07F94	翅 07FC5	翁 07FC1	耘 08018	耕 08015	脆 08106
能 080FD	臭 081ED	航 0822A	般 0822C	荒 08352	荔 08354	荊 0834A	草 08349
茶 08336	蚊 0868A	蚣 086A3	被 088AB	袖 08896	記 08A18	討 08A0E	託 08A17
訓 08A13	豹 08C79	財 08CA1	貢 08CA2	起 08D77	送 09001	迷 08FF7	退 09000
逃 09003	追 08FFD	酒 09152	配 0914D	釘 091D8	針 091DD	閃 09583	院 09662

437

一阶 陣 09663	一阶 陞 0965B	一阶 除 09664	一阶 隻 096BB	一阶 馬 099AC	一阶 骨 09AA8	一阶 高 09AD8	一阶 鬥 09B25
一阶 鬼 09B3C	一阶 乾 04E7E	一阶 乾 04E7E	一阶 停 0505C	一阶 假 05047	一阶 做 0505A	一阶 偉 05049	一阶 健 05065
一阶 偶 05076	一阶 側 05074	一阶 偷 05077	一阶 偏 0504F	一阶 剪 0526A	一阶 副 0526F	一阶 勒 052D2	一阶 務 052D9
一阶 動 052D5	一阶 匙 05319	一阶 區 05340	一阶 參 053C3	一阶 商 05546	一阶 啪 0556A	一阶 啦 05566	一阶 啄 05544
一阶 啞 0555E	一阶 啡 05561	一阶 啊 0554A	一阶 唱 05531	一阶 問 0554F	一阶 啤 05564	一阶 唸 05538	一阶 售 0552E
一阶 圈 05708	一阶 國 0570B	一阶 堅 05805	一阶 堆 05806	一阶 基 057FA	一阶 堂 05802	一阶 堵 05835	一阶 堵 05835
一阶 培 057F9	一阶 夠 05920	一阶 够 0591F	一阶 婦 05A66	一阶 婦 05A66	一阶 婚 05A5A	一阶 婆 05A46	一阶 寄 05BC4
一阶 寂 05BC2	一阶 密 05BC6	一阶 專 05C08	一阶 將 05C07	一阶 巢 05DE2	一阶 常 05E38	一阶 帶 05E36	一阶 帳 05E33
一阶 康 05EB7	一阶 張 05F35	一阶 強 05F37	一阶 強 05F3A	一阶 彗 05F57	一阶 彩 05F69	一阶 得 05F97	一阶 從 05F9E
一阶 悠 060A0	一阶 您 060A8	一阶 恬 060E6	一阶 情 060C5	一阶 惜 060DC	一阶 戚 0621A	一阶 控 063A7	一阶 捲 06372
一阶 探 063A2	一阶 接 063A5	一阶 捷 06377	一阶 捧 06367	一阶 掘 06398	一阶 措 063AA	一阶 捱 06371	一阶 掩 063A9
一阶 掉 06389	一阶 掃 06383	一阶 掃 06383	一阶 掛 0639B	一阶 推 063A8	一阶 掙 06399	一阶 掙 06399	一阶 採 063A1
一阶 排 06392	一阶 捨 06368	一阶 救 06551	一阶 教 06559	一阶 敎 0654E	一阶 敗 06557	一阶 啟 0555F	一阶 啓 05553
一阶 敏 0654F	一阶 晚 0665A	一阶 晨 06668	一阶 望 0671B	一阶 梳 068B3	一阶 梯 068AF	一阶 桶 06876	一阶 械 068B0
一阶 梭 068AD	一阶 梅 06885	一阶 條 0689D	一阶 梨 068A8	一阶 梘 06898	一阶 欲 06B32	一阶 殺 06BBA	一阶 殺 06BBA
一阶 毫 06BEB	一阶 涼 06DBC	一阶 液 06DB2	一阶 淡 06DE1	一阶 添 06DFB	一阶 添 06DFB	一阶 淺 06DFA	一阶 清 06E05

一阶 淇 06DC7	一阶 淋 06DCB	一阶 淹 06DF9	一阶 淚 06DDA	一阶 深 06DF1	一阶 淨 06DE8	一阶 淨 06DE8	一阶 焗 07117
一阶 爽 0723D	一阶 牽 0727D	一阶 猜 0731C	一阶 猛 0731B	一阶 球 07403	一阶 理 07406	一阶 現 073FE	一阶 瓶 074F6
一阶 甜 0751C	一阶 甜 0751C	一阶 產 07522	一阶 略 07565	一阶 畧 07567	一阶 畢 07562	一阶 異 07570	一阶 痕 075D5
一阶 盒 076D2	一阶 盛 076DB	一阶 眾 0773E	一阶 眼 0773C	一阶 票 07968	一阶 祭 0796D	一阶 移 079FB	一阶 笨 07B28
一阶 笛 07B1B	一阶 第 07B2C	一阶 粒 07C92	一阶 粗 07C97	一阶 絜 07D2E	一阶 紹 07D39	一阶 細 07D30	一阶 組 07D44
一阶 累 07D2F	一阶 終 07D42	一阶 羞 07F9E	一阶 習 07FD2	一阶 聊 0804A	一阶 聆 08046	一阶 聆 08046	一阶 脣 08123
一阶 唇 05507	一阶 脫 08131	一阶 脫 0812B	一阶 船 08239	一阶 莖 08396	一阶 莊 0838A	一阶 莓 08393	一阶 荷 08377
一阶 處 08655	一阶 蛇 086C7	一阶 蛀 086C0	一阶 蛋 086CB	一阶 疍 0758D	一阶 術 08853	一阶 袋 0888B	一阶 袱 088B1
一阶 規 0898F	一阶 視 08996	一阶 訪 08A2A	一阶 許 08A31	一阶 設 08A2D	一阶 豉 08C49	一阶 豚 08C5A	一阶 販 08CA9
一阶 責 08CAC	一阶 貨 08CA8	一阶 貪 08CAA	一阶 貪 08CAA	一阶 貧 08CA7	一阶 趾 08DBE	一阶 軟 08EDF	一阶 輒 08F2D
一阶 這 09019	一阶 通 0901A	一阶 逗 09017	一阶 連 09023	一阶 速 0901F	一阶 逐 09010	一阶 造 09020	一阶 透 0900F
一阶 逢 09022	一阶 逛 0901B	一阶 途 09014	一阶 部 090E8	一阶 都 090FD	一阶 都 090FD	一阶 野 091CE	一阶 釣 091E3
一阶 陪 0966A	一阶 陸 09678	一阶 陰 09670	一阶 陰 09670	一阶 陷 09677	一阶 雀 096C0	一阶 雪 096EA	一阶 雪 096EA
一阶 章 07AE0	一阶 竟 07ADF	一阶 頂 09802	一阶 魚 09B5A	一阶 鳥 09CE5	一阶 鹿 09E7F	一阶 麥 09EA5	一阶 麻 09EBB
一阶 傍 0508D	一阶 備 05099	一阶 傘 05098	一阶 最 06700	一阶 最 06700	一阶 割 05272	一阶 割 05272	一阶 創 05275
一阶 創 05275	一阶 剩 05269	一阶 勞 052DE	一阶 勝 052DD	一阶 啼 0557C	一阶 喊 0558A	一阶 喝 0559D	一阶 喂 05582

一阶	一阶	一阶	一阶	一阶	一阶	一阶	一阶
喜 0559C	喔 05594	喇 05587	喃 05583	單 055AE	喲 055B2	喚 0559A	喻 055BB
喱 055B1	喉 05589	圍 0570D	堪 0582A	場 05834	塲 05872	報 05831	堡 05821
壹 058F9	壺 058FA	婿 05A7F	壻 058FB	嫂 05AC2	嫂 05AC2	寒 05BD2	富 05BCC
寓 05BD3	尊 05C0A	尋 05C0B	尋 05C0B	就 05C31	幅 05E45	帽 05E3D	帽 05E3D
幾 05E7E	幾 05E7E	廊 05ECA	廁 05EC1	厠 053A0	廂 05EC2	復 05FA9	惡 060E1
悲 060B2	悶 060B6	惰 060F0	惱 060F1	愉 06109	掣 063A3	掌 0638C	插 063D2
插 063D2	提 063D0	握 063E1	揮 063EE	換 063DB	揚 063DA	搜 0641C	搜 0641C
敢 06562	散 06563	斑 06591	斯 065AF	普 0666E	晴 06674	晶 06676	景 0666F
暑 06691	暑 06691	智 0667A	曾 066FE	替 066FF	期 0671F	棄 068C4	棕 068D5
椅 06905	棵 068F5	森 068EE	棒 068D2	棲 068F2	棲 068F2	栖 06816	棋 068CB
棍 068CD	植 0690D	棉 068C9	棚 068DA	款 06B3E	欺 06B3A	殘 06B98	殼 06BBC
毯 06BEF	港 06E2F	游 06E38	渡 06E21	渠 06E20	減 06E1B	湖 06E56	湯 06E6F
渴 06E34	渺 06E3A	測 06E2C	溉 06E89	溫 06E29	溫 06EAB	無 07121	然 07136
煮 0716E	煮 0716E	牌 0724C	猴 07334	琢 07422	琵 07435	琶 07436	琴 07434
琴 07434	甥 07525	畫 0756B	番 0756A	疏 0758F	疎 0758E	痛 075DB	痘 075D8
登 0767B	發 0767C	盜 076DC	睇 07747	着 07740	短 077ED	硬 0786C	稍 07A0D

440

一阶 程 07A0B	一阶 稀 07A00	一阶 窗 07A97	一阶 窗 07A97	一阶 童 07AE5	一阶 等 07B49	一阶 筆 07B46	一阶 筒 07B52
一阶 答 07B54	一阶 筋 07B4B	一阶 粟 07C9F	一阶 粥 07CA5	一阶 粧 07CA7	一阶 妝 0599D	一阶 統 07D71	一阶 結 07D50
一阶 絨 07D68	一阶 絕 07D55	一阶 紫 07D2B	一阶 絮 07D6E	一阶 絲 07D72	一阶 給 07D66	一阶 善 05584	一阶 腕 08155
一阶 腔 08154	一阶 脾 0813E	一阶 舒 08212	一阶 菩 083E9	一阶 萍 0840D	一阶 菠 083E0	一阶 華 083EF	一阶 菱 083F1
一阶 著 08457	一阶 著 08457	一阶 著 08457	一阶 著 08457	一阶 菌 083CC	一阶 菲 083F2	一阶 菊 083CA	一阶 萄 08404
一阶 菜 083DC	一阶 菇 083C7	一阶 虛 0865B	一阶 蛙 086D9	一阶 蛛 086DB	一阶 街 08857	一阶 裁 088C1	一阶 裂 088C2
一阶 裙 088D9	一阶 補 088DC	一阶 裕 088D5	一阶 詠 08A60	一阶 咏 0548F	一阶 評 08A55	一阶 詞 08A5E	一阶 訴 08A34
一阶 診 08A3A	一阶 象 08C61	一阶 貯 08CAF	一阶 貼 08CBC	一阶 費 08CBB	一阶 賀 08CC0	一阶 貴 08CB4	一阶 買 08CB7
一阶 越 08D8A	一阶 超 08D85	一阶 距 08DDD	一阶 跑 08DD1	一阶 跌 08DCC	一阶 週 09031	一阶 進 09032	一阶 郵 090F5
一阶 鄉 09109	一阶 量 091CF	一阶 鈔 09214	一阶 鈕 09215	一阶 鈎 0920E	一阶 鉤 09264	一阶 開 0958B	一阶 間 09593
一阶 聞 09592	一阶 閑 09591	一阶 隊 0968A	一阶 階 0968E	一阶 陽 0967D	一阶 雁 096C1	一阶 集 096C6	一阶 雲 096F2
一阶 項 09805	一阶 順 09806	一阶 須 09808	一阶 飯 098EF	一阶 飲 098F2	一阶 黃 09EC3	一阶 黑 09ED1	一阶 亂 04E82
一阶 傭 050AD	一阶 傭 050AD	一阶 傲 050B2	一阶 傳 050B3	一阶 傾 050BE	一阶 催 050AC	一阶 傷 050B7	一阶 傻 050BB
一阶 勤 052E4	一阶 勢 052E2	一阶 嗎 055CE	一阶 嗡 055E1	一阶 園 05712	一阶 圓 05713	一阶 塞 0585E	一阶 塑 05851
一阶 塘 05858	一阶 塘 05858	一阶 塗 05857	一阶 塔 05854	一阶 填 0586B	一阶 塊 0584A	一阶 媽 05ABD	一阶 幹 05E79
一阶 廉 05EC9	一阶 廈 05EC8	一阶 厦 053A6	一阶 微 05FAE	一阶 愚 0611A	一阶 意 0610F	一阶 感 0611F	一阶 想 060F3

一阶 愛 0611B	一阶 慌 0614C	一阶 愧 06127	一阶 搓 06413	一阶 搞 0641E	一阶 搭 0642D	一阶 搬 0642C	一阶 損 0640D
一阶 搶 06436	一阶 搶 06436	一阶 搖 06416	一阶 搗 06417	一阶 敬 0656C	一阶 敬 0656C	一阶 新 065B0	一阶 暗 06697
一阶 暖 06696	一阶 會 06703	一阶 業 0696D	一阶 楚 0695A	一阶 極 06975	一阶 椰 06930	一阶 楊 0694A	一阶 楓 06953
一阶 歲 06B72	一阶 毀 06BC0	一阶 殿 06BBF	一阶 毽 06BFD	一阶 源 06E90	一阶 溝 06E9D	一阶 滅 06EC5	一阶 滋 06ECB
一阶 滋 06ECB	一阶 滑 06ED1	一阶 準 06E96	一阶 滔 06ED4	一阶 溪 06EAA	一阶 煙 07159	一阶 烟 070DF	一阶 煩 07169
一阶 煤 07164	一阶 煉 07149	一阶 照 07167	一阶 煞 0715E	一阶 煲 07172	一阶 爺 0723A	一阶 獅 07345	一阶 猾 0733E
一阶 瑚 0745A	一阶 當 07576	一阶 畸 07578	一阶 痰 075F0	一阶 睛 0775B	一阶 睦 07766	一阶 睞 0776C	一阶 矮 077EE
一阶 碎 0788E	一阶 碰 078B0	一阶 碗 07897	一阶 碌 0788C	一阶 禁 07981	一阶 福 0798F	一阶 禍 0798D	一阶 萬 0842C
一阶 禽 079BD	一阶 稚 07A1A	一阶 筷 07B77	一阶 節 07BC0	一阶 經 07D93	一阶 綁 07D81	一阶 置 07F6E	一阶 罪 07F6A
一阶 署 07F72	一阶 署 07F72	一阶 義 07FA9	一阶 羣 07FA3	一阶 群 07FA4	一阶 聖 08056	一阶 肆 08086	一阶 腰 08170
一阶 腸 08178	一阶 腳 08173	一阶 脚 0811A	一阶 腫 0816B	一阶 腦 08166	一阶 舅 08205	一阶 與 08207	一阶 艇 08247
一阶 落 0843D	一阶 葵 08475	一阶 葉 08449	一阶 葡 08461	一阶 葱 08471	一阶 蔥 08525	一阶 號 0865F	一阶 蜓 08713
一阶 蜈 08708	一阶 蜂 08702	一阶 裝 088DD	一阶 裏 088CF	一阶 裡 088E1	一阶 解 089E3	一阶 該 08A72	一阶 詳 08A73
一阶 試 08A66	一阶 詩 08A69	一阶 誠 08AA0	一阶 話 08A71	一阶 詢 08A62	一阶 賊 08CCA	一阶 跡 08DE1	一阶 迹 08FF9
一阶 蹟 08E5F	一阶 跟 08DDF	一阶 跨 08DE8	一阶 路 08DEF	一阶 跳 08DF3	一阶 躲 08EB2	一阶 躱 08EB1	一阶 較 08F03
一阶 載 08F09	一阶 農 08FB2	一阶 運 0904B	一阶 遊 0904A	一阶 道 09053	一阶 達 09054	一阶 逼 0903C	一阶 遇 09047

一阶 過 0904E	一阶 遍 0904D	一阶 酪 0916A	一阶 鉗 09257	一阶 鈴 09234	一阶 鈴 09234	一阶 鉛 0925B	一阶 隔 09694
一阶 雷 096F7	一阶 電 096FB	一阶 零 096F6	一阶 零 096F6	一阶 預 09810	一阶 頑 09811	一阶 頓 09813	一阶 頒 09812
一阶 頌 0980C	一阶 飼 098FC	一阶 飽 098FD	一阶 飾 098FE	一阶 馳 099B3	一阶 馴 099B4	一阶 鼎 09F0E	一阶 鼓 09F13
一阶 鼠 09F20	一阶 僕 050D5	一阶 像 050CF	一阶 凳 051F3	一阶 橙 06AC8	一阶 劃 05283	一阶 厭 053AD	一阶 嘗 05617
一阶 嗽 055FD	一阶 嘔 05614	一阶 嘉 05609	一阶 團 05718	一阶 圖 05716	一阶 塵 05875	一阶 境 05883	一阶 墊 0588A
一阶 壽 058FD	一阶 夢 05922	一阶 夢 05922	一阶 奪 0596A	一阶 孵 05B75	一阶 寞 05BDE	一阶 實 05BE6	一阶 察 05BDF
一阶 對 05C0D	一阶 幣 05E63	一阶 幕 05E55	一阶 慈 06148	一阶 慈 06148	一阶 態 0614B	一阶 慢 06162	一阶 慢 06162
一阶 慣 06163	一阶 慚 0615A	一阶 慘 06158	一阶 摘 06458	一阶 摔 06454	一阶 摔 06454	一阶 敲 06572	一阶 旗 065D7
一阶 榜 0699C	一阶 榕 06995	一阶 榮 069AE	一阶 構 069CB	一阶 榴 069B4	一阶 槍 069CD	一阶 槍 069CD	一阶 榦 069A6
一阶 歡 06B49	一阶 歌 06B4C	一阶 演 06F14	一阶 滾 06EFE	一阶 滴 06EF4	一阶 漠 06F20	一阶 漏 06F0F	一阶 漂 06F02
一阶 漢 06F22	一阶 滿 06EFF	一阶 漆 06F06	一阶 漱 06F31	一阶 漸 06F38	一阶 漲 06F32	一阶 漫 06F2B	一阶 漫 06F2B
一阶 漁 06F01	一阶 滲 06EF2	一阶 熊 0718A	一阶 熄 07184	一阶 爾 0723E	一阶 瑰 07470	一阶 疑 07591	一阶 瘋 0760B
一阶 瘦 07626	一阶 瘦 07626	一阶 盡 076E1	一阶 睡 07761	一阶 碟 0789F	一阶 碧 078A7	一阶 種 07A2E	一阶 稱 07A31
一阶 窩 07AA9	一阶 端 07AEF	一阶 管 07BA1	一阶 算 07B97	一阶 箏 07B8F	一阶 箏 07B8F	一阶 粽 07CBD	一阶 糭 07CC9
一阶 精 07CBE	一阶 綠 07DA0	一阶 緊 07DCA	一阶 網 07DB2	一阶 綿 07DBF	一阶 綵 07DB5	一阶 維 07DAD	一阶 罰 07F70
一阶 聞 0805E	一阶 聚 0805A	一阶 腐 08150	一阶 膀 08180	一阶 膏 0818F	一阶 腿 0817F	一阶 舞 0821E	一阶 蓄 084C4

一阶 蓋 084CB	一阶 蒸 084B8	一阶 蒐 08490	一阶 蒼 084BC	一阶 蒼 084BC	一阶 蜜 0871C	一阶 蜻 0873B	一阶 蛛 08718
一阶 蝕 08755	一阶 蝕 08755	一阶 裳 088F3	一阶 裹 088F9	一阶 製 088FD	一阶 複 08907	一阶 誦 08AA6	一阶 誌 08A8C
一阶 語 08A9E	一阶 認 08A8D	一阶 誤 08AA4	一阶 說 08AAC	一阶 說 08AAA	一阶 貌 08C8C	一阶 賓 08CD3	一阶 趕 08D95
一阶 輔 08F14	一阶 輕 08F15	一阶 遠 09060	一阶 遙 09059	一阶 酸 09178	一阶 銀 09280	一阶 銅 09285	一阶 際 0969B
一阶 需 09700	一阶 領 09818	一阶 領 09818	一阶 颱 098B1	一阶 餃 09903	一阶 餅 09905	一阶 骯 09AAF	一阶 麼 09EBC
一阶 鼻 09F3B	一阶 齊 09F4A	一阶 儀 05100	一阶 僻 050FB	一阶 價 050F9	一阶 劇 05287	一阶 劍 0528D	一阶 厲 053B2
一阶 嘻 0563B	一阶 嘹 05639	一阶 嘲 05632	一阶 噴 05674	一阶 增 0589E	一阶 寬 05BEC	一阶 寬 05BEC	一阶 寫 05BEB
一阶 層 05C64	一阶 廢 05EE2	一阶 廚 05EDA	一阶 厨 053A8	一阶 廟 05EDF	一阶 廣 05EE3	一阶 廠 05EE0	一阶 彈 05F48
一阶 影 05F71	一阶 德 05FB7	一阶 慶 06176	一阶 慧 06167	一阶 憂 06182	一阶 慰 06170	一阶 慾 0617E	一阶 憐 06190
一阶 憎 0618E	一阶 憤 061A4	一阶 摩 06469	一阶 撞 0649E	一阶 撲 064B2	一阶 撐 06490	一阶 撥 064A5	一阶 撕 06495
一阶 播 064AD	一阶 敵 06575	一阶 數 06578	一阶 數 06578	一阶 暫 066AB	一阶 暴 066B4	一阶 樣 06A23	一阶 標 06A19
一阶 模 06A21	一阶 樓 06A13	一阶 樓 06A13	一阶 樂 06A02	一阶 歐 06B50	一阶 毆 06BC6	一阶 漿 06F3F	一阶 潑 06F51
一阶 潦 06F66	一阶 潔 06F54	一阶 澆 06F86	一阶 熟 0719F	一阶 熱 071B1	一阶 獎 0734E	一阶 獎 0596C	一阶 璃 07483
一阶 瘡 07621	一阶 瘡 07621	一阶 皺 076BA	一阶 盤 076E4	一阶 瞎 0778E	一阶 瞎 0778E	一阶 磅 078C5	一阶 確 078BA
一阶 磁 078C1	一阶 磁 078C1	一阶 碼 078BC	一阶 稻 07A3B	一阶 窮 07AAE	一阶 箭 07BAD	一阶 箱 07BB1	一阶 範 07BC4
一阶 篇 07BC7	一阶 糊 07CCA	一阶 練 07DF4	一阶 緻 07DFB	一阶 編 07DE8	一阶 線 07DDA	一阶 綾 07DAB	一阶 罵 07F75

駡 099E1	罷 07F77	膝 0819D	膠 081A0	膚 0819A	舖 08216	蔗 08517	蓮 084EE
蔭 0852D	蔭 0852D	蔔 08514	蝴 08774	蝶 08776	蝠 08760	蝦 08766	蝸 08778
蝙 08759	衝 0885D	褲 08932	誼 08ABC	諒 08AD2	談 08AC7	誕 08A95	諛 27A59
請 08ACB	課 08AB2	調 08ABF	誰 08AB0	論 08AD6	豬 08C6C	豬 08C6C	賞 08CDE
賣 08CE3	賣 08CE3	趣 08DA3	踢 08E22	踏 08E0F	踩 08E29	躺 08EBA	輛 08F1B
輩 08F29	輪 08F2A	適 09069	遮 0906E	鄰 09130	隣 096A3	艘 08258	艘 08258
鋪 092EA	鋤 092E4	鋒 092D2	銳 092ED	銳 092B3	閱 095B2	閱 095B1	震 09707
霉 09709	靚 0975A	靠 09760	鞍 0978D	鞋 0978B	餓 09913	餘 09918	養 0990A
養 0990A	駝 099DD	駛 099DB	駕 099D5	髮 09AEE	鬧 09B27	魷 09B77	鴉 09D09
麪 09EAA	麵 09EB5	黎 09ECE	墨 058A8	齒 09F52	嘴 05634	器 05668	壁 058C1
奮 0596E	學 05B78	導 05C0E	憶 061B6	懂 061C2	戰 06230	擁 064C1	擋 064CB
撻 064BB	擇 064C7	擂 064C2	操 064CD	撿 064BF	擔 064D4	整 06574	曆 066C6
曉 066C9	樽 06A3D	橙 06A59	橫 06A2A	樹 06A39	橢 06A62	橡 06A61	橋 06A4B
機 06A5F	機 06A5F	澡 06FA1	激 06FC0	燒 071D2	燈 071C8	燕 071D5	燃 071C3
獨 07368	磨 078E8	磚 078DA	積 07A4D	築 07BC9	糕 07CD5	糖 07CD6	糖 07CD6
興 08208	舉 08209	舉 064E7	蔬 0852C	蕊 0854A	蕉 08549	螞 0879E	螢 087A2

一阶 衞 0885E	一阶 衛 0885B	一阶 親 089AA	一阶 謀 08B00	一阶 諧 08AE7	一阶 貓 08C93	一阶 輸 08F38	一阶 辦 08FA8
一阶 辦 08FA6	一阶 遵 09075	一阶 選 09078	一阶 遲 09072	一阶 遺 0907A	一阶 醒 09192	一阶 錶 09336	一阶 鋸 092F8
一阶 錯 0932F	一阶 錢 09322	一阶 鋼 092FC	一阶 錄 09304	一阶 隧 096A7	一阶 隨 096A8	一阶 險 096AA	一阶 雕 096D5
一阶 霓 09713	一阶 靜 0975C	一阶 靜 0975C	一阶 頭 0982D	一阶 餐 09910	一阶 館 09928	一阶 餡 09921	一阶 駱 099F1
一阶 鮑 09B91	一阶 鴦 09D26	一阶 鴨 09D28	一阶 鴛 09D1B	一阶 默 09ED8	一阶 龍 09F8D	一阶 優 0512A	一阶 儲 05132
一阶 儲 05132	一阶 勵 052F5	一阶 嘯 0562F	一阶 嘯 0562F	一阶 嘯 0562F	一阶 嚐 05690	一阶 嚇 05687	一阶 嚏 0568F
一阶 壓 058D3	一阶 嬰 05B30	一阶 幫 05E6B	一阶 應 061C9	一阶 戲 06232	一阶 戴 06234	一阶 擊 064CA	一阶 擠 064E0
一阶 擦 064E6	一阶 檔 06A94	一阶 檢 06AA2	一阶 濕 06FD5	一阶 淫 06EBC	一阶 營 071DF	一阶 燦 071E6	一阶 燭 071ED
一阶 牆 07246	一阶 墙 058BB	一阶 獲 07372	一阶 獲 07372	一阶 環 074B0	一阶 瞬 077AC	一阶 禮 079AE	一阶 冀 07CDE
一阶 縮 07E2E	一阶 績 07E3E	一阶 縫 07E2B	一阶 總 07E3D	一阶 總 07E3D	一阶 繁 07E41	一阶 翼 07FFC	一阶 聲 08072
一阶 聰 08070	一阶 聰 08070	一阶 聯 0806F	一阶 臂 081C2	一阶 臉 081C9	一阶 臨 081E8	一阶 艱 08271	一阶 薪 085AA
一阶 薄 08584	一阶 蕾 0857E	一阶 薯 085AF	一阶 薯 085AF	一阶 螺 087BA	一阶 謎 08B0E	一阶 講 08B1B	一阶 謊 08B0A
一阶 謠 08B20	一阶 謝 08B1D	一阶 賽 08CFD	一阶 購 08CFC	一阶 蹈 08E48	一阶 避 0907F	一阶 還 09084	一阶 邀 09080
一阶 醜 0919C	一阶 鍵 09375	一阶 鍋 0934B	一阶 鍛 0935B	一阶 闊 095CA	一阶 潤 06FF6	一阶 雖 096D6	一阶 霜 0971C
一阶 顆 09846	一阶 餵 09935	一阶 鮮 09BAE	一阶 鴿 09D3F	一阶 點 09EDE	一阶 叢 053E2	一阶 嬸 05B38	一阶 擴 064F4
一阶 擲 064F2	一阶 擾 064FE	一阶 擺 064FA	一阶 斷 065B7	一阶 檬 06AAC	一阶 櫃 06AC3	一阶 柜 067DC	一阶 檸 06AB8

一阶 歸 06B78	一阶 歸 06B78	一阶 濾 06FFE	一阶 濺 06FFA	一阶 獵 07375	一阶 禱 079B1	一阶 簡 07C21	一阶 糧 07CE7
一阶 織 07E54	一阶 職 08077	一阶 舊 0820A	一阶 舊 0820A	一阶 藏 085CF	一阶 薩 085A9	一阶 藍 085CD	一阶 蟬 087EC
一阶 蟲 087F2	一阶 覆 08986	一阶 豐 08C50	一阶 蹤 08E64	一阶 踪 08E2A	一阶 軀 08EC0	一阶 轉 08F49	一阶 醫 091AB
一阶 醬 091AC	一阶 釐 091D0	一阶 鎮 093AE	一阶 雜 096DC	一阶 雙 096D9	一阶 雞 096DE	一阶 鷄 09DC4	一阶 鞭 097AD
一阶 額 0984D	一阶 顏 0984F	一阶 題 0984C	一阶 餜 09938	一阶 騎 09A0E	一阶 鬆 09B06	一阶 鯊 09BCA	一阶 鵝 09D5D
一阶 龜 09F9C	一阶 嚨 056A8	一阶 壞 058DE	一阶 寵 05BF5	一阶 龐 09F90	一阶 懷 061F7	一阶 懶 061F6	一阶 獸 07378
一阶 瓣 074E3	一阶 穫 07A6B	一阶 穫 07A6B	一阶 穩 07A4F	一阶 簿 07C3F	一阶 簽 07C3D	一阶 繩 07E69	一阶 繪 07E6A
一阶 羅 07F85	一阶 羹 07FB9	一阶 臘 081D8	一阶 藝 085DD	一阶 藤 085E4	一阶 藥 085E5	一阶 蟻 087FB	一阶 蠅 08805
一阶 蟹 087F9	一阶 識 08B58	一阶 證 08B49	一阶 贊 08D0A	一阶 辭 08FAD	一阶 邊 0908A	一阶 鏡 093E1	一阶 關 095DC
一阶 難 096E3	一阶 離 096E2	一阶 霧 09727	一阶 類 0985E	一阶 願 09858	一阶 愿 0613F	一阶 騙 09A19	一阶 鬍 09B0D
一阶 鯨 09BE8	一阶 麗 09E97	一阶 麗 09E97	一阶 麗 09E97	一阶 勸 052F8	一阶 勸 052F8	一阶 嚷 056B7	一阶 嚴 056B4
一阶 寶 05BF6	一阶 懸 061F8	一阶 懸 061F8	一阶 爐 07210	一阶 獻 0737B	一阶 礦 07926	一阶 競 07AF6	一阶 籃 07C43
一阶 籍 07C4D	一阶 糯 07CEF	一阶 辮 08FAE	一阶 繼 07E7C	一阶 耀 08000	一阶 艦 08266	一阶 藻 085FB	一阶 藹 085F9
一阶 蘑 08611	一阶 蘋 0860B	一阶 襪 0896A	一阶 襪 0896A	一阶 覺 089BA	一阶 警 08B66	一阶 警 08B66	一阶 議 08B70
一阶 釋 091CB	一阶 鐘 09418	一阶 飄 098C4	一阶 饑 09951	一阶 饑 09951	一阶 騶 09A2E	一阶 鹹 09E79	一阶 齡 09F61
一阶 齡 09F61	一阶 屬 05C6C	一阶 攝 0651D	一阶 攜 0651C	一阶 携 0643A	一阶 欄 06B04	一阶 灌 0704C	一阶 灌 0704C

447

一阶 爛 0721B	一阶 續 07E8C	一阶 續 07E8C	一阶 蘭 0862D	一阶 蠟 0881F	一阶 襯 0896F	一阶 覽 089BD	一阶 護 08B77
一阶 護 08B77	一阶 躍 08E8D	一阶 鐵 09435	一阶 鐵 09435	一阶 露 09732	一阶 響 097FF	一阶 顧 09867	一阶 驟 09A3E
一阶 魔 09B54	一阶 囊 056CA	一阶 戀 05DD2	一阶 彎 05F4E	一阶 攤 06524	一阶 權 06B0A	一阶 權 06B0A	一阶 歡 06B61
一阶 歡 06B61	一阶 灑 07051	一阶 灑 07051	一阶 灑 07051	一阶 洒 06D12	一阶 灘 07058	一阶 疊 0758A	一阶 叠 053E0
一阶 籠 07C60	一阶 聾 0807E	一阶 聽 0807D	一阶 臟 081DF	一阶 讀 08B80	一阶 讀 08B80	一阶 驕 09A55	一阶 鬢 09B1A
一阶 鷗 09DD7	一阶 攪 0652A	一阶 曬 066EC	一阶 曬 066EC	一阶 曬 066EC	一阶 晒 06652	一阶 蘿 0863F	一阶 變 08B8A
一阶 顯 0986F	一阶 驚 09A5A	一阶 驚 09A5A	一阶 驗 09A57	一阶 髒 09AD2	一阶 體 09AD4	一阶 罐 07F50	一阶 罐 07F50
一阶 蠶 08836	一阶 蠶 08836	一阶 讓 08B93	一阶 靈 09748	一阶 鷹 09DF9	一阶 鹽 09E7D	一阶 廳 05EF3	一阶 灣 07063
一阶 籬 07C6C	一阶 籮 07C6E	一阶 觀 089C0	一阶 觀 089C0	一阶 讚 08B9A	一阶 驢 09A62	一阶 纜 07E9C	一阶 鑽 0947D
一阶 鱷 09C77	一阶 豔 08C54	一阶 艷 08277	二阶 乃 04E43	二阶 卜 0535C	二阶 丫 04E2B	二阶 川 05DDD	二阶 干 05E72
二阶 丹 04E39	二阶 予 04E88	二阶 云 04E91	二阶 仁 04EC1	二阶 仇 04EC7	二阶 允 05141	二阶 凶 051F6	二阶 勾 052FE
二阶 勿 052FF	二阶 厄 05384	二阶 夭 0592D	二阶 尤 05C24	二阶 幻 05E7B	二阶 弔 05F14	二阶 戈 06208	二阶 歹 06B79
二阶 毋 06BCB	二阶 氏 06C0F	二阶 丘 04E18	二阶 乏 04E4F	二阶 四 051F9	二阶 凸 051F8	二阶 占 05360	二阶 召 053EC
二阶 叮 053EE	二阶 叨 053FC	二阶 史 053F2	二阶 奴 05974	二阶 孕 05B55	二阶 尼 05C3C	二阶 弘 05F18	二阶 扔 06254
二阶 扒 06252	二阶 斥 065A5	二阶 末 0672B	二阶 氾 06C3E	二阶 甩 07529	二阶 甲 066F1	二阶 由 07534	二阶 疋 0758B
二阶 皿 076BF	二阶 矛 077DB	二阶 穴 07A74	二阶 亦 04EA6	二阶 伐 04F10	二阶 伏 04F0F	二阶 仰 04EF0	二阶 兆 05146

二阶 刑 05211	二阶 劣 052A3	二阶 奸 05978	二阶 妃 05983	二阶 屹 05C79	二阶 弛 05F1B	二阶 扛 0625B	二阶 旨 065E8
二阶 旬 065EC	二阶 朽 0673D	二阶 肌 0808C	二阶 臣 081E3	二阶 艾 0827E	二阶 亨 04EA8	二阶 佛 04F5B	二阶 佑 04F51
二阶 佣 04F63	二阶 伶 04F36	二阶 伶 04F36	二阶 兑 05151	二阶 兑 0514C	二阶 冶 051B6	二阶 删 0522A	二阶 删 05220
二阶 吝 0541D	二阶 呈 05448	二阶 君 0541B	二阶 呐 05436	二阶 吼 0543C	二阶 吟 0541F	二阶 吟 0541F	二阶 囱 056F1
二阶 囱 056EA	二阶 坑 05751	二阶 妒 05992	二阶 妨 059A8	二阶 妥 059A5	二阶 宏 05B8F	二阶 庇 05E87	二阶 廷 05EF7
二阶 彷 05F77	二阶 役 05F79	二阶 忱 05FF1	二阶 技 06280	二阶 扭 0626D	二阶 抒 06292	二阶 扯 0626F	二阶 折 06298
二阶 抑 06291	二阶 攻 0653B	二阶 旱 065F1	二阶 杏 0674F	二阶 杜 0675C	二阶 沐 06C90	二阶 汰 06C70	二阶 沃 06C83
二阶 灼 0707C	二阶 灸 07078	二阶 牢 07262	二阶 牡 07261	二阶 玖 07396	二阶 秃 079C3	二阶 系 07CFB	二阶 肖 08096
二阶 肛 0809B	二阶 赤 08D64	二阶 迅 08FC5	二阶 巡 05DE1	二阶 邪 090AA	二阶 邦 090A6	二阶 乳 04E73	二阶 佬 04F6C
二阶 併 04F75	二阶 侈 04F88	二阶 函 051FD	二阶 劾 052B9	二阶 卓 05353	二阶 卑 05351	二阶 卸 07F37	二阶 叁 053C1
二阶 咀 05480	二阶 呻 0547B	二阶 咒 05492	二阶 咚 0549A	二阶 坦 05766	二阶 奉 05949	二阶 奈 05948	二阶 委 059D4
二阶 姆 059C6	二阶 宗 05B97	二阶 宙 05B99	二阶 屈 05C48	二阶 居 05C46	二阶 岳 05CB3	二阶 弦 05F26	二阶 征 05F81
二阶 彿 05F7F	二阶 彼 05F7C	二阶 忿 05FFF	二阶 怯 0602F	二阶 怡 06021	二阶 拓 062D3	二阶 拼 062DA	二阶 拎 062CE
二阶 昔 06614	二阶 昌 0660C	二阶 昂 06602	二阶 析 06790	二阶 枚 0679A	二阶 歧 06B67	二阶 泌 06CCC	二阶 沾 06CBE
二阶 沼 06CBC	二阶 沸 06CB8	二阶 炙 07099	二阶 盲 076F2	二阶 糾 07CFE	二阶 肺 080BA	二阶 肪 080AA	二阶 卧 05367
二阶 臥 081E5	二阶 侯 04FAF	二阶 侣 04FB6	二阶 俘 04FD8	二阶 俊 04FCA	二阶 侮 04FAE	二阶 俐 04FD0	二阶 刹 0524E

二阶 剎 0524E	二阶 削 0524A	二阶 勉 052C9	二阶 叛 053DB	二阶 哀 054C0	二阶 咦 054A6	二阶 咽 054BD	二阶 哄 054C4
二阶 咱 054B1	二阶 垮 057AE	二阶 契 05951	二阶 姻 059FB	二阶 屍 05C4D	二阶 幽 05E7D	二阶 徊 05F8A	二阶 怠 06020
二阶 恍 0604D	二阶 恢 06062	二阶 拱 062F1	二阶 拯 062EF	二阶 某 067D0	二阶 柒 067D2	二阶 歪 06B6A	二阶 殆 06B86
二阶 洪 06D2A	二阶 洽 06D3D	二阶 洶 06D36	二阶 洛 06D1B	二阶 炫 070AB	二阶 炬 070AC	二阶 牲 07272	二阶 畏 0754F
二阶 疫 075AB	二阶 皆 07686	二阶 盈 076C8	二阶 盾 076FE	二阶 研 07814	二阶 籽 07C7D	二阶 胞 080DE	二阶 苛 082DB
二阶 苗 08301	二阶 苟 082DF	二阶 虐 08650	二阶 衍 0884D	二阶 赴 08D74	二阶 趴 08DB4	二阶 迪 08FEA	二阶 迫 08FEB
二阶 郁 090C1	二阶 革 09769	二阶 俯 04FEF	二阶 倖 05016	二阶 倆 05006	二阶 倚 0501A	二阶 倔 05014	二阶 俱 04FF1
二阶 倡 05021	二阶 俾 04FFE	二阶 倫 0502B	二阶 凍 051CD	二阶 凌 051CC	二阶 凋 051CB	二阶 剖 05256	二阶 剔 05254
二阶 剝 0525D	二阶 哼 054FC	二阶 唔 05514	二阶 哩 054E9	二阶 埃 057C3	二阶 娛 05A1B	二阶 宰 05BB0	二阶 屑 05C51
二阶 峭 05CED	二阶 峻 05CFB	二阶 徐 05F90	二阶 恕 06055	二阶 悟 0609F	二阶 挾 0633E	二阶 捆 06346	二阶 捏 0634F
二阶 揑 063D1	二阶 挺 0633A	二阶 挽 0633D	二阶 挪 0632A	二阶 挫 0632B	二阶 挨 06328	二阶 捍 0634D	二阶 捌 0634C
二阶 晉 06649	二阶 晋 0664B	二阶 晃 06643	二阶 桂 06842	二阶 株 0682A	二阶 殊 06B8A	二阶 殉 06B89	二阶 殷 06BB7
二阶 氧 06C27	二阶 涉 06D89	二阶 浩 06D69	二阶 狽 072FD	二阶 畔 07554	二阶 畝 0755D	二阶 砰 07830	二阶 紊 07D0A
二阶 素 07D20	二阶 純 07D14	二阶 紐 07D10	二阶 紜 07D1C	二阶 納 07D0D	二阶 耗 08017	二阶 耽 0803D	二阶 脂 08102
二阶 脅 08105	二阶 胸 080F8	二阶 胳 080F3	二阶 脈 08108	二阶 脉 08109	二阶 脊 0810A	二阶 茫 0832B	二阶 虔 08654
二阶 蚤 086A4	二阶 衰 08870	二阶 衷 08877	二阶 袍 0888D	二阶 訊 08A0A	二阶 豈 08C48	二阶 躬 08EAC	二阶 辱 08FB1

二阶	二阶	二阶	二阶	二阶	二阶	二阶	二阶
逆 09006	迴 08FF4	廻 05EFB	郡 090E1	陡 09661	偽 0507D	僞 050DE	偕 05055
偵 05075	兜 0515C	冕 05195	冕 05195	凰 051F0	區 0533E	啃 05543	唯 0552F
唧 05563	啥 05565	域 057DF	埠 057E0	執 057F7	娶 05A36	婉 05A49	奢 05962
奢 05962	宿 05BBF	屠 05C60	屠 05C60	屜 05C5C	崇 05D07	崎 05D0E	崛 05D1B
崖 05D16	崩 05D29	崗 05D17	庸 05EB8	庸 05EB8	徙 05F99	徘 05F98	御 05FA1
患 060A3	悉 06089	惋 060CB	悴 060B4	悽 060BD	悽 060BD	悼 060BC	惕 060D5
惟 060DF	惚 06121	掠 063A0	授 06388	掏 0638F	掀 06380	捩 06369	敝 0655D
斜 0659C	敍 0654D	敦 06558	叙 053D9	斬 065AC	族 065CF	旋 065CB	晝 0665D
晤 06664	梢 068A2	桿 0687F	淌 06DCC	淞 06DE4	淤 06DE4	涯 06DAF	混 06DF7
涵 06DB5	淘 06DD8	淪 06DEA	渚 06DC6	烹 070F9	率 07387	率 07387	瓷 074F7
痊 075CA	皎 0768E	眶 07736	眺 0773A	窒 07A92	符 07B26	笙 07B19	絆 07D46
紳 07D33	翌 07FCC	脖 08116	舵 08235	舶 08236	莽 083BD	莫 083AB	覓 08993
訝 08A1D	訣 08A23	訟 08A1F	貫 08CAB	逍 0900D	逝 0901D	逞 0901E	閉 09589
陵 09675	陳 09673	陶 09676	頃 09803	傢 050A2	傅 05085	傑 05091	凱 051F1
勛 052DB	勳 052F3	博 0535A	喧 055A7	喘 05598	喪 055AA	喳 055B3	唾 0553E
堤 05824	媚 05A9A	媒 05A92	循 05FAA	惑 060D1	惠 060E0	愕 06123	慨 06168

二阶 惶 060F6	二阶 描 063CF	二阶 揀 063C0	二阶 揉 063C9	二阶 揭 063ED	二阶 援 063F4	二阶 揹 063F9	二阶 敞 0655E
二阶 敦 06566	二阶 晰 06670	二阶 朝 0671D	二阶 棟 068DF	二阶 欽 06B3D	二阶 殖 06B96	二阶 淵 06DF5	二阶 渲 06E32
二阶 湧 06E67	二阶 湊 06E4A	二阶 渣 06E23	二阶 湃 06E43	二阶 渾 06E3E	二阶 焚 0711A	二阶 焦 07126	二阶 焰 07130
二阶 犀 07280	二阶 猶 07336	二阶 琳 07433	二阶 甦 07526	二阶 痙 075D9	二阶 稅 07A0E	二阶 稅 07A05	二阶 竣 07AE3
二阶 策 07B56	二阶 筐 07B50	二阶 絡 07D61	二阶 絢 07D62	二阶 翔 07FD4	二阶 脹 08139	二阶 萌 0840C	二阶 萎 0840E
二阶 註 08A3B	二阶 詐 08A50	二阶 貳 08CB3	二阶 貶 08CB6	二阶 貿 08CBF	二阶 貸 08CB8	二阶 趁 08D81	二阶 跋 08DDB
二阶 軸 08EF8	二阶 辜 08F9C	二阶 逮 0902E	二阶 逸 09038	二阶 酤 09163	二阶 鈣 09223	二阶 鈍 0920D	二阶 閏 0958F
二阶 隆 09686	二阶 雅 096C5	二阶 雄 096C4	二阶 餁 098EA	二阶 餁 098EA	二阶 債 050B5	二阶 僅 050C5	二阶 匯 0532F
二阶 滙 06ED9	二阶 募 052DF	二阶 嗓 055D3	二阶 嗜 055DC	二阶 嗇 055C7	二阶 嗯 055EF	二阶 嗚 055DA	二阶 嗅 055C5
二阶 塌 0584C	二阶 奧 05967	二阶 嫁 05AC1	二阶 嫉 05AC9	二阶 嫌 05ACC	二阶 媳 05AB3	二阶 惹 060F9	二阶 愁 06101
二阶 愈 06108	二阶 慎 0614E	二阶 搏 0640F	二阶 暇 06687	二阶 暈 06688	二阶 概 06982	二阶 歇 06B47	二阶 溢 06EA2
二阶 溯 06EAF	二阶 滓 06ED3	二阶 溶 06EB6	二阶 溺 06EBA	二阶 溜 06E9C	二阶 滄 06EC4	二阶 滄 06EC4	二阶 煎 0714E
二阶 煌 0714C	二阶 煥 07165	二阶 猿 0733F	二阶 瑯 0746F	二阶 痹 075FA	二阶 痴 075F4	二阶 癡 07661	二阶 盞 076DE
二阶 盟 076DF	二阶 督 07763	二阶 睹 07779	二阶 睹 07779	二阶 睜 0775C	二阶 睜 0775C	二阶 碑 07891	二阶 稠 07A20
二阶 窟 07A9F	二阶 粵 07CB5	二阶 絹 07D79	二阶 罩 07F69	二阶 羨 07FA8	二阶 聘 08058	二阶 腥 08165	二阶 腹 08179
二阶 葫 0846B	二阶 葬 0846C	二阶 葛 0845B	二阶 董 08463	二阶 虜 0865C	二阶 裔 088D4	二阶 裸 088F8	二阶 詫 08A6B

二阶 誇 08A87	二阶 詣 08A63	二阶 詭 08A6D	二阶 資 08CC7	二阶 賄 08CC4	二阶 賃 08CC3	二阶 賃 08CC3	二阶 賂 08CC2
二阶 跪 08DEA	二阶 跤 08DE4	二阶 遂 09042	二阶 達 09055	二阶 逾 0903E	二阶 酬 0916C	二阶 閘 09598	二阶 隘 09698
二阶 隙 09699	二阶 駄 099B1	二阶 僧 050E7	二阶 僥 050E5	二阶 僑 050D1	二阶 催 050F1	二阶 嘛 0561B	二阶 嘈 05608
二阶 墓 05893	二阶 墅 05885	二阶 夥 05925	二阶 嫩 05AE9	二阶 寧 05BE7	二阶 寡 05BE1	二阶 屢 05C62	二阶 屢 05C62
二阶 嶄 05D84	二阶 嶇 05D87	二阶 弊 05F0A	二阶 彰 05F70	二阶 慷 06177	二阶 忴 05FFC	二阶 慳 06173	二阶 截 0622A
二阶 摸 06478	二阶 摟 0645F	二阶 摟 0645F	二阶 摺 0647A	二阶 摧 06467	二阶 暢 066A2	二阶 榨 069A8	二阶 槙 069D3
二阶 漾 06F3E	二阶 漬 06F2C	二阶 滯 06EEF	二阶 滌 06ECC	二阶 熔 07194	二阶 熒 07192	二阶 熏 0718F	二阶 獄 07344
二阶 瑣 07463	二阶 甄 07504	二阶 瘓 07613	二阶 監 076E3	二阶 瞄 07784	二阶 碳 078B3	二阶 碩 078A9	二阶 竭 07AED
二阶 筵 07B75	二阶 粹 07CB9	二阶 綻 07DBB	二阶 綜 07D9C	二阶 綽 07DBD	二阶 綴 07DB4	二阶 綱 07DB1	二阶 綢 07DA2
二阶 緒 07DD2	二阶 緒 07DD2	二阶 緋 07DCB	二阶 翠 07FE0	二阶 翡 07FE1	二阶 肅 08085	二阶 肅 08085	二阶 肅 08085
二阶 膊 0818A	二阶 舔 08214	二阶 舔 08214	二阶 蒙 08499	二阶 蜿 0873F	二阶 蜒 08712	二阶 誣 08AA3	二阶 誡 08AA1
二阶 誓 08A93	二阶 誨 08AA8	二阶 誘 08A98	二阶 豪 08C6A	二阶 賬 08CD1	二阶 辣 08FA3	二阶 遜 0905C	二阶 遣 09063
二阶 遞 0905E	二阶 鄙 09119	二阶 酷 09177	二阶 衛 0929C	二阶 閣 095A3	二阶 障 0969C	二阶 雌 096CC	二阶 雌 096CC
二阶 頗 09817	二阶 餉 09909	二阶 駁 099C1	二阶 髦 09AE6	二阶 魂 09B42	二阶 鳴 09CF4	二阶 鳳 09CF3	二阶 億 05104
二阶 僵 050F5	二阶 儉 05109	二阶 劈 05288	二阶 嘿 0563F	二阶 嚇 05629	二阶 墟 0589F	二阶 墳 058B3	二阶 墜 0589C
二阶 墮 058AE	二阶 嬉 05B09	二阶 嬌 05B0C	二阶 審 05BE9	二阶 履 05C65	二阶 幢 05E62	二阶 幟 05E5F	二阶 徹 05FB9

二阶 徵 05FB5	二阶 徵 05FB5	二阶 慮 0616E	二阶 慕 06155	二阶 憧 061A7	二阶 憬 061AC	二阶 憔 06194	二阶 摯 0646F
二阶 撤 064A4	二阶 撈 06488	二阶 撓 06493	二阶 撒 06492	二阶 撫 064AB	二阶 敷 06577	二阶 暮 066AE	二阶 椿 06A01
二阶 樞 06A1E	二阶 槽 069FD	二阶 樑 06A11	二阶 楝 069E4	二阶 歎 06B4E	二阶 嘆 05606	二阶 毅 06BC5	二阶 澈 06F88
二阶 澄 06F84	二阶 潭 06F6D	二阶 潛 06F5B	二阶 潜 06F5B	二阶 潮 06F6E	二阶 澎 06F8E	二阶 潰 06F70	二阶 潤 06F64
二阶 潢 06F62	二阶 熬 071AC	二阶 瑩 07469	二阶 璀 07480	二阶 瘤 07624	二阶 瞌 0778C	二阶 磋 078CB	二阶 稿 07A3F
二阶 稼 07A3C	二阶 穀 07A40	二阶 稽 07A3D	二阶 締 07DE0	二阶 緝 07DDD	二阶 緣 07DE3	二阶 緩 07DE9	二阶 翩 07FE9
二阶 膜 0819C	二阶 蔽 0853D	二阶 蔚 0851A	二阶 蔓 08513	二阶 蔓 08513	二阶 蓬 084EC	二阶 蝴 08782	二阶 褒 08912
二阶 襃 08943	二阶 褥 08925	二阶 諸 08AF8	二阶 諸 08AF8	二阶 豎 08C4E	二阶 竪 07AEA	二阶 賠 08CE0	二阶 賦 08CE6
二阶 賤 08CE4	二阶 賬 08CEC	二阶 賭 08CED	二阶 賭 08CED	二阶 賢 08CE2	二阶 賜 08CDC	二阶 質 08CEA	二阶 趜 08D9F
二阶 踐 08E10	二阶 輝 08F1D	二阶 輟 08F1F	二阶 遭 0906D	二阶 遷 09077	二阶 鄭 0912D	二阶 醇 09187	二阶 醉 09189
二阶 醋 0918B	二阶 銷 092B7	二阶 鋁 092C1	二阶 鞏 0978F	二阶 餒 09912	二阶 駐 099D0	二阶 魅 09B45	二阶 魄 09B44
二阶 魯 09B6F	二阶 儒 05112	二阶 儘 05118	二阶 凝 051DD	二阶 劑 05291	二阶 噸 05678	二阶 噪 0566A	二阶 噢 05662
二阶 墾 058BE	二阶 憲 061B2	二阶 憲 061B2	二阶 憑 06191	二阶 憩 061A9	二阶 憩 061A9	二阶 憾 061BE	二阶 懊 061CA
二阶 懈 061C8	二阶 擅 064C5	二阶 撼 064BC	二阶 據 064DA	二阶 擒 064D2	二阶 擄 064C4	二阶 樸 06A38	二阶 橄 06A44
二阶 歷 06B77	二阶 澱 06FB1	二阶 濃 06FC3	二阶 澤 06FA4	二阶 濁 06FC1	二阶 熾 071BE	二阶 燙 071D9	二阶 瞞 0779E
二阶 禦 079A6	二阶 穎 07A4E	二阶 篩 07BE9	二阶 縛 07E1B	二阶 縣 07E23	二阶 縣 07E23	二阶 罹 07F79	二阶 膳 081B3

二阶 膩 081A9	二阶 膨 081A8	二阶 艙 08259	二阶 艙 08259	二阶 蕩 08569	二阶 蕪 0856A	二阶 融 0878D	二阶 衡 08861
二阶 褸 08938	二阶 褸 08938	二阶 諜 08ADC	二阶 諮 08AEE	二阶 諾 08AFE	二阶 謂 08B02	二阶 諷 08AF7	二阶 諭 08AED
二阶 豫 08C6B	二阶 賴 08CF4	二阶 蹄 08E44	二阶 踱 08E31	二阶 踴 08E34	二阶 輻 08F3B	二阶 輯 08F2F	二阶 醖 09196
二阶 醞 0919E	二阶 遼 0907C	二阶 錐 09310	二阶 錦 09326	二阶 霍 0970D	二阶 頰 09830	二阶 頸 09838	二阶 頻 0983B
二阶 頽 0983D	二阶 餚 0991A	二阶 肴 080B4	二阶 駭 099ED	二阶 骸 09AB8	二阶 骼 09ABC	二阶 償 0511F	二阶 嶼 05DBC
二阶 嶺 05DBA	二阶 嶺 05DBA	二阶 嶽 05DBD	二阶 彌 05F4C	二阶 徽 05FBD	二阶 懇 061C7	二阶 懦 061E6	二阶 擎 064CE
二阶 擎 064CE	二阶 撐 064F0	二阶 擬 064EC	二阶 擱 064F1	二阶 斃 06583	二阶 曙 066D9	二阶 曙 066D9	二阶 檀 06A80
二阶 甌 06C08	二阶 濘 06FD8	二阶 濱 06FF1	二阶 濟 06FDF	二阶 濤 06FE4	二阶 濫 06FEB	二阶 澀 06F80	二阶 燥 071E5
二阶 爵 07235	二阶 璨 074A8	二阶 療 07642	二阶 癌 0764C	二阶 盪 076EA	二阶 瞪 077AA	二阶 瞰 077B0	二阶 瞧 077A7
二阶 瞭 077AD	二阶 矯 077EF	二阶 穗 07A57	二阶 窿 07ABF	二阶 簇 07C07	二阶 糟 07CDF	二阶 糙 07CD9	二阶 縱 07E31
二阶 聳 08073	二阶 膽 081BD	二阶 胆 080C6	二阶 薦 085A6	二阶 荐 08350	二阶 薑 08591	二阶 虧 08667	二阶 蟀 087C0
二阶 蟀 087C0	二阶 蟑 087D1	二阶 蟋 087CB	二阶 謙 08B19	二阶 賺 08CFA	二阶 趨 08DA8	二阶 輾 08F3E	二阶 輿 08F3F
二阶 邁 09081	二阶 鍾 0937E	二阶 鍔 09385	二阶 剠 20779	二阶 闖 095C6	二阶 隱 096B1	二阶 隸 096B8	二阶 霞 0971E
二阶 鞠 097A0	二阶 颶 098B6	二阶 黏 09ECF	二阶 鼾 09F3E	二阶 嚮 056AE	二阶 壘 058D8	二阶 朦 06726	二阶 殯 06BAF
二阶 瀉 07009	二阶 瀑 07011	二阶 瀏 0700F	二阶 爐 071FC	二阶 璧 074A7	二阶 癒 07652	二阶 癥 07609	二阶 瞻 077BB
二阶 礎 0790E	二阶 穢 07A62	二阶 竄 07AC4	二阶 繞 07E5E	二阶 繚 07E5A	二阶 翻 07FFB	二阶 臍 081CD	二阶 蕭 0856D

二阶 蕭 0856D	二阶 蕭 0856D	二阶 藉 085C9	二阶 薰 085B0	二阶 襟 0895F	二阶 謹 08B39	二阶 謬 08B2C	二阶 蹦 08E66
二阶 鎖 09396	二阶 闖 095D6	二阶 雛 096DB	二阶 鯉 09BC9	二阶 鵑 09D51	二阶 懲 061F2	二阶 懲 061F2	二阶 攀 06500
二阶 曠 066E0	二阶 曝 066DD	二阶 櫥 06AE5	二阶 瀝 0701D	二阶 瀕 07015	二阶 爆 07206	二阶 爍 0720D	二阶 疆 07586
二阶 礙 07919	二阶 碍 0788D	二阶 簾 07C3E	二阶 簸 07C38	二阶 簷 07C37	二阶 繫 07E6B	二阶 繳 07E73	二阶 蘊 0860A
二阶 藴 085F4	二阶 譜 08B5C	二阶 贈 08D08	二阶 蹲 08E72	二阶 轎 08F4E	二阶 鏟 093DF	二阶 鏈 093C8	二阶 韻 097FB
二阶 韵 097F5	二阶 韵 097F5	二阶 顛 0985B	二阶 饅 09945	二阶 饅 09945	二阶 鵰 09D70	二阶 麓 09E93	二阶 嚼 056BC
二阶 壤 058E4	二阶 攔 06514	二阶 朧 06727	二阶 瀰 07030	二阶 犧 072A7	二阶 癢 07662	二阶 癢 07662	二阶 籌 07C4C
二阶 繡 07E61	二阶 繡 07E61	二阶 繡 07E61	二阶 綉 07D89	二阶 繽 07E7D	二阶 蘆 08606	二阶 蘇 08607	二阶 蠔 08814
二阶 觸 089F8	二阶 譬 08B6C	二阶 譯 08B6F	二阶 贏 08D0F	二阶 躁 08E81	二阶 饒 09952	二阶 饋 0994B	二阶 餽 0993D
二阶 馨 099A8	二阶 騰 09A30	二阶 騷 09A37	二阶 黨 09EE8	二阶 囂 056C2	二阶 懼 061FC	二阶 斕 06595	二阶 櫻 06AFB
二阶 殲 06BB2	二阶 瀟 0701F	二阶 瀟 0701F	二阶 瀟 0701F	二阶 纏 07E8F	二阶 蠢 08822	二阶 譽 08B7D	二阶 贓 08D13
二阶 轟 08F5F	二阶 辯 08FAF	二阶 鐳 09433	二阶 闢 095E2	二阶 霸 09738	二阶 驅 09A45	二阶 鶯 09DAF	二阶 鶴 09DB4
二阶 黯 09EEF	二阶 癮 0766E	二阶 襲 08972	二阶 贖 08D16	二阶 贖 08D16	二阶 鏽 093FD	二阶 鏽 093FD	二阶 鏽 093FD
二阶 銹 092B9	二阶 鑄 09444	二阶 鑑 09451	二阶 鑒 09452	二阶 顫 0986B	二阶 巖 05DD6	二阶 岩 05CA9	二阶 戀 06200
二阶 攣 06523	二阶 竊 07ACA	二阶 纖 07E96	二阶 邏 0908F	二阶 髓 09AD3	二阶 囑 056D1	二阶 攬 0652C	二阶 癱 07671
二阶 矗 077D7	二阶 羈 07F88	二阶 覊 0898A	二阶 釀 091C0	二阶 驟 09A5F	二阶 欖 06B16	二阶 蠻 0883B	二阶 鑲 09472

二阶 鑰 09470	二阶 顱 09871	二阶 矖 077DA	二阶 鑼 0947C	二阶 鑿 0947F	二阶 鬱 09B31	二阶 籲 07C72	

台湾国小用字

05 的 07684	05 一 04E00	05 是 0662F	05 了 04E86	05 不 04E0D	05 我 06211	05 有 06709	05 在 05728
05 人 04EBA	05 來 04F86	05 大 05927	05 上 04E0A	05 這 09019	05 到 05230	05 們 05011	05 個 0500B
05 小 05C0F	05 你 04F60	05 子 05B50	05 他 04ED6	05 以 04EE5	05 好 0597D	05 為 070BA	05 就 05C31
05 生 0751F	05 要 08981	05 說 08AAA	05 中 04E2D	05 天 05929	05 和 0548C	05 時 06642	05 可 053EF
05 麼 09EBC	05 看 0770B	05 會 06703	05 地 05730	05 家 05BB6	05 下 04E0B	05 出 051FA	05 學 05B78
05 著 08457	05 著 08457	05 國 0570B	05 得 05F97	05 也 04E5F	05 用 07528	05 多 0591A	05 成 06210
05 年 05E74	05 裡 088E1	05 過 0904E	05 去 053BB	05 能 080FD	05 後 05F8C	05 長 09577	05 都 090FD
05 分 05206	05 很 05F88	05 老 08001	05 動 052D5	05 起 08D77	05 物 07269	05 公 0516C	05 水 06C34
05 什 04EC0	05 心 05FC3	05 把 0628A	05 面 09762	05 作 04F5C	05 方 065B9	05 那 090A3	05 十 05341
05 想 060F3	05 樣 06A23	05 自 081EA	05 所 06240	05 然 07136	05 如 05982	05 三 04E09	05 發 0767C
05 事 04E8B	05 對 05C0D	05 沒 06C92	05 還 09084	05 同 0540C	05 高 09AD8	05 道 09053	05 師 05E2B
05 氣 06C23	05 種 07A2E	05 而 0800C	05 回 056DE	05 二 04E8C	05 開 0958B	05 於 065BC	05 頭 0982D
05 現 073FE	05 做 0505A	05 文 06587	05 媽 05ABD	05 體 09AD4	05 些 04E9B	05 最 06700	05 寫 05BEB
05 又 053C8	05 因 056E0	05 前 0524D	05 從 05F9E	05 法 06CD5	05 明 0660E	05 行 0884C	05 問 0554F
05 意 0610F	05 花 082B1	05 日 065E5	05 形 05F62	05 知 077E5	05 四 056DB	05 快 05FEB	05 之 04E4B
05 常 05E38	05 經 07D93	05 教 06559	05 活 06D3B	05 太 0592A	05 兩 05169	05 果 0679C	05 本 0672C

460

05 兒 05152	05 點 09EDE	05 當 07576	05 美 07F8E	05 校 06821	05 進 09032	05 等 07B49	05 但 04F46
05 樂 06A02	05 部 090E8	05 再 0518D	05 數 06578	05 像 050CF	05 只 053EA	05 力 0529B	05 色 08272
05 外 05916	05 真 0771F	05 各 05404	05 山 05C71	05 題 0984C	05 表 08868	05 請 08ACB	05 課 08AB2
05 月 06708	05 呢 05462	05 第 07B2C	05 位 04F4D	05 定 05B9A	05 比 06BD4	05 與 08207	05 字 05B57
05 身 08EAB	05 相 076F8	05 間 09593	05 手 0624B	05 王 0738B	05 主 04E3B	05 西 0897F	05 電 096FB
05 五 04E94	05 話 08A71	05 見 0898B	05 才 0624D	05 使 04F7F	05 名 0540D	05 走 08D70	05 打 06253
05 聲 08072	05 邊 0908A	05 將 05C07	05 海 06D77	05 給 07D66	05 白 0767D	05 正 06B63	05 幾 05E7E
05 愛 0611B	05 音 097F3	05 並 04E26	05 加 052A0	05 怎 0600E	05 少 05C11	05 新 065B0	05 吃 05403
05 習 07FD2	05 她 05979	05 變 08B8A	05 被 088AB	05 光 05149	05 情 060C5	05 重 091CD	05 或 06216
05 由 07531	05 記 08A18	05 謝 08B1D	05 爸 07238	05 民 06C11	05 親 089AA	05 聽 0807D	05 全 05168
05 化 05316	05 空 07A7A	05 向 05411	05 其 05176	05 嗎 055CE	05 實 05BE6	05 每 06BCF	05 風 098A8
05 望 0671B	05 別 05225	05 原 0539F	05 畫 0756B	05 星 0661F	05 候 05019	05 次 06B21	05 口 053E3
05 先 05148	05 答 07B54	05 度 05EA6	05 哪 054EA	05 東 06771	05 平 05E73	05 它 05B83	05 無 07121
05 工 05DE5	05 石 077F3	05 合 05408	05 此 06B64	05 及 053CA	05 元 05143	05 已 05DF2	05 母 06BCD
05 特 07279	05 六 0516D	05 己 05DF1	05 女 05973	05 球 07403	05 馬 099AC	05 讓 08B93	05 安 05B89
05 帶 05E36	05 感 0611F	05 圖 05716	05 龍 09F8D	05 書 066F8	05 叫 053EB	05 樹 06A39	05 友 053CB

05 類 0985E	05 理 07406	05 您 060A8	05 路 08DEF	05 放 0653E	05 覺 089BA	05 代 04EE3	05 內 05167
05 應 061C9	05 張 05F35	05 住 04F4F	05 量 091CF	05 立 07ACB	05 更 066F4	05 許 08A31	05 喜 0559C
05 關 095DC	05 機 06A5F	05 歡 06B61	05 便 04FBF	05 完 05B8C	05 世 04E16	05 解 089E3	05 造 09020
05 利 05229	05 流 06D41	05 處 08655	05 算 07B97	05 期 0671F	05 臺 081FA	05 弟 05F1F	05 車 08ECA
05 入 05165	05 北 05317	05 業 0696D	05 眼 0773C	05 例 04F8B	05 找 0627E	05 百 0767E	05 直 076F4
05 照 07167	05 朋 0670B	05 式 05F0F	05 節 07BC0	05 接 063A5	05 目 076EE	05 讀 08B80	05 指 06307
05 神 0795E	05 飛 098DB	05 非 0975E	05 希 05E0C	05 七 04E03	05 條 0689D	05 吧 05427	05 陽 0967D
05 食 098DF	05 南 05357	05 八 0516B	05 結 07D50	05 門 09580	05 展 05C55	05 連 09023	05 今 04ECA
05 河 06CB3	05 通 0901A	05 容 05BB9	05 觀 089C0	05 玩 073A9	05 興 08208	05 句 053E5	05 傳 050B3
05 認 08A8D	05 隻 096BB	05 詞 08A5E	05 性 06027	05 卻 0537B	05 木 06728	05 近 08FD1	05 萬 0842C
05 金 091D1	05 選 09078	05 清 06E05	05 火 0706B	05 信 04FE1	05 填 0586B	05 孩 05B69	05 者 08005
05 父 07236	05 魚 09B5A	05 受 053D7	05 號 0865F	05 亮 04EAE	05 收 06536	05 林 06797	05 熱 071B1
05 品 054C1	05 班 073ED	05 斯 065AF	05 牠 07260	05 稱 07A31	05 肉 08089	05 腦 08166	05 難 096E3
05 念 05FF5	05 線 07DDA	05 思 0601D	05 片 07247	05 語 08A9E	05 故 06545	05 市 05E02	05 角 089D2
05 網 07DB2	05 場 05834	05 提 063D0	05 草 08349	05 啊 0554A	05 遠 09060	05 九 04E5D	05 跟 08DDF
05 麗 09E97	05 區 05340	05 笑 07B11	05 術 08853	05 影 05F71	05 滿 06EFF	05 達 09054	05 且 04E14

05 建 05EFA	05 辦 08FA6	05 早 065E9	05 園 05712	05 管 07BA1	05 往 05F80	05 注 06CE8	05 除 09664
05 黃 09EC3	05 死 06B7B	05 示 0793A	05 段 06BB5	05 科 079D1	05 保 04FDD	05 器 05668	05 服 0670D
05 紅 07D05	05 留 07559	05 曲 066F2	05 何 04F55	05 味 05473	05 單 055AE	05 界 0754C	05 站 07AD9
05 命 0547D	05 包 05305	05 告 0544A	05 產 07522	05 導 05C0E	05 交 04EA4	05 練 07DF4	05 拿 062FF
05 土 0571F	05 該 08A72	05 拉 062C9	05 運 0904B	05 義 07FA9	05 古 053E4	05 共 05171	05 歌 06B4C
05 育 080B2	05 奇 05947	05 計 08A08	05 灣 07063	05 布 05E03	05 祝 0795D	05 列 05217	05 鳥 09CE5
05 功 0529F	05 求 06C42	05 城 057CE	05 寶 05BF6	05 報 05831	05 約 07D04	05 改 06539	05 深 06DF1
05 較 08F03	05 爾 0723E	05 象 08C61	05 福 0798F	05 幫 05E6B	05 格 0683C	05 葉 08449	05 細 07D30
05 設 08A2D	05 任 04EFB	05 始 059CB	05 晚 0665A	05 哈 054C8	05 苦 082E6	05 春 06625	05 識 08B58
05 久 04E45	05 步 06B65	05 千 05343	05 強 05F37	05 溫 06EAB	05 跑 08DD1	05 落 0843D	05 至 081F3
05 輕 08F15	05 積 07A4D	05 則 05247	05 雨 096E8	05 參 053C3	05 根 06839	05 整 06574	05 巴 05DF4
05 統 07D71	05 轉 08F49	05 里 091CC	05 總 07E3D	05 首 09996	05 錢 09322	05 具 05177	05 哥 054E5
05 精 07CBE	05 試 08A66	05 雖 096D6	05 考 08003	05 離 096E2	05 士 058EB	05 言 08A00	05 底 05E95
05 華 083EF	05 夫 0592B	05 阿 0963F	05 藝 085DD	06 演 06F14	05 呀 05440	05 件 04EF6	05 青 09752
05 送 09001	05 組 07D44	05 皮 076AE	05 半 0534A	10 夜 0591C	10 級 07D1A	10 遊 0904A	10 舉 08209
10 反 053CD	10 腳 08173	10 刻 0523B	10 筆 07B46	10 童 07AE5	10 怕 06015	10 骨 09AA8	10 縣 07E23

463

10 程 07A0B	10 忙 05FD9	10 室 05BA4	10 蟲 087F2	10 克 0514B	10 跳 08DF3	10 台 053F0	10 鄉 09109
10 論 08AD6	10 娘 05A18	10 族 065CF	10 誰 08AB0	10 假 05047	10 怪 0602A	10 植 0690D	10 環 074B0
10 料 06599	10 黑 09ED1	10 響 097FF	10 裝 088DD	10 牛 0725B	10 英 082F1	10 禮 079AE	10 紀 07D00
10 唱 05531	10 資 08CC7	10 倒 05012	10 排 06392	10 越 08D8A	10 朝 0671D	10 備 05099	10 船 08239
10 坐 05750	10 病 075C5	10 鐵 09435	10 視 08996	10 史 053F2	10 妹 059B9	10 板 0677F	10 紙 07D19
10 詩 08A69	10 狀 072C0	10 農 08FB2	10 趕 08D95	10 啦 05566	10 錯 0932F	10 房 0623F	10 夠 05920
10 戲 06232	10 養 0990A	10 亞 04E9E	10 員 054E1	10 李 0674E	10 畢 07562	10 斷 065B7	10 型 0578B
10 雄 096C4	10 衣 08863	10 消 06D88	10 奶 05976	10 左 05DE6	10 恐 06050	10 塊 0584A	10 座 05EA7
10 尺 05C3A	10 終 07D42	10 燈 071C8	10 緊 07DCA	10 團 05718	10 層 05C64	10 油 06CB9	10 院 09662
10 察 05BDF	10 助 052A9	10 準 06E96	10 決 06C7A	10 伯 04F2F	10 周 05468	10 失 05931	10 易 06613
10 依 04F9D	10 妳 059B3	10 吸 05438	10 政 0653F	10 停 0505C	10 訴 08A34	10 羅 07F85	10 必 05FC5
10 婆 05A46	10 綠 07DA0	10 右 053F3	10 令 04EE4	10 景 0666F	10 雲 096F2	10 買 08CB7	10 軍 08ECD
10 似 04F3C	10 護 08B77	10 引 05F15	10 驗 09A57	10 甲 07532	10 掉 06389	10 剛 0525B	10 圓 05713
10 取 053D6	10 查 067E5	10 基 057FA	10 調 08ABF	10 隨 096A8	10 害 05BB3	10 境 05883	10 野 091CE
10 康 05EB7	10 息 0606F	10 竹 07AF9	10 群 07FA4	10 戰 06230	10 置 07F6E	10 狗 072D7	10 極 06975
10 推 063A8	10 漸 06F38	10 居 05C45	10 德 05FB7	10 絲 07D72	10 足 08DB3	10 冷 051B7	10 館 09928

10 即 05373	10 傷 050B7	10 製 088FD	10 臉 081C9	10 集 096C6	10 社 0793E	10 卡 05361	10 歲 06B72
10 舞 0821E	10 賽 08CFD	10 香 09999	10 琴 07434	10 慢 06162	10 牙 07259	10 曾 066FE	10 沙 06C99
10 穿 07A7F	10 睡 07761	10 需 09700	10 般 0822C	10 蘭 0862D	10 歷 06B77	10 質 08CEA	10 切 05207
10 爺 0723A	10 洲 06D32	10 孔 05B54	10 突 07A81	10 源 06E90	10 震 09707	10 靜 0975C	10 充 05145
10 錄 09304	10 午 05348	10 講 08B1B	10 系 07CFB	10 急 06025	10 藏 085CF	10 速 0901F	10 升 05347
10 持 06301	10 討 08A0E	10 短 077ED	10 客 05BA2	10 迷 08FF7	10 順 09806	10 米 07C73	10 另 053E6
10 低 04F4E	10 帝 05E1D	10 呼 0547C	10 富 05BCC	10 貴 08CB4	10 續 07E8C	10 存 05B58	10 態 0614B
10 驚 09A5A	10 洋 06D0B	10 務 052D9	10 健 05065	10 費 08CBB	10 玉 07389	10 背 080CC	10 維 07DAD
10 姊 059CA	10 盡 076E1	10 廣 05EE3	10 仙 04ED9	10 創 05275	10 據 064DA	10 究 07A76	10 彩 05F69
10 優 0512A	10 辛 08F9B	10 喔 05594	10 裏 088CF	10 供 04F9B	10 永 06C38	10 田 07530	10 官 05B98
10 待 05F85	10 男 07537	10 修 04FEE	10 雙 096D9	10 陳 09673	10 測 06E2C	10 標 06A19	10 鼓 09F13
10 毛 06BDB	10 案 06848	10 飯 098EF	10 針 091DD	10 旅 065C5	10 含 0542B	10 竟 07ADF	10 領 09818
10 顆 09846	10 研 07814	10 屬 05C6C	10 材 06750	10 拜 062DC	10 適 09069	10 善 05584	10 枝 0679D
10 增 0589E	10 頁 09801	10 眾 0773E	10 晴 0775B	10 岩 05CA9	10 密 05BC6	10 醫 091AB	10 趣 08DA3
10 姑 059D1	10 附 09644	10 劇 05287	10 盤 076E4	10 治 06CBB	10 乾 04E7E	10 乾 04E7E	10 項 09805
10 確 078BA	10 村 06751	10 武 06B66	10 波 06CE2	10 救 06551	10 省 07701	10 專 05C08	10 顧 09867

465

10 印 05370	10 摩 06469	10 寒 05BD2	10 藍 085CD	10 雞 096DE	10 屋 05C4B	10 嘴 05634	10 未 0672A
10 模 06A21	10 技 06280	10 鼠 09F20	10 血 08840	10 休 04F11	10 射 05C04	10 喝 0559D	10 陸 09678
10 鐘 09418	10 配 0914D	10 湖 06E56	10 兵 05175	10 倍 0500D	10 議 08B70	10 貝 08C9D	10 旁 065C1
10 洞 06D1E	10 雪 096EA	10 賞 08CDE	10 素 07D20	10 忘 05FD8	10 簡 07C21	10 端 07AEF	10 孫 05B6B
10 圍 0570D	10 敬 0656C	10 搖 06416	10 貓 08C93	10 隊 0968A	10 菜 083DC	10 藥 085E5	10 顯 0986F
10 朵 06735	10 商 05546	10 獲 07372	10 皇 07687	10 迎 08FCE	10 露 09732	10 仍 04ECD	10 幸 05E78
10 鏡 093E1	10 哇 054C7	10 絕 07D55	10 支 0652F	10 制 05236	10 良 0826F	10 銀 09280	10 壞 058DE
10 宮 05BAE	10 忽 05FFD	10 夏 0590F	10 復 05FA9	10 止 06B62	10 投 06295	10 探 063A2	10 冬 051AC
10 爬 0722C	10 奏 0594F	10 係 04FC2	10 博 0535A	10 乙 04E59	10 守 05B88	10 局 05C40	10 乎 04E4E
10 液 06DB2	10 構 069CB	10 際 0969B	10 須 09808	10 範 07BC4	10 頂 09802	10 殺 06BBA	10 獨 07368
10 初 0521D	10 透 0900F	10 漢 06F22	10 鬼 09B3C	10 蛋 086CB	10 燒 071D2	10 哭 054ED	10 兔 05154
10 若 082E5	10 破 07834	10 差 05DEE	10 顏 0984F	10 織 07E54	10 尾 05C3E	10 規 0898F	10 壁 058C1
10 築 07BC9	10 吹 05439	10 酒 09152	10 痛 075DB	10 防 09632	10 勞 052DE	10 珍 073CD	10 愈 06108
10 換 063DB	10 漂 06F02	10 岸 05CB8	10 昨 06628	10 倫 0502B	10 遇 09047	10 江 06C5F	10 微 05FAE
10 幼 05E7C	10 郎 090CE	10 榮 069AE	10 歐 06B50	10 聯 0806F	10 懷 061F7	10 願 09858	10 互 04E92
10 羊 07F8A	10 游 06E38	10 派 06D3E	10 梅 06885	10 蓋 084CB	10 壓 058D3	10 警 08B66	10 丁 04E01

10 粉 07C89	10 擔 064D4	10 免 0514D	10 偷 05077	10 豐 08C50	10 偉 05049	10 繼 07E7C	10 季 05B63
10 施 065BD	10 亂 04E82	10 袋 0888B	10 窗 07A97	10 斤 065A4	10 份 04EFD	10 努 052AA	10 島 05CF6
10 減 06E1B	10 魔 09B54	10 巨 05DE8	10 仔 04ED4	10 負 08CA0	10 追 08FFD	10 險 096AA	10 劉 05289
10 衛 0885B	10 靠 09760	10 輪 08F2A	10 靈 09748	10 楚 0695A	10 叔 053D4	10 齒 09F52	10 洗 06D17
10 敢 06562	10 甚 0751A	10 桃 06843	10 陣 09663	10 章 07AE0	10 散 06563	10 樓 06A13	10 拍 062CD
10 府 05E9C	10 符 07B26	10 介 04ECB	10 庭 05EAD	10 祖 07956	10 伸 04F38	10 按 06309	10 鬧 09B27
10 刀 05200	10 否 05426	10 灰 07070	10 森 068EE	10 揮 063EE	10 彈 05F48	10 秋 079CB	10 尋 05C0B
10 編 07DE8	10 營 071DF	10 堅 05805	10 移 079FB	10 談 08AC7	10 擊 064CA	10 賣 08CE3	10 暖 06696
10 爭 0722D	10 紛 07D1B	10 盛 076DB	10 替 066FF	10 餐 09910	10 志 05FD7	10 虎 0864E	10 桌 0684C
10 夢 05922	10 耳 08033	10 尼 05C3C	10 堡 05821	10 殼 06BBC	10 杯 0676F	10 堂 05802	10 圈 05708
10 吉 05409	10 店 05E97	10 乘 04E58	10 值 0503C	10 烈 070C8	10 異 07570	10 聖 08056	10 暗 06697
10 獎 0734E	10 嚴 056B4	10 鎮 093AE	10 麻 09EBB	10 兄 05144	10 猴 07334	10 忍 05FCD	10 毒 06BD2
10 悄 06084	10 秦 079E6	10 採 063A1	10 床 05E8A	10 茶 08336	10 滑 06ED1	10 聞 0805E	10 齊 09F4A
15 哦 054E6	15 雅 096C5	15 箱 07BB1	15 堆 05806	15 熟 0719F	15 沉 06C89	15 價 050F9	15 操 064CD
15 姐 059D0	15 典 05178	15 序 05E8F	15 肯 080AF	15 俗 04FD7	15 閃 09583	15 票 07968	15 頓 09813
15 奮 0596E	15 壯 058EF	15 唐 05510	15 醒 09192	15 佛 04F5B	15 豆 08C46	15 幹 05E79	15 豬 08C6C

15 偶 05076	15 蛇 086C7	15 勢 052E2	15 括 062EC	15 紹 07D39	15 餘 09918	15 徵 05FB5	15 巧 05DE7
15 某 067D0	15 釋 091CB	15 欣 06B23	15 勇 052C7	15 率 07387	15 寬 05BEC	15 暴 066B4	15 妙 05999
15 災 0707D	15 索 07D22	15 責 08CAC	15 納 07D0D	15 瓶 074F6	15 預 09810	15 儀 05100	15 懂 061C2
15 臨 081E8	15 橫 06A6B	15 伴 04F34	15 珠 073E0	15 冰 051B0	15 降 0964D	15 鮮 09BAE	15 雜 096DC
15 智 0667A	15 雕 096D5	15 濟 06FDF	15 泥 06CE5	15 嚇 05687	15 彎 05F4E	15 泡 06CE1	15 軟 08EDF
15 勝 052DD	15 距 08DDD	15 架 067B6	15 激 06FC0	15 抱 062B1	15 秀 079C0	15 況 06CC1	15 抓 06293
15 婚 05A5A	15 超 08D85	15 刺 0523A	15 描 063CF	15 惡 060E1	15 尤 05C24	15 戶 06236	15 吳 05433
15 逃 09003	15 氧 06C27	15 困 056F0	15 述 08FF0	15 浪 06D6A	15 威 05A01	15 染 067D3	15 街 08857
15 篇 07BC7	15 縮 07E2E	15 聰 08070	15 隔 09694	15 銅 09285	15 州 05DDE	15 封 05C01	15 致 081F4
15 貼 08CBC	15 箭 07BAD	15 橋 06A4B	15 危 05371	15 孝 05B5D	15 限 09650	15 溪 06EAA	15 鞋 0978B
15 姓 059D3	15 烏 070CF	15 牆 07246	15 猜 0731C	15 淡 06DE1	15 敵 06575	15 固 056FA	15 掃 06383
15 逐 09010	15 勤 052E4	15 棒 068D2	15 載 08F09	15 悟 0609F	15 效 06548	15 普 0666E	15 姆 059C6
15 既 065E2	15 掛 0639B	15 盒 076D2	15 惜 060DC	15 硬 0786C	15 播 064AD	15 慶 06176	15 宜 05B9C
15 妻 059BB	15 獵 07375	15 舊 0820A	15 后 0540E	15 司 053F8	15 缺 07F3A	15 淚 06DDA	15 證 08B49
15 蓮 084EE	15 蘇 08607	15 享 04EAB	15 財 08CA1	15 尊 05C0A	15 躲 08EB2	15 滴 06EF4	15 翻 07FFB
15 寄 05BC4	15 遍 0904D	15 繁 07E41	15 捕 06355	15 登 0767B	15 煩 07169	15 瓜 074DC	15 弄 05F04

15 抽 062BD	15 淨 06DE8	15 窮 07AAE	15 鋼 092FC	15 乳 04E73	15 厚 0539A	15 膠 081A0	15 權 06B0A
15 讚 08B9A	15 傑 05091	15 髮 09AEE	15 覽 089BD	15 均 05747	15 剪 0526A	15 禁 07981	15 汽 06C7D
15 肥 080A5	15 雷 096F7	15 狼 072FC	15 僅 050C5	15 摸 06478	15 鼻 09F3B	15 糖 07CD6	15 默 09ED8
15 婦 05A66	15 鹿 09E7F	15 池 06C60	15 胡 080E1	15 剩 05269	15 聊 0804A	15 避 0907F	15 折 06298
15 冒 05192	15 套 05957	15 付 04ED8	15 繩 07E69	15 宇 05B87	15 革 09769	15 楊 0694A	15 舒 08212
15 協 05354	15 招 062DB	15 敗 06557	15 蒙 08499	15 億 05104	15 廳 05EF3	15 獅 07345	15 肌 0808C
15 攻 0653B	15 訊 08A0A	15 退 09000	15 徒 05F92	15 幣 05E63	15 佳 04F73	15 版 07248	15 核 06838
15 粗 07C97	15 腿 0817F	15 喊 0558A	15 補 088DC	15 辨 08FA8	15 繞 07E5E	15 域 057DF	15 滾 06EFE
15 獻 0737B	15 昆 06606	15 洛 06D1B	15 咪 054AA	15 弱 05F31	15 陰 09670	15 莉 08389	15 溶 06EB6
15 滅 06EC5	15 阻 0963B	15 訪 08A2A	15 湯 06E6F	15 磁 078C1	15 遺 0907A	15 宗 05B97	15 冠 051A0
15 紋 07D0B	15 隆 09686	15 潔 06F54	15 郵 090F5	15 尚 05C1A	15 粒 07C92	15 斜 0659C	15 裂 088C2
15 沿 06CBF	15 誠 08AA0	15 碼 078BC	15 慧 06167	15 擺 064FA	15 側 05074	15 借 0501F	15 掌 0638C
15 奧 05967	15 稻 07A3B	15 丹 04E39	15 松 0677E	15 抬 062AC	15 揚 063DA	15 潮 06F6E	15 犯 072AF
15 呈 05448	15 挑 06311	15 胞 080DE	15 貨 08CA8	15 脫 0812B	15 嘛 0561B	15 鈴 09234	15 藉 085C9
15 末 0672B	15 君 0541B	15 衝 0885D	15 魯 09B6F	15 鵝 09D5D	15 尖 05C16	15 束 0675F	15 恩 06069
15 胸 080F8	15 貌 08C8C	15 臟 081DF	15 觸 089F8	15 仁 04EC1	15 垂 05782	15 娃 05A03	15 殊 06B8A

15 概 06982	15 閱 095B1	15 肚 0809A	15 祥 07965	15 閒 09592	15 蒸 084B8	15 璃 07483	15 擦 064E6
15 丟 04E1F	15 柱 067F1	15 啟 0555F	15 棉 068C9	15 誕 08A95	15 濃 06FC3	15 鹽 09E7D	15 爛 0721B
15 憶 061B6	15 甘 07518	15 悲 060B2	15 莊 0838A	15 蒂 08482	15 玻 073BB	15 龜 09F9C	15 檢 06AA2
15 卵 05375	15 芬 082AC	15 徑 05F91	15 益 076CA	15 煙 07159	15 階 0968E	15 緣 07DE3	15 歸 06B78
15 宙 05B99	15 股 080A1	15 捉 06349	15 旋 065CB	15 鳳 09CF3	15 複 08907	15 鄰 09130	15 糕 07CD5
15 勵 052F5	15 燃 071C3	15 亡 04EA1	15 臣 081E3	15 谷 08C37	15 律 05F8B	15 陶 09676	15 莫 083AB
15 膀 08180	15 疑 07591	15 聚 0805A	15 績 07E3E	15 繪 07E6A	15 飄 098C4	15 昏 0660F	15 涼 06DBC
15 累 07D2F	15 途 09014	15 混 06DF7	15 港 06E2F	15 瑪 0746A	15 鋒 092D2	15 融 0878D	15 隱 096B1
15 週 09031	15 酸 09178	15 砍 0780D	15 巢 05DE2	15 萊 0840A	15 坡 05761	15 浮 06D6E	15 輸 08F38
15 址 05740	15 柔 067D4	15 搬 0642C	15 餓 09913	15 蝶 08776	15 獸 07378	15 汗 06C57	15 曹 066F9
15 毫 06BEB	15 棵 068F5	15 嗯 055EF	15 戴 06234	15 鷹 09DF9	15 碎 0788E	15 籃 07C43	15 延 05EF6
15 抗 06297	15 恭 0606D	15 插 063D2	15 塔 05854	15 鴨 09D28	15 仿 04EFF	15 判 05224	15 翅 07FC5
15 愉 06109	15 晨 06668	15 蛙 086D9	15 慈 06148	15 耕 08015	15 筋 07B4B	15 漁 06F01	15 燕 071D5
15 騎 09A0E	15 芳 082B3	15 偏 0504F	15 訓 08A13	15 敘 06558	15 陪 0966A	15 暑 06691	15 墨 058A8
15 燭 071ED	15 臂 081C2	15 匹 05339	15 佩 04F69	15 迪 08FEA	15 秒 079D2	15 評 08A55	15 塑 05851
15 輔 08F14	15 磨 078E8	15 螺 087BA	15 職 08077	15 珊 073CA	15 誤 08AA4	15 奔 05954	15 拔 062D4

15 析 06790	15 朗 06717	15 梯 068AF	15 遭 0906D	15 鬆 09B06	15 蘿 0863F	15 ○ 025CB	15 奉 05949
15 屈 05C46	15 霧 09727	15 宋 05B8B	15 捨 06368	15 碰 078B0	15 瞧 077A7	15 炮 070AE	15 礦 07926
15 凡 051E1	15 託 08A17	15 略 07565	15 握 063E1	15 闊 095CA	15 副 0526F	15 脈 08108	15 嘉 05609
15 廠 05EE0	15 衡 08861	15 川 05DDD	15 央 0592E	15 丈 04E08	15 彼 05F7C	15 鬥 09B25	15 雀 096C0
15 熊 0718A	15 廟 05EDF	15 趙 08D99	15 承 0627F	15 扇 06247	15 嘆 05606	15 憐 06190	15 噴 05674
15 囉 056C9	15 穴 07A74	15 氏 06C0F	15 托 06258	15 佈 04F48	15 埋 057CB	15 柴 067F4	15 徐 05F90
15 壺 058FA	15 番 0756A	15 罪 07F6A	15 炎 0708E	15 虛 0865B	15 蔔 08514	15 賴 08CF4	15 謎 08B0E
15 挖 06316	15 麥 09EA5	15 塞 0585E	15 椅 06905	15 縫 07E2B	15 擠 064E0	15 稽 07A6B	15 哲 054F2
15 飽 098FD	15 曉 066C9	15 頸 09838	15 蟻 087FB	15 吐 05410	15 妮 059AE	15 攝 0651D	15 莖 08396
15 蜜 0871C	15 晶 06676	15 紫 07D2B	15 飾 098FE	15 猩 07329	15 廢 05EE2	15 橡 06A61	15 邀 09080
15 黏 09ECF	15 帽 05E3D	15 孟 05B5F	15 曆 066C6	15 庫 05EAB	15 零 096F6	15 寧 05BE7	15 芽 082BD
15 叢 053E2	15 覆 08986	15 京 04EAC	15 耐 08010	15 腹 08179	20 夕 05915	20 擇 064C7	20 胃 080C3
20 筒 07B52	20 軸 08EF8	20 漫 06F2B	20 惠 060E0	20 鑽 0947D	20 瓦 074E6	20 恆 06046	20 祭 0796D
20 跡 08DE1	20 蟹 087F9	20 灌 0704C	20 妖 05996	20 咬 054AC	20 甜 0751C	20 搭 0642D	20 矮 077EE
20 棲 068F2	20 策 07B56	20 慌 0614C	20 監 076E3	20 羽 07FBD	20 忠 05FE0	20 諸 08AF8	20 耶 08036
20 猛 0731B	20 損 0640D	20 殖 06B96	20 埃 057C3	20 膚 0819A	20 擁 064C1	20 井 04E95	20 哺 054FA

蜂 08702	舅 08205	懶 061F6	墓 05893	鉛 0925B	劍 0528D	蕭 0856D	翠 07FE0
沖 06C96	貧 08CA7	嫁 05AC1	綱 07DB1	蔡 08521	賓 08CD3	撞 0649E	爵 07235
麵 09EB5	耀 08000	吵 05435	幽 05E7D	翁 07FC1	貫 08CAB	敲 06572	緩 07DE9
壞 058E4	騙 09A19	腸 08178	侍 04F8D	貢 08CA2	疏 0758F	詳 08A73	柳 067F3
伙 04F19	叮 053EE	呵 05475	委 059D4	牧 07267	航 0822A	勒 052D2	幅 05E45
牌 0724C	欄 06B04	占 05360	寺 05BFA	伊 04F0A	刷 05237	訂 08A02	侵 04FB5
捲 06372	傻 050BB	賢 08CE2	呆 05446	舍 0820D	晴 06674	搶 06436	翔 07FD4
瑞 0745E	菌 083CC	劃 05283	幕 05E55	撒 06492	蠟 0881F	籠 07C60	斗 06597
蚊 0868A	閉 09589	遲 09072	胎 080CE	蘋 0860B	丙 04E19	朱 06731	唉 05509
倆 05006	迴 08FF4	旗 065D7	罵 07F75	鳴 09CF4	諾 08AFE	騰 09A30	怒 06012
授 06388	慮 0616E	遷 09077	餅 09905	障 0969C	辭 08FAD	促 04FC3	幻 05E7B
吞 0541E	私 079C1	郊 090CA	汁 06C41	循 05FAA	奪 0596A	輩 08F29	蝦 08766
扁 06241	偵 05075	廚 05EDA	縱 07E31	斑 06591	渡 06E21	塵 05875	棄 068C4
飲 098F2	疊 0758A	冊 0518A	俊 04FCA	姿 059FF	哩 054E9	榕 06995	槍 069CD
勸 052F8	鞭 097AD	仰 04EF0	拖 062D6	振 0632F	羞 07F9E	塗 05857	綿 07DBF
壽 058FD	憑 06191	躺 08EBA	雌 096CC	翼 07FFC	額 0984D	爆 07206	杜 0675C

20 咦 054A6	20 恨 06068	20 荊 0834A	20 慣 06163	20 輝 08F1D	20 簿 07C3F	20 躍 08E8D	20 殘 06B98
20 伏 04F0F	20 竿 07AFF	20 泉 06CC9	20 席 05E2D	20 巡 05DE1	20 煤 07164	20 溼 06EBC	20 蘆 08606
20 匠 05320	20 拼 062FC	20 肺 080BA	20 骼 09ABC	20 洪 06D2A	20 釘 091D8	20 凱 051F1	20 屬 053B2
20 恥 06065	20 薄 08584	20 舌 0820C	20 夾 0593E	20 肩 080A9	20 枯 067AF	20 帥 05E25	20 稀 07A00
20 柏 067CF	20 殿 06BBF	20 晃 06643	20 渾 06E3E	20 培 057F9	20 嘿 0563F	20 荷 08377	20 擴 064F4
20 傘 05098	20 傲 050B2	20 狐 072D0	20 娥 05A25	20 峽 05CFD	20 敝 0655D	20 喻 055BB	20 于 04E8E
20 汙 06C59	20 刊 0520A	20 姜 059DC	20 宣 05BA3	20 屏 05C4F	20 淺 06DFA	20 崇 05D07	20 潑 06F51
20 煮 0716E	20 賀 08CC0	20 豪 08C6A	20 踏 08E0F	20 絡 07D61	20 譜 08B5C	20 蹟 08E5F	20 艾 0827E
20 乃 04E43	20 孤 05B64	20 虹 08679	20 詹 08A79	20 嘗 05617	20 映 06620	20 喲 055B2	20 悶 060B6
20 泳 06CF3	20 荒 08352	20 腰 08170	20 鄭 0912D	20 蹤 08E64	20 爐 07210	20 競 07AF6	20 勉 052C9
20 澳 06FB3	20 拾 062FE	20 髒 09AD2	20 笨 07B28	20 腔 08154	20 稍 07A0D	20 碳 078B3	20 嘻 0563B
20 撲 064B2	20 遙 09059	20 澤 06FA4	20 屍 05C4D	20 牽 0727D	20 亦 04EA6	20 咚 0549A	20 乖 04E56
20 侯 04FAF	20 貞 08C9E	20 媒 05A92	20 譯 08B6F	20 勁 052C1	20 恰 06070	20 皆 07686	20 臭 081ED
20 棋 068CB	20 敏 0654F	20 焦 07126	20 搜 0641C	20 款 06B3E	20 盜 076DC	20 嗨 055E8	20 黎 09ECE
20 儘 05118	20 橘 06A58	20 穩 07A69	20 牢 07262	20 患 060A3	20 抵 062B5	20 喪 055AA	20 桶 06876
20 郭 090ED	20 胖 080D6	20 嗚 055DA	20 敦 06566	20 罰 07F70	20 漿 06F3F	20 擾 064FE	20 灘 07058

20 齡 09F61	20 伍 04F0D	20 丘 04E18	20 扮 0626E	20 扶 06276	20 淑 06DD1	20 詢 08A62	20 粽 07CBD
20 嫦 05AE6	20 漆 06F06	20 撥 064BF	20 黨 09EE8	20 譽 08B7D	20 爪 0722A	20 呂 05442	20 眉 07709
20 茂 08302	20 恢 06062	20 狸 072F8	20 凍 051CD	20 純 07D14	20 疾 075BE	20 瓷 074F7	20 稚 07A1A
20 蒼 084BC	20 韓 097D3	20 頻 0983B	20 屁 05C41	20 坦 05766	20 疼 075BC	20 脖 08116	20 笛 07B1B
20 蝕 08755	20 穀 07A40	20 凝 051DD	20 澆 06F86	20 蝴 08774	20 錦 09326	20 藤 085E4	20 旦 065E6
20 峰 05CF0	20 悅 06085	20 陷 09677	20 梨 068A8	20 瑟 0745F	20 厭 053AD	20 腐 08150	20 撥 064A5
20 慕 06155	20 療 07642	20 遵 09075	20 膽 081BD	20 串 04E32	20 拇 062C7	20 泊 06CCA	20 捐 06350
20 娜 05A1C	20 械 068B0	20 棚 068DA	20 碗 07897	20 駛 099DB	20 螞 0879E	20 礎 0790E	20 籍 07C4D
20 鬍 09B0D	20 申 07533	20 屈 05C48	20 廷 05EF7	20 岳 05CB3	20 盆 076C6	20 羿 07FBF	20 桂 06842
20 割 05272	20 韻 097FB	20 欲 06B32	20 愚 0611A	20 軻 08EFB	20 溜 06E9C	20 傾 050BE	20 琳 07433
20 徹 05FB9	20 董 08463	20 輛 08F1B	20 糟 07CDF	20 喂 05582	20 予 04E88	20 摘 06458	20 狂 072C2
20 范 08303	20 盼 076FC	20 役 05F79	20 翰 07FF0	20 蕉 08549	20 鍵 09375	20 襲 08972	20 礙 07919
20 宏 05B8F	20 箏 07B8F	20 狠 072E0	20 添 06DFB	20 喬 055AC	20 蜥 08725	20 苗 082D7	20 瘦 07626
20 踢 08E22	20 懸 061F8	20 匆 05306	20 伐 04F10	20 批 06279	20 夥 05925	20 祈 07948	20 茄 08304
20 秘 079D8	20 帳 05E33	20 采 091C7	20 潛 06F5B	20 嶼 05DBC	20 簧 07C27	20 鍋 0934B	20 繡 07E61
20 贊 08D0A	20 慰 06170	20 憲 061B2	20 邦 090A6	20 駕 099D5	20 哀 054C0	20 謂 08B02	20 梁 06881

20 窩 07AA9	20 漠 06F20	20 醉 09189	20 膜 0819C	20 犬 072AC	20 抹 062B9	20 桿 0687F	20 趁 08D81
20 帆 05E06	20 弗 05F17	20 圾 0573E	20 垃 05783	20 炸 070B8	20 泌 06CCC	20 祕 07955	20 啄 05544
20 惱 060F1	20 瞪 077AA	20 滔 06ED4	20 碧 078A7	20 誌 08A8C	20 闔 095C6	20 猶 07336	20 糧 07CE7
20 脊 0810A	20 唯 0552F	20 爽 0723D	20 控 063A7	20 訝 08A1D	20 辯 08FAF	20 慘 06158	20 銳 092B3
20 劑 05291	20 謙 08B19	20 鴉 09D09	20 鱷 09C77	20 召 053EC	20 千 05E72	20 弓 05F13	20 盈 076C8
20 疲 075B2	20 執 057F7	20 蛛 086DB	20 筷 07B77	20 諒 08AD2	20 芒 08292	20 尿 05C3F	20 牲 07272
20 茲 08332	20 莎 0838E	20 愁 06101	20 跨 08DE8	20 歉 06B49	20 睜 0775C	20 賺 08CFA	20 龐 09F90
20 罐 07F50	20 仇 04EC7	20 巫 05DEB	20 戒 06212	20 返 08FD4	20 姨 059E8	20 臥 081E5	20 眠 07720
20 曼 066FC	20 購 08CFC	20 悉 06089	20 欺 06B3A	20 鉤 09264	20 澎 06F8E	20 痕 075D5	20 蹈 08E48
20 薩 085A9	20 撐 06490	20 巾 05DFE	20 划 05212	20 奴 05974	20 玲 073B2	20 迫 08FEB	20 茫 0832B
25 堪 0582A	25 塘 05858	25 溝 06E9D	25 裁 088C1	25 頑 09811	25 暢 066A2	25 哎 054CE	25 赫 08D6B
25 遮 0906E	25 糊 07CCA	25 銘 09298	25 魏 09B4F	25 吊 0540A	25 凸 051F8	25 咐 05490	25 肢 080A2
25 宴 05BB4	25 哨 05537	25 爹 07239	25 猿 0733F	25 綁 07D81	25 蒐 08490	25 暫 066AB	25 颱 098B1
25 澱 06FB1	25 馨 099A8	25 斧 065A7	25 抖 06296	25 怡 06021	25 赤 08D64	25 逢 09022	25 悠 060A0
25 跌 08DCC	25 湧 06E67	25 螢 087A2	25 跪 08DEA	25 踐 08E10	25 盧 076E7	25 璧 074A7	25 嘩 05629
25 鎖 09396	25 蠶 08836	25 繫 07E6B	25 旨 065E8	25 凶 051F6	25 佔 04F54	25 逆 09006	25 拓 062D3

怨 25 06028	柯 25 067EF	挺 25 0633A	佑 25 04F51	寂 25 05BC2	淋 25 06DCB	逛 25 0901B	菲 25 083F2
截 25 0622A	誇 25 08A87	轟 25 08F5F	瑜 25 0745C	墳 25 058B3	櫃 25 06AC3	籌 25 07C4C	獄 25 07344
鯊 25 09BCA	顎 25 0984E	耍 25 0800D	砂 25 07802	悔 25 06094	喃 25 05583	纏 25 07E8F	婿 25 05A7F
憂 25 06182	艱 25 08271	鍊 25 0934A	賜 25 08CDC	顱 25 09871	兌 25 05147	宅 25 05B85	押 25 062BC
泛 25 06CDB	挨 25 06328	酷 25 09177	兼 25 0517C	豎 25 08C4E	莓 25 08393	審 25 05BE9	蔔 25 08404
嘰 25 05630	賊 25 08CCA	鴿 25 09D3F	孵 25 05B75	儲 25 05132	羨 25 07FA8	惰 25 060F0	督 25 07763
葡 25 08461	葛 25 0845B	婷 25 05A77	玄 25 07384	札 25 0672D	扯 25 0626F	帕 25 05E15	貪 25 08CAA
豚 25 08C5A	棧 25 068E7	註 25 08A3B	腺 25 0817A	邁 25 09081	灑 25 07051	叉 25 053C9	企 25 04F01
叭 25 053ED	卷 25 05377	卓 25 05353	玫 25 073AB	烤 25 070E4	匙 25 05319	鋪 25 092EA	盪 25 076EA
措 25 063AA	渴 25 06E34	嫩 25 05AE9	株 25 0682A	廉 25 05EC9	乏 25 04E4F	舟 25 0821F	汪 25 06C6A
吩 25 05429	韋 25 097CB	紆 25 07D02	遜 25 0905C	宵 25 05BB5	釣 25 091E3	喚 25 0559A	蜘 25 08718
哼 25 054FC	擬 25 064EC	醜 25 0919C	驕 25 09A55	藻 25 085FB	囊 25 056CA	昌 25 0660C	畜 25 0755C
泣 25 06CE3	軌 25 08ECC	芭 25 082AD	邱 25 090B1	妨 25 059A8	傍 25 0508D	閔 25 09594	椎 25 0690E
瑰 25 07470	擅 25 064C5	遞 25 0905E	寵 25 05BF5	憤 25 061A4	嬰 25 05B30	謀 25 08B00	嚷 25 056B7
罷 25 07F77	驅 25 09A45	鑿 25 0947F	掰 25 063B0	扣 25 06263	仗 25 04ED7	征 25 05F81	宿 25 05BBF
牡 25 07261	昭 25 0662D	浩 25 06D69	泰 25 06CF0	枚 25 0679A	滋 25 06ECB	漲 25 06F32	漏 25 06F0F

嘗 05679	嬌 05B0C	魂 09B42	瞭 077AD	褐 08910	遼 0907C	霜 0971C	嶺 05DBA
隙 09699	闖 095D6	蘭 085FA	枕 06795	忌 05FCC	浴 06D74	紗 07D17	裙 088D9
砝 0781D	傢 050A2	慎 0614E	綜 07D9C	絃 07D43	碌 0788C	摔 06454	榜 0699C
潤 06F64	遣 09063	濫 06FEB	簽 07C3D	驟 09A5F	臘 081D8	纖 07E96	歹 06B79
趴 08DB4	豹 08C79	娶 05A36	飢 098E2	陵 09675	掘 06398	瘋 0760B	禍 0798D
皺 076BA	燥 071E5	燦 071E6	贏 08D0F	扔 06254	怖 06016	胚 080DA	涉 06D89
紐 07D10	晏 0664F	崖 05D16	捷 06377	禱 079B1	壹 058F9	豔 08C54	瑚 0745A
潭 06F6D	頗 09817	稿 07A3F	嬸 05B38	艘 08258	鑑 09451	鱗 09C57	寓 05BD3
綺 07DBA	匈 05308	岡 05CA1	吱 05431	弧 05F27	辰 08FB0	彷 05F77	氛 06C1B
沸 06CB8	歪 06B6A	巷 05DF7	姪 059EA	樸 06A38	袁 08881	螃 08783	晒 06652
犧 072A7	喇 05587	綻 07DBB	廖 05ED6	墊 0588A	銷 092B7	鄧 09127	准 051C6
啼 0557C	揭 063ED	乞 04E5E	亭 04EA8	拋 062CB	芝 0829D	陌 0964C	偕 05055
脆 08106	梳 068B3	宰 05BB0	症 075C7	驀 09A2B	淘 06DD8	蘊 0860A	捧 06367
嫌 05ACC	飼 098FC	裕 088D5	踩 08E29	墾 058BE	鍾 0937E	謹 08B39	涵 06DB5
搞 0641E	妥 059A5	昇 06607	沼 06CBC	俠 04FE0	彥 05F65	耘 08018	唸 05538
秤 079E4	廊 05ECA	喉 05589	愧 06127	閣 095A3	蔗 08517	貳 08CB3	賭 08CED

25 僕 050D5	25 蔬 0852C	25 禽 079BD	25 濕 06FD5	25 熄 07184	25 薪 085AA	25 誼 08ABC	25 鑄 09444
25 溉 06E89	25 熔 07194	25 馳 099B3	25 撫 064AB	25 蔣 08523	25 嫂 05AC2	25 仲 04EF2	25 彿 05F7F
25 奈 05948	25 併 04F75	25 披 062AB	25 吼 0543C	25 蜴 08734	25 亭 04EAD	25 擋 064CB	25 衰 08870
25 螂 08782	25 慨 06168	25 窯 07AAF	25 覓 08993	25 噢 05662	25 葬 0846C	25 禧 079A7	25 兢 05162
25 虧 08667	25 浸 06D78	25 署 07F72	25 嘍 0560D	25 紡 07D21	25 梭 068AD	25 譬 08B6C	25 軀 08EC0
25 拆 062C6	25 吻 0543B	25 畏 0754F	25 炒 07092	25 趙 08D9F	25 挫 0632B	25 劈 05288	25 卿 0537F
25 緻 07DFB	25 逝 0901D	25 聳 08073	25 掩 063A9	25 鋸 092F8	25 援 063F4	25 僵 05121	25 罩 07F69
25 礫 0792B	25 媚 05A9A	25 閥 0958E	25 葫 0846B	25 栽 0683D	25 傀 05080	25 攜 0651C	25 轎 08F4E
25 刑 05211	25 叩 053E9	25 昂 06602	25 咒 05492	25 嘲 05632	25 拒 062D2	25 蝸 08778	25 眨 07728
25 磚 078DA	25 惑 060D1	25 瀑 07011	25 毯 06BEF	25 薇 08587	25 緒 07DD2	25 饅 09935	25 撈 06488
25 鹼 09E7C	25 晉 06649	25 滲 06EF2	25 撕 06495	25 盾 076FE	25 絮 07D6E	25 懼 061FC	25 霸 09738
25 瓣 074E3	25 鑼 0947C	25 污 06C61	25 迅 08FC5	25 脾 0813E	25 診 08A3A	25 皂 07682	25 煉 07149
25 郁 090C1	25 舜 0821C	25 柄 067C4	25 棟 068DF	25 凌 051CC	25 雯 096EF	25 彗 05F57	25 鈔 09214
25 吟 0541F	25 鼎 09F0E	25 津 06D25	25 喘 05598	25 脹 08139	25 冶 051B6	25 勃 052C3	25 碑 07891
25 澄 06F84	25 儒 05112	25 緯 07DEF	25 毅 06BC5	25 薯 085AF	25 贈 08D08	25 蕩 08569	25 蹄 08E44
25 濱 06FF1	25 鶯 09DAF	25 澡 06FA1	25 饒 09952	25 嚼 056BC	25 驢 09A62	25 劣 052A3	25 屯 05C6F

25 卑 05351	25 娟 05A1F	25 坊 0574A	25 桑 06851	25 雋 0552E	25 秧 079E7	25 哄 054C4	25 凋 051CB
25 啪 0556A	25 廁 05EC1	25 崩 05D29	25 掠 063A0	25 棍 068CD	25 冀 07CDE	25 焰 07130	25 蕊 0854A
25 嗡 055E1	25 嚕 05695	25 蛾 086FE	25 鯨 09BE8	25 頌 0980C	25 蠻 0883B	25 誓 08A93	25 攀 06500
25 謠 08B20	25 鷥 09DFA	25 摺 0647A	25 懈 061C8	25 擲 064F2	25 暈 06688	25 寞 05BDE	25 劼 052AD
25 孕 05B55	25 丏 04E10	25 抄 06284	25 沃 06C83	25 肖 08096	25 賈 08CC8	25 邪 090AA	25 靖 09756
25 框 06846	25 違 09055	25 唔 05514	25 駐 099D0	25 躬 08EAC	25 噪 0566A	25 袖 08896	25 蕾 0857E
25 蜓 08713	25 蹲 08E72	25 窄 07A84	25 戚 0621A	25 塌 0584C	25 赴 08D74	25 辱 08FB1	25 鵑 09D51
25 菇 083C7	25 欠 06B20	25 凹 051F9	25 寸 05BF8	25 杉 06749	25 毀 06BC0	25 嗅 055C5	25 沾 06CBE
25 肆 08086	25 洽 06D3D	25 彰 05F70	25 租 079DF	30 瑩 07469	30 剖 05256	30 辣 08FA3	30 狹 072F9
30 鴻 09D3B	30 侏 04F8F	30 礁 07901	30 俄 04FC4	30 耗 08017	30 逗 09017	30 缸 07F38	30 埔 057D4
30 戀 06200	30 允 05141	30 坑 05751	30 沈 06C88	30 咱 054B1	30 俯 04FEF	30 彌 05F4C	30 倉 05009
30 颮 098BC	30 萎 0840E	30 韌 097CC	30 棘 068D8	30 窟 07A9F	30 頒 09812	30 盞 076DE	30 蜻 0873B
30 蓬 084EC	30 拳 062F3	30 催 050AC	30 扎 0624E	30 估 04F30	30 刮 0522E	30 弦 05F26	30 拘 062D8
30 姍 059CD	30 契 05951	30 姻 059FB	30 削 0524A	30 倦 05026	30 剝 0525D	30 歇 06B47	30 矩 077E9
30 聘 08058	30 郡 090E1	30 樑 06A11	30 笠 07B20	30 噸 05678	30 梢 068A2	30 膝 0819D	30 筑 07B51
30 膨 081A8	30 溢 06EA2	30 檔 06A94	30 揉 063C9	30 酥 09165	30 湊 06E4A	30 恕 06055	30 喀 05580

30 瞬 077AC	30 濁 06FC1	30 謊 08B0A	30 簾 07C3E	30 蠅 08805	30 旱 065F1	30 竊 07ACA	30 櫻 06AFB
30 衍 0884D	30 茜 0831C	30 淒 06DD2	30 緞 07DDE	30 惹 060F9	30 誘 08A98	30 肅 08085	30 蔥 08525
30 菊 083CA	30 嚀 05680	30 槙 069D3	30 螳 087B3	30 蜢 08722	30 顫 0986B	30 琪 0742A	30 逼 0903C
30 裳 088F3	30 蔭 0852D	30 傭 050AD	30 瀝 0701D	30 蹦 08E66	30 杖 06756	30 娛 05A1B	30 硫 0786B
30 肋 0808B	30 炭 070AD	30 丸 04E38	30 豈 08C48	30 函 051FD	30 殷 06BB7	30 拌 062CC	30 堊 0580A
30 旺 065FA	30 偽 0507D	30 宛 05B9B	30 栗 06817	30 斥 065A5	30 咕 05495	30 妒 05992	30 盲 076F2
30 妝 0599D	30 御 05FA1	30 淵 06DF5	30 眶 07736	30 訣 08A23	30 媳 05AB3	30 渦 06E26	30 藹 085F9
30 焚 0711A	30 嗹 05660	30 棺 068FA	30 膏 0818F	30 僧 050E7	30 槌 069CC	30 盟 076DF	30 鋤 092E4
30 輯 08F2F	30 襯 0896F	30 募 052DF	30 碟 0789F	30 兮 0516E	30 戈 06208	30 丫 04E2B	30 杞 0675E
30 虐 08650	30 咽 054BD	30 峻 05CFB	30 軒 08ED2	30 蚓 08693	30 烘 070D8	30 哨 054E8	30 竭 07AED
30 陛 0965B	30 碘 07898	30 惟 060DF	30 澗 06F97	30 趾 08DBE	30 潘 06F58	30 烽 070FD	30 鞠 097A0
30 匯 0532F	30 霞 0971E	30 遂 09042	30 懇 061C7	30 崑 05D11	30 蚱 086B1	30 酬 0916C	30 畦 07566
30 販 08CA9	30 錫 0932B	30 磷 078F7	30 禦 079A6	30 攬 0652A	30 籬 07C6C	30 鰭 09C2D	30 篷 07BF7
30 豫 08C6B	30 劫 052AB	30 篩 07BE9	30 拯 062EF	30 籤 07C64	30 祀 07940	30 鹹 09E79	30 涓 06D93
30 翹 07FF9	30 挽 0633D	30 醬 091AC	30 蚯 086AF	30 鷗 09DD7	30 椰 06930	30 樞 06A1E	30 旬 065EC
30 蓄 084C4	30 吝 0541D	30 澈 06F88	30 糾 07CFE	30 鋁 092C1	30 衙 08859	30 弊 05F0A	30 駝 099DD

30 嬉 05B09	30 胰 080F0	30 婉 05A49	30 崙 05D19	30 煌 0714C	30 襄 088F9	30 肝 0809D	30 峭 05CED
30 畝 0755D	30 扭 0626D	30 氫 06C2B	30 屑 05C51	30 涯 06DAF	30 茱 08331	30 刪 0522A	30 叛 053DB
30 螢 086A9	30 陡 09661	30 寇 05BC7	30 縈 07D2E	30 喳 055B3	30 傅 05085	30 鈍 0920D	30 爍 0720D
30 雇 096C7	30 顛 0985B	30 葦 08466	30 鏈 093C8	30 墜 0589C	30 鰓 09C13	30 樵 06A35	30 闢 095E2
30 穎 07A4E	30 轍 08F4D	30 頻 09830	30 鏽 093FD	30 憾 061BE	30 橙 06A59	30 黛 09EDB	30 暨 066A8
30 暮 066AE	30 搗 06427	30 矛 077DB	30 禾 079BE	30 吏 0540F	30 妃 05983	30 禿 079BF	30 鈕 09215
30 剎 0524E	30 煎 0714E	30 秩 079E9	30 撇 06487	30 彭 05F6D	30 鉅 09245	30 崗 05D17	30 馴 099B4
30 逮 0902E	30 褒 08912	30 隋 0968B	30 儂 05102	30 掙 06399	30 嫉 05AC9	30 菩 083E9	30 咩 054A9
30 淹 06DF9	30 豌 08C4C	30 翩 07FE9	30 錐 09310	30 駱 099F1	30 穌 07A4C	30 蟀 087C0	30 麟 09E9F
30 嚮 056AE	30 鵬 09D6C	30 鬃 09B1A	30 雛 096DB	30 攔 06514	30 躁 08E81	30 泥 06D5E	30 朽 0673D
30 丞 04E1E	30 余 04F59	30 坪 0576A	30 怠 06020	30 吾 0543E	30 奕 05955	30 拭 062ED	30 咳 054B3
30 咀 05480	30 陀 09640	30 衷 08877	30 挾 0633E	30 砰 07830	30 堵 05835	30 淅 06DC5	30 釉 091C9
30 碩 078A9	30 喙 05599	30 漿 069F3	30 暉 06689	30 霄 09704	30 逸 09038	30 誨 08AA8	30 稅 07A05
30 噓 05653	30 甄 07504	30 蝠 08760	30 堯 0582F	30 颮 098B3	30 廈 05EC8	30 蒜 0849C	30 隕 09695
30 眺 0773A	30 琢 07422	30 蟋 087CB	30 穗 07A57	30 燙 071D9	30 礦 078FA	30 諧 08AE7	30 禪 079AA
30 鰲 091D0	30 櫥 06AE5	30 髓 09AD3	30 徽 09EF4	30 躡 08EA1	30 蠢 08822	30 疆 07586	30 艦 08266

30 壹 058FC	30 籥 07C72	30 啥 05565	30 吒 05412	30 呱 05471	30 奷 05978	30 乍 04E4D	30 旦 066F0
30 券 05238	30 兆 05146	30 杆 06746	30 砌 0780C	30 秉 079C9	30 咸 054B8	30 徊 05F8A	30 倘 05018
30 萍 0840D	30 凰 051F0	30 菸 083F8	30 捆 06346	30 棕 068D5	30 笙 07B19	30 裘 088D8	30 敕 06555
30 箕 07B95	30 徜 05F9C	30 慚 0615A	30 雁 096C1	30 蒲 084B2	30 聆 08046	30 徘 05F98	30 絨 07D68
30 脂 08102	30 晝 0665D	30 寢 05BE2	30 蛻 086FB	30 壇 058C7	30 賦 08CE6	30 蝙 08759	30 誦 08AA6
30 攤 06524	30 儉 05109	30 鰻 09C3B	30 凜 051DC	30 壩 058E9	30 瞎 0778E	30 鶘 09D61	30 壘 058D8
30 彎 05DD2	30 橢 06A62	30 鸚 09E1A	30 罈 07F48	30 賠 08CE0	30 鍛 0935B	30 鴕 09D15	30 擎 064CE
30 諄 08AC4	30 汀 06C40	30 勿 052FF	30 勾 052FE	30 沛 06C9B	30 罕 07F55	30 拂 062C2	30 茅 08305
30 悽 060BD	30 斬 065AC	30 砲 07832	30 頃 09803	30 栩 06829	30 愣 06123	30 耽 0803D	30 琅 07405
30 盔 076D4	30 搓 06413	30 喧 055A7	30 笱 07B4D	30 沫 06CAB	30 楓 06953	30 啞 0555E	30 揍 063CD
30 惶 060F6	30 脅 08105	30 堤 05824	30 稜 07A1C	30 窪 07AAA	30 蓉 084C9	30 蜿 0873F	30 嘎 0560E
30 寮 05BEE	30 襟 0895F	30 蔚 0851A	30 薦 085A6	30 閩 095A9	30 欖 06B16	30 濾 06FFE	30 蟬 087EC
30 踴 08E34	30 酶 09176	30 薔 08594	30 鬣 09B23	30 懿 061FF	30 蜓 08712	30 樟 06A1F	30 徽 05FBD
30 曬 066EC	30 慾 0617E	30 諫 08AEB	30 搗 06440	30 廿 05EFF	30 吁 05401	30 怯 0602F	30 盯 076EF
30 杰 06770	30 桐 06850	30 抑 06291	30 媛 05A9B	30 垢 057A2	30 揀 063C0	30 拱 062F1	30 奠 05960
30 倩 05029	30 辜 08F9C	30 琉 07409	30 腎 0814E	30 冤 051A4	30 溺 06EBA	30 禹 079B9	30 俱 04FF1

30 畔 07554	30 祥 05F89	30 泄 06CC4	30 腕 08155	30 湘 06E58	30 氮 06C2E	30 菁 083C1	30 稠 07A20
30 睹 07779	30 償 0511F	30 痴 075F4	30 骸 09AB8	30 椿 06A01	30 鮭 09BAD	30 幟 05E5F	30 瞿 077BF
30 撮 064AE	30 霖 09716	30 魄 09B44	30 濤 06FE4	30 蕨 08568	30 瞞 0779E	30 蔓 08513	30 瞪 07787
30 賤 08CE4	30 萱 08431	30 瘤 07624	30 糰 07CF0	30 纜 07E7D	30 齦 09F66	30 鑰 09470	30 鑲 09472
30 戊 0620A	30 倡 05021	30 庸 05EB8	30 坤 05764	30 淳 06DF3	30 抒 06292	30 紳 07D33	30 伺 04F3A
30 梧 068A7	30 恍 0604D	30 唾 0553E	30 砸 07838	30 崎 05D0E	30 卉 05349	30 舵 08235	30 咖 05496
30 陋 0964B	30 啡 05561	30 杏 0674F	30 疫 075AB	30 嵌 05D4C	30 債 050B5	30 鈞 0921E	30 搗 06417
35 煞 0715E	35 詠 08A60	35 癮 0766E	35 晰 06670	35 鏟 093DF	35 筏 07B4F	35 繭 07E6D	35 溯 06EAF
35 鶴 09DB4	35 靴 09774	35 舖 08216	35 鉀 09240	35 輻 08F3B	35 輾 08F3E	35 骯 09AAF	35 瀉 07009
35 槽 069FD	35 瀰 07030	35 嘶 05636	35 鐺 0943A	35 簫 07C2B	35 魁 09B41	35 僻 050FB	35 橄 06A44
35 潰 06F70	35 詛 08A5B	35 竣 07AE3	35 鄒 09112	35 摟 0645F	35 熬 071AC	35 囚 056DA	35 昔 06614
35 咿 054BF	35 皿 076BF	35 咻 054BB	35 卸 05378	35 芸 082B8	35 伶 04F36	35 侮 04FAE	35 狄 072C4
35 咏 0548F	35 吠 0544E	35 姒 059D2	35 氾 06C3E	35 茁 08301	35 苑 082D1	35 冥 051A5	35 眩 07729
35 番 0755A	35 捏 0634F	35 隧 096A7	35 麋 07CDC	35 彬 05F6C	35 錘 09318	35 徙 05F99	35 癌 0764C
35 琵 07435	35 檬 06AAC	35 鈣 09223	35 橇 06A47	35 蜀 08700	35 錶 09336	35 雍 096CD	35 囑 056D1
35 瞄 07784	35 懲 061F2	35 絹 07D79	35 譏 08B4F	35 懊 061CA	35 糯 07CEF	35 幢 05E62	35 癢 07662

35 濛 06FDB	35 靡 09761	35 圍 05703	35 艷 08277	35 菱 083F1	35 竇 07AC7	35 楣 06963	35 鬱 09B31
35 裔 088D4	35 欒 06B12	35 骰 09AB0	35 椿 0693F	35 縷 07E37	35 莽 083BD	35 黍 09ECD	35 塾 0587E
35 綴 07DB4	35 敷 06577	35 蕙 08559	35 勻 052FB	35 互 04E99	35 柱 06789	35 沐 06C90	35 洵 06D36
35 茉 08309	35 苔 082D4	35 稽 07A3D	35 竺 07AFA	35 潦 06F66	35 炙 07099	35 樺 06A3A	35 奢 05962
35 擱 064F1	35 脣 08123	35 襄 08944	35 稈 07A08	35 閻 095BB	35 欽 06B3D	35 諦 08AE6	35 漩 06F29
35 鎚 0939A	35 滯 06EEF	35 癡 07661	35 墅 05885	35 瓊 074CA	35 網 07DA2	35 騷 09A37	35 腥 08165
35 筱 07B71	35 魅 09B45	35 瑋 0744B	35 荀 08340	35 呦 05466	35 掏 0638F	35 浣 06D63	35 暇 06687
35 腫 0816B	35 寡 05BE1	35 嘟 0561F	35 嘹 05639	35 狩 072E9	35 偎 0504E	35 聑 08052	35 慷 06177
35 丑 04E11	35 卜 0535C	35 仕 04ED5	35 坎 0574E	35 拙 062D9	35 炙 07078	35 迄 08FC4	35 忱 05FF1
35 迢 08FE2	35 昧 06627	35 祿 0797F	35 摧 06467	35 俏 04FCF	35 翡 07FE1	35 耿 0803F	35 筘 07B60
35 虜 08654	35 瑤 07464	35 匪 0532A	35 酵 09175	35 焉 07109	35 鄙 09119	35 淮 06DEE	35 瓢 074E2
35 皎 0768E	35 頦 09839	35 廂 05EC2	35 瞰 077B0	35 袱 088B1	35 蕪 0856A	35 嗇 055C7	35 懼 07F79
35 凳 051F3	35 簇 07C07	35 洟 06D29	35 檸 06AB8	35 盎 076CE	35 諷 08AF7	35 崁 05D01	35 磯 078EF
35 捺 0637A	35 竄 07AC4	35 羚 07F9A	35 繳 07E73	35 甥 07525	35 闡 095E1	35 祇 07947	35 籟 07C5F
35 逍 0900D	35 敞 0655E	35 艇 08247	35 剔 05254	35 淇 06DC7	35 簷 07C37	35 襪 0896A	35 蠍 0880D
35 嚨 056A8	35 聶 08076	35 簸 07C38	35 瀕 07015	35 嚙 056A5	35 驪 09A6A	35 鸛 09E1B	35 厘 05398

35 亥 04EA5	35 曳 066F3	35 叨 053E8	35 屺 05C79	35 侕 04F15	35 芋 0828B	35 冽 051BD	35 宦 05BA6
35 妾 059BE	35 吠 05420	35 拚 062DA	35 扳 06273	35 呐 05436	35 垣 057A3	35 侶 04FB6	35 迦 08FE6
35 罔 07F54	35 啃 05543	35 氦 06C26	35 袍 0888D	35 兜 0515C	35 庶 05EB6	35 倚 0501A	35 睏 0774F
35 荐 08350	35 渝 06E1D	35 珮 073EE	35 愴 06134	35 屠 05C60	35 貯 08CAF	35 梗 06897	35 棗 068D7
35 祟 0795F	35 冕 05195	35 烹 070F9	35 峨 05CE8	35 唇 05507	35 萌 0840C	35 貿 08CBF	35 渣 06E23
35 僑 050D1	35 蓑 084D1	35 撤 064A4	35 璨 074A8	35 錳 09333	35 葵 08475	35 窺 07ABA	35 綽 07DBD
35 犢 072A2	35 跤 08DE4	35 鵲 09D72	35 稟 07A1F	35 蟾 087FE	35 漳 06F33	35 聾 0807E	35 摹 06479
35 攘 06518	35 銜 0929C	35 貘 08C98	35 瘡 07621	35 喵 055B5	35 磊 078CA	35 哖 054DE	35 薛 0859B
35 孢 05B62	35 嚐 05690	35 璇 07487	35 漱 06F31	35 璀 07480	35 嘈 05608	35 鈸 09238	35 詮 08A6E
35 撰 064B0	35 蓓 084D3	35 鳶 09CF6	35 膩 081A9	35 癒 07652	35 遴 09074	35 滌 06ECC	35 戍 0620D
35 狡 072E1	35 弘 05F18	35 呻 0547B	35 帖 05E16	35 灼 0707C	35 佗 04F57	35 垮 057AE	35 籽 07C7D
35 枸 067B8	35 俐 04FD0	35 柿 067FF	35 芙 08299	35 饒 0991A	35 諱 08AF1	35 咯 054AF	35 鰍 09C0D
35 玟 0739F	35 邋 0908F	35 祠 07960	35 麓 09E93	35 哽 054FD	35 鐲 09432	35 梵 068B5	35 曠 066E0
35 蛀 086C0	35 儸 05138	35 淪 06DEA	35 襖 08956	35 惋 060CB	35 瓏 074CF	35 煥 07165	35 韁 097C1
35 嗓 055D3	35 瀚 0701A	35 蛟 086DF	35 蜍 0870D	35 跋 08DCB	35 鄖 090EF	35 毽 06BFD	35 轆 08F46
35 詭 08A6D	35 搨 06428	35 腱 08171	35 縶 07E47	35 肇 08087	35 鶊 09D1E	35 綵 07DB5	35 茸 08338

舐 08210	摯 0646F	缽 07F3D	裸 088F8	崔 05D14	嘯 0562F	屜 05C5C	餃 09903
絆 07D46	矯 077EF	湍 06E4D	濺 06FFA	鈉 09209	衫 0886B	氣 06C2F	輟 08F1F
椒 06912	瞌 0778C	痘 075D8	蕃 08543	擴 064C4	褚 0891A	義 07FB2	迭 08FED
虞 0865E	屢 05C62	嗽 055FD	禎 0798E	霉 09709	匕 05315	阱 09631	灶 07076
甩 07529	吭 0542D	扒 06252	妍 0598D	扛 0625B	苟 082DF	刃 05203	肱 080B1
毋 06BCB	竿 07AFD	肛 0809B	咧 054A7	佐 04F50	胄 080C4	亢 04EA2	柵 067F5
几 051E0	唧 05527	甸 07538	夸 05938	冉 05189	卞 0535E	卒 05352	疹 075B9
茹 08339	叟 053DF	蚤 086A4	逞 0901E	揣 063E3	麝 09E9D	廬 05EEC	釴 091F5
鐸 09438	搏 0640F	黯 09EEF	嗜 055DC	繚 07E5A	馮 099AE	鞡 097A3	甦 07526
鐮 0942E	楞 0695E	纜 07E94	綸 07DB8	饑 09951	寨 05BE8	掂 06382	滷 06EF7
纍 07E8D	廓 05ED3	尪 05C2A	憫 061AB	鰹 09C39	磅 078C5	楂 06942	鄱 09131
恒 06052	蝗 08757	髖 09AD6	斃 06583	曬 077DA	霍 0970D	掀 06380	褲 08932
皓 07693	櫛 06ADB	渺 06E3A	頤 09824	貸 08CB8	簏 07C0D	貶 08CB6	臀 081C0
瑙 07459	羹 07FB9	嶇 05D87	朧 06727	蓆 084C6	琍 0740D	瑛 0745B	趨 08DA8
僵 050F5	諺 08AFA	閥 095A5	癘 0765F	繆 07E46	隸 096B8	褶 08936	攏 0650F
駁 099C1	撼 064BC	鞍 0978D	踱 08E31	朦 06726	汐 06C50	苞 082DE	吧 05414

35 峪 05CEA	35 厄 05384	35 桅 06845	35 臼 081FC	35 浙 06D59	35 兀 05140	35 陕 0965D	35 玖 07396
35 豺 08C7A	35 歧 06B67	35 蚜 0869C	35 姚 059DA	35 舀 08200	35 俘 04FD8	35 梓 06893	35 鰕 09C15
35 愕 06115	35 卦 05366	35 厥 053A5	35 炯 070AF	35 妄 05984	35 吋 0540B	35 扼 0627C	35 柑 067D1
35 彪 05F6A	35 莒 08392	35 茶 0837C	35 瑯 0746F	35 滄 06EC4	35 瀏 0700F	35 犄 07284	35 檀 06A80
35 跋 08DDB	35 嚎 0568E	35 剮 05277	35 甕 07515	35 漬 06F2C	35 褪 0892A	35 蜷 08737	35 蘑 08611
35 嗇 05616	35 蠕 08815	35 舔 08214	35 蹺 08E7A	40 漓 06F13	40 臏 081CF	40 硼 0787C	40 鬢 09B22
40 餒 09912	40 藷 085F7	40 瑾 0747E	40 曦 066E6	40 蟑 087D1	40 朧 096B4	40 煦 07166	40 鄲 09132
40 膈 08188	40 咭 03577	40 熙 07199	40 覷 089B7	40 粱 07CB1	40 鈎 0920E	40 誣 08AA3	40 蹭 08E67
40 猾 0733E	40 籍 07B8D	40 嘔 05614	40 歎 06B4E	40 憩 061A9	40 蛹 086F9	40 幔 05E54	40 邯 090AF
40 蝥 087AF	40 鼹 09F39	40 云 04E91	40 佇 04F47	40 旭 065ED	40 倖 05016	40 桓 06853	40 沌 06C8C
40 勘 052D8	40 帛 05E1B	40 悍 0608D	40 奄 05944	40 茵 08335	40 矢 077E3	40 哮 054EE	40 拐 062D0
40 晜 06641	40 拴 062F4	40 涕 06D95	40 恬 0606C	40 娓 05A13	40 姦 059E6	40 厝 0539D	40 穹 07A79
40 荔 08354	40 矽 077FD	40 倭 0502D	40 婢 05A62	40 挪 0632A	40 矣 077E2	40 媧 05AA7	40 佰 04F70
40 悴 060B4	40 庇 05E87	40 逕 09015	40 芯 082AF	40 淙 06DD9	40 剃 05243	40 淫 06DEB	40 侷 04FB7
40 惕 060D5	40 侈 04F88	40 淆 06DC6	40 咆 05486	40 屎 05C4E	40 郝 090DD	40 肘 08098	40 樞 067E9
40 揪 063EA	40 犀 07280	40 楨 06968	40 渲 06E32	40 詐 08A50	40 詔 08A54	40 燻 071FB	40 曜 066DC

40 湛 06E5B	40 椆 06ADA	40 瘐 075E0	40 櫓 06AD3	40 搔 06414	40 臍 081CD	40 曧 06677	40 饗 09957
40 遁 09041	40 靂 09742	40 絅 07D91	40 攬 0652C	40 跢 08DFA	40 霹 09739	40 萼 0843C	40 闐 095D0
40 熒 07192	40 謬 08B2C	40 僥 050E5	40 瀟 0701F	40 撓 06493	40 薰 085B0	40 蔽 0853D	40 藩 085E9
40 締 07DE0	40 瑄 07444	40 緝 07DDD	40 庄 05E84	40 噬 0566C	40 硅 07845	40 瞳 077B3	40 嗝 055DD
40 齋 09F4B	40 鼆 09EFD	40 鎂 09382	40 袣 07942	40 領 09837	40 奔 05F07	40 熾 071BE	40 鑾 0947E
40 檯 06AAF	40 栖 06816	40 鮑 09B91	40 苡 082E1	40 蟒 087D2	40 嘓 05613	40 絞 07D5E	40 瀝 06F09
40 楷 06977	40 樊 06A0A	40 噎 0564E	40 鉗 09257	40 蹋 08E4B	40 祺 0797A	40 霎 0970E	40 嗶 055F6
40 篤 07BE4	40 醋 0918B	40 駿 099FF	40 磋 078CB	40 錠 09320	40 詣 08A63	40 催 050F1	40 潺 06F7A
40 箔 07B94	40 閘 09598	40 諭 08AED	40 諮 08AEE	40 蟆 087C6	40 痣 075E3	40 憮 0613E	40 兵 04E53
40 孜 05B5C	40 拎 062CE	40 乒 04E52	40 佣 04F63	40 妤 059A4	40 呃 05443	40 汲 06C72	40 甫 0752B
40 伽 04F3D	40 兌 0514C	40 囮 056EA	40 肪 080AA	40 剁 05241	40 杵 06775	40 坍 0574D	40 卅 05345
40 岔 05C94	40 觔 089D4	40 隹 096B9	40 枏 067B4	40 疚 0759A	40 剌 0524C	40 邵 090B5	40 驛 09A5B
40 哉 054C9	40 壢 058E2	40 匍 0530D	40 屬 09768	40 眄 076F9	40 鯽 09BFD	40 炫 070AB	40 齬 09F63
40 崎 05CD9	40 齲 09F72	40 蚪 086AA	40 驟 09A3E	40 埂 057C2	40 藕 085D5	40 訌 08A0C	40 巔 05DD4
40 砥 07825	40 嚙 056D3	40 區 0533E	40 戀 06207	40 胳 080F3	40 椏 0690F	40 埠 057E4	40 翊 07FCA
40 荻 0837B	40 龕 09F95	40 毬 06BEC	40 哆 054C6	40 帷 05E37	40 箬 07BAC	40 眸 07738	40 斌 0658C

扈 06248	噁 05641	烯 070EF	芮 082AE	悵 060B5	窸 07AB8	蛤 086E4	窣 07AA3
萸 08438	沏 06C8F	逵 09035	蕁 08541	皴 076B4	葳 08473	萃 08403	菖 083D6
琺 0743A	鵜 09D5C	鈾 0923E	螄 087C4	辟 08F9F	楸 06978	僚 050DA	鶘 09D98
馱 099B1	鵰 09D70	眽 0776C	筋 07B6F	痰 075F0	蠹 077D7	嬴 05B34	攮 06519
輒 08F12	昱 06631	賬 08CD1	邸 090B8	毆 06BC6	疙 07599	嫻 05AFB	肴 080B4
噗 05657	婁 05A41	駭 099ED	朔 06714	斂 06582	笆 07B06	嚏 0568F	氨 06C28
壑 058D1	紊 07D0A	檜 06A9C	胱 080F1	窺 07AC5	俺 04FFA	闌 095CC	匐 05310
遃 09083	彫 05F6B	辮 08FAE	淤 06DE4	礪 0792A	掖 06396	擂 064C2	尉 05C09
磕 078D5	眷 07737	履 05C65	涸 06DB8	諿 08AF3	舷 08237	檣 06AA3	飧 098E7
簧 07C2A	棣 068E3	霽 0973D	絢 07D62	斕 06595	槨 06994	瘹 07629	硝 0785D
憔 06194	榭 069AD	糙 07CD9	葆 08446	鶪 09D6A	墟 0589F	橈 06A48	獷 07377
釀 091C0	箸 07BB8	瘧 07627	菹 0849E	痺 075FA	蝲 0874C	刁 05201	唬 0552C
仟 04EDF	陞 0965E	吰 05406	耙 08019	夷 05937	狽 072FD	汝 06C5D	啕 05555
夭 0592D	芻 082BB	吥 05478	蚌 0868C	匣 05323	晌 0664C	呇 0548E	匿 0533F
侑 04F91	迸 08FF8	邑 09091	赦 08D66	咨 054A8	悸 060B8	祁 07941	赧 08D67
氟 06C1F	搁 063AC	胄 05191	涎 06D8E	沮 06CAE	斛 0659B	泵 06CF5	悼 060BC

40 匡 05321	40 荚 083A2	40 聿 0807F	40 蛄 086C4	40 岱 05CB1	40 痊 075CA	40 岌 05C8C	40 舶 08236
40 沂 06C82	40 犁 07281	40 炬 070AC	40 惚 060DA	40 苒 082BE	40 寐 05BD0	40 拷 062F7	40 恬 060E6
40 疋 0758B	40 庵 05EB5	40 庚 05E9A	40 湃 06E43	40 沽 06CBD	40 嗦 055E6	40 俞 04FDE	40 壬 058EC
40 岐 05C90	40 殃 06B83	40 悚 0609A	40 砚 0786F	40 琶 07436	40 渠 06E20	40 榨 0643E	40 渤 06E24
40 饞 0995E	40 弑 05F12	40 洒 06D12	40 粟 07C9F	40 蟻 08835	40 榴 069B4	40 鈺 0923A	40 雉 096C9
40 獾 0737E	40 誅 08A85	40 峯 05CEF	40 睦 07766	40 搥 06425	40 膊 0818A	40 饋 0994B	40 踞 08E1E
40 嗒 055D2	40 篆 07BC6	40 煒 07152	40 踝 08E1D	40 滂 06F87	40 撩 064A9	40 鮒 09B92	40 瘟 0761F
40 鑞 09477	40 皚 0769A	40 掐 06390	40 骷 09AB7	40 笊 07B0A	40 墮 058AE	40 琇 07407	40 墩 058A9
40 鎏 0938F	40 駙 099D9	40 戡 06229	40 噩 05669	40 粘 07C98	40 勳 052F3	40 叡 053E1	40 冀 05180
40 槐 069D0	40 礦 07921	40 過 0904F	40 餡 09921	40 粹 07CB9	40 穢 07A62	40 睞 0775E	40 篡 07BE1
40 醇 09187	40 檳 06AB3	40 熨 071A8	40 艙 08259	40 戮 0622E	40 繃 07E43	40 璋 0748B	40 謐 08B10
40 瘠 07620	40 篙 07BD9	40 賬 08CEC	40 澀 06F80	40 嫵 05AF5	40 髏 09ACF	40 擒 064D2	40 鏘 093D8
40 颯 098AF	40 饅 09945	40 傯 0618A	40 鎳 093B3	40 噯 0566F	40 釄 091BA	40 嘮 0562E	40 囂 056C2
40 馹 099DF	40 癩 07669	40 螫 087AB	40 贖 08D16	40 薑 08591	40 癱 07671	40 虜 0865C	40 攫 0652B
40 髻 09AFB	40 鰾 09C3E	40 蹂 08E42	40 癲 07672	40 鼾 09F3E	40 髂 09AC2	40 霓 09713	40 粲 07CB2
40 螻 087BB	40 垛 0579B	40 嶽 05DBD	40 麤 05F58	40 縛 07E1B	40 搐 06410	40 谿 08C3F	40 鷙 09DF2

490

40 懦 061E6	40 窘 07A98	40 轄 08F44	40 鱉 09C49	40 鏢 093E2	40 鸝 09E1D	40 鎊 0938A	40 骶 09AB6
40 闔 095D4	40 晟 0665F	40 疇 07587	40 鼴 09F34	40 忡 05FE1	40 佼 04F7C	40 椹 06939	40 鯰 09BF0
40 曝 066DD	40 璽 074BD	40 籮 07C6E	40 巖 05DD6	40 鱖 09C56	40 戌 0620C	40 弩 05F29	40 么 04E48
40 杭 0676D	40 䲳 04CB3	40 忿 05FFF	40 䲁 04C81	40 汞 06C5E	40 圭 0572D	40 侖 04F96	40 牟 0725F
45 珀 073C0	45 叼 053FC	45 疤 075A4	45 弛 05F1B	45 玳 073B3	45 汶 06C76	45 胛 080DB	45 拄 062C4
45 恤 06064	45 汨 06C68	45 胥 080E5	45 獴 07374	45 洮 06D2E	45 丰 04E30	45 炳 070B3	45 尸 05C38
45 芥 082A5	45 坷 05777	45 殆 06B86	45 勺 052FA	45 夙 05919	45 忪 05FEA	45 抉 06289	45 嗬 055EC
45 韭 097ED	45 宥 05BA5	45 栓 06813	45 釗 091D7	45 祐 07950	45 尹 05C39	45 敖 06556	45 姬 059EC
45 腑 08151	45 倪 0502A	45 斟 0659F	45 捎 0634E	45 詁 08A41	45 浦 06D66	45 徬 05FAC	45 蚵 086B5
45 粥 07CA5	45 莧 083A7	45 瑁 07441	45 惺 060FA	45 窖 07A96	45 徨 05FA8	45 蛭 086ED	45 扉 06249
45 斐 06590	45 俾 04FFE	45 毓 06BD3	45 酗 09157	45 滂 06EC2	45 袈 08888	45 貂 08C82	45 窒 07A92
45 烊 070CA	45 揆 063C6	45 寅 05BC5	45 蚣 086A3	45 琛 0741B	45 琦 07426	45 琥 07425	45 鄂 09102
45 瑕 07455	45 羔 07F94	45 醞 0919E	45 鳩 09CE9	45 黝 09EDD	45 褂 08902	45 燄 071C4	45 肄 08084
45 嬪 05B2A	45 慵 06175	45 踵 08E35	45 筵 07B75	45 韆 097C6	45 嘀 05600	45 靄 09744	45 綾 07DBE
45 鞦 097A6	45 裊 088CA	45 蹼 08E7C	45 斡 065A1	45 羈 07F88	45 裴 088F4	45 鼬 09F2C	45 憧 061A7
45 譚 08B5A	45 頡 09821	45 籐 07C50	45 憬 061AC	45 闕 095D5	45 緬 07DEC	45 懺 061FA	45 閤 095A4

45 麒 09E92	45 鋄 092A8	45 挙 06523	45 醯 09183	45 鑒 09452	45 獰 07370	45 蘸 08638	45 蕈 08548
45 羫 07FB6	45 鍬 0936C	45 霾 0973E	45 膿 081BF	45 賍 08D13	45 癖 07656	45 儼 0513C	45 擷 064F7
45 鯉 09BC9	45 謗 08B17	45 橈 06AC8	45 瀆 07006	45 譅 08B05	45 甈 06C08	45 唰 05530	45 戳 06233
45 体 04F53	45 謁 08B01	45 謳 08B33	45 謼 08AFC	45 懃 061C3	45 繐 07E10	45 鎌 0938C	45 滬 06EEC
45 蠭 087BD	45 腮 0816E	45 瀧 07027	45 僮 050EE	45 隼 096BC	45 蜈 08708	45 涂 06D82	45 摻 0647B
45 欸 06B38	45 寰 05BF0	45 譊 08B4A	45 膛 0819B	45 蹠 08E60	45 翏 0978F	45 憨 061A8	45 瓓 074A6
45 驥 09A65	45 璣 074A3	45 吽 0543D	45 瘸 07638	45 猝 0731D	45 瞥 077A5	45 鮨 09B68	45 濘 06FD8
45 嚭 056AD	45 曇 066C7	45 昶 06636	45 爐 071FC	45 鄻 0912F	45 瘍 0760D	45 飆 098C6	45 稔 07A14
45 笵 07B35	45 袋 088DF	45 彧 05F67	45 廝 05EDD	45 鰲 09C32	45 燉 071C9	45 姵 059F5	45 璿 074BF
45 鬟 09B1F	45 殯 06BAF	45 鑫 0946B	45 璟 0749F	45 躪 08EAA	45 詫 08A6B	45 顥 09873	45 鋅 092C5
45 傜 0509C	45 懋 061CB	45 寥 05BE5	45 懍 061CD	45 瘴 07634	45 騁 09A01	45 鐙 09419	45 怜 0601C
45 宕 05B95	45 芃 08283	45 鋂 092A5	45 睫 0776B	45 怡 067B1	45 鴦 09D37	45 琮 0742E	45 伎 04F0E
45 摁 06441	45 惜 06114	45 嗩 055E9	45 蓁 084C1	45 圮 0572E	45 漚 06F1A	45 跗 08DD7	45 汕 06C55
45 拼 06335	45 戎 0620E	45 丕 04E15	45 硞 07853	45 并 05E76	45 鮍 09BDD	45 叚 053DA	45 砧 2546E
45 帚 05E1A	45 艮 0826E	45 拗 062D7	45 忽 06031	45 呶 05476	45 糸 07CF8	45 仆 04EC6	45 圳 05733
45 況 051B5	45 弔 05F14	45 佻 04F7B	45 怵 06035	45 佬 04F6C	45 戾 0623E	45 阮 0962E	45 帘 05E18

45 胤 080E4	45 昕 06615	45 芷 082B7	45 汰 06C70	45 柢 067E2	45 妞 0599E	45 俑 04FD1	45 囤 056E4
45 剋 0524B	45 彤 05F64	45 拽 062FD	45 芹 082B9	45 虱 08671	45 軋 08ECB	45 恃 06043	45 盂 076C2
45 垠 057A0	45 阜 0961C	45 赳 08D73	45 尬 05C2C	45 苯 082EF	45 汴 06C74	45 炊 0708A	45 禺 079BA
45 奎 0594E	45 紉 07D09	45 氓 06C13	45 癸 07678	45 舢 08222	45 沁 06C81	45 奐 05950	45 玷 073B7
45 酉 0914B	45 迴 08FE5	45 閂 09582	45 厷 05187	45 倌 0500C	45 旻 065FB	45 罟 07F5F	45 呼 0546F
45 胭 080ED	45 椽 0693D	45 捍 0634D	45 侄 04F84	45 恣 06063	45 町 0753A	45 涅 06D85	45 縧 07E27
45 訕 08A15	45 皤 076A4	45 狷 072F7	45 坂 05742	45 紜 07D1C	45 璐 07490	45 啤 05564	45 譴 08B14
45 倔 05014	45 蹦 08E3D	45 埠 057E0	45 薇 0861E	45 桔 06854	45 藦 08626	45 悻 060BB	45 蕎 0854E
45 孳 05B73	45 鰈 09C08	45 喫 055AB	45 甚 0845A	45 廄 05EC4	45 饌 0994C	45 弼 05F3C	45 糗 07CD7
45 舂 08202	45 獼 0737C	45 粕 07C95	45 蟻 08811	45 掣 063A3	45 蛸 086F8	45 翌 07FCC	45 纜 07E9C
45 涿 06DBF	45 粧 07CA7	45 蛉 086C9	45 銹 092B9	45 筐 07B50	45 獒 07352	45 楠 06960	45 檔 06B09
45 証 08A3C	45 籧 07C57	45 榆 06986	45 噘 05658	45 菨 0840B	45 豭 06AEB	45 慄 06144	45 贏 08803
45 跚 08DDA	45 榧 069A7	45 嗆 055C6	45 魆 09B46	45 鈴 09210	45 餑 09911	45 湣 06E63	45 髣 09B08
45 隅 09685	45 鞪 076B8	45 揖 063D6	45 鴽 09D3D	45 慇 06147	45 鎣 09359	45 煏 0717D	45 葎 0844E
45 瑿 0743F	45 鶇 09D87	45 酪 0916A	45 槤 069E4	45 蜆 08706	45 緄 07DC4	45 榻 069BB	45 忕 05FE4
45 蜊 0870A	45 莠 084A1	45 蒿 084BF	45 蒟 0849F	45 魷 09B77	45 鱒 09C52	45 僑 05115	45 蒴 084B4

45 緹 07DF9	45 蒻 084BB	45 遰 09068	45 箹 05284	45 諴 08AA1	45 廨 05EE8	45 諉 08AC9	45 鵗 097D9
45 稼 07A3C	45 蜾 0873E	45 諂 08AC2	45 憾 061E8	45 噶 05676	45 薈 08588	45 餌 0990C	45 胺 080FA
45 獥 07357	45 珩 073E9	45 嚅 05685	45 苳 082F3	45 輿 08F3F	45 茬 0830C	45 燬 071EC	45 苹 082F9
45 褸 08938	45 嵋 05D4B	45 鮪 09BAA	45 眈 07708	45 穆 07A46	45 囟 056DF	45 靘 0975B	45 珈 073C8
45 箟 07BE6	45 枷 067B7	45 瞻 077BB	45 挈 062CF	45 褥 08925	45 祛 0795B	45 諜 08ADC	45 鈦 09226
45 孌 08F61	45 邳 090B3	45 躊 08E8A	45 亓 04E93	45 殲 06BB2	45 狒 072D2	45 躙 08E59	45 酌 0914C
45 懾 061FE	45 耆 08006	45 贅 08D05	45 偌 0504C	45 蹣 08E63	45 舨 08228	45 夔 05914	45 洰 06D65
45 鷥 09DE5	45 浹 06D79	45 鎗 09397	45 娩 05A29	45 蹳 08E76	45 唆 05506	45 曚 077C7	45 奚 0595A
45 鎬 093AC	45 秣 079E3	45 簣 07C23	45 啜 0555C	45 鎔 09394	45 涇 06D87	45 鑪 081DA	45 朕 06715
45 繹 07E79	45 惘 060D8	45 鏤 093E4	45 瓠 074E0	45 椋 0690B	45 疵 075B5	45 脛 0811B	45 崧 05D27
45 旒 065D2	45 梱 068B1	45 瓾 074DE	45 耔 0801C	45 軫 08EEB	45 猖 07316	45 膾 081BE	45 翎 07FCE
45 燠 071E0	45 幀 05E40	45 螟 0879F	45 晤 06664	45 霏 0970F	45 暄 06684	45 翶 07FF1	45 楔 06954
45 臻 081FB	45 彙 05F59	45 瀛 0701B	45 楹 06979	45 襄 079B3	45 媲 05AB2	45 顥 09865	45 棠 068E0
45 譁 08B41	45 塢 05862	45 囁 056C1	45 琨 07428	45 囂 07F4C	45 痤 075D9	45 譎 08B4E	45 腋 0814B
45 餽 0993D	45 腴 08174	45 催 05095	45 腓 08153	45 紓 07D13	45 雹 096F9	45 睄 07747	45 軏 08EFE
45 擘 064D8	45 槃 069C3	45 籛 07C11	45 隽 096CB	45 谽 08C41	45 詰 08A70	45 櫫 06AFA	45 榨 069A8

494

45 贗 08D17	45 榛 0699B	45 鱔 09C54	45 瘁 07601	45 襤 08964	45 銬 092AC	45 氪 06C2A	45 嬋 05B0B
45 檻 05C37	45 蝨 08768	45 籔 07C0C	45 闔 095A8	45 巍 05DCD	45 誹 08AB9	45 醴 091B4	45 碾 078BE
45 寔 05BD4	45 蠡 08821	45 躇 08E87	45 瀾 0703E	50 璜 0749C	50 鉄 09296	50 羯 07FAF	50 閼 095A1
50 稷 07A37	50 暱 066B1	50 諄 08AEA	50 兗 05157	50 糒 08025	50 恪 0606A	50 氐 06C10	50 沱 06CB1
50 汎 06C4E	50 泗 06CD7	50 刎 0520E	50 屁 054AB	50 傲 05023	50 叱 053F1	50 姣 059E3	50 牤 07264
50 浬 06D6C	50 阡 09621	50 唧 05563	50 朴 06734	50 悖 06096	50 綺 07D5D	50 挈 06308	50 弁 05F01
50 珞 073DE	50 搣 0EC02	50 皋 0768B	50 玘 07398	50 奘 05958	50 佯 04F6F	50 倨 05028	50 抿 062BF
50 倏 0500F	50 枋 0678B	50 冢 051A2	50 杓 06753	50 娉 05A09	50 咋 0548B	50 偃 05043	50 邢 090A2
50 窈 07A88	50 孚 05B5A	50 鬲 09B32	50 芍 0828D	50 茴 08334	50 圻 0573B	50 茗 08317	50 吭 0542E
50 茨 08328	50 刨 05228	50 婪 05A6A	50 泠 06CE0	50 荃 08343	50 苛 082DB	50 逅 09005	50 泯 06CEF
50 俸 04FF8	50 祉 07949	50 孰 05B70	50 洄 06CC5	50 窅 07A95	50 洌 06D0C	50 旋 065CE	50 蚋 0867B
50 揆 06369	50 牴 07274	50 晦 06666	50 疣 075A3	50 嵐 05D50	50 洵 06D35	50 蛆 086C6	50 柚 067DA
50 蚶 086B6	50 朢 27375	50 釧 091E7	50 碱 078B1	50 捫 0636B	50 咔 05494	50 愜 0611C	50 仃 04EC3
50 硃 07843	50 乩 04E69	50 啇 0557B	50 苷 082F7	50 淌 06DCC	50 甬 0752C	50 捱 06371	50 侃 04F83
50 惻 060FB	50 戕 06215	50 絀 07D40	50 妓 05993	50 崛 05D1B	50 杳 06773	50 愎 0610E	50 佃 04F43
50 脯 0812F	50 羌 07F8C	50 悼 060C7	50 苧 082E7	50 訢 08A22	50 泓 06CD3	50 笒 07B1E	50 洱 06D31

50 猙 07319	50 柴 067D2	50 笁 07B2E	50 氘 06C16	50 焊 0710A	50 鴘 04D08	50 揩 063E9	50 緙 0EC03
50 淄 06DC4	50 酉 09149	50 愿 0607F	50 沅 06C85	50 崝 05D22	50 昊 0660A	50 訟 08A1F	50 酊 0914A
50 尌 08C49	50 亟 04E9F	50 堰 05830	50 蝽 0877D	50 揓 063F9	50 鯣 04C85	50 棹 068F9	50 攸 06538
50 嵩 05D69	50 苓 082D3	50 幌 05E4C	50 甫 0752D	50 昀 06600	50 杼 0677C	50 盅 076C5	50 蔥 08471
50 痢 075E2	50 塭 0586D	50 賁 08CC1	50 軼 08EFC	50 溴 06EB4	50 幄 05E44	50 嗉 055C9	50 濿 06E61
50 搆 06406	50 磋 078B4	50 菠 083E0	50 褾 088F1	50 煜 0715C	50 淼 06DFC	50 隍 0968D	50 蜚 0871A
50 渭 06E2D	50 褋 088F0	50 暘 06698	50 摺 06482	50 塚 0585A	50 穀 06996	50 馭 099AD	50 潁 06F41
50 渥 06E25	50 徫 05FAB	50 棻 068FB	50 潢 06F62	50 幗 05E57	50 鋎 0928E	50 嶄 05D84	50 舚 089DA
50 遐 09050	50 儆 05106	50 逾 0903E	50 璉 07489	50 葷 08477	50 瞍 0778D	50 漾 06F3E	50 酚 0915A
50 暝 0669D	50 紅 09B5F	50 賂 08CC2	50 瞅 07785	50 璣 07463	50 頎 0980E	50 鈷 09237	50 葽 084FD
50 稞 07A1E	50 薞 0851E	50 鈽 0923D	50 蝟 0875F	50 艋 0824B	50 褙 08919	50 鉋 0924B	50 舺 0823A
50 翁 084CA	50 皆 07725	50 犒 07292	50 璢 07462	50 麻 075F3	50 臘 0814A	50 粤 07CB5	50 闔 095AB
50 瘀 07600	50 苠 08423	50 蜩 08729	50 浠 06EF8	50 僖 050D6	50 噀 05640	50 貲 08CB2	50 珺 07404
50 堲 05880	50 嬃 05B03	50 憎 0618E	50 圜 0571C	50 撚 0649A	50 嶙 05D99	50 冪 051AA	50 淖 06DD6
50 慝 0615D	50 淩 06DE9	50 頜 0981C	50 摯 06470	50 韶 097F6	50 靳 09773	50 喋 05664	50 槲 069F2
50 鄞 0911E	50 葯 0846F	50 蔑 08511	50 蠉 08793	50 遛 0905B	50 彀 05F40	50 赭 08D6D	50 蒍 0848D

496

50 頫 0982B	50 槿 069FF	50 劊 0528A	50 扙 06259	50 潼 06F7C	50 遶 09076	50 懣 061E3	50 錛 0931B
50 踹 08E39	50 錩 09329	50 賸 08CF8	50 闥 095B9	50 鍚 0935A	50 僉 050C9	50 孺 05B7A	50 鮐 09B90
50 覦 089A6	50 梇 06887	50 駢 099E2	50 鴝 09D1D	50 縈 07E08	50 晢 06662	50 殮 06BAE	50 詒 08A52
50 瀋 0700B	50 殭 06BAD	50 鍥 09365	50 澔 06F94	50 蹊 08E4A	50 喏 0558F	50 曙 066D9	50 碇 07887
50 盥 076E5	50 睚 0775A	50 濠 06FE0	50 罅 07F45	50 錨 09328	50 緡 07DE1	50 醣 091A3	50 崚 05D1A
50 濬 06FEC	50 婕 05A55	50 邂 09082	50 乜 04E5C	50 瞼 077BC	50 襁 08941	50 遽 0907D	50 謖 08B16
50 檻 06ABB	50 偲 05072	50 篠 07BE0	50 陟 0965F	50 薊 0858A	50 蓴 084F4	50 驍 09A4D	50 隰 096B0
50 矓 077D3	50 荇 08347	50 囈 056C8	50 鋯 092EF	50 鐳 09433	50 茛 0831B	50 譴 08B74	50 謾 08B3E
50 蟯 087EF	50 嚙 05699	50 韜 097DC	50 网 07F51	50 驃 09A43	50 燿 071FF	50 鵠 09D60	50 蟳 087F3
50 贛 08D1B	50 黿 09EFF	50 謨 08B28	50 瀅 07005	50 蟠 087E0	50 癤 07664	50 顰 09870	50 笈 07B08
50 瀘 07018	50 砱 07831	50 齜 09F5C	50 蹔 08E54	50 齧 09F67	50 砣 07823	50 鶉 09D89	50 珣 073E3
50 馥 099A5	50 閬 095AC	50 邇 09087	50 騅 09A05	50 孿 05B7F	50 眭 0772D	50 霰 09730	50 珥 073E5
50 甯 0752F	50 鵟 09D5F	50 焙 07119	50 鼩 09F29	50 閑 09591	50 厴 053B4	50 隄 09684	50 涘 06D98
50 嗣 055E3	50 嬿 05B3F	50 滇 06EC7	50 櫧 06AE7	50 賄 08CC4	50 烷 070F7	50 貉 08C89	50 桎 0684E
50 旖 065D6	50 捅 06345	50 酩 09169	50 積 07A68	50 嫣 05AE3	50 糬 07CEC	50 筮 07B6E	50 嗐 055D0
50 蓀 084C0	50 哧 054E7	50 睪 0776A	50 埕 057D5	50 隘 09698	50 蹭 08E6D	50 靶 09776	50 鏄 093C4

睿 0777F	娳 05A33	緘 07DD8	奆 08037	霆 09706	鯔 09BD4	慫 0616B	鶆 09D86
箴 07BB4	紈 07D08	滕 06ED5	鵯 09D6F	聳 0729B	鱸 09C78	裓 08913	瞣 066E3
諍 08ACD	淀 06DC0	嶸 05DB8	藿 085FF	鴛 09D1B	蘄 08604	壥 058D5	嗔 055D4
鴦 09D26	蠖 08816	縊 07E0A	粘 07C78	螯 07F44	螗 08797	鍍 0934D	眄 07704
暽 0779F	螅 08785	癘 07658	鰆 09C06	蹉 08E49	泂 06D04	臃 081C3	鶿 09DBF
餞 0991E	鶩 09DA9	壟 058DF	櫸 06AF8	齪 09F6A	洨 06D28	灞 0705E	毖 06BD6
鐫 0942B	螨 08788	驵 09A35	鸞 09E1E	醮 091AE	殂 06B82	瓚 074DA	鶺 09DBA
髳 09B03	鼱 09F31	觲 089B2	攢 06522	纓 07E93	暐 06690	琬 0742C	梏 0688F
摒 06452	怂 06042	酣 09163	羅 07CF4	跎 08DCE	驊 09A4A	蝃 08703	鱈 09C48
幛 05E5B	乥 06243	嫗 05AD7	躪 08E95	鉑 09251	峋 05CCB	髡 09AE1	攥 06525
甕 058C5	屌 05C4C	銼 092BC	轤 08F64	跟 08E1F	姮 059EE	誑 08A91	濨 06FE8
撘 06506	芫 082AB	錚 0931A	坌 0574C	鴒 09D12	顴 09874	燾 071FE	剉 05249
瞽 077BD	鷟 09DFF	縹 07E39	糶 07CF6	贍 08D0D	奻 0598F	嚇 056CC	佽 04FEC
鏃 093C3	鸕 09E15	孽 05B7D	玠 073A0	繕 07E55	櫞 06B1E	蜣 08723	鱺 09C7A
氬 06C2C	炔 07094	箋 07B8B	瑗 07457	睨 07768	泂 06CC2	賃 08CC3	枃 06792
鉻 0927B	崌 05D0C	癆 07646	嫚 05AFA	縑 07E11	扠 06260	覾 089AC	豸 08C78

498

50	50	50	50	50	50	50	50
獺	岬	霙	炆	齷	咂	愷	冼
0737A	05CAC	0972A	0590C	09F77	05482	06137	051BC
榷	烟	綃	縣	糠	玗	濰	虬
069B7	070DF	07DF2	07DDC	07CE0	07395	06FF0	0866C
鷂	軭	綬	汩	褊	蘇	饞	摑
09DC2	08EAD	07DAC	06C69	0890A	0861A	0993E	06451
臆	粿	緋	犂	鮟	鱇	頻	鄺
081C6	07CBF	07DCB	07282	09B9F	09C47	0982B	265D2

日本常用汉字表

哀 054C0	扱 06271	尉 05C09	教-3 意 0610F	慰 06170	易 06613	教-5 胃 080C3	教-4 医 0533B
井 04E95	教-6 域 057DF	教-1 一 04E00	教-5 因 056E0	姻 059FB	教-2 引 05F15	教-1 右 053F3	教-2 羽 07FBD
教-1 雨 096E8	教-6 浦 06D66	映 06620	教-5 永 06C38	泳 06CF3	越 08D8A	猿 0733F	凹 051F9
教-3 央 0592E	教-5 奥 05965	往 05F80	押 062BC	教-3 横 06A2A	教-1 王 0738B	翁 07FC1	教-2 黄 09EC4
乙 04E59	教-5 恩 06069	教-3 温 06E29	教-1 下 04E0B	教-2 何 04F55	教-4 佳 04F73	教-4 加 052A0	教-5 可 053EF
教-2 夏 0590F	教-2 科 079D1	暇 06687	教-2 歌 06B4C	教-5 河 06CB3	教-1 火 0706B	教-6 我 06211	介 04ECB
教-2 回 056DE	戒 06212	教-4 械 068B0	教-3 界 0754C	教-2 外 05916	概 06982	涯 06DAF	教-4 街 08857
垣 057A3	教-4 各 05404	教-5 格 0683C	教-6 革 09769	教-1 学 05B66	岳 05CB3	潟 06F5F	括 062EC
教-2 活 06D3B	且 04E14	刈 05208	冠 051A0	教-5 刊 0520A	勘 052D8	教-6 巻 05DFB	教-6 干 05E72
患 060A3	教-3 感 0611F	款 06B3E	汗 06C57	甘 07518	教-6 看 0770B	缶 07F36	肝 0809D
教-2 丸 04E38	教-3 岸 05CB8	教-2 岩 05CA9	企 04F01	教-6 危 05371	教-4 喜 0559C	教-5 基 057FA	奇 05947
教-4 岐 05C90	教-4 希 05E0C	忌 05FCC	教-6 机 0673A	教-3 期 0671F	棋 068CB	教-5 汽 06C7D	祈 07948
教-4 季 05B63	教-5 技 06280	欺 06B3A	吉 05409	脚 0811A	教-5 逆 09006	丘 04E18	教-5 久 04E45
教-1 休 04F11	教-6 及 053CA	教-2 吸 05438	弓 05F13	教-3 急 06025	教-4 救 06551	朽 0673D	教-4 求 06C42
教-3 球 07403	教-5 旧 065E7	教-2 牛 0725B	教-3 去 053BB	虚 0865A	教-6 供 04F9B	教-4 共 05171	峡 05CE1
恐 06050	恭 0606D	挟 0631F	教-2 教 06559	狂 072C2	狭 072ED	教-6 胸 080F8	教-3 局 05C40

502

教-3 曲 066F2	教-1 玉 07389	斤 065A4	教-5 禁 07981	教-6 筋 07B4B	襟 0895F	教-2 近 08FD1	教-1 金 091D1
教-1 九 04E5D	教-5 句 053E5	愚 0611A	偶 05076	遇 09047	隅 09685	屈 05C48	掘 06398
靴 09774	勲 052F2	教-3 君 0541B	群 07FA4	郡 090E1	刑 05211	教-2 兄 05144	教-4 型 0578B
教-2 形 05F62	憩 061A9	教-6 迎 08FCE	教-4 激 06FC0	欠 06B20	教-3 血 08840	教-1 月 06708	教-5 件 04EF6
教-4 健 05065	兼 0517C	教-5 券 05238	圏 0570F	嫌 05ACC	教-4 建 05EFA	教-1 犬 072AC	献 0732E
教-3 研 07814	遣 09063	教-2 元 05143	教-2 古 053E4	呼 0547C	教-6 固 056FA	教-4 己 05DF1	教-5 故 06545
枯 067AF	鼓 09F13	教-1 五 04E94	互 04E92	教-2 午 05348	碁 07881	侯 04FAF	光 05149
教-4 功 0529F	教-5 厚 0539A	教-1 口 053E3	教-3 向 05411	教-6 后 0540E	孔 05B54	教-6 孝 05B5D	教-2 工 05DE5
巧 05DE7	拘 062D8	攻 0653B	更 066F4	江 06C5F	洪 06D2A	甲 07532	教-6 皇 07687
硬 0786C	肯 080AF	教-2 行 0884C	衡 08861	酵 09175	香 09999	教-3 号 053F7	教-2 合 05408
克 0514B	教-4 告 0544A	教-2 国 056FD	酷 09177	腰 08170	教-6 込 08FBC	困 056F0	婚 05A5A
教-3 根 06839	教-5 混 06DF7	佐 04F50	教-1 左 05DE6	教-5 再 0518D	教-4 最 06700	妻 059BB	栽 0683D
教-3 祭 0796D	教-6 裁 088C1	教-5 在 05728	教-4 材 06750	崎 05D0E	教-2 作 04F5C	削 0524A	教-4 昨 06628
教-6 策 07B56	教-4 刷 05237	撮 064AE	教-4 札 0672D	皿 076BF	教-1 三 04E09	教-1 山 05C71	教-4 散 06563
教-2 算 07B97	教-6 蚕 08695	教-3 仕 04ED5	伺 04F3A	教-3 使 04F7F	刺 0523A	教-4 司 053F8	教-4 史 053F2
嗣 055E3	教-1 四 056DB	教-4 士 058EB	姿 059FF	教-6 子 05B50	教-5 志 05FD7	教-2 思 0601D	教-5 支 0652F

教-5 枝 0679D	教-2 止 06B62	教-3 死 06B7B	教-4 氏 06C0F	祉 07949	肢 080A2	教-3 事 04E8B	侍 04F8D
教-2 寺 05BFA	教-3 持 06301	教-3 次 06B21	教-1 耳 08033	教-2 自 081EA	教-3 式 05F0F	教-1 七 04E03	教-4 失 05931
湿 06E7F	漆 06F06	赦 08D66	斜 0659C	煮 0716E	教-2 社 0793E	教-3 者 08005	勺 052FA
教-6 尺 05C3A	爵 07235	教-3 主 04E3B	教-1 手 0624B	趣 08DA3	教-3 酒 09152	首 09996	儒 05112
教-3 受 053D7	教-5 授 06388	需 09700	囚 056DA	教-4 周 05468	教-3 州 05DDE	愁 06101	教-3 拾 062FE
教-2 秀 079C0	秋 079CB	酬 0916C	教-3 住 04F4F	教-1 十 05341	汁 06C41	教-3 重 091CD	叔 053D4
淑 06DD1	教-4 祝 0795D	教-1 出 051FA	教-5 述 08FF0	教-2 春 06625	瞬 077AC	循 05FAA	旬 065EC
殉 06B89	盾 076FE	巡 05DE1	遵 09075	教-4 初 0521D	教-3 暑 06691	教-6 署 07F72	教-3 助 052A9
叙 053D9	教-1 女 05973	徐 05F90	教-6 除 09664	升 05347	召 053EC	教-4 唱 05531	奨 05968
教-1 小 05C0F	尚 05C1A	承 0627F	招 062DB	掌 0638C	昭 0662D	晶 06676	沼 06CBC
教-3 消 06D88	教-4 照 07167	硝 0785D	祥 07965	教-4 笑 07B11	肖 08096	教-1 上 04E0A	丈 04E08
冗 05197	教-6 城 057CE	教-5 常 05E38	状 072B6	嘱 05631	教-2 色 08272	辱 08FB1	侵 04FB5
娠 05A20	教-2 心 05FC3	振 0632F	森 068EE	浸 06D78	申 07533	教-3 神 0795E	震 09707
教-1 人 04EBA	教-6 仁 04EC1	尽 05C3D	迅 08FC5	吹 05439	教-6 垂 05782	教-1 水 06C34	炊 0708A
睡 07761	遂 09042	随 0968F	教-2 数 06570	枢 067A2	据 0636E	杉 06749	澄 06F84
教-6 寸 05BF8	教-3 世 04E16	是 0662F	制 05236	姓 059D3	征 05F81	教-4 成 06210	教-5 政 0653F

教-3 整 06574	教-2 星 0661F	教-2 晴 06674	教-1 正 06B63	教-4 清 06E05	牲 07272	教-1 生 0751F	教-6 盛 076DB
教-5 精 07CBE	教-2 声 058F0	教-2 西 0897F	教-1 逝 0901D	教-1 青 09752	教-4 静 09759	教-5 税 07A0E	斥 065A5
教-3 昔 06614	析 06790	教-1 石 077F3	籍 07C4D	赤 08D64	教-4 拙 062D9	折 06298	教-2 雪 096EA
教-5 舌 0820C	仙 04ED9	教-1 先 05148	千 05343	占 05360	教-6 専 05C02	教-1 川 05DDD	栓 06813
教-6 泉 06CC9	教-6 洗 06D17	潜 06F5C	教-2 前 0524D	教-6 善 05584	教-4 然 07136	教-3 全 05168	塑 05851
措 063AA	疎 0758E	教-5 祖 07956	租 079DF	粗 07C97	阻 0963B	双 053CC	壮 058EE
教-6 奏 0594F	教-3 想 060F3	教-1 早 065E9	曹 066F9	槽 069FD	教-4 争 04E89	教-3 相 076F8	教-2 走 08D70
教-3 送 09001	遭 0906D	霜 0971C	教-5 造 09020	促 04FC3	即 05373	教-3 息 0606F	教-4 束 0675F
教-1 足 08DB3	教-3 速 0901F	俗 04FD7	教-5 属 05C5E	教-6 存 05B58	教-6 尊 05C0A	教-1 村 06751	教-3 他 04ED6
教-2 多 0591A	教-2 太 0592A	堕 05815	妥 059A5	惰 060F0	教-3 打 06253	教-2 体 04F53	耐 08010
教-3 待 05F85	怠 06020	替 066FF	泰 06CF0	教-5 退 09000	逮 0902E	教-3 代 04EE3	教-1 大 05927
教-3 第 07B2C	拓 062D3	但 04F46	脱 08131	棚 068DA	教-2 谷 08C37	丹 04E39	教-6 担 062C5
淡 06DE1	教-3 短 077ED	胆 080C6	教-5 断 065AD	教-6 暖 06696	教-6 段 06BB5	教-1 男 07537	知 077E5
教-2 地 05730	教-2 池 06C60	致 081F4	教-1 竹 07AF9	逐 09010	秩 079E9	教-1 中 04E2D	教-4 仲 04EF2
教-6 忠 05FE0	抽 062BD	教-2 昼 0663C	教-3 柱 067F1	教-3 注 06CE8	教-1 虫 0866B	教-3 丁 04E01	教-4 兆 05146
教-2 挑 06311	朝 0671D	教-6 潮 06F6E	教-1 町 0753A	眺 0773A	超 08D85	跳 08DF3	勅 052C5

				教-3	教-2		
朕	沈	珍	津	追	通	坪	呈
06715	06C88	073CD	06D25	08FFD	0901A	0576A	05448
教-2	教-2	教-5	教-5		教-4	教-3	
堤	弟	提	程	泥	的	笛	哲
05824	05F1F	063D0	07A0B	06CE5	07684	07B1B	054F2
	教-4	教-6	教-2		教-1		教-4
迭	典	展	点	殿	田	吐	徒
08FED	05178	05C55	070B9	06BBF	07530	05410	05F92
	教-3		教-3	教-4	教-1		
斗	登	途	都	努	土	奴	怒
06597	0767B	09014	090FD	052AA	0571F	05974	06012
教-6	教-2	教-2		教-3			教-4
党	冬	刀	悼	投	桃	盗	灯
0515A	051AC	05200	060BC	06295	06843	076D7	0706F
教-2	教-3	教-2		教-3			
当	等	答	筒	豆	踏	逃	透
05F53	07B49	07B54	07B52	08C46	08E0F	09003	0900F
	教-2				教-2		教-4
陶	同	堂	洞	胴	道	峠	得
09676	0540C	05802	06D1E	080F4	09053	05CE0	05F97
教-4	教-5		教-6			教-2	教-1
特	独	凸	届	豚	内	南	二
07279	072EC	051F8	05C4A	08C5A	05185	05357	04E8C
	教-2	教-1	教-6	教-1			教-5
尼	肉	日	乳	入	如	尿	任
05C3C	08089	065E5	04E73	05165	05982	05C3F	04EFB
	教-1	教-5				教-3	教-5
妊	年	燃	粘	把	覇	波	破
0598A	05E74	071C3	07C98	0628A	08987	06CE2	07834
	教-6			教-3			
婆	俳	排	杯	配	伯	拍	泊
05A46	04FF3	06392	0676F	0914D	04F2F	062CD	06CCA
教-1				教-2	教-3	教-3	教-1
白	迫	爆	麦	箱	肌	畑	八
0767D	08FEB	07206	09EA6	07BB1	0808C	07551	0516B
教-2		教-2		教-5	教-6		教-2
伐	伴	半	帆	犯	班	畔	番
04F10	04F34	0534A	05E06	072AF	073ED	07554	0756A
教-6		教-3	教-3	教-6			教-3
否	妃	彼	悲	批	披	泌	皮
05426	05983	05F7C	060B2	06279	062AB	06CCC	076AE
教-6	教-5			教-3	教-3	教-4	教-1
秘	肥	被	尾	美	鼻	必	百
079D8	080A5	088AB	05C3E	07F8E	09F3B	05FC5	0767E
教-5			教-4	教-3	教-3		
俵	氷	漂	票	表	品	浜	瓶
04FF5	06C37	06F02	07968	08868	054C1	06D5C	074F6

506

教-4 不 04E0D	教-4 付 04ED8	教-4 夫 0592B	教-5 布 05E03	扶 06276	普 0666E	浮 06D6E	教-2 父 07236
符 07B26	赴 08D74	附 09644	教-5 武 06B66	封 05C01	教-4 伏 04F0F	副 0526F	幅 05E45
教-3 服 0670D	教-3 福 0798F	教-6 腹 08179	覆 08986	沸 06CB8	物 07269	教-3 分 05206	教-2 粉 07C89
雾 096F0	丙 04E19	教-4 兵 05175	塀 05840	教-3 平 05E73	弊 05F0A	柄 067C4	教-2 米 07C73
教-4 便 04FBF	捕 06355	教-2 母 06BCD	俸 04FF8	奉 05949	峰 05CF0	崩 05D29	邦 090A6
乏 04E4F	教-5 暴 066B4	教-6 棒 068D2	肪 080AA	膨 081A8	教-3 北 05317	朴 06734	教-4 牧 07267
堀 05800	奔 05954	教-1 本 0672C	翻 07FFB	凡 051E1	盆 076C6	埋 057CB	教-6 枚 0679A
又 053C8	抹 062B9	教-4 末 0672B	教-2 万 04E07	漫 06F2B	教-3 味 05473	教-4 未 0672A	岬 05CAC
教-4 民 06C11	眠 07720	矛 077DB	婿 05A7F	教-1 名 0540D	教-3 命 0547D	明 0660E	教-6 盟 076DF
教-5 迷 08FF7	教-3 面 09762	教-2 毛 06BDB	猛 0731B	耗 08017	教-1 木 06728	教-1 目 076EE	夘 05301
教-2 矢 077E2	厄 05384	役 05F79	柳 067F3	油 06CB9	教-2 友 053CB	悠 060A0	教-3 有 06709
教-3 由 07531	裕 088D5	教-1 夕 05915	教-3 予 04E88	教-5 余 04F59	誉 08A89	洋 06D0B	教-2 用 07528
教-3 羊 07F8A	教-4 要 08981	踊 08E0A	抑 06291	教-6 欲 06B32	教-4 浴 06D74	翼 07FFC	裸 088F8
教-2 来 06765	教-3 雷 096F7	落 0843D	酪 0916A	教-6 乱 04E71	教-6 卵 05375	教-4 利 05229	吏 0540F
履 05C65	教-2 理 07406	教-2 里 091CC	教-6 律 05F8B	教-5 略 07565	教-5 留 07559	了 04E86	僚 050DA
教-4 量 091CF	教-1 力 0529B	厘 05398	教-1 林 06797	教-4 令 04EE4	教-4 例 04F8B	教-4 冷 051B7	励 052B1

教-3 礼 0793C	零 096F6	教-3 列 05217	烈 070C8	教-3 路 08DEF	露 09732	楼 0697C	漏 06F0F
老 08001	教-3 和 0548C	惑 060D1	枠 067A0	渋 06E0B	咲 054B2	教-4 飛 098DB	渦 06E26
続 07D9A	教-4 亜 04E9C	教-4 愛 0611B	教-3 悪 060AA	教-5 圧 05727	偉 05049	教-4 囲 056F2	為 070BA
教-6 異 07570	教-5 移 079FB	維 07DAD	緯 07DEF	違 09055	教-6 遺 0907A	壱 058F1	稲 07A32
教-3 員 054E1	教-3 飲 098F2	陰 09670	隠 096A0	韻 097FB	教-3 運 0904B	教-2 雲 096F2	教-5 営 055B6
教-4 栄 06804	教-5 衛 0885B	詠 08A60	鋭 092ED	教-3 駅 099C5	謁 08B01	閲 095B2	教-1 円 05186
教-2 園 05712	煙 07159	縁 07E01	教-2 遠 09060	鉛 0925B	教-4 塩 05869	汚 06C5A	教-5 応 05FDC
沖 06C96	教-4 億 05104	憶 061B6	穏 07A4F	教-5 価 04FA1	禍 0798D	箇 07B87	華 083EF
菓 083D3	教-4 課 08AB2	教-4 貨 08CA8	教-5 過 0904E	教-5 賀 08CC0	餓 09913	塊 0584A	壊 058CA
懐 061D0	教-2 絵 07D75	教-3 開 0958B	教-3 階 0968E	教-1 貝 08C9D	該 08A72	嚇 05687	教-6 拡 062E1
獲 07372	教-5 確 078BA	穫 07A6B	教-4 覚 0899A	較 08F03	教-6 閣 095A3	教-2 楽 0697D	教-5 額 0984D
掛 0639B	渇 06E07	轄 08F44	乾 04E7E	乾 04E7E	勧 052E7	喚 0559A	教-5 幹 05E79
教-5 慣 06163	換 063DB	歓 06B53	教-3 漢 06F22	環 074B0	監 076E3	教-6 簡 07C21	緩 07DE9
艦 08266	教-4 観 089B3	貫 08CAB	還 09084	鑑 09451	教-2 間 09593	閑 09591	教-4 関 095A2
陥 09665	教-3 館 09928	頑 09811	教-2 顔 09854	教-4 願 09858	幾 05E7E	教-6 揮 063EE	棄 068C4
教-4 機 06A5F	教-2 帰 05E30	教-1 気 06C17	教-4 紀 07D00	教-5 規 0898F	教-2 記 08A18	教-6 貴 08CB4	軌 08ECC

508

輝 08F1D	飢 098E2	騎 09A0E	偽 0507D	儀 05100	戯 0622F	擬 064EC	犠 072A0
教-5 義 07FA9	教-4 議 08B70	喫 055AB	詰 08A70	教-3 宮 05BAE	窮 07AAE	教-3 級 07D1A	糾 07CFE
教-4 給 07D66	拠 062E0	教-4 挙 06319	許 08A31	教-5 漁 06F01	教-4 魚 09B5A	教-2 競 07AF6	教-4 協 05354
教-2 強 05F37	教-3 橋 06A4B	況 06CC1	矯 077EF	脅 08105	教-5 興 08208	教-6 郷 090F7	鏡 093E1
響 097FF	驚 09A5A	暁 06681	教-3 業 0696D	教-4 極 06975	緊 07DCA	謹 08B39	教-3 銀 09280
駆 099C6	繰 07E70	薫 085AB	教-4 訓 08A13	教-4 軍 08ECD	教-3 係 04FC2	傾 050BE	啓 05553
恵 06075	慶 06176	掲 063B2	渓 06E13	教-5 経 07D4C	継 07D99	蛍 086CD	教-2 計 08A08
教-3 軽 08EFD	鶏 09D8F	教-4 芸 082B8	鯨 09BE8	教-6 劇 05287	撃 06483	傑 05091	教-3 決 06C7A
教-5 潔 06F54	教-4 結 07D50	倹 05039	剣 05263	堅 05805	教-6 憲 061B2	懸 061F8	教-5 検 0691C
権 06A29	教-6 絹 07D79	教-3 県 0770C	教-1 見 0898B	謙 08B19	賢 08CE2	軒 08ED2	教-5 険 0967A
顕 09855	教-4 験 09A13	教-6 厳 053B3	教-5 減 06E1B	教-5 現 073FE	教-5 個 0500B	教-3 庫 05EAB	誇 08A87
顧 09867	呉 05449	娯 05A2F	教-2 後 05F8C	教-2 語 08A9E	教-6 誤 08AA4	教-5 護 08B77	教-2 広 05E83
教-5 構 069CB	教-6 溝 06E9D	紅 07D05	絞 07D5E	綱 07DB1	教-5 講 08B1B	貢 08CA2	購 08CFC
教-5 鉱 09271	教-6 鋼 092FC	項 09805	剛 0525B	教-6 穀 07A40	黒 09ED2	獄 07344	墾 058BE
懇 061C7	紺 07D3A	教-5 査 067FB	詐 08A50	鎖 09396	債 050B5	教-5 採 063A1	歳 06B73
教-6 済 06E08	教-5 災 0707D	砕 07815	斎 0658E	教-2 細 07D30	載 08F09	教-5 際 0969B	剤 05264

509

教-5 財 08CA1	搾 0643E	錯 0932F	教-5 桜 0685C	教-6 冊 0518A	教-4 殺 06BBA	雑 096D1	傘 05098
桟 0685F	教-4 産 07523	教-5 賛 08CDB	暫 066AB	教-5 師 05E2B	教-1 糸 07CF8	教-2 紙 07D19	教-6 視 08996
教-6 詞 08A5E	教-3 詩 08A69	教-4 試 08A66	教-6 誌 08A8C	諮 08AEE	教-5 資 08CC7	賜 08CDC	教-5 飼 098FC
教-3 歯 06B6F	教-4 児 05150	教-2 時 06642	璽 074BD	教-5 識 08B58	軸 08EF8	執 057F7	教-5 質 08CEA
教-3 実 05B9F	芝 0829D	教-6 舎 0820E	捨 06368	教-5 謝 08B1D	教-1 車 08ECA	釈 091C8	教-4 種 07A2E
教-6 樹 06A39	教-6 収 053CE	教-3 終 07D42	教-3 習 07FD2	教-6 衆 08846	襲 08972	教-2 週 09031	醜 0919C
教-6 従 05F93	獣 07363	教-6 縦 07E26	銃 09283	教-6 縮 07E2E	粛 07C9B	教-5 術 08853	教-5 準 06E96
潤 06F64	教-6 純 07D14	教-4 順 09806	教-6 処 051E6	緒 07DD2	教-2 書 066F8	教-6 諸 08AF8	教-6 傷 050B7
償 0511F	教-3 勝 052DD	昇 06607	教-4 焼 0713C	粧 07CA7	紹 07D39	衝 0885D	訟 08A1F
教-5 証 08A3C	詔 08A54	詳 08A73	賞 08CDE	鐘 09418	教-3 乗 04E57	剰 05270	教-2 場 05834
壌 058CC	嬢 05B22	浄 06D44	畳 07573	譲 08B72	醸 091B8	錠 09320	飾 098FE
教-5 織 07E54	教-5 職 08077	審 05BE9	紳 07D33	教-2 親 089AA	診 08A3A	教-3 進 09032	教-6 針 091DD
尋 05C0B	陣 09663	教-2 図 056F3	帥 05E25	粋 07C8B	酔 09154	錘 09318	瀬 0702C
畝 0755D	教-5 勢 052E2	教-6 聖 08056	教-5 製 088FD	教-6 誠 08AA0	請 08ACB	斉 06589	隻 096BB
教-4 積 07A4D	教-5 績 07E3E	教-5 責 08CAC	跡 08DE1	摂 06442	教-5 設 08A2D	教-4 節 07BC0	教-4 説 08AAC
教-5 絶 07D76	教-4 戦 06226	教-2 線 07DDA	繊 07E4A	薦 085A6	教-4 選 09078	遷 09077	教-5 銭 092AD

銑 09291	鮮 09BAE	漸 06F38	繕 07E55	礎 0790E	教-2 組 07D44	訴 08A34	教-6 創 05275
教-4 倉 05009	教-6 喪 055AA	層 05C64	捜 0635C	掃 06383	挿 0633F	教-4 巣 05DE3	教-6 窓 07A93
教-5 総 07DCF	荘 08358	騒 09A12	教-5 増 05897	教-6 臓 081D3	贈 08D08	教-4 側 05074	教-5 則 05247
教-5 測 06E2C	賊 08CCA	教-4 孫 05B6B	損 0640D	駄 099C4	教-3 対 05BFE	帯 05E2F	教-5 態 0614B
教-5 貸 08CB8	教-4 隊 0968A	教-3 題 0984C	滝 06EDD	択 0629E	沢 06CA2	託 08A17	濁 06FC1
諾 08AFE	教-4 達 09054	奪 0596A	嘆 05606	教-6 誕 08A95	鍛 0935B	教-5 団 056E3	壇 058C7
弾 05F3E	教-3 談 08AC7	教-6 値 05024	恥 06065	遅 09045	教-5 築 07BC9	鋳 092F3	駐 099D0
教-4 貯 08CAF	教-3 帳 05E33	教-6 庁 05E81	弔 05F14	教-5 張 05F35	彫 05F6B	徴 05FB4	懲 061F2
聴 08074	脹 08139	教-4 腸 08178	教-3 調 08ABF	教-2 長 09577	教-6 頂 09802	教-2 鳥 09CE5	教-6 賃 08CC3
鎮 093AE	陳 09673	墜 0589C	塚 0585A	漬 06F2C	釣 091E3	偵 05075	貞 08C9E
締 07DE0	訂 08A02	逓 09013	教-5 敵 06575	教-5 適 09069	徹 05FB9	教-3 鉄 09244	教-3 転 08EE2
教-4 伝 04F1D	教-2 電 096FB	塗 05857	凍 051CD	教-3 島 05CF6	教-2 東 06771	棟 068DF	教-3 湯 06E6F
教-5 統 07D71	教-6 討 08A0E	騰 08B04	教-2 頭 0982D	騰 09A30	闘 095D8	教-4 働 050CD	教-3 動 052D5
教-5 導 05C0E	教-5 銅 09285	教-5 徳 05FB3	篤 07BE4	読 08AAD	曇 066C7	鈍 0920D	縄 07E04
軟 08EDF	弐 05F10	教-6 認 08A8D	寧 05BE7	教-4 熱 071B1	悩 060A9	濃 06FC3	教-6 納 07D0D
教-6 脳 08133	教-3 農 08FB2	教-2 馬 099AC	廃 05EC3	教-6 拝 062DD	教-4 敗 06557	輩 08F29	教-2 買 08CB7

511

教-2 売 058F2	賠 08CE0	縛 07E1B	鉢 09262	教-3 発 0767A	髪 09AEA	罰 07F70	抜 0629C
閥 095A5	販 08CA9	範 07BC4	煩 07169	頒 09812	教-4 飯 098EF	盤 076E4	罷 07F77
教-4 費 08CBB	教-5 備 05099	教-3 筆 07B46	教-4 標 06A19	教-5 評 08A55	教-5 貧 08CA7	賓 08CD3	頻 0983B
教-5 婦 05A66	膚 0819A	譜 08B5C	教-3 負 08CA0	賦 08CE6	教-2 風 098A8	教-5 復 05FA9	教-5 複 08907
払 06255	教-5 仏 04ECF	噴 05674	墳 058B3	憤 061A4	奮 0596E	紛 07D1B	教-2 聞 0805E
併 04F75	幣 05E63	教-6 並 04E26	教-6 閉 09589	教-4 別 05225	教-5 編 07DE8	教-4 辺 08FBA	舗 08217
教-6 補 088DC	穂 07A42	倣 05023	教-5 報 05831	砲 07832	縫 07E2B	教-6 訪 08A2A	飽 098FD
紡 07D21	謀 08B00	教-5 貿 08CBF	僕 050D5	撲 064B2	教-2 毎 06BCE	繭 07E6D	教-4 満 06E80
教-4 脈 08108	教-5 務 052D9	教-5 夢 05922	教-4 無 07121	霧 09727	銘 09298	教-2 鳴 09CF4	滅 06EC5
教-5 綿 07DBF	網 07DB2	教-3 黙 09ED9	問 0554F	紋 07D0B	教-2 門 09580	教-4 約 07D04	教-3 薬 085AC
教-6 訳 08A33	躍 08E8D	癒 07652	諭 08AED	教-5 輸 08F38	教-6 優 0512A	憂 06182	猶 07336
誘 08A98	教-3 遊 0904A	教-6 郵 090F5	教-5 預 09810	揚 063DA	揺 063FA	擁 064C1	教-3 様 069D8
窯 07AAF	葉 08449	謡 08B21	教-3 陽 0967D	養 0990A	羅 07F85	頼 0983C	絡 07D61
欄 06B04	濫 06FEB	教-6 覧 089A7	裏 088CF	離 096E2	教-6 陸 09678	竜 07ADC	慮 0616E
膚 0865C	教-3 両 04E21	涼 06DBC	猟 0731F	療 07642	糧 07CE7	教-5 領 09818	教-3 緑 07DD1
倫 0502B	教-6 臨 081E8	教-4 輪 08F2A	隣 096A3	塁 05841	涙 06D99	教-4 類 0985E	鈴 09234

隷 096B7	霊 0970A	麗 09E97	齢 09F62	暦 066A6	教-4 歴 06B74	教-3 練 07DF4	教-4 連 09023
錬 0932C	教-4 労 052B4	教-4 録 09332	教-6 論 08AD6	教-2 話 08A71	賄 08CC4	教-6 著 08457	教-6 著 08457
握 063E1	教-3 安 05B89	教-3 暗 06697	教-4 案 06848	教-4 以 04EE5	位 04F4D	教-4 依 04F9D	教-3 委 059D4
威 05A01	衣 08863	教-4 育 080B2	逸 09038	芋 0828B	教-4 印 05370	院 09662	教-6 宇 05B87
影 05F71	教-4 英 082F1	教-5 液 06DB2	疫 075AB	教-5 益 076CA	悦 060A6	宴 05BB4	教-6 延 05EF6
援 063F4	教-5 演 06F14	炎 0708E	欧 06B27	殴 06BB4	教-3 屋 05C4B	卸 05378	教-1 音 097F3
教-3 化 05316	教-5 仮 04EEE	嫁 05AC1	家 05BB6	寡 05BE1	教-4 果 0679C	架 067B6	稼 07A3C
教-1 花 082B1	教-3 荷 08377	蚊 0868A	教-2 画 0753B	芽 082BD	雅 096C5	教-2 会 04F1A	教-5 解 089E3
教-5 快 05FEB	怪 0602A	悔 06094	拐 062D0	教-4 改 06539	教-2 海 06D77	教-6 灰 07070	皆 07686
劾 052BE	教-4 害 05BB3	慨 06168	核 06838	殻 06BBB	教-2 角 089D2	郭 090ED	隔 09694
教-6 割 05272	喝 0559D	滑 06ED1	褐 08910	教-6 株 0682A	寒 05BD2	教-3 堪 0582A	教-4 完 05B8C
教-4 官 05B98	寛 05BDB	憾 061BE	敢 06562	棺 068FA	教-4 管 07BA1	含 0542B	教-5 眼 0773C
教-4 器 05668	教-5 寄 05BC4	教-4 旗 065D7	既 065E2	教-3 起 08D77	鬼 09B3C	宜 05B9C	教-6 疑 07591
菊 083CA	却 05374	客 05BA2	虐 08650	教-4 泣 06CE3	究 07A76	教-3 居 05C45	巨 05DE8
拒 062D2	距 08DDD	享 04EAB	京 04EAC	教-2 凶 051F6	叫 053EB	教-5 境 05883	仰 04EF0
凝 051DD	教-6 勤 052E4	教-5 均 05747	琴 07434	菌 083CC	吟 0541F	教-3 区 0533A	教-3 苦 082E6

513

教-3 具 05177	虞 0865E	教-1 空 07A7A	桑 06851	契 05951	携 0643A	敬 0656C	教-4 景 0666F
教-6 系 07CFB	茎 0830E	教-6 警 08B66	教-6 穴 07A74	肩 080A9	原 0539F	教-2 幻 05E7B	弦 05F26
教-6 源 06E90	玄 07384	教-2 言 08A00	限 09650	教-5 孤 05B64	弧 05F27	湖 06E56	教-3 雇 096C7
御 05FA1	悟 0609F	教-2 交 04EA4	候 05019	公 0516C	教-5 効 052B9	坑 05751	好 0597D
教-3 幸 05E78	教-4 康 05EB7	恒 06052	慌 0614C	抗 06297	控 063A7	教-1 校 06821	教-3 港 06E2F
稿 07A3F	教-5 耕 08015	教-2 考 08003	教-4 航 0822A	荒 08352	郊 090CA	教-6 降 0964D	教-2 高 09AD8
拷 062F7	豪 08C6A	教-6 刻 0523B	教-2 今 04ECA	恨 06068	昆 06606	唆 05506	教-6 砂 07802
教-6 座 05EA7	催 050AC	宰 05BB0	彩 05F69	才 0624D	教-2 菜 083DC	教-4 罪 07F6A	教-5 坂 05742
索 07D22	察 05BDF	教-4 擦 064E6	参 053C2	教-4 惨 060E8	酸 09178	教-5 始 059CB	教-3 姉 059C9
教-2 市 05E02	教-3 指 06307	施 065BD	旨 065E8	教-6 私 079C1	紫 07D2B	脂 08102	教-6 至 081F3
雌 096CC	教-5 似 04F3C	教-1 字 05B57	慈 06148	滋 06ECB	教-4 治 06CBB	教-6 磁 078C1	教-5 示 0793A
教-4 辞 08F9E	教-2 室 05BA4	疾 075BE	射 05C04	遮 0906E	蛇 086C7	邪 090AA	教-4 借 0501F
酌 0914C	教-6 若 082E5	寂 05BC2	教-2 弱 05F31	教-3 取 053D6	教-3 守 05B88	朱 06731	殊 06B8A
狩 072E9	珠 073E0	寿 05BFF	教-6 宗 05B97	教-6 就 05C31	教-5 修 04FEE	舟 0821F	教-3 集 096C6
充 05145	柔 067D4	教-3 宿 05BBF	塾 0587E	教-6 熟 0719F	俊 04FCA	准 051C6	教-3 所 06240
庶 05EB6	教-5 序 05E8F	匠 05320	商 05546	教-3 宵 05BB5	教-6 将 05C06	教-2 少 05C11	床 05E8A

		教-4				教-4	
彰	抄	松	渉	焦	症	省	礁
05F70	06284	0677E	06E09	07126	075C7	07701	07901
教-3	教-6	教-5	教-5	教-6	教-2		教-4
章	障	情	条	蒸	食	伸	信
07AE0	0969C	060C5	06761	084B8	098DF	04F38	04FE1
		教-2	教-3		教-4	教-3	
唇	寝	新	深	臣	薪	身	刃
05507	05BDD	065B0	06DF1	081E3	085AA	08EAB	05203
		教-6			教-5		教-4
甚	酢	推	衰	崇	性	誓	席
0751A	09162	063A8	08870	05D07	06027	08A93	05E2D
	教-2	教-5		教-6		教-6	
惜	切	接	窃	宣	扇	染	旋
060DC	05207	063A5	07A83	05BA3	06247	067D3	065CB
教-2	教-5	教-6		教-1			教-6
船	素	操	燥	草	葬	藻	装
08239	07D20	064CD	071E5	08349	0846C	085FB	088C5
教-6	教-3	教-4			教-2		教-6
蔵	族	卒	胎	袋	台	卓	宅
08535	065CF	05352	080CE	0888B	053F0	05353	05B85
	教-6						
濯	探	端	痴	稚	畜	蓄	窒
06FEF	063A2	07AEF	075F4	07A1A	0755C	084C4	07A92
教-2		教-6		教-6		教-4	教-4
茶	嫡	宙	衷	痛	亭	低	停
08336	05AE1	05B99	08877	075DB	04EAD	04F4E	0505C
教-3		教-4	教-3				
定	帝	底	庭	抵	艇	邸	摘
05B9A	05E1D	05E95	05EAD	062B5	08247	090B8	06458
		教-1	教-2			教-3	
滴	撤	天	店	添	渡	度	倒
06EF4	064A4	05929	05E97	06DFB	06E21	05EA6	05012
				教-6		教-3	
唐	塔	搭	痘	糖	到	童	匿
05510	05854	0642D	075D8	07CD6	05230	07AE5	0533F
			教-6			教-4	教-5
督	突	屯	難	忍	猫	念	能
07763	07A81	05C6F	096E3	05FCD	0732B	05FF5	080FD
教-6	教-6	教-6	教-3				
派	背	肺	倍	培	媒	陪	舶
06D3E	080CC	080BA	0500D	057F9	05A92	0966A	08236
		教-5	教-3		教-3	教-5	
薄	漠	判	反	搬	板	版	般
08584	06F20	05224	053CD	0642C	0677F	07248	0822C
			教-5			教-5	
藩	蛮	扉	比	疲	避	非	匹
085E9	086EE	06249	06BD4	075B2	0907F	0975E	05339

描 063CF	病 教-3 075C5	秒 教-3 079D2	苗 082D7	富 教-5 05BCC	府 教-4 05E9C	怖 06016	敷 06577
腐 08150	舞 0821E	部 教-3 090E8	文 教-1 06587	陛 教-6 0965B	壁 058C1	癖 07656	偏 0504F
片 教-6 07247	返 教-3 08FD4	遍 0904D	弁 教-5 05F01	保 教-5 04FDD	歩 教-2 06B69	募 052DF	墓 教-5 05893
慕 06155	暮 教-6 066AE	簿 07C3F	宝 05B9D	抱 教-6 062B1	放 教-3 0653E	方 教-2 065B9	法 教-4 06CD5
泡 06CE1	胞 080DE	芳 082B3	褒 08912	豊 教-5 08C4A	亡 教-6 04EA1	傍 0508D	剖 05256
坊 0574A	妨 059A8	帽 05E3D	忘 教-6 05FD8	忙 05FD9	房 0623F	望 教-4 0671B	某 067D0
冒 05192	防 教-5 09632	没 06CA1	摩 06469	磨 078E8	魔 09B54	麻 09EBB	妹 教-2 059B9
幕 教-6 05E55	膜 0819C	慢 06162	密 教-6 05BC6	妙 05999	娘 05A18	模 教-6 06A21	茂 08302
妄 05984	盲 076F2	戻 0623B	夜 教-2 0591C	野 教-2 091CE	愉 06109	唯 0552F	幽 05E7D
雄 096C4	融 0878D	幼 教-6 05E7C	容 教-5 05BB9	庸 05EB8	曜 教-2 066DC	溶 06EB6	翌 教-6 07FCC
痢 075E2	率 教-5 07387	立 教-1 07ACB	流 教-3 06D41	硫 0786B	粒 07C92	旅 教-3 065C5	寮 05BEE
料 教-4 06599	良 教-4 0826F	陵 09675	累 07D2F	劣 052A3	裂 088C2	廉 05EC9	恋 0604B
炉 07089	廊 05ECA	朗 教-6 06717	浪 06D6A	郎 090CE	六 教-1 0516D	湾 06E7E	腕 08155
沿 教-6 06CBF	径 教-4 05F84	戸 教-2 06238	骨 教-6 09AA8	魂 09B42	差 教-4 05DEE	残 教-4 06B8B	写 教-3 05199
臭 081ED	称 079F0	象 教-4 08C61	植 教-3 0690D	殖 06B96	触 089E6	慎 0614E	真 教-3 0771F
辛 08F9B	髄 09AC4	浅 教-4 06D45	践 08DF5	禅 07985	僧 050E7	像 教-5 050CF	憎 0618E

516

滞	単 教-4	炭 教-3	置 教-4	着 教-3	直 教-2	廷	毒 教-4
06EDE	05358	070AD	07F6E	07740	076F4	05EF7	06BD2
梅 教-4	博 教-4	繁	晩 教-6	卑	碑	微	姫
06885	0535A	07E41	06669	05351	07891	05FAE	059EB
敏	侮	変	勉 教-4	包 教-3	墨 教-4	魅	免
0654F	04FAE	05909	052C9	05305	058A8	09B45	0514D
勇 教-4	与	隆					
052C7	04E0E	09686					

韩国科学和技术教育部指定汉字

初中	初中	初中	初中	初中	初中	初中	初中
哀 054C0	愛 0611B	安 05B89	案 06848	暗 06697	八 0516B	白 0767D	百 0767E
拜 062DC	敗 06557	半 0534A	保 04FDD	抱 062B1	報 05831	暴 066B4	杯 0676F
悲 060B2	北 05317	貝 08C9D	備 05099	本 0672C	鼻 09F3B	比 06BD4	彼 05F7C
筆 07B46	必 05FC5	閉 09589	便 04FBF	變 08B8A	表 08868	別 05225	氷 06C37
兵 05175	丙 04E19	病 075C5	波 06CE2	不 04E0D	布 05E03	步 06B65	部 090E8
才 0624D	材 06750	財 08CA1	採 063A1	菜 083DC	參 053C3	草 08349	冊 0518A
察 05BDF	産 07523	昌 0660C	長 09577	常 05E38	場 05834	唱 05531	朝 0671D
車 08ECA	臣 081E3	辰 08FB0	成 06210	承 0627F	城 057CE	乘 04E58	誠 08AA0
持 06301	尺 05C3A	齒 09F52	赤 08D64	充 05145	崇 05D07	蟲 087F2	愁 06101
丑 04E11	出 051FA	初 0521D	除 09664	處 08655	川 05DDD	船 08239	傳 050B3
窓 07A93	吹 05439	春 06625	純 07D14	慈 06148	此 06B64	次 06B21	從 05F9E
村 06751	存 05B58	寸 05BF8	答 07B54	達 09054	打 06253	大 05927	代 04EE3
待 05F85	丹 04E39	單 055AE	但 04F46	當 07576	刀 05200	島 05CF6	到 05230
道 09053	得 05F97	德 05FB7	的 07684	登 0767B	燈 071C8	等 07B49	低 04F4E
敵 06575	地 05730	弟 05F1F	帝 05E1D	第 07B2C	典 05178	店 05E97	電 096FB
調 08ABF	丁 04E01	頂 09802	定 05B9A	冬 051AC	東 06771	洞 06D1E	動 052D5

初中 都 090FD	初中 斗 06597	初中 豆 08C46	初中 獨 07368	初中 讀 08B80	初中 度 05EA6	初中 端 07AEF	初中 短 077ED
初中 對 05C0D	初中 多 0591A	初中 惡 060E1	初中 恩 06069	初中 而 0800C	初中 兒 05152	初中 耳 08033	初中 二 04E8C
初中 發 0767C	初中 伐 04F10	初中 法 06CD5	初中 番 0756A	初中 凡 051E1	初中 反 053CD	初中 飯 098EF	初中 方 065B9
初中 防 09632	初中 房 0623F	初中 訪 08A2A	初中 放 0653E	初中 非 0975E	初中 飛 098DB	初中 分 05206	初中 風 098A8
初中 豐 08C50	初中 逢 09022	初中 奉 05949	初中 佛 04F5B	初中 否 05426	初中 夫 0592B	初中 伏 04F0F	初中 扶 06276
初中 服 0670D	初中 浮 06D6E	初中 福 0798F	初中 父 07236	初中 婦 05A66	初中 富 05BCC	初中 復 05FA9	初中 改 06539
初中 干 05E72	初中 甘 07518	初中 敢 06562	初中 感 0611F	初中 高 09AD8	初中 告 0544A	初中 歌 06B4C	初中 革 09769
初中 各 05404	初中 個 0500B	初中 給 07D66	初中 根 06839	初中 更 066F4	初中 庚 05E9A	初中 耕 08015	初中 工 05DE5
初中 弓 05F13	初中 公 0516C	初中 功 0529F	初中 共 05171	初中 古 053E4	初中 谷 08C37	初中 骨 09AA8	初中 穀 07A40
初中 固 056FA	初中 故 06545	初中 官 05B98	初中 關 095DC	初中 觀 089C0	初中 光 05149	初中 廣 05EE3	初中 歸 06B78
初中 癸 07678	初中 貴 08CB4	初中 國 0570B	初中 果 0679C	初中 過 0904E	初中 海 06D77	初中 亥 04EA5	初中 害 05BB3
初中 寒 05BD2	初中 韓 097D3	初中 漢 06F22	初中 好 0597D	初中 號 0865F	初中 合 05408	初中 何 04F55	初中 和 0548C
初中 河 06CB3	初中 賀 08CC0	初中 黑 09ED1	初中 恨 06068	初中 恒 06052	初中 紅 07D05	初中 厚 0539A	初中 後 05F8C
初中 乎 04E4E	初中 呼 0547C	初中 湖 06E56	初中 虎 0864E	初中 戶 06236	初中 花 082B1	初中 華 083EF	初中 化 05316
初中 畫 0756B	初中 話 08A71	初中 歡 06B61	初中 患 060A3	初中 皇 07687	初中 黃 09EC3	初中 回 056DE	初中 惠 060E0
初中 會 06703	初中 婚 05A5A	初中 混 06DF7	初中 活 06D3B	初中 火 0706B	初中 或 06216	初中 貨 08CA8	初中 基 057FA

初中 鷄 09DC4	初中 及 053CA	初中 吉 05409	初中 卽 0537D	初中 急 06025	初中 極 06975	初中 集 096C6	初中 己 05DF1
初中 幾 05E7E	初中 技 06280	初中 季 05B63	初中 計 08A08	初中 記 08A18	初中 旣 065E3	初中 祭 0796D	初中 加 052A0
初中 佳 04F73	初中 家 05BB6	初中 甲 07532	初中 假 05047	初中 價 050F9	初中 堅 05805	初中 間 09593	初中 減 06E1B
初中 見 0898B	初中 建 05EFA	初中 江 06C5F	初中 講 08B1B	初中 降 0964D	初中 將 05C07	初中 交 04EA4	初中 角 089D2
初中 脚 0811A	初中 敎 0654E	初中 皆 07686	初中 接 063A5	初中 街 08857	初中 結 07D50	初中 節 07BC0	初中 潔 06F54
初中 解 089E3	初中 界 0754C	初中 借 0501F	初中 今 04ECA	初中 金 091D1	初中 盡 076E1	初中 近 08FD1	初中 進 09032
初中 禁 07981	初中 京 04EAC	初中 經 07D93	初中 精 07CBE	初中 驚 09A5A	初中 井 04E95	初中 景 0666F	初中 淨 06DE8
初中 敬 0656C	初中 靜 0975C	初中 競 07AF6	初中 究 07A76	初中 九 04E5D	初中 久 04E45	初中 酒 09152	初中 救 06551
初中 就 05C31	初中 舊 0820A	初中 居 05C45	初中 舉 064E7	初中 句 053E5	初中 巨 05DE8	初中 卷 05377	初中 決 06C7A
初中 絕 07D76	初中 君 0541B	初中 均 05747	初中 軍 08ECD	初中 郡 090E1	初中 開 0958B	初中 看 0770B	初中 考 08003
初中 科 079D1	初中 可 053EF	初中 渴 06E34	初中 客 05BA2	初中 課 08AB2	初中 空 07A7A	初中 口 053E3	初中 苦 082E6
初中 快 05FEB	初中 坤 05764	初中 困 056F0	初中 來 04F86	初中 郞 090DE	初中 浪 06D6A	初中 勞 052DE	初中 老 08001
初中 樂 06A02	初中 冷 051B7	初中 李 0674E	初中 里 091CC	初中 理 07406	初中 禮 079AE	初中 力 0529B	初中 立 07ACB
初中 利 05229	初中 例 04F8B	初中 歷 06B77	初中 連 09023	初中 練 07DF4	初中 良 0826F	初中 涼 06DBC	初中 兩 05169
初中 量 091CF	初中 料 06599	初中 列 05217	初中 烈 070C8	初中 林 06797	初中 領 09818	初中 令 04EE4	初中 流 06D41
初中 留 07559	初中 柳 067F3	初中 六 0516D	初中 露 09732	初中 陸 09678	初中 路 08DEF	初中 旅 065C5	初中 律 05F8B

初中 綠 07DA0	初中 卵 05375	初中 倫 0502B	初中 論 08AD6	初中 落 0843D	初中 馬 099AC	初中 買 08CB7	初中 麥 09EA5
初中 賣 08CE3	初中 滿 06EFF	初中 忙 05FD9	初中 毛 06BDB	初中 卯 0536F	初中 茂 08302	初中 每 06BCF	初中 美 07F8E
初中 妹 059B9	初中 門 09580	初中 米 07C73	初中 密 05BC6	初中 眠 07720	初中 免 0514D	初中 勉 052C9	初中 面 09762
初中 妙 05999	初中 民 06C11	初中 名 0540D	初中 明 0660E	初中 鳴 09CF4	初中 命 0547D	初中 末 0672B	初中 莫 083AB
初中 墨 058A8	初中 母 06BCD	初中 木 06728	初中 目 076EE	初中 暮 066AE	初中 乃 04E43	初中 男 07537	初中 南 05357
初中 難 096E3	初中 內 05167	初中 能 080FD	初中 逆 09006	初中 年 05E74	初中 念 05FF5	初中 鳥 09CE5	初中 牛 0725B
初中 農 08FB2	初中 怒 06012	初中 女 05973	初中 暖 06696	初中 判 05224	初中 朋 0670B	初中 皮 076AE	初中 匹 05339
初中 片 07247	初中 篇 07BC7	初中 貧 08CA7	初中 品 054C1	初中 平 05E73	初中 破 07834	初中 朴 06734	初中 七 04E03
初中 妻 059BB	初中 期 0671F	初中 其 05176	初中 起 08D77	初中 泣 06CE3	初中 氣 06C23	初中 千 05343	初中 前 0524D
初中 乾 04E7E	初中 乾 04E7E	初中 錢 09322	初中 淺 06DFA	初中 強 05F3A	初中 橋 06A4B	初中 且 04E14	初中 親 089AA
初中 勤 052E4	初中 青 09751	初中 清 06DF8	初中 輕 08F15	初中 情 060C5	初中 晴 06674	初中 請 08ACB	初中 慶 06176
初中 秋 079CB	初中 球 07403	初中 曲 066F2	初中 取 053D6	初中 去 053BB	初中 全 05168	初中 泉 06CC9	初中 權 06B0A
初中 犬 072AC	初中 勸 052F8	初中 然 07136	初中 讓 08B93	初中 熱 071B1	初中 人 04EBA	初中 仁 04EC1	初中 壬 058EC
初中 忍 05FCD	初中 認 08A8D	初中 日 065E5	初中 容 05BB9	初中 榮 069AE	初中 柔 067D4	初中 肉 08089	初中 如 05982
初中 汝 06C5D	初中 入 05165	初中 若 082E5	初中 弱 05F31	初中 三 04E09	初中 散 06563	初中 喪 055AA	初中 色 08272
初中 殺 06BBA	初中 山 05C71	初中 善 05584	初中 商 05546	初中 傷 050B7	初中 賞 08CDE	初中 上 04E0A	初中 尚 05C19

初中 少 05C11	初中 舌 0820C	初中 舍 0820D	初中 射 05C04	初中 設 08A2D	初中 申 07533	初中 身 08EAB
初中 深 06DF1	初中 神 0795E	初中 甚 0751A	初中 生 0751F	初中 聲 08072	初中 省 07701	初中 盛 076DB
初中 勝 052DD	初中 聖 08056	初中 失 05931	初中 施 065BD	初中 師 05E2B	初中 詩 08A69	初中 十 05341
初中 石 077F3	初中 拾 062FE	初中 食 098DF	初中 時 06642	初中 實 05BE6	初中 識 08B58	初中 史 053F2
初中 使 04F7F	初中 始 059CB	初中 士 058EB	初中 氏 06C0F	初中 世 04E16	初中 仕 04ED5	初中 市 05E02
初中 示 0793A	初中 式 05F0F	初中 事 04E8B	初中 室 05BA4	初中 是 0662F	初中 視 08996	初中 勢 052E2
初中 試 08A66	初中 適 09069	初中 收 06536	初中 手 0624B	初中 守 05B88	初中 首 09996	初中 受 053D7
初中 授 06388	初中 壽 058FD	初中 叔 053D4	初中 書 066F8	初中 淑 06DD1	初中 暑 06691	初中 數 06578
初中 樹 06A39	初中 霜 0971C	初中 誰 08AB0	初中 水 06C34	初中 稅 07A05	初中 順 09806	初中 說 08AAA
初中 私 079C1	初中 思 0601D	初中 絲 07D72	初中 死 06B7B	初中 巳 05DF3	初中 四 056DB	初中 寺 05BFA
初中 松 0677E	初中 送 09001	初中 俗 04FD7	初中 素 07D20	初中 速 0901F	初中 宿 05BBF	初中 算 07B97
初中 雖 096D6	初中 歲 06B72	初中 孫 05B6B	初中 所 06240	初中 他 04ED6	初中 太 0592A	初中 泰 06CF0
初中 談 08AC7	初中 探 063A2	初中 堂 05802	初中 特 07279	初中 題 0984C	初中 體 09AD4	初中 天 05929
初中 田 07530	初中 鐵 09435	初中 聽 0807D	初中 庭 05EAD	初中 停 0505C	初中 通 0901A	初中 同 0540C
初中 童 07AE5	初中 統 07D71	初中 投 06295	初中 頭 0982D	初中 徒 05F92	初中 圖 05716	初中 土 0571F
初中 推 063A8	初中 退 09000	初中 脫 0812B	初中 瓦 074E6	初中 外 05916	初中 完 05B8C	初中 晚 06669
初中 萬 0842C	初中 亡 04EA1	初中 王 0738B	初中 往 05F80	初中 忘 05FD8	初中 望 0671B	初中 危 05371
初中 威 05A01	初中 唯 0552F	初中 爲 07232	初中 尾 05C3E	初中 偉 05049	初中 未 0672A	初中 位 04F4D
初中 味 05473	初中 溫 06EAB					

文 06587	聞 0805E	問 0554F	我 06211	臥 081E5	屋 05C4B	烏 070CF	吾 0543E
無 07121	五 04E94	午 05348	武 06B66	舞 0821E	勿 052FF	戊 0620A	物 07269
務 052D9	悟 0609F	誤 08AA4	夕 05915	西 0897F	希 05E0C	昔 06614	惜 060DC
溪 06EAA	席 05E2D	習 07FD2	洗 06D17	喜 0559C	細 07D30	下 04E0B	夏 0590F
仙 04ED9	先 05148	鮮 09BAE	閑 09591	賢 08CE2	限 09650	現 073FE	線 07DDA
相 076F8	香 09999	鄉 09115	想 060F3	向 05411	消 06D88	小 05C0F	孝 05B5D
效 06548	校 06821	笑 07B11	協 05354	謝 08B1D	心 05FC3	辛 08F9B	新 065B0
信 04FE1	星 0661F	興 08208	刑 05211	行 0884C	形 05F62	姓 059D3	幸 05E78
性 06027	凶 051F6	兄 05144	胸 080F8	雄 096C4	休 04F11	修 04FEE	秀 079C0
戌 0620C	虛 0865B	須 09808	許 08A31	序 05E8F	續 07E8C	選 09078	學 05B78
雪 096EA	血 08840	訓 08A13	煙 07159	言 08A00	炎 0708E	研 0784F	顏 09854
嚴 056B4	巖 05DD6	眼 0773C	羊 07F8A	洋 06D0B	陽 0967D	揚 063DA	仰 04EF0
養 0990A	要 08981	藥 085E5	也 04E5F	野 091CE	夜 0591C	葉 08449	業 0696D
一 04E00	衣 08863	依 04F9D	醫 091AB	移 079FB	遺 0907A	乙 04E59	已 05DF2
以 04EE5	矣 077E3	亦 04EA6	邑 09091	易 06613	益 076CA	異 07570	意 0610F
義 07FA9	億 05104	憶 061B6	藝 085DD	議 08B70	因 056E0	音 097F3	陰 09670

初中	初中	初中	初中	初中	初中	初中	初中
吟	寅	銀	引	飲	印	英	應
0541F	05BC5	09280	05F15	098EE	05370	082F1	061C9
迎	永	勇	用	憂	尤	由	油
08FCE	06C38	052C7	07528	06182	05C24	07531	06CB9
猶	遊	友	有	酉	又	右	幼
07336	0904A	053CB	06709	09149	053C8	053F3	05E7C
于	余	於	魚	漁	餘	宇	雨
04E8E	04F59	065BC	09B5A	06F01	09918	05B87	096E8
與	語	玉	育	浴	欲	遇	元
08207	08A9E	07389	080B2	06D74	06B32	09047	05143
原	園	圓	遠	怨	願	日	約
0539F	05712	05713	09060	06028	09858	066F0	07D04
月	悅	云	雲	運	哉	栽	再
06708	06085	04E91	096F2	0904B	054C9	0683D	0518D
在	早	造	則	責	曾	增	宅
05728	065E9	09020	05247	08CAC	066FE	0589E	05B85
展	戰	章	招	兆	者	貞	眞
05C55	06230	07AE0	062DB	05146	08005	08C9E	0771E
針	爭	正	政	證	之	支	枝
091DD	0722D	06B63	0653F	08B49	04E4B	0652F	0679D
知	直	執	植	止	只	指	紙
077E5	076F4	057F7	0690D	06B62	053EA	06307	07D19
至	志	治	致	製	質	中	忠
081F3	05FD7	06CBB	081F4	088FD	08CEA	04E2D	05FE0
終	鐘	種	重	眾	宙	畫	朱
07D42	09418	07A2E	091CD	08846	05B99	0665D	06731
諸	竹	主	住	助	注	祝	著
08AF8	07AF9	04E3B	04F4F	052A9	06CE8	0795D	08457
著	貯	壯	追	着	子	姊	字
08457	08CAF	058EF	08FFD	07740	05B50	059CA	05B57
自	宗	走	足	卒	族	祖	最
081EA	05B97	08D70	08DB3	05352	065CF	07956	06700

初中 罪 07F6A	初中 尊 05C0A	初中 昨 06628	初中 左 05DE6	初中 作 04F5C	初中 坐 05750	高中 岸 05CB8	高中 傲 050B2
高中 拔 062D4	高中 把 0628A	高中 罷 07F77	高中 班 073ED	高中 般 0822C	高中 板 0677F	高中 版 07248	高中 伴 04F34
高中 邦 090A6	高中 傍 0508D	高中 包 05305	高中 胞 080DE	高中 飽 098FD	高中 寶 05BF6	高中 爆 07206	高中 卑 05351
高中 碑 07891	高中 背 080CC	高中 倍 0500D	高中 被 088AB	高中 輩 08F29	高中 奔 05954	高中 崩 05D29	高中 畢 07562
高中 婢 05A62	高中 幣 05E63	高中 弊 05F0A	高中 碧 078A7	高中 蔽 0853D	高中 壁 058C1	高中 避 0907F	高中 編 07DE8
高中 邊 0908A	高中 遍 0904D	高中 辨 08FA8	高中 辯 08FAF	高中 標 06A19	高中 賓 08CD3	高中 竝 07ADD	高中 播 064AD
高中 伯 04F2F	高中 泊 06CCA	高中 博 0535A	高中 薄 08584	高中 卜 0535C	高中 捕 06355	高中 補 088DC	高中 簿 07C3F
高中 裁 088C1	高中 彩 05F69	高中 殘 06B98	高中 慚 06159	高中 慘 06158	高中 倉 05009	高中 蒼 084BC	高中 藏 085CF
高中 操 064CD	高中 側 05074	高中 測 06E2C	高中 策 07B56	高中 層 05C64	高中 查 067FB	高中 茶 08336	高中 差 05DEE
高中 禪 079AA	高中 腸 08178	高中 嘗 05617	高中 償 0511F	高中 暢 066A2	高中 抄 06284	高中 超 08D85	高中 潮 06F6E
高中 徹 05FB9	高中 陳 09673	高中 晨 06668	高中 稱 07A31	高中 程 07A0B	高中 懲 061F2	高中 池 06C60	高中 遲 09072
高中 恥 06065	高中 斥 065A5	高中 衝 0885D	高中 銃 09283	高中 抽 062BD	高中 醜 0919C	高中 臭 081ED	高中 礎 0790E
高中 觸 089F8	高中 床 05E8A	高中 創 05275	高中 垂 05782	高中 屑 08123	高中 詞 08A5E	高中 辭 08FAD	高中 刺 0523A
高中 賜 08CDC	高中 聰 08070	高中 促 04FC3	高中 催 050AC	高中 錯 0932F	高中 怠 06020	高中 殆 06B86	高中 帶 05E36
高中 逮 0902E	高中 貸 08CB8	高中 擔 064D4	高中 旦 065E6	高中 淡 06DE1	高中 誕 08A95	高中 彈 05F48	高中 黨 09EE8
高中 倒 05012	高中 導 05C0E	高中 盜 076DC	高中 稻 07A3B	高中 堤 05824	高中 滴 06EF4	高中 底 05E95	高中 抵 062B5

高中 遞 0905E	高中 點 09EDE	高中 殿 06BBF	高中 弔 05F14	高中 蝶 08776	高中 訂 08A02	高中 凍 051CD	高中 鬥 09B2A
高中 督 07763	高中 毒 06BD2	高中 篤 07BE4	高中 渡 06E21	高中 段 06BB5	高中 斷 065B7	高中 隊 0968A	高中 敦 06566
高中 鈍 0920D	高中 奪 0596A	高中 墮 058AE	高中 額 0984D	高中 厄 05384	高中 餓 09913	高中 罰 07F70	高中 髮 09AEE
高中 飜 098DC	高中 煩 07169	高中 繁 07E41	高中 返 08FD4	高中 犯 072AF	高中 販 08CA9	高中 範 07BC4	高中 芳 082B3
高中 妨 059A8	高中 倣 05023	高中 妃 05983	高中 肥 080A5	高中 肺 080BA	高中 費 08CBB	高中 廢 05EE2	高中 紛 07D1B
高中 墳 058B3	高中 粉 07C89	高中 憤 061A4	高中 奮 0596E	高中 封 05C01	高中 峯 05CEF	高中 蜂 08702	高中 鳳 09CF3
高中 拂 062C2	高中 符 07B26	高中 幅 05E45	高中 複 08907	高中 府 05E9C	高中 腐 08150	高中 付 04ED8	高中 附 09644
高中 負 08CA0	高中 赴 08D74	高中 副 0526F	高中 腹 08179	高中 賦 08CE6	高中 覆 08986	高中 該 08A72	高中 蓋 084CB
高中 概 069EA	高中 肝 0809D	高中 幹 05E79	高中 剛 0525B	高中 綱 07DB1	高中 鋼 092FC	高中 港 06E2F	高中 稿 07A3F
高中 割 05272	高中 格 0683C	高中 隔 09694	高中 閣 095A3	高中 攻 0653B	高中 供 04F9B	高中 宮 05BAE	高中 恭 0606D
高中 貢 08CA2	高中 狗 072D7	高中 苟 082DF	高中 構 069CB	高中 姑 059D1	高中 孤 05B64	高中 鼓 09F13	高中 顧 09867
高中 寡 05BE1	高中 掛 0639B	高中 怪 0602A	高中 冠 051A0	高中 管 07BA1	高中 館 09928	高中 貫 08CAB	高中 慣 06163
高中 規 0898F	高中 龜 09F9C	高中 軌 08ECC	高中 鬼 09B3C	高中 桂 06842	高中 郭 090ED	高中 含 0542B	高中 汗 06C57
高中 旱 065F1	高中 航 0822A	高中 毫 06BEB	高中 豪 08C6A	高中 浩 06D69	高中 禾 079BE	高中 核 06838	高中 荷 08377
高中 鶴 09DB4	高中 亨 04EA8	高中 橫 06A6B	高中 衡 08861	高中 弘 05F18	高中 洪 06D2A	高中 鴻 09D3B	高中 侯 04FAF
高中 候 05019	高中 忽 05FFD	高中 胡 080E1	高中 互 04E92	高中 護 08B77	高中 劃 05283	高中 懷 061F7	高中 壞 058DE

高中 還 09084	高中 環 074B0	高中 緩 07DE9	高中 換 063DB	高中 荒 08352	高中 揮 063EE	高中 輝 08F1D	高中 悔 06094
高中 毀 06BC1	高中 慧 06167	高中 昏 0660F	高中 魂 09B42	高中 惑 060D1	高中 禍 0798D	高中 獲 07372	高中 穫 07A6B
高中 飢 098E2	高中 畿 0757F	高中 機 06A5F	高中 激 06FC0	高中 積 07A4D	高中 擊 064CA	高中 績 07E3E	高中 級 07D1A
高中 疾 075BE	高中 籍 07C4D	高中 忌 05FCC	高中 紀 07D00	高中 寂 05BC2	高中 寄 05BC4	高中 跡 08DE1	高中 際 0969B
高中 濟 06FDF	高中 繫 07E6B	高中 繼 07E7C	高中 架 067B6	高中 尖 05C16	高中 肩 080A9	高中 姦 059E6	高中 兼 0517C
高中 監 076E3	高中 儉 05109	高中 檢 06AA2	高中 簡 07C21	高中 件 04EF6	高中 健 05065	高中 漸 06F38	高中 劍 0528D
高中 賤 08CE4	高中 踐 08E10	高中 薦 085A6	高中 鑑 09451	高中 獎 0734E	高中 郊 090CA	高中 矯 077EF	高中 叫 053EB
高中 較 08F03	高中 階 0968E	高中 傑 05091	高中 介 04ECB	高中 戒 06212	高中 斤 065A4	高中 僅 050C5	高中 繁 07DCA
高中 錦 09326	高中 謹 08B39	高中 浸 06D78	高中 警 08B66	高中 徑 05F91	高中 竟 07ADF	高中 境 05883	高中 鏡 093E1
高中 糾 07CFE	高中 拘 062D8	高中 局 05C40	高中 菊 083CA	高中 拒 062D2	高中 具 05177	高中 俱 04FF1	高中 距 08DDD
高中 劇 05287	高中 據 064DA	高中 懼 061FC	高中 絹 07D79	高中 厥 053A5	高中 爵 07235	高中 覺 089BA	高中 菌 083CC
高中 俊 04FCA	高中 慨 06168	高中 刊 0520A	高中 康 05EB7	高中 抗 06297	高中 克 0514B	高中 刻 0523B	高中 肯 080AF
高中 懇 061C7	高中 孔 05B54	高中 恐 06050	高中 枯 067AF	高中 哭 054ED	高中 庫 05EAB	高中 誇 08A87	高中 塊 0584A
高中 寬 05BEC	高中 狂 072C2	高中 況 06CC1	高中 鑛 0945B	高中 愧 06127	高中 擴 064F4	高中 賴 08CF4	高中 蘭 0862D
高中 欄 06B04	高中 覽 089BD	高中 濫 06FEB	高中 廊 05ECA	高中 雷 096F7	高中 淚 06DDA	高中 累 07D2F	高中 類 0985E
高中 梨 068A8	高中 離 096E2	高中 裏 088CF	高中 吏 0540F	高中 栗 06817	高中 勵 052F5	高中 曆 066C6	高中 隸 096B7

高中 麗 09E97	高中 廉 05EC9	高中 蓮 084EE	高中 憐 06190	高中 聯 0806F	高中 鍊 0934A	高中 戀 06200
高中 糧 07CE7	高中 諒 08AD2	高中 僚 050DA	高中 了 04E86	高中 劣 052A3	高中 裂 088C2	高中 獵 07375
高中 臨 081E8	高中 賃 08CC3	高中 陵 09675	高中 零 096F6	高中 靈 09748	高中 嶺 05DBA	高中 隆 09686
高中 樓 06A13	高中 漏 06F0F	高中 爐 07210	高中 鹿 09E7F	高中 祿 0797F	高中 錄 09304	高中 屢 05C62
高中 率 07387	高中 慮 0616E	高中 亂 04E82	高中 掠 063A0	高中 略 07565	高中 輪 08F2A	高中 羅 07F85
高中 麻 09EBB	高中 埋 057CB	高中 脈 08108	高中 慢 06162	高中 漫 06F2B	高中 盲 076F2	高中 茫 0832B
高中 貿 08CBF	高中 貌 08C8C	高中 沒 06C92	高中 眉 07709	高中 梅 06885	高中 媒 05A92	高中 夢 05922
高中 猛 0731B	高中 蒙 08499	高中 孟 05B5F	高中 迷 08FF7	高中 祕 07955	高中 蜜 0871C	高中 綿 07DBF
高中 秒 079D2	高中 廟 05EDF	高中 滅 06EC5	高中 敏 0654F	高中 憫 061AB	高中 冥 051A5	高中 銘 09298
高中 磨 078E8	高中 漠 06F20	高中 默 09ED9	高中 謀 08B00	高中 某 067D0	高中 牧 07267	高中 募 052DF
高中 幕 05E55	高中 睦 07766	高中 慕 06155	高中 那 090A3	高中 納 07D0D	高中 奈 05948	高中 耐 08010
高中 腦 08166	高中 泥 06CE5	高中 娘 05A18	高中 寧 05BE7	高中 凝 051DD	高中 弄 05F04	高中 奴 05974
高中 諾 08AFE	高中 偶 05076	高中 拍 062CD	高中 排 06392	高中 派 06D3E	高中 盤 076E4	高中 叛 053DB
高中 配 0914D	高中 批 06279	高中 疲 075B2	高中 偏 0504F	高中 漂 06F02	高中 票 07968	高中 頻 0983B
高中 屏 05C5B	高中 評 08A55	高中 迫 08FEB	高中 頗 09817	高中 浦 06D66	高中 普 0666E	高中 譜 08B5C
高中 欺 06B3A	高中 漆 06F06	高中 奇 05947	高中 祈 07948	高中 旗 065D7	高中 齊 09F4A	高中 騎 09A0E

高中 梁 06881	
高中 隣 096A3	
高中 龍 09F8D	
高中 履 05C65	
高中 絡 07D61	
高中 冒 05192	
高中 盟 076DF	
高中 苗 082D7	
高中 模 06A21	
高中 墓 05893	
高中 惱 060F1	
高中 努 052AA	
高中 培 057F9	
高中 聘 08058	
高中 戚 0621A	
高中 乞 04E5E	

高中 企 04F01	高中 豈 08C48	高中 啓 05553	高中 契 05951	高中 棄 068C4	高中 器 05668	高中 牽 0727D	高中 鉛 0925B
高中 遷 09077	高中 謙 08B19	高中 遣 09063	高中 潛 06F5B	高中 墻 058BB	高中 巧 05DE7	高中 切 05207	高中 妾 059BE
高中 竊 07ACA	高中 侵 04FB5	高中 琴 07434	高中 禽 079BD	高中 寢 05BE2	高中 卿 0537F	高中 傾 050BE	高中 頃 09803
高中 窮 07AAE	高中 丘 04E18	高中 囚 056DA	高中 屈 05C48	高中 區 05340	高中 驅 09A45	高中 趣 08DA3	高中 拳 062F3
高中 吩 05238	高中 缺 07F3A	高中 卻 05374	高中 確 078BA	高中 群 07FA4	高中 燃 071C3	高中 染 067D3	高中 壞 058E4
高中 任 04EFB	高中 儒 05112	高中 乳 04E73	高中 辱 08FB1	高中 軟 08EDF	高中 銳 092B3	高中 閏 0958F	高中 潤 06F64
高中 塞 0585E	高中 桑 06851	高中 騷 09A37	高中 掃 06383	高中 僧 050E7	高中 沙 06C99	高中 裳 088F3	高中 燒 071D2
高中 蛇 086C7	高中 捨 06368	高中 社 0793E	高中 涉 06D89	高中 攝 0651D	高中 伸 04F38	高中 沈 06C88	高中 審 05BE9
高中 愼 0613C	高中 昇 06607	高中 濕 06FD5	高中 矢 077E2	高中 侍 04F8D	高中 逝 0901D	高中 飾 098FE	高中 誓 08A93
高中 釋 091CB	高中 獸 07378	高中 殊 06B8A	高中 疏 0758F	高中 蔬 0852C	高中 輸 08F38	高中 孰 05B70	高中 熟 0719F
高中 署 07F72	高中 束 0675F	高中 述 08FF0	高中 恕 06055	高中 庶 05EB6	高中 術 08853	高中 刷 05237	高中 衰 08870
高中 帥 05E25	高中 雙 096D9	高中 睡 07761	高中 瞬 077AC	高中 朔 06714	高中 司 053F8	高中 斯 065AF	高中 似 04F3C
高中 祀 07940	高中 訟 08A1F	高中 頌 0980C	高中 誦 08AA6	高中 搜 0641C	高中 蘇 08607	高中 粟 07C9F	高中 訴 08A34
高中 肅 08085	高中 隨 096A8	高中 邃 09042	高中 損 0640D	高中 縮 07E2E	高中 索 07D22	高中 鎖 09396	高中 塔 05854
高中 踏 08E0F	高中 臺 081FA	高中 態 0614B	高中 貪 08CAA	高中 壇 058C7	高中 檀 06A80	高中 炭 070AD	高中 歎 06B4E
高中 湯 06E6F	高中 唐 05510	高中 糖 07CD6	高中 逃 09003	高中 桃 06843	高中 陶 09676	高中 討 08A0E	高中 畚 07553

高中 騰 09A30	高中 提 063D0	高中 替 066FF	高中 添 06DFB	高中 挑 06311	高中 條 0689D	高中 跳 08DF3	高中 廳 05EF3
高中 廷 05EF7	高中 亭 04EAD	高中 銅 09285	高中 痛 075DB	高中 透 0900F	高中 突 07A81	高中 途 09014	高中 塗 05857
高中 吐 05410	高中 團 05718	高中 屯 05C6F	高中 豚 08C5A	高中 托 06258	高中 妥 059A5	高中 拓 062D3	高中 丸 04E38
高中 罔 07F54	高中 妄 05984	高中 微 05FAE	高中 惟 060DF	高中 圍 0570D	高中 違 09055	高中 維 07DAD	高中 委 059D4
高中 偽 050DE	高中 緯 07DEF	高中 畏 0754F	高中 胃 080C3	高中 慰 06170	高中 衛 0885B	高中 謂 08B02	高中 翁 07FC1
高中 污 06C5A	高中 嗚 055DA	高中 侮 04FAE	高中 霧 09727	高中 兮 0516E	高中 吸 05438	高中 析 06790	高中 奚 0595A
高中 息 0606F	高中 稀 07A00	高中 襲 08972	高中 系 07CFB	高中 係 04FC2	高中 戲 06231	高中 暇 06687	高中 咸 054B8
高中 絃 07D43	高中 嫌 05ACC	高中 險 096AA	高中 顯 0986F	高中 陷 09677	高中 憲 061B2	高中 縣 07E23	高中 獻 0737B
高中 祥 07965	高中 詳 08A73	高中 享 04EAB	高中 響 097FF	高中 巷 05DF7	高中 象 08C61	高中 項 09805	高中 像 050CF
高中 削 0524A	高中 曉 066C9	高中 肖 08096	高中 邪 090AA	高中 脅 08105	高中 斜 0659C	高中 攜 0643A	高中 寫 05BEB
高中 械 068B0	高中 需 09700	高中 徐 05F90	高中 畜 0755C	高中 敍 0654D	高中 蓄 084C4	高中 緒 07DD6	高中 宣 05BA3
高中 軒 08ED2	高中 玄 07384	高中 旋 065CB	高中 懸 061F8	高中 穴 07A74	高中 巡 05DE1	高中 旬 065EC	高中 尋 05C0B
高中 循 05FAA	高中 殉 06B89	高中 押 062BC	高中 壓 058D3	高中 牙 07259	高中 芽 082BD	高中 涯 06DAF	高中 雅 096C5
高中 亞 04E9E	高中 焉 07109	高中 延 05EF6	高中 沿 06CBF	高中 鹽 09E7D	高中 演 06F14	高中 宴 05BB4	高中 雁 096C1
高中 燕 071D5	高中 驗 09A57	高中 央 0592E	高中 殃 06B83	高中 楊 0694A	高中 樣 06A23	高中 腰 08170	高中 搖 06416
高中 遙 09059	高中 謠 08B20	高中 耶 08036	高中 謁 08B01	高中 夷 05937	高中 宜 05B9C	高中 疑 07591	高中 儀 05100

高中 役 05F79	高中 抑 06291	高中 疫 075AB	高中 逸 09038	高中 翼 07FFC	高中 譯 08B6F	高中 驛 09A5B	高中 姻 059FB
高中 淫 06DEB	高中 隱 096B1	高中 營 071DF	高中 螢 087A2	高中 影 05F71	高中 映 06620	高中 硬 0786C	高中 庸 05EB8
高中 擁 064C1	高中 泳 06CF3	高中 詠 08A60	高中 幽 05E7D	高中 悠 060A0	高中 優 0512A	高中 郵 090F5	高中 誘 08A98
高中 予 04E88	高中 娛 05A1B	高中 愚 0611A	高中 輿 08F3F	高中 羽 07FBD	高中 域 057DF	高中 御 05FA1	高中 裕 088D5
高中 愈 06108	高中 獄 07344	高中 慾 0617E	高中 豫 08C6B	高中 譽 08B7D	高中 員 054E1	高中 援 063F4	高中 源 06E90
高中 緣 07DE3	高中 院 09662	高中 岳 05CB3	高中 越 08D8A	高中 閱 095B1	高中 躍 08E8D	高中 韻 097FB	高中 雜 096DC
高中 災 0707D	高中 宰 05BB0	高中 載 08F09	高中 暫 066AB	高中 贊 08D0A	高中 讚 08B9A	高中 葬 0846C	高中 臟 081DF
高中 燥 071E5	高中 擇 064C7	高中 澤 06FA4	高中 賊 08CCA	高中 憎 0618E	高中 贈 08D08	高中 詐 08A50	高中 摘 06458
高中 債 050B5	高中 占 05360	高中 張 05F35	高中 掌 0638C	高中 丈 04E08	高中 帳 05E33	高中 障 0969C	高中 昭 0662D
高中 召 053EC	高中 照 07167	高中 折 06298	高中 哲 054F2	高中 珍 073CD	高中 枕 06795	高中 陣 09663	高中 振 0632F
高中 震 09707	高中 鎮 093AD	高中 征 05F81	高中 蒸 084B8	高中 徵 05FB5	高中 整 06574	高中 症 075C7	高中 織 07E54
高中 姪 059EA	高中 值 05024	高中 職 08077	高中 制 05236	高中 秩 079E9	高中 智 0667A	高中 置 07F6E	高中 滯 06EEF
高中 誌 08A8C	高中 仲 04EF2	高中 州 05DDE	高中 舟 0821F	高中 周 05468	高中 洲 06D32	高中 株 0682A	高中 珠 073E0
高中 逐 09010	高中 燭 071ED	高中 屬 05C6C	高中 柱 067F1	高中 築 07BC9	高中 鑄 09444	高中 專 05C08	高中 轉 08F49
高中 莊 0838A	高中 粧 07CA7	高中 裝 088DD	高中 狀 072C0	高中 準 06E96	高中 卓 05353	高中 拙 062D9	高中 捉 06349
高中 酌 0914C	高中 濁 06FC1	高中 濯 06FEF	高中 姿 059FF	高中 玆 07386	高中 資 08CC7	高中 紫 07D2B	高中 恣 06063

高中 總 07E3D	高中 縱 07E31	高中 奏 0594F	高中 租 079DF	高中 組 07D44	高中 醉 09189	高中 遵 09075	高中 佐 04F50
高中 座 05EA7							

后 记

    2008年5月8日，教育部语言文字信息管理司主持召开了《中日韩常用汉字对比分析》项目专家鉴定会。该项目获得了来自北京大学、北京师范大学和商务印书馆等教育界和出版界专家的高度好评。"专家组充分肯定了该项目选题的重要性，一致认为该项目适应社会迫切需求，对中文信息处理技术开发、基础语文教学、对外汉语教学、国际标准字符集的应用以及辞书编纂等，都具有很高的参考价值"。专家们认定本项目组"充分利用数字化技术，开展中日韩和港台地区的多边合作，取得了具有实用价值的成果"，并建议"纳入《中国语言生活绿皮书》系列发布，早日提供社会应用"。

    同时，鉴定组专家也提出了一些宝贵的意见和建议。根据这些建议，本项目组经过一个多月的努力，利用书同文公司的数字化资源进一步开发完善，完成了从V3.30版到V4.0版的大规模更新。V4.0 版的主要特点是：

1. 明确了以国家语言文字工作委员会与国家教育委员会于1988年 1月26日联合发布的《现代汉语常用字表》（3500字）为分析对比的基础字表，而不是V3.30版之前的"小学用字表"。

2. 采用国家汉语水平考试委员会办公室考试中心制定、经济科学出版社2001年6月出版的《汉语水平词汇与汉字等级大纲》（修订本）中"汉字等级大纲"（2905字）的HSK权威字表，同时也保留了北京语言大学版的HSK字表信息。

3. 对所有对比对象，进一步考证并注明了它们的发布单位、版本和出版时间。

4. 进一步对各个对比字集进行了等级标注、字汇覆盖关系分类和子集分割。

5. 进一步细分、标注并统计了"简化异码"中的"简化、正形、代换"等各种简化模式。

6. 利用国家语委十五科技攻关成果之一，书同文公司开发的"古今字频查询工具"，对诸子集对现代中国大陆报刊语料的覆盖率进行了测算。

7. 即使是被认作"同形同码"的汉字之间，仍然可能存在一些微小的形差，为了避免用单一字形列印而掩盖这些差别，从V4.0开始，"同形同码"的对照表也和"微差同码"对照表一样，同时显印两个汉字字形。

8. 对日本的特殊情况，在字表中采用了日文楷体与日文教科书体并列、对照中文楷体的方式，以更全面、更准确地反映字形的异同。

9. 在网络版汉字属性中，根据费锦昌和松冈荣志完成的国家语委研究项目《日文汉字的中文音读》，对个别日文"国字"的读音信息进行了勘定。

10 网络版除了动态笔顺笔势图外，又提供了"跟随式笔顺图"。

11. 附上了所有的原字表，加以Unicode标注，以备查对。

本项目V3.30版的审校人员有：

国家/地区审校

中国大陆
　　● 王晓明 教育部 语用所
　　　　IRG 技术编辑
　　● 王小宁 清华大学

中国香港　田小琳 香港岭南大学
中国台北　许其清　IRG 编辑
日本　　　松冈荣志 东京学艺大学
韩国　　　金镇容（代）延边大学

教育部语言文字信息管理司主持 V3.30 版鉴定的专家组

王铁琨 （组长）教授 副司长　　　　李大遂 北京大学 教授
傅永和　教授 教育部学监　　　　　史建桥 商务印书馆编审
李国英　北京师范大学教授

信息技术界参评指导专家：

席相霖 中科院计算所 研究员　　　任　健 金山软件　　　COO
倪惜珍 中科院软件所 研究员　　　毛永刚 微软中国研发中心 Group
林鄂华 清华同方　　研究员　　　Manager

　　在从V3.30向V4.0升级的过程中，再次得到了李宇明、王铁琨、傅永和、李大遂、松冈荣志、木村守、许其清、王晓明、金镇容、Dr. Jay Hyun、陈敏、魏励等各位专家的具体帮助和热情鼓励。在此表示衷心的感谢。相信并希望在关心支持本项目的更多专家和用户的帮助下，本资料会发挥更大的参考价值。

　　本书内容的勘误、补充与更新，请从网站 http://hanzi.unihan.com.cn下载。

张轴材

2009 年 6 月 17 日

图书在版编目(CIP)数据

中日韩常用汉字对比分析/北京书同文数字化技术有限公司编. —北京:商务印书馆,2009
ISBN 978 - 7 - 100 - 06595 - 5

I. 中… II. 北… III. 汉字-对比研究-中国、日本、韩国 IV. H12

中国版本图书馆 CIP 数据核字(2009)第 032883 号

ZHŌNGRÌHÁN CHÁNGYÒNG HÀNZÌ DUÌBǏFĒNXĪ

中日韩常用汉字对比分析

北京书同文数字化技术有限公司 编

商 务 印 书 馆 出 版
(北京王府井大街36号 邮政编码 100710)
商 务 印 书 馆 发 行
北 京 瑞 古 冠 中 印 刷 厂 印 刷
ISBN 978 - 7 - 100 - 06595 - 5

2009 年 7 月第 1 版　　　　开本 787×1092 1/16
2009 年 7 月北京第 1 次印刷　　印张 34

定价: 68.00 元